Michael Höck
Jochen Manegold

ArcMap™
Programmierung
mit VBA

Michael Höck, Jochen Manegold
ArcMap™ Programmierung mit VBA

ISBN 3-00-007658-1

1. Auflage Mai 2001
2. überarbeitete Auflage Februar 2002: 500 - 1000
3. überarbeitete Auflage Dezember 2003: 1000 – 1500
4. überarbeitete Auflage April 2006: 1500 - 2000
Buch mit CD im Eigenverlag

Umschlaggestaltung: Jochen Manegold und
Andreas Haux, screen & paper Werbeagentur GmbH

Im Internet unter http://www.arcobjectsbuch.de/

Druck: LEGOPRINT S.p.A., Lavis (TN)

Vorwort

ArcObjects ist das aktuelle Fundament der ArcGIS Desktop Produkte und bildet damit den wesentlichen Grundbaustein der Softwareentwicklungen mit ArcInfo, ArcEditor und ArcView. Deren Applikationen ArcMap und ArcCatalog wurden mit COM (Component Object Model) Technologie entwickelt. ArcObjects ist die Zusammenfassung aller COM Komponenten, die ArcInfo, ArcEditor und ArcView ausmachen und ist damit sowohl die Basis jeglicher Anpassungen im Desktopbereich dieser Produkte als auch für die Integration weiterer COM basierter Entwicklungen.

Das Buch "ArcMap^{TM} Programmierung mit VBA" bietet neben einer Übersicht über Grundlagen der Programmierung mit COM und VBA einen Einstieg in das Objektmodell von ArcObjects und vor allem viele erklärende Beispiele zur Verwendung der Objekte in ArcMap. Die vorliegende Auflage wurde für die Nutzung unter der ArcGIS Version 9 überarbeitet. und richtet sich an die Nutzer, die einen Einstieg in das Objektmodell von ArcObjects suchen, aber auch an erfahrene Programmierer, um sie bei einer Ihrer alltäglichsten Arbeit zu unterstützen: der Suche nach kompakter Beschreibung und nach Beispielen. Alle Beispielprogramme aus dem Buch sind auf einer CD beigelegt und können direkt in eigene ArcInfo, ArcEditor oder ArcView 9 Anwendungen integriert werden.

Da ArcObjects auf Microsofts COM Technologie basiert, können alle Programmiersprachen, die diese Technologie unterstützen, mit ArcObjects benutzt werden. Es bedarf aber nicht unbedingt einer separaten Entwicklungsumgebung. Jedes der genannten Produkte wird mit einer Lizenz für Visual Basic for Applications (VBA) ausgeliefert.

Alle Beispiele in diesem Buch wurden unter VBA entwickelt. Anwendern ohne Programmiererfahrung in Visual Basic sei zusätzlich zu diesem Buch der Kurs "Introduction to Visual Basic" im Virtual Campus unter http://campus.esri.com im Internet empfohlen.

Für die Unterstützung bei der Erzeugung dieses Buchs bedanken wir uns bei der Firma ESRI Geoinformatik GmbH, bei unserem Kollegen Markus Widmer für die Umschlaggestaltung und bei allen, die uns durch Tipps und Korrekturlesen geholfen haben.

Michael Höck & Jochen Manegold

Inhaltsverzeichnis

1 Einleitung

Mit ArcObjects wird Anwendern und Entwicklern eine gigantische Fülle an GIS Funktionalitäten zur Verfügung gestellt, um Anpassungen an den Desktop Applikationen ArcMap und ArcCatalog vorzunehmen, diese Applikationen zu erweitern, GIS Funktionen in eigene Applikationen zu integrieren oder neue Applikationen zu schreiben.

Die Komplexität der ArcObjects Softwarekomponenten wird in den über zwei Dutzend Objektmodelldiagrammen, die mit ArcInfo, ArcEditor und ArcView ausgeliefert werden, deutlich. Trotz zahlreicher Hilfen, z.B. der *„ArcGIS Developer Help"* fehlen noch immer viele erklärende Texte und Beispiele. Aufgrund der Komplexität des Objektmodells kann diese Lücke auch mit dem vorliegenden Buch nicht geschlossen werden. Dieses Buch soll dazu beitragen, den Einstieg in die Programmierung mit ArcObjects zu erleichtern, Grundlagen zu vermitteln und erklärende Beispiele zur Verfügung zu stellen. Thematisch wie sachlich hat es ausgewählte Aspekte zur Programmierung mit ArcObjects zum Gegenstand:

- Behandelt wird ausschließlich die Programmierung von ArcMap. Bis auf wenige Ausnahmen unterscheidet sich die Programmierung von ArcCatalog nicht von der ArcMap Programmierung so dass der in ArcMap geübte Programmierer keine Schwierigkeiten mit der Programmierung in ArcCatalog haben wird.

- Behandelt wird die Programmierung mit Visual Basic for Applications (VBA) Version 6.0 (6.3 ab ArcGIS 9.0), da diese Entwicklungsumgebung jedem ArcGIS 8.x- und ArcGIS 9.x-Anwender zur Verfügung steht.

- Es werden keine Erweiterungen behandelt, da das den Rahmen dieses Buches bei Weitem sprengen würde.

- Es werden beispielhaft ausgewählte Objekte, Eigenschaften und Funktionen vorgestellt. Damit sollen Ansätze aufgezeigt werden, wie bestimmte Dinge programmiert werden können. Die Codes sind der Übersichtlichkeit wegen oft auf die wesentlichen Programmteile reduziert. Das impliziert, dass keine Fehlerbehandlungsroutinen eingearbeitet sind und der Code teilweise nur unter den angegebenen Bedingungen fehlerfrei läuft. Prüfen Sie die Ergebnisse der Programmbeispiele deshalb sorgfältig und machen Sie Sicherungen Ihrer Daten und Projekte, bevor Sie Programme laufen lassen.

Die Beispiele aus dem Buch wurden in ihrem jeweiligen Kontext getestet. Die Autoren können aber keinerlei Garantie, keine Haftung, und keinen Support für die Programme oder einzelne Programmteile übernehmen. Bitte beachten Sie im Fall von Problemen das Kapitel „Fehlersuche" im ersten Teil dieses Buchs.

Das Buch ist in einen Teil, der allgemeine Grundlagen von VBA und COM darstellt und einen Teil, der die Programmierung von ArcObjects zum Gegenstand hat, untergliedert. Je nach Kenntnisstand kann der erste Teil übersprungen werden. Er kann quasi als Nachschlagewerk bei speziellen Fragen zu VBA benutzt werden, in dem einzelne Kapitel bei Bedarf gelesen werden können. Der zweite Teil beginnt mit einem Kapitel über das manuelle Anpassen der Benutzeroberfläche in ArcMap und behandelt dann die Programmierung mit ArcObjects.

Das Inhaltsverzeichnis spiegelt die Struktur der Kapitel der Übersichtlichkeit halber in bis zu drei Ebenen wider. Teilweise sind die Kapitel weiter untergliedert. Eine verfeinerte Gliederung befindet sich jeweils zu Beginn der zehn Kapitel.

Die Beispielcodes sind im Buch grau hinterlegt und dadurch leicht zu erkennen. Alle Codes, die in der ersten Zeile mit „(cd)" beginnen, sind auf der CD, die dem Buch beiliegt. Nach dem Starten des Programms *ArcMapVBA.chm* sind die Programmcodes unter dem angegebenen Titel oder auch über ein Stichwort im Index zu finden. Die Codes können aus dem Programm gedruckt oder über Kopieren und Einfügen in den Visual Basic Editor eingefügt werden. Der Aufruf von *ArcMapVBA.chm* auf der CD setzt voraus, dass der Microsoft Internet Explorer installiert ist.

Zum Zeitpunkt der Entstehung dieses Buchs gab es noch keine

deutsche Version von ArcGIS. Darum basieren *Screenshots* und Terminologie teilweise auf der englischen Version.

Nicht nur aus diesem Grund ließ sich der Anspruch, ein deutschsprachiges Buch zu diesem Thema zu veröffentlichen, nur leidlich verwirklichen. Alle Objekt-, Eigenschafts- und Funktionsnamen basieren auf englischen Begriffen. Bei vielen Fachwörtern ist eine Übersetzung nicht sinnvoll, da die Anglizismen bereits in den deutschen Sprachgebrauch eingegangen sind. Wörter, deren Übersetzung uns nicht sinnvoll erschien, sind *kursiv* dargestellt.

2 Grundlagen in Visual Basic for Applications

2.1 Der Visual Basic Editor

In der Vergangenheit hatten die meisten Software Produkte von ESRI ihre eigene Programmiersprache, um Makros zu erzeugen. Für den Anwender war das stets mit dem Erlernen einer neuen Programmiersprache verbunden.

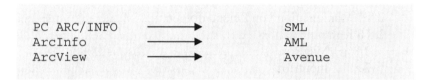

Das galt nicht nur für ESRI Produkte. Auch die verschiedenen Office Produkte von Microsoft hatten für die Erstellung von Makros unterschiedliche Programmiersprachen.

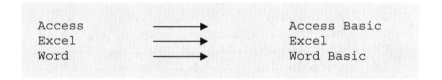

Mit VBA wurde von Microsoft eine Entwicklungsumgebung für Makros entwickelt, die sich leicht in Anwendungen integrieren lässt. Damit brauchen Programmierer nur noch eine Sprache zu erlernen, müssen sich dafür aber in die Objekthierarchie der einzelnen Anwendungen einarbeiten.

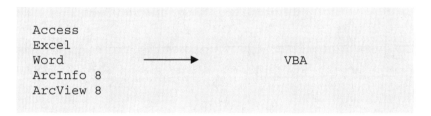

Obwohl VBA auf Visual Basic basiert, gibt es doch einige gravierende Unterschiede:

VBA basiert auf Dokumenten der   Der Programmcode wird immer zusammen mit dem Dokument der Anwendung gespeichert und kann auch nur zusammen mit dem

Anwendung	Dokument weitergegeben werden. Es ist nur bedingt möglich, mit VBA eigenständige Komponenten zu programmieren, die in andere Anwendungen integriert werden können. Der Quellcode wird un-kompiliert ausgeliefert, so dass er eingesehen und unter Umständen verändert werden kann.
Kein Setup	VBA Code benötigt keine Installationsroutine und keine Einträge in der Windows Registrierungsdatei.
Debugging	VBA Code kann sehr leicht auf Fehler hin geprüft werden. Jede einzelne Prozedur kann aus der Entwicklungsumgebung heraus gestartet und getestet werden.
VBA Editor starten	Gestartet wird der Editor für VBA direkt in der Applikation. Dazu wird im Menü *Tools - Makros* der Befehl *Visual Basic Editor* angeklickt oder *Alt+F11* gedrückt.
Formulare und Module	Mit Hilfe des VBA Editors können Formulare erstellt werden, die verschiedene Steuerelemente enthalten können, sowie Anweisungen, die beim Betätigen dieser Steuerelemente ausgeführt werden. Anweisungen werden in Prozeduren zusammengefaßt, die wiederum in den Formularen oder in eigenständigen Modulen abgespeichert werden.
Entwurfsmodus	Sobald der Editor gestartet wird, befindet sich die Anwendung im Entwurfsmodus. In diesem Zustand können neue Formulare erstellt, neue Steuerelemente in bestehende Formulare eingebaut oder bestehende Steuerelemente geändert werden. Ebenso können Prozeduren erstellt werden, die verschiedene Anweisungen enthalten.
Laufzeitmodus	Aus der Entwicklungsumgebung heraus können Prozeduren gestartet werden. Während dieser Zeit befindet sich die Entwicklungs-umgebung im Laufzeitmodus.

2.2 Die Fenster der Entwicklungsumgebung

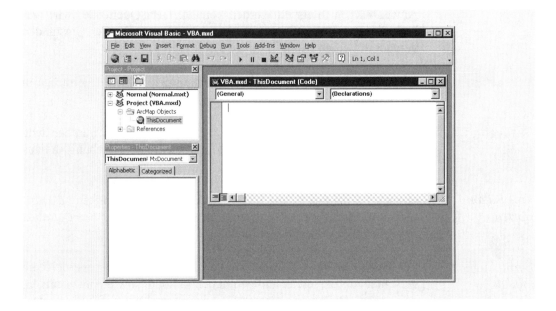

Das Fenster des *Editors* enthält neben einer Menüleiste und verschiedenen Symbolleisten standardmäßig die drei Fenster *Project*, *Properties* und *Code*.

Project

Das Projektfenster enthält die verschiedenen bearbeitbaren Projekte mit allen darin enthaltenen Elementen (Formulare, Module und Klassen).

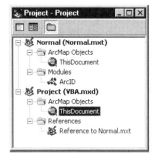

Falls das Projektfenster nicht angezeigt wird, kann es über das Menü *View - Project-Explorer* oder mit der Tastenkombination *Strg+R*, eingeblendet werden.

In diesem Fenster wird das zu bearbeitende Element aus der baumartig strukturierten Liste mit der Maus ausgewählt. Mit *Drag & Drop* können die Elemente auch von einem Projekt in ein anderes Projekt verschoben werden. Um ein Element zu löschen, wird dieses in der Liste markiert und im Menü *File - Remove ...* gelöscht. Sicherheitshalber wird noch einmal eine Bestätigung eingefordert, bevor das Element endgültig gelöscht wird.

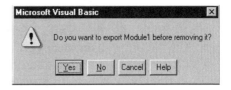

Vor dem Löschen kann das Element in eine Datei exportiert werden. Diese kann bei Bedarf später wieder in dieses oder ein anderes Projekt importiert werden.

Properties   Für das aktuell ausgewählte Element werden die Eigenschaften in dem Eigenschaftenfenster angezeigt.

Falls das Eigenschaftenfenster nicht angezeigt wird, kann es über das Menü *View - Properties Window* oder mit der F4 Taste eingeblendet werden.

Die Eigenschaften des Objekts können über die Registerkarten in zwei unterschiedlichen Ansichten dargestellt werden:

Alphabetic

Im Register *Alphabetic* werden alle verfügbaren Eigenschaften in alphabetisch geordneter Reihenfolge angezeigt.

Categorized

Im Register *Categorized* sind die Eigenschaften baumartig in unterschiedlichen Kategorien eingeordnet.

Der linke Teil der Liste zeigt die Namen der Eigenschaften, der rechte Teil die zugehörigen Werte. Um einen Wert zu ändern, muss der Name angeklickt werden. Je nach Datentyp der Eigenschaft, kann der Wert eine Zahl oder ein Text sein. Manche Eigenschaften erlauben allerdings nur vordefinierte Werte, die aus einer *Dropdown* Liste ausgewählt werden können.

Code

Programmcode wird im Codefenster angezeigt, neu erstellt oder geändert.

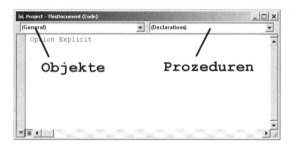

View Code

Falls das Codefenster nicht angezeigt wird, kann es über das Menü *View - Code* oder mit der F7 Taste eingeblendet werden.

Jedes Modul hat sein eigenes Codefenster. Das Codefenster eines Moduls kann mit einem Doppelklick auf das Element im Projektfenster angezeigt werden.

Im oberen Teil des Codefensters stehen *Dropdown* Listen für Objekte und Prozeduren, im unteren Teil stehen die Anweisungen. Sind mehrere Prozeduren in einem Modul enthalten, sind diese durch Querstriche voneinander getrennt.

Weitere Fenster, die bei der Erstellung von Formularen benötigt werden, sind die *Toolbox* und der *FormDesigner.*

FormDesigner   Im *FormDesigner* wird die Größe eines Formulars festgelegt. Außerdem werden hier einzelne Steuerelemente auf dem Formular angeordnet.

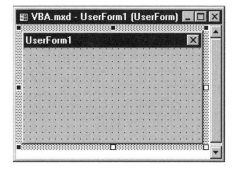

Steuerelemente   Steuerelemente sind zum Beispiel Beschriftungsfelder oder Schaltflächen. Diese werden aus der *Toolbox* ausgewählt.

Toolbox   Die *Toolbox* kann mit neuen Steuerelementen erweitert werden, wenn zusätzliche OCX Referenzen definiert werden. Dazu wird im Kontext-Menü der *Toolbox* der Befehl *Additional Controls* gewählt. In dem Fenster, das daraufhin angezeigt wird, werden in den *CheckBoxen* die gewünschten Komponenten angekreuzt.

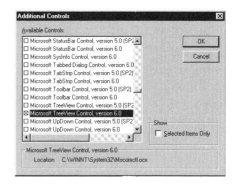

Wird die Auswahl der Komponenten mit OK bestätigt, werden diese in die *Toolbox* übernommen.

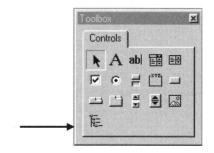

2.3 Erstellen eines Formulars

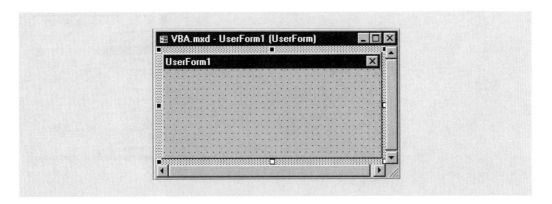

Formular
Ein Formular ist ein Fenster, auf dem Steuerelemente angeordnet werden.

Neues Formular
Das Anlegen eines neuen Formulars erfolgt über das Menü *Insert - UserForm*. Das neue Formular wird im aktuellen Projekt oder in der aktuellen Dokumentvorlage angelegt. Eine andere Möglichkeit, ein neues Formular zu erzeugen, bietet das Kontextmenü, das erscheint, wenn mit der rechten Maustaste im Projektfenster auf ein Projekt geklickt wird. Auch hier gibt es unter *Insert* den Befehl *UserForm*.

Für das neue, aber noch leere Formular können eine ganze Reihe von Eigenschaften definiert oder verändert werden. Diese werden im Eigenschaftenfenster automatisch angezeigt, wenn das Formular den Fokus besitzt. Eigenschaften, wie zum Beispiel die Größe des Formulars können auch interaktiv im *FormDesigner* festgelegt werden.

Steuerelemente
Mit *Drag & Drop* wird ein ausgewähltes Steuerelement aus der *Toolbox* auf dem Formular platziert. Auf dem Formular können die Steuerelemente mit der Maus verschoben und in ihrer Größe verändert werden.

Eigenschaften von Steuerelementen
Um die Eigenschaften eines Steuerelements zu verändern, wird das Objekt im Formular ausgewählt. Die Eigenschaften des Objekts werden dann automatisch im Eigenschaftenfenster angezeigt.

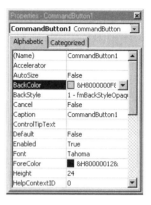

Eigenschaften können sowohl im Entwurfsmodus als auch zur Laufzeit verändert werden. Dabei ist zu beachten, dass bestimmte Eigenschaften nicht änderbar sind (z.B. *Count*), andere ausschließlich im Entwurfsmodus (z.B. *Name*).

Name

Jedes Steuerelement hat eine Eigenschaft *Name*. Wenn ein Steuerelement auf einem Formular platziert wird, wird ihm automatisch ein eindeutiger Name zugewiesen. (z.B. *CommandButton1*). Zum besseren Verständnis sollte das Objekt jedoch einen Namen bekommen, der seiner Funktion entspricht. Dabei sollten Wörter mit Groß- und Kleinbuchstaben verwendet werden. Um die Art des Steuerelements zu verdeutlichen sollte jeder Name mit einem Präfix versehen werden, der die Objektart des Elements wiederspiegelt.

cbo	ComboBox
cmd	CommandButton
dir	DirectoryListBox
drv	DriveListBox
frm	Form
lbl	Label
lst	ListBox

Form Modul

Zu jedem Formular gehört ein *Form Modul*, in dem der Programmcode zu diesem Formular abgespeichert wird. Das *Form Modul* wird in einem Codefenster angezeigt und kann dort bearbeitet werden.

Im oberen Teil sind in der linken *Dropdown* Liste alle Namen der Steuerelemente enthalten, die sich auf dem Formular befinden. In der rechten *Dropdown* Liste sind alle Ereignisse enthalten, auf die die Steuerelemente reagieren können, und für die im *Form Modul* der Programmcode erstellt werden kann.

Mehr zum Programmieren in Formularen steht im Kapitel „2.4.2 Programmcode in Formularen".

Exportieren von Formularen

Formulare können exportiert und in eigenen Dateien gespeichert werden. Sie können dann in anderen VBA Projekten wieder importiert oder in anderen Visual Basic Programmen wieder verwendet werden. Formulare werden beim Exportieren in Dateien mit einer Dateinamenerweiterung *.frm* gespeichert. Eine *.frm* Datei enthält sowohl den Formularentwurf mit allen Steuerelementen und ihren Positionen, als auch den zugehörigen Programmcode aus dem *Form Modul*.

2.4 Programmcode erstellen

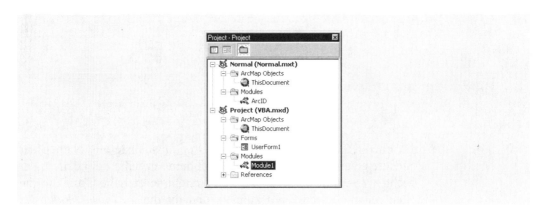

Programmcode wird in VBA folgendermaßen organisiert:

Projekt

Die oberste Organisationseinheit ist das VBA Projekt. Innerhalb einer Applikation gibt es in der Regel zwei VBA Projekte – das aktuelle Dokument und die Dokumentvorlage *Normal.mxt*, die Standardvorlage für alle neuen Projekte. Zusätzlich kann noch ein *Base Template* als drittes Projekt dazugeladen sein. Wird das Dokument gespeichert, wird auch der Programmcode der einzelnen Projekte mit gespeichert. Innerhalb von Projekten wird Programmcode in Code Modulen organisiert.

Modul

VBA unterscheidet drei Arten von Code Modulen: Formular-, Standard- und Klassenmodule. Formularmodule enthalten den Programmcode, der zu dem entsprechenden Formular gehört. Standard- und Klassenmodule sind eigenständige Module, die keinem Formular zugeordnet sind. Innerhalb von Modulen wird Programmcode in Prozeduren organisiert.

Prozedur

VBA unterscheidet vier Arten von Prozeduren: Sub-, Funktions-, Ereignis- und Eigenschaftsprozeduren. Die einzelnen Arten werden später in eigenen Kapiteln beschrieben. Innerhalb von Prozeduren wird Programmcode in Form von Anweisungen (*Statements*) organisiert.

Anweisung

Anweisungen sind Programmzeilen in Visual Basic Code die Operationen ausführen, wobei die meisten Anweisungen nur in

Verbindung mit Parametern sinnvoll operieren können. Die in Anweisungen enthalten Strukturen, Variablen etc. werden in den folgenden Kapiteln ausführlich beschrieben.

2.4.1 Eigenständige Module

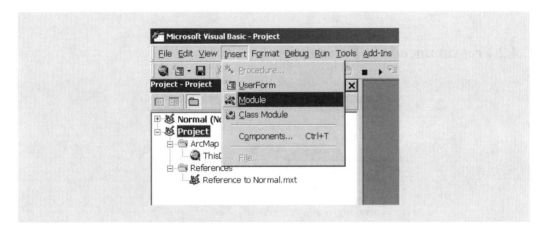

Module 	Mit einem Klick auf den Befehl *Module* im Menü *Insert* wird in dem Projekt, das über das Projektfenster ausgewählt wurde, ein neues *Standardmodul* angelegt.
Class Module	Mit einem Klick auf den Befehl *Class Module* im Menü *Insert* wird in dem Projekt ein neues *Klassenmodul* angelegt. Die Bedeutung und Verwendung von Klassenmodulen wird im Kapitel „2.9 Objektklassen erstellen" beschrieben.

Das neue Modul wird sofort aktiviert, das heißt, dass für das neue Modul ein Codefenster geöffnet wird. Im Eigenschaftenfenster erscheinen die änderbaren Eigenschaften des Moduls.

Name

Die einzige änderbare Eigenschaft des Standardmoduls ist sein Name. Automatisch bekommt ein neues Modul den Namen *Modul<x>* und ein Klassenmodul den Namen *Class<x>*, wobei *<x>* eine für das Projekt eindeutige Nummer ist.

Instancing

Bei Klassenmodulen lässt sich bei den Eigenschaften noch der

Gültigkeitsbereich definieren. Ist der Wert *Private*, kann nur innerhalb des Projekts mit Objekten dieser Klasse gearbeitet werden. Ist der Wert *PublicNotCreateable*, können zwar nur innerhalb des Projekts Objekte dieser Klasse erzeugt werden, diese können aber auch in Modulen oder Klassen von anderen Projekten verwendet werden.

2.4.2 Programmcode in Formularen

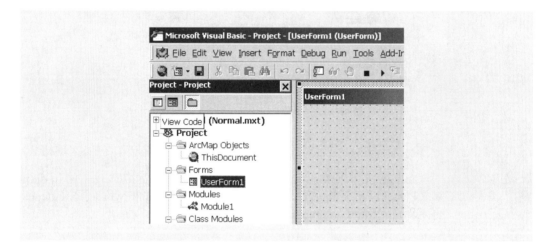

View Code   Programmcode für Formulare wird in das *Form Modul* eingegeben. Um ein Codefenster für den Code des Formulars zu öffnen, wird das Formular im Projektfenster aktiviert und oben links im Projektfenster die Schaltfläche *View Code* angeklickt.

Eine andere Möglichkeit besteht darin, mit einem Doppelklick auf das Formular oder ein Steuerelement das Codefenster zu öffnen. Wenn für dieses Formular oder Steuerelement noch keine Prozedur im Modul existiert, wird im *Form Modul* automatisch eine Standardprozedur erzeugt.

2.5 Variablen

Zum temporären Speichern von Werten werden Variablen verwendet. Im Programm wird immer dann auf die Variable verwiesen, wenn der entsprechende Wert benötigt wird.

Variablen haben einen Namen und einen bestimmten Datentyp, der vorgibt, welche Art von Daten in der Variablen gespeichert werden können.

Variablen sollten vor ihrer Verwendung immer deklariert werden. Damit wird von vornherein festgelegt, welcher Datentyp gespeichert werden soll. Die Deklaration erfolgt mit dem Schlüsselwort *Dim*.

```
Dim Variable[([Dimension])] [As [New] Type]
```

Dim Mit der *Dim* Anweisung wird eine Variable deklariert sowie Speicherplatz reserviert. Falls die Variable schon existiert, wird sie neu initialisiert, wobei der Wert verloren geht. Mit einer *Dim* Anweisung können auch mehrere Variable gleichzeitig deklariert werden. Die einzelnen Variablen werden dabei durch Kommata voneinander getrennt.

As Um einen bestimmten Datentyp zuzuweisen, wird dieser mit der *As* Anweisung an die Deklaration angehängt.

Type Mit *Type* wird der Datentyp der Variablen festgelegt.

```
Dim strName As String
Dim intNum As Integer, dblX As Double
```

Dimension *Dimension* gibt die Dimensionen bei einem Datenfeld an.

```
Dim intNum(12) As Integer
```

Mehr zu Feldern im Kapitel „2.5.3 Felder".

New   Mit der *New* Anweisung wird sofort eine neue Instanz eines Objekts erzeugt.

```
Dim colPoints As New Collection
```

Static   Variablen, die mit der *Static* Anweisung deklariert werden, behalten bei einer neuen Deklaration den Wert, der ihnen zuletzt zugewiesen wurde.

```
Static blnStatus As Boolean
```

Die Deklaration von Variablen in VBA unterstützt die Vermeidung von Fehlern im Programmcode, da Tippfehler bei Variablennamen oder die Verwendung nicht gültiger Variablen leicht erkannt werden können.

Option Explicit   Um die Deklaration von Variablen unbedingt erforderlich zu machen, wird im allgemeinen Deklarationsteil eines Moduls die Anweisung *Option Explicit* eingetragen.

Diese Anweisung ist in einem neuen Modul immer automatisch enthalten, wenn im Menü *Tools* unter *Options* im Register *Editor* vor

Require Variable Declaration ein Häkchen gesetzt ist. Ist diese Anweisung in einem Modul enthalten, erzwingt sie die Deklaration jeder Variablen vor ihrem Gebrauch.

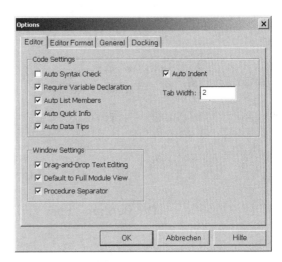

Obwohl es möglich ist, Variablen an jeder Stelle im Programm zu deklarieren, sollte dies am Anfang des Programms durchgeführt werden. Es erhöht der Lesbarkeit und Wartbarkeit des Programms.

Eine Variable kann unter unterschiedlichsten Umständen einen Wert erhalten. Eine Möglichkeit besteht darin, dass der Wert im Programm fest zugewiesen wird:

```
Dim dblPi as Double
dblPi = 3.141592654
```

Eine zweite Möglichkeit besteht darin, ihren Wert zu errechnen:

```
Dim dblUmfang as Double
dblUmfang =  dblRadius * 2  * dblPi
```

Weitere Möglichkeiten sind Benutzereingaben in einem Textfeld auf einem Formular, die Antwort in einer *MessageBox*, oder Argumente, die einer Prozedur oder Funktion übergeben werden.

Das folgende Beispiel zeigt die Verwendung von Variablen in einer Funktion, die Inch in Meter umrechnet:

```
Public Function InchToMeter(Inch As Double) As Double
Dim dblFactor As Double

   dblFactor = 3.14 / 100
   InchToMeter = Inch * dblFactor

End Function
```

Die Benennung der Variablen richtet sich nach folgenden Regeln:

- beginnt mit einem Buchstaben
- keine Leerzeichen
- keine Punktierungen
- nicht mehr als 200 Zeichen
- keine reservierten Wörter (*For, And, Loop,...*)
- keine Sonderzeichen (z.B. @,%,$,§,#)
- der „_" Unterstrich ist erlaubt

Die Variablennamen müssen innerhalb ihres Gültigkeitsbereiches (siehe Kapitel „2.5.4 Gültigkeitsbereiche") eindeutig sein. Die Namen sollten in der Regel mit einem 3-stelligen Kürzel des Datentyps beginnen. Danach folgt ein Wort, das mit einem Großbuchstaben beginnt. Besteht der Name aus mehreren Wörtern, wird zur besseren Lesbarkeit jedes einzelne Wort mit einem Großbuchstaben begonnen.

```
strNeueAdresse
intDistanceFromOrigin
dblLongitude
```

2.5.1 Datentypen

Ressourcen

Die Verwendung von Deklarationen mit Datentypen hilft, Speicherressourcen zu sparen. Zu beachten ist dabei, dass bei Zahlen derjenige Datentyp gewählt wird, der die höchste zu erwartende Zahl speichern kann.

Datentypen

Die folgende Tabelle zeigt die unterschiedlichen Datentypen, die deklariert werden können.

Byte	byt	0..255
Integer	int	-32768...32767
Long	lng	-2147483648...2147483647
Single	sng	Zahlen mit 8 Stellen
Double	dbl	Zahlen mit 16 Stellen
Boolean	bln	TRUE oder FALSE
Date	dat	1.1.100 bis 31.12.9999
Object	obj	Objekt-Verweis
String	str	bis etwa 2 Milliarden Zeichen
Variant	var	jeder Typ

ganze Zahlen

Ganze Zahlen sind in der Regel vom Datentyp *Integer*. Wenn sicher ist, dass eine Zahl immer kleiner als 255 sein wird, kann auch der Datentyp *Byte* verwendet werden. Der Vorteil ist, dass dieser Datentyp nur die Hälfte an Speicherplatz benötigt als der Datentyp *Integer*. Bei Zahlen größer als 32000 muss der Datentyp *Long* verwendet werden, bei Zahlen mit Nachkommastellen der Datentyp *Double*.

Zeichenketten

Der Datentyp *String* kann in zwei unterschiedlichen Varianten deklariert werden.

```
Dim strName As String
Dim strName As String*25
```

Die erste Variable deklariert eine Zeichenkette mit variabler Länge, die zweite Variable eine Zeichenkette mit fester Länge.

Eine leere Zeichenkette, also eine Zeichenkette ohne Zeichen, wird mit „" dargestellt.

Object

Der Datentyp *Object* kann auf ArcGIS Objekte verweisen. Nachdem einer Variablen bei der Deklaration der Datentyp *Object* zugewiesen wurde, kann anschließend mit einer *Set* Anweisung ein Verweis auf ein Anwendungsobjekt erzeugt werden.

```
Dim aoiMap As Object
Set aoiMap = ThisDocument.FocusMap
```

Variant

Wird einer Variablen bei der Deklaration kein Datentyp zugewiesen, wird diese von VBA als Datentyp *Variant* deklariert. Der Variablen können Werte der Datentypen *Integer*, *Double*, *String*, *Object* oder *Date* zugewiesen werden. Zusätzlich kann der *Variant* Datentyp die speziellen Werte *Empty*, *Null*, *Nothing* und *Error* enthalten.

Bei der Verwendung des Datentyps *Variant* ist zu beachten, dass in den meisten Fällen der Bedarf an Speicherressourcen grösser ist, als bei der Verwendung anderer Datentypen.

Sonderzeichen

Alternativ zu der *As Type* Deklaration kann dem Variablennamen ein Sonderzeichen angehängt werden, das den Datentyp definiert.

```
%           Integer
&           Long
!           Single
#           Double
@           Currency
$           String
```

Das Sonderzeichen ist nur bei der Deklaration der Variablen notwendig. Es kann aber zur besseren Lesbarkeit im gesamten Programm verwendet werden.

```
Public Function InchToMeter(Inch As Double) As Double
Dim dblFactor#

    dblFactor# = 3.14 / 100
    InchToMeter = Inch# * dblFactor#

End Function
```

Benutzer-
definierte
Datentypen

Zusätzlich zu den vordefinierten Datentypen in VBA können eigene Datentypen definiert werden, die sich aus mehreren vordefinierten Datentypen zusammensetzen können. Sie werden im allgemeinen Deklarationsteil eines Moduls mit folgender Syntax definiert :

```
[Private | Public] Type VarName
    Elementname [([Dimension])] As Typ
    [Elementname [([Dimension])] As Typ]
    ...
End Type
```

Das folgende Beispiel definiert einen Datentyp *typKoordinate* der eine X-, eine Y-Koordinate sowie einen Z-Wert enthält. Zusätzlich kann die Koordinate auch eine Bezeichnung enthalten.

```
Private Type typKoordinate
  Name As String
  X As Double
  Y As Double
  Z As Double
End Type

Sub NeueKoordinate()
Dim Koord As typKoordinate
  Koord.Name = „Kanaldeckel"
  Koord.X = 4257833.345
  Koord.Y = 5634756.225
  Koord.Z = 457.33
End Sub
```

2.5.2 Konstanten

Const

Variablen können, wenn sich ihre Werte im Verlauf des Programms nie ändern, als *Konstanten* definiert werden. Die Deklaration von Konstanten hat die Syntax:

```
[Public | Private] Const Konstante [As Type] = Value
```

Private
Public

Standardmäßig sind Konstanten *Private*. Damit ist ihre Gültigkeit auf das Modul oder auf die Prozedur beschränkt, je nachdem, ob die Konstante im allgemeinen Deklarationsteil oder innerhalb einer Prozedur deklariert wurde. Im allgemeinen Deklarationsteil des Moduls kann die Gültigkeit einer Konstante auf *Public* erweitert werden. Konstanten in Klassen Modulen sind immer *Private*.

explicit
implicit

Konstanten können *explicit* oder *implicit* deklariert werden. Wird die Konstante explicit deklariert, wird der Datentyp festgelegt.

Das folgende Beispiel deklariert eine Konstante *implizit* mit einem Wert, der nur innerhalb einer Prozedur gültig ist.

```
Function Umfang (Radius as Double) As Double
   Const conPi = 3.141592654
   Umfang = ( Radius * 2 ) * conPi
End Function
```

Es gibt keine Möglichkeit, die Werte von Konstanten im Laufe des Programms zu ändern.

Beim Arbeiten mit VBA Funktionen kann mit einer ganzen Reihe vordeklarierter Konstanten gearbeitet werden. Die Namen dieser Konstanten beginnen immer mit einem *Präfix*, der auf die Bibliothek hinweist, in der die Konstanten enthalten sind.

```
vbBlack
vbCrLf
```

```
esriDCFeatureClass
```

2.5.3 Felder

In einem Feld werden Werte des gleichen Datentyps zu einer Liste bzw. Matrix zusammengefasst. Die einzelnen Werte werden über einen Index gesetzt oder abgefragt. Die Größe der Liste wird vorab definiert, indem hinter dem Variablennamen eine Klammer mit der benötigten Anzahl der Werte folgt. Standardmäßig beginnt der Index bei 0. Demnach kann ein Feld mit der Dimension 1 zwei Werte aufnehmen.

```
Dim Variable[([Dimension])][As [New] Type]
```

Dimension

Für ein Feld können bis zu 60 verschiedene Dimensionen definiert werden. Die einzelnen Definitionen werden durch Kommata voneinander getrennt. Die *Dimension* hat dabei folgende Syntax:

```
[lower To] upper [, [lower to] upper] ...
```

Lower

Wird für *lower* kein Wert angegeben, wird dieser standardmäßig auf 0 gesetzt.

```
Dim dblKoordinate(1 To 3) as Double

dblKoordinate(1) = 4256372.234
dblKoordinate(2) = 5253545.35462
dblKoordinate(3) = 715.25
```

Option Base

Falls der Index bei einem anderen Wert als 0 beginnen soll, zum Beispiel bei 1, kann im allgemeinen Deklarationsteil des Moduls die Anweisung *Option Base 1* verwendet werden.

Redim

Mit der *Redim* Anweisung kann im Verlauf des Programms die vordefinierte Dimensionierung geändert werden.

```
Redim [Preserve] VarName(Dimension) [As Typ]
```

Preserve

Mit dem Schlüsselwort *Preserve* können die Werte in den Datenfeldern bei der *Redim* Anweisung erhalten werden. Das geht aber nur, wenn ausschließlich die Größe der letzten Dimension verändert wird.

```
Redim Preserve dblKoordinate(3) as Double
```

Die *Redim* Anweisung wird auch für die sogenannten dynamischen Datenfelder verwendet. Dynamische Datenfelder sind bei ihrer Deklaration noch nicht dimensioniert. Sie erhalten die Dimension erst im Verlauf des Programms.

```
Dim dblKoordinate() as Double

Select Case strDimension
  Case „2D"
    Redim dblKoordinate(1)
  Case „3D"
    Redim dblKoordinate(2)
End Select
```

2.5.4 Gültigkeitsbereiche

```
Private dblDistance As Double
Public strAdresse As String
```

Der Gültigkeitsbereich definiert zum einen, innerhalb welcher Programmebene eine Variable verfügbar ist, und zum anderen die

Lebensdauer der Variablen.

Für Variable und Konstanten gibt es drei Gültigkeitsbereiche:

- Prozedurebene
- Private Modulebene
- Öffentliche Modulebene

Prozedurebene

Wird eine Variable innerhalb einer Prozedur deklariert, steht sie auch nur innerhalb dieser Prozedur zur Verfügung. Andere Prozeduren können diese Variable nicht verwenden. Sie wird automatisch zerstört, wenn die Prozedur beendet ist. Diese Variablen werden immer mit *Dim* oder *Static* deklariert.

```
Private Sub Button_Click()
  Dim strMessage As String
  strMessage = „Hello"
  MsgBox strMessage
End Sub
```

Private Modulebene

Wird eine Variable innerhalb des allgemeinen Deklarationsteils eines Moduls mit der *Dim* oder *Private* Anweisung deklariert, steht sie in allen Prozeduren dieses Moduls zur Verfügung. In jeder Prozedur kann ihr ein Wert zugewiesen werden, und ihr Wert kann in jeder Prozedur verwendet werden.

```
Private strMessage As String

Private Sub Button_Click()
  strMessage = „Hello"
  Call Message
End Sub

Private Sub Message
  MsgBox strMessage
End Sub
```

Öffentliche
Modulebene

Wird bei der Deklaration im allgemeinen Deklarationsteil eines Moduls die *Public* Anweisung verwendet, stehen die so definierten Variablen in allen Prozeduren von allen Modulen zur Verfügung.

Modul 1:

```
Public strMessage As String

Private Sub Button_Click()
  strMessage = „Hello"
  Call Message
End Sub
```

Modul 2:

```
Private Sub Message
  MsgBox strMessage
End Sub
```

2.6 Prozeduren

Prozeduren sind logische Programmeinheiten. Von der Qualität dieser einzelnen Programmeinheiten hängt die Lesbarkeit, Wartbarkeit und Wiederverwendbarkeit der geleisteten Programmierarbeit ab.

VBA unterscheidet vier Arten von Prozeduren:

- Sub-Prozedur
- Funktions-Prozedur
- Ereignis-Prozedur
- Eigenschaft-Prozedur

Sub-Prozedur Die Sub-Prozedur ist eine Programmeinheit, die die enthaltenen Anweisungen ausführt ohne danach einen Wert zurückzuliefern.

Funktions- Eine Funktions-Prozedur ist eine Programmeinheit, die etwas
Prozedur berechnet, und dieses Ergebnis nach ihrer Beendigung zurückliefert.

2.6.1 Sub-Prozeduren

Die allgemeine Definition einer Sub-Prozedur ist wie folgt:

```
[Private|Public|Friend][Static] Sub Name [(Argliste)]
    [Anweisungen]
    [Exit Sub]
    [Anweisungen]
End Sub
```

Private Wie bei den Variablen, gibt es auch für Prozeduren Gültigkeitsbereiche, in denen sie verwendet werden können. Wird eine Prozedur als *Private* deklariert, ist sie nur innerhalb des Moduls

Public	verfügbar, in dem sie enthalten ist. Ist die Prozedur als *Public* deklariert, kann sie auch von anderen Modulen innerhalb des Programms verwendet werden.
Friend	Die *Friend* Anweisung gilt nur für Prozeduren in Klassen Modulen. Mit dieser Anweisung wird die Prozedur allen Modulen innerhalb des Projekts verfügbar gemacht, zu der die Klasse gehört. Für alle anderen Projekte ist sie nicht verfügbar.
Static	Mit der *Static* Anweisung wird festgelegt, dass alle Variablen, die innerhalb der Prozedur deklariert werden, ihre Werte zwischen den einzelnen Aufrufen beibehalten.
Argliste	In der Argumentenliste werden die Variablen deklariert, für die Werte beim Ausführen der Prozedur übergeben werden müssen. Jedes Argument wird benannt (*Parameter*). Mehrere Parameter werden duch Kommata getrennt. Mehr Informationen stehen dazu im Kapitel „2.6.5 Ausführen einer Prozedur".
Exit Sub	Innerhalb des Anweisungsblocks kann die Prozedur jederzeit mit der *Exit Sub* Anweisung abgebrochen werden. Ansonsten werden alle Anweisungen ausgeführt bis die *End Sub* Anweisung erreicht wird.

```
Public Sub Calc()
    MsgBox InchToMeter(InputBox("Inch:", "InchToMeter", 0))
End Sub
```

2.6.2 Funktions-Prozeduren

Die allgemeine Definition einer Funktions-Prozedur ist wie folgt:

```
[Private |Public| Friend] [Static] Function Name
[(Argliste)] [As Type]
  [Anweisungen]
  [Name = Ausdruck]
```

```
    [Exit Function]
    [Anweisungen]
    [Name = Ausdruck]
End Function
```

Die Definition von *Private, Public, Friend Static* und *Arglist* entspricht der Beschreibung im vorangegangen Kapitel „2.6.1 Sub-Prozeduren".

As Type   Bei der Funktion wird der Datentyp für den Rückgabewert festgelegt.

Name=Ergebnis   Bevor die Funktion beendet wird, muss ein Ergebnis zurückgeliefert werden. Dazu wird das Ergebnis dem Namen der Funktion zugewiesen.

Exit Function   Innerhalb des Anweisungsblocks kann die Funktion jederzeit mit der *Exit Function* Anweisung abgebrochen werden. Ansonsten werden alle Anweisungen ausgeführt, bis die *End Function* Anweisung erreicht wird.

```
Public Function InchToMeter(Inch As Double) As Double
Dim dblFactor As Double

   dblFactor = 3.14 / 100
   InchToMeter = Inch * dblFactor

End Function
```

2.6.3 Ereignis-Prozeduren

Die allgemeine Form einer Ereignis-Prozedur ist wie folgt:

```
Private Sub Control_Event [(Argliste)]
   [Anweisungen]
```

```
    [Exit Sub]
    [Anweisungen]
End Sub

Private Function Control_Event [(Argliste)] [As Typ]
    [Anweisungen]
    [Exit Sub]
    [Anweisungen]
End Sub
```

Private

Ereignis-Prozeduren sind immer *Private*. Sie gehören direkt zu einem Objekt, zum Beispiel einem Formular oder einem Steuerelement. Die Prozedur wird automatisch ausgeführt, wenn das entsprechende Ereignis eintritt.

Das Codefenster hält in seiner Prozedurenliste für alle enthaltenen Objekte Eigenschafts-Prozeduren bereit, die ausprogrammiert werden können. Um eine neue Ereignis-Prozedur zu erzeugen oder eine bestehende zu suchen, wird zuerst in der linken *Dropdown* Liste das Objekt ausgewählt. Danach wird in der Prozedurenliste das gesuchte Ereignis angeklickt. Existiert dazu noch keine Prozedur, wird der Programmrumpf dafür automatisch generiert.

Ereignis-Prozeduren kommen mit oder ohne Parameter vor und können auch Rückgabewerte liefern.

```
Private Sub CommandButton1_Click()
    ...
End Sub
```

```
Private Sub CommandButton1_DblClick _
    (ByVal Cancel As MSForms.ReturnBoolean)
End Sub

Private Function MxDocument_OnContextMenu _
    (ByVal X As Long, ByVal Y As Long) As Boolean
    ...
End Function
```

2.6.4 Eigenschaften-Prozeduren

Eigenschaften werden bei der Programmierung von Klassen verwendet, um deren Charakteristika zu definieren. Es kann Eigenschaften geben, die nur gelesen werden können, andere können gelesen und verändert werden. Entsprechend gibt es für jede Eigenschaft eine lesende (*Get* Eigenschaft) und eventuell eine schreibende Prozedur (*Let* oder *Set* Eigenschaft).

Get Eigenschaft Eine lesende Eigenschaften-Prozedur ist mit einer Funktions-Prozedur vergleichbar, die allerdings keine Argumente verlangt. Die allgemeine Syntax für eine lesende Eigenschafts-Prozedur:

```
[Private|Public|Friend] [Static] Property Get [(Arg [As Typ])]
    [Anweisungen]
    [Property = Ausdruck]
    [Exit Property]
    [Anweisungen]
    [Property = Ausdruck]
End Function
```

Let Eigenschaft Die schreibende Eigenschaften-Prozedur ist mit einer Sub-Prozedur vergleichbar, wobei nur ein Argument zulässig ist. Die allgemeine Syntax für eine schreibende Eigenschafts-Prozedur lautet:

```
[Private|Public|Friend] [Static] Property Let [(Arg [As Typ])]
   [Anweisungen]
   [Exit Property]
   [Anweisungen]
End Function
```

Set Eigenschaft   Ist der Wert der Eigenschaft ein Objektverweis, wird für diese schreibende Eigenschaften-Prozedur die *Property Set* Anweisung verwendet:

```
[Private|Public|Friend] [Static] Property Set [(Arg [As Typ])]
   [Anweisungen]
   [Exit Property]
   [Anweisungen]
End Function
```

Private

Public   Wie bei allen Prozeduren, gibt es auch für Eigenschaften-Prozeduren Gültigkeitsbereiche, in denen sie verwendet werden können. Wird eine Funktion *Private* deklariert, ist sie nur innerhalb des Moduls verfügbar, in dem sie enthalten ist. Ist die Funktion *Public*, kann sie auch von anderen Modulen des Programms verwendet werden.

Friend   Die *Friend* Anweisung gilt nur für Prozeduren in Klassen Modulen. Mit dieser Anweisung wird die Prozedur allen Modulen innerhalb des Projekts verfügbar gemacht, zu der die Klasse gehört. Für alle anderen Projekte ist sie nicht verfügbar.

Static   Mit der *Static* Anweisung wird festgelegt, dass alle Variablen, die innerhalb der Prozedur deklariert werden, ihre Werte zwischen den einzelnen Aufrufen beibehalten.

Exit Property   Innerhalb des Anweisungsblocks kann die Prozedur jederzeit mit der *Exit Property* Anweisung abgebrochen werden. Ansonsten werden alle Anweisungen ausgeführt, bis die *End Property* Anweisung erreicht wird.

```
Option Explicit
Dim mLocation As typKoordinate


Public Property Get Location() As typKoordinate
  Location = mLocation
End Property

Public Property Let Location(newLocation As typKoordinate)
  mLocation = newLocation
End Property
```

2.6.5 Ausführen einer Prozedur

Prozedur

Der Aufruf einer Prozedur erfolgt über ihren Namen.

Sind bei dem Aufruf einer Prozedur Argumente zu übergeben, werden diese hinter dem Namen, durch Kommata getrennt, aufgeführt.

```
Public Sub Flash()
  ...
  FlashFeature aoiFeature, 3
  ...
End Sub

Public Sub FlashFeature (Shape As Object, Times As Integer)
  ...
End Sub
```

Benannte Argumente

Bei der Argumentenübergabe muss die Reihenfolge der Argumente beachtet werden, so wie die Prozedur dies für die Argumentenliste vorschreibt. Die Verwendung *benannter Argumente* erlaubt es allerdings die vorgegebene Reihenfolge zu missachten. Dabei wird dem Argument mit der Zuweisung *Parameterbezeichnung:=Wert* ein Wert zugewiesen. Wichtig dabei ist, dass bei der Verwendung von VBA-Funktionen die englische Parameterbezeichnung erwartet wird.

```
Public Sub Calc(Inch As Double)

    MsgBox Prompt:=InchToMeter(Inch), Title:="Result"
End Sub

Public Function InchToMeter(Inch As Double) As Double
Dim dblFactor As Double

  dblFactor = 3.14 / 100
  InchToMeter = Inch * dblFactor
End Function
```

Sub-Prozedur

Eine Sub-Prozedur kann auch mit der *Call* Anweisung aufgerufen werden. Aber dann muss die Argumentenliste in runde Klammern gesetzt werden.

```
Public Sub CallCalc()
  Call Calc(15)
End Sub
```

Funktions-Prozedur

Eine Funktion liefert immer einen Rückgabewert. Gewöhnlich ist die Funktion die rechte Seite einer Variablen-Zuweisung.

```
Value = Function()
```

Bei der Funktions-Prozedur muss zuerst eine Variable deklariert werden, deren Datentyp dem Rückgabewert der Funktion entspricht. Den Wert erhält die Variable durch den Funktionsaufruf. Notwendige Argumente werden in Klammern an den Funktionsaufruf angehängt. Mehrere Argumente werden mit Kommata voneinander getrennt.

```
Public Sub Calc()
Dim dblMeter As Double
Dim dblInch As Double

    dblInch = 13.47
    dblMeter = InchToMeter(dblInch)
    MsgBox dblMeter
End Sub

Public Function InchToMeter(Inch As Double) As Double
Dim dblFactor As Double

  dblFactor = 2.54 / 100
  InchToMeter = Inch * dblFactor
End Function
```

Es besteht auch die Möglichkeit, einen Funktionsaufruf in die Argumentenliste einer anderen Prozedur einzubauen. Der Datentyp des Arguments muss dem Datentyp des Rückgabewerts der Funktion entsprechen.

```
Public Sub Calc()
Dim dblInch As Double

    dblInch = 13.47
    MsgBox Cstr(InchToMeter(dblInch))
End Sub

Public Function InchToMeter(Inch As Double) As Double
Dim dblFactor As Double

  dblFactor = 3.14 / 100
  InchToMeter = Inch * dblFactor
End Function
```

Eine Funktion wird innerhalb einer Prozedur wie eine Variable behandelt.

```
Public Sub Calc(Inch As Double)

    MsgBox Prompt:=InchToMeter(Inch), Title:="Result"
End Sub

Public Function InchToMeter(Inch As Double) As Double
Dim dblFactor As Double

   dblFactor = 3.14 / 100
   InchToMeter = Inch * dblFactor
End Function
```

2.6.6 Erzeugen einer Prozedur

Alle Programmelemente in VBA – also Formulare, Module oder Klassen – können Prozeduren enthalten.

Eine Prozedur wird durch einen Programmrumpf, bestehend aus zwei Zeilen, innerhalb des Moduls kenntlich gemacht.

Programmrumpf

```
Public Sub Calc()

End Sub
```

Sobald die erste Zeile korrekt eingegeben wurde, vervollständigt VBA den Programmrumpf selbstständig.

Optionale Argumente

Innerhalb der Argumentenliste können Argumente deklariert werden, die nicht notwendigerweise übergeben werden müssen, sogenannte optionale Argumente. Der Datentyp dieser optionalen Argumente ist immer ein *Variant*. Innerhalb der Liste werden sie mit dem Schlüsselwort *Optional* gekennzeichnet. Treten in einer Argumentenliste notwendige und optionale Argumente gemeinsam auf, müssen die notwendigen Argumente immer vor den optionalen aufgeführt sein.

Lange Liste von Argumentenlisten sollten nicht zu lang sein. Zu viele Argumente
Argumenten erschweren die Verwendung und führen leicht zu fehlerhaften
Zuweisungen. Argumentenlisten lassen sich am besten dadurch
verkürzen, dass mehrere Argumente zu einem benutzerdefinierten
Typ oder zu einer Klasse zusammengefasst werden.

_ Zeichen Eine lange Argumentenliste sollte mit Hilfe des Fortsetzungs-
zeichens (_) in mehrere übersichtliche Zeilen zerlegt werden.

```
Public Function NewKoordinate(ByVal X As Double, _
                             ByVal Y As Double, _
                             Optional ByVal Z As Variant, _
                             Optional ByVal Name As Variant _
                             ) As typKoordinate
End Function
```

IsMissing Im Anweisungsblock der Prozedur kann bei optionalen *Variant-*
Argumenten mit der *IsMissing*-Funktion geprüft werden, ob ein Wert
für das optionale Argument übergeben wurde oder nicht.

```
Public Function NewKoordinate(ByVal X As Double, _
                             ByVal Y As Double, _
                             Optional ByVal Z As Variant, _
                             Optional ByVal Name As Variant _
                             ) As typKoordinate
Dim typKoord As typKoordinate

With typKoord
    .X = X
    .Y = Y
    If Not IsMissing(Z) Then
       .Z = Z
    Else
       .Z = 0#
    End If
    If Not IsMissing(Name) Then
      .Name = Name
    Else
      .Name = "unbekannt"
    End If
  End With
```

```
    NewKoordinate = typKoord
End Function
```

Sind mehrere Argumente optional, und es soll beispielsweise dem dritten Argument ein Wert übergeben werden, so müssen für alle übersprungenen Argumente Kommata gesetzt werden.

```
Dim newKoord As typKoordinate
newKoord = NewKoordinate(6473822.333, 5342516.44, , "Hauseck")
```

Standardwert   Einem optionalen Argument kann in der Deklaration ein Standardwert zugewiesen werden.

```
Public Function NewKoordinate(ByVal X As Double, _
               ByVal Y As Double, _
               Optional ByVal Z As Variant = 0, _
               Optional ByVal Name As Variant = "unbekannt" _
               ) As typKoordinate
Dim typKoord As typKoordinate

  With typKoord
    .X = X
    .Y = Y
    .Z = Z
    .Name = Name
  End With
  NewKoordinate = typKoord
End Function
```

2.6.7 Variablenübergabe

VBA kennt zwei Varianten bei der Übergabe von Variablen an Argumente von Prozeduren.

- by reference

- by value

by reference   Die Standardeinstellung bei der Übergabe von Variablen an Argumente einer Prozedur ist *by reference*. Bei dieser Variante wird die Variable direkt übergeben – nicht nur ihr Wert. Wird innerhalb der Prozedur der Wert verändert, ist dieser danach in der aufrufenden Prozedur ebenfalls der aktuelle Wert der Variablen. Man kann diese Variante auch mit dem Vorsatz *ByRef* deutlich machen.

by value   Übernimmt das Argument die Variable *by value*, wird der Wert der Variablen nach Beendigung der Prozedur nicht wieder zurückgegeben – das heißt, der Wert der Variablen, die übergeben wurde, hat sich nicht verändert. In der Argumentenliste der Prozedur wird diese Variante mit dem Vorsatz *ByVal* deutlich gemacht.

```
Public Function NewKoordinate(ByVal X As Double, _
                ByVal Y As Double, _
                Optional ByVal Z As Variant = 0, _
                Optional ByVal Name As Variant = "unbekannt" _
                ) As typKoordinate
Dim typKoord As typKoordinate

    With typKoord
     .X = X
     .Y = Y
     .Z = Z
      .Name = Name
    End With
    NewKoordinate = typKoord
End Function
```

2.6.8 Fehlersuche

Da die Vermeidung von Fehlern die beste Strategie ist, fehlerfreie Programme zu erzeugen, wird das Kapitel mit einigen Tipps zur Fehlervermeidung eingeleitet.

2.6.8.1 Tipps zur Fehlervermeidung

Dim

Deklarieren Sie immer die Variablen, einschließlich des Datentyps, bevor Sie diese verwenden.

Variablennamen

Verwenden Sie bei der Deklaration Variablennamen eine Bezeichnung bestehend aus Groß- und Kleinbuchstaben. Während der Programmierung tippen Sie die Variablennamen immer nur mit Kleinbuchstaben. Nach Beendigung der Zeile werden die Buchstaben automatisch korrigiert, falls sich keine Tippfehler eingeschlichen haben.

Sie können VBA auch veranlassen, Variablennamen automatisch zu vervollständigen, indem Sie nach einigen Anfangsbuchstaben bei gedrückter *Strg*-Taste ein Leerzeichen eingeben. Reichen die eingegebenen Buchstaben nicht aus, den Variablennamen eindeutig zu identifizieren, erscheint eine Liste, aus der Sie den richtigen Namen auswählen können.

Option Explicit

Verwenden Sie im allgemeinen Deklarationsteil die Anweisung *Option Explicit*. Dadurch müssen alle Variablen vorab deklariert werden, bevor sie verwendet werden können. VBA fügt diese Anweisung automatisch in jedes neue Modul ein, wenn im Menü *Extras - Optionen* unter dem Register *Modul* die Option *Variablendeklaration erforderlich* eingestellt ist.

Globale Variablen

Verzichten Sie so weit wie möglich auf die Verwendung globaler Variablen. Es lässt sich oft nicht leicht nachzuvollziehen, in welcher Prozedur eine globale Variable verändert wurde.

ByVal

Obwohl standardmäßig Variablen immer *by reference* übernommen werden, sollten nach Möglichkeit die Variablen *by value* übernommen werden. So kann eine lokal deklarierte Variable in anderen Prozeduren nicht verändert werden.

Modularer Aufbau

Fehler lassen sich in kleinen überschaubaren Programmmodulen leichter vermeiden. Zerlegen Sie deshalb die Programme in kleine logische Programmeinheiten.

Namens-konvention	Richten Sie sich bei der Benennung von Variablen und Prozeduren nach den bewährten Namenskonventionen – vermeiden Sie persönliche „Handschriften".
Kommentare	Zu diesem Thema erübrigt sich jeder weitere Kommentar!

2.6.8.2 Strategien zur Fehlersuche

Fehler beim Kompilieren	Bevor ein Programm ausgeführt wird, wird es von VBA kompiliert. Dabei wird das Programm in ausführbaren Code übersetzt, und dabei auf korrekte Schreibweise sowie syntaktisch geprüft. Tritt während des Kompilierens ein Fehler auf, wird der Vorgang abgebrochen und im Codefenster die fehlerhafte Zeile markiert. Die Kompilierung findet automatisch statt, wenn das Programm gestartet wird. Über das Menü *Debuggen - Kompilieren* kann dieser Schritt auch separat vorweg durchgeführt werden. Eine syntaktische Überprüfung findet auch während der Programmeingabe unmittelbar nach dem Drücken der *Return* Taste statt, wenn das Kontrollkästchen *Automatische Syntaxprüfung* aktiviert ist.
Laufzeitfehler	Eine andere Gruppe von Fehlern sind die, die erst zur Laufzeit auftreten. So ein Fehler tritt zum Beispiel auf, wenn einer Variablen ein Wert eines anderen Datentyps zugewiesen wird, oder der Wertebereich überschritten wird. Auch Divisionen durch Null sind häufig auftretende Laufzeitfehler. In der Regel führen solche Fehler zum Programmabbruch.
On Error Resume Next	Es gibt verschiedene Strategien, Laufzeitfehlern zu begegnen. Die am wenigsten zu empfehlene Strategie ist den Fehler zu übergehen und das Programm in der nächsten Zeile fortzusetzen. Dazu wird an einer entsprechenden Stelle innerhalb der Prozedur die Anweisung *On Error Resume Next* eingefügt.
On Error Goto	Eine bessere Möglichkeit ist die Verwendung einer Sprungmarke, auf die beim Auftreten eines Laufzeitfehlers verzweigt wird. Eine Sprungmarke besteht aus einem eindeutigen Namen und einem Doppelpunkt. Eine solche Sprungmarke gibt die Möglichkeit, nach einem Laufzeitfehler einen „ordentlichen" Abbruch durchzuführen.

```
Public Function InchToMeter(Inch As Double) As Double
On Error GoTo UnhandledError
Dim dblFactor#

   dblFactor# = 3.14 / 100
   InchToMeter = Inch# * dblFactor#
   Exit Function

UnhandledError:
   InchToMeter = 0
End Function
```

On Error Goto 0   Mit der Anweisung *On Error Goto 0* kann eine definierte Fehlerbehandlung wieder ausgeschaltet werden.

Resume   Soll nach der Fehlerbehandlung das Programm fortgesetzt werden, kann mit der *Resume* Anweisung auf eine Sprungmarke im Programm zurück verzweigt werden. Mit *Resume 0* wird das Programm genau an der Stelle fortgesetzt, an der der Fehler aufgetreten ist.

Das folgende Beispiel zeigt die Fehlerbehandlung, die genaue Informationen darüber angibt, wann und wo ein Laufzeitfehler aufgetreten ist.

```
Public Function InchToMeter(Inch As Double) As Double
On Error GoTo ErrorHandler
Dim dblFactor#

   dblFactor# = 3.14 / 100
   InchToMeter = Inch# * dblFactor#
   Exit Function

ErrorHandler:
   HandleError False, " InchToMeter ", Err.Number, Err.Source, _
   Err.Description
End Function

Public Sub HandleError(ByVal bTopProcedure As Boolean, _
                       ByVal sProcedureName As String, _
                       ByVal lErrNumber As Long, _
```

```
                    ByVal sErrSource As String, _
                    ByVal sErrDescription As String)
...
Err.Raise lErrNumber, sErrSource, vbTab & sProcedureName _
& vbCrLf & sErrDescription
End Sub
```

Debugger

Der in VBA enthaltenen *Debugger* bietet verschiedene Möglickeiten, Fehlern auf die Spur zu kommen.

Wird während des Programmablaufs ein Laufzeitfehler ausgelöst und die *Debug* Schaltfäche im Meldungsfenster gedrückt, wird die Zeile, in der der Fehler aufgetreten ist, farblich eingerahmt angezeigt. Das Programm selber wird unterbrochen und befindet sich im *Break* Modus. Zugleich ist eine Reihe von Schaltflächen aktiv, die zum *Debuggen* zur Verfügung stehen. Bestimmte Arten von Fehlern können in diesem Zustand direkt ausgebessert werden. Danach kann das Programm fortgesetzt werden.

Immediate Window

Im Testfenster (*Immediate Window*) können die Werte von Variablen angezeigt werden. Ein Fragezeichen vor dem Variablennamen zeigt den Wert der Variablen an:

Tooltip

Eine andere Möglichkeit die Variablenwerte zu ermitteln, ist der *Tooltip* Text, der den Wert der Variablen anzeigt, wenn man die Maus über eine Variable im Quellcode bewegt und dort kurz verweilt.

```
With typKoord
    .X = X
    .[X = 6473822,333]
    .Z = Z
    .Name = Name
End With
```

Qick Watch

Eine andere Möglichkeit, die aktuellen Werte von Variablen zu erfahren, ist *Quick Watch*. Dazu wird die gewünschte Variable im Programmfenster markiert und dann die *Quick Watch* Schaltfläche betätigt.

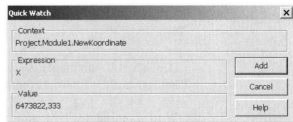

Debug.Print

Mit der *Debug.Print* Anweisung kann vom Programm aus direkt ins Testfenster (*Immediate Window*) geschrieben werden. Auf diese Weise kann insbesondere bei Schleifen der Wert von Variablen beobachtet werden.

```
Public Sub CreateKoord()
  Dim nKoord As typKoordinate
  nKoord = NewKoordinate(6473822.333, 5342516.44)
  Debug.Print nKoord.Name & "," & nKoord.X & "," & nKoord.X
End Sub
```

Die *Debug.Print* Anweisung kann eine Reihe von Formatierungen beinhalten. Werden mehrere Ausdrücke durch Kommata voneinander getrennt, wird jeder Ausdruck um eine Tabulatorposition verschoben. Denselben Effekt hat das Schlüsselwort *Tab*, mit *Tab(n)* sogar um *n* Tabulatorabstände. Die *Spc(n)* Anweisung fügt dagegen nur *n* Leerzeichen ein. Steht am Ende der Anweisung ein Komma oder ein Semikolon, wird die nächste *Debug.Print* Anweisung direkt hinter die letzte geschrieben.

Andere Schaltflächen erlauben das Programm an bestimmten Stellen anzuhalten und dann schrittweise zu durchlaufen. Zusätzlich können permanent die Werte von Variablen überwacht werden.

Toggle Breakpoint

An einer markierten Zeile kann ein Haltepunkt gesetzt werden, an dem die Ausführung des Programms unterbrochen wird. Ein Haltepunkt wird duch einen dunkelroten Balken angezeigt.

Reset

Mit der Schaltfläche *Beenden* kann das Programm beendet werden.

Run Macro

Mit der Schaltfläche *Weiter* wird das Program vom Haltepunkt aus wieder gestartet – bis zum Programmende oder zum nächsten Haltepunkt.

Step Into

Mit dieser Schaltfläche (oder F8 Taste) kann der Code Zeile für Zeile abgearbeitet werden. Die aktuelle Programmzeile wird dabei mit einem gelben Balken hinterlegt.

Step Out

Mit dieser Schaltfläche läuft das Programm weiter, bis zu der Zeile nach der Stelle, an der die Prozedur aufgerufen wurde.

Step Over

Wird innerhalb der Prozedur eine andere Prozedur aufgerufen, kann diese mit einem Schritt abgearbeitet werden. Mit der Einzelschrittanweisung würde ansonsten in diese Prozedur verzweigt werden.

Während der schrittweisen Abarbeitung können Variablen zur ständigen Überwachung im Testfenster angezeigt werden. Über des Menü *Debug* und dem Befehl *Add Watch* wird ein Dialogfeld gestartet, das drei verschiedene Einstellungen ermöglicht.

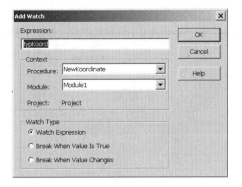

Bei *Watch Expression* wird die Variable zusammen mit ihrem Wert in einem *Watch Window* angezeigt.

Bei *Break When Value Is True* stoppt das Programm an der Stelle, an der die Variable den Wert *True* annimmt.

Bei *Break When Value Changes* stoppt das Programm sofort, wenn sich der Wert der Variablen verändert.

Im *Watch Window* werden die drei unterschiedlichen Einstellungen durch *Icons* deutlich gemacht.

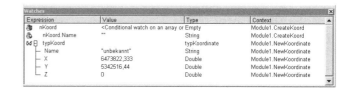

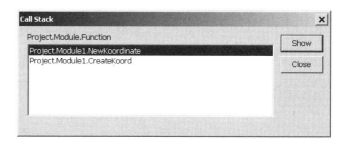

Call Stack

Mit dieser Schaltfläche werden die Prozeduren in ihrer chrono-logischen Reihenfolge bis zum aktuellen Haltepunkt angezeigt.

2.7 Code Strukturen

In diesem Kapitel werden einige grundlegende Strukturen der Programmiersprache „*Visual Basic for Applications*" erläutert.

2.7.1 Logische Ausdrücke

Logische Ausdrücke sind ein wichtiger Bestandteil der Programmierung. Die meisten Entscheidungen innerhalb eines Programmablaufs hängen von den Ergebnissen logischer Ausdrücke ab.

Boolean

Das Ergebnis eines logischen Ausdrucks ist immer ein boolscher Wert (*Boolean*) und hat damit entweder den Wert *wahr* (*True*) oder *falsch* (*False*).

Operator

Ein logischer Ausdruck besteht im einfachsten Fall aus zwei Operanden (Werte) mit einem Operator dazwischen.

```
[Wert_1] [Operator] [Wert_2]
```

Die Operatoren werden in zwei Gruppen eingeteilt:

Vergleichs-operatoren

Für einen logischen Ausdruck können folgende Vergleichsoperatoren eingesetzt werden:

=	gleich wie
<	kleiner als
<=	kleiner als oder gleich wie
>	größer als
>=	größer als oder gleich wie
<>	ungleich wie

Like	gleiche Zeichenfolge wie

Like

Der *Like* Operator vergleicht eine Zeichenfolge mit einem Muster. Entspricht die Zeichenfolge dem Muster, ist das Ergebnis *True*.

Option Compare

Die *Option Compare* Anweisung legt das Verhalten des *Like* Operators fest. Diese Anweisung wird im allgemeinen Deklarationsteil eines Moduls definiert und hat folgende drei Optionen:

```
Option Compare Binary
Option Compare Text
Option Compare Database
```

Binary

Bei der *Binary* Option basiert der Vergleich der Zeichenfolge auf der internen binären Reihenfolge. Dies ist die Standardmethode.

Text

Der Vergleich mit der *Text* Option verwendet die Reihenfolge, die im Gebietsschema des Systems eingestellt ist, und unterscheidet nicht zwischen Groß- und Kleinbuchstaben.

Im Muster für den *Like* Operator können auch Platzhalter verwendet werden:

#	Eine beliebige Zahl zwischen 0 und 9
*	Beliebige Zeichen in beliebiger Anzahl
?	Ein beliebiges Zeichen
[Liste]	Ein beliebiges Zeichen der Liste
[!Liste]	Ein beliebiges Zeichen nicht in der Liste

Logische Operatoren

Zusätzlich zu den *Vergleichsoperatoren* können *logische Operatoren* verwendet werden.

Not	Nicht
And	Und
Or	Oder

Not
And
Or

Der *Not* Operator kehrt die Bedingung ins Gegenteil, *And* und *Or* verbinden zwei Bedingungen zu einem Ergebnis. Die folgende Tabelle zeigt die Wirkung dieser Operatoren:

Bedingung_1	Operator	Bedingung_2	Ergebnis
True	And	True	True
True	And	False	False
False	And	True	False
False	And	False	False
True	Or	True	True
True	Or	False	True
False	Or	True	True
False	Or	False	False
	Not	True	False
	Not	False	True

Zeichenketten

Werden Zeichenketten innerhalb einer Bedingung miteinander verglichen, müssen diese in Anführungszeichen gesetzt werden.

```
„ArcInfo" = „Arcinfo"
```

2.7.2 Entscheidungen

Während des Programmablaufs müssen oftmals Entscheidungen getroffen werden. In VBA stehen dafür verschiedene Befehle zur Verfügung. Die folgenden beiden werden etwas näher beschrieben.

```
If ... Then ... End If
Select Case ... End Select
```

2.7.2.1 If-Abfragen

Die allgemeine, und einfachste Form einer *If* Abfrage hat die Form:

```
If Bedingung Then Anweisung
```

Eine *Bedingung* ist ein logischer Ausdruck, der ein boolsches Ergebnis erzeugt. Ist das Ergebnis wahr, wird die nachfolgende Anweisung ausgeführt wird.

Beispiele für Bedingungen können unterschiedlich komplex ausfallen – das Ergebnis darf aber immer nur ein *True* oder *False* ergeben.

```
If Koord.Z > 0# Then MsgBox "Koordinate ist 3-Dimensional"
```

Diese einfache *If* Abfrage lässt allerdings nur eine einzige Anweisung zu, falls die Bedingung wahr ist. Sollen mehrere Programmzeilen der Bedingung folgen, müssen diese in einen *If ... End If* Block zusammengefaßt werden.

```
If Bedingung Then
    Anweisung
    [Anweisung]
End If
```

Eine Abfrage mit mehreren Bedingungen kann mit Hilfe der *if – elseif - else* Anweisung folgendermaßen realisiert werden:

```
If Bedingung_1 Then
    Anweisungen
ElseIf Bedingung_2 Then
    Anweisungen
Else
```

```
    Anweisungen
  End If
```

Dabei können beliebig viele Bedingungen nacheinander aufgeführt werden. Die Anweisungen der ersten wahren Bedingung wird ausgeführt, danach wird die *If* Anweisung beendet.

```
Public Sub HasZValue(Koord As typKoordinate)
  If Koord.Z > 0# Then
    MsgBox "Koordinate ist 3-dimensional"
  ElseIf Koord.Z = 0 Then
    MsgBox "Koordinate ist 2-dimensional"
  Else
    MsgBox "Koordinate hat negativen Z-Wert"
  End If
End Sub
```

2.7.2.2 Select Case-Anweisung

Eine besonders bei vielen Entscheidungsmöglichkeiten übersichtlichere Variante der Verzweigung ist die *Select Case* Anweisung. Die allgemeine Syntax ist:

```
Select Case Variable
   Case Ausdruck_1
      Anweisungen
   [Case Ausdruck_2]
   [Anweisungen]
   [Case Else]
      [Anweisungen]
End Select
```

Die *Variable* ist das Ergebnis einer Operation oder der Wert einer Variablen. Enspricht *Ausdruck_1* diesem Wert, wird der anschließende Anweisungs-Block ausgeführt und der *Select Case* Block verlassen. *Ausdruck_1* kann ein einzelner Wert oder eine Werteliste sein. Bei der Werteliste werden die einzelnen Ausdrücke durch Kommata voneinander getrennt.

Case Is

Wird im Ausdruck ein Vergleichsoperator eingesetzt, muss diesem ein *Is* vorangestellt werden.

```
Public Sub HasZValue(Koord As typKoordinate)
  Select Case Koord.Z
    Case Is < 0
      MsgBox "Koordinate hat negativen Z-Wert"
    Case Is = 0
      MsgBox "Koordinate ist 2-Dimensional"
    Case Is > 0
      MsgBox "Koordinate ist 3-Dimensional"
  End Select
End Sub
```

Case sensitive

Select Case berücksichtigt Groß- und Kleinschreibung (*case sensitive*). Das bedeutet, dass die genaue Schreibweise beachtet werden muss, wenn Werte miteinander verglichen werden.

```
Public Sub HasName(Koord As typKoordinate)
  Select Case Koord.Name
    Case "", "unbekannt", "Unbekannt"
      MsgBox "Koordinate hat keine Bezeichnung"
    Case Else
      MsgBox "Koordinate hat eine Bezeichnung"
  End Select
End Sub
```

2.7.3 Schleifen

Mit Schleifen kann ein Anweisungsblock beliebig oft wiederholt werden. In den folgenden Kapiteln werden folgende Möglichkeiten von Schleifen in VBA beschrieben.

```
•   Do ... Loop
•   For ... Next
•   For Each ... Next
```

Bei Schleifen ist immer sicherzustellen, dass sie auch wieder verlassen werden. Dazu ist es wichtig die Anzahl der Wiederholungen genau zu bestimmen. Dafür gibt es drei verschiedene Methoden.

Anzahl   Die *Anzahl* der Schleifen wird von vornherein festgelegt. Zum Beispiel an Hand der Anzahl der Elemente in einer Liste.

Each   *For Each Next* ist eine Variante, die automatisch für jedes Element einer Liste die Schleife durchläuft.

Boolean   Die dritte Variante ist diejenige, bei der die Anzahl der Schleifen von einem logischen Ausdruck abhängig gemacht wird. Die Schleife wird verlassen, sobald oder solange eine logische Bedingung erfüllt ist.

2.7.3.1 Do ... Loop

Eine *Do ... Loop* Schleife wird so oft durchlaufen, bis (*Until*) oder solange (*While*) eine definierte Bedingung erfüllt ist. Die Bedingung kann am Anfang der Schleife geprüft werden.

```
Do [{While|Until} Bedingung]
    Anweisungen
    [Exit Do]
    [Anweisungen]
Loop
```

Eine andere Möglichkeit besteht darin, die Bedingung am Ende der Schleife zu prüfen. Das führt dazu, dass die Schleife auf jeden Fall einmal durchlaufen wird.

```
Do
    Anweisungen
    [Exit Do]
    [Anweisungen]
Loop [{While|Until} Bedingung]
```

While   Bei der *While* Anweisung wird die Schleife so oft durchlaufen, *solange* die Bedingung erfüllt ist.

Until   Bei der *Until* Anweisung wird die Schleife so oft durchlaufen, *bis* die Bedingung erfüllt ist.

Exit Do   Die Schleife kann jederzeit mit der *Exit Do* Anweisung verlassen werden. Das Programm wird in der nächsten Zeile nach der *Loop* Anweisung fortgesetzt.

```
Public Sub Convert()
Dim strInput As String
Dim dblInch As Double

    Do
        strInput = InputBox("Enter value:", "Convert", 0#)
        dblInch = strInput
        If dblInch <> 0 Then
            MsgBox InchToMeter(CDbl(dblInch)), vbOKOnly, "Result"
        Else
            Exit Do
        End If
    Loop Until strInput = "0" Or strInput = ""

End Sub
```

2.7.3.2 For ... Next

Eine *For ... Next* Schleife läuft solange, bis der Schleifenzähler einen bestimmten Wert erreicht hat:

```
For Zähler = Anfang To Ende [Step Schritt]
    Anweisungen
    [Exit For]
    [Anweisungen]
Next [Zähler]
```

Schleifenzähler

Für den Schleifenzähler wird ein *Anfang* und ein *Ende* festgesetzt. Der *Schritt* legt fest, in welchen Schritten der Zähler pro Durchlauf verändert wird. Dieser kann auch negativ sein, wenn der *Anfang* größer ist als das *Ende*.

Exit For

Eine Schleife kann mit einer *Exit For* Anweisung verlassen werden, wenn zum Beispiel ein Ergebnis erarbeitet wurde, das es nicht notwendig macht, die Schleife fortzusetzen.

```
Public Function Find(Name As String) As typKoordinate
Dim intCounter As Integer
Dim typKoord As typKoordinate

   For intCounter = 0 To UBound(mLocations) - 1
     If mLocations(intCounter).Name = Name Then
        Find = mLocations(intCounter)
        Exit For
     End If
   Next intCounter
End Function
```

Verschachtelte Schleifen

Schleifen können ineinander verschachtelt werden. Für jeden Wert der äußeren Schleife wird die innere einmal komplett durchlaufen.

Mit Hilfe verschachtelter Schleifen lassen sich zum Beispiel Inhalte von Datenfeldern sortieren:

```
Public Sub Sort(ByRef Locations() As typKoordinate)

Dim i1 As Integer
Dim i2 As Integer
```

```
Dim strName1 As String
Dim strName2 As String

   For i1 = 0 To UBound(mLocations) - 1
     For i2 = i1 + 1 To UBound(mLocations)
        strName1 = Locations(i1).Name
        strName2 = Locations(i2).Name
        If strName1 > strName2 Then
           Locations(i1).Name = strName2
           Locations(i2).Name = strName1
        End If
     Next i2
   Next i1
End Sub
```

2.7.3.3 For Each … Next

Mit der *For Each ... Next* Schleife werden die Elemente einer Liste oder eines Feldes bearbeitet. Mit dieser Form der *For* Schleife ist es nicht notwendig, die Anzahl der erforderlichen Durchläufe der Schleife von vorneherein zu kennen:

```
For Each Element In Liste
    Anweisungen
    [Exit For]
    [Anweisungen]
Next [Element]
```

Element

Element ist eine Variable vom selben Datentyp, der auch in der *Liste* enthalten ist. Das bedeutet aber auch gleichzeitig, dass alle Elemente der Liste den gleichen Datentyp haben müssen. Für jeden Schleifendurchgang hat *Element* den Wert eines Listenobjekts.

```
Public Function Find(Name As String) As clsKoordinate
Dim objKoord As clsKoordinate
```

```
For Each objKoord In colLocations
    If objKoord.Name = Name Then
        Set Find = objKoord
        Exit For
    End If
Next objKoord
End Function
```

benutzerdefinierte Datentypen   Felder oder Listen, die *benutzerdefinierte Datentypen* enthalten, können nicht mit der *For Each ... Next* Schleife durchlaufen werden.

2.7.4 GoTo

Mit der *GoTo* Anweisung wird eine neue Stelle im Programmcode angesprungen. Dabei kann nur innerhalb der aktuellen Prozedur gesprungen werden. *GoTo* Anweisungen werden zum Beispiel im Zusammenhang mit der Fehlerbehandlung eingesetzt – mehr dazu können Sie im Kapitel „Fehlersuche" nachlesen.

Die allgemeine Form der *GoTo* Anweisung ist:

```
If [ Bedingung ] Then Goto Label
```

Label   *Label* ist entweder eine bestimmte Zeilennummer im Programm oder eine mit einer Sprungmarke bezeichnete Zeile. Im letzteren Fall muss der Name der Sprungmarke zusammen mit einem Doppelpunkt am Anfang der Zeile stehen.

```
Label:
```

Das folgende Beispiel zeigt Sprungmarken in einer Prozedur, die zum Ende des Programms springen, wenn eine ungültige Benutzereingabe erfolgte, oder wenn bei der Berechnung ein Fehler aufgetreten ist.

```
Public Function InchToMeter(Inch As Double) As Double
On Error GoTo ErrorHandler
Dim dblFactor As Double

    If Inch = 0# Then GoTo InvalidInput
    dblFactor = 3.14 / 100
    InchToMeter = Inch * dblFactor
    Exit Function

InvalidInput:
    InchToMeter = 0
    Exit Function
ErrorHandler:
    InchToMeter = 0
End Function
```

2.7.5 With

Die *With* Anweisung kann nur zur Referenz auf Objekte oder benutzerdefinierte Typen eingesetzt werden. Die allgemeine Form der *With* Anweisung ist:

```
With Object
  [Anweisungen]
End With
```

Object
Object ist eine Variable, die ein Objekt oder einen benutzerdefinierten Typ referenziert.

Anweisungen
Innerhalb des Anweisungsblocks kann auf die Benennung des Objekts verzichtet werden. Den verwendeten Methoden oder Eigenschaften wird nur ein Punkt vorangestellt.

```
Public Function NewKoordinate(ByVal X As Double, _
          ByVal Y As Double, _
          Optional ByVal Z As Variant = 0#, _
          Optional ByVal Name As Variant = "unbekannt" _
          ) As typKoordinate
Dim typKoord As typKoordinate
   With typKoord
     .X = X
     .Y = Y
     If VarType(Z) = vbDouble Then
        .Z = Z
     End If
     If VarType(Name) = vbString Then
        .Name = Name
     End If
   End With
   NewKoordinate = typKoord
End Function
```

2.8 VBA Funktionen

VBA bietet eine Vielzahl von Funktionen, die bei der Erstellung von Programmen sehr hilfreich sind. Im Folgenden werden die wichtigsten beschrieben und dabei in folgende Themenblöcke unterteilt.

- Funktionen für das Arbeiten mit Dateien und Verzeichnissen
- Funktionen für Dateioperationen
- Funktionen für Datenfelder
- Funktionen für Datentypkonvertierungen
- Funktionen für Datum und Uhrzeit
- mathematische Funktionen
- Funktionen für Manipulationen an Zeichenketten
- Verschiedenes

2.8.1 Arbeiten mit Dateien und Verzeichnissen

Folgende Funktionen können verwendet werden, um in Verzeichnissen zu wechseln, Verzeichnisse oder Dateien zu löschen, kopieren oder umzubenennen.

ChDir
    `Chdir path`
Zum Wechseln des Verzeichnisses. *path* ist eine Zeichenkette, die den neuen Pfad – einschließlich Laufwerksbezeichnung – enthält. Auch relative Pfadangaben sind möglich.

ChDrive
    `ChDrive drive`
Zum Wechseln des Laufwerks. *drive* ist eine Zeichenkette, die die neue Laufwerksbezeichnung enthält.

CurDir
    `CurDir[(drive)]`
Zur Rückgabe des aktuellen Verzeichnisses. Optional kann eine Laufwerksbezeichnung angegeben werden, dessen aktuelles

Verzeichnis zurückgegeben werden soll.

Dir

`Dir[(pathname[,attributes])]`
Zur Rückgabe einer Datei oder eines Verzeichnisses. *pathname* ist eine Zeichenkette, die einen Dateinamen, ein Verzeichnis oder ein Laufwerk enthält. Kann durch diese Funktion die Datei, das Verzeichnis oder das Laufwerk nicht gefunden werden, wird *Null* zurückgegeben. *attributes* ist eine Konstante für verschiedene Dateiattribute:

vbNormal	0	eine normale Datei
vbHidden	2	eine versteckte Datei
vbSystem	4	eine Systemdatei
vbVolume	8	eine Datenträgerbezeichnung
vbDirectory	16	ein Verzeichnis

FileCopy

`FileCopy Source, Destination`
Um eine Datei zu kopieren. *Source* ist eine Zeichenkette, die den Namen der Datei enthält, die kopiert werden soll. *Destination* ist eine Zeichenkette, die den Namen der Datei, einschließlich Pfad und Laufwerk, enthält, in die kopiert werden soll.

FileDateTime

`FileDateTime(pathname)`
Zur Rückgabe des Zeitpunkts der Erstellung oder der letzten Änderung einer Datei. *pathname* ist eine Zeichenkette, die den Namen der Datei einschließlich Pfad und Laufwerk enthält.

FileLen

`FileLen(pathname)`
Zur Rückgabe der Dateigröße in Bytes. *pathname* ist eine Zeichenkette, die den Namen der Datei einschließlich Pfad und Laufwerk enthält.

GetAttr

`GetAttr(pathname)`
Zur Rückgabe der Dateiattribute. *pathname* ist eine Zeichenkette, die den Namen der Datei einschließlich Pfad und Laufwerk enthält. Der Rückgabewert ist die Summe einzelner Werte aus folgender Tabelle:

vbNormal	0	normale Datei
vbReadOnly	1	schreibgeschützte Datei
vbHidden	2	versteckte Datei
vbSystem	4	Systemdatei
vbDirectory	16	Verzeichnis
vbArchive	32	geänderte Datei

MkDir

```
MkDir path
```
Zur Erstellung eines neuen Verzeichnisses. *path* ist eine Zeichenkette, die den Namen des neuen Verzeichnisses, einschließlich der Laufwerksbezeichnung, enthält.

Name ... As

```
Name oldpathname As newpathname
```
Zur Änderung des Namens einer Datei oder eines Verzeichnisses. *oldpathname* ist eine Zeichenkette, die den Namen der Datei oder des Verzeichnisses enthält, die umbenannt werden soll. *newpathname* ist eine Zeichenkette, die den Namen enthält, in den die Datei oder das Verzeichnis umbenannt werden soll. Die Laufwerksbezeichnung muss in beiden Pfaden gleich sein.

RmDir

```
RmDir path
```
Zum Löschen eines Verzeichnisses. *path* ist eine Zeichenkette, die den Pfad, einschließlich der Laufwerksbezeichnung, enthält, dass gelöscht werden soll.

SetAttr

```
SetAttr pathname, attributes
```
Um Dateiattribute zu definieren. *pathname* ist eine Zeichenkette, die den Namen der Datei, einschließlich Pfad und Laufwerksbezeichnung, enthält. *attributes* ist ein Wert, der sich aus der Summe folgender Dateiattribute errechnet:

vbNormal	0	normale Datei
vbReadOnly	1	schreibgeschützte Datei
vbHidden	2	versteckte Datei
vbSystem	4	Systemdatei
vbArchive	32	geänderte Datei

2.8.2 Dateioperationen

Folgende Funktionen können verwendet werden, um ASCII- oder Binärdateien zu öffnen, zu schließen, zu lesen oder zu schreiben.

Close

`Close [filenumberlist]`
Zum Schließen einer geöffneten Datei. *filenumberlist* kann eine oder mehrere Nummern enthalten. Wird keine Nummer angegeben, werden alle geöffneten Dateien geschlossen. Die *filenumber* wird durch die *Open* Funktion vergeben.

EOF

`EOF (filenumber)`
Um festzustellen, ob das Ende einer Datei erreicht ist. Die *filenumber* wird durch die *Open* Funktion vergeben.

FileCopy

`FileCopy source, destination`
Um eine Datei zu kopieren. *source* ist eine Zeichenkette, die den Namen der Datei enthält, die kopiert werden soll. *destination* ist eine Zeichenkette, die den Namen der Datei einschließlich Pfad und Laufwerk enthält, in die kopiert werden soll.

FileDateTime

`FileDateTime(pathname)`
Zur Rückgabe des Zeitpunkts der Erstellung oder der letzten Änderung einer Datei. *pathname* ist eine Zeichenkette, die den Namen der Datei einschließlich Pfad und Laufwerk enthält.

FileLen

`FileLen(pathname)`
Zur Rückgabe der Dateigröße in Byte. *pathname* ist eine Zeichenkette, die den Namen der Datei einschließlich Pfad und Laufwerk enthält.

Input #

`Input #filenumber, varlist`
Um Werte aus einer Datei einzulesen. Die *filenumber* wird durch die *Open* Funktion vergeben. Die *varlist* ist eine durch Kommata getrennte Liste von Variablen, denen die Werte aus der gelesenen Datei zugewiesen werden sollen.

Kill

`Kill pathname`
Um eine Datei zu löschen. *pathname* ist eine Zeichenkette, die den

Namen der Datei einschließlich Pfad und Laufwerk enthält. „*" als Platzhalter für mehrere Zeichen, oder „?" als Platzhalter für einzelne Zeichen ist möglich.

Line Input #

```
Line Input #filenumber, varname
```
Um eine Zeile aus einer Datei zu lesen. Die *filenumber* wird durch die *Open* Funktion vergeben. *varname* ist eine Variable vom Datentyp *String*, der der Inhalt der Zeile zugewiesen wird.

Name ... As

```
Name oldpathname As newpathname
```
Zur Änderung des Namens einer Datei oder eines Verzeichnisses. *oldpathname* ist eine Zeichenkette, die den Namen der Datei oder des Verzeichnisses enthält, die umbenannt werden soll. *newpathname* ist eine Zeichenkette, die den Namen enthält, in den die Datei oder das Verzeichnis umbenannt werden soll. Die Laufwerksbezeichnung muss in beiden Pfaden gleich sein.

Open

```
Open pathname [For mode] [Access access]
[lock] As [#] filenumber [Len=reclength]
```
Öffnet eine Datei, um aus ihr zu lesen, oder um sie zu beschreiben.

Print #

```
Print #filenumber, [outputlist]
```
Um Daten zeilenweise in eine Datei auszugeben. Die *filenumber* wird durch die *Open* Funktion vergeben. Die *outputlist* definiert die Formatierung.

2.8.3 Datenfelder

Folgende Funktionen erleichern die Arbeit mit Datenfeldern.

Array

```
Array (arglist)
```
Um ein Datenfeld zu erzeugen. *arglist* ist eine mit Kommata getrennte Liste der Elemente für das Datenfeld.

Erase

```
Erase arraylist
```

Initialisiert Felder neu oder löscht die Inhalte von Feldern. *arraylist* ist eine durch Kommata getrennte Liste mit Feld-Variablen.

IsArray   `IsArray` (varname)
Um festzustellen, ob eine Variable ein Datenfeld ist oder nicht. Liefert *True* oder *False*.

LBound   `LBound`(arrayname[,dimension])
Um den kleinsten Index des Datenfeldes zu erfahren. *arrayname* ist der Name der Variablen. Falls es sich um ein mehrdimensionales Datenfeld handelt, definiert *dimension*, für welche Dimension der kleinste Index zurückgegeben werden soll.

Option Base   `Option Base` { 0 | 1 }
Definiert auf Modulebene die Untergrenze eines Datenfeldes mit 0 oder 1.

UBound   `UBound`(arrayname [,dimension])
Um den größten verfügbaren Index des Datenfeldes zu erfahren. *arrayname* ist der Name der Variablen. Falls es sich um ein mehrdimensionales Datenfeld handelt, definiert *dimension*, für welche Dimension der größte verfügbare Index zurückgegeben werden soll.

2.8.4 Datentypkonvertierung

VBA stellt Routinen zur Verfügung, um Daten eines Datentyps in einen anderen Datentyp zu konvertieren.

Chr   `Chr`(charcode)
Konvertiert einen ASCII-Zeichencode in einen Character.

LCase   `LCase`(string)
Konvertiert alle Buchstaben der *string* Variablen in Kleinbuchstaben.

UCase	`UCase(string)` Konvertiert alle Buchstaben der *string* Variablen in Großbuchstaben.
Str	`Str(number)` Konvertiert eine Zahl in eine Zeichenkette. Diese Funktion kennt nur den Punkt als Dezimaltrennzeichen.
CBool	`CBool(expression)` Konvertiert einen Ausdruck in einen boolschen Wert. Ist der Wert des Ausdrucks 0, liefert die Funktion *False*, andernfalls *True*.
CByte	`CByte(expression)` Konvertiert einen Ausdruck in den Datentyp Byte.
CCur	`CCur(expression)` Konvertiert einen Ausdruck in den Datentyp Currency.
CDbl	`CDbl(expression)` Konvertiert einen Ausdruck in den Datentyp Double.
CInt	`CInt(expression)` Konvertiert einen Ausdruck in den Datentyp Integer. Nachkommastellen werden gerundet.
CLng	`CLng(expression)` Konvertiert einen Ausdruck in den Datentyp Long. Nachkommastellen werden gerundet.
CSng	`CSng(expression)` Konvertiert einen Ausdruck in den Datentyp Single.
CVar	`CVar(expression)` Konvertiert einen Ausdruck in den Datentyp Variant.
Fix	`Fix(number)` Konvertiert eine Zahl in eine ganze Zahl, indem die Stellen nach dem Komma abgeschnitten werden.
Int	`Int(number)` Konvertiert eine Zahl in eine ganze Zahl, indem die Stellen nach dem Komma abgeschnitten werden. Bei negativen Zahlen wird auf

die nächste größere negative Zahl gerundet.

Asc
`Asc(string)`
Liefert den Zeichencode des ersten Buchstabens der *string* Variablen zurück.

Val
`Val(string)`
Liefert die Zahlen einer *string* Variablen zurück.

2.8.5 Datum und Uhrzeit

Muss mit Datumswerten gerechnet werden, bietet VBA folgende Funktionen an.

Date
`Date`
Um das aktuelle Systemdatum zu erfahren.

Now
`Now`
Um das aktuelle Systemdatum und die aktuelle Systemuhrzeit zu erfahren.

Time
`Time`
Um die aktuelle Systemuhrzeit zu erfahren.

DateSerial
`DateSerial(year, month, day)`
Um den Datumswert für den angegeben Tag und Monat und für das Jahr zu erfahren.

DateValue
`DateValue(date)`
Konvertiert eine Zeichenkette in einen *date* Datenyp. Die Zeichenkette muß im Bereich von „1. Januar 100" bis „31. Dezember 9999" liegen.

Month
`Month(date)`
Um den Monat zu erfahren. Die Funktion gibt eine Zahl zwischen 1 und 12 zurück.

Weekday
`Weekday(date, [firstdayofweek])`

Um den Wochentag zu erfahren. Die Funktion liefert eine Zahl zwischen 1 und 7 zurück. Normalerweise ist die 1 der Sonntag. Das kann aber mit dem Argument *firstdayofweek* geändert werden. Die übergebene Zahl gibt den Wochentag an, mit dem die Woche beginnen soll – eine Zahl zwischen 1 und 7, wobei die 1 für den Sonntag steht.

Year

`Year(date)`
Um die Jahreszahl zu erfahren.

DateAdd

`DateAdd(interval, number, date)`
Um ein zukünftiges Datum zu erfahren. *interval* definiert die zum Datum (*date*) hinzuzufügende Einheit, *number* definiert die Anzahl der hinzuzufügenden Einheiten. Folgende Intervalle sind möglich:

yyyy	Jahr
q	Quartal
m	Monat
y	Tag des Jahres
d	Tag
w	Wochentag
ww	Woche
h	Stunde
n	Minute
s	Sekunde

DateDif

`DateDif(interval, date1, date2`
`[,firstdayofweek [, firstweekofyear]])`
Um die Anzahl von Intervallen zwischen zwei Terminen zu berechnen. *interval* ist eine Zeichenkette, die bei der Funktion *DateAdd* beschrieben wurde. *firstdayofweek* ist eine Zahl zischen 1 und 7 und definiert den ersten Tag der Woche – die Zahl 1 steht für den Sonntag. *firstweekofyear* ist ein Wert, der die erste Woche des Jahres festlegt.

DatePart

`DatePart(interval, date [,firstdayofweek`
`[,firstweekofyear]])`
Um einen bestimmten Teil des Datums zu erfahren. *interval* definiert den Teil, der von *date* bestimmt werden soll (mehr dazu in der

Funktion *DateAdd*). *firstdayofweek* ist eine Zahl zischen 1 und 7 und definiert den ersten Tag der Woche – die Zahl 1 steht für den Sonntag. *firstweekofyear* ist ein Wert, der die erste Woche des Jahres festlegt.

2.8.6 Mathematische Funktionen

Für mathematische Berechnungen stehen in VBA folgende mathematische Operatoren zur Verfügung:

+	Addition	$5 + 3 = 8$
/	Division	$5 / 3 = 1.666667$
\	Ganzzahlige Division	$5 \setminus 3 = 1$
mod	Modulodivision	$5 \bmod 3 = 2$
*	Multiplikation	$5 * 3 = 15$
-	Substraktion	$5 - 3 = 2$
^	Potenzieren	$5 \wedge 3 = 125$

Neben den Grundrechenarten können folgende mathematische Funktionen benutzt werden:

Atn
    `Atn(number)`
Um den Arcustangens einer Zahl zu berechnen.

Cos
    `Cos(number)`
Um den Cosinus einer Zahl zu berechnen.

Sin
    `Sin(number)`
Um den Sinus einer Zahl zu berechnen.

Tan
    `Tan(number)`
Um den Tangens einer Zahl zu berechnen.

Exp
    `Exp(number)`
Um den Exponenten einer Zahl zu berechnen.

Log	`Log(number)` Um den Logarithmus einer Zahl zu berechnen.
Sqr	`Sqr(number)` Um die Quadratwurzel einer Zahl zu berechnen.
Randomize	`Randomize[number]` Um den Zufallsgenerator zu initialisieren, der für die *Rnd* Funktion verwendet wird.
Rnd	`Rnd[(number)]` Um eine zufällige Zahl zu erzeugen. Der Zufallsgenerator kann mit der *Randomize* Funktion initialisiert werden. Mit *number* kann festgelegt werden, wie der Zufallsgenerator die Zahl ermitteln soll.
Abs	`Abs(number)` Um den Absolutwert einer Zahl zu berechnen.
Sgn	`Sgn(number)` Um das Vorzeichen einer Zahl zu ermitteln. Die Funktion liefert 1 für Zahlen größer 0, 0 für 0 und −1 für Zahlen kleiner 0.
Fix	`Fix(number)` Konvertiert eine Zahl in eine ganze Zahl, indem die Stellen nach dem Komma abgeschnitten werden.
Int	`Int(number)` Konvertiert eine Zahl in eine ganze Zahl, indem die Stellen nach dem Komma abgeschnitten werden. Nur bei negativen Zahlen wird auf die nächst größere negative Zahl gerundet.

2.8.7 Manipulation von Zeichenfolgen

Zur Bearbeitung von Zeichenfolgen bietet VBA folgende Funktionen:

&	`expression1 & expression2` Um zwei Ausdrücke miteinander zu verketten.
StrComp	`StrComp(string1, string2[,compare])` Um zwei Zeichenfolgen zu vergleichen. Mit *compare* kann definiert werden, wie die beiden Ausdrücke miteinander verglichen werden sollen.

<table>
<tr><td>compare</td><td>
</td></tr>
</table>

VbUseCompareOption	-1
VbBinaryCompare	0
VbTextCompare	1
VbDatabaseCompare	2

Wird kein *compare* definiert, wird die Einstellung der *Option Compare* Anweisung verwendet. Diese ist standardmäßig mit der *Binary* Option vorbelegt.

StrComp liefert eines der folgenden Ergebnisse:

string1 liegt im Alphabet vor *string2*	-1
string1 entspricht *string2*	0
string1 liegt im Aphabet hinter *string2*	1
string1 oder *string2* ist *Null*	Null

LCase	`LCase (string)` Um alle Zeichen einer Zeichenfolge in Kleinbuchstaben umzuwandeln.
UCase	`UCase (string)` Um alle Zeichen einer Zeichenfolge in Großbuchstaben umzuwandeln.
Space	`Space(number)` Um eine Zeichenfolge mit *number* Anzahl Leerzeichen zu erzeugen.
Len	`Len(string)` Um die Anzahl der Zeichen einer Zeichenfolge zu ermitteln.

InStr

InStr([start,] string1, string2[,compare])
Um das Vorkommen von *string2* in *string1* zu prüfen. Die *compare*-Anweisung wird in der *StrComp* Funktion beschrieben. Die Funktion liefert folgendes Ergebnis:

string1 hat die Länge *0*	0
string1 ist *Null*	Null
string2 hat die Länge *0*	start
string2 ist Null	Null
string2 ist nicht vorhanden	0
string2 ist in *string1* enthalten	Position
start > *string2*	0

InStrRev

InStrRev(string1, string2[,start[, compare]])
Sucht nach dem Vorkommen der Zeichenfolge *string1* in *string2* vom Ende der Zeichenfolge aus. Die *compare*-Anweisung wird in der *StrComp* Funktion beschrieben. Die Funktion liefert die gleichen Ergebnisse wie die *InStr* Funktion.

Left

Left(string, length)
Um einen Teil einer Zeichenfolge zu erzeugen. Gibt einen Wert vom Typ Variant zurück, der eine bestimmte Anzahl von Zeichen ab dem ersten (linken) Zeichen einer Zeichenfolge enthält.

LTrim

LTrim(string)
Um führende Leerzeichen einer Zeichenfolge zu entfernen.

Mid

Mid(string, start [,length])
Um einen Teil einer Zeichenfolge zu erzeugen. Die gewünschte Zeichenfolge beginnt an der *start* Stelle von *string* und geht bis zu dessen Ende, wenn keine *length* definiert ist.

Right

Right(string, length)
Um einen Teil einer Zeichenfolge zu erzeugen. *length* ist die Anzahl der Zeichen links vom Ende von *string*. Gibt einen Wert vom Typ Variant zurück.

RTrim

RTrim(string)
Um nachgestellte Leerzeichen einer Zeichenfolge zu entfernen.

Trim	*Trim*(`string`) Um führende und nachgestellte Leerzeichen einer Zeichenfolge zu entfernen.
Chr	*Chr*(`charcode`) Um den Ascii Zeichencodes in das entsprechende Zeichen umzusetzen.
Asc	*Asc*(`string`) Um den Ascii Zeichencode des ersten Zeichens in der Zeichenfolge der *string* Variablen zu erfahren.

2.8.8 Kommunikation

Während des Programmablaufs kann es erforderlich sein, mit dem Anwender zu kommunizieren – um ihm etwas mitzuteilen, oder um eine zusätzliche Information zu erhalten. VBA stellt für derartige einfache Kommunikationen zwei Funktionen zur Verfügung:

- MessageBox
- InputBox

2.8.8.1 MsgBox

Für Informationen oder einfache Dialoge stellt VBA die *MsgBox* Anweisung zur Verfügung.

Die *MsgBox* hat folgende Syntax:

```
MsgBox(prompt [,buttons] [,title] [,helpfile,context])
```

prompt
Außer dem *prompt* Parameter sind alle anderen Argumente optional. Es ist der Text, der im Meldungsfenster erscheinen soll. Er kann aus einer oder mehrerer Zeilen bestehen – der Zeilenumbruch ist durch entsprechende Zeichencodes an den entsprechenden Stellen zu markieren.

Chr(13)	Absatz
Chr(10)	Zeilenvorschubzeichen
Chr(13) & Chr(10)	Kombination aus beiden

buttons
Das *buttons* Argument ist eine Zahl, durch die bestimmt wird, welche Schaltflächen und Symbole im Meldungsfenster angezeigt werden sollen.

vbOkOnly	0
vbOKCancel	1
vbAbortRetryIgnore	2
vbYesNoCancel	3
vbYesNo	4
vbRetryCancel	5
vbCritical	16
vbQuestion	32
vbExclamation	48
vbInformation	64
vbDefaultButton1	0
vbDefaultButton2	256
vbDefaultButton3	512
vbDefaultButton4	768

Die ersten sechs Konstanten (0 – 5) beschreiben die anzuzeigenden Schaltflächen, die nächsten vier (16 – 64) das zu verwendende Symbol. Die dritte Gruppe (0, 256, 512, 768) legt fest, welche der angezeigten Schaltflächen die Standard-Schaltfläche sein soll. Aus jeder Gruppe darf eine Konstante gewählt werden. Es kann direkt die

Summe gebildet werden, besser ist aber im Programm die einzelnen Komponenten mit einem Pluszeichen sichtbar zu verknüpfen.

title   Das *title* Argument definiert den Titel im Meldungsfenster.

```
intReturn = MsgBox("Koordinateneingabe beendet." & Chr(13) _
            & "Änderungen speichern ?", vbYesNoCancel _
            + vbQuestion, "Koordinateneingabe")
```

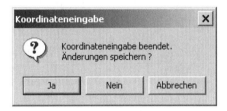

Rückgabewert   Da die *MsgBox* Anweisung eine VBA Funktion ist, erzeugt sie einen Rückgabewert. Dieser ist abhängig von der Schaltfläche, die vom Benutzer angeklickt wurde.

vbOK	1
vbCancel	2
vbAbort	3
vbRetry	4
vbIgnore	5
vbYes	6
vbNo	7

Das folgende Beispiel zeigt einen Dialog mit anschließender Entscheidung:

```
Dim intReturn As Integer
intReturn = MsgBox("Koordinateneingabe beendet." & Chr(13) _
            & "Änderungen speichern ?", vbYesNoCancel _
            + vbQuestion, "Koordinateneingabe")
If intReturn = vbYes Then
```

```
    ' SaveEnterKoordinates
  ElseIf intReturn = vbNo Then
    ' QuitEnterKoordinates
  Else
    Exit Sub
  End If
```

2.8.8.2 InputBox

Für einfache Eingabefenster steht die *InputBox* Funktion von VBA zur Verfügung.

Die allgemeine Syntax der InputBox lautet:

```
InputBox(prompt[,title][,default][,xpos][,ypos][,helpfile,
        context])
```

Auch hier sind alle Argumente in den eckigen Klammern optional.

prompt,title   Das *prompt* und *title* Argument entspricht denen der *MsgBox*.

default   Das *default* Argument legt den Wert fest, der im Eingabefenster vorgegeben wird.

xpos, ypos   Mit *xpos* und *ypos* wird die Lage der oberen linken Ecke des Eingabefensters auf dem Bildschirm festgelegt. Standardmäßig wird das Eingabefenster in die Mitte des Bildschirms platziert.

```
strInput = InputBox("Enter value:", "Convert", 0)
```

2.8.9 Verschiedenes

Weitere hilfreiche *VBA* Funktionen.

IsArray   `IsArray(varname)`
Liefert *True*, wenn die Variable ein Datenfeld ist.

IsDate   `IsDate(varname)`
Liefert *True*, wenn die Variable ein Datumswert ist.

IsEmpty   `IsEmpty(varname)`
Liefert *True*, wenn die Variable ein leerer *Variant* ist.

IsNull   `IsNull(varname)`
Liefert *True*, wenn die Variable den Wert *Null* hat.

IsNumeric   `IsNumeric(varname)`
Liefert *True*, wenn die Variable einen numerischen Wert hat.

IsObject   `IsObject(varname)`
Liefert *True*, wenn die Variable ein Objekt ist.

TypeName   `TypeName(varname)`
Liefert den Datentyp der Variablen in Form einer Zeichenkette zurück.

VarType   `VarType(varname)`
Liefert den Datentyp des Inhalts einer *Variant* Variablen zurück.

vbEmpty	0
vbNull	1
vbInteger	2
vbLong	3
vbSingle	4
vbDouble	5
vbCurrency	6
vbDate	7
vbString	8

vbObject	9
vbError	10
vbBoolean	11
vbVariant	12
vbDataObject	13
vbByte	17
vbArray	8192

QBColor

`QBColor(color)`
Um den RGB Wert einer Farbe zu erfahren. Folgende Farben sind möglich:

Schwarz	0	Grau	8
Blau	1	Hellblau	9
Grün	2	Hellgrün	10
Cyan	3	Hellcyan	11
Rot	4	Hellrot	12
Magenta	5	Hellmagenta	13
Gelb	6	Hellgelb	14
Weiß	7	Leuchtend Weiß	15

RBG

`RGB(red, green, blue)`
Um die Farbzahl eine RBG Kombination zu erfahren.

DoEvents

Die *DoEvents* Anweisung ermöglicht, dass das Betriebssystem auch während der Abarbeitung des Programms auf andere Ereignisse reagieren kann.

2.9 Objektklassen erstellen

VBA ist in gewisser Weise eine objektorientierte Programmiersprache. Die Applikationen sind ereignisgesteuert und diese Ereignisse lösen Anweisungen und Befehle aus, die sich auf Objekte wie Tabellen, Formulare oder Ähnliches beziehen können. Viele der verfügbaren Objekte, wie sie zum Beispiel von der Werkzeugleiste angeboten werden, verfügen über Eigenschaften (z.B. „*Caption*") und Methoden (z.B. „*Button1_Click*"). Mit Hilfe der Programmierung in VBA können einerseits Eigenschaften von bestehenden Objekten definiert und geändert sowie ihre Methoden aufgerufen werden, andererseits können auch eigene Klassen programmiert werden.

Die folgenden Kapitel handeln von Klassen, Objekten, Eigenschaften und Methoden und ihre Programmierung in VBA.

2.9.1 Objekte

Objekte sind in VBA alles, was programmiert, kontrolliert und manipuliert werden kann.

Control

Das einfachste Objekt, das in VBA verwendet werden kann, ist ein Steuerelement (*Control*) – zum Beispiel ein *Button*, auf den der Anwender mit der Maus klicken kann.

Toolbar

Die *Toolbar* im VBA Editor bietet eine ganze Reihe derartiger Steuerelemente an.

Collection

Mehr im Hintergrund agieren Objekte, wie zum Beispiel das

	Collection Objekt, das als Liste oder Container für alles Mögliche verwendet werden kann.
Object	Ein Objekt weist immer *Eigenschaft* auf, die manipuliert werden können, und bietet *Methoden* an, die ausgeführt werden können. *Eigenschaften* sind Merkmale, die ein Objekt genauer beschreiben, zum Beispiel mit Namen, Farbe oder Größe.
ArcGIS Objects	Die Applikationen von *ArcGIS Desktop* stecken voll von solchen Objekten. Viele sind in den Applikationen nicht unmittelbar sichtbar, wie zum Beispiel ein *Workspace* oder ein *FieldChecker*, andere wiederum bilden die Grundlage für Karten, wie *Layer*, *Color* oder *Symbol*.
Application Object	Objekte können Objekte beinhalten. Auf diese Weise entstehen *Objekthierarchien*, an deren oberster „Wurzel" meist ein *Application* Objekt steht, von dem sich alle anderen Objekte der Anwendung ableiten lassen.
Klasse	Objekte werden von einer *Klasse* abgeleitet – sie sind *Instanzen* dieser *Klasse*. Die Klassen definieren die Art des Objekts, seine Eigenschaften und Methoden. So haben alle Schaltflächen, die von der *Button* Klasse abgeleitet werden, die gleichen Eigenschaften (z.B. „*Caption*") und Methoden (z.B. „*Click*")

2.9.2 Eigenschaften

Property	Eigenschaften (*properties*) sind die Attribute von Objekten. Alle Objekte einer Klasse weisen die gleichen Eigenschaften auf, die aber unterschiedlich ausgeprägt sein können. Eigenschaften sind zum Beispiel die „*Caption*" eines *Button* Objekts oder die „*BackColor*" eines Formulars der Klasse *Form*.
	Bei Objekten, die über die Toolbar im *VBA*-Editor zur Verfügung stehen, können die Eigenschaften direkt über das *Eigenschaften-fenster* geändert werden.

read/write

Eigenschaften können unter fast allen Umständen immer gelesen werden (*read*), dagegegen können nicht alle Eigenschaften geändert werden (*write*). Manche Eigenschaften, wie die *Name* Eigenschaft einer Schaltfläche, können nur im Entwurfsmodus geändert werden.

2.9.3 Methoden

Method

Eine Methode (*method*) ist ein Vorgang oder eine Operation, die in Bezug auf das Objekt ausgeführt werden kann. Zum Beispiel hat die *ListBox* eine „*AddItem*" Methode zum Hinzufügen eines Wertes an diese Liste.

Methoden können dazu führen, daß sich Eigenschaften des Objekts verändern. Wird zum Beispiel die „*Clear*" Methode der *ListBox* ausgeführt, die den ganzen Inhalt der Liste löscht, hat sich die „*Text*" Eigenschaft verändert, die den aktuell ausgewählten Text der Liste enthält.

Argumente

Viele Methoden benötigen Argumente. Die „*Additem*" Methode der *Listbox* braucht zum Beispiel als Argument einen Text, der an die Liste angefügt werden soll.

2.9.4 Ereignisse

Events

Objekte können Ereignisse (*Events*) auslösen, auf die andere Objekte mit Methoden reagieren können.

In vielen Fällen werden diese Ereignisse vom Benutzer hervorgerufen, indem er zum Beipiel mit der Maus auf eine Schaltfläche klickt. Das Formular, das die Schaltfläche enthält, registriert dieses Ereignis und reagiert mit einer dafür vergesehenen Methode.

Objekte selber können auch Ereignisse auslösen, ohne dass der Benutzer darauf einen Einfluss hat. Das *Timer* Objekt beispielsweise erzeugt in regelmäßigen Abständen einen *Timer Event*, auf die wiederum andere Objekte durch eine Prozedur reagieren können.

2.9.5 Syntax

Dim

Objekte werden im Programm durch Objektvariable referenziert. Für jedes Objekt muß eine eigene Variable deklariert werden. Dies geschieht mit Hilfe der *Dim* Anweisung.

```
Dim Variable As Typ
```

Typ

Mit *Typ* wird der Name der Klasse angegeben, zu der das Objekt gehört, auf die die Variable verweisen soll.

```
Dim Variable As New Typ
```

New

Mit der *New*-Anweisung wird gleichzeitig ein neues Objekt der Klasse *Typ* erstellt und der neuen Variablen zugewiesen.

Set

Mit *Set* wird der Variablen ein Wert (Objekt) zugewiesen.

```
Set Variable = Value
```

Zusammen mit der *New* Anweisung kann gleichzeitig eine neue Instanz erzeugt und ein Wert zugewiesen werden.

```
Set Variable = New Typ
```

Der *Typ* muß in diesem Fall der gleiche Objekttyp sein, mit dem die *Variable* vorab deklariert wurde.

Methode   Die Methoden eines Objektes werden mit Referenz auf die entsprechende Variable folgendermaßen aufgerufen:

```
Variable.Methode
```

Etwaige zusätzliche Argumente werden in der richtigen Reihenfolge und durch Kommata getrennt an den Methodenaufruf angehängt.

```
Variable.Methode Arg_1, Arg_2, Arg_3
```

Wird ein Argument nicht übergeben, muss der Platz trotzdem durch Kommata markiert werden.

```
Variable.Methode Arg_1, , Arg_3
```

VBA unterstützt *benannte Argumente*. Die Reihenfolge der Argumente ist dann nicht mehr wichtig. Im allgemeinen Kapitel über „Ausführen einer Prozedur" wurde diese Variante der Argumentenübergabe schon einmal beschrieben.

```
Variable.Methode Ziel:=Arg_2, Quelle:=Arg_1
```

Eigenschaften

Eigenschaften können gelesen oder geändert werden. Zum Lesen einer Eigenschaft wird folgende Syntax verwendet:

```
Variable.Eigenschaft
```

Die Methode liefert einen Wert, der direkt genutzt oder auf eine Variable zwischengespeichert werden kann.

```
Wert = Variable.Eigenschaft
```

Um eine Eigenschaft zu ändern, wird folgende Syntax verwendet:

```
Variable.Eigenschaft = Wert
```

Jede Eigenschaft liefert und fordert einen Wert eines bestimmten Datentyps. Die Variable, die den Wert übernimmt oder liefert muss mit diesem Datentyp deklariert sein.

Eine große Erleichterung bei der Programmierung mit Objekten in VBA sind verschiedene Hilfsmittel:

Code completion

VBA liefert eine Auswahlliste verschiedener Möglichkeiten, den Quellcode automatisch weiterzuführen. In einer Liste werden zum Beispiel alle Eigenschaften und Methoden eines Objekts angezeigt, sobald nach der zugehörigen Variablen ein Punkt eingegeben wird.

Auto Quick Info Nach der Eingabe eines Funktions- oder eines Methodenaufrufs wird die vollständige Parameterliste als *Tooltip* Text angezeigt.

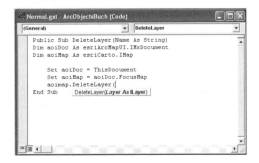

Der aktuell einzugebende Parameter wird dabei fett angezeigt. Alle in eckigen Klammern angezeigten Parameter sind optionale Argumente.

Debugging Bei der Kompilierung werden Syntaxfehler, nicht deklarierte
Werkzeuge Variablen oder falsch zugewiesene Datentypen entdeckt. Mehr über *Debugging* im Kapitel „Fehlersuche".

2.9.6 VBA Funktionen

VBA unterstützt mit folgenden Funktionen die Arbeit mit Objektvariablen:

Is Variable1 *Is* Variable2
Um zu prüfen, ob zwei Variable auf dasselbe Objekt verweisen.

```
       If Variable1 Is Variable2 then
          . . .

       End If
```

Is nothing

Variable *Is* nothing
Um zu prüfen, ob einer Objekt-Variablen ein Verweis zugewiesen
wurde.

```
       If not Variable Is Nothing then
          . . .

       End if
```

TypeOf Is

TypeOf Variable Is Klasse
Um zu prüfen, ob das Objekt, das einer Variablen zugewiesen wurde,
einer bestimmten *Klasse* angehört.

```
       If TypeOf objControl Is CommandButton Then
          . . .

       End If
```

2.9.7 Klassen-Modul

VBA unterstützt die Programmierung eigener Klassen mit Hilfe der
Klassen-Module.

Klassen-Modul

Ein neues Klassen-Modul wird erzeugt, indem im Menü unter *Insert*
der Befehl *Class Module* angeklickt wird.

Klassenname

Jede Klasse braucht innerhalb ihres Projekts einen eindeutigen
Namen. Bei der Erzeugung eines neuen Klassen-Moduls wird diesem

automatisch ein eindeutiger Name zugewiesen (z.B. *Class1*). Dieser synthetische Name sollte in einen Klassennamen geändert werden, der die Funktion der Klasse zum Ausdruck bringt.

Methoden

Die Methoden einer Klasse werden als Sub- oder Funktions-Prozeduren implementiert, je nachdem, ob ein Rückgabewert erzeugt werden soll oder nicht. Die Methoden, die nach außen hin bereitstellt werden sollen, müssen als *Public* definiert werden.

```
Public Sub Draw()
   ...
End Sub
```

Eigenschaften

Eigenschaften des Objekts werden in privaten Variablen gespeichert. Soll der Wert nach außen zum Lesen oder zum Ändern veröffentlicht werden, werden Eigenschaften-Prozeduren implementiert.

```
Option Explicit
Private strName As String

Public Property Get Name() As String
   Name = strName
End Property


Public Property Let Name(NewName As String)
   strName = NewName
End Property
```

Export

Klassen-Module können in Dateien exportiert werden. Dadurch können einmal programmierte Klassen in andere VBA-Projekte wieder importiert oder in anderen Visual Basic Projekten wiederverwendet werden.

2.9.8 Der Object Browser

Mit dem *Object Browser* in VBA können alle verfügbaren Klassen mit ihren Eigenschaften, Methoden und Ereignissen angezeigt werden. Zusätzlich werden alle definierten Aufzählungen (Enumerationen) und Konstanten aufgelistet. Es können unterschiedliche Bibliotheken ausgewählt werden, und es werden Informationen zu Objekten und deren Verwendung aufgelistet.

Durch das Anklicken der Schaltfläche *ObjectBrowser* im Menü *Ansicht* oder durch Drücken der *F2* Taste wird der *Object Browser* gestartet.

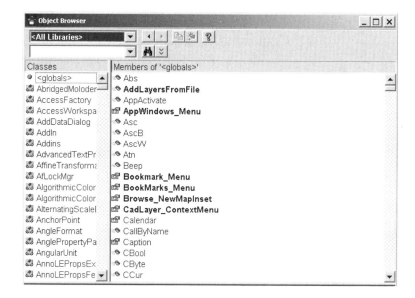

Bibliotheken   In der obersten Auswahlliste sind alle Bibliotheken, die augenblicklich im VBA Projekt referenziert sind, angezeigt. Hier kann an Hand der Bibliothek eine Auswahl der Klassen vorgenommen werden, die angezeigt werden soll.

Suchen   Im darunter liegenden Eingabefeld kann eine Zeichenfolge eingegeben werden, über die die ausgewählten Bibliotheken nach Klassen, Eigenschaften, Methoden oder Ereignissen durchsucht werden können. Das Ergebnis der Suche wird im darunter liegenden Abschnitt *Search Results* angezeigt.

Für eine ausgewählte Methode kann durch Anklicken des Fragezeichens die Online-Hilfe gestartet werden, die weitere Informationen enthält. Teilweise steht auch Beispielcode zur Verfügung, der mit „Kopieren und Einfügen" in das eigene Programm übernommen werden kann.

2.10 Schnittstellen implementieren

Schnittstellen

Eine besondere Art der Programmierung ist die *schnittstellen basierte* oder *schnittstellenorientierte* Programmierung. Dieser Programmierstil, auf den sich auch die *COM* Architektur begründet, setzt auf drei wichtige Merkmale moderner Softwareproduktion:

- Wiederverwendbarkeit
- Wartungsfähigkeit
- Erweiterungsfähigkeit

Schnittstellen sollen die Kommunikation zwischen *Clienten* und *Servern* (Klassen) regeln. Wenn der *Client* ein Objekt einer Klasse erzeugt hat, wird die Kommunikation über eine Gruppe öffentlicher Methoden und Eigenschaften ausgeführt, die die Klasse vorgibt.

Diese Vorgehensweise beinhaltet mehrere Vorteile: Klassen und ihre Methoden und Eigenschaften können an verschiedenen Stellen einer Applikation eingesetzt werden. Die Implementierung einer Methode oder Eigenschaft betrifft in keinster Weise die Abhängigkeit der *Clienten* von der Klasse – das bedeutet, dass Verbesserungen und Erweiterungen an einzelnen Funktionen keine Nebeneffekte auf andere Teile der Applikation haben, solange die Aufrufsyntax nicht verändert wird. Nichtöffentliche Eigenschaften und Methoden können beliebig erweitert und verändert werden.

Zwei grundsätzliche Arten von Schnittstellen werden unterschieden:

- Inbound Schnittstelle
- Outbound Schnittstelle

2.10.1 Inbound Schnittstelle

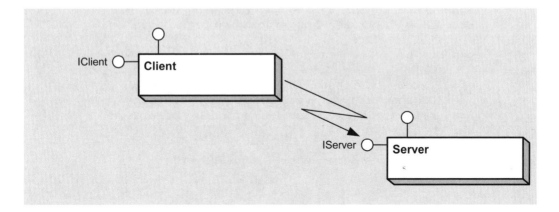

Inbound
Schnittstelle

Kommuniziert ein *Client* mit einem *Server* (einer Klasse), nutzt der *Client* die Funktionalitäten, die die Schnittstellen des *Servers* ihm zur Verfügung stellen. Der *Client* fordert also eine Funktion, die vom *Server* bedient werden kann.

Schnittstellen in
Visual Basic
programmieren

In Visual Basic wird für einen *Server* eine Schnittstelle erstellt, indem ein zusätzliches Klassen-Modul angelegt wird, in dem die Funktionen des *Servers* mit ihren Parametern und Rückgabewerten definiert werden. Dieses Klassen-Modul wird von der *Server* Klasse implementiert. Die sich daraus ergebenden Prozeduren müssen in der *Server* Klasse ausprogrammiert werden. Will der Client die Funktionen des Servers nutzen, muss er eine Variable deklarieren, die der *Interface* Klasse entspricht. Die Instanziierung erfolgt dann aber mit der *Server* Klasse.

Das folgende Beispiel zeigt, wie ein *Client* – in diesem Fall ein Modul in VBA innerhalb von ArcMap – die *Inbound* Schnittstelle *ILayer* der Klasse *Layer* verwendet.

```
Sub UseAnInbound()

' Deklaration der Variablen als ein Interface
' ILayer

Dim mLayer As ILayer
```

```
' Erstellen einer neue Instanz der Klasse FeatureLayer;
' aoiLayer stellt jetzt alle Funktionen der ILayer-
' Schnittstelle zur Verfügung, die dann durch die
' FeatureLayer-Klasse ausgeführt werden können

Set aoiLayer = New FeatureLayer

' die ILayer-Schnittstelle stellt die
' Name-Eigenschaft zur Verfügung, über die dem
' FeatureLayer-Objekt eine Bezeichnung übertragen
' werden kann

aoiLayer.Name = "mein neuer FeatureLayer"

End Sub
```

2.10.2 Outbound Schnittstelle

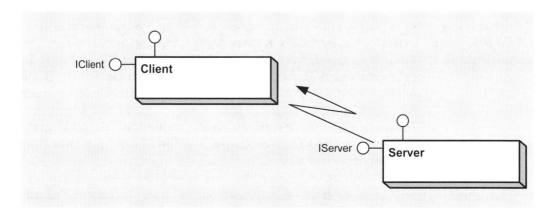

Outbound
Schnittstelle
Kommuniziert ein *Server* mit einem *Client* (einer Klasse), nutzt dieser im *Client* die Funktionalitäten, auf bestimmte Ereignisse des *Servers* zu reagieren. Der *Server* fordert also eine Funktion, die vom *Client* bedient werden kann.

WithEvents
In Visual Basic wird dazu im *Client* (im allgemeinen Deklarationsteil) die Klasse mit der Anweisung *WithEvents* deklariert. Innerhalb des Moduls können jetzt alle Funktionen dieser Klasse implementiert

werden, die Ereignisse auslösen. Es können aber nur diejenigen *Server* eine Ereignis-Prozedur des *Clienten* auslösen, die eine direkte Beziehung zum *Clienten* haben.

Das folgende Beispiel zeigt, wie ein *Client* – in diesem Fall ein Modul in VBA innerhalb von ArcMap – die *Outbound* Schnittstelle *IActiveViewEvents* der Klasse *MxDocument* verwendet.

```
Option Explicit

' Im allgemeinen Deklarationsteil des Klassen-Moduls
' wird die Klasse mit der WithEvents Anweisung deklariert

Private WithEvents aoiDocEvents As MxDocument

Public Property Set Document(ByRef theDoc As IMxDocument)
' Eine Instanz der Klasse MxDocument muss sich mit
' dem Clienten bekannt machen. Dann ist der Client in der
' Lage auf bestimmte Ereignisse des Servers zu reagieren.

    Set aoiDocEvents = theDoc

End Property

Private Function aoiDocEvents_ActiveViewChanged() As
Boolean

' Die Ereignis-Funktionen einer Klasse werden auf dieselbe
' Weise implementiert wie die Ereignisse von
' Steuerelementen in einem Formular.

End Function
```

2.11 Kommentare

Kommentare sind für das leichtere und bessere Verständnis von Programmen ein wertvolles Hilfsmittel.

Kommentare in VBA werden mit einem einfachen Hochkomma eingeleitet. Alle Zeichen hinter dieser Markierung werden bei der Ausführung des Programms nicht berücksichtigt.

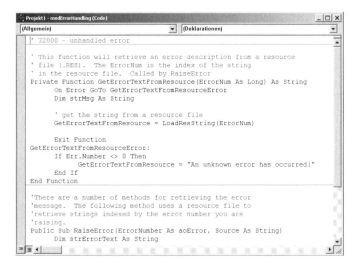

Kommandozeilen werden in VBA in der Regel in grüner Farbe angezeigt.

Zwei Schaltflächen in der Werkzeugleiste für die Bearbeitung von Quellcode bieten die Möglichkeit, bequem einen Textblock auszukommentieren oder dieses wieder aufzuheben.

2.12 VBA Hilfen

VBA bietet eine Reihe von Hilfen beim Arbeiten mit Funktionen und anderen Anweisungen in Visual Basic.

Help Topics

Die Microsoft Visual Basic Hilfe ist eine Kontext sensitive Online Hilfe. Gestartet wird die Online Hilfe über das *Hilfe* Menü.

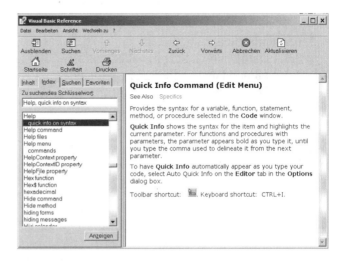

Kontext sensitiv

Um mehr Informationen über eine Funktion oder eine Anweisung zu erhalten, wird das entsprechende Wort im Code markiert und die F1 Taste gedrückt. Die Online Hilfe wird gestartet und springt an die entprechende Seite.

3 ArcObjects und COM

ArcObjects	*ArcObjects* bildet die Grundlage von *ArcGIS Desktop*. Alle neuen Applikationen – *ArcReader*, *ArcMap*, *ArcCatalog*, *ArcScene* u.s.w – bauen auf dieser technologischen Grundlage auf. *ArcObjects* ist damit integraler Bestandteil von *ArcGIS Desktop*.
VBA	Ein Entwickler kann *ArcObjects* verwenden, um die bestehenden Applikationen programmatisch zu verändern oder zu erweitern. Über *Visual Basic for Applications (VBA)* hat er einen integrierten Zugang zum *ArcObjects* Objektmodell. Mit Hilfe von *VBA* kann der Entwickler *ArcMap* oder *ArcCatalog* durch zusätzliche *Menüs*, *Tools* und neue *Workflows* nach seinen Bedürfnissen erweitern. Innerhalb der *VBA* Entwicklungsumgebung mit seinem integrierten *Debugger*, können *Moduls*, *Class Moduls* und *User Forms* definiert werden, die zusammen mit den *ArcGIS* Dokumenten abgespeichert werden. Das erlaubt spezialisierte Erweiterungen, die auf das Objektmodell von *ArcObjects* aufsetzen, und innerhalb der *ArcGIS Desktop* Applikationen ablaufen.
COM	*ArcObjects* basiert auf der *COM* Architektur – dem Microsoft

Component Object Model. Wer mit *ArcObjects* entwickeln möchte, sollte einige grundlegende Informationen um und zu *COM* kennen, um die Arbeitsweise mit *ArcObjects* zu verstehen. Das folgende Kapitel gibt eine kleine, leicht verständliche Einführung in die *COM*-Technologie, und zeigt an Beispielen mit *ArcObjects* den praktischen Umgang mit dieser Technologie.

3.1 Die COM Technologie

Komponenten

Monolithische Applikationen gehören der Vergangenheit an. Die vielen Probleme bei der Wartung, bei Verbesserungen und Erweiterungen sowie bei der gesamten Koordination der Entwicklungsteams wurden durch die Einführung *komponentenbasierter* Entwicklung größtenteils gelöst.

Binäre Dateien

Die einzelnen Entwicklungsteams erstellen *binäre Dateien*, die sie zur Implementierung des Gesamtsystems weitergeben, anstelle des originären Programmcodes. Diese *binären Dateien*, aus denen sich die Applikation zusammensetzt, werden als *Komponenten* bezeichnet.

Wiederverwendung

Diese *Komponenten* werden so entwickelt, dass sie möglichst oft und in unterschiedlichen Kontexten wiederverwendet werden können.

Wartbarkeit

Komponenten können unabhängig voneinander aktualisiert, verbessert und ersetzt werden. Aus diesen und vielen anderen Gründen ist heute eine Entwicklung größerer Softwaresysteme ohne die *Komponententechnologie* nicht mehr denkbar.

COM Standard

Um *binäre Komponenten* einsetzen zu können, müssen diese in der Lage sein, gegenseitig Informationen austauschen zu können, sowohl über Prozessgrenzen als auch über Computergrenzen hinweg. Neben einigen anderen Standards in der IT-Welt, hat *COM* von Microsoft zurzeit weltweit die größte Verbreitung und hat sich in vielen Bereichen der Softwareentwicklung etabliert.

Objektorientiert

COM ist objektorientiert und basiert somit auf *Klassen* und *Objekten*, sowie *Clienten*, die diese verwenden. Klassen werden in binären Dateien, den *Servern*, zusammengefaßt. Diese sind in der Regel *DLLs* (*Dynamic Link Libraries*).

Dieser *Server* ermöglicht es den *Clienten*, Objekte aus den Klassen zu erzeugen und diese zu verwenden, indem sie deren Eigenschaften und Methoden aufrufen.

Das folgende Bild zeigt die Kommunikation zweier Komponenten innerhalb derselben Applikation:

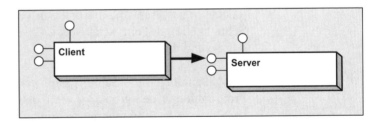

COM ist *interprozessfähig*, so dass die gleichen Komponenten in verschiedenen Prozessen oder sogar auf verschiedenen Computern laufen können – aber dennoch in der Lage sind, miteinander zu kommunizieren.

In diesem Fall ist der Server eine EXE Datei und damit ein ausführbares Programm, das in seinem eigenen Addressraum arbeitet.

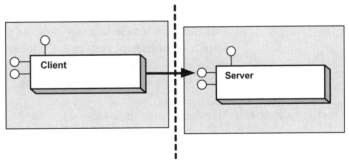

Die Mehrzahl aller *ArcObjects* Server sind DLLs, also Server, die in den Adressraum des Clienten geladen werden.

COM ist eine Client-Server Technologie. Der Server stellt Funktionen zur Verfügung, der Client verwendet diese Funktionen. Der Server kann zur selben Zeit auch Client eines anderen Objekts sein.

Schnittstellen   *COM* basiert auf der Idee der *schnittstellenbasierten* Programmierung. Das bedeutet, dass die Definitionen der Eigenschaften und Methoden sowie deren Parameter oder Argumente von der eigentlichen Implementierung getrennt werden.

Datentyp	Eine Schnittstelle ist ein bestimmter, aber abstrakter Datentyp. Wie jede andere Klasse definiert sie Eigenschaften und Methoden, ohne jedoch eine Implementierung zu enthalten. Damit dient die Schnittstelle als ein sehr spezifisches Protokoll zwischen einer Klasse und ihren Clienten.
Polymorphie	Die Trennung der Schnittstelle von der Klasse hat für den Programmierer den großen Vorteil, daß der *Client* sich nicht an eine bestimmte Klasse binden muss, sondern an eine Schnittstelle. Damit ist die Voraussetzung geschaffen, dass Objekte unterschiedlicher Klassen, die über die gleiche Schnittstelle verfügen, angesprochen werden können – das Grundprinzip der *Polymorphie*.
Contract	Wenn einmal eine Schnittstelle entworfen und definiert wurde, ist der Programmierer daran gebunden. Innerhalb der Implementierung kann er alles ändern und umstrukturieren – die Schnittstelle muss dabei unangetastet bleiben. Sie ist wie ein Vertrag, der, einmal unterschrieben, nicht mehr gekündigt werden darf.
	Auf der anderen Seite kann sich der *Client*, der eine Schnittstelle in seiner Applikation verwendet, sicher sein, dass seine Applikation auch nach mehreren Server-Generationen noch funktioniert. Er verwendet ja nur die Schnittstelle, die sich nie verändert.
Neue Schnittstelle	Wie kann sich dann aber eine Software weiterentwickeln oder gar verbessern? Wird ein *Server* mit einer neuen Funktion ausgestattet, oder wird eine bestehende Funktion durch einen neuen Parameter erweitert, muss eine neue Schnittstelle definiert werden, die diese Funktionen zur Verfügung stellt. Der Programmierer der *Client-*Applikation kann dann in seinem nächsten *Release* diese neuen Funktionen des *Servers* einsetzen – die älteren Versionen laufen mit dem neuen Server zusammen mit der alten Schnittstelle unverändert weiter.
ArcObjects	*ArcObjects* stellt den Clienten auf diese Weise eine ganze Menge *COM Server* zur Verfügung, die über ihre Schnittstellen tausende von Eigenschaften und Methoden zur Verwendung anbieten.

3.2 COM Klassen

Wer auf der Basis der COM-Technologie neue Programme entwickelt, arbeitet mit Klassen und Schnittstellen. Die gesamte Kommunikation zwischen den Klassen wird über die Schnittstellen abgewickelt. Während die Schnittstellen definieren, welche Funktionen verfügbar sind, enthalten die Klassen den Programmcode zu diesen Funktionen, sobald sie diese Schnittstellen beinhalten.

Klassen können mehrere Schnittstellen implementieren.

Mehrere Klassen können die gleichen Schnittstellen beinhalten, aber die Funktionen unterschiedlich implementieren. Auf diese Weise verstecken die Klassen die Art und Weise, wie eine bestimmte Funktion ausgeführt wird, hinter ihren Schnittstellen.

Innerhalb des Objektmodells von *ArcObjects* gibt es drei verschiedene Arten von Klassen, denen sich der Entwickler bewusst sein muss:

- abstrakte Klassen
- CoKlassen
- Klassen

3.2.1 Abstrakte Klassen

Abstrakte Klassen definieren Funktionalitäten über Schnittstellen, die sie implementieren.

Von diesen Klassen lassen sich aber keine Objekte erzeugen. Sie bilden ausschließlich die Basis für weitere Unterklassen.

Die Unterklassen, von denen sich Objekte erzeugen lassen,

beinhalten neben ihren eigenen Schnittstellen zusätzlich die der abstrakten Klasse, von der sie abgeleitet sind.

Die Klasse *Geometry* ist ein Beispiel für eine abstrakte Klasse.

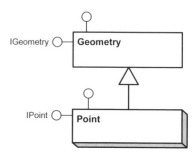

Die Klasse *Point* beinhaltet neben den Funktionen der *IPoint* Schnittstelle auch alle Funktionen, die die *IGeometry* Schnittstelle zur Verfügung stellt.

3.2.2 CoKlassen

CoKlassen sind öffentliche, erzeugbare Klassen.

Der Server liefert auf Anforderung eines Clienten ein Objekt dieser Klasse und stellt damit alle Funktionen der implementierten Schnittstellen zur Verfügung.

Die Klasse *Point* ist ein Beispiel für eine CoKlasse.

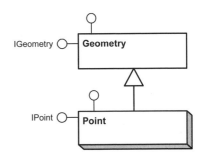

In Visual Basic werden Objekte von CoKlassen mit dem Schlüsselwort „New" angelegt.

```
Set aoiPoint = New Point
```

3.2.3 Klassen

Klassen sind nicht öffentlich und erzeugbar.

Der Server kann dem Clienten ein Objekt dieser Klasse nur liefern, indem eine eigene, andere Klasse ein Objekt erzeugt.

Die Klasse *Feature* ist ein typisches Beispiel für eine Klasse.

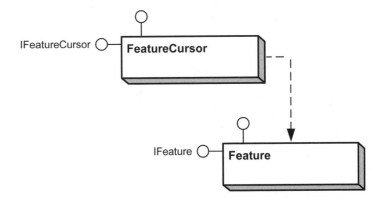

Nur über Funktionen der Klasse *FeatureCursor* erhält der Client Objekte der *Feature* Klasse.

```
Set aoiFeature = aoiFeatureCursor.NextFeature
```

3.3 Schnittstellen

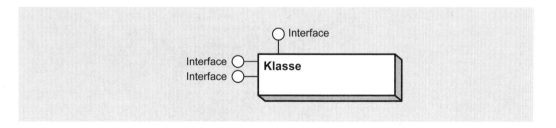

Interfaces sind die Schnittstellen, die von Klassen implementiert werden.

COM benutzt Schnittstellen, damit Objekte miteinander kommunizieren. Der Entwickler arbeitet in COM nicht direkt mit den Klassen, sondern erhält Zugriff auf diese nur über ihre Schnittstellen.

Interfaces sind keine Klassen, von denen Objekte erzeugt werden können. Sie beinhalten auch keinerlei Funktionalität in Form von Programmcode.

Interfaces sind weder veränderbar noch versionierbar. Wird einmal eine Schnittstelle definiert, dürfen die darin enthaltenen Funktionsaufrufe nicht mehr geändert werden.

Eine Klasse kann viele Schnittstellen enthalten. Die Bezeichnungen von Schnittstellen beginnen in der Regel mit einem grossen „I".

Die folgende Abbildung zeigt die Schnittstellen der Klasse *Multipoint*. Nicht dargestellt sind die Schnittstellen der Klasse *Geometry*, von der die Klasse *Multipont* abgeleitet ist und die damit ebenfalls verwendet werden können.

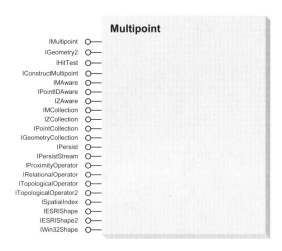

In den nächsten Kapiteln werden einige wichtige Schnittstellen genauer betrachtet.

3.3.1 Die IUnkown Schnittstelle

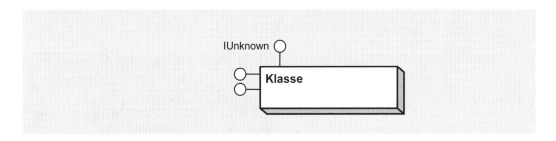

Alle COM Objekte besitzen die *IUnknown* Schnittstelle, und alle anderen Schnittstellen der Klasse sind von dieser Schnittstelle abgeleitet.

Diese Schnittstelle ist dafür verantwortlich, dass über die anderen Schnittstellen auf das Objekt zugegriffen werden kann, und dass das Objekt automatisch zerstört wird, wenn es nicht mehr benötigt wird.

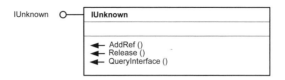

In Visual Basic wird der Programmierer nur indirekt mit der *IUnknown* Schnittstelle konfrontiert. Zum Beispiel ruft er die *Release* Funktion der *IUnknown* Schnittstelle automatisch auf, wenn er seiner Variablen den Wert „Nothing" zuweist.

```
Set aoiGeometry = Nothing
```

Sobald von einem Objekt eine bestimmte Schnittstelle angefordert wird, wird die *QueryInterface* (*QI*) Funktion der *IUnknown* Schnittstelle angerufen. Gleichzeitig wird über die *AddRef* Funktion der neue Verweis auf das Objekt registriert, der erst mit der *Release* Funktion wieder gelöscht wird.

```
' AddRef auf ein Point Objekt
Dim aoiPoint as IPoint
Set aoiPoint = New Point
...
' QI und AddRef auf das Point Objekt
Dim aoiGeometry as IGeometry
Set aoiGeometry = aoiPoint
...
' Release auf das Point Objekt
Set aoiGeometry = Nothing
...
' Release auf das Point Objekt
Set aoiPoint = Nothing
```

Sobald alle Verweise gelöscht sind, wird das Objekt zerstört.

Die *Release* Funktion wird auch dann aufgerufen, wenn die Variable ihre Gültigkeit verliert. Es ist also in Visual Basic nicht unbedingt notwendig, jedesmal nach der Verwendung einer Schnittstelle dieser wieder explizit den Wert „Nothing" zuzuweisen.

3.3.2 Inbound und Outbound Schnittstelle

Inbound　　In der Regel wird eine Schnittstelle verwendet, damit ein Client über diesen Verweis auf Methoden und Eigenschaften eines Objekts zugreifen kann. In dieser Beziehung ist nur der Client in der Lage, mit dem Objekt zu kommunizieren. Die Schnittstelle des Objekts, die dies ermöglicht, wird *Inbound* Schnittstelle genannt.

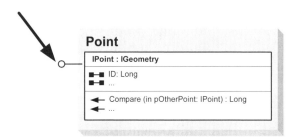

Der Client erstellt einen Verweis auf die Inbound Schnittstelle des Servers, und benutzt deren Eigenschaften und Methoden:

```
Dim aoiFPoint As IPoint

   Set aoiFPoint = New Point
   aoiFPoint.PutCoords 2, 5
```

Das angesprochene Objekt kann nur über den Rückgabewert der aufgerufenen Funktion Informationen an den Clienten zurücksenden. Ein Methodenaufruf vom Objekt zum Clienten ist nicht möglich.

Outbound　　Eine bidirektionale Kommunikation kann nur dann eingerichtet werden, wenn der Server zusätzlich eine Ausgangsschnittstelle bereitstellt. Diese wird als *Outbound* Schnittstelle bezeichnet.

Der Client stellt eine Verbindung zu einem Objekt her, das eine derartige Ausgangsschnittstelle unterstützt, und stellt Methoden bereit, die auf die vom Objekt ausgelösten Ereignisse reagieren. In diesem Fall geht der Methodenaufruf also vom Server zum Clienten.

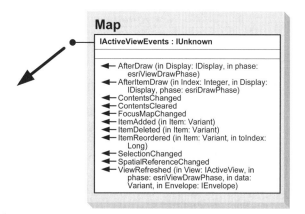

Im Kapitel zur *Map* und zur *Document* Klasse werden solche *Outbound* Schnittstellen beschrieben.

```
Private WithEvents aoiMap As Map

Private Sub aoiMap_SelectionChanged()
'
' Code, wenn sich im Map Objekt die Auswahlmenge ändert
'
End Sub
```

3.3.3 QueryInterface

Unterstützt ein Objekt mehrere Schnittstellen und es existiert ein Verweis auf eine dieser Schnittstellen, muss es möglich sein, einen Verweis auf eine andere Schnittstelle zu erhalten, um deren Funktionen zu nutzen.

QueryInterface   Dazu muss vorher ein *QueryInterface* von der ersten Schnittstelle auf die zweite Schnittstelle ausgeführt werden.

Das Beispiel zeigt an einem *Point* Objekt das *QueryInterface* von der *IPoint* Schnittstelle auf die *ITopologicalOperator* Schnittstelle, um die *Buffer* Funktion auszuführen.

```
Dim aoiPoint As IPoint

  Set aoiPoint = New Point
  aoiPoint.PutCoords 150, 150

Dim aoiTopoOp As ITopologicalOperator
Dim aoiPoly As IPolygon

' QueryInterface von aoiPoint auf aoiTopoOp
  Set aoiTopoOp = aoiPoint

  Set aoiPoly = aoiTopoOp.Buffer(20)
```

Die beiden Verweise *aoiPoint* und *aoiTopoOp* sind Verweise auf ein- und dasselbe Objekt, das beide Schnittstellen unterstützt.

IUnknown   Intern wird für diese Funktion über die *QueryInterface* Funktion der *IUnknown* Schnittstelle aufgerufen. Bestätigt diese die Anfrage, wird der Verweis auf das Objekt hergestellt, anderfalls erscheint eine Fehlermeldung: „Typen unverträglich"

Um derartige Laufzeitfehler zu vermeiden, kann in Visual Basic mit der *TypeOf* Anweisung die *QueryInterface* Funktion gesondert aufgerufen werden.

```
Dim aoiLayer As ILayer

  Set aoiLayer = aoiMap.Layer(0)
  If TypeOf aoiLayer Is IFeatureLayer2 Then
    Dim aoiFeatureLayer As IFeatureLayer2
    Set aoiFeatureLayer = aoiLayer
    aoiFeatureLayer.ScaleSymbols = True
  End If
```

3.3.4 Default Interface

Default

Wenn ein Objekt neu erzeugt wird, liefert es immer eine Schnitt-stelle, auch wenn keine explizit angefordert wurde. Diese Schnitt-stelle wird die *Default* Schnittstelle genannt.

In der Regel ist die *IUnknown* Schnittstelle die *Default* Schnittstelle. Fast alle Objekte in *ArcObjects* folgen dieser Regel. Da die *IUnknown* Schnittstelle keine benutzerspezifischen Funktionen enthält, ist es immer sinnvoll, bei der Erzeugung eines Objekts gleich auf eine Schnittstelle zu verweisen, die Funktionen enthält, die dann verwendet werden können.

```
Dim aoiPoint As IPoint

   Set aoiPoint = New Point
   aoiPoint.PutCoords 150, 150
```

Die einzigen Ausnahmen sind die beiden *Application* Objekte der ArcMap und der ArcCatalog Anwendungen. Diese liefern als *Default* Schnittstelle einen Verweis auf die *IApplication* Schnittstelle. Dies macht die Integration von Visual Basic for Appli-cations notwendig.

3.3.5 Schnittstellen Vererbung

Eine Schnittstelle enthält Eigenschaften und Methoden. Erbt eine Schnittstelle von einer anderen, sind automatisch alle Eigenschaften und Methoden der geerbten Schnittstelle in der Erbenden enthalten und stehen zur Verfügung. Es ist nicht notwendig, über ein *QueryInterface* auf eine geerbte Schnittstelle zuzugreifen um deren Funktionen nutzen zu können.

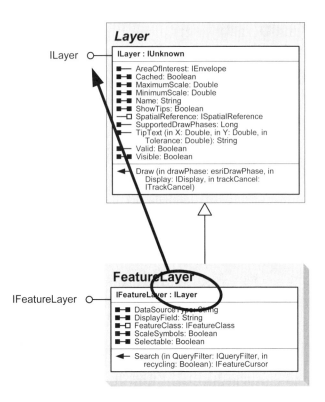

Eine Klasse, die in ihren Schnittstellen von anderen Schnittstellen erbt, erbt nicht die Implementierung in Form von Programmcode, sondern ist gezwungen eine eigene Implementierung der vorgegebenen Funktionen bereitzustellen.

Das folgende Beispiel zeigt, dass die *AreaOfInterest* Funktion der *ILayer* Schnittstelle verwendet werden kann, obwohl diese im Objektmodell für die *IFeatureLayer* Schnittstelle nicht aufgeführt ist.

```
Dim aoiFeatureLayer As IFeatureLayer
Dim aoiExtent As IEnvelope

  Set aoiFeatureLayer = aoiMap.Layer(0)
  Set aoiExtent = aoiFeatureLayer.AreaOfInterest
```

3.4 Polymorphie

Polymorphie

Die *Polymorphie* ist ein Konzept der objektorientierten Programmierung, das es ermöglicht, unterschiedliche Objekte auf die gleiche Weise zu behandeln, insbesondere wenn diese von unterschiedlichen Klassen abstammen.

Realisiert wird die *Polymorphie* in COM dadurch, dass mehrere Klassen die gleiche Schnittstelle implementieren. Das ist möglich, da eine Klasse mehrere Schnittstellen implementieren kann.

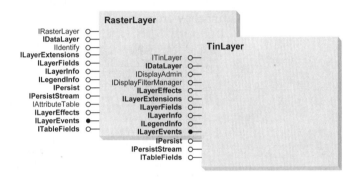

So haben verschiedene Objekte ihren eigenen Programmcode, mit dem sie auf gemeinsame Eigenschaften und Methoden individuell reagieren.

3.5 GUID und UID

Registry

COM verwendet die *Windows Systemregistrierung* um Informationen zu verfügbaren COM Klassen und Komponenten abzuspeichern. Dazu bekommen alle Klassen, Schnittstellen, DLLs, EXEs, Bibliotheken usw. einen eindeutigen Schlüssel über die COM auf diese Elemente zugreift.

GUID

Dieser weltweit eindeutige Schlüssel einer Klasse oder einer Schnittstelle ist die *GUID* (*Globally Unique Identifier*).

Mit dem Registrierungs-Editor können diese Einträge sichtbar gemacht werden.

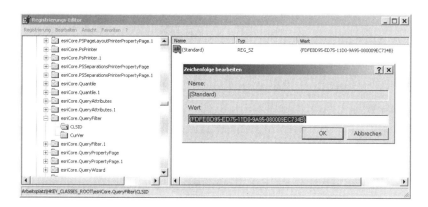

CLSID
IID

Die *CLSID* (class ID) ist die *GUID* einer Klasse, die *IID* (interface ID) ist die GUID einer Schnittstelle.

$$\{FDFEBD95-ED75-11D0-9A95-080009EC734B\}$$

ProgID

Die *ProgID* ist der Name der Klasse, bestehend aus dem Bibliotheksnamen und dem Klassennamen, getrennt durch einen Punkt.

```
esriGeoDatabase.QueryFilter
```

UID

Einige Funktionen in *ArcObjects* verlangen derartige Informationen über andere Komponenten. Als Übergabeparameter wird ein *UID* Objekt erwartet. Dieses *UID* Objekt repräsentiert *GUIDs* von Klassen oder Schnittstellen.

Das folgende Beispiel zeigt, wie ein *UID* Objekt erzeugt werden kann:

```
Dim aoiUID As UID

  Set aoiUID = New UID

  ' entweder über die CLSID
  aoiUID.Value = "{FDFEBD95-ED75-11D0-9A95-080009EC734B}"

  ' oder über die ProgID
  aoiUID.Value = "esriGeoDatabase.QueryFilter"
```

ArcID

Im Normal Template von ArcMap und ArcCatalog ist ein Visual Basic Modul *ArcID* enthalten. Mit Hilfe dieses Moduls können die *UID*s für alle in den Applikationen enthalten Kommandos und Schaltflächenleisten ermittelt werden.

```
Dim aoiUID As UID
Set aoiUID = ArcID.Edit_Undo
```

Das *ArcID* Modul wird jedesmal, wenn das Normal Template neu erstellt werden muss, aktuell erzeugt. Dazu werden aus der *Systemregistrierung* die *GUIDs* aller Kommandos und Schaltflächenleisten gelesen, die zu diesem Zeitpunkt mit der Applikation verknüpft sind.

4 Nützliche Hilfen

Ohne Hilfe geht es nicht. Wer zusätzlich zu diesem Buch Informationen benötigt, dem stehen eine Reihe zusätzlicher Quellen zur Verfügung:

- ArcObjects Developer Guide
- ArcGIS Developer Help
- ArcObjects Class Diagrams
- ArcObjects Class Help
- ArcObjects Online
- ESRI Developer Network

In den folgenden Kapiteln werden die Inhalte dieser Quellen kurz vorgestellt.

4.1 ArcObjects Developer Guide

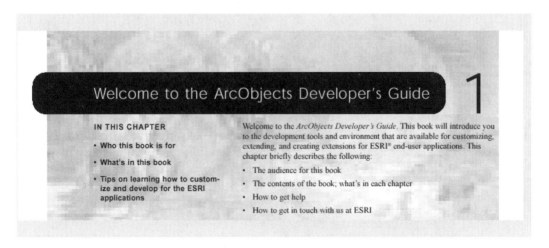

ArcObjects Developer Guide

Mit Hilfe des Buchs *ArcObjects Developer Guide* wird die einzusetzende und anzuwendende Technologie und die Möglichkeiten für folgende Einsatzbereiche vorgestellt :

- Ändern der grafischen Benutzeroberfläche
- ArcMap und ArcCatalog erweitern
- Arbeiten mit der Geodatabase
- Einsatz von CASE-Tools

Das Buch setzt voraus, dass der Umgang mit ArcMap und ArcCatalog bekannt ist und dass der Leser über Programmierkenntnisse verfügt, besonders was den Einsatz von Visual Basic oder Visual Basic for Applications betrifft.

Die meisten Beispiele in diesem Buch sind in Visual Basic geschrieben.

4.2 ArcGIS Developer Help

*ArcGIS
Deveoper Help*

Die *ArcGIS Developer Help* ist ein umfangreiches, auf HTML basierendes Hilfesystem mit vielen Informationen und Beispielen für den ArcObjects Programmierer.

Die *ArcGIS Developer Help* wird gestartet unter *Start – Programme – ArcGIS – Developer Help – VB6 Help*.

Die Hilfe ist in mehrere große Kapitel untergliedert, die über das Inhaltsverzeichnis oder über die *Welcome* Seite aufgerufen werden können. Die Inhalte variieren je nachdem, ob zusätzlich *ArcGIS Engine* und *ArcGIS Server* installiert sind.

*Developing with
ArcGIS*

Dieser Abschnitt gibt einen kurzen Überblick über das komplette System für Entwicklungen unter ArcGIS 9 für *ArcReader*, *ArcGIS Engine*, *ArcGIS Desktop* und *ArcGIS Server*. Das Kapitel enthält zusätzlich eine Übersicht über den Inhalt des *ArcGIS Software Development Kits*.

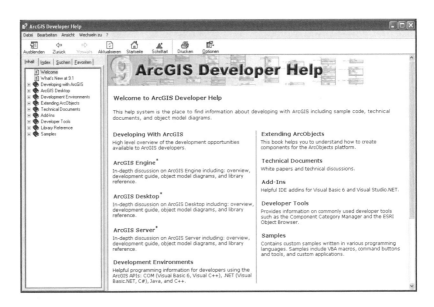

ArcGIS Desktop

Enthält einen Überblick über die von *ArcGIS Desktop* verwendeten Bibliotheken, den Zugriff auf die digitale Version des *ArcGIS Desktop Developer Guide* mit vielen technischen Dokumentationen von der Beschreibung der Software Architektur bis hin zum Lizenzmanagement, sowie eine Zusammenfassung aller Objektmodelldiagramme der von *ArcGIS Desktop* verwendeten *ArcObjects* Bibliotheken.

Development Environments

Unter diesem Kapitel gibt es Hilfen, technische Dokumentationen und „Walkthroughs" zur Programmierung mit *ArcObjects* in den Entwicklungsumgebungen von

1. COM (Visual Basic, Visual C++)
2. .NET (VB.NET, C#)
3. Java
4. C++

Extending ArcObjects

Wer zusätzliche COM Komponenten für *ArcGIS Desktop* programmieren möchte findet hier eine Fülle von Implementierungsbeispielen.

Technical Documents

Enthält weitere technische Dokumentationen für die Programmierung mit *ArcObjects* zu verschiedenen Themen, wie zum Beispiel das XML Schema der *Geodatabase* oder die *3D Analyst Extension*.

Add-Ins

Hilfreiche Werkzeuge, die die Programmierumgebungen von *Visual Basic 6* und *Visual Studio .Net* erweitern, sind in diesem Kapitel beschrieben.

Developer Tools

Mit der Installation des *ArcObjects Developer Kits* werden neben den oben genannten *Add-Ins* zusätzliche Tools, z.B. der *ESRI Object Browser*, installiert. Hier gibt dieses Kapitel einen Überblick über alle verfügbaren Tools und stellt ausführliche Dokumentation für jedes einzelne Tool zur Verfügung.

Library Reference

Dieses Kapitel enthält ein Repository aller Bibliotheken von *ArcObjects*. Jede dokumentierte Bibliothek beschreibt aller Klassen und Schnittstellen sowie deren Eigenschaften und Methoden, komplett und in alphabetischer Reihenfolge. Über Hyperlinks sind alle Informationen miteinander verknüpft. So kann man von einer Schnittstelle zu allen Klassen navigieren, die diese Schnittstelle implementieren. Umgekehrt verweist eine Klasse auf alle Schnittstellen, die von ihr implementiert sind. Von der Schnittstelle aus ist die Navigation zu den Beschreibungen der einzelnen Funktionen oder auch zu Schnittstellen, deren Funktionen geerbt werden, möglich.

Objektmodelle der einzelnen Bibliotheken geben eine einfache Übersicht der Klassen und ihrer Beziehungen, sowie eine detaillierte Dokumentation mit fast allen Klassen und Schnittstellen, sowie Methoden und Beziehungen innerhalb dieses Subsystems. Die Diagramme liegen im PDF-Format vor. Das bedeutet, dass der *Adobe Reader* installiert sein muss, damit die Diagramme betrachtet oder ausgedruckt werden können.

Samples

Eines der wichtigsten Kapitel dieses Hilfesystems ist das Kapitel *Samples*. Zu einigen Themen, die mit *ArcObjects* bearbeitet werden können, gibt es kleine Beispielprogramme in *Visual Basic* oder *VB.NET* bzw. *C#*, die den Einstieg in die zum Teil komplexen Zusammenhänge erleichtern. Alle Beispiele, auf die im Unterkapitel *Samples* verwiesen wird, sind im Installationsverzeichnis des *Desktop Developer Kits* von *ArcGIS Desktop* zu finden.

4.3 ArcObjects Klassen Diagramme

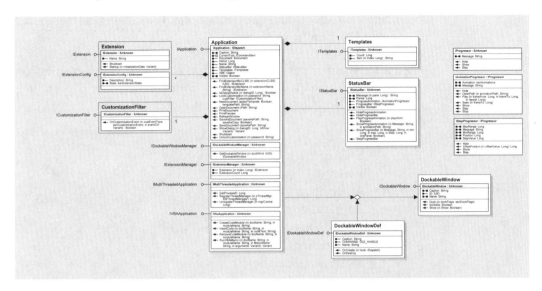

ArcObjects
Class Diagrams

Die wichtigste Grundlage jedes Programmierers in *ArcObjects* ist die Kenntnis über die verschiedenen Subsysteme mit ihren Bibliotheken, deren Klassen und Schnittstellen, ihre Methoden und Parameter, Konstanten und Aufzählungen, sowie die Beziehungen und Abhängigkeiten all dieser unter- und zueinander. Die *ArcObjects Class Diagrams* liefern dazu einen wesentlichen Beitrag.

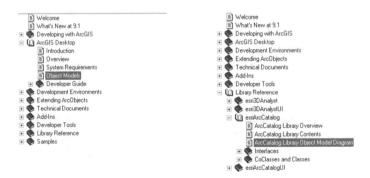

ArcGIS Desktop
Object Models

Im Kapitel *ArcGIS Desktop* findet man eine Zusammenstellung aller Objektmodelldiagramme der Bibliotheken, die in *ArcGIS Desktop* verwendet werden.

Library Object
Model Diagrams

Im Kapitel *Library Reference* gibt es bei jeder Bibliothek einen Link zu den dazugehörenden Objektmodell Diagrammen. Je nachdem wie umfangreich die Bibliothek ist, ist die Darstellung auf ein oder mehrere Diagramme verteilt.

Zum Verständnis der *Libary Object Model Diagrams* werden in den folgenden Kapiteln die einzelnen Elemente in ihrer Darstellung sowie ihrer Bedeutung im Objektmodell erläutert:

- Klassen
- Vererbung
- Association
- Aggregation
- Composition
- Instantiation
- N-Array Association

4.3.1 Klassen

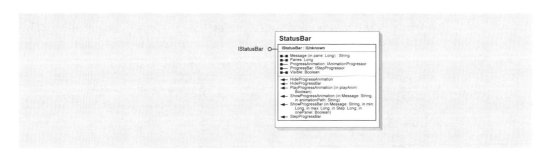

ArcObjects
Class

Die wichtigsten Elemente in ArcObjects sind die Klassen. Sie stellen die gesamte Funktionalität von *ArcGIS 9*. Von COM geprägt, unterscheidet *ArcObjects* drei verschieden Arten von Klassen:

- CoClass
- Class
- Abstract Class

Auch in den Diagrammen werden diese drei Arten von Klassen grafisch unterschiedlich dargestellt.

4.3.1.1 CoClass

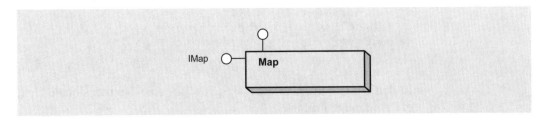

CoClass

Die *CoClass* ist eine Klasse, von der jeder Client in seiner Umgebung ein Objekt erzeugen kann.

In *Visual Basic* wird dies überlicherweise mit der *New*-Anweisung ausgeführt:

```
Dim pMap As IMap
Set pMap = New Map
```

In den Diagrammen ist die *CoClasses* eine 3-dimensionale Box, die grau eingefärbt sind.

4.3.1.2 Abstract Class

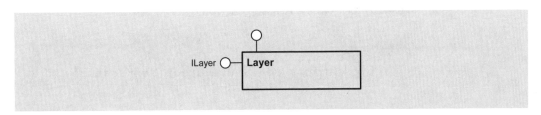

Abstract Class

Die *Abstract Class* kann von keinem Clienten instanziiert oder erzeugt werden. Sie definiert ausschließlich Schnittstellen (*Interfaces*), die von den abgeleiteten *Classes* oder *CoClasses* implementiert werden.

Das Beispiel zeigt die Verwendung der *ILayer*-Schnittstelle in der *Layer*-Klasse, die von der *FeatureLayer*-Klasse implementiert ist:

```
Dim aoiLayer as ILayer
Set aoiLayer = New FeatureLayer
aoiLayer.Visible = True
```

In den Diagrammen ist die *Abstract Class* eine 2-dimensionale Box, die grau eingefärbt ist.

4.3.1.3 Class

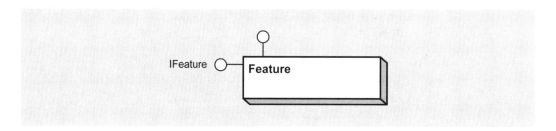

Class

Die *Class* ist eine Klasse, von der jeder Client in seiner Umgebung Objekte benutzen, aber nicht erzeugen kann. Um eine Instanz dieser Klasse zu erhalten, muss er sich einer *Factory* Klasse bedienen.

Das folgende Beispiel zeigt, wie die Klasse *FeatureCursor* eine neue Instanz der *Feature* Klasse generiert.

```
Dim pFeature As IFeature
Set pFeature = mFeatureCursor.NextFeature
```

In den Diagrammen ist die *Class* eine 3-dimensionale Box, die nicht eingefärbt sind.

4.3.2 Vererbung

Vererbung ist ein Konzept der objektorientierten Programmierung, das eine „*Type Of*" Beziehung zwischen zwei Klassen beschreibt.

Dieses Konzept wird auch in *ArcObjects* umgesetzt, und zwar auf zwei verschiedene Weisen, die auch durch das Diagramm deutlich werden:

- Schnittstellen-Vererbung
- Schnittstellen-Erweiterung

4.3.2.1 Schnittstellen-Vererbung

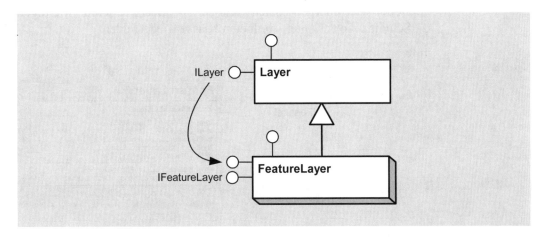

Die Schnittstellen-Vererbung bedeutet, dass alle Schnittstellen der übergeordneten Klasse – und damit alle Methoden dieser Schnittstelle – von der untergeordneten Klasse implementiert werden und dort zur Verfügung stehen. Sie werden deshalb auf den Diagrammen in den untergeordneten Klassen nicht noch einmal aufgeführt.

4.3.2.2 Schnittstellen-Erweiterung

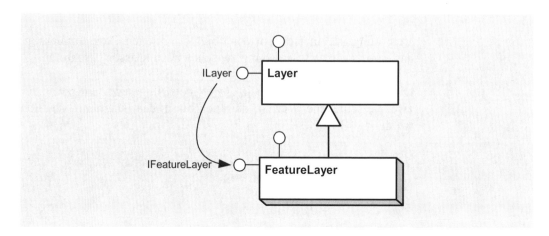

Teilweise wird in *ArcObjects* die Vererbung der Schnittstellen so implementiert, dass sich alle Funktionen einer wichtigen Schnittstelle der übergeordneten Klasse in einer anderen wichtigen Schnittstelle der untergeordneten Klasse wiederfinden.

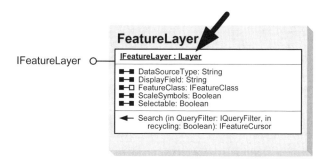

In der Beschreibung für die *IFeatureLayer* Schnittstelle werden im Diagramm nur die Methoden aufgeführt, die zusätzlich zu allen Methoden der *ILayer*-Schnittstelle implementiert wurden. Im Programm ist ein eigener Verweis auf die *ILayer* Schnittstelle nicht notwendig, wenn schon ein Verweis auf die *IFeatureLayer* Schnittstelle existiert.

4.3.3 Association

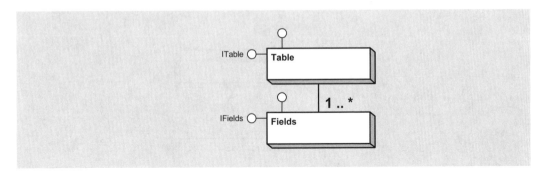

Association

Eine *Association* besagt, dass eine Beziehung zwischen den Klassen existiert oder hergestellt werden kann.

Im Objektmodell wird dies durch eine einfache Linie dargestellt.

Multiplicity

Desweiteren wird die *Multiplicity* der Beziehung angegeben. Die *Multiplicity* ist eine Bedingung für die Beziehung und beschreibt auf jeder Seite der Beziehung die Anzahl von Objekten einer Klasse, die mit einem Objekt der anderen Klasse in Beziehung gesetzt werden können. Ist keine *Multiplicity* angegeben, gilt, dass genau ein Objekt der einen Klasse mit einem Objekt der anderen Klasse in Beziehung steht.

Folgende Bedingungen können eintreten:

1	genau 1
0 .. 1	0 oder 1
M .. N	von M bis N (positive Integer)
*	von 0 bis beliebig viele
0 .. *	von 0 bis beliebig viele
1 .. *	von 1 bis beliebig viele

4.3.4 Aggregation

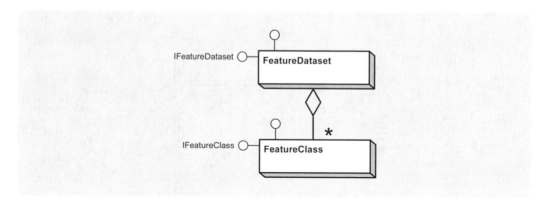

Aggregation Die *Aggregation* ist eine asymetrische Beziehung, bei der die eine Seite eine „*hat*"-Beziehung zu der anderen Seite eingeht.

Wird das Objekt, das die „*hat*"-Beziehung zu einem anderen Objekt hat, gelöscht, bleibt das andere Objekt davon unberührt.

4.3.5 Composition

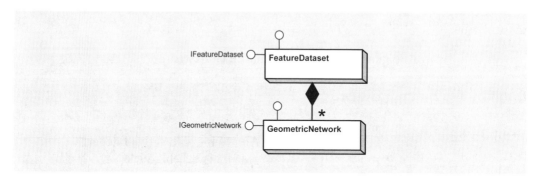

Composition Die *Composition* ist eine engere Form der *Aggregation,* bei der das Objekt der „*hat*"-Beziehung die Lebensdauer der in Beziehung gesetzten Objekte bestimmt.

Wird das Objekt, das die „*hat*"-Beziehung zu einem anderen Objekt hat, gelöscht, werden die anderen Objekte ebenfalls gelöscht.

4.3.6 Instantiation

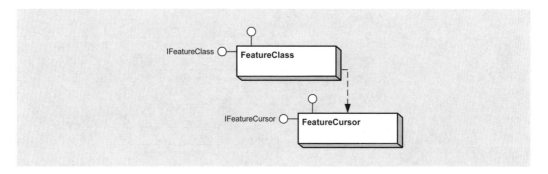

Instantiation Die *Instantiation* besagt, dass die eine Klasse eine oder mehrere Methoden hat, um Objekte einer anderen Klasse erzeugen zu können.

4.3.7 N-Array Association

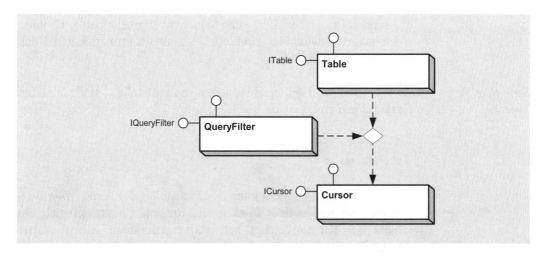

N-Array Association Bei einer *N-Array Association* sind mehr als zwei Klassen an einer Beziehung beteiligt.

4.3.8 Verschiedenes

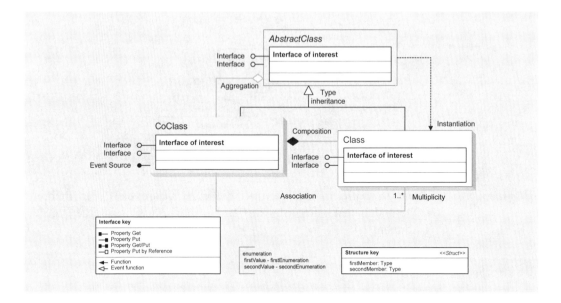

Jedes Klassen-Diagramm enthält eine Legende wie sie oben abgebildet ist. Neben den verschiedenen Klassentypen und ihren Beziehungen zueinander sind noch weitere Informationen in den Diagrammen enthalten:

Schnittstellen Typen

Zwei Arten von unterschiedlichen Schnittstellen sind auf den Diagrammen zu erkennen.

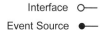

Interface

Die mit *Interface* benannte Schnittstelle ist eine *Inbound-*Schnittstelle und enthält Funktionen, die ein Client, der sich ein Objekt der Klasse erzeugt hat, verwenden kann. (Client startet Server)

Event Source

Die mit *Event Source* benannte Schnittstelle ist eine *Outbound-*Schnittstelle und enthält Ereignis-Funktionen. Ein Client kann eine derartige Funktion implementieren, die dann von dem Server-Objekt ausgelöst wird. (Server startet Client)

Die wichtigsten Schnittstellen der Klassen werden im Klassendiagramm beschrieben – welche Eigenschaften und Methoden durch diese Schnittstellen zur Verfügung gestellt werden. Manche Schnittstellen werden von vielen Klassen verwendet. Sie erscheinen dann nicht im Klassendiagramm selbst, sondern sind im Objektmodell separat aufgeführt.

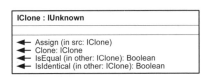

Eigenschaften

Die *Properties* sind die Eigenschaften einer Klasse, die über die Schnittstelle, die diese Funktionen anbietet, abgefragt oder verändert werden können.

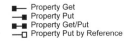

Die *Property Get* Funktion ist nur lesend und liefert einen Wert des Typs zurück, der hinter dem Namen der Funktion nach dem Doppelpunkt angegeben wird.

■— DisplayName: String

Die *PropertyPut* Funktion ist nur schreibend und erwartet einen Wert des Typs, der hinter dem Namen der Funktion nach dem Doppelpunkt angegeben wird.

—■ IsLatitude: Boolean

Ist die Eigenschaft lesend und schreibend, wird dies mit der *Property Get/Put* Funktion angezeigt.

■—■ Name: String

Muss an eine Funktion nicht der Wert sondern ein Objektverweis übergeben werden, wird dies mit der *Property Put by Reference* Funktion angezeigt.

■─□ ActiveGraphicsLayer: ILayer

In *Visual Basic* muss dann der Wert oder die Variable mit der *Set* Anweisung an die Funktion übergeben werden.

```
Set myMap.ActiveGraphicsLayer = myGraphicsLayer
```

Funktionen

Die *Functions* sind alle Funktionen, die über eine *Inbound* Schnitt-stelle an ein Objekt gerichtet werden können. Alle notwendigen Parameter inclusive Datentyp werden im Diagramm in runde Klammern eingeschlossen beschrieben.

◄─ AlterDomain (in FieldName: String, in
      Domain: IDomain)

Funktionen sind entweder einfache Prozeduren oder liefern Rückgabewerte. Die Variable muss dazu vorher auf den zurück-gegebenen Datentyp deklariert werden.

◄─ Update (in Filter: IQueryFilter, in recycling:
      Boolean): IFeatureCursor

Ereignisse

Die *Events* sind die Funktionen der *Outbound*-Schnittstellen und können von Clienten implementiert werden. Immer, wenn ein Objekt einen derartigen *Event* feuert, werden die entsprechenden Funktionen der verbundenen Clienten angestoßen.

◄─ ActiveViewChanged

Aufzählung

Eine *Enumeration* ist eine Liste konstanter Wertepaare, bestehend aus einem Namen der Konstanten und aus einem Integer Wert. In der Programmierumgebung kann sowohl der Name als auch der Wert verwendet werden. Alle Aufzählungen, die in einem Subsystem Verwendung finden, sind auf dem jeweiligen Objektdiagramm aufgelistet.

◄─ PartialRefresh (in phase:
      esriViewDrawPhase, in data: IUnknown, in
      Envelope: IEnvelope)

```
esriDrawPhase
1 - esriDPGeography
2 - esriDPAnnotation
4 - esriDPSelection
```

Structure Keys

Structure Keys sind spezielle Datentypen – vergleichbar mit *benutzerdefinierten Datentypen* in *Visual Basic*. Sie setzten sich aus einem oder mehreren bekannten Datentypen zusammen – die einzelnen Werte werden wie schreib- und lesbare Eigenschaften von Klassen behandelt.

4.4 ArcObjects Class Help

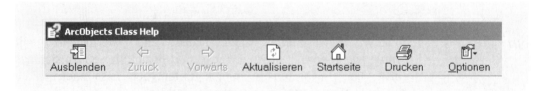

ArcObjects ClassHelp

Die *ArcObjects Class Help* ist die wichtigste Informationsquelle für den Entwickler. Sie ist unterteilt in die Kapitel *Interfaces*, *CoClasses* und *Constants*, in denen die einzelnen Elemente alphabetisch einsortiert sind. Hyperlinks ermöglichen die Navigation von einem *Interface* zu allen *CoClasses*, die diese Schnittstelle implementieren. Umgekehrt verweist jede *CoClass* auf alle Schnittstellen, die sie implementiert hat. Von den Schnittstellen kann dann zu den Beschreibungen der einzelnen Funktionen oder auch zu Schnittstellen, deren Methoden geerbt werden, navigiert werden.

CoClass

Möchte der Programmierer beispielsweise eine Linie zwischen zwei Punkten programmieren, identifiziert er aus den Beschreibungen und dem Objektdiagramm die Klasse *Line*. Er sucht demnach unter *CoClass* nach der Klasse *Line*.

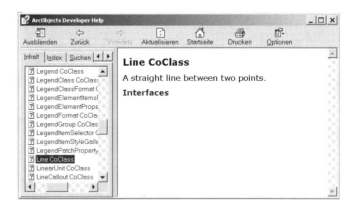

Implemented Interfaces

Um zu erfahren, welche Schnittstellen von der *Line* Klasse implementiert werden, klickt er auf den *Interfaces* Link, der Links zu allen Schnittstellen dieser Klasse, zusammen mit einer Kurzbeschreibung, anzeigt.

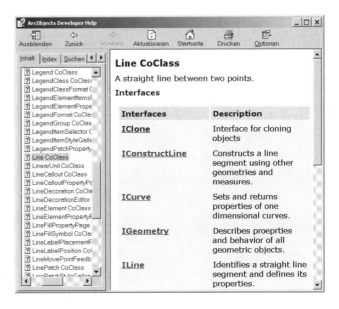

Interfaces

Von hier aus kann der Programmierer alle Schnittstellen erreichen um sich über deren Funktionen zu informieren.

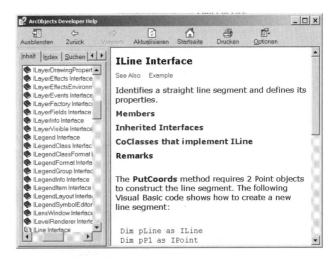

Members

Der *Members* Link zeigt alle, einschließlich der von anderen Schnittstellen geerbten Eigenschaften und Methoden an. *Inherited Interfaces* bietet Links zu den einzelnen Seiten dieser Schnittstellen, *CoClasses that implement ILine* zeigt alle Klassen, die die *ILine*-Schnittstelle implementieren.

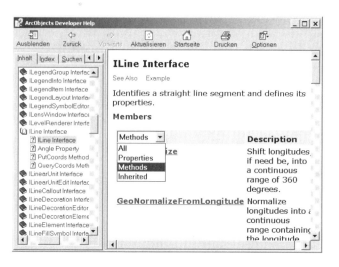

Member

Die Liste der angezeigten Methoden kann nach bestimmten Kriterien gefiltert werden: Nur die Eigenschaften (*Properties*), nur die Methoden (*Methods*) oder nur die geerbten Eigenschaften und Methoden (*Inherited*). Die eigenen Methoden von *ILine* sind aus der linken Liste ersichtlich.

Method

Über den *Member* Link navigieren wir weiter zu der Beschreibung der eigentlichen Funktion oder Eigenschaft.

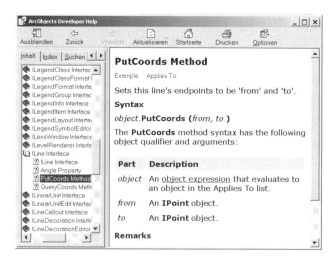

Example   Neben einer allgemeinen Beschreibung der Syntax gibt es zusätzliche Informationen (*Remarks*) und Beispiele, meistens in *Visual Basic*.

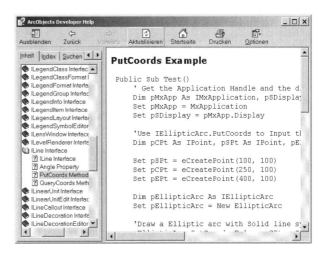

4.5 ArcObjects Online

ArcObjects *Online*	*ArcObjectsOnline,* die Online Version der *ArcGIS Developer Help* der Version 8 und *ArcGISDeveloperOnline* der Version 9 werden seit der Version 9.1 nicht mehr weiter regelmäßig aktualisiert. Sie werden nur noch aus Archivierungsgründen weiter bertrieben.
	http://edndoc.esri.com/arcobjects/8.3/ **http://edndoc.esri.com/arcobjects/9.0/**
EDN	Alle Entwicklerressourcen, die Online zur Verfügung gestellt werden, sind seit der Version 9.1 im *ESRI Developer Network*, kurz *EDN*, zusammengefaßt.

4.6 ESRI Developer Network

EDN

EDN (ESRI Developer Network) ist ein Software-Abonnement (*Subscription*), durch das jeweils ein Entwickler Zugang zur aktuellen ESRI Entwickler-Software und zu neuesten Informationen und Ressourcen über das EDN Portal erhält. Das EDN Abonnement beinhaltet einen Ordner der EDN Software Library mit CDs aller *EDN* Software-Produkte für alle unterstützten Betriebssysteme und Datenbank-Versionen.

EDN Portal

Das EDN Internet-Portal **http://edn.esri.com/** bietet umfassenden Entwickler-Support durch ausführliche technische Entwickler- und Produktdokumentationen, Diskussionsforen, Webcasts, Code-Tauschbörsen und Download-Center.

EDN Software Library

Die *EDN Software Library* stellt alle *ArcGIS* Entwicklungskomponenten für Desktop- und Serverumgebungen im Paket kostengünstig für den Abo-Zeitraum bereit:

- ArcGIS Engine Developer Kit
- ArcGIS Server
- ArcIMS
- ArcSDE
- ArcWeb Services (Block mit 100.000 Credits)

5 Anpassen der Benutzeroberfläche

5.1 Das Dialogfenster „Customize"

Das Anpassen-Dialogfenster (*Customize*) ist ein grafisches Werkzeug zum Anpassen der Oberfläche. Es ermöglicht

- das Erzeugen, Hinzufügen, Bewegen und Löschen von Steuerelementen wie Werkzeug- und Menüleisten, Werkzeugen, Schaltflächen, Kommandos
- das Setzen der Eigenschaften der Steuerelemente,
- das Einbinden externer Programme,
- das Setzen von Rechten zur Anpassung der Oberfläche.

Das Dialogfenster wird geöffnet durch

- die Menüoption *Tools -> Customize...* oder
- durch einen Doppelklick mit der Maus in einen leeren Bereich der Schaltflächenleisten.

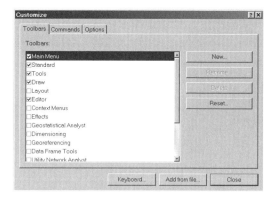

Werkzeugleisten /
Toolbars

Unter der Registerkarte *Toolbars* werden integrierte Steuerelementleisten aktiviert oder deaktiviert. Sie können erzeugt, umbenannt, gelöscht und auf die zuletzt gespeicherte Einstellung zurückgesetzt werden. Neue Steuerelementleisten werden durch Klicken auf die Schaltfläche *New...* erzeugt. In dem sich dann öffnenden Dialog wird neben dem Namen festgelegt, ob die Steuerelementleiste in der Datei *Normal.mxt* oder im aktuellen Dokument gespeichert werden soll.

Zurücksetzen... /
Reset...

Das Zurücksetzen mit der gleichnamigen Schaltfläche (*Reset...*) hat nur Einfluss auf die Standardleisten, nicht auf benutzerdefinierte Steuerelementleisten.

Tastatur... /
Keyboard...

Die Schaltfläche *Tastatur...* öffnet ein weiteres Dialogfenster zur Festlegung von Tastaturkürzeln für Kommandos.

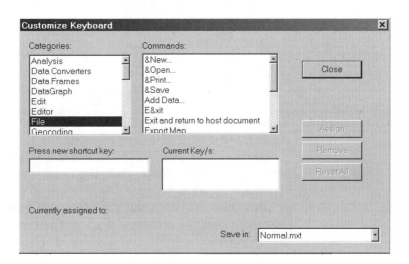

Add from file...   *Aus Datei hinzufügen... / Add from file...* im Dialogfenster
                            Customize ermöglicht die Koppelung externer Programme und
                            Bibliotheken, die als OLB, TLB, EXE, OCX oder DLL-Datei
                            vorliegen und mit beliebigen COM Entwicklungsumbungen
                            erzeugt wurden, mit Steuerelementen der ArcMap Oberfläche.

Kommandos   Kommandos werden mittels *Drag & Drop* zu Steuerelementleisten
hinzufügen   hinzugefügt. Unter der Registerkarte *Commands* wird das
                            gewünschte Kommando gesucht und durch Klicken und Ziehen mit
                            der Maus auf die gewünschte Steuerelementleiste in der Oberfläche
                            gezogen.

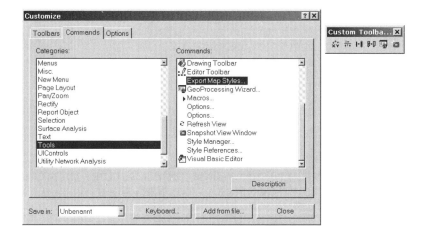

Kommandos   Um ein Kommando zu löschen, wird es mittels *Drag & Drop* auf
löschen   einen Punkt ausserhalb der Steuerelementleiste gezogen. Das
                            Customize Dialogfenster muss dazu geöffnet sein.

Menüs hinzufügen   Neue Menüs können ebenfalls zu Steuerelementleisten hinzugefügt
                            werden. Dazu wird unter der Registerkarte *Commands* in der Liste
                            Categories die Option *New Menu* angeklickt. Ebenfalls per *Drag &*
                            Drop wird *New Menu* aus der *Commands* Liste auf eine
                            Steuerelementleiste gezogen. Durch Drücken der rechten Maustaste
                            auf dem neuen Menü kann der Menütitel verändert werden. Das
                            Customize Dialogfenster muss dazu geöffnet sein.

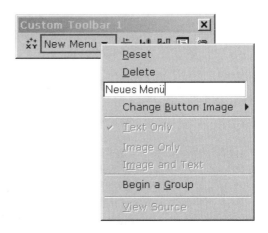

Kontextmenüs

Ein Kontextmenü ist ein Menü, das bei bestimmten Aktionen durch Drücken der rechten Maustaste zur Verfügung steht. Um ein Kommando zu einem Kontextmenü hinzuzufügen, muss zuerst die Option *ContextMenus* unter der Registerkarte *Toolbars* im *Customize* Dialogfenster aktiviert werden. Damit wird die *Context Menus* Leiste geöffnet. In einer *ScrollDown* Liste werden alle in der Applikation verfügbaren Kontextmenüs und ihre Optionen angezeigt.

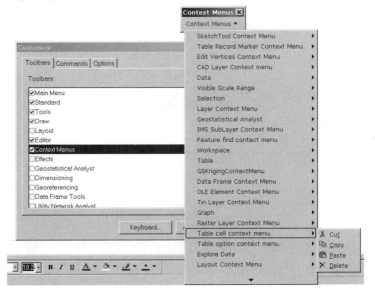

Anschliessend wird das gewünschte Kommando unter der Registerkarte *Commands* gesucht und mittels *Drag & Drop* auf die Steuerelementleiste des Kontextmenüs gezogen.

Neue Kontextmenüs können nicht über das *Customize* Dialogfenster erzeugt werden sondern nur über Programmierung. Näheres dazu steht im Kapitel 6.4.

Neue Kommandos

UIControls

Um in VBA programmierte Kommandos mit neuen Steuerelementen in der Oberfläche zu verbinden, wird ein neues *UIControl* (*UserInterfaceControl* = Steuerelement der Benutzer-oberfläche) auf einer Steuerelementleiste in der Oberfläche platziert. Dazu wird unter der Registerkarte *Commands* die Option *UIControl* angeklickt und danach die Schaltfläche *NewUIControl...*.

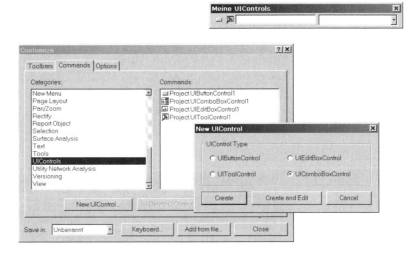

Es gibt vier Typen von *UIControls*:

- *UIButtonControls* sind Schaltflächen
- *UIToolControls* sind Werkzeuge
- *UIEditBoxControls* sind Texteingabefenster
- *UIComboBoxControls* sind Comboboxen

Die oben stehende Grafik zeigt eine Werkzeugleiste „Meine UIControls" mit vier unterschiedlichen *UIControls*.

Eigenschaften von
Steuerelementen

Zur Änderung der Eigenschaften von Steuerelementen muss das Dialogfenster *Customize* geöffnet sein. Mit einem rechten Mausklick auf das Steuerelement wird ein Kontextmenü geöffnet, in dem Optionen zur Verfügung stehen, um Steuerelemente zu löschen, umzubenennen, ein *Icon* zu vergeben, Steuerelemente zu gruppieren, Tastaturkürzel zu vergeben und um den mit dem Steuerelement verknüpften VBA Programmcode anzuzeigen und zu bearbeiten. Es kann hier nur der Programmcode von *UIControls* angezeigt und bearbeitet werden.

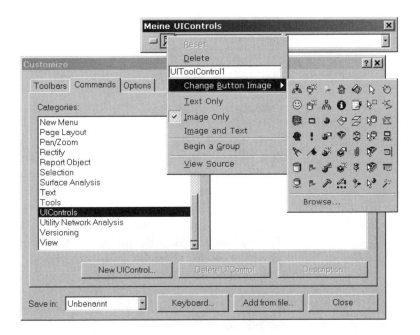

Der Programmcode von neuen Steuerelementen besteht zunächst nur aus dem Programmgerüst bestehend aus der ersten und der letzten Zeile. Zwischen diesen Zeilen ist der Code einzufügen, der mit dem Klicken auf das *UIControl* ausgeführt werden soll.

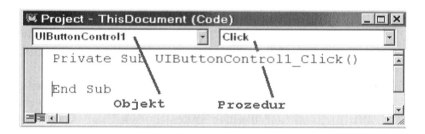

ToolTips

Zur Unterstützung der Anwender sollten neue Steuerelemente mit sogenannten *ToolTips* versehen werden. *ToolTips* zeigen eine kurze Information an, wenn der Anwender den Mauszeiger auf ein Steuerelement bewegt.

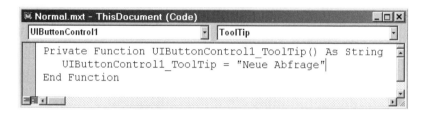

Zum Testen des *ToolTips* muss das Dialogfenster *Customize* geschlossen sein.

Ändern des Mauszeigersymbols

CursorID

Standard Mauszeigersymbole:

Werkzeuge ändern in der Regel das mit ihnen assoziierte Mauszeigersymbol, wenn der Zeiger im Bereich des grafischen Displays ist. So ist z.B. auf der Schaltfläche des Werkzeugs zum Verschieben des Bildausschnitts eine Hand. Wird die Schaltfläche aktiviert und der Mauszeiger in den Bereich des grafischen Displays bewegt, ändert sich der Mauszeiger und bekommt das Hand-Symbol. Der Mauszeiger wird mit dem *CursorID* Ereignis programmiert.

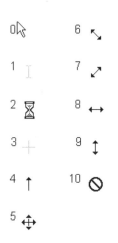

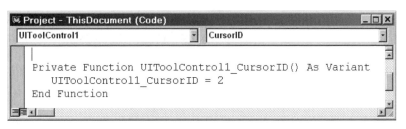

In ArcMap sind elf Mauszeigersymbole integriert, auf die über die *IDs* 0 – 10 zugegriffen werden kann. Darüber hinaus können benutzerdefinierte Mauszeigersymbole aus *Cursor-* (.cur) oder *Icondateien* (.ico) oder mit der Visual Basic *LoadPicture* Funktion geladen werden.

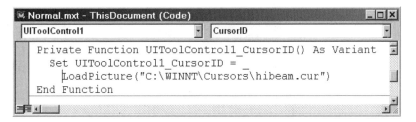

Die *CursorID* kann auch auf die Eigenschaft *Picture* eines Bild-Steuerelements gesetzt werden:

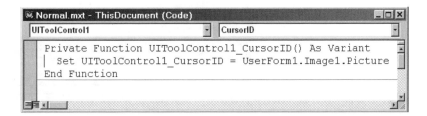

Large icons

Unter der Registerkarte *Options* des *Customize* Dialogfensters ist in ArcMap und ArcCatalog die Möglichkeit gegeben, *Icons* auf Schaltflächen vergrößert darzustellen.

ToolTips

Die Funktionalität zur Darstellung von *ToolTips* kann aktiviert oder deaktiviert werden.

Unter *Lock Customizations...* stehen drei Optionen zur Verfügung, Anpassungen der Applikation zu reglementieren:

Lock data frames

- *Lock data frames*: Es können keine Daten hinzugefügt oder entfernt werden. Das Kontextmenü *Data Frames* steht nicht zur Verfügung.

Lock layers

- *Lock layers*: Die Darstellungsreihenfolge und die Eigenschaften der *Layer* können nicht verändert werden. Das Kontextmenü für *Layer* steht nicht zur Verfügung.

Lock customization

- *Lock customization*: Die Benutzeroberfläche kann nicht verändert werden. Steuerelemente können weder hinzugefügt noch entfernt werden.

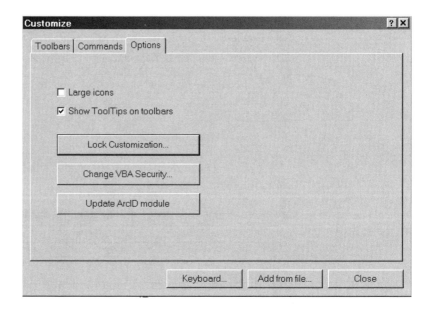

VBA Security

Die Option *Change VBA Security...* bietet drei Sicherheitsstufen zum Schutz vor Makroviren.

- *High*: Es können nur Makros aus vertrauenswürdigen Quellen gestartet werden. Vertrauenswürdige Quellen werden in einer Liste geführt.
- *Medium*: Der Benutzer kann auswählen, ob er Makros aus

potentiell nicht vertrauenswürdigen Quellen starten will.

- *Low*: Makros können ungeachtet ihrer Herkunft gestartet werden. Diese Option sollte nur dann verwendet werden, wenn ein zuverlässiger Virenscanner aktiviert ist oder die Virenfreiheit von Makros unzweifelhaft ist.

ArcID   Der Zugriff auf die in ArcMap und ArcCatalog integrierten Kommandos und Kommandoleisten erfolgt über einen eindeutigen Identifikationscode, dem UID (= *unique identifier*). Die UID's werden über ein Modul namens ArcID ermittelt. Das ArcID Modul wird jedesmal generiert, wenn die Dokumentvorlage "Normal" geladen wird. Aus der Windows Registrierungsdatei werden die GUID's (*globally unique identifier*) aller Kommandos und Kommandoleisten der aktuellen Applikation gelesen. In VBA können integrierte Kommandos und Kommandoleisten über den Zugriff via ArcID Modul verwendet werden. Ein Beispiel dazu befindet sich im Kapitel 6.4.3.1.

Update ArcID   Mit der Option *Update ArcID module* unter den Optionen des
module   *Customize* Dialogfensters wird das ArcID Modul aktualisiert und die aktuellen GUID's aus der Windows Registrierungsdatei gelesen.

5.2 Dokumentvorlagen

Die Vorgehensweise bei der Anpassung der Benutzeroberfläche ist in ArcMap und ArcCatalog gleich. Es können Menüs, Leisten für Steuerelemente, Kommandos und einzelne Steuerelemente verändert, verschoben, neu erzeugt und gelöscht werden. Die gesamte Oberfläche der Applikation kann angepasst werden. Derartige Anpassungen können in ArcMap auf drei verschiedenen Ebenen gespeichert werden: Im *Normal Template*, im *Base Template* und in *ThisDocument*. Der Unterschied liegt in der Wirkung: Speicherungen im *Normal Template* werden in allen Dokumenten wirksam. Speicherungen im *Base Template* werden nur in den Dokumenten wirksam, zu denen diese Vorlage ausdrücklich geladen wird. Speicherungen in *ThisDocument* beziehen sich nur auf das aktuelle Dokument.

Normal Template, Base Template, ThisDocument

In ArcCatalog spielt nur das *Normal Template* eine Rolle.

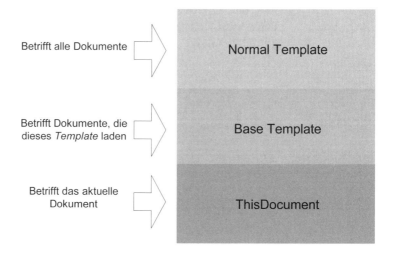

Templates sind Dateien, in denen eine definierte Benutzeroberfläche als Vorlage gespeichert ist. Beim Starten von ArcMap spielt die Reihenfolge, in der die Vorlagen und das aktuelle Projekt (*ThisDocument*) gelesen werden, eine entscheidende Rolle. Zuerst wird das *Normal Template* gelesen, dann das *Base Template* und dann *ThisDocument*. Wird im *Normal Template* beispielsweise die

Templates

Schaltfläche zum Hinzufügen von Daten deaktiviert, im *Base Template* oder *ThisDocument* aber wieder aktiviert, steht die Schaltfläche dem Benutzer zur Verfügung.

Das *Normal Template* von ArcMap wird unter ArcGIS 9.x und Windows NT 4.0 in der Datei Normal.mxt im Installationsverzeichnis von ArcGIS unter ..\bin\templates\ gespeichert, das *Normal Template* von ArcCatalog in der Datei Normal.gxt in den Benutzerprofilen, z.B. im Verzeichnis
..\winnt\profiles\<username>\Application Data\esri\ArcCatalog\ .

Unter Windows 2000 und Windows XP wird die Datei Normal.mxt unter den Benutzerprofilen gespeichert, z.B. im Verzeichnis:
\Dokumente und Einstellungen\
  < username >\
    Anwendungsdaten\
      ESRI\
        ArcMap\
          Templates

Die Datei Normal.gxt liegt z.B. unter
\Dokumente und Einstellungen\
  < username >\
    Anwendungsdaten\
      ESRI\
        ArcCatalog .

Normal Template
Normal Templates enthalten alle Einstellungen der Benutzeroberflächen von ArcMap und ArcCatalog. Wird die Normal.mxt bzw. die Normal.gxt gelöscht, werden diese Dateien mit dem nächsten Starten von ArcMap bzw. ArcCatalog neu erzeugt.

Base Template
Base Templates sind Dokumentvorlagen, deren angepasste Oberfläche nur dann zur Verfügung steht, wenn diese bestimmte Vorlage geladen ist. Der Anwender kann eigene *Base Templates* anlegen. Eine Reihe von *Base Templates* wird mit ArcMap mitgeliefert und steht dem Anwender beim Start von ArcMap zur Verfügung.

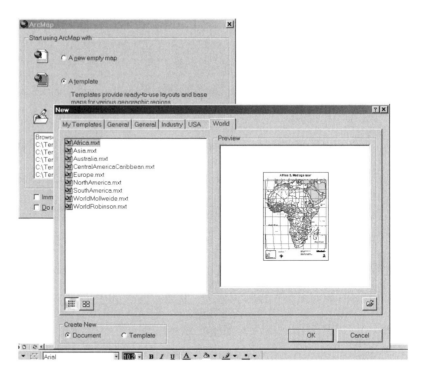

Standardmäßig zeigt ArcMap die *Base Template*s an, die im Verzeichnis ..bin\Templates gespeichert sind. Wenn ein vom Benutzer erzeugtes *Base Template* in einem anderen Verzeichnis liegt, muss es aus diesem Verzeichnis geladen werden. *Base Templates* können in ArcMap auch unter *File -> New* geladen werden.

ThisDocument bezieht sich immer auf das aktuelle Dokument. Anpassungen, die nur in diesem Dokument wirksam sein sollen, werden in der <projekt>.mxd Datei gespeichert.

Die Festlegung, ob eine angepasste Oberfläche in der Datei Normal.mxt bzw. Normal.gxt, dem *Base Template* oder dem aktuellen Dokument abgespeichert wird, erfolgt in dem Dialogfenster „*Customize*".

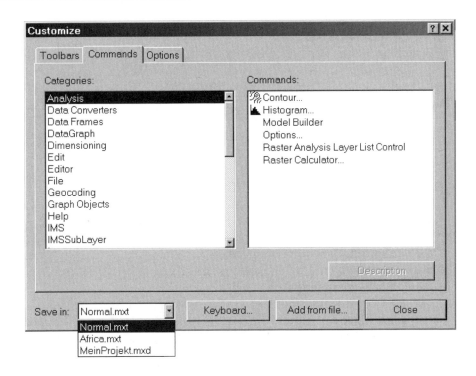

Hinweis: Voreingestellt ist in ArcMap die Datei *Normal.mxt*. Das bedeutet, dass Änderungen in allen Dokumenten sichtbar werden. Unter der Registerkarte *Options* der *Customize* Dialogbox kann diese Voreinstellung geändert werden.

6 Die Applikation

Die ArcMap Applikation umfasst das aktuelle Projekt mit allen geladenen Dokumenten und Objekten.

6.1 Application

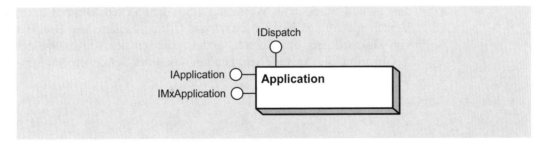

Application ist das Wurzelobjekt in ArcMap und ArcCatalog. Es repräsentiert die Applikation und ist der zentrale Punkt, von dem aus auf andere Objekte zugegriffen werden kann.

IDispatch

Application ist innerhalb von VBA vordefiniert und global gültig. Verweise auf die ESRI Objektbibliotheken sind automatisch gesetzt. Von der COM Schnittstelle *IDispatch*, von der das *Application* Objekt abgeleitet ist, braucht der VBA Programmierer nichts wissen. Für ihn reicht der Verweis auf das *Application* Objekt:

```
Dim aoiApp As IApplication
Set aoiApp = Application
```

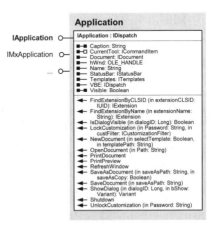

IApplication

Die wichtigste Schnittstelle des *Application* Objekts ist *IApplication*.

Über diese Schnittstelle erfolgt der Zugriff auf das Applikations-fenster, auf das Dokument, die Statusanzeige, Dokumentvorlagen, das aktuell selektierte Werkzeug und den Visual Basic Editor. Verschiedene Funktionen erlauben das Öffnen, Sichern und Drucken von Dokumenten, das Sperren und Entsperren der Anpassung der Applikation, die Anzeige von Dialogen und das Schließen der App-likation.

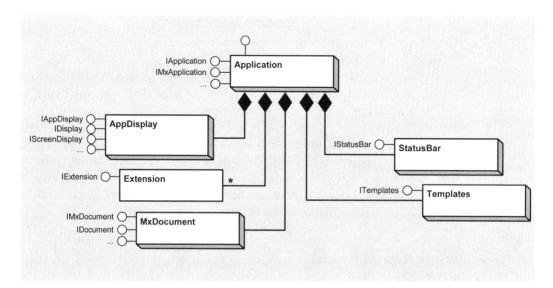

```
' (cd) Application Eigenschaften

' Verweis auf die Schnittstelle
Dim aoiApp As IApplication

  Set aoiApp = Application

  ' Anzeige des Beschriftungstextes und des Namens
  MsgBox aoiApp.Caption & „   " & aoiApp.Name
  ' Applikation anzeigen
  aoiApp.Visible = True
```

Da das *Application* Objekt innerhalb von VBA global angelegt ist, können seine Funktionen von jeder Prozedur benutzt werden, ohne zunächst einen Verweis auf das Objekt zu erstellen. Der oben aufgeführte Code kann deshalb wie folgt verkürzt werden:

```
' Anzeige des Beschriftungstextes und des Namens
MsgBox Application.Caption & „   " & Application.Name
' Applikation anzeigen
Application.Visible = True
```

Ebenso können Funktionen des *Application* Objekts aufgerufen werden:

```
' (cd) Application Funktionen

' Öffnet den Dialog "Drucken"
Application.PrintDocument

' Öffnet die Druckvorschau
Application.PrintPreview

' Neuzeichnen des Fensters
Application.RefreshWindow

' Applikation beenden
Application.ShutDown
```

ShowDialog   Mit der Funktion *ShowDialog* können verschiedene Dialoge aufgerufen werden, die Benutzereingaben ermöglichen:

```
Application.ShowDialog 1
```

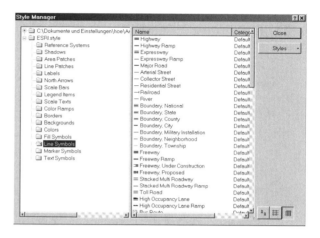

ShowDialog bietet über die Konstante *esriMxDlgIDs* folgende Dialogoptionen:

esriMxDlgIDs		
	esriMxDlgCustomize	0
	esriMxDlgStyleGallery	1
	esriMxDlgOverflowLabels	2
	esriMxDlgMacros	3
	esriMxDlgVBA	4
	esriMxDlgOptions	5
	esriMxDlgContents	6
	esriMxDlgZoom	7
	esriMxDlgPageSetup	8
	esriMxDlgPrintSetup	9
	esriMxDlgProperties	10

6.2 Das ArcMap Dokument

IApplication

Einige allgemeine Funktionen von Dokumenten wie das Erzeugen eines neuen Dokuments, Öffnen und Speichern eines Dokuments sind Funktionen der *IApplication* Schnittstelle:

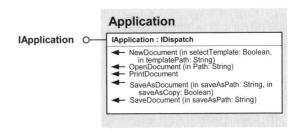

```
' Ein Dokument öffnen
Application.OpenDocument "C:\Projekte\myproj.mxd"
```

Mit "Application.OpenDocument" ohne Pfad- und Dateiangabe wird der Dialog zum Öffnen von Dateien gestartet:

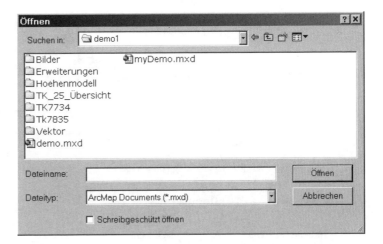

```
' Ein Dokument speichern
Application.SaveDocument

' Speichern unter anderem Namen
aoiApp.SaveAsDocument "C:\Projekte\neuproj.mxd", True
```

True in der vorangegangenen und der nachfolgenden Programmzeile bedeutet, dass eine Kopie des Dokuments unter neuem Namen gespeichert wird, das Originaldokument in ArcMap aber geöffnet bleibt.

Wird kein Dateiname mit *SaveAsDocument* angegeben, wird der Dialog „ Speichern unter" geöffnet :

```
Application.SaveAsDocument , True
```

MxDocument   *Document* verweist in der *IApplication* Schnittstelle auf ein *MxDocument* Objekt. Das *MxDocument* ist die aktuelle ArcMap Applikation. Das *MxDocument* wird automatisch erzeugt, wenn die Applikation gestartet wird.

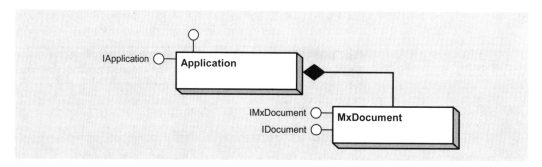

```
' Zugriff auf das Dokument
Dim aoiApp As IApplication
Dim aoiDoc As IMxDocument

  Set aoiApp = Application
  Set aoiDoc = aoiApp.Document
```

ThisDocument   Pro ArcMap Sitzung gibt es nur ein *MxDocument*. In VBA ist das global das Dokument mit Namen *ThisDocument*. Unter VBA kann der Programmcode deshalb auch so aussehen:

```
' Zugriff auf das Dokument
Dim aoiDoc = ThisDocument
```

MxDocument   Die zentrale Funktion von *MxDocument* ist die Steuerung der Darstellung aller Elemente in der aktuellen Applikation. Die von *MxDocument* implementierten Schnittstellen sind der Ausgangspunkt für den Zugriff auf die meisten anderen ArcMap Objekte.

IMxDocument   Über die *IMxDocument* Schnittstelle wird zum Beispiel auf das *ActiveView* (*PageLayout* oder *Map*) zugegriffen, auf die aktuell selektierte *Map* und auf die *StyleGallery*. Darüberhinaus werden über diese Schnittstelle Eigenschaften wie der Textfont der Applikation, die Textgröße und die globale Suchtoleranz bei räumlichen Selektionen definiert.

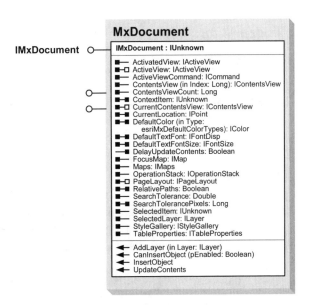

Im Standardumfang von ArcMap wird zwischen zwei verschiedenen

ActiveView

Views unterschieden: *Data View* (= *Map*) und *Layout View*. Über die Funktion *ActiveView* der Schnittstelle *IMxDocument* wird ermittelt, ob der Benutzer aktuell im *DataView* oder im *Layout View* arbeitet.

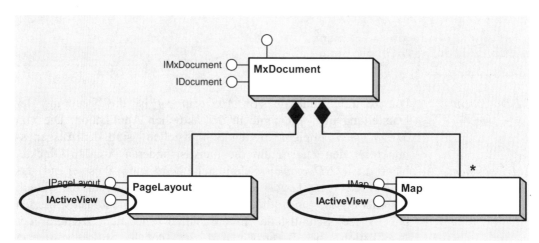

TypeOf

Der aktive *View* wird mit der Vergleichsfunktion *TypeOf* ermittelt:

```
' (cd)  ActiveView

Dim aoiDoc As IMxDocument
   Set aoiDoc = ThisDocument

   If TypeOf aoiDoc.ActiveView Is IMap then
      MsgBox "Sie befinden sich im Data View"
   ElseIf TypeOf aoiDoc.ActiveView Is IPageLayout then
      MsgBox "Sie befinden sich im Layout View"
   End If
```

Das folgende Programm wechselt zwischen *Data View* und *Layout View*: Ist der *Layout View* aktiv, wird zur *Data View* (= *IMap*) gewechselt und umgekehrt.

```
' (cd)  Wechsel zwischen IPageLayout und IMap

Dim aoiDoc As IMxDocument
Dim aoiLayout As IPageLayout
```

```
Dim aoiMap As IMap

  Set aoiDoc = ThisDocument
  Set aoiLayout = aoiDoc.PageLayout
  Set aoiMap = aoiDoc.FocusMap

  If TypeOf aoiDoc.ActiveView Is IMap Then
     Set aoiDoc.ActiveView = aoiLayout
  Else
     Set aoiDoc.ActiveView = aoiMap
  End If
  aoiDoc.ActiveView.Refresh
```

Der folgende Code ermittelt die Ausdehnung des aktiven *Views*.

```
' (cd) Ausdehnung des aktiven Views

Dim aoiDoc As IMxDocument
Dim aoiActiveView As IActiveView
Dim aoiEnv As IEnvelope
Dim dblXmin As Double, dblYmin As Double, _
    dblXmax As Double, dblYmax As Double

  Set aoiDoc = ThisDocument
  Set aoiActiveView = aoiDoc.ActiveView

  Set aoiEnv = aoiActiveView.Extent
  aoiEnv.QueryCoords dblXmin, dblYmin, dblXmax, dblYmax

  MsgBox dblXmin & ", " & dblYmin & ", " & dblXmax & _
         ", " & dblYmax
```

Der nächste Programmcode ermittelt die Mausposition im aktuellen Dokument:

```
' (cd)  Aktuelle Mausposition

Dim aoiDoc As IMxDocument
Dim aoiPoint As IPoint
```

```
Set aoiDoc = ThisDocument
Set aoiPoint = New Point
Set aoiPoint = aoiDoc.CurrentLocation
MsgBox "Aktuelle Mausposition, X: " & aoiPoint.X & "  Y: " _
       & aoiPoint.Y
```

Undo
Redo
OperationStack

Über die *IMxDocument* Schnittstelle können *Undo-* und *Redo-*Funktionen verwaltet werden. Dazu werden einzelne Operationen in einem *OperationStack* gespeichert:

```
' (cd)  OperationStack
Dim aoiDoc As IMxDocument
Dim aoiOperationStack As IOperationStack
Dim aoiOperation As IOperation
Dim intCount As Integer
Dim strOStack As String

  Set aoiDoc = ThisDocument

  ' Anzahl der Operationen im OperationStack
  strOStack = aoiDoc.OperationStack.Count & _
               " Operation(en) im Stack:" & vbCr & vbCr

  If aoiDoc.OperationStack.Count > 0 Then
     For intCount = 0 To (aoiDoc.OperationStack.Count - 1)
        Set aoiOperationStack = aoiDoc.OperationStack
        Set aoiOperation = aoiOperationStack.Item(intCount)
        ' Anzeige der Operationen,
        ' die rückgängig gemacht werden können
        strOStack = strOStack & aoiOperation.MenuString & vbCr
  Next
  MsgBox strOStack
  End If
```

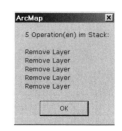

IDocument-
EventsDisp

Zwei Schnittstellen implementieren Ereignisfunktionen zum ArcMap Dokument: *IDocumentEvents* und *IDocumentEventsDisp*. Unter VBA spielt nur die Schnittstelle *IDocumentEventsDisp* eine Rolle.

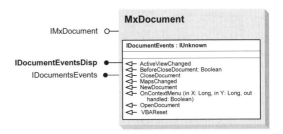

IDocumentEventsDisp steht unter VBA automatisch zur Verfügung. Ein *MxDocument* Objekt ist im Klassenmodul von *ThisDocument* definiert. Wenn *MxDocument* in der Objektliste im Visual Basic Editor ausgewählt wird, können in der Liste der Funktionen alle verfügbaren Ereignisse angeklickt werden, wodurch das Grundgerüst des Codes im Programmfenster generiert wird:

ArcMap starten
Unter *Tools -> Macros* den Visual Basic Editor starten
Im Fenster „*Project*" unter „*Project*" und „*ArcMap Objects*" auf „*ThisDocument*" doppelklicken
Im Codefenster von „*Project – ThisDocument*" in der linken *Combobox* „*MxDocument*" auswählen
In der rechten *Combobox* erscheinen die Ereignisse. Durch einen Klick auf ein Ereignis wird das Codegerüst erstellt.

In ArcMap können bis zu drei VBA Projekte geladen sein: Das aktuelle Projekt, eine Dokumentvorlage und das Projekt "Normal".

Jedes dieser Projekte hat ein *ThisDocument* Klassenmodul. In jedem Programmfenster der drei Projekte können Dokumentereignisse programmiert werden. Die Ereignisse werden dabei in folgender Reihenfolge gefeuert:

Project.ThisDocument
TemplateProject.ThisDocument
Normal.ThisDocument

Liefert eine Ereignisfunktion *True* zurück, werden die Ereignisse der nachfolgenden Projekte nicht mehr ausgeführt. Wird beispielsweise das Ereignis *NewDocument* ausgelöst, wird zunächst versucht, den Programmcode in *Project.ThisDocument* auszuführen. Liefert die Funktion *True* zurück, wird die Ereignisfunktion in *TemplateProject.ThisDocument* und *Normal.ThisDocument* nicht mehr ausgeführt. Durch diesen Mechanismus können Ereignissfunktionen im Projekt "Normal" und in Dokumentvorlagen überschrieben werden.

```
' (cd)  IDocumentEventDisp Ereignisse

Private Function MxDocument_ActiveViewChanged() As Boolean
     MsgBox "Diese Nachricht erscheint beim Ändern _
          des aktiven Dokuments."
End Function

Private Function MxDocument_MapsChanged() As Boolean
     MsgBox "Diese Nachricht erscheint beim Ändern _
          der Maps Collection"
End Function
```

6.3 Dokumentvorlagen

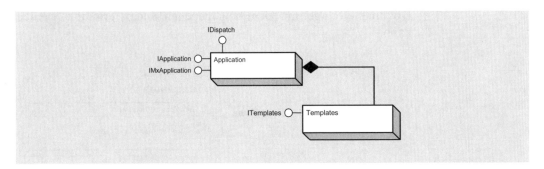

Templates

Das *Templates* Objekt (nicht zu verwechseln mit dem Objekt *Template*) ist eine Sammlung der aktuell in der Applikation geladenen Dokumentvorlagen. In ArcCatalog ist die einzige geladene Dokumentvorlage die Normal.gxt. In ArcMap sind entweder zwei oder drei Dokumentvorlagen geladen. Die Vorlage Normal.mxt ist immer geladen. Das Dokument wird als weitere Vorlage betrachtet und da in ArcMap immer ein Dokument geladen ist, hat die Applikation mindestens zwei Vorlagen. Optional kann das Dokument auf einer weiteren Vorlage basieren, dem sogenannten *Base Template*. Das kann zum Beispiel eine der Dokumentvorlagen sein, die dem Anwender beim Starten von ArcMap zur Verwendung angeboten werden.

Standard Druckvorlagen: Base Templates

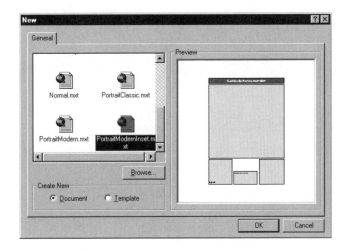

Die *Templates* Funktion in *IApplication* liefert die Schnittstelle

- 171 -

ITemplates

ITemplates, mit deren Methoden die Anzahl der Dokumentvorlagen, die mit dem aktuellen Dokument verbunden sind, sowie der Pfad der Dokumentvorlage mit dem angegebenen Index ermittelt werden kann.

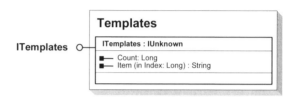

```
' (cd) Informationen über Dokumentvorlagen

Dim aoiApp As IApplication
Dim aoiTemplates As ITemplates
Dim lngIndex As Long

  Set aoiApp = Application
  Set aoiTemplates = aoiApp.Templates
  For lngIndex = 0 To aoiTemplates.Count - 1
     MsgBox „Index: „  & lngIndex & vbNewLine & „Pfad: „ & _
            aoiTemplates.Item(lngIndex)
  Next lngIndex
  If aoiTemplates.Count = 3 Then
     MsgBox „Es ist ein Base Template geladen"
  Else
     MsgBox „Es ist kein Base Template geladen"
  End If
```

6.4 Anpassen der Applikation

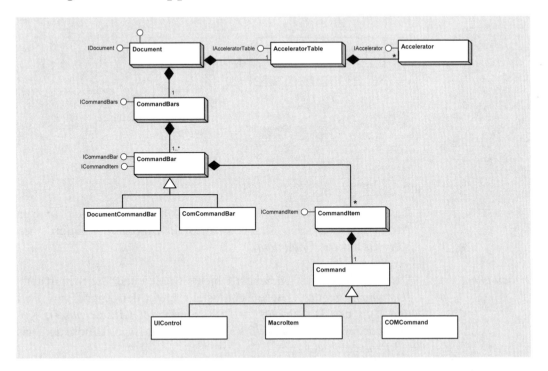

Die Benutzeroberfläche von ArcMap kann durch Veränderung bestehender Werkzeugleisten, Menüs und Kommandos verändert und erweitert werden. Anpassungen, die in der Oberfläche permanent gespeichert werden sollen, müssen über den *Customize* Dialog erzeugt werden. Alle programmierten Anpassungen sind temporär. Wird ArcMap durch VBA Programme angepasst, haben diese Änderungen nur Gültigkeit, so lange das aktuelle Dokument in der aktuellen ArcMap Sitzung geöffnet ist. Programmierte Änderungen werden weder im Dokument noch in Dokumentvorlagen gespeichert. Wird das Dokument geschlossen oder ArcMap beendet, werden die Änderungen entfernt. Programmierte Anpassungen eignen sich deshalb für Änderungen, die nicht permanent im Dokument oder der Dokumentvorlage gespeichert werden sollen.

6.4.1 Document

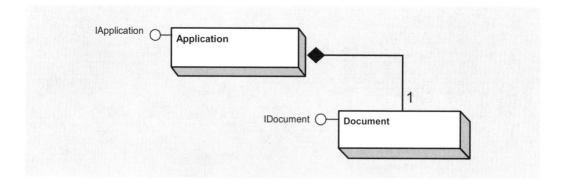

Das *Document* Objekt heisst in ArcMap *MxDocument* und in ArcCatalog *GxDocument*. Die Schnittstelle *IApplication* liefert einen Verweis auf das *Document*.

IDocument

Die Funktionen des *Document* Objekts werden über die Schnittstelle *IDocument* genutzt. Diese Schnittstelle bietet den Zugriff auf Titel und Typ des Dokuments, auf Tastaturkürzel (*Accelerators*), Kommandozeilen (*CommandBars*), die aktuelle Applikation und das *VB Project* Objekt.

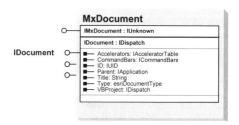

```
' (cd)  Informationen zum Dokument

Dim aoiApp As IApplication
Dim aoiDoc As IDocument

   Set aoiApp = Application
   Set aoiDoc = aoiApp.Document
```

```
MsgBox aoiDoc.Title & ", Dokumenttyp " & aoiDoc.Type & _
    vbCr & " 0 = Normal.mxt" & _
    vbCr & " 1 = Base Template" & _
    vbCr & " 2 = Das geöffnete Dokument" & _
    vbCr & vbCr & „ Applikation: „ & aoiDoc.Parent.Name
```

ThisDocument   Jedes VBA Projekt enthält eine VBA Klasse namens *ThisDocument*. Diese Klasse repräsentiert das *Document* Objekt. Die Funktionen der Schnittstelle *IDocument* können direkt angesprochen werden. Die beiden folgenden VBA Programme sind daher von Ihrer Funktion her identisch:

```
Sub DocTitel_Beispiel_1()
  Dim aoiApp As IApplication
  Dim aoiDoc As IDocument

  Set aoiApp = Application
  Set aoiDoc = aoiApp.Document
  MsgBox aoiDoc.Title
End Sub
```

```
Sub DocTitel_Beispiel_2()
  MsgBox ThisDocument.Title
End Sub
```

VBProject   Die Eigenschaft *VBProject* des *Document* Objekts liefert eine Referenz auf das VBA *VBProject* Objekt, das mit dem Dokument verknüpft ist. *VBProject* kann dazu benutzt werden, Eigenschaften für das Projekt zu setzen oder abzufragen und auf die VB Module,

Klassenmodule, Formulare etc. zuzugreifen. Detaillierte Hilfe zu dieser Eigenschaft gibt es in der VBA Hilfe. Das folgende Beispiel fragt mit der *VBProject* Eigenschaft den Namen und den Pfad des aktuellen Dokuments ab.

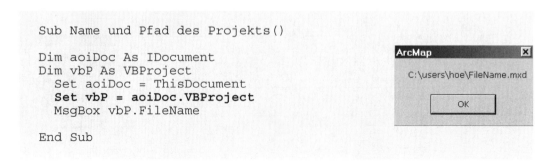

```
Sub Name und Pfad des Projekts()

Dim aoiDoc As IDocument
Dim vbP As VBProject
  Set aoiDoc = ThisDocument
  Set vbP = aoiDoc.VBProject
  MsgBox vbP.FileName

End Sub
```

6.4.2 Tastaturkürzel

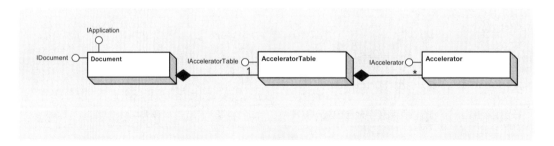

Accelerator   *Accelerator* bezeichnen in ArcObjects Tastaturkürzel. Mit bestimmten Tastenkombinationen auf der Tastatur werden damit Kommados ausgeführt, wie z.B. Strg-C unter Microsoft Word zum Kopieren in die Zwischanablage. Einige Tastaturkürzel sind in ArcMap bereits vergeben.

AcceleratorTable   Die Tastaturkürzel und die mit Ihnen assoziierten Kommandos werden in einer Liste gespeichert, der *AcceleratorTable*. Darauf wird über die *IDocument* Schnittstelle zugegriffen.

IAcceleratorTable   Über die Schnittstelle *IAcceleratorTable* werden Tastaturkürzel hinzugefügt und gesucht.

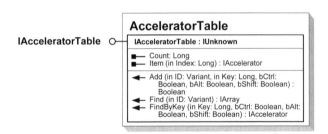

```
MsgBox ThisDocument.Accelerators.Count
```

Accelerators::
Add

Die Syntax zum Hinzufügen eines neuen Tastaturkürzels lautet:

```
ThisDocument.Accelerators.Add(commandID, Key,
Ctrl, Alt, Shift)
```

Die Parameter haben folgende Bedeutung:

commandID

ArcID

commandID ist eine eindeutige Kennung für das Kommando, das durch das Tastaturkürzel aktiviert werden soll. Für residente Kommandos ist das der UID (*unique Identifier*), der über das residente Modul ArcID gesucht wird (vgl. Kapitel 6.4.3). Für VBA Makros und *UIControls* wird eine Zeichenkette mit dem vollen Namen des Kommandos angegeben.

Key

Key ist der Visual Basic Tastaturcode oder der numerische Schlüssel für die gedrückte Taste.

Ctrl

Ctrl ist *True*, wenn die Taste "Strg" Teil der Tastenkombination ist, anderenfalls *False*.

Alt

Alt ist *True*, wenn die Taste "Alt" Teil der Tastenkombination ist, anderenfalls *False*.

Shift

Shift ist *True*, wenn die Umschalttaste Teil der Tastenkombination ist, anderenfalls *False*.

Im nächsten Beispiel wird ein neues Tastaturkürzel erzeugt. Durch Drücken der Tastenkombination „Strg-O" wird das Werkzeug zum Vergrößern aktiviert. Mit der Tastenkombination „Strg-Z" wird das Makro „MeinMakro" gestartet.

```
' (cd)   Erzeugen eines Tastaturkürzels

Public Sub NeuesTastaturkürzel()
Dim aoiAccTab As IAcceleratorTable
Dim aoiNewAcc As Boolean
  Set aoiAccTab = ThisDocument.Accelerators
  aoiNewAcc = aoiAccTab.Add(ArcID.PanZoom_ZoomIn, vbKey0, _
                 True, False, False)
  aoiNewAcc = aoiAccTab.Add("Project.ThisDocument.MeinMakro", _
                 vbKeyZ, True, False, False)

  ' In Normal.mxt sieht der Code wie folgt aus:
  ' aoiNewAcc = aoiAccTab.Add("Normal.ThisDocument.MeinMakro", _
  '                vbKeyZ, True, False, False)
End Sub
```

```
Public Sub MeinMakro()
  MsgBox "Werkzeug zum Vergrößern: Strg-O."
End Sub
```

Das nächste Beispiel löscht ein Tastaturkürzel, das mit der Visual Basic *Keycode* Konstanten vbKey0 (= Taste 0) assoziiert ist.

```
' (cd)   Tastaturkürzel löschen

Dim aoiAccTab As IAcceleratorTable
Dim aoiAcc As IAccelerator

  Set aoiAccTab = ThisDocument.Accelerators
  Set aoiAcc = aoiAccTab.FindByKey(vbKey0,True,False,False)

  If aoiAcc Is Nothing Then
    MsgBox "Das Tastaurkürzel ist nicht festgelegt."
  Else
    aoiAcc.Delete
  End If
```

6.4.3 CommandBars und CommandBar

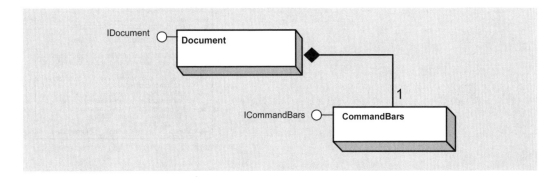

CommandBars

ICommandBars

CommandBars ist die Sammlung aller *CommandBar* Objekte (Werkzeugleisten, Werkzeuge, Menüs und Kontextmenüs) in einem Dokument. Die Schnittstelle *ICommandBars* ermöglicht das Setzen von Eigenschaften, Erzeugen, Suchen und Ausblenden von Kommandos oder Kommandoleisten.

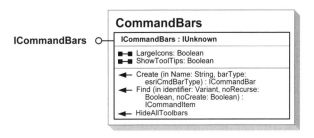

CommandBar

ICommandBar

CommandBar bezeichnet Werkzeugleisten, Menüleisten, Menüs und Kontextmenüs. Mit der Schnittstelle *ICommandBar* können die Kommandoleisten geändert, erweitert und in der Applikation positioniert werden. Eine einzelne *CommandBar* kann mit *ICommandBars::Find* referenziert werden.

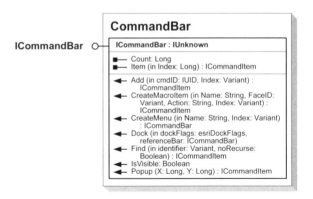

ArcID

Mit der Dokumentvorlage "Normal" wird in VBA ein Modul namens ArcID geladen. Mittels dieses Moduls kann der UID (*unique identifier*) der in ArcMap und ArcCatalog integrierten Kommandos und Kommandoleisten ermittelt werden. Dadurch kann in VBA auf die integrierten Kommandos und Kommandoleisten zugegriffen werden. Dieser Zugriff erfolgt, indem der Name des Kommandos oder der Kommandoleiste als Argument von ArcID übergeben wird.

```
' Zugriff auf das ArcMap-Hauptmenü
Set <commandbar> = <commandbars>.Find(ArcID.Main Menu)
```

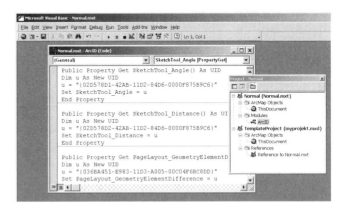

Das ArcID Modul wird jedesmal generiert, wenn die Dokumentvorlage "Normal" geladen wird. Dazu werden aus der Windows Registrierungsdatei die GUID's (*globally unique identifier*) aller Kommandos und Kommandoleisten der aktuellen Applikation gelesen.

Mit VBA Programmcode erstellte Werkzeugleisten und Menüs werden nur temporär gespeichert. Sie werden weder im Dokument noch in Dokumentvorlagen gespeichert. Zum Erzeugen einer neuen Werkzeugleiste oder eines Kontextmenüs wird die Funktion *Create* der Schnittstelle *ICommandBars* benutzt. Neue Menüs werden mit der Funktion *CreateMenu* der Schnittstelle *ICommandBar* erzeugt.

Im nächsten Beispiel werden Eigenschaften der Kommandoleisten gesetzt :

```
' (cd)   Eigenschaften der Kommandoleisten

Dim aoiApp As IApplication
Dim aoiDoc As IDocument
Dim aoiCBars As ICommandBars
Dim aoiCBar As ICommandBar
Dim aoiCItem As ICommandItem
Dim intX As Integer
Dim strMsg As String
Dim strTitel As String

  Set aoiApp = Application
  Set aoiDoc = aoiApp.Document
  Set aoiCBars = aoiDoc.CommandBars

  ' Anzeige großer Icons
  aoiCBars.LargeIcons = True

  ' Anzeige von ToolTips
  aoiCBars.ShowToolTips = True

  ' Alle Werkzeugleisten ausser der Hauptmenüleiste ausblenden
  aoiCBars.HideAllToolbars

  ' Zugriff auf eine integrierte Menüleiste und ein Menü
  Set aoiCBar = aoiCBars.Find(ArcID.MainMenu)
  ' aoiCBar.Count = Anzahl der CommandItems in der CommandBar
  For intX = 0 To (aoiCBar.Count - 1)
     strMsg = strMsg & aoiCBar.Item(intX).Caption & vbCr
  Next intX
  strtitel = "Das Hauptmenü besteht" & vbCr & "aus " _
```

```
                    & aoiCBar.Count & " Menüs:"
      MsgBox strTitel & vbCr & vbCr & strMsg

      Set aoiCItem = aoiCBar.Item(0)
      aoiCItem.Style = esriCommandStyleMenuBar

      ' Umbenennen des ersten Menüeintrags des Hauptmenüs
      aoiCItem.Caption = "_Datei"
```

ArcMap

Das Hauptmenü besteht
aus 8 Menüs:

&File
&Edit
&View
&Insert
&Selection
&Tools
&Window
&Help

OK

Das folgende Beispiel erzeugt die
nebenstehende Werkzeugleiste:

```
' (cd)  Werkzeugleiste erzeugen

Dim aoiApp As IApplication
Dim aoiDoc As IDocument
Dim aoiCBars As ICommandBars
Dim aoiCBar As ICommandBar

  Set aoiApp = Application
  Set aoiDoc = aoiApp.Document
  Set aoiCBars = aoiDoc.CommandBars
  Set aoiCBar = aoiCBars.Create("Zoom", esriCmdBarTypeToolBar)
  aoiCBar.Add ArcID.PanZoom_FullExtent
  aoiCBar.Add ArcID.PanZoom_ZoomIn
  aoiCBar.Add ArcID.PanZoom_ZoomOut
```

Create

CreateMenu

Zum Erzeugen neuer Menüs darf nicht die Methode *ICommandBars::Create* mit der Enumeration *esriCmdBarTypeMenu* verwendet werden. Stattdessen kann die Methode *ICommandBar:: CreateMenu* benutzt werden wie in diesem Beispiel:

```
' (cd)  Menü erzeugen

Dim aoiApp As IApplication
Dim aoiDoc As IDocument
Dim aoiCBars As ICommandBars
Dim aoiCBar As ICommandBar
Dim aoiMenu As ICommandBar
Dim aoiCItem1 As ICommandItem
Dim aoiCItem2 As ICommandItem
Dim aoiCItem3 As ICommandItem

  Set aoiApp = Application
  Set aoiDoc = aoiApp.Document
  Set aoiCBars = aoiDoc.CommandBars
  ' Suche nach dem Hauptmenü
  Set aoiCBar = aoiCBars.Find(ArcID.MainMenu)

  ' Erzeugen eines neuen Menüeintrags
  Set aoiMenu = aoiCBar.CreateMenu("meinMenü", 8)

  ' Hinzufügen einer Menüoption (= CommandItem)
  aoiMenu.Add ArcID.Tools_StyleManager

  ' Hinzufügen eigener MacroItems
   Set aoiCItem1 = aoiMenu.CreateMacroItem("Macro1", 0)

  ' Die Makros werden in einer eigenen Menügruppe angezeigt
  ' Die neue Menügruppe wird durch einen Strich abgegrenzt
  aoiCItem1.Group = True
  Set aoiCItem2 = aoiMenu.CreateMacroItem("Macro2", 1)
  Set aoiCItem3 = aoiMenu.CreateMacroItem("Macro3", 2)
```

Im nächsten Beispiel wird ein Kontextmenü erzeugt, das geöffnet wird, wenn die rechte Maustaste im *Display* Fenster gedrückt wird. Der Code muss im VB Editor in die Funktion *Project.-ThisDocument.MxDocument_OnContextMenu* kopiert werden.

```
' (cd)   Kontextmenü erzeugen

Private Function MxDocument_OnContextMenu(ByVal X As _
                Long, ByVal Y As Long) As Boolean
Dim aoiCBar As ICommandBar
Dim aoiCItem As ICommandItem
Dim aoiSub As ICommandBar

  Set aoiCBar = CommandBars.Create("KontextMenü", _
                esriCmdBarTypeShortcutMenu)

  ' Das erste CommandItem im Kontextmenü führt das Macro
  ' "MeinMacro" aus
  Set aoiCItem = aoiCBar.CreateMacroItem("MeinMacro", _
                1, "Project.ThisDocument.MeinMacro")
  ' Weitere Menüoption über das ArcID Modul
  aoiCBar.Add ArcID.PanZoom_FullExtent

  ' Erzeugen eines Untermenüs
  Set aoiSub = aoiCBar.CreateMenu("Verschieben", 2)

  ' Weitere Kontextmenüoptionen im Untermenü
  aoiSub.Add ArcID.PanZoom_Down
  aoiSub.Add ArcID.PanZoom_Up
  aoiSub.Add ArcID.PanZoom_PageLeft
  aoiSub.Add ArcID.PanZoom_PageRight
```

```
' Anzeige des Kontextmenüs als Popup Menü
aoiCBar.Popup

' Der Applikation wird mitgeteilt,
' dass das Ereignis ausgeführt wurde
MxDocument_OnContextMenu = True
End Function
```

```
Public Sub MeinMacro()
  MsgBox "Mein Macro wurde ausgeführt."
End Sub
```

Dem Objekt *CommandBar* werden im Objektmodell zwei grundsätzliche Typen zugeordnet: *Document CommandBar* und COM *CommandBar*. *Document CommandBars* werden über die in ArcMap integrierten Funktionen unter Verwendung des *Customize* Dialogs erzeugt. COM *CommandBars* können in Entwicklungsumgebungen, die COM unterstützen wie Visual Basic, C++, J++ oder Delphi, erzeugt werden und der Applikation in Form von ActiveX DLL-Dateien über den *Customize* Dialog hinzugefügt werden.

6.4.4 CommandItem

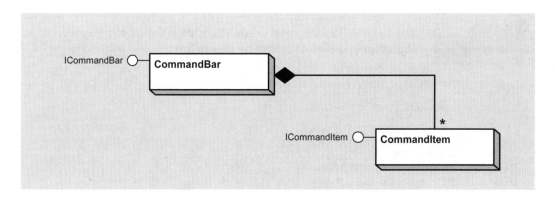

CommandItem

ICommandItem

Ein *CommandItem* ist ein einzelnes Objekt einer *CommandBar*, zum Beispiel eine Schaltfläche, ein Werkzeug oder eine Menüoption. Die Schnittstelle *ICommandItem* erlaubt den Zugriff auf die Eigenschaften der *CommandItems* wie Beschriftung, *Icon* der Schaltfläche, Statuszeilentext, *Tooltip* und weitere Eigenschaften. Es kann eine Referenz auf das dem *CommandItem* zugrunde liegenden Kommando erstellt werden und es stehen Funktionen zur Verfügung, das *CommandItem* auszuführen, zu löschen, zu aktualisieren und zurückzusetzen.

Der Verweis auf ein CommandItem erfolgt entweder über *ICommandBars::Find* oder über *ICommandBar::Find*.

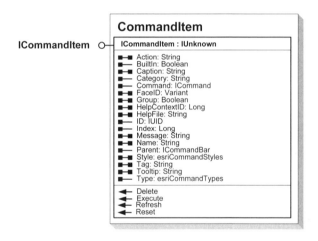

Zur Veranschaulichung wird im nächsten Beispiel ein Menü erzeugt, abgefragt und eine Menüoption ausgeführt:

```
' (cd)  CommandItem erzeugen

Dim aoiApp As IApplication
Dim aoiDoc As IDocument
Dim aoiCBars As ICommandBars
Dim aoiCBar As ICommandBar
```

```
Dim aoiCItem As ICommandItem
Dim strTyp As String
Dim aocTyp As esriCommandTypes
Dim strMsg As String

  Set aoiApp = Application
  Set aoiDoc = aoiApp.Document
  Set aoiCBars = aoiDoc.CommandBars

  ' ICommandBar = ArcMap Hauptmenü
  Set aoiCBar = aoiCBars.Find(ArcID.MainMenu)

  '   Erzeugen eines neuen Menüs
  Set aoiCBar = aoiCBar.CreateMenu("Werkzeuge", 8)

  ' Menüoption ArcID Modul PanZoom_FullExtent
  aoiCBar.Add ArcID.PanZoom_FullExtent

  ' Menüoption MacroItem "MeinMacro"
  Set aoiCItem = aoiCBar.CreateMacroItem("MeinMacro", _
                      1, "Project.ThisDocument.MeinMacro")

  ' Zugriff auf die Menüoption "MeinMacro"
  Set aoiCItem = aoiCBar.Find("MeinMacro")

  ' Neue Menügruppe
  aoiCItem.Group = True

  ' Statuszeilentext
  aoiCItem.Message = "Führt MeinMacro aus"

  ' Ausführen des MacroItems
  aoiCItem.Execute

  aocTyp = aoiCItem.Type
  Select Case aocTyp
    Case 0
      strTyp = "esriCmdTypeCommand: integriertes Kommando"
    Case 1
      strTyp = "esriCmdType: Menü"
    Case 2
      strTyp = "esriCmdType: Werkzeugleiste"
    Case 3
      strTyp = "esriCmdType: Macro Item"
    Case 4
```

```
      strTyp = "esriCmdType: UI Schaltfläche"
   Case 5
      strTyp = "esriCmdType: UI Werkzeug"
   Case 6
      strTyp = "esriCmdType: UI Combobox"
   Case 7
      strTyp = "esriCmdType: UI EditBox"
   Case Else
      strTyp = "Undefinierter esriCommandType"
End Select

strMsg = " Eigenschaften der Menüoption " _
      & aoiCItem.Caption & ":" & vbCr & vbCr & _
      " " & aoiCItem.Index + 1 & ". Menüoption" & vbCr & _
      " Name: " & aoiCItem.Name & vbCr & _
      " Typ: " & strTyp & vbCr & _
      " Aktion: " & aoiCItem.Action & vbCr & _
      " Eingebaute Funktion: " & aoiCItem.BuiltIn & vbCr & _
      " UID: " & aoiCItem.ID & vbCr & vbCr
MsgBox strMsg
```

```
Public Sub MeinMacro()
   MsgBox "Das ist MeinMacro"
End Sub
```

6.4.5 Benutzerdefinierte Kommandos

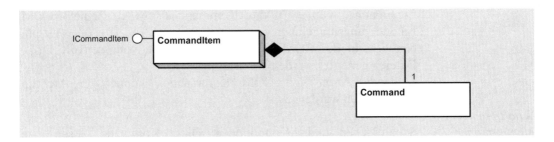

Es gibt drei Basistypen von Kommandos, die der Applikation hinzugefügt werden können:

- COM Kommandos
- *Macros*
- *UIControls*

6.4.5.1 COM Kommandos

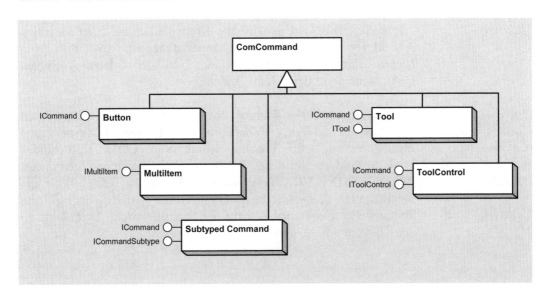

COM Kommandos Alle in ArcMap und ArcCatalog eingebauten Kommandos sind

COM basierte Kommandos. In VBA können programmierte COM Kommandos eingebunden, nicht aber erzeugt werden. Zur Erzeugung von COM Kommandos wird eine COM Entwicklungsumgebung wie Visual Basic, C++, J++ oder Delphi benötigt, in der COM Kommandos in Form von ActiveX DLL-Dateien generiert werden können.

Folgende Arten von COM Kommandos können in ArcMap eingebunden werden:

Schaltflächen
Menüoptionen

Schaltflächen und Menüoptionen. Diese Kommados lösen eine Aktion aus, wenn Sie angeklickt werden wie zum Beispiel die Schaltfläche zum Drucken.

Werkzeuge

Werkzeuge. Diese werden auch als Steuerelement -in der Regel mit einem *Icon* versehen- auf der Oberfläche platziert. Eine Aktion wird aber nicht schon durch das Klicken der Schaltfläche ausgelöst sondern erst durch eine Interaktion im Applikationsfenster. Ein Beispiel hierfür ist das "Identify" Werkzeug.

Editboxen,
Comboboxen

Editboxen und Comboboxen. Editboxen sind editierbare Texteingabefelder. Comboboxen sind *Dropdown* Kombinationsfelder. Der Benutzer kann eine Auswahl aus einer Liste treffen.

subtyped
commands,
MultiItems

Untergliederte Kommandos (*subtyped commands*). Das sind Gruppen verwandter Kommandos.

MultiItems. Das sind dynamische Kommandos mit einer variablen Anzahl von neben- oder untereinander stehenden Menüoptionen in Menüs. Ein Beispiel dafür ist die Liste der zuletzt geöffneten Dokumente unter dem Menü "Datei".

ITool,
IToolControl,
ICommand-
Subtype,
IMultiItem

Die zu diesen COM Kommandos im Objektmodell aufgeführten Schnittstellen *ITool*, *IToolControl*, *ICommandSubtype* und *IMultiItem* sind für die Erzeugung von COM Kommandos implementiert und für den VBA-Programmierer von untergeordneter Bedeutung. Der VBA Programmierer benutzt in erster Linie die Schnittstelle *ICommandItem* (siehe oben) und daneben die Schnittstelle *ICommand*, um auf die Funktionen und Eigenschaften der Kommandos zuzugreifen.

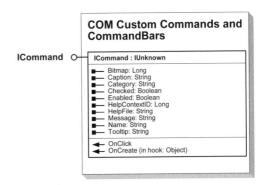

6.4.5.2 Macros

Macros sind die in VBA geschriebenen Prozeduren, die über das Menü *Tools -> Macros -> Macros* gestartet werden oder im Dialog *Customize* mit Werkzeugen oder Menüs verknüpft werden oder über andere Programme eingebunden oder gestartet werden (siehe dazu das Beispiel im Kapitel "6.4.3.2 CommandItem").

6.4.6 Die Statusleiste

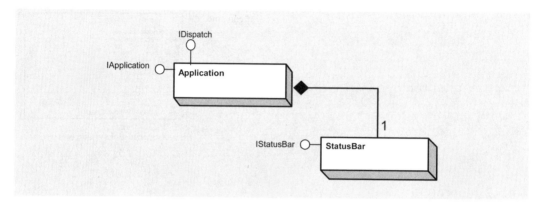

Die Schnittstelle *IStatusBar* definiert die Eigenschaften der Statusleiste, die sich am unteren Fensterrand des ArcMap- oder ArcCatalog-Fensters befindet.

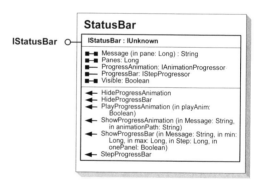

Neben einfachen Texten können in der Statuszeile verschiedene Panels angezeigt werden, die über die Enumeration *esriStatusBarPanes* zur Verfügung stehen. In Fortschrittsanzeigen kann der Status von Bearbeitungen angezeigt werden.

```
' (cd)   Anzeige einer Statusleiste

Dim aoiSBar As IStatusBar
```

```
Set aoiSBar = StatusBar

aoiSBar.Visible = True
aoiSBar.Message(0) = "Dieses ist die Statusleiste."
```

Panes

Mit der Eigenschaft *Panes* kann die Statuszeile in folgender Weise beeinflusst werden:

Wert	Bedeutung
0	Der linke Teil der Statusleiste
1	Anzeige eines animierten Icons
2	Anzeige der Mausposition in Kartenkoordinaten
4	Anzeige der Mausposition in Seitenkoordinaten
8	Anzeige von Objektgrößen
16	Anzeige, wenn die *CapsLock*-Taste aktiv ist
32	Anzeige, wenn die *NumLock*-Taste aktiv ist
64	Anzeige, wenn die Rollen-Taste aktiv ist
128	Anzeige der Uhrzeit

Sleep

Es folgt ein Beispiel für die Anzeige der Fortschrittsanzeige. Mit der Betriebssystemfunktion *Sleep* wird eine Bearbeitung simuliert.

```
' (cd)  Fortschrittsanzeige in der Statusleiste

' Deklaration in der Sektion „General"
Option Explicit
Private Declare Sub Sleep Lib "kernel32" (ByVal _
                   dwMilliseconds As Long)

Public Sub StatusBar()
  Dim aoiSBar As IStatusBar
  Dim aoiSPro As IStepProgressor
  Dim intX As Integer

  Set aoiSBar = Application.StatusBar

  ' Fortschrittsanzeige
  Set aoiSPro = aoiSBar.ProgressBar
```

```
     ' Minimalwert der Fortschrittsanzeige
     aoiSPro.MinRange = 0

     ' Maximalwert der Fortschrittsanzeige
     aoiSPro.MaxRange = 100

     ' Inkrementalwert
     aoiSPro.StepValue = 1

     aoiSPro.Position = 0
     aoiSPro.Show
     For intX = 1 To 100
       aoiSPro.Step
       Sleep 50
     Next intX

     ' Fortschrittsanzeige unsichtbar machen
     aoiSPro.Hide
End Sub
```

6.5 Die ArcMap Fensterobjekte

Neben dem Applikationsfenster existieren in ArcMap potenziell mehrere Objekte mit eigenen Fenstern wie *DataGraphWindow*, *TableWindow*, *MapInsetWindow* und *OverviewWindow*.

6.5.1 Das Applikationsfenster

IApplication

Das Fenster der Applikation wird über die Schnittstelle *IApplication* positioniert und dimensioniert.

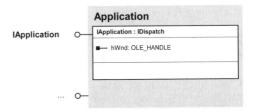

Fenster und Visual Basic Steuerelemente, die auf Fenstern basieren, haben eine Eigenschaft *hWnd*, die die Zugriffsnummern für die Fenster liefert. Die Positionierung und Dimensionierung des Applikationsfensters in ArcMap und ArcCatalog erfordert die Deklaration der Win32 API Funktion *MoveWindow* in user32.dll. *IApplication::hWnd* wird dann an die *MoveWindow* Funktion übergeben.

MoveWindow, hWnd

Die *MoveWindow* Funktion benötigt folgende Argumente:

hWnd	Zugriffsnummer des Fensters
X	Die neue Position der linken Seite des Fensters
Y	Die neue Position der Oberkante des Fensters
nWidth	Die neue Breite des Fensters
nHeight	Die neue Höhe des Fensters

```
bRepaint  Legt fest, ob das Fenster neu
          gezeichnet werden soll.
          Dieser Wert sollte True (1) sein.
```

Positionierung und Dimensionierung erfolgen relativ zur oberen linken Ecke des Bildschirms.

```
' (cd)  Positionierung und Dimensionierung eines Fensters
' Schritt 1:
' Die Funktionsdeklaration muss in den allgemeinen
' Deklarationsteil eines neuen Moduls: (Module -> Insert ->
' Module) hinzugefügt werden
Public Declare Function MoveWindow Lib "user32" _
    (ByVal hWnd As Long, ByVal X As Long, ByVal Y As Long, _
    ByValnWidth As Long, ByVal nHeight As Long, _
    ByVal bRepaint As Long) As Long

' Schritt 2:
' Die Prozedur Sub MoveApplWin muss im Visual Basic Editor als
' Klassenmodul hinzugefügt werden (Module -> Insert -> Class
' Module). Ein Klassenmodul ist ein spezieller Modultyp, in dem
' die Definition einer Klasse inclusive ihrer Eigenschaften
' und Methoden enthalten ist. Dieser Code läuft nicht, wenn er
' dem Modul ThisDocument hinzugefügt wird.
Sub MoveApplWin()
  Dim aoiApp As IApplication
  Dim ole_hWnd As OLE_HANDLE
  Set aoiApp = Application
  ole_hWnd = aoiApp.hWnd
  MoveWindow ole_hWnd, 0, 0, 800, 500, 1
End Sub

' Schritt 3:
' Die nächsten Codezeilen rufen MoveApplWin aus dem Modul
' ThisDocument auf. Voraussetzung: Das in Schritt 2 erzeugte
' Klassenmodul hat den Namen „WindowMove".
Public Sub callMoveWinAppl()
  Dim myClass As WindowMove
  Set myClass = New WindowMove
  myClass.MoveApplWin
End Sub
```

6.5.2 AppDisplay

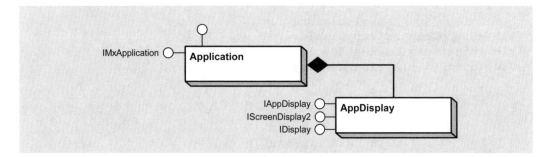

AppDisplay

Mit dem *AppDisplay* Objekt werden grundlegende Funktionen für die Darstellung der Applikation in mehreren Fenstern zur Verfügung gestellt. Außerdem ermöglicht es die Fokussierung einzelner Applikationsfenster und das Zeichnen von Punkten, Linien, Flächen und Texten im *Display*.

Neben dem Hauptfenster der Applikation können weitere Objekte in eigenen Fenstern dargestellt werden wie Datenfenster (*DataWindow*), Ausschnittsfenster (*MapInsetWindow*) und Übersichtsfenster (*OverviewWindow*). Das *AppDisplay* Objekt stellt Funktionen zur Steuerung des Hauptfensters und der Ausschnittsfenster, die gefilterte Ausschnitte des Hauptfensters darstellen, zur Verfügung. Wird beispielsweise der Bildausschnitt des Hauptfensters verschoben, wird auch der Ausschnitt in den Ausschnittsfenstern verschoben. Wird im Hauptfenster gezeichnet, wird die Zeichnung auch in den Ausschnittsfenstern sichtbar.

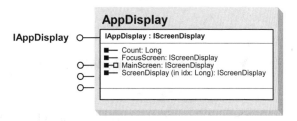

IAppDisplay

Mittels der Schnittstelle *IAppDisplay* kann die Anzahl der mit der Applikation verbundenen Fenster ermittelt werden und der Fokus auf ein bestimmtes Fenster gesetzt werden.

```
' (cd)   Fokus auf ein Fenster setzen

Dim aoiApp As IMxApplication
Dim aoiAppDisp As IAppDisplay
Dim aoiMain As IScreenDisplay
Dim aoiScrDisp As IScreenDisplay

  Set aoiApp = Application
  Set aoiAppDisp = aoiApp.Display

  ' Das Hauptfenster der Applikation
  Set aoiMain = aoiAppDisp.MainScreen

  ' Anzahl der mit der Applikation verbundenen ScreenDisplays
  MsgBox aoiAppDisp.Count

  ' Der Fokus wird auf das Fenster gesetzt,
  ' über dem sich aktuell die Maus befindet.
  Set aoiScrDisp = aoiAppDisp.FocusScreen
```

IScreenDisplay,
IDisplay

Zur Anwendung von Darstellungsfunktionen auf alle Fenster hat das *AppDisplay* Objekt eine eigene *IScreenDisplay* und *IDisplay* Implementation. Die Funktionen dieser Schnittstellen unterscheiden sich äußerlich kaum von den *IScreenDisplay-* und *IDisplay-* Schnittstellen einzelner Fenster. Sollen die Funktionen aber auf alle Fenster angewendet werden, muss das *ScreenDisplay* des *AppDisplay* Objekts benutzt werden, nicht ein spezifisches *ScreenDisplay*, das die Schnittstelle *IAppDisplay* (z.B. mit der Funktion *FocusScreen*) liefert.

6.5.3 Weitere ArcMap Fensterobjekte

Neben dem Hauptfenster von ArcMap wird durch zusätzliche Fenster die Anzeige von Daten und Karteninformationen ermöglicht.

6.5.3.1 DataWindow

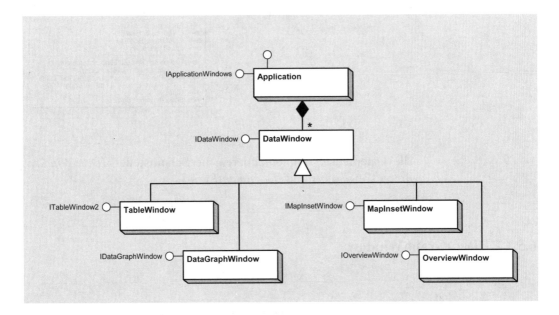

IApplication-
Windows

Über die *IApplicationWindows* Schnittstelle des Wurzelobjekts *Application* erfolgt der Zugriff auf das *DataWindow* Objekt.

DataWindow Objekte sind Fenster zur Anzeige von Daten in Diagramm- (*DataGraphWindow*), oder Tabellenfenstern (*Table Window* und *TableView*). *DataWindow* ist eine abstrakte Klasse. Es können keine *DataWindow* Instanzen erzeugt werden. Benutzer definierte *DataWindow* Objekte können in VBA nicht implementiert werden.

Über die Schnittstelle *IDataWindow* stehen allgemeine Funktionen für jedes Datenfenster zur Verfügung wie die Position des Fensters, seine Sichtbarkeit, ob es ein angedockbares Fenster ist und ob es aktualisiert werden soll.

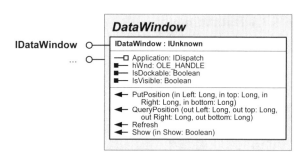

Alle Datenfenster implementieren die Schnittstellen *IDataWindow*, *IActiveViewEvents* und *IDocumentEvents*.

6.5.3.1.1 DataGraphWindow

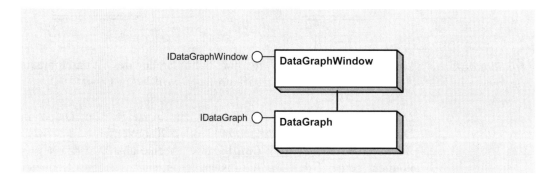

Im *DataGraphWindow* werden *DataGraph* Objekte (Diagramme) dargestellt.

Das folgende Beispiel erzeugt ein neues *DataGraphWindow*:

```
' (cd)   Erzeugen eines DataGraphWindows

Dim aoiApp As Application
Dim aoiDGWin As IDataGraphWindow
Dim aoiDG As IDataGraph
Dim aoiGList As IDataGraphs

  Set aoiApp = Application

  ' Erzeugung des DataGraphWindows
  Set aoiDGWin = New DataGraphWindow

  ' Erzeugung eines DataGraph Objekts
  Set aoiDG = New DataGraph

  Set aoiDGWin.DataGraph = aoiDG
  Set aoiDGWin.Application = aoiApp

  ' Hinzufügen des DataGraph Objekts zur DataGraphs Collection
  ' und Darstellung im aktuellen Dokument
  Set aoiGList = ThisDocument
  aoiGList.Add aoiDG
```

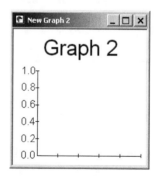

IDataGraphs

DataGraph Objekte können wie in dem vorangegangenen Beispiel mit „*Set aoiDG = New DataGraph*" oder über die *IDataGraphs:: Create* Funktion erzeugt werden. Die *IDataGraphs* Schnittstelle des *MxDocument* Objekts ermöglicht den Zugriff auf die *DataGraphs Collection* wie das nächste Programmbeispiel zeigt.

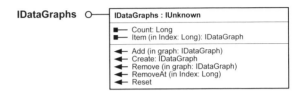

```
'  (cd)    Liste DataGraphs

Dim aoiDGList As IDataGraphs

  Set aoiDGList = ThisDocument
  ' Anzahl der Diagramme
  MsgBox "Anzahl der Diagramme: " & aoiDGList.Count

  If aoiDGList.Count > 0 Then
    Dim intX As Integer
    Dim strMsg As String

    For intX = 0 To (aoiDGList.Count - 1)
      strMsg = strMsg & "Diagramm " & (intX + 1) _
                  & ": " & aoiDGList.Item(intX).Name & vbCr
    Next intX
    MsgBox strMsg
  Else
    MsgBox "Es sind keine DataGraph Objekte vorhanden."
  End If
```

Die Funktionen zur Gestaltung von Diagrammen werden mit den Schnittstellen des *DataGraph* Objekts geliefert.

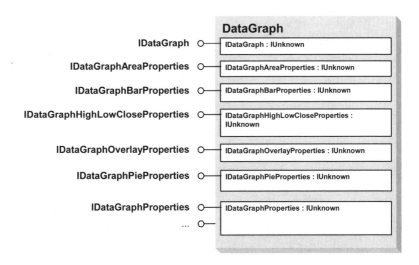

Im nächsten Programmbeispiel wird ein komplettes Diagramm von ausgewählten Datensätzen eines selektierten Layers erzeugt, der *DataGraphs Collection* hinzugefügt und dargestellt.

```
' (cd)  Erzeuge Diagramm
Dim aoiApp As Application
Dim aoiDoc As IMxDocument
Dim aoiFLayer As IFeatureLayer2
Dim aoiTab As ITable
Dim aoiDG As IDataGraph
Dim aoiDGProps As IDataGraphProperties
Dim aoiDGWin As IDataGraphWindow
Dim aoiGList As IDataGraphs

  Set aoiApp = Application
  Set aoiDoc = ThisDocument

  ' Ermittlung des ausgewählten Layers
  Set aoiFLayer = aoiDoc.SelectedLayer
  If aoiFLayer Is Nothing Then
     MsgBox "Es ist kein Layer ausgewählt."
     Exit Sub
  End If

  ' Zugriff auf die Tabelle des ausgewählten Layers
```

```
Set aoiTab = aoiFLayer
If aoiTab Is Nothing Then
  MsgBox "Auf die Tabelle kann nicht zugegriffen werden."
  Exit Sub
End If

' Erzeugen eines neuen DataGraphs
Set aoiDG = New DataGraph

' Falls die Felder "Männer" und "Frauen" nicht existieren,
' wird ein leeres Diagramm angezeigt.
aoiDG.FieldSet1 = "Männer,Frauen"
Set aoiDG.Table = aoiTab

' Verwende nur die ausgewählten Datensätze
aoiDG.UseSelectedSet = True

' Diagrammeigenschaften
Set aoiDGProps = aoiDG
aoiDGProps.GraphSubtype = _
               esriDataGraphSubtypeArea3DStacked
aoiDGProps.LegendPosition = esriDataGraphLegendPositionUL

' Fensterbeschriftung
aoiDG.Name = "esriDataGraphSubtypeArea3DStacked"

aoiDGProps.Title = "Bevölkerungsanteil nach Geschlecht"
aoiDGProps.ShowXAxisLabels = True

' DataGraphWindow
Set aoiDGWin = New DataGraphWindow
  Set aoiDGWin.DataGraph = aoiDG
Set aoiDGWin.Application = aoiApp

' Hinzufügen des Diagramms zur DataGraphs Collection
Set aoiGList = ThisDocument
aoiGList.Add aoiDG
```

Das Ergebnis des vorangegangenen Codes sieht so aus:

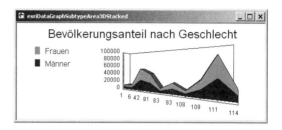

Durch Änderung des *IDataGraphProperties.DataGraphSubtype* im vorangegangenen Code kann das Ergebnis in unterschiedlichen Diagrammtypen angezeigt werden. Dazu ein paar Beispiele. Der verwendete *DataGraphSubtype* steht jeweils im Fenstertitel.

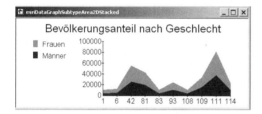

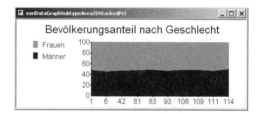

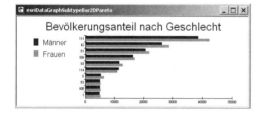

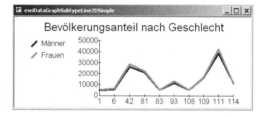

6.5.3.1.2 TableWindow

Mit dem *TableWindow* Objekt werden *FeatureClass-* oder *Stand-alone*-Tabellen in eigenen Tabellenfenstern in ArcMap angezeigt. Mit dem *TableWindow* hat der Anwender die Möglichkeit, Tabellen-operationen wie Sortierungen, Summenbildung, Editierungen oder Selektionen vorzunehmen.

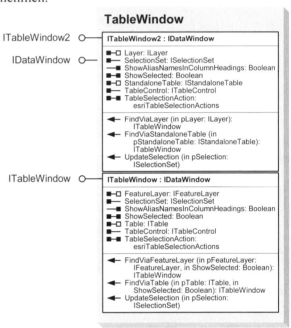

Mit der Eigenschaft *FeatureLayer* der *ITableWindow* Schnittstelle wird der *FeatureLayer* benannt, dessen Attributtabelle angezeigt werden soll. *ISelectionSet* bezieht sich auf die aktuelle Selektion in der Tabelle. Wenn der Wert der Eigenschaft *ShowAliasNames-InColumnHeadings = True* ist, werden ggf. gesetzte Aliasnamen der Felder angezeigt. Ist der Wert der Eigenschaft *ShowSelected = True*, werden nur ausgewählte Datensätze angezeigt. *ITable* setzt oder liefert die Tabelle, die angezeigt oder editiert werden soll. *TableControl* bietet Funktionen zur Steuerung der Anzeige der Tabelle. *TableSelectionAction* definiert die Aktionen, die ausgeführt werden sollen, wenn Datensätze selektiert werden. Folgende Aktionen sind über die Konstante *esriTableSelectionActions* möglich:

FeatureLayer

ShowAliasNames-InColumn-Headings

ShowSelected

TableControl, TableSelection-Action

	Konstante	Wert	Beschreibung
esriTable- *SelectionActions*	esriNoAction	0	Keine Aktion bei der Auswahl einer Zeile.
	esriSelectCurrentRow	1	Die aktuelle Zeile ist immer die einzige ausgewählte Zeile.
	esriSelectFeatures	2	Mit der Auswahl von Zeilen werden auch *Features* ausgewählt.
	esriDrawFeatures	3	Mit der Auswahl von Zeilen werden Features gezeichnet.

Die Schnittstelle *ITableWindow2* erweitert *ITableWindow* um die Unterstützung von *ILayer* Objekten.

Das nächste Beispiel öffnet die Tabelle eines ausgewählten *FeatureLayers*. Die geöffnete Tabelle ist editierbar, falls die Editierung in ArcMap gestartet wurde.

```
' (cd)  Öffne FeatureLayerTable

Dim aoiApp As Application
Dim aoiDoc As IMxDocument
Dim aoiTWin As ITableWindow

Dim aoiFLayer As IFeatureLayer2
Dim aoiTab As ITable

  Set aoiApp = Application
  Set aoiDoc = ThisDocument
  Set aoiTWin = New TableWindow

  ' Verweis auf den ausgewählten Layer
  Set aoiFLayer = aoiDoc.SelectedLayer
  If aoiFLayer Is Nothing Then
    MsgBox "Es ist kein Layer ausgewählt."
    Exit Sub
  End If

  ' Zugriff auf die Tabelle des ausgewählten Layers
```

```
  Set aoiTab = aoiFLayer
  If aoiTab Is Nothing Then
    MsgBox "Auf die Tabelle kann nicht zugegriffen werden."
    Exit Sub
  End If


  ' Verknüpfung von Tabelle und Tabellenfenster
  Set aoiTWin.Table = aoiTab
  Set aoiTWin.Application = aoiApp


  ' Anzeige des Tabellenfensters
  aoiTWin.Show (True)
```

Das nächste Beispiel zeigt eine *Standalone*-Tabelle im *TableWindow* an.

```
' (cd)  Öffnen einer Tabelle

Dim aoiApp As Application
Dim aoiDoc As IMxDocument
Dim aoiStandAloneTable As IStandaloneTable
Dim aoiTWin As ITableWindow
Dim aoiTab As ITable
Dim aoiUnknown As IUnknown


  Set aoiApp = Application
  Set aoiDoc = ThisDocument
  Set aoiTWin = New TableWindow


  ' Prüfung, ob eine Standalone-Tabelle ausgewählt ist
  Set aoiUnknown = aoiDoc.SelectedItem
  If Not TypeOf aoiUnknown Is IStandaloneTable Then
    MsgBox "Es ist keine Standalone-Tabelle ausgewählt."
    Exit Sub
  End If
```

```
Set aoiStandAloneTable = aoiUnknown

' Zugriff auf die Tabelle
Set aoiTab = aoiStandAloneTable
If aoiTab Is Nothing Then
  MsgBox "Auf die Tabelle kann nicht zugegriffen werden."
  Exit Sub
End If

' Verknüpfung von Tabelle und Tabellenfenster
Set aoiTWin.Table = aoiTab
Set aoiTWin.Application = aoiApp

' Anzeige des Tabellenfensters
aoiTWin.Show (True)
```

6.5.3.2 MapInsetWindow und OverviewWindow

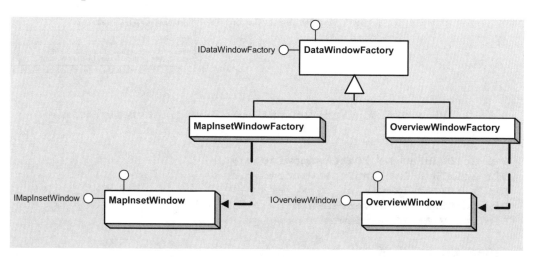

Das *MapInsetWindow* ist ein Fenster, in dem ein vergrößerter Ausschnitt des Kartenfensters angezeigt wird. Das *OverviewWindow* ist ein Übersichtsfenster, in dem der aktuelle Kartenausschnitt voreingestellt rot markiert wird.

Übersichts- und Ausschnitts-fenster

MapInset- und Overview-Objekte können nicht direkt erzeugt werden. Zur Erzeugung neuer *MapInset*- und *Overview*-Fenster wird die Funktion *Create* der Schnittstelle *IDataWindowFactory* benutzt.

IDataWindowFactory O—

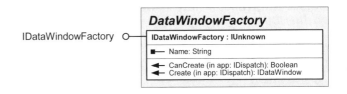

```
' (cd)  Erzeugen von Ausschnitts- und Übersichtsfenstern

Dim aoiApp As Application
Dim aoiDWinFac As IDataWindowFactory
Dim aoiMIWin As IMapInsetWindow
Dim aoiMI As IMapInset
Dim aoiOVWin As IOverviewWindow
Dim aoiOV As IOverview

  Set aoiApp = Application

  ' Erzeugung des Ausschnittsfensters
  Set aoiDWinFac = New MapInsetWindowFactory
  If aoiDWinFac.CanCreate(aoiApp) Then
    Set aoiMIWin = aoiDWinFac.Create(aoiApp)
    Set aoiMI = aoiMIWin.MapInset
    'Vergrößerung: 400%
```

```
   aoiMI.ZoomPercent = 400
   aoiMIWin.Show (True)
End If


' Erzeugung des Übersichtsfensters
Set aoiDWinFac = New OverviewWindowFactory
If aoiDWinFac.CanCreate(aoiApp) Then
   Set aoiOVWin = aoiDWinFac.Create(aoiApp)

' PutPosition ist eine Funktion der Schnittstelle IDataWindow
   aoiOVWin.PutPosition 750, 50, 1000, 250
   Set aoiOV = aoiOVWin.Overview
   aoiOVWin.Show (True)
End If
```

Die Darstellung in den Ausschnitts- und Übersichtsfenstern kann mit den Funktionen der Schnittstellen *IMapInset* und *IOverview* beeinflusst werden:

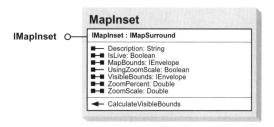

Mit der Methode *Description* zeigt das folgende Beispiel das unterschiedliche Ergebnis der Methode *IsLive = True* und *IsLive = False*. *IsLive = False* bedeutet, dass ein Schnappschuss des aktuellen Ausschnitts der zu Grunde liegenden Karte angezeigt wird, während *IsLive = True* die mit *ZoomPercent* oder *ZoomScale* angegebene Vergrößerung wieder gibt.

```
' (cd)  Ausschnittsfenster

Dim aoiApp As Application
Dim aoiDWinFac As IDataWindowFactory
Dim aoiMIWin As IMapInsetWindow
```

```
Dim aoiMI As IMapInset

Set aoiApp = Application

' Erzeugung des Ausschnittsfensters
Set aoiDWinFac = New MapInsetWindowFactory
If aoiDWinFac.CanCreate(aoiApp) Then
  Set aoiMIWin = aoiDWinFac.Create(aoiApp)
  Set aoiMI = aoiMIWin.MapInset
  'Vergrößerung: 400%
  aoiMI.ZoomPercent = 400
  aoiMIWin.Show (True)

  aoiMI.IsLive = True
  MsgBox aoiMI.Description, , "IsLive = True"
  aoiMI.IsLive = False
  MsgBox aoiMI.Description, , "IsLive = False"
End If
```

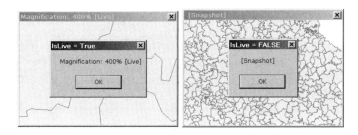

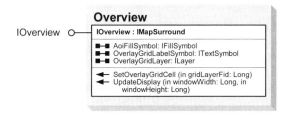

AOIFillSymbol	*AOIFillSymbol* ist das Flächenfüllsymbol, mit dem der aktuelle Ausschnitt im Übersichtsfenster markiert wird. *OverlayGrid*
OverlayGrid-LabelSymbol, *Overlay-GridLayer*	*LabelSymbol* bezeichnet das Textsymbol, mit dem im Übersichtsfenster eine Beschriftung mit dem Beschriftungsfeld des *Layers* erfolgen kann. *OverlayGridLayer* ist der *Layer*, der im Übersichtsfenster angezeigt wird.

```
' (cd)  Übersichtsfenster

Dim aoiApp As Application
Dim aoiDoc As IMxDocument
Dim aoiDWinFac As IDataWindowFactory
Dim aoiOVWin As IOverviewWindow
Dim aoiOV As IOverview
Dim aoiLayer As ILayer
Dim aoiTxtSym As ISimpleTextSymbol

  Set aoiApp = Application
  Set aoiDoc = aoiApp.Document

  ' Erzeugung des Übersichtsfensters
  Set aoiDWinFac = New OverviewWindowFactory
  If aoiDWinFac.CanCreate(aoiApp) Then
    Set aoiOVWin = aoiDWinFac.Create(aoiApp)
    Set aoiOV = aoiOVWin.Overview

    Set aoiLayer = aoiDoc.FocusMap.Layer(1)
    aoiOV.Name = "Überblick: OverlayGridLayer = Layer(1)"
    aoiOV.OverlayGridLayer = aoiLayer

    Set aoiTxtSym = New TextSymbol
    aoiTxtSym.Size = 4
    aoiOV.OverlayGridLabelSymbol = aoiTxtSym
    aoiOVWin.Show (True)
  End If
```

6.6 Integration von Erweiterungen

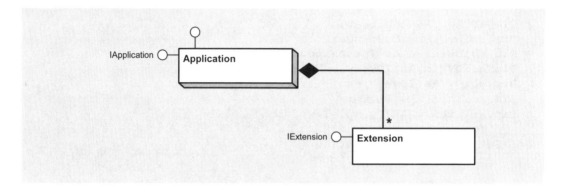

Alle mit einer Applikation registrierten Erweiterungen werden automatisch mit der Applikation ge- und entladen. Die Schnittstelle *IExtension* bietet Zugriff auf Erweiterungen.

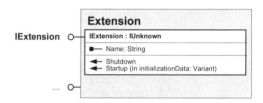

Shutdown, Startup

Mit der Eigenschaft *Name* der Schnittstelle *IExtension* wird der Name der Erweiterung abgefragt, *Shutdown* schliesst die Erweiterung, *Startup* lädt sie. Mit der Funktion *Startup* wird ein Parameter *initializationData* übergeben, der eine Referenz auf das Objekt ist, mit dem die Erweiterung registriert ist. Ein Beispiel dazu befindet sich in der „ArcGIS Developer Help" unter dem Index *IExtension*.

```
' (cd)  Referenz auf eine Erweiterung

Dim aoiEditor As IExtension
Dim aoiID As New UID

  aoiID = "esriEditor.Editor"
  ' in Version 8.x: aoiID = "esriCore.Editor"

  Set aoiEditor = Application.FindExtensionByCLSID(aoiID)
  MsgBox aoiEditor.Name
End Sub
```

7 Die Map

7.1 Map

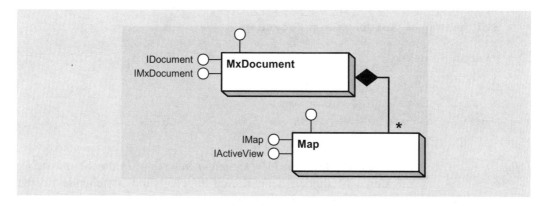

IMxDocument
Die *Map* ist ein Container für alle Daten, die in ArcMap angezeigt und analysiert werden könnnen. In der ArcMap Applikation entspricht dies dem *DataFrame*. Jedes *MxDocument* enthält mindestens eine *Map*, wobei eine von ihnen immer automatisch den Fokus der Applikation hat. Die Schnittstelle *IMxDocument* liefert die Methoden *FocusMap*, um einen Verweis auf die aktuelle *Map* zu liefern, sowie *Maps* für einen Verweis auf die Liste aller *Maps* des *MxDocument* Objekts.

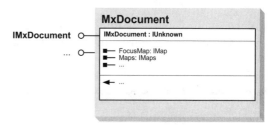

FocusMap

Die *FocusMap* Funktion liefert einen Verweis auf die *IMap* Schnittstelle der aktuellen Karte:

```
'(cd) FocusMap der IMxDocument Schnittstelle

Dim aoiDocument As IMxDocument
Dim aoiMap As IMap

  'QI des Dokuments auf IMxDocument
  Set aoiDocument = ThisDocument

  'Referenz auf die aktuelle Karte
  Set aoiMap = aoiDocument.FocusMap

  'Namen ändern
  aoiMap.Name = "aktuelle Karte"

  'Inhaltsverzeichnis anpassen
  aoiDocument.UpdateContents
```

IMaps

Die *Maps* Funktion in *IMxDocument* liefert die *IMaps* Schnittstelle, mit deren Methoden neue Karten angelegt und bestehende Karten gelöscht oder zugewiesen werden können.

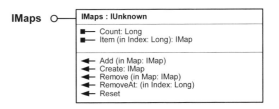

Karten umbenennen

Das folgende Beispiel zeigt, wie ein Verweis auf alle Karten erstellt wird, um jede Karte neu zu benennen:

```
'(cd) Verweise auf alle Maps in einem Dokument

Dim aoiDocument As IMxDocument
Dim aoiMaps As IMaps
```

```
Dim aoiMap As IMap
Dim lngIndex As Long

   ' QI des Dokuments auf IMxDocument
   Set aoiDocument = ThisDocument

   ' IMaps-Interface liefert Methoden
   ' zum Referenzieren bestimmter Karten
   Set aoiMaps = aoiDocument.Maps

   ' Schleife durch die Collection
   If aoiMaps.Count > 2 Then
     For lngIndex = 0 To aoiMaps.Count - 1
       Set aoiMap = aoiMaps.Item(lngIndex)
       aoiMap.Name = "Karte" & lngIndex + 1
     Next lngIndex
   End If

   ' Inhaltsverzeichnis anpassen
   aoiDocument.UpdateContents
```

IMap

IMap ist eine der zentralen Schnittstellen der *Map* Klasse. Sie enthält Funktionen, um Daten unterschiedlichster Quellen in der Karte anzuzeigen. Dazu gehören zum einen *Layer* (*AddLayer*, *DeleteLayer*), als auch *MapSurrounds* (*AddMapSurround*, *DeleteMapSurround*). Des Weiteren können verschiedene wichtige Eigenschaften der Karte abgefragt oder festgelegt werden, wie zum Beispiel das räumliche Bezugssystem (*SpatialReference*), die Karteneinheiten (*MapUnits*) und die ausgewählte Elementmenge (*FeatureSelection*). Alle Funktionen von *IMxDocument* und *IMaps* liefern einen Verweis auf die *IMap* der jeweiligen Karte.

MapFrame

In *ArcMap* ist jedes *Map* Objekt in einem *MapFrame* Objekt enthalten. Dieses *MapFrame* Objekt gehört wiederum zu einem *PageLayout* Objekt, und beschreibt die Lage der Karte auf dem Papier.

IActiveView

Die *IActiveView* Schnittstelle beinhaltet alle Zeichenoperationen auf dem Hauptfenster der *ArcMap* Applikation. Neben der *Map* Klasse wird die Schnittstelle auch von der *PageLayout* Klasse implementiert. Das entspricht den zwei unterschiedlichen Ansichten, die in *ArcMap* gewählt werden können: *Data-View* und *Layout-*

View. Immer nur einer dieser *Views* kann vom Anwender aktiviert werden – das ist der *ActiveView*. Die *IMxDocument* Schnittstelle liefert mit der Methode *ActiveView* einen Verweis auf eine *IActiveView* Schnittstelle – diese gehört dann auch entweder zu einem *Map* Objekt oder zu einem *PageLayout* Objekt. Der Programmierer ist demnach gezwungen, das Objekt zu identifizieren, das die *IActiveView* Schnittstelle implementiert hat, wenn er die Methode *ActiveView* verwendet.

```
'(cd) Verweis auf die IActiveView Schnittstelle

Dim aoiDocument As IMxDocument
Dim aoiActiveView As IActiveView
Dim blnIsMap As Boolean

  ' QI des Dokuments auf IMxDocument
  Set aoiDocument = ThisDocument

  ' Referenz auf IActiveView
  Set aoiActiveView = aoiDocument.ActiveView

  ' QI auf IMap-Interface
  If TypeOf aoiActiveView Is IMap Then
    blnIsMap = True
  Else
    blnIsMap = False
  End If
```

FocusMap   *FocusMap* bedeutet, dass die Werkzeugleisten und Steuerelemente auf dieses *Map* Objekt wirken. Im *Data View* ist das immer die sichtbare Karte, im *Layout View* die ausgewählte Karte im *PageLayout*.

Activate   Zusätzlich kann eine *Map* aktiviert und deaktiviert werden (*Activate*, *Deactivate*). Wird zum Beispiel im *LayoutView* eine *Map* mit dieser Methode (oder durch Doppelklick in die Karte) aktiviert, werden alle neuen Grafiken in dieser *Map* gespeichert und nicht im *PageLayout*.

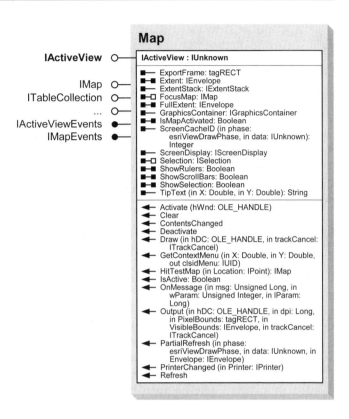

Bars
Rulers

Die *IActiveView*-Schittstelle wird verwendet, um einen neuen Kartenausschnitt festzulegen (*Extent*) oder um einen Verweis auf das zur *Map* gehörende *SreenDisplay* Objekt zu erhalten. Weitere wichtige Funktionen sind zum Beispiel auch das Anzeigen oder Verstecken von Rollbalken und Linealen (*ShowScrollBars*, *ShowRulers*), oder ein kompletter oder teilweiser Neuaufbau (*Refresh*) des Kartenfensters.

Das folgende Beispiel definiert einen neuen Kartenausschnitt, der halb so groß ist, wie der aktuelle *(zoom to center)*:

```
'(cd) Neuen Kartenausschnitt definieren

Dim aoiDocument As IMxDocument
Dim aoiActiveView As IActiveView
Dim aoiEnvelope As IEnvelope
```

```
' QI des Dokuments auf IMxDocument
Set aoiDocument = ThisDocument

' Referenz auf IActiveView
Set aoiActiveView = aoiDocument.ActiveView

' Aktueller Ausschnitt
Set aoiEnvelope = aoiActiveView.Extent

' Ausschnitt verkleinern
aoiEnvelope.Expand 0.5, 0.5, True

' neuen Ausschnitt zuweisen und neu zeichnen
aoiActiveView.Extent = aoiEnvelope
aoiActiveView.Refresh
```

Cache

Das *ScreenDisplay* Objekt der *Map* hat die Eigenschaft beliebig viele *Caches* erzeugen zu können. Ein *Cache* ist eine *Off-Screen Bitmap* des Kartenfensters. Alle Daten werden nicht direkt auf den Bildschirm gezeichnet, sondern zuerst in eine Art Bilddatei geladen. Danach wird dieser *Cache* auf den Bildschirm gezeichnet. Bei einem Neuaufbau des Kartenbildes müssen dann die Daten nicht neu gelesen werden, sondern es wird nur der *Cache* neu gezeichnet. ArcMap generiert grundsätzlich drei *Caches*. Einer ist für die *Layer*, einer für Grafiken und Texte und einer für ausgewählte Elemente (*FeatureSelection*). Für *Layer* können eigene private *Caches* erzeugt werden. Dadurch haben die davorliegenden und die danachfolgenden *Layer* ebenfalls eigene *Caches*.

PartialRefresh

PartialRefresh nutzt sein Wissen um die *Caches*, um den Neuaufbau des Kartenbildes so effizient wie möglich zu machen. Dazu werden so wenig *Invalidate* Flags der jeweiligen *Caches* auf *True* gesetzt, wie notwendig. Ist der *Invalidate* Flag eines *Caches* auf *True* gesetzt, werden die Daten neu in den *Cache* gelesen.

tagesriView DrawPhase

PartialRefresh setzt die Flags für verschiedene Phasen. Die Anzahl der Phasen und die Arten von Phasen variiert je nachdem, ob die *IActiveView* Schnittstelle in einem *Map* Objekt oder in einem *PageLayout* Objekt implementiert ist. Bei einem *Map* Objekt werden folgende Phasen unterschieden, die durch die *tagesriView-DrawPhase* Konstanten beschrieben werden:

esriViewGeography	2	Layer
esriViewGeoSelection	4	ausgewählte Elemente
esriViewGraphics	8	Beschriftungen/Grafiken
esriViewGraphicSelection	16	ausgewählte Grafiken

Durch das Addieren unterschiedlicher Phasen, können mehrere Phasen in einer *PartialRefresh* Methode kombiniert werden. Optional kann ein *data* Parameter und ein *Envelope* Parameter definiert werden. Mit dem *data* Parameter kann der *Invalidate* Flag vom *Cache* eines speziellen Layers, dessen *Cached* Eigenschaft auf *True* gesetzt wurde, ebenfalls auf *True* gesetzt werden. Mit dem *Envelope* Parameter wird nur ein ganz bestimmter Ausschnitt auf dem Bildschirm neu gezeichnet, zum Beispiel, wenn ein neues Grafikelement hinzugefügt wurde.

Die *Refresh* Methode setzt alle *Invalidate* Flags auf *True* und ist damit äußerst zeitaufwendig.

IActiveView Events

Bestimmte Methoden, die die *Map* verändern, lösen Ereignisse aus. Diese Ereignisse können für eigene Programme genutzt werden. Zum Beispiel feuert die Methode *ContentsChanged* der *IActiveView* Schnittstelle das Ereignis *ContentsChanged*. Auch sehr viele andere CoKlassen feuern Ereignisse dieser Schnittstelle. Die *PageLayout* Klasse feuert das Ereignis *FocusMapChanged*, wenn eine andere Karte ausgewählt wird.

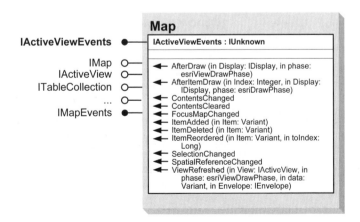

WithEvents

Mit dem Zusatz *WithEvents* bei der Deklaration eines Objekts werden alle Ereignisse dieser Klasse in den Quellcode implementiert. Im folgenden Beispiel wird in *ThisDocument* in der allgemeinen Deklaration ein *Map* Objekt mit der *WithEvents* Anweisung deklariert. In einer eigenen Ereignisprozedur (hier: *OpenDocument*) wird *mMap* auf die aktuelle Karte verwiesen und sobald diese das *SelectionChanged* Ereignis feuert, der Quellcode von *mMap_SelectionChanged* ausgeführt.

```
'(cd) Active View Events einbinden

Private WithEvents aoiMap As Map

Private Function MxDocument_OpenDocument() As Boolean
Dim aoiDocument As IMxDocument

  ' QI dieses Dokuments auf IMxDocument
  Set aoiDocument = Me
  ' aktuelle Karte
  Set aoiMap = aoiDocument.FocusMap
End Function

Private Sub aoiMap _SelectionChanged()
' Code, wenn sich die Auswahlmenge ändert
End Sub
```

IMapEvents

Die *IActiveViewEvents* Schnittstelle ist die voreingestellte *Outbound* Schnittstelle der *Map* Klasse. Aus dem Objektmodell geht aber eine zweite *Outbound* Schnittstelle hervor – die *IMapEvents* Schnittstelle.

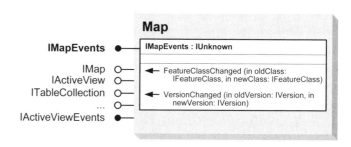

MapEvents Um diese Schnittstelle ebenfalls implementieren zu können, muss für die Deklaration eine Pseudoklasse *MapEvents* verwendet werden:

```
'(cd) Map Events einbinden

Private WithEvents aoiMap As Map
Private WithEvents aoiMapEvents As MapEvents

Private Function MxDocument_OpenDocument() As Boolean
Dim aoiDocument As IMxDocument

  ' QI dieses Dokuments auf IMxDocument
  Set aoiDocument = Me
  ' aktuelle Karte
  Set aoiMap = aoiDocument.FocusMap
  Set aoiMapEvents = aoiDocument.FocusMap
End Function

Private Sub aoiMapEvents_FeatureClassChanged(ByVal oldClass As
IFeatureClass, ByVal newClass As IFeatureClass)
' Code, wenn sich die Featureclass ändert
End Sub
```

IViewManager In diesem Zusammenhang sollte noch die Schnittstelle *IViewManager* erwähnt werden, über die generelle Verhaltensweisen des *ActiveViews* bzw. der *Map* gesteuert werden können. Über die *VerboseEvents* Funktion können beispielsweise aus Performancegründen bestimmte *Events* abgestellt werden.

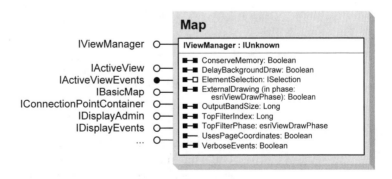

Wer auf der anderen Seite allerdings diese Ereignisse, z.B. *AfterItemDraw*, nutzen möchte, sollte im Programm immer darauf achten, dass die *VerboseEvents* Eigenschaft immer auf *True* gesetzt ist.

```
'(cd) Map Events sicherstellen

Private WithEvents aoiMapEvents As MapEvents

Private Function MxDocument_OpenDocument() As Boolean
Dim aoiDocument As IMxDocument
Dim aoiViewManager as IViewManager

  ' QI dieses Dokuments auf IMxDocument
  Set aoiDocument = Me
  ' aktuelle Karte
  Set aoiViewManager = aoiDocument.FocusMap
  aoiViewManager.VerboseEvents = True
  Set aoiMapEvents = aoiDocument.FocusMap
End Function
```

ITableCollection In ArcMap können auch nicht geografische Daten verwendet werden. Verweise auf diese Tabellen werden über die *ITableCollection* Schnittstelle in ArcMap gespeichert, so dass sie jederzeit verfügbar sind, um sie zum Beispiel mit geografischen Daten über Relationen zu verknüpfen.

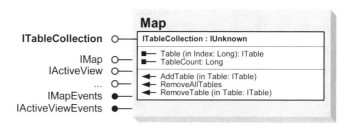

Die Funktionen dieser Schnittstelle sind alles allgemeine Funktionen im Umgang mit einer Objektliste (*Collection*) – einen neuen Objektverweis eintragen, auf bestehende Objekte zugreifen oder löschen. Als Objektverweis muß immer eine *ITable* Schnittstelle (Kapitel „Geodatabase") übergeben werden.

Map Komponenten

Neben den geographischen Informationen können Karten noch viele weitere Zusatzinformationen enthalten, die die Karteninhalte beschreiben oder ergänzen. Alle Objekte, die zusammen die Karte bilden, werden *Map* Komponenten genannt. Im Objektmodell können drei große Gruppen von *Map* Komponenten unterschieden werden:

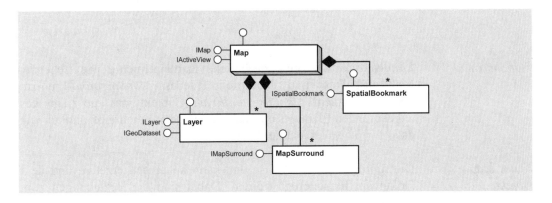

Layer

Daten, die in einer *Map* angezeigt werden, werden in *Layer* organisiert. *Layer* können auf geografische Daten verweisen, oder grafische Daten enthalten. Alle *Layer*, die auf geografische Daten verweisen, werden im gleichen räumlichen Bezugssystem angezeigt – gegebenenfalls werden sie auf das Bezugssystem der *Map* projeziert. Wurde für die *Map* kein spezielles Bezugssystem angegeben, übernimmt sie das Bezugssystem des ersten geografischen *Layers*, der der *Map* hinzugefügt wird.

Jede *Map* enthält einen *Layer*, in dem alle grafische Daten und Beschriftungen automatisch abgespeichert werden. Auf diesen kann in der *IMap* Schnittstelle über die Eigenschaft *BasicGraphicsLayer* ein Verweis hergestellt werden. Da dieser Layer ein *CompositeGraphicsLayer* ist, besteht über diesen Verweis die Möglichkeit, zusätzliche *GraphicsLayer* zu definieren. In ArcMap werden diese zusätzlichen Layer *Groups* oder *Annotation Target Layer* genannt.

SpatialBookmarks machen es möglich bestimmte geografische Orte

Spatial Bookmark (Punkte oder Flächen) zu benennen, zu speichern und bei Bedarf den Kartenausschnitt auf diese Orte zu beziehen. Die *Map* verwaltet über die *IMapBookmarks* Schnittstelle alle *SpatialBookmarks*.

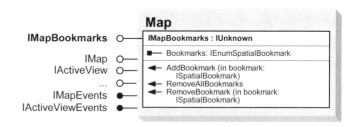

MapSurround *MapSurround* vereint zusätzliche Kartenelemente wie Legende, Maßstabsbalken und Nordpfeile. Jedes *MapSurround*-Element gehört zu einem *MapSurroundFrame* Objekt, das die Lage des zugehörenden Elements auf dem *PageLayout* beschreibt, ähnlich wie das *MapFrame* Objekt der Karte.

Neues Map Objekt Die *Map* ist eine CoKlasse und kann daher neu erzeugt, und dem Dokument hinzugefügt werden. Dabei sind die Beziehungen zum *PageLayout* und zu dem *MapFrame* zu beachten. Wenn ein neues *Map* Objekt erzeugt wird, werden auch andere Objekte, die mit diesem *Map* Objekt in Beziehung stehen, angelegt: ein *ScreenDisplay* Objekt und ein *CompositeGraphicsLayer* Objekt.

```
'(cd) Neue Map erzeugen

    Dim aoiDocument As IMxDocument
    Dim aoiMaps As IMaps
    Dim aoiMap As IMap
    Dim aoiFrame As IMapFrame
    Dim aoiElement As IElement
    Dim aoiPage As IGraphicsContainer
    Dim aoiEnv As IEnvelope

    ' QI des Dokuments auf IMxDocument
    Set aoiDocument = ThisDocument

    ' Verweis auf IMaps
    Set aoiMaps = aoiDocument.Maps
```

```
' neues Map - Objekt
  Set aoiMap = aoiMaps.Create
  With aoiMap
   .Name = "Neue Karte"
  End With
  aoiMaps.Add aoiMap

  ' neues MapFrame-Objekt
  Set aoiFrame = New MapFrame
  With aoiFrame
    Set .Map = aoiMap
  End With
  Set aoiElement = aoiFrame

  ' Lage des Frames auf dem Layout
  Set aoiEnv = New Envelope
  With aoiEnv
    .XMin = 3
    .YMin = 3
    .XMax = 7
    .YMax = 7
  End With
  aoiElement.Geometry = aoiEnv

  ' neues Frame-Objekt ins PageLayout
  Set aoiPage = aoiDocument.PageLayout

  aoiPage.AddElement aoiElement, 1

  ' Inhaltsverzeichnis anpassen
  aoiDocument.UpdateContents
```

7.2 Layer

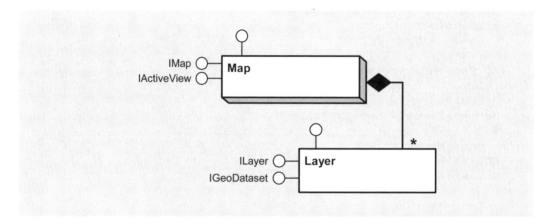

Layer

Alle räumlichen Daten, die in einer Karte angezeigt werden, werden in *Layern* organisiert. Ein *Layer* speichert dabei nicht die geografischen Daten direkt, sondern beschreibt das Datenformat und die Lage der Datenquelle im Dateisystem oder in einer Datenbank. Darüber hinaus enthält ein *Layer* Informationen über das räumliche Bezugssystem und über die Art der Darstellung der geografischen Informationen.

IMap

Die Schnittstelle *IMap* der Klasse *Map* liefert Methoden, *Layer* zu erzeugen, anzuordnen, zu referenzieren oder zu löschen.

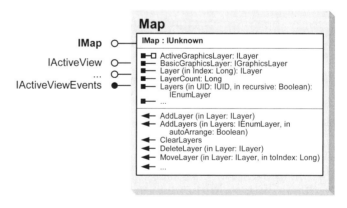

Layers

Die *Layers* Funktion liefert ein *IEnumLayer* Objekt, eine Liste mit allen Layern der Karte. Diese Liste kann über eine vorgegebene *UID* auf bestimmte Layertypen eingeschränkt werden – es muss dazu die *UID* der Schnittstelle ausgewählt werden, die eindeutig für einen bestimmten Layertyp ist.

```
{6CA416B1-E160-11D2-9F4E-00C04F6BC78E}    IDataLayer
{E156D7E5-22AF-11D3-9F99-00C04F6BC78E}    IGeoFeatureLayer
{34B2EF81-F4AC-11D1-A245-080009B6F22B}    IGraphicsLayer
{34B2EF85-F4AC-11D1-A245-080009B6F22B}    IFDOGraphicsLayer
{0C22A4C7-DAFD-11D2-9F46-00C04F6BC78E}    ICoverageAnnotationLayer
{EDAD6644-1810-11D1-86AE-0000F8751720}    IGroupLayer
```

Das folgende Beispiel erzeugt eine Liste aller *FeatureLayer*, einschließlich derer, die in *GroupLayern* enthalten sind:

```
'(cd) Liste aller FeatureLayer

Dim aoiLayers As IEnumLayer
Dim aoiLayer As ILayer
Dim aoiUID As IUID

    ' alle FeatureLayer, rekursiv aus allen GroupLayern
    Set aoiUID = New UID
    aoiUID.Value = "{E156D7E5-22AF-11D3-9F99-00C04F6BC78E}"
    Set aoiLayers = aoiMap.Layers(aoiUID, True)

    ' Liste durchlaufen
    aoiLayers.Reset
    Set aoiLayer = aoiLayers.Next
    Do While Not aoiLayer Is Nothing
        ' .... TODO ....
        Set aoiLayer = aoiLayers.Next
    Loop
```

Layer löschen   Das folgende Beispiel zeigt wie man mit einem Verweis auf die *IMap* Schnittstelle alle *Layer* in der aktuellen Karte löschen kann:

```
'(cd) Alle Layer löschen
```

```
Dim aoiMap As IMap

  ' Referenz auf die aktuelle Karte (FocusMap)
  Set aoiMap = aoiDocument.FocusMap

  ' alle Layer löschen
  aoiMap.ClearLayers

  ' Inhaltsverzeichnis anpassen
  aoiDocument.UpdateContents
  aoiDocument.ActiveView.Refresh
```

SelectedLayer　　　Die Schnittstelle *IMxDocument* enthält ebenfalls eine Methode, die einen Verweis auf eine *ILayer* Schnittstelle zurückzuliefert: *SelectedLayer*. Damit wird ein Verweis auf denjenigen *Layer* erzeugt, der im Inhaltsverzeichnis ausgewählt wurde.

```
'(cd) Verweis auf den aktuell ausgewählten Layer

Dim aoiLayer As ILayer
Dim aoiMap As IMap

  ' ILayer-Interface des aktuellen Layers
  Set aoiLayer = aoiDocument.SelectedLayer

  ' IMap-Interface zum Verschieben des Layers
  If Not aoiLayer Is Nothing Then
    Set aoiMap = aoiDocument.FocusMap
    aoiMap.MoveLayer aoiLayer, 0
  End If

  ' Inhaltsverzeichnis anpassen
  aoiDocument.UpdateContents
  aoiDocument.ActiveView.Refresh
```

ILayer　　　Die Schnittstelle *ILayer* wird von allen Layern, die in die Karte eingebunden werden können, implementiert. Sie enthält ganz allgemeine Funktionen und Eigenschaften zur Darstellung des Layers (*Draw*, *Cached*), setzt die Sichtbarkeit (*Visible*) und den Maßstabsbereich (*MaximumScale*, *MinimumScale*).

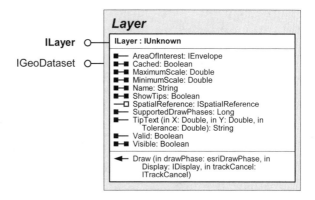

Cached

Die *Cached* Eigenschaft besagt, ob für diesen *Layer* ein eigener *Cache* zum Zeichnen angelegt ist bzw. angelegt werden soll (*True*), oder ob der allgemeine *Cache* für alle *Layer* benutzt wird. Für *TrackingLayer* ist dies eine geeignete Methode um Lageveränderungen performant anzeigen zu können.

Layertypen

Die Klasse *Layer*, die die *ILayer* Schnittstelle beschreibt, ist eine abstrakte Klasse, von der unterschiedliche konkrete Layertypen abgeleitet werden. Diese *Layer* lassen sich in geografische und grafische Layer unterteilen. Geografische Layer sind *FeatureLayer*, *Raster-*, *Tin-* und *CoverageAnnotationLayer*, die selber keine Geometrien speichern können, sondern die Beschreibung der Datenquellen und ihre Darstellung implementieren. Grafische Layer sind dagegen in der Lage Geometrien selber zu speichern, wobei der *FDOGraphicsLayer* diese auch in einer Datenbank speichern kann.

Eine Ausnahme ist der *GroupLayer*. Er ist ein Container für andere *Layer*.

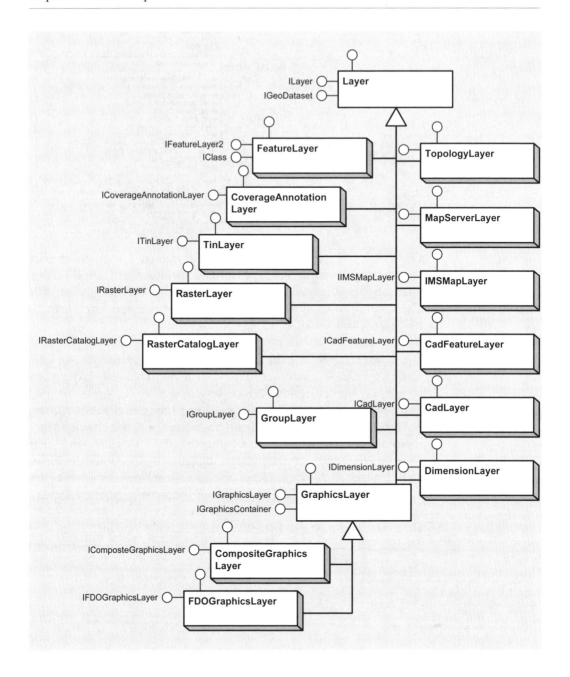

7.2.1 FeatureLayer

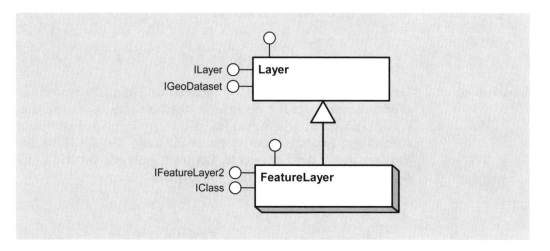

FeatureLayer Ein *FeatureLayer* stellt Vektordaten dar, die in einem *Coverage*, einem *Shapefile* oder in einem *Layer* der *Geodatabase* gespeichert sind.

IFeatureLayer2 Die Schnittstelle *IFeatureLayer2* stellt Funktionen zur Verfügung, die die darzustellende Datenquelle beschreiben. Da die *IMap* Schnittstelle und die *IMxDocument* Schnittstelle immer nur einen Verweis auf eine *ILayer* Schnittstelle zurückliefert, muss erst einmal ermittelt werden, ob das Objekt, zu dem die *ILayer* Schnittstelle gehört, überhaupt zur *FeatureLayer* Klasse gehört. Dazu muss im Programmcode die *QueryInterface* Methode angewendet werden.

Das folgende Beispiel setzt den Wert für *ScaleSymbols* auf *True*:

```
'(cd) ScaleSymbols Eigenschaft ändern

Dim aoiLayer As ILayer
Dim aoiFeatureLayer As IFeatureLayer2

   ' ILayer-Interface des aktuellen Layers
   Set aoiLayer = aoiDocument.SelectedLayer

   ' QI des Layers auf IFeatureLayer2
   If Not aoiLayer Is Nothing Then
```

```
    If TypeOf aoiLayer Is IFeatureLayer2 Then
       Set objFLayer = aoiLayer
       aoiFeatureLayer.ScaleSymbols = True
    End If
  End If
```

ScaleSymbols   Die im Beispiel verwendete Eigenschaft *ScaleSymbols* von *IFeatureLayer2* legt fest ob sich die Symbole, die zur Darstellung verwendet werden, relativ zum Maßstab vergrößern oder verkleinern sollen. Das funktioniert aber nur dann, wenn für die Karte ein Bezugsmaßstab definiert wurde. Letzteres geschieht mit Hilfe der *ReferenceScale* Methode in der *IMap* Schnittstelle.

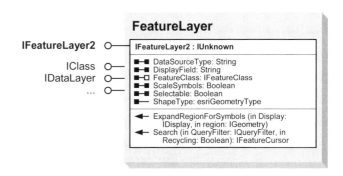

FeatureClass   Die *FeatureClass* Eigenschaft verbindet den *FeatureLayer* mit der *IFeatureClass* Schnittstelle der Klasse *FeatureClass*. Diese *FeatureClass* entspricht dabei einer Tabelle mit geografischen Objekten - einem *Shapefile*, einem *SDE-Layer* oder einer *Feature-Class* eines *Coverages*. Alle *FeatureClasses* liegen in einem *Workspace* - in einer Datenbank oder in einem Verzeichnis von einem Dateisystem. Wie man mit *Workspaces* arbeitet und Verweise auf *FeatureClass* Objekte erzeugen kann, wird im Kapitel über die *Geodatabase* beschrieben.

Das nächste Beispiel erzeugt einen neuen *FeatureLayer* in der aktuellen Karte:

```
'(cd) Neuen FeatureLayer anlegen

Dim aoiLayer As ILayer
Dim aoiFeatureLayer As IFeatureLayer2
Dim aoiWorkspaceName As IWorkspaceName
Dim aoiName As IName
Dim aoiWorkspace As IFeatureWorkspace
Dim aoiFeatureClass As IFeatureClass

  ' Verweis auf die FeatureClass
  Set aoiWorkspaceName = New WorkspaceName
  With aoiWorkspaceName
    .WorkspaceFactoryProgID = "esriDataSourcesGDB. _
      ShapefileWorkspaceFactory.1"
    .PathName = "c:\workspace"
  End With
  Set aoiName = aoiWorkspaceName
  Set aoiWorkspace = aoiName.Open
  Set aoiFeatureClass = _
        aoiWorkspace.OpenFeatureClass("boundary")

  ' neuen FeatureLayer
  Set aoiFeatureLayer = New FeatureLayer

  ' FeatureClass zuweisen
  Set aoiFeatureLayer.FeatureClass = aoiFeatureClass

  ' Name- Eigenschaft
  Set aoiLayer = aoiFeatureLayer
  aoiLayer.Name = "neuer Layer"

  ' an die aktuelle Map
  aoiMap.AddLayer aoiLayer
```

DataSource *Type*	Die *DataSourceType* Eigenschaft liefert oder setzt den Wert der *Category* Eigenschaft in der *IDataset* Schnittstelle der zugrundeliegenden *FeatureClass*. Beispielsweise liefert diese Funktion folgende *Categories*:

Arc Feature Class	für die Linien eines Coverages
Polygon Feature Class	für die Polygone eines Coverages
Shapefile Feature Class	für ein Shapefile
Personal Geodatabase Feature Class	für einen Layer in einer Geodatabase

DisplayField
DisplayField ist der Name eines Attributes in der zugrundeliegenden *FeatureClass*. Voreingestellt ist dasjenige Feld, das „*nam*" in seinem Feldnamen aufweist oder das erste Feld, das als Zeichenkettenfeld definiert ist. Die Werte des *DisplayFields* werden beispielsweise bei der automatischen Beschriftung der einzelnen Elemente verwendet.

Selectable
Die *Selectable* Funktion definiert, ob in ArcMap Elemente interaktiv ausgewählt werden können. Die Voreinstellung für diese Eigenschaft ist *False*.

Search
Die *Search* Funktion liefert einen Verweis auf eine *IFeatureCursor* Schnittstelle, mit der über alle Elemente navigiert werden kann, die der Auswahlbedingung in der *IQueryFilter* Schnittstelle entsprechen. Lesen Sie mehr über das *QueryFilter* Objekt im Kapitel über die *Geodatabase*.

Die *Search* Funktion operiert auf einer bestehenden Auswahlmenge, wenn schon eine existiert, andernfalls auf der zugrundeliegenden *Featureclass*.

Das nachfolgende Beispiel sucht Elemente in einem *Layer* und überzeichnet sie mit roter Farbe:

```
'(cd) Elemente auswählen und anzeigen

Dim objDisplay As IScreenDisplay
Dim objColor As IRgbColor
Dim objSymbol As ISimpleFillSymbol
Dim aoiLayer As ILayer
Dim aoiFeatureLayer As IFeatureLayer2
Dim objQuery As IQueryFilter
Dim objCursor As IFeatureCursor
Dim objFeature As IFeature
```

```
Set objDisplay = aoiDocument.ActiveView.ScreenDisplay

' neues Symbol
Set objColor = New RgbColor
With objColor
  .Red = 255
  .Green = 0
  .Blue = 0
End With
Set objSymbol = New SimpleFillSymbol
With objSymbol
  .Color = objColor
  .Outline = Nothing
  .Style = esriSFSSolid
End With

' ILayer-Interface des aktuellen Layers
Set aoiLayer = aoiDocument.SelectedLayer

' QI des Layers auf IFeatureLayer2
If Not aoiLayer Is Nothing Then
  If TypeOf aoiLayer Is IFeatureLayer2 Then
    Set aoiFeatureLayer = aoiLayer
    ' neue Query
    Set objQuery = New QueryFilter
    objQuery.WhereClause = "AREA > 400000"
    Set objCursor = aoiFeatureLayer.Search_
      (objQuery, False)
    Set objFeature = objCursor.NextFeature
    Do While Not objFeature Is Nothing
      With objDisplay
        .StartDrawing 0, esriNoScreenCache
        .SetSymbol objSymbol
        .DrawPolygon objFeature.Shape
        .FinishDrawing
      End With
      Set objFeature = objCursor.NextFeature
    Loop
  End If
End If
```

IFeatureSelection   Eine Alternative zur *Search* Funktion ist die Verwendung der *IFeatureSelection* Schnittstelle. Sie bietet verschiedene Methoden zur Manipulation der Auswahlmenge und hat Eigenschaften um die

Präsentation der Auswahlmenge zu definieren.

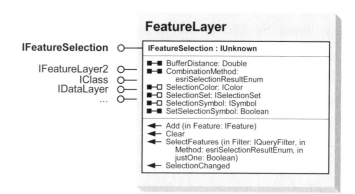

FeatureLayer

IFeatureSelection	IFeatureSelection : IUnknown
IFeatureLayer2	BufferDistance: Double
IClass	CombinationMethod: esriSelectionResultEnum
IDataLayer	SelectionColor: IColor
...	SelectionSet: ISelectionSet
	SelectionSymbol: ISymbol
	SetSelectionSymbol: Boolean
	Add (in Feature: IFeature)
	Clear
	SelectFeatures (in Filter: IQueryFilter, in Method: esriSelectionResultEnum, in justOne: Boolean)
	SelectionChanged

SelectFeatures — Die *SelectFeatures* Funktion wählt Elemente nach einer räumlichen und/oder einer logischen Bedingung aus, die in einem *QueryFilter* Objekt definiert wurde. Lesen Sie mehr über die *QueryFilter* Klasse im Kapitel über die *Geodatabase*. Wie sich die neue Auswahlmenge zu einer eventuell vorhandenen Auswahlmenge verhalten soll, wird mit dem *Method* Parameter (*esriSelectionResultEnum*) definiert. Mit *JustOne* := *True* wird die Auswahlmenge auf das erste gefundene Element reduziert.

esriSelection ResultEnum

esriSelectionResultNew	0
esriSelectionResultAdd	1
esriSelectionResultSubtract	2
esriSelectionResultAnd	3
esriSelectionResultXOr	4

Combination Method

BufferDistance — Die obige Aufzählung wird auch verwendet bei der *CombinationMethod* Eigenschaft. Diese wird bei der grafisch interaktiven Auswahl verwendet – genauso wie die *BufferDistance*, die die Größe des Suchradius um den angeklickten Punkt definiert, innerhalb dessen nach Elementen gesucht wird.

Selection Changed — Nach jeder Änderung des *SelectionSets* sollte die *SelectionChanged* Funktion ausgeführt werden, die dafür sorgt, dass ein entsprechendes Ereignis gefeuert wird, das besagt, dass am *Layer* etwas verändert wurde. Mehr über das *SelectionSet* Objekt enthält das Kapitel über die *Geodatabase*.

Das folgende Beispiel hebt die Elementauswahl für den ausgewählten *Layer* auf:

```
'(cd) Elementauswahl aufheben

Dim aoiLayer As ILayer
Dim objSelection  As IFeatureSelection

  ' ILayer-Interface des aktuellen Layers
  Set aoiLayer = aoiDocument.SelectedLayer

  ' QI des Layers auf IFeatureLayer2
  If Not aoiLayer Is Nothing Then
    If TypeOf aoiLayer Is IFeatureLayer2 Then
      Set objSelection = aoiLayer
      objSelection.Clear
      objSelection.SelectionChanged
      aoiDocument.ActiveView.PartialRefresh _
        6, Nothing, Nothing
    End If
  End If
```

IDataLayer
Mit der *IDataLayer* Schnittstelle kann die zugrundeliegende Datenquelle - als Alternative zur *Featureclass* - als *FeatureClass Name* Objekt übergeben werden.

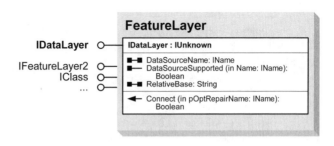

DataSource   Das folgende Beispiel zeigt das Anlegen eines *FeatureLayers* mit
Name   der *DataSourceName* Alternative:

```
'(cd) Neuen FeatureLayer über den DataSourceName anlegen

Dim aoiLayer As ILayer
Dim objDataLayer As IDataLayer
Dim aoiWorkspaceName As IWorkspaceName
Dim objDatasetName As IDatasetName
Dim aoiName As IName

  ' Verweis auf die FeatureClassName
  Set aoiWorkspaceName = New WorkspaceName
  With aoiWorkspaceName
    .WorkspaceFactoryProgID = "esriDataSourcesGDB. _
       ShapefileWorkspaceFactory.1"
    .PathName = "c:\workspace"
  End With
  Set objDatasetName = New FeatureClassName
  With objDatasetName
    .Name = "boundary"
    Set .WorkspaceName = aoiWorkspaceName
  End With

    ' neuen FeatureLayer
  Set objDataLayer = New FeatureLayer
  With objDataLayer
    Set IName = objDatasetName
    If .DataSourceSupported(IName) Then
      .DataSourceName = IName
    End If
  End With

  ' Name- Eigenschaft
  Set aoiLayer = objDataLayer
  With aoiLayer
    .Name = "neuer Layer"
  End With

  ' an die aktuelle Map
  aoiMap.AddLayer aoiLayer
```

IFeatureLayer
Definition

Die *IFeatureLayerDefinition* Schnittstelle enthält die Methode *CreateSelectionLayer*, mit der ein neuer *FeatureLayer*, basierend auf der aktuellen Datenquelle bzw. auf der aktuellen Auswahlmenge zuzüglich einer oder mehrer *WhereClauses*, erzeugt werden kann.

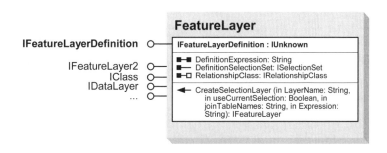

Definition
Expression

Die *DefinitionExpression* ist ein *WhereClause*, die bei der Verwendung der *CreateSelectionLayer* Funktion über *And* an die bestehende Auswahlbedingung angehängt wird. Ansonsten entspricht die *DefinitionExpression* der *Definition Query* im Eigenschaftenfenster eines *Layers*.

```
'(cd) Vorauswahl eines Layers festlegen

Dim aoiLayer As ILayer
Dim aoiDefinition As IFeatureLayerDefinition
Dim aoiSelection As ILayer

  ' ILayer-Interface des aktuellen Layers
  Set aoiLayer = aoiDocument.SelectedLayer

  ' QI des Layers auf IFeatureLayerDefinition
  If Not aoiLayer Is Nothing Then
    If TypeOf aoiLayer Is IFeatureLayerDefinition Then
      Set aoiDefinition = aoiLayer
    If IsMissing(Name) Then
      Name = "Auswahl"
    End If
    Set aoiSelection = aoiDefinition. _
    CreateSelectionLayer(Name, True, "", "CODE1 = 210100")
    If Not objSelection Is Nothing Then
      ' neuen Layer dem Dokument hinzufügen
```

```
        aoiMap.AddLayer aoiSelection
        ' Inhaltsverzeichnis anpassen
        aoiDocument.UpdateContents
      End If
    End If
  End If
```

IGeoFeature Layer

Eine Schnittstelle, die die Funktionen der *IFeatureLayer* Schnitt-stelle um Funktionen erweitert, die speziell auf *FeatureLayer* mit geografischen Daten zugeschnitten sind, ist die *IGeoFeatureLayer* Schnittstelle.

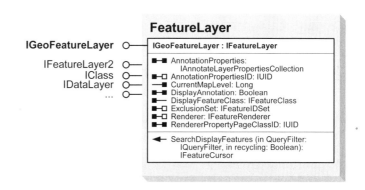

Renderer

Der *Renderer* ist nach der Datenquelle die zweitwichtigste Eigenschaft eines *Layers*. Die *Renderer* Eigenschaft verweist auf den aktuellen *Renderer* oder definiert diesen neu. Mehr über *Renderer* erfahren sie im Kapitel „Karten- und Symbolerstellung".

ExclusionSet

Sollen bestimmte Elemente der Datenquelle überhaupt nicht angezeigt werden, können diese über die *ExclusionSet* Eigenschaft ausgeblendet werden. Dazu muss ein *IFeatureIDSet* Objekt erzeugt werden, über dessen *IFeatureIDSet* Schnittstelle die entsprechenden *FeatureID*s eingegeben werden können.

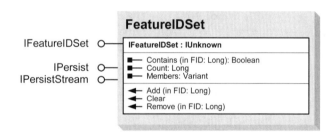

Das folgende Beispiel zeigt, wie eine Auswahlbedingung in ein *ExclusionSet* umgesetzt wird.

```
'(cd) Ein ExclusionSet erzeugen

Dim aoiLayer As ILayer
Dim aoiFeatureLayer As IFeatureLayer2
Dim aoiGeoFeatureLayer As IGeoFeatureLayer
Dim aoiFeatureClass As IFeatureClass
Dim aoiScratchWorkspFact As IScratchWorkspaceFactory
Dim aoiScracthWorkspace As IWorkspace
Dim aoiQuery As IQueryFilter
Dim aoiSelectionSet As ISelectionSet
Dim aoiFIDs As IEnumIDs
Dim aoiFID As Long
Dim aoiFeatureIDSet As IFeatureIDSet


  ' ILayer-Interface des aktuellen Layers
  Set aoiLayer = aoiDocument.SelectedLayer

  ' QI des Layers auf IFeatureLayer2
  If Not aoiLayer Is Nothing Then
    If TypeOf aoiLayer Is IFeatureLayer2 Then
      Set aoiFeatureLayer = aoiLayer
      Set aoiQuery = New QueryFilter
      Set aoiScratchWorkspFact = New ScratchWorkspaceFactory
      Set aoiScratchWorkspace = aoiScratchWorkspFact. _
        DefaultScracthWorkspace
      aoiQuery.WhereClause = "ROADS-TYPE = 'PAVED'"
      Set aoiFeatureClass = aoiFeatureLayer.FeatureClass
      Set aoiSelectionSet = aoiFeatureClass.Select( _
        aoiQuery, esriSelectionTypeIDSet, _
        esriSelectionOptionNormal, aoiScratchWorkspace)
      Set aoiFIDs = aoiSelectionSet.IDs
```

```
      Set aoiFeatureIDSet = New FeatureIDSet
      For i = 1 To aoiSelectionSet.Count
          aoiFID = aoiFIDs.Next
          aoiFeatureIDSet.Add aoiFID
      Next i
      Set aoiGeoFeatureLayer = aoiLayer
      Set aoiGeoFeatureLayer.ExclusionSet = aoiFeatureIDSet
    End If
  End If
```

ILayerFields

Neben *IClass* und *ITable* (beschrieben im Kapitel über die *Table* Klasse) ist *ILayerFields* eine dritte Schnittstelle, die Funktionen bereitstellt, um auf die Spalten und Felder der *Feature* Tabelle zugreifen zu können.

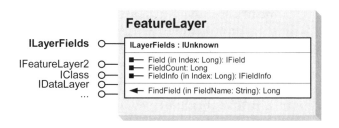

FieldInfo

Die *FieldInfo* Funktion liefert einen Verweis auf die *IFieldInfo* Schnittstelle eines *FieldInfo* Objekts. Dieses Objekt enthält zusätzliche *Feld*-Eigenschaften, die insbesondere für *Client* Anwendungen interessant sind.

Joins und Relates

In ArcMap können auf zwei verschiedene Arten *FeatureClasses* mit anderen Tabellen verknüpft werden: *Joins* und *Relates*.

Joins

Bei *Joins* werden die Felder der Tabelle an die *FeatureClass* angehängt. Darum sind ausschließlich *1:1* oder *n:1* Beziehungen möglich.

IDisplay Relationship Class

Die *IDisplayRelationshipClass* Schnittstelle wird verwendet, um Joins zwischen *FeatureClasses* und Tabellen zu definieren.

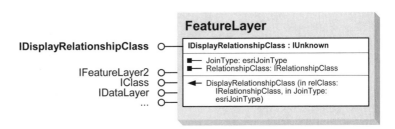

Display Relationship Class

Mit der Funktion *DisplayRelationshipClass* wird ein *Join* erzeugt. Die Funktion benötigt als Eingabeparameter eine *IRelationshipClass* Schnittstelle, die entweder von einer *RelationshipClass* aus der *Geodatabase* stammt oder zu einer *MemoryRelationshipClass* gehört.

Für den *JoinType* stehen zwei Konstante zur Verfügung:

esriJoinType

esriLeftOuterJoin	0
esriLeftInnerJoin	1

Beim *esriLeftOuterJoin* werden alle Zeilen der *FeatureClass* übernommen, egal ob eine Beziehung existiert oder nicht, beim *esriLeftInnerJoin* werden nur die Zeilen, für die auch eine Beziehung existiert, übernommen.

Das erste Beispiel zeigt einen *Join* mit einer *Memory RelationshipClass*:

```
'(cd) Join über eine MemoryRelationshipClass

Dim aoiMap As ITableCollection
```

```
Dim aoiLayer As IFeatureLayer2
Dim aoiTable As ITable
Dim aoiMemRelFact As IMemoryRelationshipClassFactory
Dim aoiMemRel As IMemoryRelationshipClass
Dim aoiDispRel As IDisplayRelationshipClass

  ' aktuelle Map
  Set aoiMap = aoiDocument.FocusMap

  ' ILayer-Interface des aktuellen Layers
  Set aoiLayer = aoiDocument.SelectedLayer

  ' ITable-Interface auf die Tabelle
  Set aoiTable = aoiMap.Table(0)

  ' InMemory-RelationshipClass
  Set aoiMemRelFact = New MemoryRelationshipClassFactory
  Set aoiMemRel = aoiMemRelFact.Open( "myMemRel", aoiTable, _
    "FID", aoiLayer.FeatureClass, "OBJECTID", "Value", _
    "Percent", esriRelCardinalityOneToOne

  ' Join herstellen
  Set aoiDispRel = aoiLayer
  aoiDispRel.DisplayRelationshipClass aoiMemRel, _
    esriLeftOuterJoin
```

Relates	Bei *Relates* wird die Beziehung beschrieben, aber es werden keine Felder der *Destination* Tabelle an die *Origin*-Table angehängt. Deshalb werden *Relates* vornehmlich für *1:n* oder *m:n* Beziehungen verwendet. In ArcMap können *Relates* aus der *Geodatabase* verwendet werden – es können aber auch neue *Relates* definiert werden. Diese neuen Beziehungen werden zusammen mit der *Map*, und nicht in der *Geodatabase* abgespeichert.
IRelationShip ClassCollection	Mit der *IRelationshipClassCollection* Schnittstelle werden die *Relates* einer *FeatureClass* oder einer *Table* verwaltet.

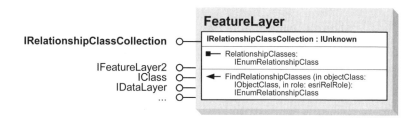

Bei der Suche nach Beziehungen (*FindRelationshipClasses*) kann das Ergebnis auf eine bestimmte Rolle eingeschränkt werden:

esriRelRole

esriRelRoleAny	1
esriRelRoleOrigin	2
esriRelRoleDestination	3

*IRelationship
Class
CollectionEdit*

Um *Relates* hinzuzufügen oder zu löschen wird die *IRelationshipClassCollectionEdit* Schnittstelle benötigt.

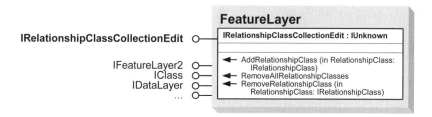

Das nachfolgende Beispiel zeigt, wie ein *Relate* dauerhaft definiert werden kann:

```
'(cd) Dauerhafte RelationshipClass erzeugen

Dim aoiLayer As IFeatureLayer2
Dim aoiTable As ITable
Dim aoiMemRelFact as IMemoryRelationshipClassFactory
Dim aoiMemRel As IMemoryRelationshipClass
Dim aoiRelColEdit As _
        IRelationshipClassCollectionEdit
```

```
' ILayer-Interface des aktuellen Layers
Set aoiLayer = aoiDocument.SelectedLayer

' ITable-Interface auf die Tabelle
Set aoiTable = aoiMap.Table(0)

' InMemory-RelationshipClass
Set aoiMemRelFact = New MemoryRelationshipClassFactory
Set aoiMemRel = aoiMemRelFact.Open("myMemRel", aoiTable, _
    "FID", aoiLayer.FeatureClass, "OBJECTID", "Value", _
    "Percent", esriRelCardinalityOntToOne)

' Relate herstellen
Set aoiRelColEdit = aoiLayer
aoiRelColEdit.AddRelationshipClass aoiMemRel
```

ILayerEvents   Wenn über die *ILayer* Schnittstelle innerhalb von ArcMap die *Visibility* geändert wird, muß unbedingt die *VisibilityChanged* Funktion ausgeführt werden, damit andere Komponenten die Möglichkeit haben auf dieses Ereignis zu reagieren.

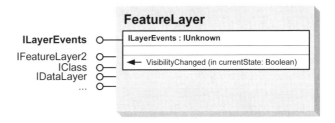

ILayerEffects   *FeatureLayer* reagieren nur auf Veränderungen der *Transparency* Eigenschaft. Bevor solche Effekte an *Layern* durchgeführt werden, sollte deshalb vorher geprüft werden, ob der *Layer* diese Art der Veränderung unterstützt. Dazu enthält die Schnittstelle entsprechende *Supports-* Funktionen.

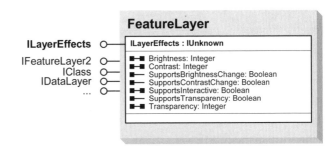

```
'(cd) Transparenz definieren

Dim aoiLayer As ILayer
Dim aoiLayerEffects As ILayerEffects

   ' ILayer-Interface des aktuellen Layers
   Set aoiLayer = aoiDocument.SelectedLayer

   ' QI des Layers auf ILayerEffects
   If Not aoiLayer Is Nothing Then
      If TypeOf aoiLayer Is ILayerEffects Then
         Set aoiLayerEffects = aoiLayer
         If aoiLayerEffects.SupportsTransparency Then
         aoiLayerEffects.Transparency = 30
         aoiDocument.ActiveView.PartialRefresh _
            esriViewGeography, Nothing, Nothing
         End If
      End If
   End If
```

IIdentify
IIdentify2

Die *IIdentify* Schnittstelle enthält nur eine Funktion: *Identify*, die in der Version 8.1 durch die *IIdentify2* Schnittstelle mit der *Scale* Funktion erweitert wurde.

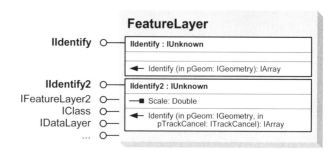

Identify

Identify liefert Informationen zu Objekten an einer angegebenen Position. Der Rückgabewert, ein *Array*, muss anschließend ausgewertet werden.

```
'(cd) Identify

Dim intArray  As Integer
Dim intFlds As Integer
Dim aoiLayer As ILayer
Dim aoiIdentify As IIdentify
Dim aoiArray As IArray
Dim aoiIdentFeature As IRowIdentifyObj
Dim aoiFeature As IFeature
Dim strMessage As String
Dim strFieldName As String
Dim strFieldValue As Variant

  ' ILayer-Interface des aktuellen Layers
  Set aoiLayer = aoiDocument.SelectedLayer

  ' QI des Layers auf IFeatureLayerDefinition
  If Not aoiLayer Is Nothing Then
    Set aoiIdentify = aoiLayer
    Set aoiArray = aoiIdentify.Identify(aoiPoint)
    For intArray = 0 To aoiArray.Count - 1
      Set aoiIdentFeature = aoiArray.Element(intArray)
      Set aoiFeature = aoiIdentFeature.Row
      For intFlds = 1 To aoiFeature.Fields.FieldCount - 1
        If aoiFeature.Fields.Field(intFlds).Type <> _
           esriFieldTypeGeometry Then
          strFieldName = _
            aoiFeature.Fields.Field(intFlds).Name
          strFieldValue = aoiFeature.Value(intFlds)
```

```
            strMessage = strMessage & strFieldName & _
               " : " & strFieldValue & Chr(13)
          End If
        Next intFlds
      Next intArray
      MsgBox strMessage
    End If
```

IHotlink
Container

Über die *IHotlinkContainer* Schnittstelle wird sowohl das *Hotlink* Feld definiert, als auch die dazugehörende *Hotlink* Aktion.

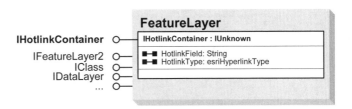

Eine der folgenden Aktionen kann für die Inhalte des *Hotlink* Feldes definiert werden:

esriHyperlinkType

esriHyperlinkTypeDocument	0
esriHyperlinkTypeURL	1
esriHyperlinkTypeMacro	2

IHotlinkMacro

Über die *IHotlinkMacro* Schnittstelle wird der Name der VBA Prozedur definiert, die ausgeführt werden soll, wenn *HotlinkType* auf *esriHyperlinkTypeMacro* gesetzt wird.

Eine *Hotlink* Prozedur muß zwei Argumente übernehmen. Das erste

Argument ist ein Verweis auf die *IHyperlink* Schnittstelle eines *Hyperlink* Objekts, über dessen *Link* Eigenschaft der Wert des aktuellen *Hotlink* Feldes ermittelt werden kann. Das zweite Argument ist ein Verweis auf den aktuellen *Layer*. Auf diese Weise kann eine Prozedur mehrere *Hotlink* Funktionen für mehrere *Layer* übernehmen.

```
'(cd) Hotlink Aktion

Sub MyHotlinkMacro(ByRef aoiLink As IHyperlink, _
            ByRef aoiFeature As IFeatureLayer2)

  ' das Hyperlink-Feld enthält den Pfad zu einer Bitmap ...
  If Not frmPicture.Visible Then
    frmPicture.Show vbModeless
  End If
  frmPicture.Picture = LoadPicture(aoiLink.Link)


End Sub
```

IHyperlink Container

Als Alternative zum *Hotlink*, für den immer ein *Hotlink* Feld notwendig ist, können *Hyperlink* Objekte verwendet werden. Über die *IHyperlinkContainer* Schnittstelle können *Hyperlink* Objekte mit dem *FeatureLayer* verknüpft werden.

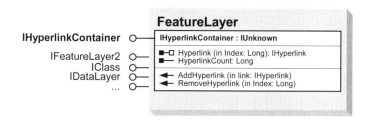

IHyperlink

Über die *IHyperlinkContainer* Schnittstelle werden *IHyperlink* Schnittstellen ausgetauscht, die von *Hyperlink* Objekten implementiert sind.

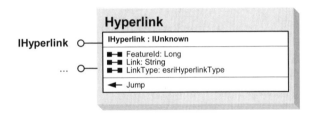

Der Vorteil gegenüber dem *Hotlink* ist, dass die *Hyperlink* Aktion (*esriHyperlinkType*) für jedes Element individuell definiert werden kann.

Das folgende Beispiel erzeugt für das ausgewählte Element einen URL *Hyperlink* auf die deutsche ESRI Homepage.

```
'(cd) Einen Hyperlink festlegen

Dim aoiLayer As IFeatureSelection
Dim aoiSelection As ISelectionSet
Dim aoiIDs As IEnumIDs
Dim aoiID As Long
Dim lngIDs As Long
Dim aoiHyperlink As IHyperlink
Dim aoiHyperlinks As IHyperlinkContainer

  ' IFeatureSelection-Interface des aktuellen Layers
  Set aoiLayer = aoiDocument.SelectedLayer
  Set aoiHyperlinks = aoiLayer

  ' aktuelle Selektion
  Set aoiSelection = aoiLayer.SelectionSet
  If aoiSelection.Count > 0 Then
    Set aoiIDs = aoiSelection.IDs
    aoiIDs.Reset
    For lngIDs = 1 To aoiSelection.Count
      aoiID = aoiIDs.Next
      ' neuer Hyperlink
      Set aoiHyperlink = New Hyperlink
      With aoiHyperlink
        .Link = "www.esri-germany.de"
        .LinkType = esriHyperlinkTypeURL
        .FeatureId = aoiID
```

```
      End With
      ' Hyperlink eintragen
      aoiHyperlinks.AddHyperlink aoiHyperlink
   Next lngIDs
 End If
```

ILegendInfo

Die *ILegendInfo* Schnittstelle liefert Informationen zu den einzelnen Legendenpunkten. Die Funktionen selber werden durch den aktuellen *Renderer* ausgeführt.

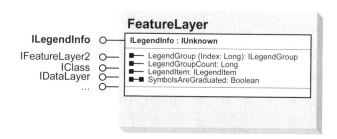

IProperty Support

Die *IPropertySupport* Schnittstelle wird von vielen Objekten in ArcMap, vor allem von Grafikobjekten, implementiert. Sie ist eine allgemeine Schnittstelle, um auf ein Objekt zuzugreifen, das dem *FeatureLayer* direkt zugeordnet ist.

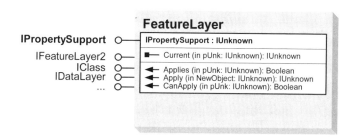

Zum Beispiel kann mit der *IPropertySupport* Schnittstelle überprüft werden, ob ein *DisplayFilter* Objekt dem *FeatureLayer* überhaupt zugewiesen werden kann (*Applies*) und wenn ja, ob das im Moment möglich ist (*CanApply*).

Weitere Klassen, die mit der *FeatureLayer* Klasse in Verbindung stehen, sind die *FeatureRenderer* für die Symbolisierung und die *FeatureClass* für die Datenquelle.

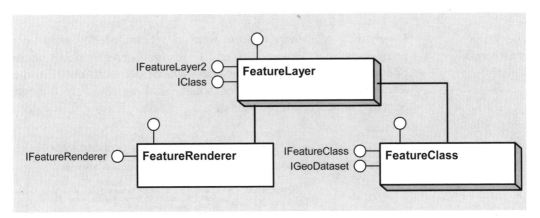

7.2.2 CoverageAnnotationLayer

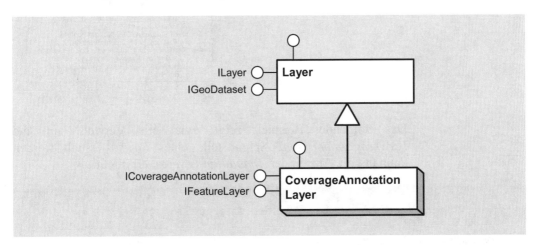

Annotation   Beschriftungen in *Coverages* werden in *Annotation Subclasses* und in *Annotation Level* organisiert. Ein *Coverage* kann mehrere *Subclasses*, eine *Subclass* mehrere *Levels* enthalten.

Coverage Annotation Layer

Zur Darstellung der *Annotation* aus einem *Coverage* dient in *ArcMap* die *CoverageAnnotationLayer* Klasse. Eine Instanz dieser Klasse ist gekoppelt mit einer *Annotation Subclass*. Enthält das *Coverage* keine *Annotation Subclass*, gibt es nur einen *Coverage AnnotationLayer*.

ICoverage Annotation Laye2r

Über die *ICoverageAnnotationLayer2* Schnittstelle wird die Darstellung der *Annotations* aus *Coverages* geregelt. Über diese Schnittstelle wird zum Beispiel das *Symbol* definiert, mit dem die *Annotations* gezeichnet werden sollen, und welche *Levels* dieser *Subclass* angezeigt werden sollen.

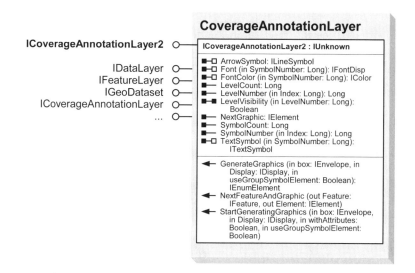

Das folgende Beispiel zeigt, wie ein Verweis auf die *ICoverageAnnotation2* Schnittstelle eines *Layers* erstellt werden kann um die Anzahl der *Annotation Level* zu ermitteln:

```
'(cd) Anzahl der Annotation Level ermitteln

Dim aoiLayer As ILayer
Dim aoiAnnLayer As ICoverageAnnotationLayer2

  ' ILayer-Interface des aktuellen Layers
  Set aoiLayer = aoiDocument.SelectedLayer
```

```
' QI auf ICoverageAnnotationLayer2
If TypeOf aoiLayer Is ICoverageAnnotationLayer2 Then
    Set aoiAnnLayer = aoiLayer
    MsgBox aoiAnnLayer.LevelCount
End If
```

7.2.3 RasterLayer

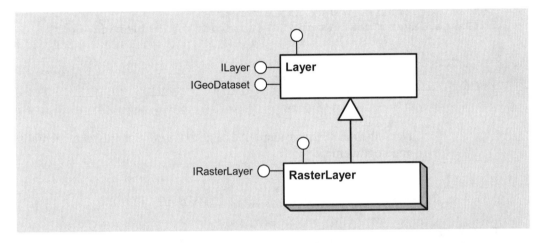

IRasterLayer

Über die *IRasterLayer* Schnittstelle wird die Darstellung von Rasterdaten (*Images*) geregelt. Sie enthält Funktionen, um die Datenquelle zu definieren, und Methoden, um die Darstellung dieser Raster festzulegen

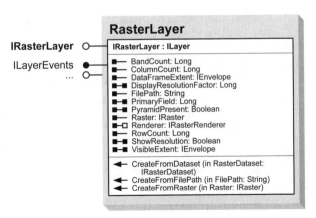

Das folgende Beispiel zeigt wie über die *CreateFromFilePath* Methode ein *RasterLayer* angelegt werden kann:

```
'(cd) Einen RasterLayer erzeugen mit CreateFromFilePath

Dim aoiLayer As ILayer
Dim aoiRasterLayer As IRasterLayer

    ' neuen RasterLayer
    Set aoiRasterLayer = New RasterLayer
    aoiRasterLayer.CreateFromFilePath "c:\wksp\hillshade.img"

    ' an die aktuelle Map
    Set aoiLayer = aoiRasterLayer
    aoiMap.AddLayer aoiLayer
```

Derselbe *RasterLayer* kann über eine *IDataset* Schnittstelle ebenfalls angelegt werden:

```
'(cd) Einen RasterLayer erzeugen mit IDataset

Dim aoiLayer As ILayer
Dim aoiWorkspaceFactory As IWorkspaceFactory
Dim aoiRasterWorkspace As IRasterWorkspace
Dim aoiRasterDataset As IRasterDataset
Dim aoiRasterLayer As IRasterLayer

    ' Workspace und Dataset
    Set aoiWorkspaceFactory = New RasterWorkspaceFactory
    Set aoiRasterWorkspace = _
        aoiWorkspaceFactory.OpenFromFile("c:\workspace", 0)
    Set aoiRasterDataset = _
        aoiRasterWorkspace.OpenRasterDataset("hillshade.img")

    ' neuen RasterLayer
    Set aoiRasterLayer = New RasterLayer
    aoiRasterLayer.CreateFromDataset aoiRasterDataset

    ' an die aktuelle Map
    Set aoiLayer = aoiRasterLayer
    aoiMap.AddLayer aoiLayer
```

Die dritte Variante ist die Übergabe einer *IRaster* Schnittstelle:

```
'(cd) Einen RasterLayer erzeugen mit der IRaster Schnittstelle

Dim aoiWorkspaceFactory As IWorkspaceFactory
Dim aoiRasterWorkspace As IRasterWorkspace
Dim aoiRasterDataset As IRasterDataset
Dim aoiRaster As IRaster
Dim aoiLayer As ILayer
Dim aoiRasterLayer As IRasterLayer

  ' Workspace und Dataset
  Set aoiWorkspaceFactory = New RasterWorkspaceFactory
  Set aoiRasterWorkspace = _
    aoiWorkspaceFactory.OpenFromFile("c:\workspace", 0)
  Set aoiRasterDataset = _
    aoiRasterWorkspace.OpenRasterDataset("hillshade.img")

  ' erzeugt ein inMemory-Raster
  Set aoiRaster = aoiRasterDataset.CreateDefaultRaster

  ' neuen RasterLayer
  Set aoiRasterLayer = New RasterLayer
  aoiRasterLayer.CreateFromRaster aoiRaster

  ' an die aktuelle Map
  Set aoiLayer = aoiRasterLayer
  aoiMap.AddLayer aoiLayer
```

Über die *Renderer* Funktion wird die Darstellung des *RasterLayers* definiert. Einer der folgenden *Renderer* Arten kann zugewiesen werden:

- RasterClassifyColorRampRenderer
- RasterRGBRenderer
- RasterStretchColorRampRenderer
- RasterUniqueValueRenderer

7.2.4 RasterCatalogLayer

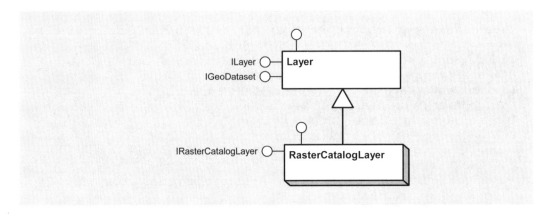

RasterCatalog-Layer

Mit dem *RasterCatalogLayer* werden die Rasterbilder eines *RasterCatalogs* angezeigt. Ein *RasterCatalog* wird verwendet, wenn zu ein- und demselben Thema sehr viele Rasterbilder benötigt werden, um das zu betrachtende Gebiet abzudecken. Dafür verwendet der *RasterCatalog* ein *RasterCatalogTable* Objekt, eine Tabelle, die Informationen zu den einzelnen Rasterbildern enthält.

IRasterCatalog-Layer

Über die *IRasterCatalogLayer* Schnittstelle wird dem *RasterCatalogLayer* zum einen die *RasterCatalogTable* zugewiesen, desweiteren der *Renderer* für alle Rasterbilder, der die Darstellung der Rasterbilder im Kartenfenster definiert.

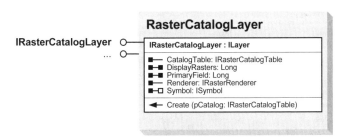

Das folgende Beispiel zeigt, wie über die *Create* Methode ein *RasterCatalogLayer* angelegt werden kann:

```
'(cd) Neuen RasterCatalogLayer erzeugen

Dim aoiLayer As ILayer
Dim aoiRasterLayer As IRasterCatalogLayer

  ' neuen RasterCatalogLayer
  Set aoiRasterLayer = New RasterCatalogLayer
  aoiRasterLayer.Create aoiRasterTable

  ' an die aktuelle Map
  Set aoiLayer = aoiRasterLayer
  aoiMap.AddLayer aoiLayer
```

Über die *Renderer* Funktion wird die Darstellung der Rasterbilder definiert, auf die im *RasterCatalogTable* verwiesen wird. Einer der folgenden *Renderer*Arten kann zugewiesen werden:

- RasterClassifyColorRampRenderer
- RasterRGBRenderer
- RasterStretchColorRampRenderer
- RasterUniqueValueRenderer

RasterCatalog-Table Zu jedem *RasterCatalogLayer* gehört eine *RasterCatalogTable*:

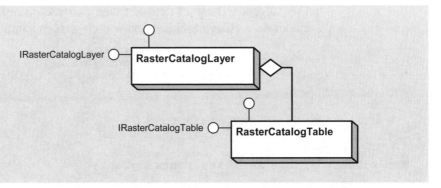

IRasterCatalog Table Mit der *IRasterCatalogTable* Schnittstelle wird die Tabelle definiert, die als Basis für den *RasterCatalogLayer* dienen soll.

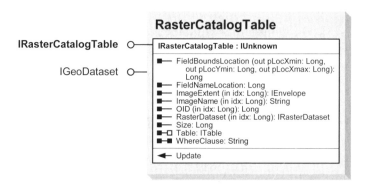

Table | Die Tabelle, die der *Table* Eigenschaft zugewiesen wird, muss fünf *RasterCatalog* spezifische Felder enthalten:

- Image
- Xmin
- Ymin
- Xmax
- Ymax

WhereClause | Mit einer *WhereClause* kann eine logische Bedingung in SQL-Syntax definiert werden, die die Auswahl der darzustellenden Bilder einschränken kann.

Das folgende Beispiel definiert eine *RasterCatalogTable*, die dann einem *RasterCatalogLayer* zugewiesen werden kann.

```
'(cd) ArcInfo ImageCatalog als RasterCatalogTable übernehmen

Dim strWorkspace As String
Dim aoiAIFact As IWorkspaceFactory
Dim aoiAIWsp As IFeatureWorkspace
Dim aoiTable As ITable
Dim aoiRasterTable As IRasterCatalogTable

  ' Pfad zum ArcInfo-Workspace festlegen...
  strWorkspace = "c:\workspace"
```

```
' ArcInfoWorkspaceFactory erzeugen ...
Set aoiAIFact = New ArcInfoWorkspaceFactory

' Verweis auf die IWorkspace-Schnittstelle ...
Set aoiAIWsp = aoiAIFact.OpenFromFile(strWorkspace, 0)

' Verweis auf die ITable-Schnittstelle ...
Set aoiTable = aoiAIWsp.OpenTable("catalog")

' RasterCatalogTable erzeugen ...
Set aoiRasterTable = New RasterCatalogTable
With aoiRasterTable
  Set .Table = aoiTable
  .Update
End With
```

7.2.5 GdbRasterCatalogLayer

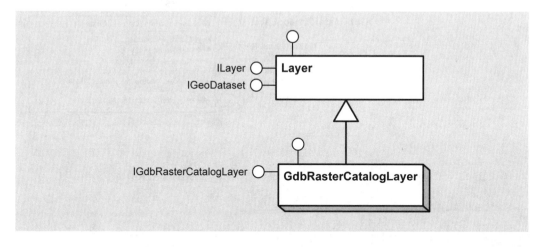

GdbRasterCatalog Rasterkataloge können auch mit Hilfe der *Geodatabase* verwaltet werden. Der Rasterkatalog speichert dazu in einer Tabelle die jeweiligen Bildinformationen einschließlich der Geometrie ihrer Umrisse („Footprints"). So können logische und räumliche Suchabfragen gegen den Rasterkatalog gerechnet werden.

Managed *Not Managed*	Bei der Erstellung eines Rasterkatalogs in der *Personal Geodatabase* kann definiert werden, ob die einzelnen Rasterbilder durch die *Geodatabase* verwaltet werden oder nicht. In einem verwalteten (*managed*) Katalog werden die einzelnen Bilder in das IMG-Format konvertiert und in einem zusätzlichen Ordner gespeichert. Bei nicht verwalteten (*not managed*) Katalogen wird nur der Original-Pfad zum Rasterbild gespeichert. ArcSDE unterstützt ausschließlich *managed* Rasterkataloge.
IGdbRaster- *CatalogLayer*	Im Gegesatz zu einem Rasterdataset, wo durch die *Mosaik* Funktion alle einzelnen Quellen zu einem einheitlichen Bild zusammengelegt werden, behalten sie in einem Rasterkatalog ihre individuellen Eigenschaften. Entsprechend kann über die IgdbrasterCatalogLayer Schnittstelle beliebig viele unterschiedliche Renderer zur Darstellung der einzelnen Bilder definiert werden.
Renderers	Im nachfolgenden Beispiel wird für einen *GdbRasterCatalogLayer* ein zusätzlicher *RasterUniqueValueRenderer* definiert.

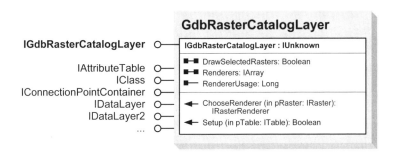

```
'(cd) Erzeugen eines neues Renderers für RasterKataloge

  'der erste Layer wird ausgewählt
  Dim pLayer As ILayer2
  Set pLayer = pMap.Layer(0)

  'handelt es sich dabei um einen GdbRasterCatalogLayer
  If TypeOf pLayer Is IGdbRasterCatalogLayer Then
    Dim pRasCatLyr As IGdbRasterCatalogLayer
    Set pRasCatLyr = pLayer
  Else
    MsgBox "Layer ist kein Rasterkatalog"
```

```
      Exit Sub
   End If

   'die Renderer-Liste übernehmen
   Dim pRendererArray As IArray
   Set pRendererArray = pRasCatLyr.Renderers

   'neuen UVRenderer erzeugen
   Dim pUVRen As IRasterUniqueValueRenderer
   Set pUVRen = New RasterUniqueValueRenderer

   pRendererArray.Add pUVRen
   pRasCatLyr.Renderers = pRendererArray
```

7.2.6 DimensionLayer

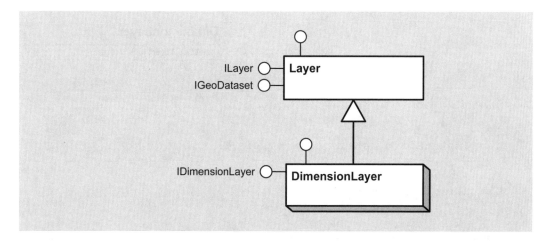

Dimension

Dimension sind Bemaßungen in der Karte, um bestimmte Längen oder Entfernungen anzuzeigen. Mit einer Bemaßung kann die Länge einer Gebäudeseite oder eines Flurstücks oder die Entfernung zwischen zwei Objekten, z.B. einem Hydranten und der Ecke eines Gebäudes angezeigt werden.

Dimension
Featureclass

Dimensions werden in der *Geodatabase* als *Dimension Feature-classes* gespeichert. Hier werden zu jeder Bemaßung die geografische Lage und sowie alle Eigenschaften gespeichert, insbesondere deren grafische Ausprägung. Die Symbologie der Bemaßungen werden durch sogenannte *Styles* definiert. Jede einzelne Bemaßung ist mit einem *Style* verknüpft. Innerhalb einer *Dimension Featureclass* können beliebig viele *Styles* definiert sein.

DimensionLayer In *ArcMap* werden die Bemaßungen einer *Dimension Featureclass* durch den *DimensionLayer* ermöglicht. Der Layer besitzt allerdings nur eingeschränkte Funktionalität, da die gesamte Symbolisierung durch die *Dimension Featureclass* geregelt ist. Für die Kartendarstellung können diese nicht individuell geändert werden.

IDimensionLayer Die *IDimensionLayer* Schnittstelle ist eine reine *Zeiger-Schnittstelle*. Sie enthält keinerlei eigene Eigenschaften oder Methoden. Sie existiert rein formal, um anhand dieser Schnittstelle auf die Klasse schließen zu können, die diese Schnittstelle implementiert. Ein *QueryInterface* auf diese Schnittstelle macht darum auch keinen Sinn.

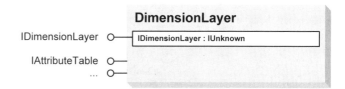

```
'(cd) Feststellen, ob es sich um einen Dimensionlayer handelt

    'der erste Layer wird ausgewählt
    Dim pLayer As ILayer2
    Set pLayer = pMap.Layer(0)

    'handelt es sich dabei um einen DimensionLayer
    If TypeOf pLayer Is IDimensionLayer Then
        Msgbox "Layer ist ein DimensionLayer"
    Else
        MsgBox "Layer ist kein DimensionLayer"
        Exit Sub
    End If
```

7.2.7 TinLayer

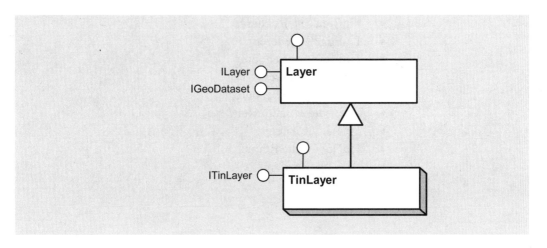

Tin	TIN (*Triangulated Irregular Network*) ist eine geeignete Datenstruktur, um Oberflächen abzubilden.
ITinLayer	Über die *ITinLayer* Schnittstelle wird die Darstellung von *Tins* geregelt.

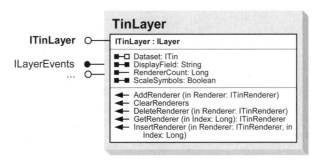

Die Darstellung des *Tins* wird über spezielle *TinRenderer* definiert. Folgende *Renderer* Arten können definiert und dem *TinLayer* zugewiesen werden. Im Gegensatz zu anderen *Layern* können dem *TinLayer* mehrere *Renderer* gleichzeitig zugewiesen werden:

- TinAspectRenderer
- TinBreaklineRenderer
- TinEdgeRenederer
- TinElevationRenderer
- TinFaceRenderer
- TinFaceValueRenderer
- TinNodeElevationRenderer
- TinNodeRenderer
- TinNodeValueRenderer
- TinSlopeRenderer

7.2.8 IMSMapLayer

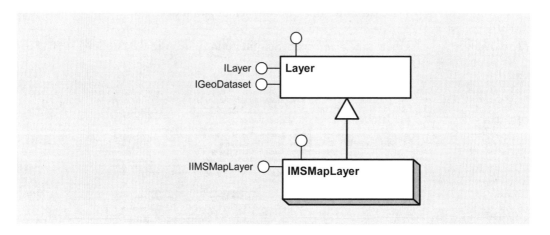

ArcIMS

Mit *ArcIMS* werden geographische Daten über das Internet zur Verfügung gestellt. Diese sogenannten *Services* können als *Layer* in *ArcMap* angezeigt werden. Dabei werden bei *ArcIMS* zwei *Services* unterschieden:

- FeatureService
- ImageService

FeatureService *FeatureServices* werden wie *Datasets* behandelt. Für jede *ArcIMS* *FeatureClass* wird in einem *GroupLayer* ein spezieller *Feature-Layer* erstellt. Mit diesen *FeatureLayern*, die auf einem *ArcIMS* *FeatureService* beruhen, kann genauso gearbeitet werden, wie mit *FeatureLayern*, die auf lokalen Datenquellen aufsetzen.

ImageService Der *ImageService* liefert ein Rasterbild der gesamten Karte. Dieses wird in ArcMap als *IMSMapLayer* angelegt. Der *IMSMapLayer* enthält unter Umständen zahlreiche *SubLayer*, die wahlweise an- und ausgeschaltet werden können. Wird die Sichtbarkeit eines *SubLayers* geändert, wird vom *ImageService* ein neues Bild angefordert, das den geänderten Anforderungen entspricht.

IIMSMapLayer Mit der *IIMSMapLayer* Schnittstelle wird die *ArcIMS* Verbindung definiert. Diese Schnittstelle charakterisiert den *Layer* als einen *IMSMapLayer*.

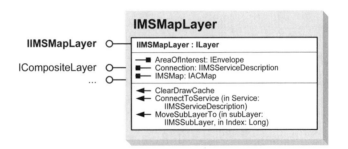

IMSMap Die *IMSMap* Eigenschaft liefert eine *IACMap* Schnittstelle zu einem *ACMap* Objekt (*ArcConnection*Map). Das *ACMap* Objekt ist eine *XML* Beschreibung der Internet Karte.

IComposite Layer Die *ICompositeLayer* Schnittstelle ermöglicht den Zugriff auf die einzelnen *SubLayer* eines *IMSMapLayers*.

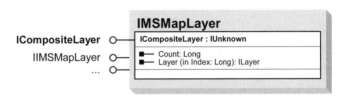

IIMSSubLayer   Die *Layer* Eigenschaft liefert die *IIMSubLayer* Schnittstelle, von der aus wiederum auf ein *ACLayer* Objekt verwiesen wird. Der *ACLayer* (Arc*Connection*Layer) ist eine *XML* Beschreibung des dargestellten *SubLayers*.

7.2.9 CadLayer

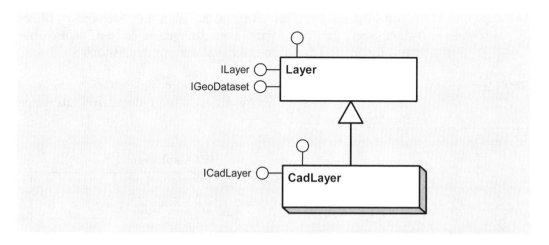

CadLayer   Mit dem *CadLayer* werden CAD Zeichnungen angezeigt. Der Layer enthält dabei alle CAD *Layer*, wobei trotzdem die Sichtbarkeit der einzelnen CAD Layer wählbar ist.

ICadLayer   Die *ICadLayer* Schnittstelle definiert die Datenquelle (*ICadDrawingDataset*) und hat Funktionen, die besagen, ob es sich dabei um eine AutoCAD (*.dwg*) oder um eine Microstation (*.dgn*) Zeichnung handelt, und ob diese eine 2-dimensionale oder 3- dimensionale Zeichnung ist.

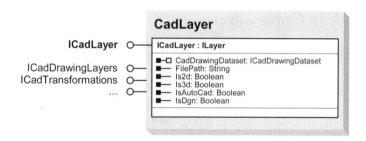

ICadDrawing Layers

Über die *ICadDrawingLayers* Schnittstelle können die einzelnen Layer der Zeichnung in ArcMap sichtbar oder unsichtbar geschaltet werden.

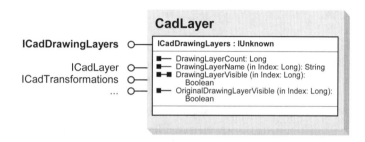

Original Drawing LayerVisible

Die *OriginalDrawingLayerVisible* Eigenschaft sagt aus, ob der *Layer* in der Zeichnung selber auf sichtbar oder unsichtbar geschaltet ist.

7.2.10 CadFeatureLayer

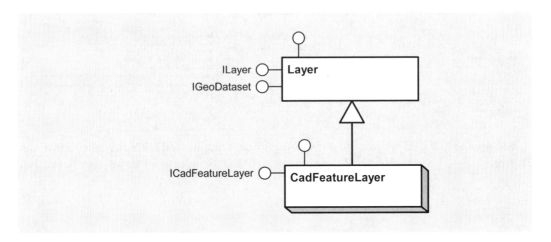

*CadFeature
Layer*

Mit dem *CadFeatureLayer* können die Inhalte einer CAD Zeichnung wie andere *FeatureLayer* behandelt werden. Auf diese Weise kann die Darstellung verändert werden, und die Daten können räumlich und inhaltlich zu Analysen herangezogen werden. Je nach *FeatureType* werden aus allen Layern der CAD Zeichnung die jeweiligen Elemente herausgefiltert.

*ICadDrawing
Layers*

Über die *ICadDrawingLayers* Schnittstelle können, wie beim *CadLayer*, die einzelnen Layer der Zeichnung sichtbar oder unsichtbar geschaltet werden.

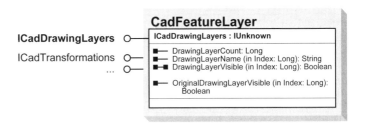

*ICad
Transformation*

Die *ICadTransformation* Schnittstelle, die auch beim *CadLayer* implementiert ist, ermöglich eine Transformation der CAD Daten, damit sie mit anderen *FeatureLayern* übereinstimmt. Für die

Transformation kann ein *World-File* definiert werden, oder die Parameter für die Transformation können direkt eingegeben werden.

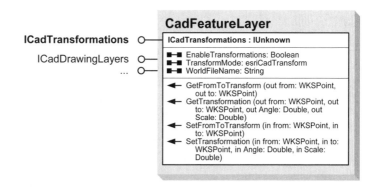

Für die Transformation (*EnableTransformation = True*) muss die Art der Transformation über die *esriCadTransform* Konstante festgelegt werden:

esriCad
Transform

esriCadTransformByWorldFile	0
esriCadTransformByPoints	1
esriCadTransformByRst	2

7.2.11 GraphicsLayer

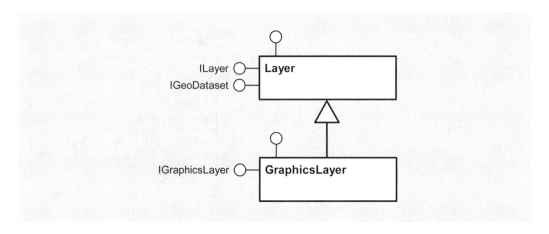

GraphicsLayer	*GraphicElements* sind Zeichenobjekte, wie zum Beispiel einfache Figuren, Beschriftungen oder Fotografien. Diese Objekte werden in *GraphicsLayern* gespeichert. In ArcMap enthält jede *Map* und jedes *PageLayout* einen *GraphicsLayer* als Container für diese Zeichenobjekte. Die Elemente in diesen Layern werden immer angezeigt.
Annotation Groups *Annotation Targets*	Für mehr Kontrolle über die Zeichenobjekte können zusätzliche *GraphicsLayer* definiert werden – sogenannte *Annotation Groups*. Die voreingestellte *Annotation Group*, in der neue *GraphicElements* abgespeichert werden – der sogenannte *Annotation Target* - ist die aktive *Map* oder das *PageLayout*. Zusätzliche *Annotation Groups* können direkt sichtbar oder unsichtbar geschaltet, oder mit der Sichtbarkeit eines *Layers* im Inhaltsverzeichnis der Karte verknüpft werden.
Composite GraphicsLayer	*Für Annotation Groups* werden *CompositeGraphicsLayer* verwendet.
FDOGraphic Layer	Zeichenobjekte, die in verschiedenen *Maps* verwendet werden sollen, können in der *Geodatabase* gespeichert werden. Dazu wird der *FDOGraphicsLayer* verwendet, der ähnlich wie ein *FeatureLayer* behandelt wird, und im *Tabel of Contents* erscheint.

Diese beiden *GraphicLayer* Typen, *CompositeGraphicsLayer* und

FDOGraphicsLayer implementieren die *IGraphicsLayer*, *IGraphics-Container* und die *ISelectionEvents* Schnittstelle.

IGraphicsLayer Die *IGraphicsLayer* Schnittstelle enthält Funktionen, um einen *GraphicsLayer* zu aktivieren, um für diesen neue Zeichenobjekte mit Hilfe der Zeichenwerkzeuge in ArcMap zu erzeugen. *GraphicsLayer* erscheinen nicht im Inhaltsverzeichnis der Karte.

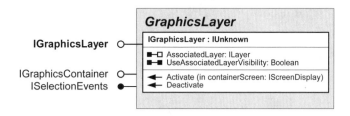

Desweiteren kann der *GraphicsLayer* mit einem *Layer* aus dem Inhaltsverzeichnis der Karte verknüpft werden, und zwar so, dass dessen Sichtbarkeit auch die des *GraphicsLayers* steuert.

IGraphics Container Die *IGraphicsContainer* Schnittstelle verwaltet die Liste mit allen Zeichenobjekten in diesem *GraphicsLayer*.

ISelectionEvents Die *ISelectionEvents* Schnittstelle ist eine *Outbound* Schnittstelle, über die eine andere Klasse die Information bekommt, wenn sich die ausgewählte Elementmenge in einem bestimmten *GraphicLayer* verändert hat.

Das folgende Beispiel zeigt die Implementierung der *ISelectionEvents* Schnittstelle in einer anderen Klasse:

```
'(cd) Implementierung der ISelectionEvents Schnittstelle

Dim WithEvents aoiSelEvents As CompositeGraphicsLayer

Private Sub Class_Initialize()
Dim aoiDocument As IMxDocument
Dim aoiMap As IMap
```

```
   Set aoiDocument = ThisDocument
   Set aoiMap = aoiDocument.FocusMap

   'Verweis auf den BasicGraphicsLayers ...
   Set aoiSelEvents = aoiMap.BasicGraphicsLayer
End Sub

Private Sub aoiSelEvents_SelectionChanged()
   MsgBox "Auswahlmenge hat sich veändert !"
End Sub
```

Die *GraphicsLayer* Klasse ist eine abstrakte Klasse, von der die folgenden konkreten Klassen abgeleitet werden:

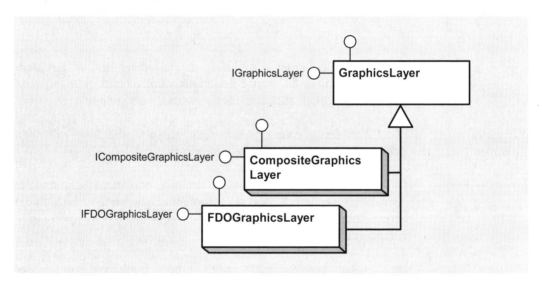

7.2.11.1 CompositeGraphicsLayer

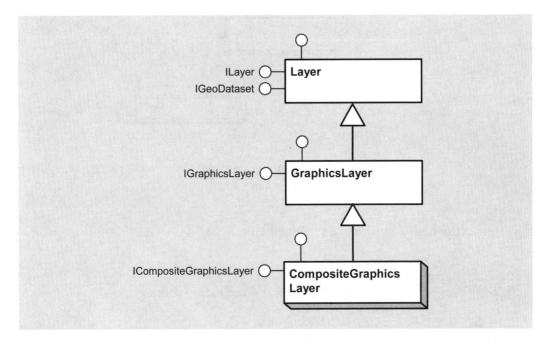

Composite GraphicsLayer

Der *CompositeGraphicsLayer* wird standardmäßig für die Verwaltung von *GraphicElement* Objekten verwendet. Er ist außerdem in der Lage, weitere *GraphicsLayer* zu enthalten.

BasicGraphics Layer

Das *Map* Objekt in ArcMap beinhaltet einen *Composite-GraphicsLayer* für die Speicherung aller *GraphicElements*. Die *IMap* Schnittstelle enthält die Funktion *BasicGraphicsLayer*, durch die ein Verweis auf diesen *CompositeGraphicsLayer* geliefert werden kann.

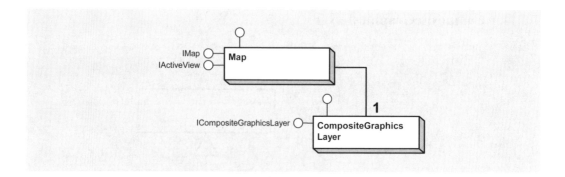

Das folgende Beispiel zeigt, wie auf den *CompositeGraphicsLayer* der *Map* zugegriffen werden kann:

```
'(cd) Verweis auf den BasicGraphicsLayer der Map

Dim objDoc As IMxDocument
Dim objMap As IMap
Dim objGraphicsLayer As ICompositeGraphicsLayer

  ' QI des Dokuments auf IMxDocument
  Set objDoc = ThisDocument

  ' aktuelle Map
  Set objMap = objDoc.FocusMap

  ' Verweis auf den BasicGraphicsLayer
  Set objGraphicsLayer = objMap.BasicGraphicsLayer
```

IComposite GraphicsLayer

Die *ICompositeGraphicsLayer* Schnittstelle erweitert die *ILayer* Schnittstelle der abstrakten Klasse *GraphicsLayer*. Sie beinhaltet Funktionen, die es ermöglichen, neue *GraphicsLayer* aufzunehmen, auf bestehende zuzugreifen oder diese zu löschen.

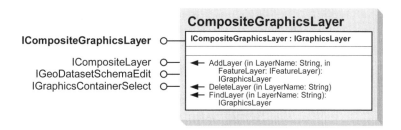

IComposite Layer

Die *ICompositeLayer* Schnittstelle wird auch von der *GroupLayer* Klasse implementiert und ist eine sehr generische Schnittstelle, um auf einzelne *Layer* in einer Liste zuzugreifen.

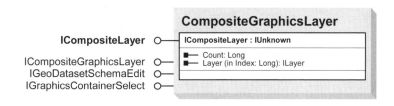

GraphicsSublayer

Diese Layer, die über die *ICompositeLayer* Schnittstelle zurückgeliefert werden, sind die sogenannten *GraphicsSublayer*.

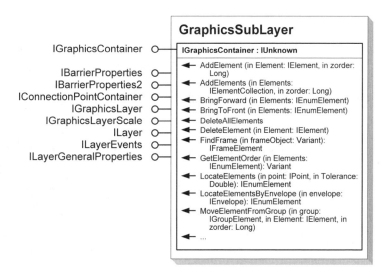

GraphicsSublayer sind *non-creatable*. Um einen neuen SubLayer zu erzeugen, muss mit der *AddLayer* Funktion der *IComposite-GraphicLayer* Schnittstelle eine neue Instanz generiert werden.

IGeoDataset SchemaEdit

Auch die Koordinaten aller Zeichenobjekte sind einem bestimmten geografischen Bezugssystem zugeordnet. Über die *IGeoDatasetSchemaEdit* Schnittstelle kann das geografische Bezugssystem geändert werden. Die Daten werden dabei allerdings nicht projeziert – die Information ist rein beschreibend.

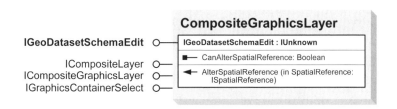

IGraphics Container Select

Mit dieser Schnittstelle wird die Menge der ausgewählten Zeichenobjekte des betreffenden *GraphicsLayer* verwaltet. Mit Funktionen aus der *IGraphicsContainer* Schnittstelle, zum Beispiel *LocateElements* oder *LocateElementsByEnvelope*, werden Elemente mit der *SelectElements* Funktion der *ElementsSelection* hinzugefügt.

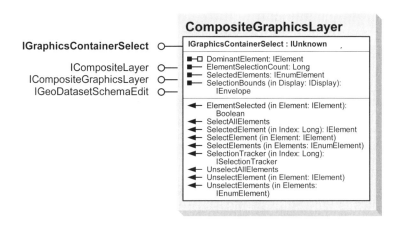

Die Funktionen *SelectAllElements*, *SelectElement*, *SelectElements*,

UnselectAllElements, *UnselectElement* und *UnselectElements* feuern das *IActiveViewEvent::SelectionChanged* Ereignis.

Selection Tracker

Wenn ein neues Zeichenobjekt in ArcMap hinzugefügt wird, wird dieses zusammen mit einem sogenannten *SelectionTracker* dargestellt. Mit Hilfe des *SelectionTrackers* kann das Element verschoben, vergrößert oder verkleinert werden. Je nachdem um welche Art von Zeichenobjekt es sich handelt, gibt es unterschiedliche *SelectionTracker*: zum Beispiel *EnvelopeTracker*, *MarkerTracker*, *PointTracker*, *PolygonTracker* oder *LineTracker*.

Mit dem folgende Beispiel werden alle Zeichenobjekte des *BasicGraphicsLayers* ausgewählt und für alle der *SelectionTracker* angezeigt:

```
'(cd) SelectionTracker anzeigen

Dim objActiveView As IActiveView
Dim objGraphicsLayer As IGraphicsContainerSelect
Dim objElements As IEnumElement

  ' Verweis auf den BasicGraphicsLayer
  Set objGraphicsLayer = objMap.BasicGraphicsLayer

  ' alle GraphicElements auswählen
  objGraphicsLayer.SelectAllElements

  ' Tracker anzeigen
  Set objActiveView = objMap
  objActiveView.PartialRefresh esriViewGraphicSelection, _
    Nothing, Nothing
```

7.2.11.2 FDOGraphicsLayer

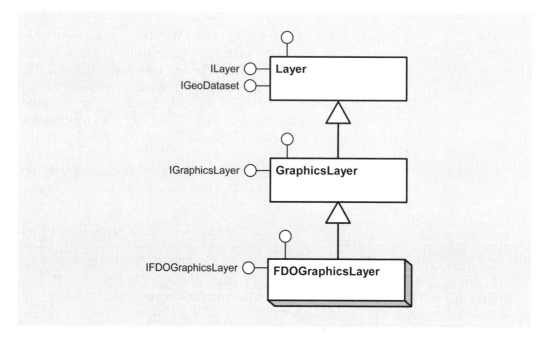

FDOGraphics Layer

FDO steht für „*feature data object*". Diese *GraphicsLayer* werden in der Regel für die Darstellung von *Annotations* verwendet, die in der *Geodatabase* gespeichert werden. *Annotations* sind zusätzliche grafische Elemente um Objekte in *FeatureLayern* zu beschriften.

FDOGraphicsLayer erscheinen in ArcMap sowohl im Inhaltsverzeichnis der Karte, als auch im *Active Annotation Target* Menü. Um neue Elemente hinzufügen zu können, muss zum einen eine Editier-Sitzung auf diesen Layer eingeleitet werde (*start editing*), zum anderen muß der *Layer* der *Active Annotation Target* sein.

IFDOGraphics Layer

Über die *IFDOGraphicsLayer* Schnittstelle werden neue Beschriftungen eingefügt.

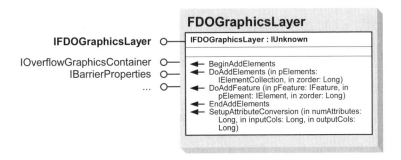

Annotation Class

Annotations können eine oder mehrere Klassen enthalten. Eine solche *Annotation Class* definiert spezielle Eigenschaften für ausgewählte *Annotation* Objekte, zum Beispiel die voreingestellte Symbolik für alle neuen Objekte dieser Klasse und den Maßstabsbereich, in dem diese Klasse dargestellt werden soll. Insbesondere bei *feature-linked Annotations* definieren die Klassen, wie sich die Beschriftungen aus den zugehörigen Objekten zusammensetzten. In der *Geodatabase* werden diese Klassen als *SubTypes* der *Annotation Featureclass* gespeichert.

FDOGraphicsSub Layer

Der *FDPGraphicsLayer* verwaltet diese *Annotation Classes* als *FDOGraphicsSublayer*. Diese Klasse ist nicht *co-creatable*, das heißt, es kann nur über die *ICompositeLayer* Schnittstelle der *FDOGraphicsLayer* Klasse auf einzelnen Instanzen von *FDOGraphicsSublayer* zugegriffen werden.

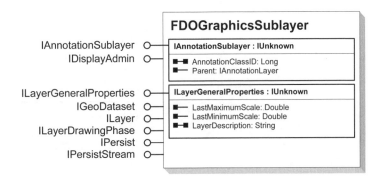

SetupAttributeCon version2

Noch ein Hinweis zu *FDOGraphicsLayer*:

In *Visual Basic* funktioniert die *SetupAttributeConversion* Funktion der *IFDOGraphicsLayer* Schnittstelle nicht. Dazu muss die *SetupAttributeConversion2* Funktion der *IFDOAttributeConversion* Schnittstelle verwendet werden.

Diese Funktion wird bei der automatischen Übernahme von Beschriftungen aus anderen *Annotation Layern* verwendet. Wichtig dabei ist, dass die Funktion erst nach *BeginAddElement* der *IFDOGraphicsLaqyer* Schnittstelle verwendet wird, da diese alle vorangegangenen Definitionen aufhebt.

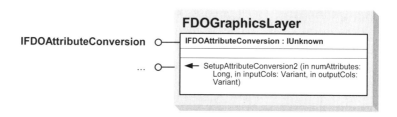

7.2.12 GroupLayer

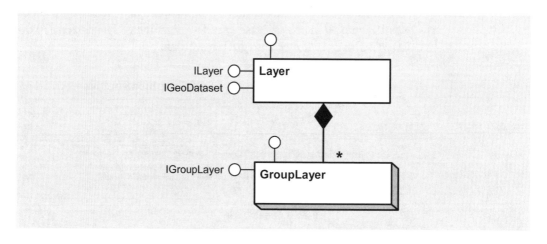

GroupLayer   Der *GroupLayer* ist ein *Container* für alle Objekte, die die *ILayer* Schnittstelle implementiert haben. Damit können in ArcMap mehrere *Layer* zu einem *Layer* zusammengefasst werden. Wird die

Sichtbarkeit des *GroupLayers* ausgeschaltet, ist keiner der *Layer*, die zu diesem *GroupLayer* gehören, sichtbar. Trotzdem kann mit den einzelnen *Layern* eines *GroupLayers* individuell gearbeitet werden.

IGroupLayer   Die *IGroupLayer* Schnittstelle enthält Funktionen um die *Layer-Collection* zu bearbeiten.

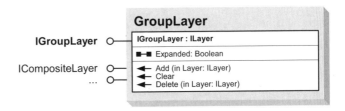

Expanded   Die Eigenschaft *Expanded* legt fest, ob der *GroupLayer* im Inhaltsverzeichnis der Karte auf- oder zugeklappt angezeigt werden soll.

Das folgende Beispiel klappt das *Layer* Verzeichnis eines ausgewählten *GroupLayers* auf oder zu:

```
'(cd) Layer eines GroupLayers anzeigen

Dim aoiSLayer As ILayer
Dim aoiGLayer As IGroupLayer

    ' SelectedLayer
    Set aoiSLayer = aoiDocument.SelectedLayer
    If TypeOf aoiSLayer Is IGroupLayer Then
        Set aoiGLayer = aoiSLayer
        aoiGLayer.Expanded = Not aoiGLayer.Expanded
        aoiDocument.UpdateContents
    End If
```

IComposite Layer   Die *ICompositeLayer* Schnittstelle enthält Funktionen um auf die einzelnen *Layer* der Liste zugreifen zu können.

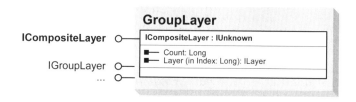

Das folgende Beispiel macht alle *Layer* eines *GroupLayers* sichtbar oder unsichtbar:

```
'(cd) Alle Layer eines GroupLayers sichtbar schalten

Dim aoiActiveView As IActiveView
Dim aoiSLayer As ILayer
Dim aoiCLayer As ICompositeLayer
Dim lngCounter As Long

  ' SelectedLayer
  Set aoiSLayer = aoiDocument.SelectedLayer


  If TypeOf aoiSLayer Is IGroupLayer Then
    Set aoiCLayer = aoiSLayer

    For lngCounter = 0 To aoiCLayer.Count - 1
      aoiCLayer.Layer(lngCounter).Visible = Not _
            aoiCLayer.Layer(lngCounter).Visible
    Next lngCounter

    Set aoiActiveView = aoiMap
    aoiActiveView.Refresh
    aoiDocument.UpdateContents
  End If
```

Die *ICompositeLayer* Schnittstelle wird auch von den Klassen *CompositeGraphicsLayer* und *IMSMapLayer* implementiert.

7.2.13 MapServerLayer

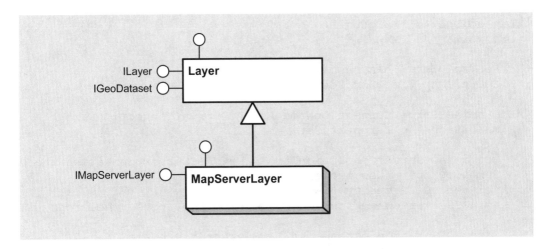

MapServer   Mit Hilfe von *ArcGIS MapServer Objekten* lassen sich Karten lokal am Desktop, über das Intranet (LAN/WAN) oder über das Internet veröffentlichen.

MapServerLayer   Die *MapServerLayer* Klasse ermöglicht die Visualisierung dieser *MapServer Objekte* bzw. deren Karten als Layer in einem eigenen *Map* Dokument. Auch Abfragen auf die Inhalte sind möglich.

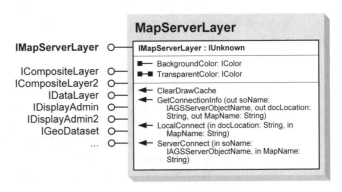

IMapServerLayer   Die *ServerConnect* Methode stellt eine Verbindung zu einem bestehenden *ArcMap Service* übers Intranet oder Internet her.

```
'(cd) Einen MapServer Layer in der aktuellen Karte anzeigen

Dim aoiDoc As IMxDocument
Dim aoiMap As IMap

  Set aoiDoc = ThisDocument
  Set aoiMap = aoiDoc.FocusMap

Dim aoiAGSServerConnectionName As IAGSServerConnectionName
Dim aoiProps As IPropertySet

  Set aoiAGSServerConnectionName = New AGSServerConnectionName
  Set aoiProps = New PropertySet
  aoiProps.SetProperty "machine", "arnau"
  aoiAGSServerConnectionName.ConnectionProperties = aoiProps

Dim aoiAGSServerObjectName As IAGSServerObjectName
Dim aoiMapServerLayer As IMapServerLayer

  Set aoiAGSServerObjectName = New AGSServerObjectName
  With aoiAGSServerObjectName
    .Name = "Testserver_1"
    .Type = "MapServer"
    Set .AGSServerConnectionName = aoiAGSServerConnectionName
  End With

  Set aoiMapServerLayer = New MapServerLayer
  aoiMapServerLayer.ServerConnect aoiAGSServerObjectName, ""
  aoiMap.AddLayer aoiMapServerLayer
```

Auch wenn die Klasse die meisten Standardschnittstellen der Layer implementiert, muss doch an einigen Stellen mit Einschränkungen gerechnet werden. So können z.B. die Methoden *ShowTips* und *TipText* der *ILayer* Schnittstelle nicht benutzt werden. Dasselbe gilt auch für *Brightness* und *Contrast* von *ILayerEffects*. Auch die *Count* Methode der *ICompositeLayer* Schnittstelle liefert unter Umständen ein unerwartetes Ergebnis, da nur die Layer der obersten Ebene im *Data Frame* gezählt werden, und nicht beispielsweise die *SubLayer* eines *GroupLayers*.

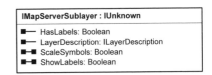

IMapServerSublayer : IUnknown
■— HasLabels: Boolean
■— LayerDescription: ILayerDescription
■—■ ScaleSymbols: Boolean
■—■ ShowLabels: Boolean

IMapServerSub Layer

Die SubLayer sind die *MapServerSublayer*, deren Eigenschaften über die *IMapserverSublayer* Schnittstelle geändert werden können. Das nachfolgende Beispiel zeigt, wie die Sichtbarkeit von *MapServerSublayer* geändert werden kann.

```
'(cd) Sichtbarkeit der Sublayer ändern

Dim aoiDoc As IMxDocument
Dim aoiMap As IMap
Dim aoiLayer As ILayer

  ' erster Layer in der Karte ist ein
  ' MapServer Layer
  Set aoiDoc = ThisDocument
  Set aoiMap = aoiDoc.FocusMap
  Set aoiLayer = aoiMap.Layer(0)

  ' Sichtbarkeit der Sublayer ändern
Dim aoiCompLayer As ICompositeLayer
Dim aoiMapServerSubLayer As IMapServerSublayer
Dim aoiSubLayer As ILayer
Dim i As Long

  Set aoiCompLayer = aoiLayer
  For i = 0 To aoiCompLayer.Count - 1
    Set aoiMapServerSubLayer = aoiCompLayer.Layer(i)
    Set aoiSubLayer = aoiMapServerSubLayer
    aoiSubLayer.Visible = Not aoiSubLayer.Visible
  Next i

  ' Karten- und Legendenfenster aktualisieren
Dim aoiView As IActiveView

  Set aoiView = aoiMap
  aoiView.Refresh
  aoiDoc.UpdateContents
```

7.2.14 TopologyLayer

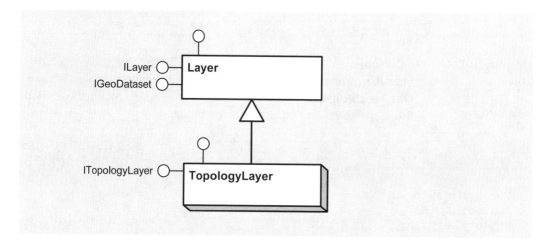

TopologyLayer

Mit Hilfe des *TopologyLayers* können die Ergebnisse der Validierung einer *Geodatabase Topology* in *ArcMap* angezeigt werden. In Verbindung mit der *Topology Toolbar* können diese dann ausgebessert oder als Ausnahmen deklariert werden.

ITopologyLayer

Über die *ITopologyLayer* Schnittstelle kann direkt auf die *Topology* zugegriffen werden, es können aber auch direkt die *Renderer*, die für die Darstellung der einzelnen Elemente der Topology zuständig sind, manipuliert werden

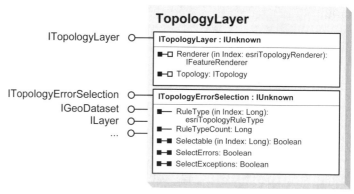

ITopologyError Selection

Die zweite Schnittstelle, die nur bei einem *TopologyLayer* zu finden ist, ist die *ITopologyErrorSelection* Schnittstelle. Mit dieser Schnittstelle wird festgelegt, welch Regelverstöße in *ArcMap* mit dem *Fix Topology Error Tool* ausgewählt und korrigiert werden können. Die *Selection Property Page* des *Layer Property Sheets* eines *Topology-Layers* spricht exakt diese Schnittstelle an.

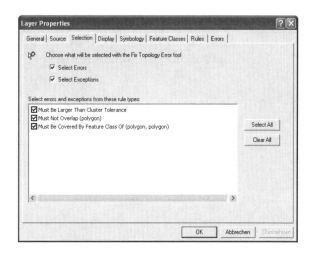

Das folgende Beispiel zeigt, wie über die *ITopologyLayer* Schnittstelle ein *UniqueValueRenderer* zugewiesen wird.

```
'(cd) Renderer im TopologyLayer verändern

Dim aoiMxDoc As IMxDocument
Dim aoiMap As IMap
Dim aoiTopoLayer As ITopologyLayer
Dim aoiFeatureRend As IFeatureRenderer
Dim i As Long

  Set aoiMxDoc = ThisDocument
  Set aoiMap = aoiMxDoc.FocusMap

  ' den ersten TopologyLayer suchen
  For i = 0 To aoiMap.LayerCount - 1
    If TypeOf aoiMap.Layer(i) Is ITopologyLayer Then
      Set aoiTopoLayer = aoiMap.Layer(i)
      Exit For
    End If
  Next i
```

```
' wenn keiner gefunden wurde abbrechen
If aoiTopoLayer Is Nothing Then Exit Sub

' ein UniqueValueRenderer soll verwendet werden
Set aoiFeatureRend = New UniqueValueRenderer
' Farben und Symbole definieren
...

Set aoiTopoLayer.Renderer(esriTRAreaErrors) = aoiFeatureRend
```

7.3 Geometry

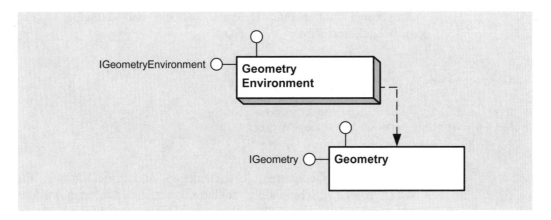

Jedes *Feature* besitzt in der Regel als räumliche Eigenschaft eine Geometrie - ein *Shape,* das von der abstrakten Klasse *Geometry* abgeleitet ist. Damit verfügen alle geometrischen Objekte über die implementierten Schnittstellen der *Geometry* Klasse.

IGeometry Factory

Die *IGeometryFactory* Schnittstelle der *GeometryEnvironment* Klasse enthält Funktionen, neue Geometrieobjekte nach verschiedenen Vorgaben zu erzeugen.

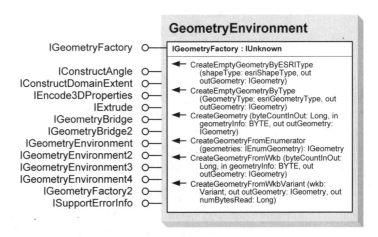

GeometryEnviron ment

GeomeryEnvironment beinhaltet neben den verschiedenen Funktionen zur Erzeugung neuer Geometrieobjekte einige globale

Einstellung für die Bearbeitung von Geometrien. *Geometry-Environment* ist ein *Singleton* Objekt, so dass mit jeder *New* Anweisung immer eine Referenz auf ein und dasselbe Objekt zurückgeliefert wird.

```
'(cd) Referenz auf GeometryEnvironment

Dim aoiGeoEnv As IGeometryEnvironment4
Set aoiGeoEnv = New GeometryEnvironment
```

Um ein neues Geometrieobjekt anzulegen, muss eine Variable auf die *IGeometry* Schnittstelle deklariert werden, die dann an die entsprechende Funktion übergeben wird. Danach enthält die Variable einen Verweis auf das neue Geometrieobjekt.

CreateEmptyGeometryByESRIType verlangt als Eingabeparameter einen Wert der *esriShapetype* Konstanten:

esriShapetype	esriShapeNull	0
	esriShapePoint	1
	esriShapePointM	21
	esriShapePointZM	11
	esriShapePointZ	9
	esriShapeMultipoint	8
	esriShapeMultipointM	28
	esriShapeMultipointZM	18
	esriShapeMultipointZ	20
	esriShapePolyline	3
	esriShapePolylineM	23
	esriShapePolylineZM	13
	esriShapePolylineZ	10
	esriShapePolygon	5
	esriShapePolygonM	25
	esriShapePolygonZM	15
	esriShapePolygonZ	19
	esriShapeMultiPatchM	31
	esriShapeMultiPatch	32
	esriShapeGeneralPolyline	50

esriShapeGeneralPolygon	51
esriShapeGeneralPoint	52
esriShapeGeneralMultipoint	53
esriShapeGeneralMultiPatch	54

CreateEmptyGeometryByType verwendet den *esriGeometryType* Konstanten:

esriGeometry Type

esriGeometryNull	0
esriGeometryPoint	1
esriGeometryMultipoint	2
esriGeometryPolyline	3
esriGeometryPolygon	4
esriGeometryEnvelope	5
esriGeometryPath	6
esriGeometryAny	7
esriGeometryMultiPatch	9
esriGeometryRing	11
esriGeometryLine	13
esriGeometryCircularArc	14
esriGeometryBezier3Curve	15
esriGeometryEllipticArc	16
esriGeometryBag	17
esriGeometryTriangleStrip	18
esriGeometryTriangleFan	19
esriGeometryRay	20
esriGeometrySphere	21

Das folgende Beispiel erzeugt ein neues Geometrieobjekt :

```
'(cd) Ein Geometry Objekt erzeugen

Dim aoiGeometryFactory As IGeometryFactory
Dim aoiGeometry As IGeometry

  Set aoiGeometryFactory = New GeometryEnvironment
  aoiGeometryFactory.CreateEmptyGeometryByESRIType _ _
```

esriShapePoint, aoiGeometry

IGeometry

Die *IGeometry* Schnittstelle beschreibt und enthält Eigenschaften und Methoden, die allen Geometrien gemeinsam sind. Sie beschreibt die Geometrie ganz allgemein.

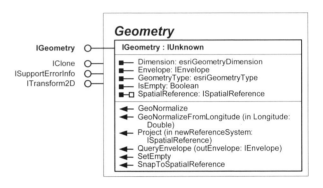

Dimension

Die *Dimension* Eigenschaft beschreibt die topologische Dimension des geometrischen Objekts.

esriGeometryNoDimension	-1
esriGeometry0Dimension	1
esriGeometry1Dimension	2
esriGeometry2Dimension	4
esriGeometry25Dimension	5
esriGeometry3Dimension	6

Punktförmige Objekte haben Geometrien vom Typ *esriGeometry-0Dimension*, linienförmige sind *esriGeometry1Dimension* und flächenhafte einschlißlich der *MultiPatches* sind *esriGeometry-2Dimension*. Für *esriGeometry3Dimension* gibt es bis jetzt noch keine Objekte.

Envelope

Jedes geometrische Objekt verfügt über ein Rechteck, das die gesamte Geometrie des Objekts umschließt. Die *Envelope* Eigenschaft liefert die *IEnvelope* Schnittstelle einer Kopie dieses Rechtecks. Dieses *Envelope* Objekt ist selbst wieder ein

Geometrieobjekt.

GeometryType Der *GeometryType* des Objekts wird mit den *esriGeometryType* Konstanten (siehe oben) beschrieben:

IsEmpty Die Eigenschaft *IsEmpty* liefert *True* zurück, wenn das Objekt keine
SetEmpty geometrischen Informationen enthält. Es hat dann den Zustand eines neu instanziierten Objekts. Dieser Zustand kann zu einem späteren Zeitpunkt auch wieder über die *SetEmpty* Funktion erreicht werden. Informationen, zum Beispiel zum räumlichen Bezugssystem, gehen dadurch nicht verloren.

```
'(cd) Enthält die Geometry geometrische Informationen

   If Not aoiGeometry Is Nothing Then
     If Not aoiGeometry.IsEmpty Then
       ' . . .
     End If
   End If
```

SpatialReference Über diese Eigenschaft wird für die Geometrie der geografische Bezug definiert. Diese Information ist neben der eigentlichen Geometrie mindestens genauso wichtig. Über diese Information wird der eigentliche Bezug zur Erdoberfläche hergestellt. Wird die *SpatialReference* Eigenschaft der Geometrie geändert, hat dies auf die Koordinaten keinen Einfluß, da sie eine rein beschreibende Eigenschaft darstellt.

Project Hat die Geometrie einen eindeutigen geografischen Bezug (*SpatialReference*), kann sie über die *Project* Funktion in ein anderes geografisches Bezugssystem umgerechnet werden.

ITransform2D Die *ITransform2D* Schnittstelle beinhaltet Basisfunktionen, um eine Geometrie zweidimensional zu verändern – verschieben, drehen, vergrößern oder verkleinern.

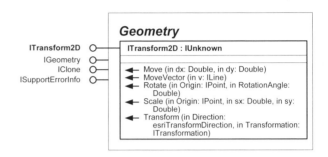

Die nachfolgend aufgeführten Klassen werden von der *Geometry* Klasse abgeleitet:

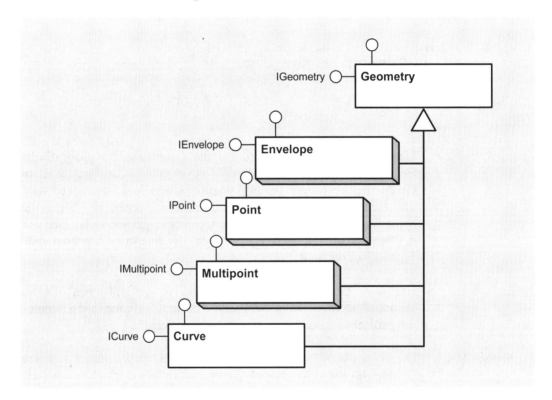

7.3.1 Envelope

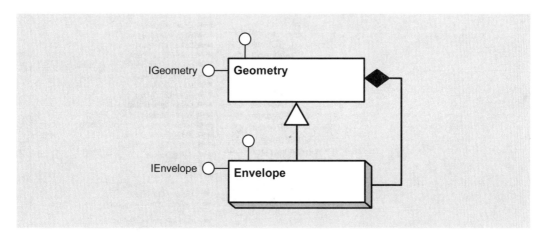

Das *Envelope* Objekt ist zweidimensional betrachtet ein Rechteck, dreidimensional ein Quader. Damit ist es eine bestimmte Form der Geometrie mit eigenen, ganz besonderen Eigenschaften.

Gleichzeitig hat es bei allen anderen Geometriearten eine beschreibende räumliche Funktion: es beschreibt mit wenigen Größen (Länge, Breite, Tiefe) die räumliche Ausdehnung jedes einzelnen Objekts. Der *Envelope* wird in ArcMap auch dazu verwendet, den angezeigten Kartenausschnitt oder die Lage und Größe eines Kartenobjekts auf dem Papier zu beschreiben oder zu definieren.

IEnvelope
IEnvelope2

IEnvelope und *IEnvelope2* sind die Schnittstellen, die das *Envelope* Objekt beschreiben und definieren.

PutCoords

Das folgende Beispiel erzeugt einen zweidimensiolen Envelope:

```
'(cd) Einen Envelope erzeugen

Dim aoiEnvelope As IEnvelope

  Set aoiEnvelope = New Envelope
  aoiEnvelope.PutCoords 1, 1, 10, 10
```

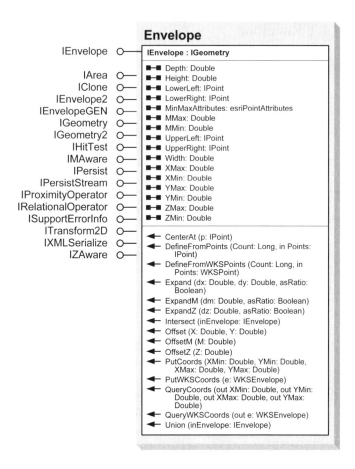

Envelope

| IEnvelope | IEnvelope : IGeometry |

IArea
IClone
IEnvelope2
IEnvelopeGEN
IGeometry
IGeometry2
IHitTest
IMAware
IPersist
IPersistStream
IProximityOperator
IRelationalOperator
ISupportErrorInfo
ITransform2D
IXMLSerialize
IZAware

■—■ Depth: Double
■—■ Height: Double
■—■ LowerLeft: IPoint
■—■ LowerRight: IPoint
■—■ MinMaxAttributes: esriPointAttributes
■—■ MMax: Double
■—■ MMin: Double
■—■ UpperLeft: IPoint
■—■ UpperRight: IPoint
■—■ Width: Double
■—■ XMax: Double
■—■ XMin: Double
■—■ YMax: Double
■—■ YMin: Double
■—■ ZMax: Double
■—■ ZMin: Double

◄— CenterAt (p: IPoint)
◄— DefineFromPoints (Count: Long, in Points: IPoint)
◄— DefineFromWKSPoints (Count: Long, in Points: WKSPoint)
◄— Expand (dx: Double, dy: Double, asRatio: Boolean)
◄— ExpandM (dm: Double, asRatio: Boolean)
◄— ExpandZ (dz: Double, asRatio: Boolean)
◄— Intersect (inEnvelope: IEnvelope)
◄— Offset (X: Double, Y: Double)
◄— OffsetM (M: Double)
◄— OffsetZ (Z: Double)
◄— PutCoords (XMin: Double, YMin: Double, XMax: Double, YMax: Double)
◄— PutWKSCoords (e: WKSEnvelope)
◄— QueryCoords (out XMin: Double, out YMin: Double, out XMax: Double, out YMax: Double)
◄— QueryWKSCoords (out e: WKSEnvelope)
◄— Union (inEnvelope: IEnvelope)

Union   Die *Union* Funktion vereint zwei *Envelope* Objekte zu einem gemeinsamen großen *Envelope.*

```
'(cd) Den größten gemeinsamen Envelope ermitteln

Dim aoiEnvelope1 As IEnvelope
Dim aoiEnvelope2 As IEnvelope

    Set aoiEnvelope1 = New Envelope
    aoiEnvelope1.PutCoords 1, 1, 10, 10

    Set aoiEnvelope2 = New Envelope
    aoiEnvelope2.PutCoords 5, 5, 20, 20
```

```
aoiEnvelope1.Union aoiEnvelope2
With aoiEnvelope1
  MsgBox .XMin & "," & .YMin & "," & .XMax & "," & .YMax
End With
```

Intersect   Die *Intersect* Funktion reduziert die Fläche des *Envelope* Objekts auf die gemeinsame Fläche mit einem anderen *Envelope*.

```
'(cd) Den kleinsten gemeinsamen Envelope ermitteln

Dim aoiEnvelope1 As IEnvelope
Dim aoiEnvelope2 As IEnvelope

  Set aoiEnvelope1 = New Envelope
  aoiEnvelope1.PutCoords 1, 1, 10, 10

  Set aoiEnvelope2 = New Envelope
  aoiEnvelope2.PutCoords 5, 5, 20, 20

aoiEnvelope1.Intersect aoiEnvelope2
With aoiEnvelope1
  MsgBox .XMin & "," & .YMin & "," & .XMax & "," & .YMax
End With
```

Width Height   Alle Eigenschaften der *IEnvelope* Schnittstelle beschreiben die Lage und Größe des *Envelope* Objekts. Das Ändern der Eigenschaft *Width* oder *Heigth* ändert dadurch selbstverständlich die Werte von *XMax* und *YMax*.

Expand   Die *Expand* Funktion vergrößert oder verkleinert ein *Envelope* Objekt um einen bestimmten Wert (*ratio = false*) oder um einen bestimmten Faktor (*ratio = true*).

```
'(cd) Einen Envelope um einen bestimmten Wert vergrößern

Dim aoiEnvelope As IEnvelope

    Set aoiEnvelope = New Envelope
    aoiEnvelope.PutCoords 0, 0, 10, 10

    aoiEnvelope.Expand 2, 2, False
    With aoiEnvelope
      MsgBox .XMin & "," & .YMin & "," & .XMax & "," & .YMax
    End With
```

```
'(cd) Einen Envelope um einen bestimmten Faktor vergrößern

Dim aoiEnvelope As IEnvelope

    Set aoiEnvelope = New Envelope
    aoiEnvelope.PutCoords 0, 0, 10, 10

    aoiEnvelope.Expand 2, 2, True
    With aoiEnvelope
      MsgBox .XMin & "," & .YMin & "," & .XMax & "," & .YMax
    End With
```

IArea

Alle Geometrien, die einen oder mehrere geschlossene Polygone bilden, implementieren die *IArea* Schnittstelle. Über diese kann die Größe der umschlossenen Fläche ermittelt werden.

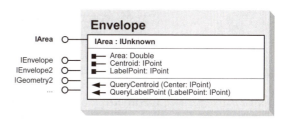

Centroid

Der Schwerpunkt eines *Envelope* Objekts kann über die zwei Funktionen *Centroid* und *QueryCentroid* ermittelt werden kann. Die *QueryCentroid* Funktion liefert dabei eine Kopie des Schwerpunktes. Die Lage des *Centroids* kann auch außerhalb der Fläche liegen.

LabelPoint

Der *LabelPoint* ist ein Punkt innerhalb der Fläche. Befindet sich der *Centroid* ebenfalls innerhalb der Fläche, sind beide Punkte identisch.

IHitTest

Mit der *HitTest* Funktion der *IHitTest* Schnittstelle wird der Teil der Geometrie ermittelt, der sich als Nächstes an einem gegebenen Punkt befindet. So kann zum Beispiel der Cursortyp verändert werden, je nachdem, ob er sich in der Nähe einer Ecke oder in der Nähe einer Kante befindet.

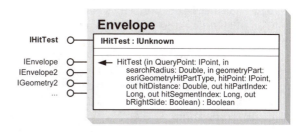

Der *esriGeometryHitPartType* definiert den Teil der Geometrie, nach dem innerhalb des angegebenen Suchradius um den Abfragepunkt gesucht werden soll.

esriGeometryPartVertex	1
esriGeometryPartBoundary	4
esriGeometryPartMidpoint	8
esriGeometryPartEndpoint	16
esriGeometryPartCentroid	32

Der *hitSegmentIndex* liefert die Information, welcher Teil der Geometrie dem *QueryPoint* am Nächsten liegt :

esriEnvelopeVertexLL	0
esriEnvelopeVertexUL	1
esriEnvelopeVertexUR	2
esriEnvelopeVertexLR	3

Das folgende Beispiel prüft, ob der angegebene Ort in der Nähe der linken unteren Ecke liegt.

```
'(cd) Lage einer bestimmten Koordinate zu einer Geometrie
prüfen

' Envelope und TestKoordinate ...
Dim aoiEnvelope As IEnvelope
Dim aoiPoint As IPoint
Dim aoiHitTest As IHitTest
Dim dblDistance As Double

  Set aoiEnvelope = New Envelope
  aoiEnvelope.PutCoords 0, 0, 10, 10
  Set aoiPoint = New Point
  aoiPoint.PutCoords 1, 2
  dblDistance = 2

' Rückgabewerte der HitTest Funktion ...
Dim aoiHitPoint As IPoint
Dim dblHitDist As Double
Dim lngPartIndex As Long
Dim lngSegIndex As Long
Dim blnRightSide As Boolean
```

```
Set aoiHitPoint = New Point
Set aoiHitTest = aoiEnvelope

aoiHitTest.HitTest aoiPoint, dblDistance, _
     esriGeometryPartBoundary, aoiHitPoint, _
     dblHitDist, lngPartIndex, lngSegIndex, _
     blnRightSide

If Not aoiHitPoint.IsEmpty Then
   MsgBox lngSegIndex
End If
```

7.3.2 Point

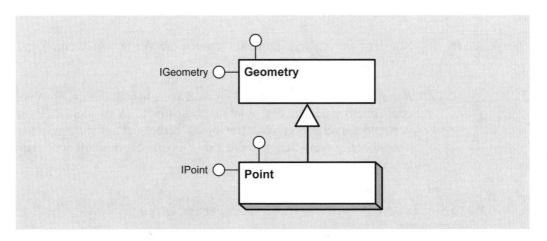

Ein *Point* ist ein Objekt mit entweder zwei (X,Y) oder drei (X,Y,Z) Koordinaten, optional mit oder ohne *Measure* Wert oder einer *ID*.

IPoint   *IPoint* ist die Schnittstelle, über die die *Point* Eigenschaften bestimmt werden.

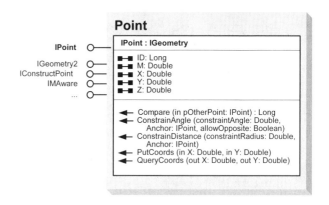

X, Y	Die *X* und *Y* Eigenschaften definieren die Lage des Punktes im Raum.
PutCoords	Mit der *PutCoords* Funktion kann die Lage mit einem einizigen Aufruf definiert werden.
QueryCoords	Mit der *QueryCoords* Funktion können die Werte von *X* und *Y* mit einem einzigen Aufruf abgefragt werden.
Z	*Point* Objekte können optional einen *Z* Wert haben, der die absolute oder relative Höhe des Punktes beschreibt. Wird der *Z* Wert verwendet, und soll er von ArcObjects berücksichtigt werden, muss über die *IZAware* Schnittstelle die *ZAware* Eigenschaft auf *True* gesetzt werden.

```
'(cd) Die dritte Dimension einer Punktkoordinate
berücksichtigen

Dim aoiPoint As IPoint
  Set aoiPoint = New Point
  aoiPoint.PutCoords 2, 5

Dim aoiZAware As IZAware

  Set aoiZAware = aoiPoint
  aoiZAware.ZAware = True

  aoiPoint.Z = 3
```

M

Der M Wert speichert einen *Measure* Wert, der im Zusammenhang mit *Dynamic Segmentation* verwendet werden kann. Wird der *M* Wert verwendet, und soll er von ArcObjects berücksichtigt werden, muss über die *IMAware* Schnittstelle die *MAware* Eigenschaft auf *True* gesetzt werden.

NaN

Werden *Z* und *M* nicht verwendet, enthalten sie einen nicht numerischen Wert (*Not a Number*).

ID

Jedem Punkt kann ein numerischer Wert zugewiesen werden, der in der *ID* Eigenschaft gespeichert werden kann. Da dieser von ArcObjects nirgendwo intern verwendet wird, kann er ausschließlich für eigene Zwecke verwendet werden.

Compare

Die *Compare* Funktion vergleicht alle Werte (*X,Y,Z,M,ID*) des *Point* Objekts mit denen eines anderen *Point* Objekts. Die Funktion liefert 0, wenn alle Eigenschaften identisch sind. Über die Schnittstellen *IMAware*, *IZAware* und *IPointIDAware* kann festgelegt werden, ob bei dieser oder ähnlichen Operationen der *M*, *Z* oder *ID* Wert berücksichtigt werden soll oder nicht.

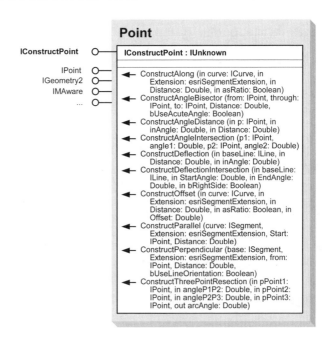

IConstructPoint   Die *IConstructPoint* Schnittstelle beinhaltet eine Reihe von Methoden, um einen Punkt auf unterschiedliche Weise konstruieren zu können. Dabei kommen Linien, Winkel und andere Punkte zum Einsatz.

Das folgende Beispiel zeigt wie ein Punkt auf einer Linie konstruiert werden kann, der genau auf der Mitte dieser Linie liegt.

```
'(cd) Einen Punkt auf einer Linie konstruieren

' Linie konstruieren ...
Dim aoiLine As ILine
Dim aoiFPoint As IPoint
Dim aoiTPoint As IPoint

  Set aoiFPoint = New Point
  aoiFPoint.PutCoords 2, 5
  Set aoiTPoint = New Point
  aoiTPoint.PutCoords 7, 15
  Set aoiLine = New Line
  aoiLine.PutCoords aoiFPoint, aoiTPoint

' Mittelpunkt der Linien konstruieren ...
Dim aoiPoint As IPoint
Dim aoiConstPoint As IConstructPoint

  Set aoiPoint = New Point
  Set aoiConstPoint = aoiPoint
  aoiConstPoint.ConstructAlong aoiLine, _
    esriNoExtension, 0.5, True

  MsgBox aoiPoint.X & "," & aoiPoint.Y
```

7.3.3 Multipoint

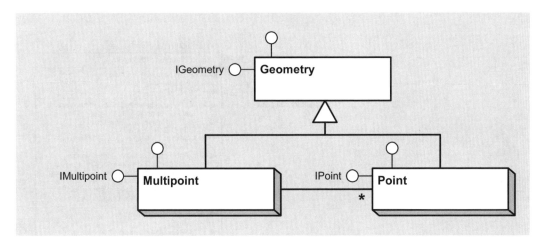

Ein *Multipoint* ist ein Objekt mit einer geordneten Liste von *Point* Objekten.

IMultipoint   *IMultipoint* enthält nur die Funktionen der *IGeometry* Schnittstelle.

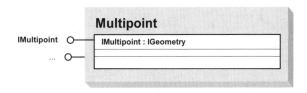

TypeOf   Die *IMultipoint* Schnittstelle kann verwendet werden, um ein Objekt als *Multipoint* Objekt zu identifizieren.

```
'(cd) Eine Geometrie als MultiPoint identifizieren

If TypeOf aoiGeometry Is IMultipoint Then
    '  .  .  .
End If
```

IPointCollection   Über die *IPointCollection* Schnittstelle stehen Funktionen zur

Verfügung, um auf die einzelnen *Point* Objekte der Liste zugreifen zu können oder um die Liste zu verkleinern oder zu vergrößern.

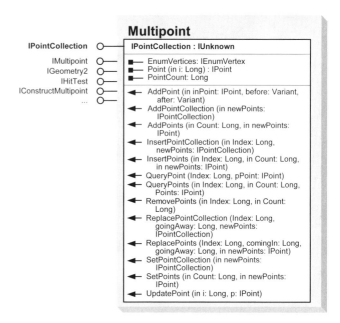

Das folgende Beispiel zeigt, wie mit der Methode *AddPoints* am effektivsten ein Multipoint mit Punkten erzeugt werden kann.

```
'(cd) Ein MultiPoint mit vier Punkten erzeugen

Dim aoiPointCol As IPointCollection
Dim aoiPoints(3) As IPoint
Dim i As Long

    ' einen neuen Multipoint anlegen
    Set aoiPointCol = New Multipoint

    ' alle Punkte initialisieren
    For i = LBound(aoiPoints) To UBound(aoiPoints)
        Set aoiPoints(i) = New esriGeometry.Point
    Next

    ' Koordinaten zuweisen
```

```
aoiPoints(0).PutCoords 0, 0
aoiPoints(1).PutCoords 0, 10
aoiPoints(2).PutCoords 10, 10
aoiPoints(3).PutCoords 10, 0


' Punkte dem Multipoint übertragen
aoiPointCol.AddPoints 4, aoiPoints(0)
```

Die Schnittstelle *IPointCollection* wird auch von den Klassen *Path*, *Ring*, *Polyline* und *Polygon* implementiert.

IConstruct Multipoint

Die *IConstructMultipoint* Schnittstelle beinhaltet eine Reihe von Methoden, um eine Punktliste auf unterschiedliche Weise konstruieren zu können. Dabei werden Linien, Winkel und andere Punkte benötigt.

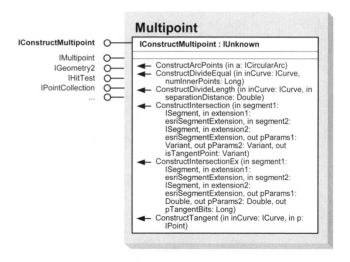

Das folgende Beispiel erzeugt eine Punktliste, die Punkte enthält, die in gleichmäßigem Abstand auf einer vorgegebenen Linie liegen.

```
'(cd) Einen MultiPoint entlang einer Linie konstruieren

' Linie konstruieren ...
Dim aoiLine As ILine
Dim aoiFPoint As IPoint
```

```
Dim aoiTPoint As IPoint

   Set aoiFPoint = New Point
   aoiFPoint.PutCoords 2, 5
   Set aoiTPoint = New Point
   aoiTPoint.PutCoords 7, 15
   Set aoiLine = New Line
   aoiLine.PutCoords aoiFPoint, aoiTPoint

 ' Multipoint entlang der Linien konstruieren ...
 Dim aoiMultipoint As IMultipoint
 Dim aoiConstMultipoint As IConstructMultipoint

   Set aoiMultipoint = New Multipoint
   Set aoiConstMultipoint = aoiMultipoint
   aoiConstMultipoint.ConstructDivideEqual aoiLine, 10
```

7.3.4 Curve

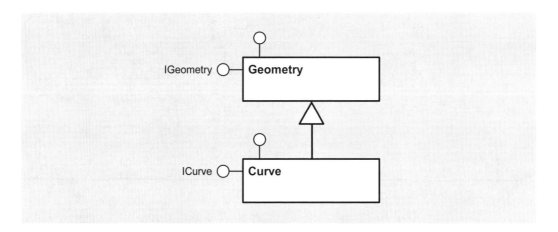

Eine *Curve* ist eine lineare Geometrie zwischen einem Anfangs- und einem Endpunkt. Die *Curve* ist eine abstrakte Klasse mit generellen Eigenschaft und Methoden linienhafter Geometrien.

ICurve Die *ICurve* Schnittstelle enthält Eigenschaften und Methoden, die es ermöglichen, Information über die *Curve* und über einzelne Positionen entlang der *Curve* zu erhalten. Ergebnisse, die eine

Kurvenlänge erzeugen, geben diese wahlweise in der Maßeinheit oder als Prozentanteil an der Gesamtlänge der *Curve* zurück.

FromPoint
ToPoint

Mit Hilfe der *FromPoint* und *ToPoint* Eigenschaften werden die Koordinaten der Anfangs- und Endpunkte der Geometrie verfügbar. Um Konflikte besonders bei geschlossenen Ringen zu vermeiden, sollten diese Eigenschaften nur lesend verwendet werden.

QueryFromPoint
QueryToPoint

Die gleichen Informationen liefern die *QueryFromPoint* und die *QueryToPoint* Funktionen. Die übergebenen *Point* Objekte bekommen die entsprechenden Koordinaten zugewiesen.

IsClosed

Haben der *FromPoint* und der *ToPoint* die gleiche Position, liefert die *IsClosed* Eigenschaft den Wert *True*.

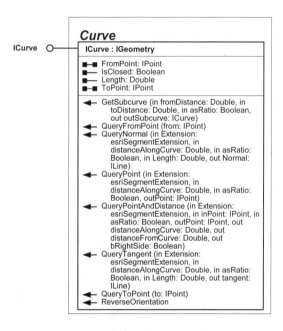

Reverse
Orientation

Die *ReverseOrientation* Funktion ändert die Reihenfolge der Koordinaten, so dass *FromPoint* und *ToPoint* die Position vertauschen.

Viele der *ICurve* Funktionen verwenden als Parameter eine *tagesriSegmentExtension* Konstante. Diese Konstante legt fest, auf welche Art die Geometrie verlängert wird, falls das für die

Ausführung der Funktion notwendig ist. Die eigentliche Geometrie wird dadurch nicht verändert.

esriNoExtension	0
esriExtendTangentAtFrom	1
esriExtendEmbeddedAtFrom	2
esriExtendTangentAtTo	4
esriExtendEmbeddedAtTo	8
esriExtendTangents	5
esriExtendEmbedded	10
esriExtendAtFrom	3
esriExtendAtTo	12

QueryPoint

Die *QueryPoint* Funktion liefert die Koordinaten für ein *Point* Objekt auf der *Curve*. Es kann auch die Lage eines *Point* Objekts ermittelt werden, die über die *Curve* hinausgeht

```
'(cd) Koordinaten an einer Curve ermitteln

' Linie konstruieren ...
Dim aoiLine As ILine
Dim aoiFPoint As IPoint
Dim aoiTPoint As IPoint

  Set aoiFPoint = New Point
  aoiFPoint.PutCoords 2, 5
  Set aoiTPoint = New Point
  aoiTPoint.PutCoords 7, 15
  Set aoiLine = New Line
  aoiLine.PutCoords aoiFPoint, aoiTPoint

' QueryPoint bei doppelter Linienlänge ...
Dim aoiPoint As IPoint
Dim aoiCurve As ICurve

  Set aoiCurve = aoiLine
  Set aoiPoint = New Point
  aoiCurve.QueryPoint esriExtendTangentAtTo, _
          aoiLine.Length * 2, False, aoiPoint
```

```
MsgBox aoiPoint.X & "," & aoiPoint.Y
```

Von der *Curve* werden folgende zum Teil abstrakte Klassen abgeleitet:

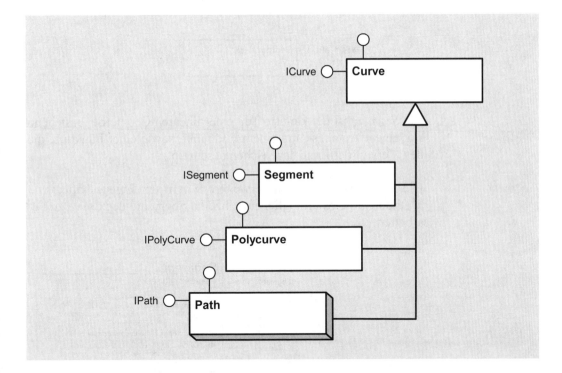

7.3.4.1 Segment

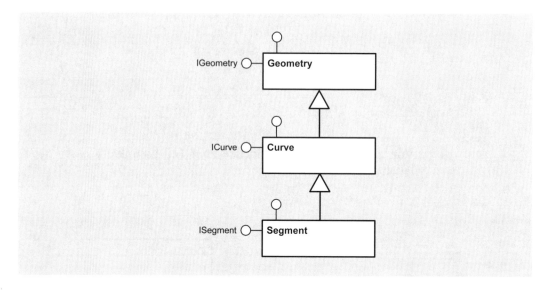

Ein *Segment* ist der kleinste Teil einer linearen Geometrie, bestehend aus einem Anfangs- und einem Endpunkt, sowie einer Funktion, die den Verlauf der Linie dazwischen beschreibt.

ISegment

Die *ISegment* Schnittstelle erweitert *ICurve* um Eigenschaften und Methoden, die es ermöglichen, einzelne Segmente der *Curve* zu bearbeiten.

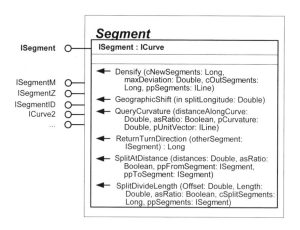

SplitAtDistance

Das folgende Beispiel zeigt, wie ein *Segment* an einer bestimmten

Stelle in zwei *Segment* Objekte unterteilt werden kann:

```
'(cd) Ein Segment teilen

' Segment auf der Hälfte teilen ...
Dim aoiFSegment As ISegment
Dim aoiTSegment As ISegment
Dim aoiSegment As ISegment
Dim dblDistance As Double

  Set aoiSegment = aoiLine
  dblDistance = aoiLine.Length / 2
  aoiSegment.SplitAtDistance dblDistance, False, _
          aoiFSegment, aoiTSegment
```

Von der Klasse *Segment* werden folgende konkrete Klassen abgeleitet: *CircularArc, Line, EllipticArc* und *BezierCurve*.

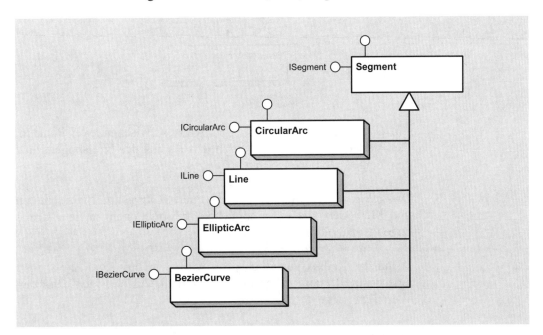

7.3.4.1.1 CircularArc

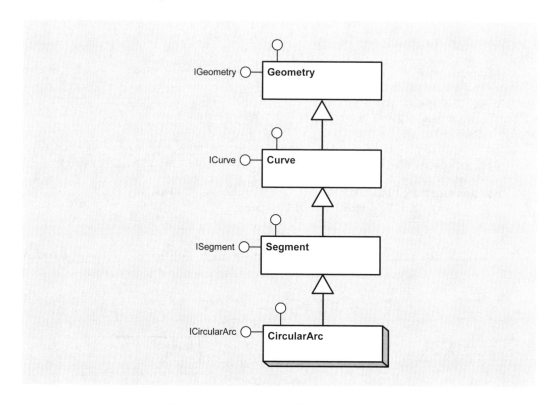

Ein *CircularArc* ist ein Teil eines Kreises zwischen zwei Punkten. Der Verlauf wird definiert durch den Radius des Kreisbogens und dem eingeschlossenen Winkel (*CentralAngle*).

ICircularArc   Die *ICircularArc* Schnittstelle erweitert *ICurve* um Eigenschaften und Methoden, die es ermöglichen, Informationen zu dem Kreisbogen einzuholen.

IsLine   Wenn der Radius unendlich groß wird, wird aus dem Kreisbogen eine gerade Linie. In diesem Fall liefert die *IsLine* Eigenschaft den Wert *True*.

IsPoint   Wenn der Radius 0 ist, verkürzt sich der Kreisbogen zu einem Punkt. Die Eigenschaft *IsPoint* liefert den Wert *True*.

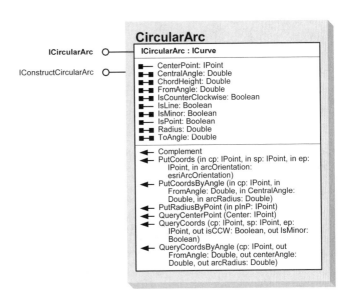

IsCounter Clockwise
Wenn der Winkel (*CentralAngle*) positiv ist, verläuft der Kreisbogen im Uhrzeigersinn. Die *IsCounterClockwise* Eigenschaft liefert den Wert *True*.

IsMinor
Ist der Winkel (*CentralAngle*) kleiner als 180 Grad, ist der Kreisbogen kürzer als ein Halbkreis. Die Eigenschaft *IsMinor* liefert den Wert *True*.

PutCoords
Das folgende Beispiel zeigt, wie ein *CircularArc* mit Hilfe des *Center Points*, des *From Points* und des *To Points*, sowie des Bogenverlaufs definiert werden kann:

```
'(cd) Einen CircularArc erzeugen

Dim aoiCircArc As ICircularArc
Dim aoiCPoint As IPoint
Dim aoiFPoint As IPoint
Dim aoiTPoint As IPoint

  Set aoiCPoint = New Point
  aoiCPoint.PutCoords 2, 2
  Set aoiFPoint = New Point
  aoiFPoint.PutCoords 4, 2
```

```
Set aoiTPoint = New Point
aoiTPoint.PutCoords 2, 4

Set aoiCircArc = New CircularArc
aoiCircArc.PutCoords aoiCPoint, aoiFPoint, _
        aoiTPoint, esriArcCounterClockwise
```

esriArc
Orientation

Für die Orientierung stehen folgende Aufzählungen zur Verfügung:

esriArcClockwise	0
esriArcCounterClockwise	1
esriArcMinor	2
esriArcMajor	3

Mit dieser Methode ist es nicht ganz unkritisch Kreisbögen zu erstellen, da alle Parameter exakt zueinander passen müssen. So muss der Abstand zwischen dem *Center Point* und dem *From Point* genauso groß sein, wie zwischen dem *Center Point* und dem *To Point*. Auch die Orientierung muss zu der Lage von *From Point* und *To Point* zueinander passen. Bei Halbkreisen muss die Orientierung entweder *esriArcClockwise* oder *esriArcCounterClockwise* sein. Sind *From Point* und *To Point* an derselben Stelle, muss die Orientierung entweder mit *esriArcMinor* oder *esriArcMajor* angegeben werden.

IConstruct
CircularArc

Wesentlich sicherere Methoden einen Kreisbogen zu definieren, sind mathematische Funktionen, die in der *IConstructCircularArc* Schnittstelle angeboten werden.

isCCW

Der Parameter *isCCW* in allen Funktionen steht für *isCounterClockWise* – ein boolscher Wert, der besagt, ob der zu konstruierende Kreisbogen gegen den Uhrzeigersinn verlaufen soll oder nicht.

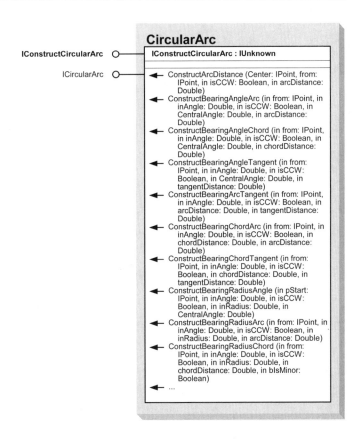

Das folgende Beispiel zeigt die Konstruktion eines Kreisbogens zwischen zwei Punkten mit einem vorgegebenen Radius.

```
'(cd) Einen CircularArc konstruieren

Dim aoiCircArc As IConstructCircularArc
Dim dblRadius As Double
Dim aoiFPoint As IPoint
Dim aoiTPoint As IPoint

  Set aoiFPoint = New Point
  aoiFPoint.PutCoords 2, 2
  Set aoiTPoint = New Point
  aoiTPoint.PutCoords 4, 7
  dblRadius = 10
```

```
Set aoiCircArc = New CircularArc
aoiCircArc.ConstructEndPointsRadius aoiFPoint, _
             aoiTPoint, True, dblRadius, True
```

7.3.4.1.2 Line

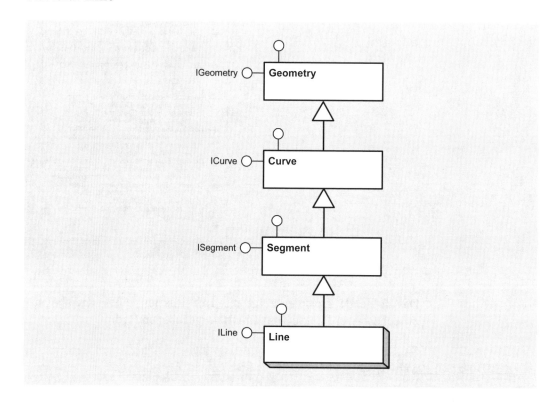

Ein *Line* Objekt ist eine gerade Verbindung zwischen zwei Punkten. Es ist damit die einfachste und am häufigsten verwendete lineare Geometrieart und die Grundlage für *Polyline* und *Polygon* Objekten.

ILine

Die *ILine* Schnittstelle erweitert *ICurve* um Eigenschaften und Methoden, die es ermöglichen, Informationen zu dem *Line* Objekt einzuholen, oder um ein *Line* Objekt zu konstruieren.

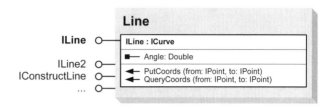

PutCoords

PutCoords ist eine einfache Methode, ein *Line* Objekt zu konstruieren.

```
'(cd) Eine Line erzeugen

Dim aoiLine As ILine
Dim aoiFPoint As IPoint
Dim aoiTPoint As IPoint

    Set aoiFPoint = New Point
    aoiFPoint.PutCoords 2, 5
    Set aoiTPoint = New Point
    aoiTPoint.PutCoords 7, 15
    Set aoiLine = New Line
    aoiLine.PutCoords aoiFPoint, aoiTPoint
```

QueryCoords

QueryCoords liefert Anfangs- und Endpunkt, und damit die Anfangs- und Endkoordinaten der Linie.

```
'(cd) Koordinaten an einer Line ermitteln

' Anfangs- und Endkoordinaten abfragen
Dim aoiFPoint As IPoint
Dim aoiTPoint As IPoint

    Set aoiFPoint = New Point
    Set aoiTPoint = New Point
    aoiLine.QueryCoords aoiFPoint, aoiTPoint

    MsgBox aoiFPoint.X & "," & aoiFPoint.Y & Chr(13) & _
           aoiTPoint.X & "," & aoiTPoint.Y
```

Angle

Die *Angle* Eigenschaft liefert den Winkel zur positive X Achse in *Radians*.

IConstructLine

Die *IConstructLine* Schnittstelle bietet weitere Möglichkeiten ein *Line* Objekt zu konstruieren oder zu verändern.

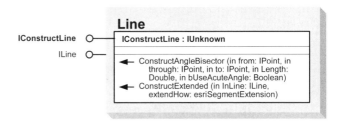

ConstructAngle
Bisector

Bei der *ConstructAngleBisector* Funktion wird eine Linie durch drei Punkte und eine Länge konstruiert. Dabei wird der Winkel zwischen *FromPoint* und *ToPoint* halbiert und eine Line von *ThroughPoint* aus mit der vorgegebenen Länge erzeugt. Je nach *bUseAcuteAngle* wird der spitze Winkel (*True*) oder der stumpfe Winkel zwischen den beiden Punkte verwendet.

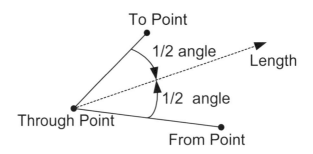

Construct
Extended

Die *ConstructExtended* Methode verlängert eine bestehende Line nach einer der folgenden Bedingungen (*esriSegmentExtension*):

esriNoExtension	0
esriExtendTangentAtFrom	1
esriExtendEmbeddedAtFrom	2
esriExtendAtFrom	3
esriExtendTangentAtTo	4
esriExtendTangents	5
esriExtendEmbeddedAtTo	8
esriExtendEmbedded	10
esriExtendAtTo	12

Für eine genauere Information zur Verwendung der einzelnen Konstanten lesen Sie die ArcObjects Online Hilfe unter dem Stichwort *tagesriSegmentExtension*.

7.3.4.1.3 EllipticArc

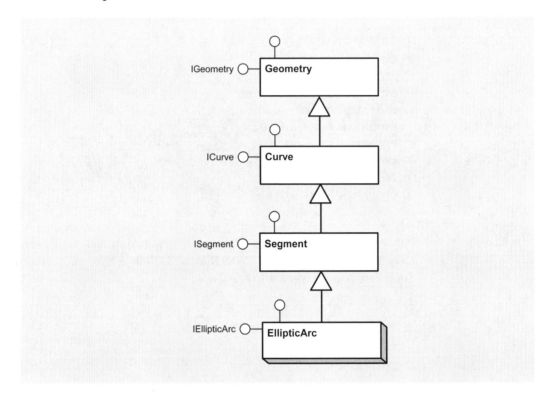

Ein *EllipticArc* Objekt ist eine Ellipse oder ein Teil davon.

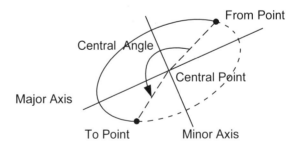

Die *Major Axis* ist die längste Achse, die von einer Seite der Ellipse zur anderen Seite durch den *Central Point* gelegt werden kann. Die *Semi Major Axis* ist die Hälfte davon. Die Minor Axis ist entsprechend die kürzeste Achse.

Die Längen der *Semi Major Axis* und der *Semi Minor Axis,* sowie die Lage des *Central Points* und die Drehung bestimmen die Form einer Ellipse.

Der *FromAngle* und der *ToAngle* bestimmen den Anfangs- und den Endpunkt des *EllipticArc* Objekts.

IEllipticArc   Die *IEllipticArc* Schnittstelle erweitert *ICurve* um Eigenschaften und Methoden die es ermöglichen, Informationen zu dem *EllipticArc* Objekt einzuholen, oder um es zu konstruieren.

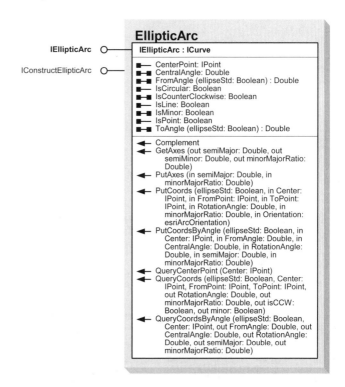

EllipticArc

IEllipticArc

IConstructEllipticArc

IEllipticArc : ICurve

■— CenterPoint: IPoint
■—■ CentralAngle: Double
■—■ FromAngle (ellipseStd: Boolean) : Double
■— IsCircular: Boolean
■— IsCounterClockwise: Boolean
■— IsLine: Boolean
■—■ IsMinor: Boolean
■— IsPoint: Boolean
■—■ ToAngle (ellipseStd: Boolean) : Double

◄— Complement
◄— GetAxes (out semiMajor: Double, out semiMinor: Double, out minorMajorRatio: Double)
◄— PutAxes (in semiMajor: Double, in minorMajorRatio: Double)
◄— PutCoords (ellipseStd: Boolean, in Center: IPoint, in FromPoint: IPoint, in ToPoint: IPoint, in RotationAngle: Double, in minorMajorRatio: Double, in Orientation: esriArcOrientation)
◄— PutCoordsByAngle (ellipseStd: Boolean, in Center: IPoint, in FromAngle: Double, in CentralAngle: Double, in RotationAngle: Double, in semiMajor: Double, in minorMajorRatio: Double)
◄— QueryCenterPoint (Center: IPoint)
◄— QueryCoords (ellipseStd: Boolean, Center: IPoint, FromPoint: IPoint, ToPoint: IPoint, out RotationAngle: Double, out minorMajorRatio: Double, out isCCW: Boolean, out minor: Boolean)
◄— QueryCoordsByAngle (ellipseStd: Boolean, Center: IPoint, out FromAngle: Double, out CentralAngle: Double, out RotationAngle: Double, out semiMajor: Double, out minorMajorRatio: Double)

IConstruct   Die *IConstructEllipticArc* Schnittstelle bietet weitere Möglichkeiten
EllipticArc   ein *EllipticArc* Objekt zu konstruieren oder zu verändern.

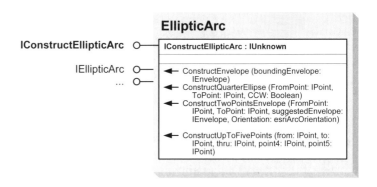

7.3.4.1.4 BezierCurve

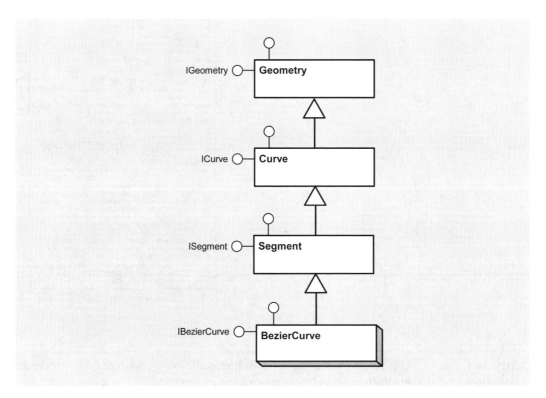

Ein *BezierCurve* Objekt wird durch vier Kontrollpunkte definiert. Die Kurve beginnt am ersten Kontrollpunkt und endet am vierten. Der erste und der zweite Kontrollpunkt definieren die Tangente am

From Point, der dritte und der vierte die Tangente am *To Point*. Die Längen der Tangenten und die Lage der Kontrollpunkte bestimmen die Form der Linie.

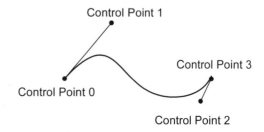

IBezierCurve

Die *IBezierCurve* Schnittstelle erweitert *ICurve* um Eigenschaften und Methoden, die es ermöglichen, Informationen zu dem *BezierCurve* Objekt einzuholen, oder um es zu konstruieren.

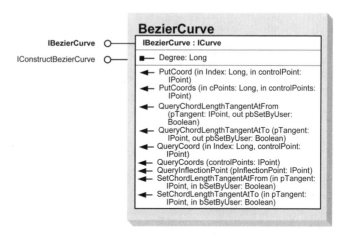

Das folgende Beispiel zeigt, wie ein *BezierCurve* mit der Methode *PutCoords* erzeugt werden kann :

```
'(cd) Eine BezierCurve erzeugen
```

```
Dim aoiPoints(3) As IPoint

Dim aoiBezier As IBezierCurve

   Set aoiPoints(0) = New Point
   Set aoiPoints(1) = New Point
   Set aoiPoints(2) = New Point
   Set aoiPoints(3) = New Point
   aoiPoints(0).PutCoords 2, 5
   aoiPoints(1).PutCoords 3, 7
   aoiPoints(2).PutCoords 5, 6
   aoiPoints(3).PutCoords 7, 9

   Set aoiBezier = New BezierCurve
   aoiBezier.PutCoords 4, aoiPoints(0)
```

IConstructBezier Curve   Die *IConstructBezierCurve* Schnittstelle bietet eine weitere Möglichkeit, mittels Tangenten ein *BezierCurve* Objekt zu konstruieren.

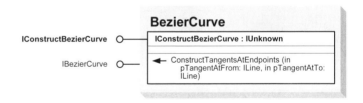

7.3.4.2 Path

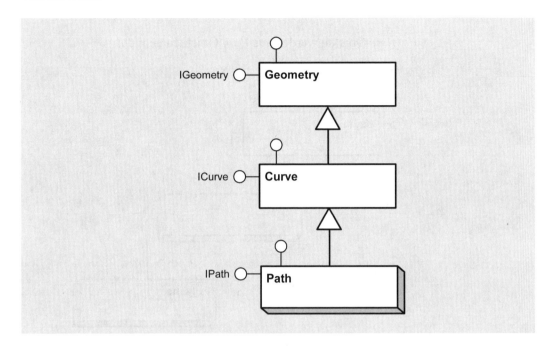

Ein *Path* besteht aus einem oder mehreren miteinander verbundenen *Segment* Objekte. Der *ToPoint* jedes *Segment* Objekts ist, ausser beim letzten *Segment*, identisch mit dem *FromPoint* des nächsten *Segment* Objekts.

IPath

Die *IPath* Schnittstelle erweitert die *ICurve* Schnittstelle mit Funktionen, die speziell auf *Path* Objekte angewendet werden können.

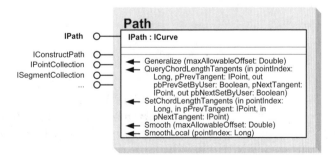

Die *Segment* Objekte, die zusammen einen *Path* bilden, müssen nicht zwingend vom gleichen Typ sein.

Polyline Objekte werden aus *Path* Objekten gebildet.

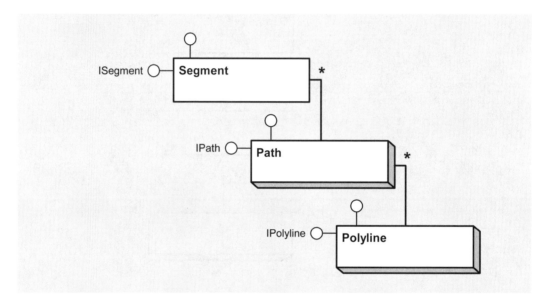

IConstructPath

Die *IConstructPath* Schnittstelle enthält eine Methode, die ein *Path* Objekt erzeugt, indem ein bestehendes *Path* Objekt gedreht und skaliert wird.

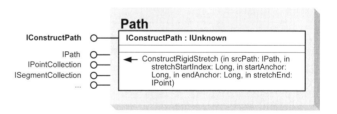

Eine besondere Form eines *Path* Objekts ist das *Ring* Objekt, bei dem der *FromPoint* des ersten *Segment* Objekts mit dem *ToPoint* des letzten *Segment* Objekts identisch ist.

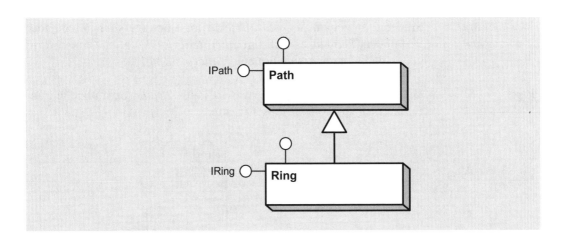

7.3.4.2.1 Ring

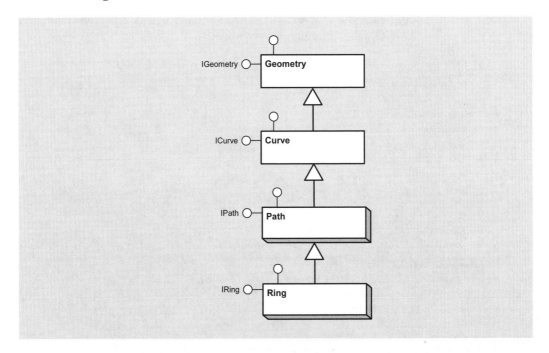

Ein *Ring* Objekt ist eine besondere Form eines *Path* Objekts, bei dem der *FromPoint* des ersten *Segment* Objekts mit dem *ToPoint* des letzten *Segment* Objekts identisch ist.

Exterior Ring
Interior Ring

Sind die einzelnen *Segment* Objekte im Uhrzeigersinn miteinander verbunden, handelt es sich um einen *Exterior Ring*, bei einem *Ring* gegen den Uhrzeigersinn um einen *Interior Ring*.

IRing

Die *IRing* Schnittstelle erweitert die *IPath* Schnittstelle um Funktionen speziell für *Ring* Objekte.

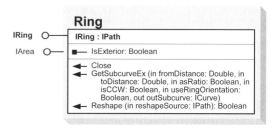

Close

Wird ein *Ring* aus einzelnen *Segmenten* konstruiert, kann dieser mit Hilfe der *Close* Funktion geschlossen werden. Diese Funktion fügt ein neues *Line* Objekt ein, das den ersten und den letzten Punkt des *Ring* Objekts miteinander verbindet.

```
'(cd) Einen Ring erzeugen

' Linien konstruieren ...
Dim aoiLine1 As ILine
Dim aoiLine2 As ILine
Dim aoiFPoint As IPoint
Dim aoiTPoint As IPoint

  Set aoiFPoint = New Point
  aoiFPoint.PutCoords 2, 5
  Set aoiTPoint = New Point
  aoiTPoint.PutCoords 7, 15
  Set aoiLine1 = New Line
  aoiLine1.PutCoords aoiFPoint, aoiTPoint

  Set aoiFPoint = New Point
  aoiFPoint.PutCoords 7, 15
  Set aoiTPoint = New Point
  aoiTPoint.PutCoords 4, 10
  Set aoiLine2 = New Line

  aoiLine2.PutCoords aoiFPoint, aoiTPoint
```

```
' Ring erzeugen ...
Dim aoiRing As IRing
Dim aoiSegCol As ISegmentCollection

   Set aoiRing = New Ring
   Set aoiSegCol = aoiRing
   aoiSegCol.AddSegment aoiLine1
   aoiSegCol.AddSegment aoiLine2
   aoiRing.Close
```

IArea

Um Informationen zu der umschlossenen Fläche zu erhalten, kann die *IArea* Schnittstelle verwendet werden.

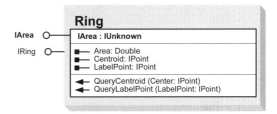

Polygon Objekte werden aus *Ring* Objekten gebildet. Die *Ring* Objekte müssen nicht zusammenhängen oder müssen nicht in anderen *Ring* Objekten enthalten sein. Wenn diese in anderen *Ring* Objekten enthalten sind, beschreiben sie die Grenzen von Inseln oder Löchern und sind *Interior Rings*. Das bedeutet, dass die *Segment* Objekte, aus denen der *Ring* zusammengesetzt ist, gegen den Uhrzeigersinn verbunden sein müssen.

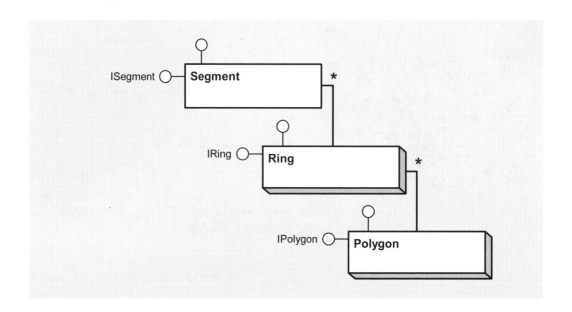

7.3.4.3 Polycurve

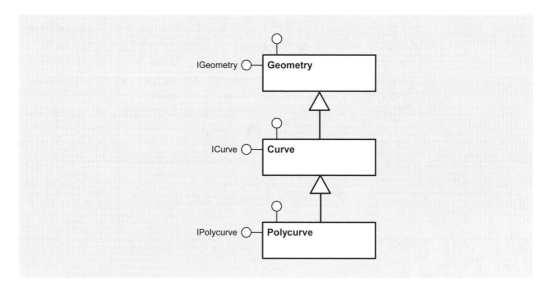

Polycurve   Eine *Polycurve* ist eine abstrakte Klasse, die eine Vielzahl von *Curve* Objekten zu einer gemeinsamen *Curve* verbindet. Die einzelnen

Teile, aus der sich die *PolyCurve* zusammensetzt, können einzelne *Segment* Objekte sein, zusammenhängende *Path* oder geschlossene *Ring* Objekte oder sogar eine Kombination aus all diesen verschiedenen *Curve* Typen. Für eine *PolyCurve* müssen diese auch nicht unbedingt alle zusammenhängen. Andererseits kann eine *Polycurve* auch nur aus einem einzigen *Segment* bestehen.

IPolycurve
IPolycurve2

Die *IPolycurve* Schnittstelle erweitert *ICurve* um Eigenschaften und Methoden, die es ermöglichen, einzelne Segmente der *Curve* zu bearbeiten. Mit diesen Funktionen werden die vorhandenen Geometrien verändert. Es werden aber im Gegensatz zu ähnlichen Funktionen der *ISegment* Schnittstelle keine neuen Geometrien erzeugt.

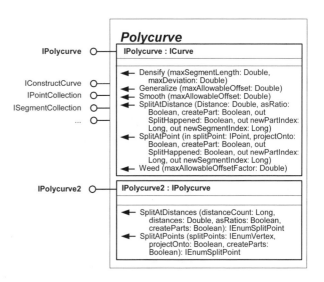

SplitAtPoint

Bei dieser Funktion muss beachtet werden, dass, wenn die zu teilende Geometrie ein *Polygon* ist, der dritte Parameter *createPart* auf *False* gesetzt ist, damit keine offenen *Ring* Objekte entstehen.

IConstructCurve

Die *IConstructCurve* Schnittstelle enthält Methoden, eine *Polycurve* aus anderen Geometrien zu konstruieren.

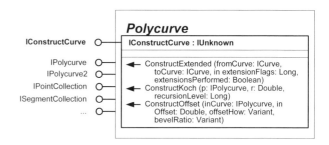

Construct Extended

Die *ConstructExtended* Funktion erweitert ein vorhandenes *Curve* Objekt, um dieses mit einem anderen *Curve* Objekt zu verbinden.. Der *ExtensionFlag* Parameter ist ein Wert oder eine Kombination aus mehreren Werten der *esriCurveExtension* Konstanten.

esriCurve Extension

esriDefaultCurveExtension	0
esriRelocateEnds	1
esriKeepEndAttributes	2
esriNoEndAttributes	4
esriNoExtendAtFrom	8
esriNoExtendAtTo	16

Das folgende Beispiel zeigt die Verlängerung eines *Curve* Objekts, um es an einer zweiten Kurve anzuschließen. Dabei wird die *esriDefaultCurveExtension* Konstante verwendet, die, je nach Situation, den Anfang oder das Ende der *Curve* verändert, wobei die alten Endpunkte erhalten bleiben, und neue Punkte hinten angehängt werden. Die Attribute der Punkte werden aus den benachbarten Segmenten heraus extrapoliert.

```
'(cd) Verlängerung eine PolyCurve

Dim aoiConstCurve As IConstructCurve
Dim blnDone As Boolean

  Set aoiConstCurve = New Polyline
  aoiConstCurve.ConstructExtended inCurve1, inCurve2, _
                 esriDefaultCurveExtension, blnDone
```

Von der Klasse *Polycurve* werden folgende konkrete Klassen abgeleitet: *Polyline*, und *Polygon*.

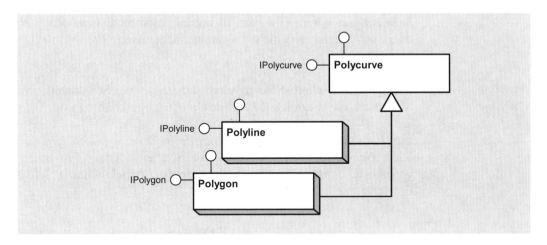

7.3.4.3.1 Polyline

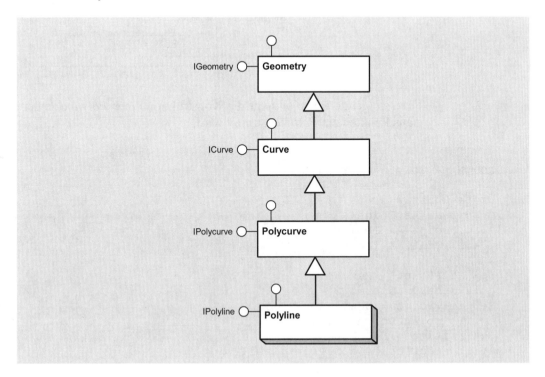

Ein *Polyline* Objekt enthält eine geordnete Liste mit Verweisen auf ein oder mehrere *Path* Objekte, die nicht unbedingt zusammenhängen müssen. Ein *Polyline* Objekt kann aus einem einzigen *Segment*, aus einem *Path*, aus mehreren zusammenhängenden *Path* oder aus mehreren nicht zusammenhängenden *Path* Objekten bestehen.

IPolyline
IPolyline2

Die *IPolyline* Schnittstelle erweitert die *IPolycurve* Schnittstelle mit Methoden, die speziell auf *Polyline* Objekte zugeschnitten sind.

Ein *Polyline* Objekt kann als *PointCollection*, *SegmentCollection* oder *GeometryCollection* betrachtet werden. Jeder Typ bietet verschiedene Möglichkeiten auf bestimmte Aspekte der *Polyline* Einfluß zu nehmen.

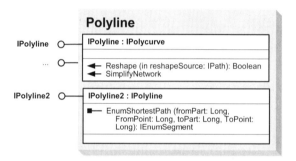

Das folgende Beispiel zeigt die Konstruktion einer *Polyline*, indem aus Punkten ein *Path* konstruiert wird:

```
'(cd) Eine PolyLine erzeugen

' Linie konstruieren ...
Dim aoiLine As ILine
Dim aoiFPoint As IPoint
Dim aoiTPoint As IPoint

    Set aoiFPoint = New Point
    aoiFPoint.PutCoords 2, 5
    Set aoiTPoint = New Point
    aoiTPoint.PutCoords 7, 15
    Set aoiLine = New Line
    aoiLine.PutCoords aoiFPoint, aoiTPoint
```

```
' Path erzeugen ...
Dim aoiPath As IPath
Dim aoiSegCol As ISegmentCollection

  Set aoiPath = New Path
  Set aoiSegCol = aoiPath
  aoiSegCol.AddSegment aoiLine

' Polyline erzeugen ...
Dim aoiPolyline As IPolyline
Dim aoiGeomCol As IGeometryCollection

  Set aoiPolyline = New Polyline
  Set aoiGeomCol = aoiPolyline
  aoiGeomCol.addGeometry aoiSegCol
```

Besteht ein *Polyline* Objekt aus nicht zusammenhängenden *Path* Objekten, ist die *Polyline* per Definition eine *GeometryCollection*, zu der beliebig weitere *Path* Objekte hinzugefügt werden können. *Segment* Objekte können nur der *SegmentCollection,* und *Point* Objekte nur der *PointsCollection* hinzugefügt werden. Dies ist nur möglich, wenn das *Polyline* Objekt aus einem einzigen *Path* mit zusammenhängenden *Segmenten* besteht.

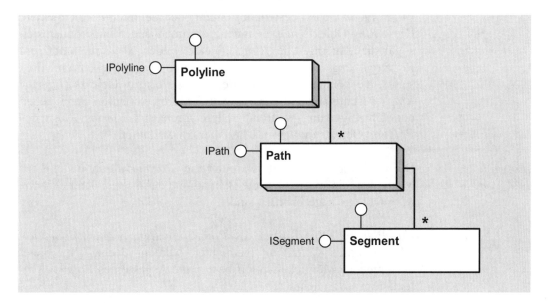

7.3.4.3.2 Polygon

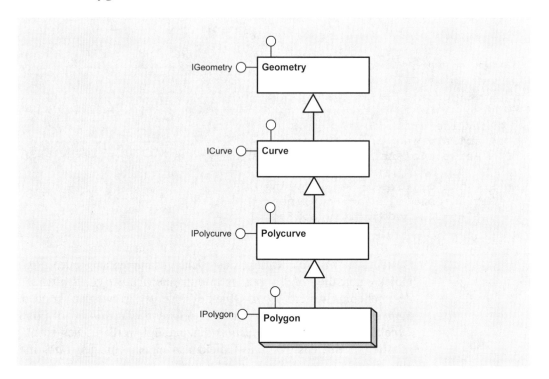

Ein *Polygon* Objekt besteht aus einem oder mehreren *Ring* Objekten. Diese *Ring* Objekte müssen nicht zusammenhängen und können sich sogar überlagern. Alle *Ring* Objekte bilden aber zuammen ein *Polygon*. *Ring* Objekte können in anderen *Ring* Objekten enthalten sein – sie können so innere Grenze des *Polygon* Objekts (*Interior Ring*) beschreiben. Solche inneren Grenzen verlaufen dann gegen den Uhrzeigersinn, während äußere Grenzen (*Exterior Ring*) des *Polygon* Objekts immer im Uhrzeigersinn verlaufen.

IPolygon
IPolygon2

Die *IPolyline* Schnittstelle erweitert die *IPolycurve* Schnittstelle mit Methoden, die speziell auf die Behandlung der *Interior* und *Exterior Ring* Objekte zugeschnitten sind.

Ein *Polygon* Objekt kann als *PointCollection*, *SegmentCollection* oder *GeometryCollection* betrachtet werden. Jeder Typ bietet verschiedene Möglickeiten auf bestimmte Aspekte des *Polygon* Objekts Einfluß zu nehmen.

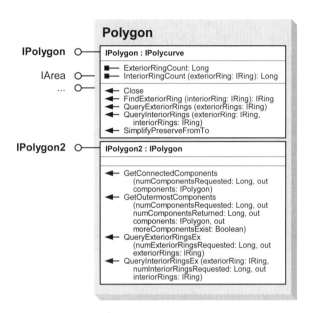

Besteht ein *Polygon* Objekt aus nicht zusammenhängenden *Ring* Objekten, ist das *Polygon* per Definition eine *GeometryCollection*, zu der beliebig weitere *Ring* Objekte hinzugefügt werden können. *Segment* Objekte können nur der *SegmentCollection* und *Point* Objekte nur der *PointsCollection* hinzugefügt werden. Dies ist nur möglich, wenn das *Polygon* Objekt aus einem einzigen *Ring* besteht.

Das folgende Beispiel zeigt, wie die Grenzen eines *Polygon* Objekts in ein *Polyline* Objekt umgewandelt werden kann:

```
'(cd) Ein Polygon in ein Polyline Objekt umwandeln

Dim aoPolGeoCol As IGeometryCollection
Dim aoLinGeoCol As IGeometryCollection
Dim aoRing As ISegmentCollection
Dim aoPath As ISegmentCollection
Dim lngCounter As Long

  Set aoPolGeoCol = inPolygon
  Set aoLinGeoCol = New Polyline

  For lngCounter = 0 To aoPolGeoCol.GeometryCount - 1
    Set aoRing = aoPolGeoCol.Geometry(lngCounter)
```

```
   Set aoPath = New Path
   aoPath.AddSegmentCollection aoRing
   aoLinGeoCol.addGeometry aoPath
Next lngCounter
```

Die *QueryExteriorRingsEx* und die *QueryInteriorRingsEx* Funktionen der *IPolygon2* Schnittstelle sollten anstelle der *QueryExteriorRings* und *QueryInteriorRings* Funktionen der *IPolygon* Schnittstelle verwendet werden.

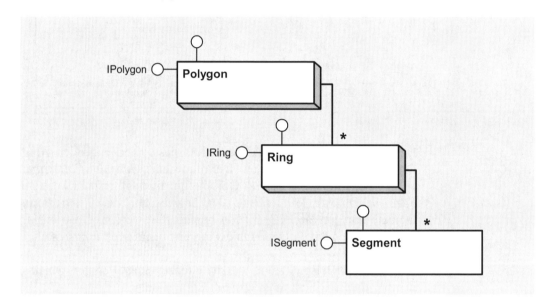

7.3.5 GeometryBag

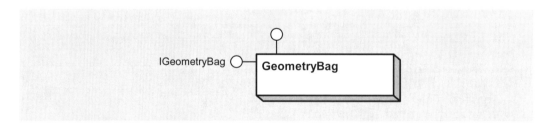

Die *GeometryBag* Klasse ist ein temporärer *Container* für alle *Geometry* Objekte, die die *IGeometry* Schnittstelle implementiert haben. Dadurch können Funktionen auf viele Geometrien, wie zum Beispiel eine Projektion, mit einer einzigen Operation durchgeführt werden. Auch topologische und relationale Operationen stehen zur Verfügung. Bei einigen Operationen ist allerdings Voraussetzung, dass alle enthaltenen Geometrien die gleiche Dimension haben – also nur *Point* Objekte, *Polyline* Objekte oder nur *Polygon* Objekte.

IGeometryBag
Die einzige Funktion, mit der die *IGeometryBag* Schnittstelle die *IGeometry* Schnittstelle erweitert, ist die *LosslessExport* Funktion.

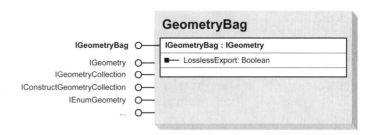

LosslessExport
Die Funktion *LosslessExport* liefert *True*, wenn alle Objekte des *Containers* ohne Informationsverlust in ein *Shapefile* Puffer exportiert werden können.

IConstruct Geometry Collection
Die *IConstructGeometryCollection* Schnittstelle enthält Funktionen, die Geometrien in den *GeometryBag* aus einer anderen Geometrie heraus erzeugen.

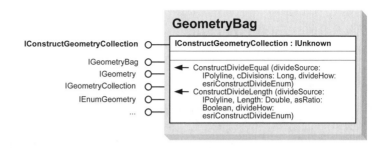

ConstructDevide Equal
Die Funktion *ConstructDevideEqual* berechnet eine vorgegebene Anzahl an Positionen mit gleichen Abständen entlang einer *Polyline* und erzeugt neue *Segment*, *Part* oder *Polyline* Objekte entsprechend

dem *devideHow* Parameter, einem Wert der *esriConstructDevide-Enum* Konstante.

esriConstruct *DevideEnum*	esriDivideIntoSegments	0
	esriDivideIntoParts	1
	esriDivideIntoPolylines	2

ConstructDevide *Length*

Die Funktion *ConstructDevideLength* berechnet Positionen mit einem vorgegebenen Abstand entlang einer *Polyline* und erzeugt neue *Segment*, *Part* oder *Polyline* Objekte entsprechend dem *devideHow* Parameter.

Das Beispiel zeigt die *ConstructDevideLength* Funktion, die eine Polyline in gleichlange *Segment* Objekte zerlegt:

```
'(cd) Polyline in gleich lange Segmente zerlegen

Dim aoiConstGeoCol As IConstructGeometryCollection

   Set aoiConstGeoCol = New GeometryBag
   aoiConstGeoCol.ConstructDivideLength inPolyline, _
           inLength, False, esriDivideIntoSegments
```

7.3.6 Relational Operator

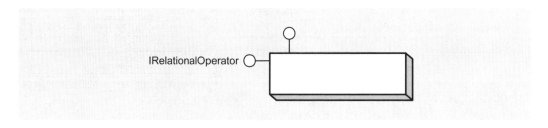

Relationale Operatoren überprüfen, ob räumliche Beziehungen zwischen einzelnen geometrischen Objekten bestehen. Diese werden von folgenden Klassen über die *IRelationalOperator* Schnittstelle implementiert:

- Envelope
- GeometryBag
- Multipoint
- Point
- Polygon
- Polyline

IRelational Operator

Die Funktionen der *IRelationalOperator* Schnittstelle vergleichen zwei geometrische Objekte und liefern einen boolschen Wert, der aussagt, ob die angefragte Beziehung existiert oder nicht. Es können nur Geometrien miteinander verglichen werden, die die *IRelationOperator* Schnittstelle implementiert haben.

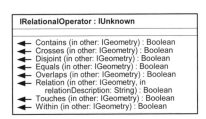

IRelationalOperator : IUnknown
◄— Contains (in other: IGeometry) : Boolean
◄— Crosses (in other: IGeometry) : Boolean
◄— Disjoint (in other: IGeometry) : Boolean
◄— Equals (in other: IGeometry) : Boolean
◄— Overlaps (in other: IGeometry) : Boolean
◄— Relation (in other: IGeometry, in relationDescription: String) : Boolean
◄— Touches (in other: IGeometry) : Boolean
◄— Within (in other: IGeometry) : Boolean

Contains

Die Funktion *Contains* ist erfüllt, wenn die vergleichende Geometrie eine Untermenge der Basisgeometrie darstellt und von der gleichen oder einer niedrigereren Dimension ist. Das bedeutet, dass Linien andere Linien oder Punkte enthalten können, aber keine Flächen.

Crosses

Die Funktion *Crosses* ist erfüllt, wenn die vergleichende Geometrie die Basisgeometrie schneidet. Wenn sich dabei zwei *Polyline* Objekte schneiden, darf der Schnittpunkt nur bei einem *Polyline* Objekt gleichzeitig ein Endpunkt sein. Die Schnittlinie, die sich ergibt, wenn sich ein *Polygon* und eine *Polyline* schneiden, muss immer innerhalb des *Polygon* Objekts liegen.

Die *Crosses* Funktion kann nur auf die Kombinationen *Polyline/Polyline*, *Polyline/Polygon* und *Polygon/Polyline* angewendet werden.

Disjoint   Die Funktion *Disjoint* ist erfüllt, wenn die Geometrien keinerlei Gemeinsamkeiten aufweisen.

Equals   Die Funktion *Equals* ist erfüllt, wenn alle Punkte, aus denen die Geometrien bestehen, identisch sind. Mit dieser Funktion können nur Geometrien des gleichen Typs verglichen werden.

Overlaps   Die Funktion *Overlaps* kann nur auf Geometrien des gleichen Typs angewendet werden und ist erfüllt, wenn das Ergebnis der Verschneidung wieder eine Geometrie des gleichen Typs ergibt.

Touches   Die Funktion *Touches* ist erfüllt, wenn sich nur die Grenzen der Geometrien berühren.

Within   Die Funktion *Within* ist erfüllt, wenn die Base Geometry ein Subset der Other Geometry ist. Dabei muss die Dimension der Base Geometry immer gleich oder kleiner als die Other Geometry sein.

Relation   Bei der *Relation* Funktion wird die Bedingung, die erfüllt werden soll, über einen Ausdruck an die Funktion übergeben. Die Syntax entspricht der sogenannten *Shape Comparison Language* und wird im Kapitel *Technical Documents* der *ArcGIS Developer Help* beschrieben.

```
'(cd) Eine räumliche Bedingung prüfen

Dim aoiRelOp As IRelationalOperator

  Set aoiRelOp = BaseGeometry
  If aoiRelOp.Relation(CompareGeometry, "G1 IDENTICAL G2") Then
    ' Geometrien sind identisch
  End If
```

7.3.7 Proximity Operator

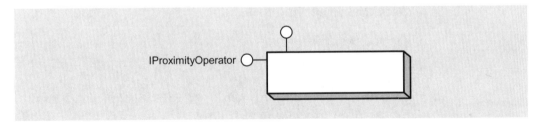

Die *Proximity* Operatoren berechnen die kürzeste Enfernung zwischen zwei Geometrien.

IProximity Operator

Die *IProximityOperator* Schnittstelle enthält Funktionen, um die kürzeste Entfernung zwischen zwei Geometrien zu ermitteln oder um die Entfernung von einem gegebenen Punkt zu einem anderen Punkt der Geometrie zu berechnen.

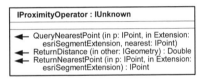

IProximityOperator : IUnknown

◄— QueryNearestPoint (in p: IPoint, in Extension: esriSegmentExtension, nearest: IPoint)
◄— ReturnDistance (in other: IGeometry) : Double
◄— ReturnNearestPoint (in p: IPoint, in Extension: esriSegmentExtension) : IPoint

Folgende *Geometry* Klassen implementieren die *IProximityOperator* Schnittstelle.

- BezierCurve
- CircularArc
- EllipticArc
- Envelope
- Line
- Multipoint
- Point
- Polygon
- Polyline

QueryNearest

Die Funktion *QueryNearestPoint* berechnet die Koordinaten des

Point

Nearest Parameters, so dass dieser einerseits der *esriSegment Extension* Konstanten entspricht und andererseits dem *InPoint* am Nächsten kommt.

esriNoExtension	0
esriExtendTangentAtFrom	1
esriExtendEmbeddedAtFrom	2
esriExtendAtFrom	3
esriExtendTangentAtTo	4
esriExtendTangents	5
esriExtendEmbeddedAtTo	8
esriExtendEmbedded	10
esriExtendAtTo	12

ReturnDistance

Die Funktion *ReturnDistance* berechnet die kürzeste Entfernung zwischen zwei Geometrien.

QueryNearest Point

Die Funktion *RetunrNearestPoint* erzeugt ein neues *Point* Objekt, dessen Lage einerseits der *esriSegmentExtension* Konstanten entspricht und andererseit dem *InPoint* am nächsten kommt.

7.3.8 Topological Operator

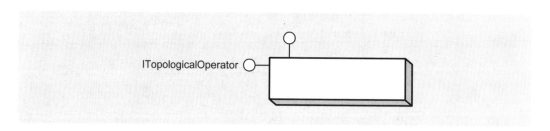

ITopological Operator

Die *IToplologicalOperator* Schnittstelle enthält Funktionen, die neue Geometrien aus räumlichen Beziehungen zu anderen Geometrien berechnet.

```
ITopologicalOperator : IUnknown
■— Boundary: IGeometry
■— IsKnownSimple: Boolean
■— IsSimple: Boolean
◄— Buffer (in Distance: Double) : IGeometry
◄— Clip (clipperEnvelope: IEnvelope)
◄— ClipDense (in clipperEnvelope: IEnvelope, in
        denseDistance: Double)
◄— ConstructUnion (geometries:
        IEnumGeometry)
◄— ConvexHull: IGeometry
◄— Cut (in cutter: IPolyline, out leftGeom:
        IGeometry, out rightGeom: IGeometry)
◄— Difference (in other: IGeometry) : IGeometry
◄— Intersect (in other: IGeometry,
        resultDimension: esriGeometryDimension)
        : IGeometry
◄— QueryClipped (in clipperEnvelope: IEnvelope,
        clippedGeometry: IGeometry)
◄— QueryClippedDense (in clipperEnvelope:
        IEnvelope, in denseDistance: Double,
        clippedGeometry: IGeometry)
◄— Simplify
◄— SymmetricDifference (in other: IGeometry) :
        IGeometry
◄— Union (in other: IGeometry) : IGeometry
```

Folgende *Geometry* Klassen implementieren die *ITopological Operator* Schnittstelle.

- GeometryBag
- Multipoint
- Point
- Polygon
- Polyline

Simplify

Die *Simplify* Funktion ändert die Geometrie so, dass sie *topologisch* korrekt ist. Für *Multipoint* Objekte heißt das, dass alle doppelt vorhandenen Punkte mit identischen Koordinaten und Attributen (*PointIDAware = True*) gelöscht werden. In *SegmentCollections* werden auf dieselbe Weise doppelte *Segment* Objekte entfernt, und sich kreuzende *Segment* Objekte an den Schnittpunkten geteilt. Sich überlappende *Segment* Teile werden zu neuen, sich nicht überlappenden *Segment* Objekten. Nicht verbundene *Path* Objekte werden verbunden. Für *Ring* Objekte in *Polygon* Objekten gilt, dass sie sich nicht mehr überlappen, und dass *Exterior Ring* und *Interior Ring* Objekte im entsprechend richtigen Uhrzeigersinn verbunden und geschlossen sind.

IsSimple

Mit der *IsSimple* Funktion kann überprüft werden, ob ein *Simplify* durchgeführt wurde.

IsKnownSimple Die *IsKnownSimple* Funktion liefert einen *True*, wenn die *Simplify* Methode durchgeführt und die Geometrie seitdem nicht mehr verändert wurde.

```
'(cd) Topologie einer Geometrie erzeugen

Dim aoiTopoOp As ITopologicalOperator
  If TypeOf inGeometry Is ITopologicalOperator Then
    Set aoiTopoOp = inGeometry
    If Not aoiTopoOp.IsKnownSimple Then
      If Not aoiTopoOp.IsSimple Then
        aoiTopoOp.Simplify
      End If
    End If
  End If
```

Boundary Die *Boundary* Funktion der *ITopologicalOperator* Schnittstelle liefert eine Geomtrie, die um eine Dimension kleiner ist als die originale Geometrie. Die *Boundary* eines *Polygon* Objekts ist demnach eine *Polyline* aus den *Ring* Objekten des *Polygon* Objekts. Die *Boundary* einer *Polyline* ist ein *Multipoint* aus allen Endpunkten der *Path* Objekte dieses *Polyline* Objekts. Die *Boundary* eines *Multipoints* ist *Empty*.

Das folgende Beispiel zeigt, wie mit Hilfe der *Boundary* Funktion die Grenzen eines *Polygon* Objekts in eine *Polyline* verändert werden.

```
'(cd) Die Grenzen eines Polygons ermitteln

Dim aoiTopoOp As ITopologicalOperator
Dim aoiBoundary As IGeometry
  Set aoiTopoOp = inPolygon
  Set aoiBoundary = aoiTopoOp.Boundary
```

Buffer Die *Buffer* Funktion konstruiert ein *Polygon*, dessen Außengrenze alle Punkte enthält, die sich in einer bestimmten Entfernung zur

BaseGeometry befinden.

Clip
Die *Clip* Funktion verschneidet die *BaseGeometry* mit dem angegebenen *Envelope* und liefert den Teil der *BaseGeometry* zurück, der innerhalb des *Envelopes* liegt.

ConstructUnion
Die *ConstructUnion* Funktion vergleicht die *BaseGeometry* mit den *InGeometries* und erzeugt eine *Geometry*, die sowohl alle Elemente der *BaseGeometry* als auch alle zusätzlichen Elemente der *InGeometries* enthält.

ConvexHull
Die *ConvexHull* Funktion erzeugt eine Geometrie, die alle Elemente der *BaseGeometry* einschließt. Die Außengrenze des *Polygon* Objekts, das dabei entsteht, weist dabei nur konvexe Winkel auf. Die *ConvexHull* eines *Point* Objekts ist allerding auch nur eine *Point* Geometrie.

Cut
Die *Cut* Funktion zerschneidet die *BaseGeometry* entlang einer *Polyline* in einen linken und in einen rechten Teil, entsprechend der Richtung der zerschneidenden *Polyline*. Eine *Point* oder *Mulitpoint* Geometrie kann nicht zerschnitten werden.

Difference
Die *Difference* Funktion erzeugt eine Geometrie aus allen Elementen der *BaseGeometry*, die nicht mit der *InGeometry* identisch sind.

Intersect
Die *Intersect* Funktion vergleicht die *BaseGeometry* mit der *InGeometry* und liefert eine Geometrie, die nur aus Elementen besteht, die in beiden identisch sind.

QueryClipped
Die *QueryClipped* Funktion erzeugt eine *ClippedGeometry*, die aus dem Teil der *BaseGeometry* besteht, der innerhalb des angegebenen *Envelopes* liegt.

Symmetric Difference
Die *SymmetricDifference* Funktion vergleicht die Elemente der *BaseGeometry* mit denen der *InGeometry* und erzeugt eine Geometrie, die alle Elemente von beiden enthält, mit Ausnahme derer, die in beiden identisch sind.

Union
Die *Union* Funktion erzeugt eine *Geometry*, die aus allen Elementen der *BaseGeometry* und der *InGeometry* besteht.

7.4 Spatial Bookmark

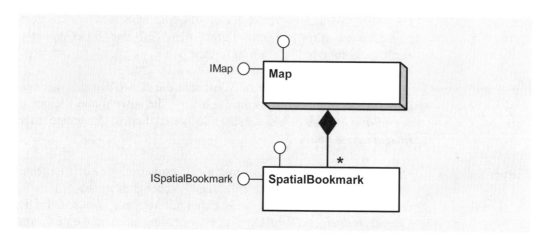

IMapBookmark

SpatialBookmarks sind frei definierbare räumliche Marken, vergleichbar mit Lesezeichen in einem Buch. Jede Marke ist durch einen Namen gekennzeichnet. *SpatialBookmarks* werden einer Karte zugeordnet, und werden mit dieser auch zusammen im *.mxd* Dokument abgespeichert. Das *Map* Objekt stellt über die *IMapBookmarks* Schnittstelle Funktionen bereit, einer Karte *SpatialBookmarks* zuzuordnen oder zu löschen, sowie auf einzelne *SpatialBookmarks* der Liste zuzugreifen.

IMapBookmarks

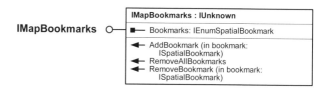

IEnumSpatial Bookmark

Die *Bookmarks* Funktion der *IMapBookmarks* Schnittstelle liefert ein *Enum* Objekt, mit dem über die *Reset* und *Next* Funktionen Verweise auf die einzelnen *SpatialBookmarks* der Liste möglich sind.

ISpatial Bookmark

Die *SpatialBookmarks* Klasse ist eine abstrakte Klasse, deren Schnittstelle, die *ISpatialBookmark* Schnittstelle, von jeder konkreten Klasse, die sich von *SpatialBookmark* ableitet implementiert wird.

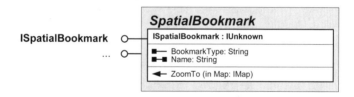

BookmarkType   Derzeit stellt das Objektmodell von *ArcObjects* zwei verschiedene Arten von *SpatialBookmarks* zur Verfügung. Alle implemtieren sie die *ISpatialBookmark* Schnittstelle und geben dadurch Auskunft, was für eine Art *SpatialBookmark* sie sind:

- AOIBookmark
- FeatureBookmark

Name   Zusätzlich müssen Sie die Funktion bereitstellen, den einzelen Instanzen einen Namen geben zu können. Nur über diesen lassen sich die einzelnen SpatialBookmarks voneinander unterscheiden.

ZoomTo   Die zentrale Funktion der *SpatialBookmarks* wird über die *ZoomTo* Funktion realisiert. Der aktuelle Kartenausschnitt eines *Map* Objekts soll mit dieser Funktion auf die jeweilige räumliche Marke verändert werden.

```
'(cd) Ausschitt eines bestimmten Bookmarks anzeigen

Dim aoiDocument As IMxDocument
Dim aoiMap As IMap
Dim aoiActiveView As IActiveView
Dim aoiMapBookmark As IMapBookmarks
Dim aoiBookmarks As IEnumSpatialBookmark
Dim aoiBookmark As ISpatialBookmark

  'QI des Dokuments auf IMxDocument
  Set aoiDocument = ThisDocument

  'Verweis auf die aktuelle Karte
  Set aoiMap = aoiDocument.FocusMap
```

```
'QI auf die IMapBookmarks-Schnittstelle
Set aoiMapBookmark = aoiMap

'Verweis auf IEnumSpatialBookmark
Set aoiBookmarks = aoiMapBookmark.Bookmarks

'Suche nach der gewünschten Bookmark
aoiBookmarks.Reset
Set aoiBookmark = aoiBookmarks.Next
Do Until aoiBookmark Is Nothing
  If aoiBookmark.Name = "Kernzone" Then
    aoiBookmark.ZoomTo aoiMap
    ' QI auf IActiveview um neu zu zeichnen
    Set aoiActiveView = aoiMap
    aoiActiveView.Refresh
    Exit Do
  End If
  Set aoiBookmark = aoiBookmarks.Next
Loop
```

In den nächsten Kapiteln werden die Besonderheiten der implementierten *SpatialBookmark* Klassen beschrieben.

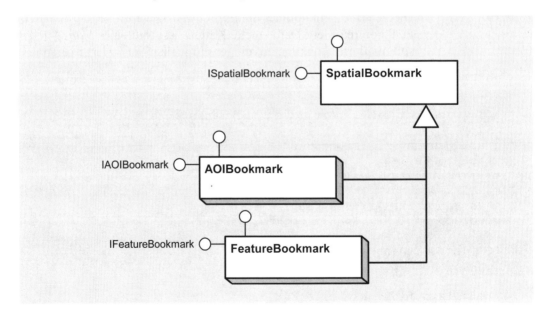

7.4.1 AOIBookmark

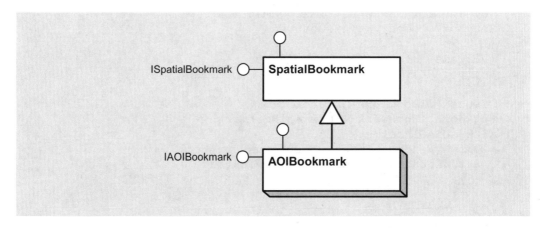

AOIBookmark

Ein *AOIBookmark* kann verwendet werden, wenn ein beliebiger rechteckiger Ausschnitt als *SpatialBookmark* abgespeichert werden soll (*AOI* = „Area of Interest"). *AOIBookmark* speichert ein *Envelope* Objekt, mit dem sich die Koordinaten eines Kartenausschnittes speichern lassen. Dazu stellt *AOIBookmark* in der *IAOIBookmark* Schnittstelle neben den Funktionen der *ISpatialBookmark* Schnittstelle eine Funktion für den Zugriff auf eine *IEnvelope* Schnittstelle zur Verfügung.

Das folgende Beispiel erzeugt ein *AOIBookmark* Objekt, in dem der augenblicklich angezeigte Kartenausschnitt festgelegt wird.

```
'(cd) Einen AOIBookmark erzeugen

Dim aoiDocument As IMxDocument
Dim aoiActiveView As IActiveView
Dim aoiAOIBookmark As IAOIBookmark
```

```
Dim aoiMapBookmarks As IMapBookmarks

  'QI des Dokuments auf IMxDocument
  Set aoiDocument = ThisDocument

  'Verweis auf die aktuelle Karte
  Set aoiActiveView = aoiDocument.FocusMap

  'Neues AOIBookmark-Objekt
  Set aoiAOIBookmark = New aoiBookmark
  With aoiAOIBookmark
    .Name = "derzeitiger Kartenausschnitt"
    Set .Location = aoiActiveView.Extent
  End With

  'QI auf die IMapBookmarks-Schnittstelle
  Set aoiMapBookmarks = aoiActiveView

  'neue AOIBookmark einfügen
  aoiMapBookmarks.AddBookmark aoiAOIBookmark
```

7.4.2 FeatureBookmark

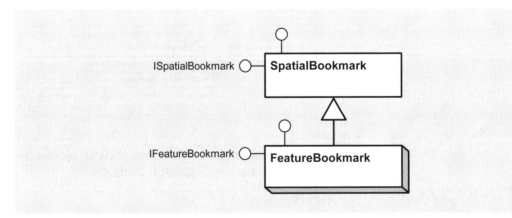

Feature
Bookmark

Ein *FeatureBookmark* wird verwendet, wenn ein ganz bestimmtes Element eines *Layers* sehr oft und sehr schnell wiedergefunden werden muss. Das *FeatureBookmark* speichert die *ObjectID* des

Elements und die *FeatureClass*, zu der das Element gehört.

IFeature
Bookmark

Um das Objekt festzulegen stellt die *IFeatureBookmark* Schnittstelle entsprechende Funktionen zur Verfügung. Zusätzlich enthält die Schnittstelle alle Funktionen der *ISpatialBookmark* Schnittstelle.

Neben der *ZoomTo* Funktion kann mit der *IFeatureBookmark* Schnittstelle das definierte Objekt unabhängig vom *Layer* gezeichnet und durch Blinken angezeigt werden.

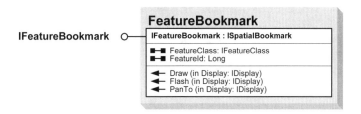

Das folgende Beispiel erzeugt ein *FeatureBookmark* Objekt, in dem das ausgewählte *Feature* abgespeichert wird.

```
'(cd) Einen FeatureBookmark erzeugen

Dim aoiDocument As IMxDocument
Dim aoiMap As IMap
Dim aoiFeatures As IEnumFeature
Dim aoiFeature As IFeature
Dim aoiBookmark As IFeatureBookmark
Dim aoiMapBookmark As IMapBookmarks

  'QI des Dokuments auf IMxDocument
  Set aoiDocument = ThisDocument

  'Verweis auf die aktuelle Karte
  Set aoiMap = aoiDocument.FocusMap

  'ausgewähltes Element
  Set aoiFeatures = aoiMap.FeatureSelection
  aoiFeatures.Reset
  Set aoiFeature = aoiFeatures.Next
```

```
If aoiFeature Is Nothing Then Exit Sub

'Neues FeatureBookmark-Objekt
Set aoiBookmark = New FeatureBookmark
With aoiBookmark
  .Name = "ausgewähltes Element"
  .FeatureClass = aoiFeature.Class
  .FeatureId = aoiFeature.OID
End With

'QI auf die IMapBookmarks-Schnittstelle
Set aoiMapBookmark = aoiMap

'neue AOIBookmark einfügen
aoiMapBookmark.AddBookmark aoiBookmark
```

8 Die Geodatabase

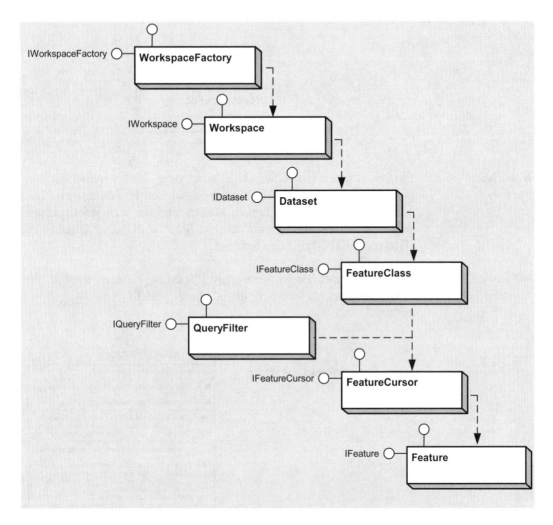

DataAccess Objects

Das *Geodatabase* Objektmodell beinhaltet alle *Data Access Objects*, die benötigt werden, um auf geografische Daten zugreifen zu können, um sie darzustellen, zu analysieren oder sie zu editieren.

Der Zugriff auf einzelne Elemente in der *FeatureClass* eines *Coverages* oder eines *Shapefiles* ist dabei so ähnlich, dass die zukünftigen Applikationen so entwickelt werden können, dass nicht mehr die Art der Datenquelle, sondern viel mehr die Funktionalität im Vodergrund steht.

8.1 WorkspaceFactory

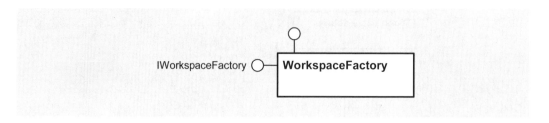

*Workspace
Factory*

Ein *Workspace* ist eine Datenbank oder ein Verzeichnis, das geografische Daten enthält. Um einen solchen *Workspace* erzeugen oder zur Bearbeitung öffnen zu können und um sich Informationen zu einem *Workspace* zu beschaffen, wird ein Objekt der *WorkspaceFactory* Klasse benötigt.

*IWorkspace
Factory*

Die elementaren Funktionen einer *WorkspaceFactory* werden über die *IWorkspaceFactory* Schnittstelle bereitgestellt.

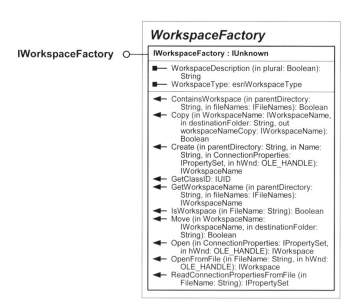

*IWorkspace
Factory*

Die *WorkspaceFactory* Klasse ist eine abstrakte Klasse, von der eine ganze Reihe weiterer Klassen abgeleitet werden. Die meisten von diesen haben nur die *IWorkspaceFactory* Schnittstelle implementiert. Sie enthält die Funktionen, die es ermöglichen eine bestimmte Art von *Workspace* zu erzeugen, diesen zur Bearbeitung zu öffnen und sich Informationen, zum Beispiel über seinen Inhalt, zu besorgen.

PropertySet

Um mit einem *Workspace* arbeiten zu können, müssen *Connect* Informationen mit Hilfe eines *PropertySet* Objekts übergeben werden. Diese Informationen können auch in einer Datei gespeichert werden. Die *ReadConnectionPropertiesFromFile* Methode der *IWorkspace-Factory* Schnittstelle liest den Inhalt dieser Datei ebenfalls in ein *PropertySet* Objekt.

WorkspaceType

Jede *WorkspaceFactory* gibt über die Funktion *WorkspaceType* Auskunft darüber, welcher Art der *Workspace* ist, der durch sie bearbeitet werden kann.

esriFileSystenWorkspace	0
esriLocalDatabaseWorkspace	1
esriRemoteDatabaseWorkspace	2

Der Typ *esriFileSystemWorkspace* bearbeitet Dateisysteme für *Shape* Dateien oder *Coverages*. Der Typ *esriLocalDatabase Workspace* bearbeitet die *Geodatabase*, die lokal als *Microsoft Access* Datenbank vorliegt, *esriRemoteDatabaseWorkspace* bearbeiten Datenbanken der *Geodatabase*, die eine *Remote Connection* benötigen, wie z.B. *ArcSDE* für ein RDBMS.

Das folgende Beispiel zeigt, wie eine *WorkspaceFactory* erzeugt wird, mit der die Objekte der *Geodatabase* in einer *Access* Datenbank bearbeitet werden können.

```
Dim aoiAccFact As IWorkspaceFactory
Set aoiAccFact = New AccessWorkspaceFactory
```

Das folgende Schema zeigt die verschiedenen *WorkspaceFactories*, die derzeit im Objektmodell der *Geodatabase* existieren und zum

Teil in den folgenden Kapiteln beschrieben werden.

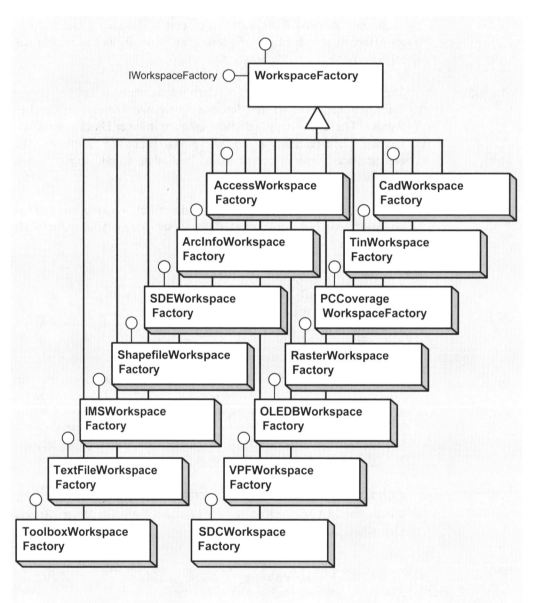

8.1.1 AccessWorkspaceFactory

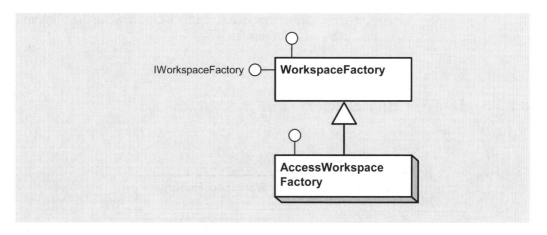

Access
Workspace
Factory

Die *AccessWorkspaceFactory* implementiert ausschließlich die *IWorkspaceFactory* Schnittstelle, um damit eine *Access* Datenbank für eine *Geodatabase* zu erzeugen, zu öffnen oder zu bearbeiten.

```
'(cd) Microsoft Access Datenbank öffnen

Dim strMDBFile As String
Dim aoiAccFact As IWorkspaceFactory
Dim aoiAccWsp As IWorkspace

  ' Pfad zur Access-Datenbank festlegen...
  strMDBFile = "c:\workspace\yellowstone.mdb"

  ' AccessWorkspaceFactory erzeugen ...
  Set aoiAccFact = New AccessWorkspaceFactory

  ' Verweis auf die IWorkspace-Schnittstelle ...
  Set aoiAccWsp = aoiAccFact.OpenFromFile(strMDBFile, 0)
```

hWnd

Die *OpenFromFile* Funktion verlangt neben dem vollen Pfadnamen der *mdb* Datei ein *hWnd* Argument. Dieses Argument ist wichtig, da die *OpenFromFile* Funktion unter Umständen ein Dialogfenster anzeigt, wenn das vorherige Argument unvollständig oder unrichtig ist. Für die richtige Zugehörigkeit muss das Fenster sein Elternfenster kennen. Wird also die Funktion aus einer eigenen

Form aufgerufen, muss die *hWnd* Eigenschaft dieser *Form* mit übergeben werden. Eine 0 kann übergeben werden, wenn das vorangegangene Argument sicher richtig ist, oder wenn die Funktion nicht aus einer *Form* aufgerufen wird.

8.1.2 ArcInfoWorkspaceFactory

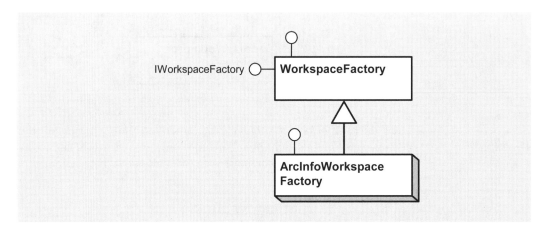

ArcInfo Workspace Factory

Die *ArcInfoWorkspaceFactory* implementiert die *IWorkspaceFactory* Schnittstelle, um damit einen *Workspace* für *Coverages* zu erzeugen, zu öffnen oder zu bearbeiten.

```
'(cd) ArcInfo Workspace öffnen

Dim strWorkspace As String
Dim aoiAIFact As IWorkspaceFactory
Dim aoiAIWsp As IWorkspace

  ' Pfad zum ArcInfo-Workspace festlegen...
  strWorkspace = "c:\workspace"

  ' ArcInfoWorkspaceFactory erzeugen …
  Set aoiAIFact = New ArcInfoWorkspaceFactory

  ' Verweis auf die IWorkspace-Schnittstelle ...
  Set aoiAIWsp = aoiAIFact.OpenFromFile(strWorkspace, 0)
```

Die Funktionen *Copy* und *Move* der *IWorkspaceFactory* Schnittstelle können hier nicht angewendet werden.

Workspace Description
Die *WorkspaceDescription* Funktion liefert den Wert „ARC/INFO Workspace"

WorkspaceType
Die *WorkspaceType* Funktion liefert den Wert 0 (= *esriFileSystemWorkspace*)

ReadConnection PropertiesFrom File
Das *PropertySet* Objekt, das durch die *ReadConnectionPropertiesFromFile* Methode erstellt wird, hat eine *Property* „DATASET", die den Pfad des *ArcInfo* Workspace enthält.

8.1.3 SDEWorkspaceFactory

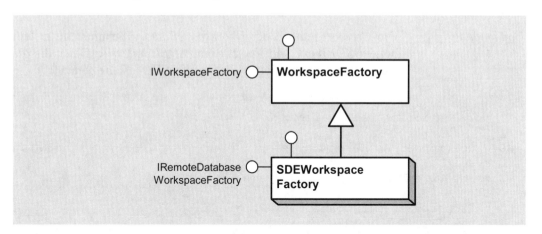

SDE Workspace Factory
Die *SDEWorkspaceFactory* implementiert die *IWorkspaceFactory* Schnittstelle, um damit eine Verbindung zu einer lokalen oder über das Netzwerk zugänglichen (*remote*) *ArcSDE* Datenbank herzustellen.

```
'(cd) ArcSDE Datenbank öffnen

Dim aoiPropSet As IPropertySet
```

```
Dim aoiSDEFact As IWorkspaceFactory
Dim aoiSDEWsp As IWorkspace

    ' PropertySet mit Connection-Parameter ...
    Set aoiPropSet = New PropertySet
    With aoiPropSet
        .SetProperty "SERVER", "enterprise"
        .SetProperty "INSTANCE", "esri_sde8"
        .SetProperty "DATABASE", ""
        .SetProperty "USER", "scott"
        .SetProperty "PASSWORD", "Tiger"
        .SetProperty "VERSION", "sde.DEFAULT"
    End With

    ' SDEWorkspaceFactory erzeugen ...
    Set aoiSDEFact = New SdeWorkspaceFactory

    ' Verweis auf die IWorkspace-Schnittstelle ...
    Set aoiSDEWsp = aoiSDEFact.Open(aoiPropSet, 0)
```

ConnectionFile   Die *Create* Methode der *IWorkspaceFactory* Schnittstelle erstellt bei der *SDEWorkspaceFactory* eine *SDEConnection* Datei, die die Verbindungsinformationen zu einer *ArcSDE* Instanz bereitstellt.

```
'(cd) Connection Datei erzeugen

Dim aoiPropSet As IPropertySet
Dim aoiSDEFact As IWorkspaceFactory
Dim aoiSDEWspNam As IWorkspaceName

    ' PropertySet mit Connection-Parameter ...
    Set aoiPropSet = New PropertySet
    With aoiPropSet
        .SetProperty "SERVER", "enterprise"
        .SetProperty "INSTANCE", "esri_sde8"
        .SetProperty "DATABASE", ""
        .SetProperty "USER", "scott"
        .SetProperty "PASSWORD", "Tiger"
        .SetProperty "VERSION", "sde.DEFAULT"
    End With

    ' SDEWorkspaceFactory erzeugen ...
    Set aoiSDEFact = New SdeWorkspaceFactory
```

```
' Verweis auf die IWorkspaceName-Schnittstelle ...
Set aoiSDEWspNam = aoiSDEFact.Create( _
                "c:\workspace", _
                "Scott_on_enterprise", _
                aoiPropSet, 0)
```

*IRemoteDatabase
Workspace
Factory*

Die *IRemoteDatabaseWorkspaceFactory* Schnittstelle beinhaltet Funktionen, die es erlauben, ein *ConnectionFile*, das mit der *Create* Methode der *IWorkspaceFactory* Schnittstelle erzeugt wurde, zu löschen, über die *IWorkspaceName* Schnittstelle zu bearbeiten oder es umzubenennen.

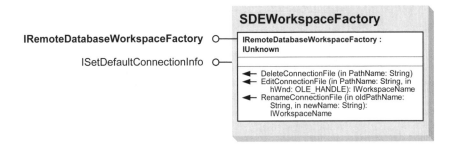

Das folgende Beispiel löscht das *ConnectionFile* wieder, das im letzten Beispiel angelegt wurde.

```
'(cd) Connection Datei löschen

Dim aoiSDEFact As IRemoteDatabaseWorkspaceFactory
Dim aoiSDEWspNam As IWorkspaceName

   ' SDEWorkspaceFactory erzeugen ...
   Set aoiSDEFact = New SdeWorkspaceFactory

   ' Verweis auf die IWorkspaceName-Schnittstelle ...
   aoiSDEFact.DeleteConnectionFile ( _
           "c:\workspace\Scott_on_enterprise.sde")
```

ISetDefault
ConnectionInfo

Eine Alternative für die Anmeldung mit Hilfe eines *PropertySets* ist die *SetParameters* Funktion der *ISetDefaultConnectionInfo* Schnittstelle.

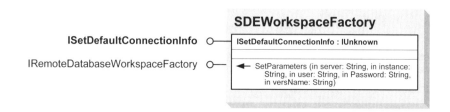

```
'(cd) ArcSDE Connection Parameter festlegen

Dim aoiDefSDEFact As ISetDefaultConnectionInfo
Dim aoiSDEFact As IWorkspaceFactory
Dim aoiSDEWsp As IWorkspace

  ' SDEWorkspaceFactory erzeugen ...
  Set aoiDefSDEFact = New SdeWorkspaceFactory

  ' ConnectionInfo eintragen ...
  aoiDefSDEFact.SetParameters _
            "enterprise", _
            "esri_sde8", _
            "scott", _
            "Tiger", _
            "sde.DEFAULT"

  ' QI auf IWorkspaceFactory-Schnittstelle
  Set aoiSDEFact = aoiDefSDEFact

  ' Verweis auf die IWorkspace-Schnittstelle ...
  Set aoiSDEWsp = aoiSDEFact.Open(Nothing, 0)
```

8.1.4 ShapefileWorkspaceFactory

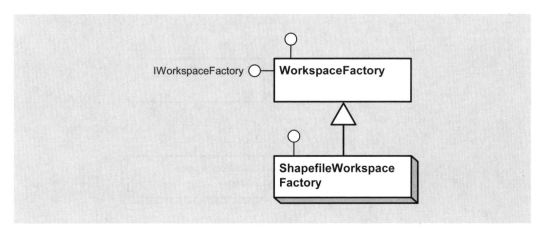

Shapefile Die   *ShapefileWorkspaceFactory*   implementiert   die
Workspace *IWorkspaceFactory* Schnittstelle, um damit ein Verzeichnis mit oder
Factory für *Shape* Dateien zu erzeugen, zu öffnen oder zu bearbeiten.

```
'(cd) Verzeichnis mit Shapefiles öffnen

Dim strWorkspace As String
Dim aoiSHPFact As IWorkspaceFactory
Dim aoiSHPWsp As IWorkspace

  ' Pfad zum Shapefile-Workspace festlegen…
  strWorkspace = "c:\workspace"

  ' ShapefileWorkspaceFactory erzeugen …
  Set aoiSHPFact = New ShapefileWorkspaceFactory

  , Verweis auf die IWorkspace-Schnittstelle ...
  Set aoiSHPWsp = aoiSHPFact.OpenFromFile(strWorkspace, 0)
```

8.1.5 CadWorkspaceFactory

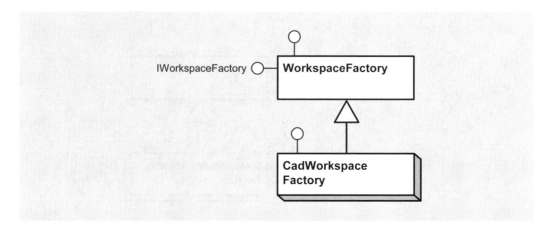

Cad
Workspace
Factory

Die *CadWorkspaceFactory* implementiert die *IWorkspaceFactory* Schnittstelle, um damit ein Verzeichnis mit oder für *CAD* Drawings zu erzeugen, zu öffnen oder zu bearbeiten.

```
'(cd) Verzeichnis mit CAD Dateien öffnen

Dim strWorkspace As String
Dim aoiCadFact As IWorkspaceFactory
Dim aoiCadWsp As IWorkspace

   ' Pfad zum CAD-Workspace festlegen...
   strWorkspace = "c:\workspace"

   ' CadWorkspaceFactory erzeugen ...
Set aoiCadFact = New CadWorkspaceFactory

   ' Verweis auf die IWorkspace-Schnittstelle ...
Set aoiCadWsp = aoiCadFact.OpenFromFile(strWorkspace, 0)
```

8.1.6 TinWorkspaceFactory

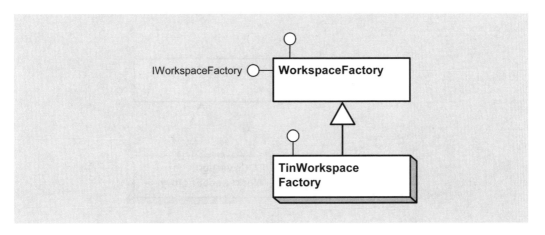

Tin
Workspace
Factory

Die *TinWorkspaceFactory* implementiert die *IWorkspaceFactory* Schnittstelle, um damit ein Verzeichnis mit oder für *TINs* zu erzeugen, zu öffnen oder zu bearbeiten.

```
'(cd) Workspace mit TINs öffnen

Dim strWorkspace As String
Dim aoiTINFact As IWorkspaceFactory
Dim aoiTINWsp As IWorkspace

   ' Pfad zum TIN-Workspace festlegen...
   strWorkspace = "c:\workspace"

   ' TinWorkspaceFactory erzeugen ...
   Set aoiTINFact = New TinWorkspaceFactory

   ' Verweis auf die IWorkspace-Schnittstelle ...
   Set aoiTINWsp = aoiTINFact.OpenFromFile(strWorkspace, 0)
```

8.1.7 PCCoverageWorkspaceFactory

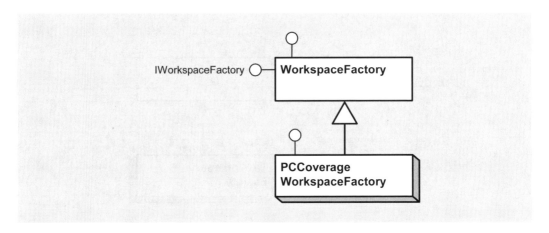

PCCoverage Workspace Factory   Die *PCCoverageWorkspaceFactory* implementiert die *IWorkspaceFactory* Schnittstelle, um damit einen *Workspace* für *PC ARC/INFO Coverages* zu erzeugen, zu öffnen oder zu bearbeiten.

```
'(cd) Workspace mit PC Coverages öffnen

Dim strWorkspace As String
Dim aoiPCCovFact As IWorkspaceFactory
Dim aoiPCCovWsp As IWorkspace

  ' Pfad zum PCCoverage-Workspace festlegen...
  strWorkspace = "c:\workspace"

  ' PCCoverageWorkspaceFactory erzeugen ...
Set aoiPCCovFact = New PCCoverageWorkspace

  ' Verweis auf die IWorkspace-Schnittstelle ...
Set aoiPCCovWsp = aoiPCCovFact.OpenFromFile( _
                               strWorkspace, 0)
```

8.1.8 RasterWorkspaceFactory

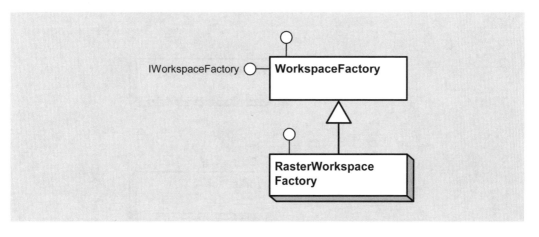

Raster Workspace Factory

Die *RasterWorkspaceFactory* implementiert die *IWorkspaceFactory* Schnittstelle, um damit einen *Workspace* für *Grids* und Rasterbilder zu erzeugen, zu öffnen oder zu bearbeiten.

```
'(cd) Verzeichnis mit Bilddateien öffnen

Dim strWorkspace As String
Dim aoiRasterFact As IWorkspaceFactory
Dim aoiRasterWsp As IWorkspace

   ' Pfad zum Raster-Workspace festlegen...
   strWorkspace = "c:\workspace"

   ' RasterWorkspaceFactory erzeugen ...
Set aoiRasterFact = New RasterWorkspaceFactory

   ' Verweis auf die IWorkspace-Schnittstelle ...
Set aoiRasterWsp = aoiRasterFact.OpenFromFile( _
                               strWorkspace, 0)
```

8.2 Workspace

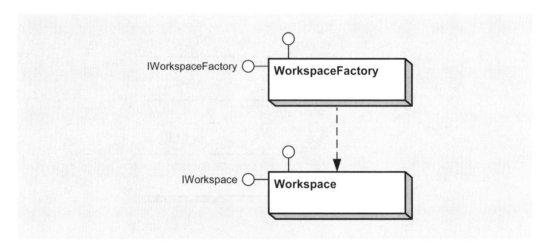

Die Klasse *Workspace* ist eine wichtige Hauptkomponente im Geodatabase Objektmodell. Sie ist keine CoKlasse, sondern kann nur über die *WorkspaceFactory* oder über das *WorkspaceName* Objekt instanziiert werden. Ein *Workspace* bezieht sich entweder auf ein Verzeichnis in einem Dateisystem oder auf die Datenbank eines Relationalen Datenbank Mananegment Systems (RDBMS). Der *Workspace* ist ein Container für geografische Informationen.

Workspace *Typen*		
	ArcInfo Workspace	Ein Verzeichnis , das *Coverages* und ein INFO Verzeichnis enthält.
	Shapefile Workspace	Ein Verzeichnis mit ESRI *Shape* Dateien.
	Access Workspace	Eine Microsoft *Access* Datenbank.
	SDE Workspace	Die Instanz einer *ArcSDE* Datenbank.
	Raster Workspace	Ein Verzeichnis mit *Grids* oder Rasterbildern.
	Tin Workspace	Ein Verzeichnis mit TINs

Workspace
Factory

Um ein neues Objekt der *Workspace* Klasse erzeugen zu können, existiert für jeden der oben aufgeführten *Workspace* Typen eine entsprechende *WorkspaceFactory* (*ArcInfoWorkspaceFactory*, *ShapefileWorkspaceFactory*, etc.) – wobei alle eine einheitliche *IWorkspaceFactory* Schnittstelle implementiert haben. Diese enthält Funktionen um *Workspace* Objekte zu erzeugen und um diese zur Bearbeitung zu öffnen.

IWorkspaceFactory ○───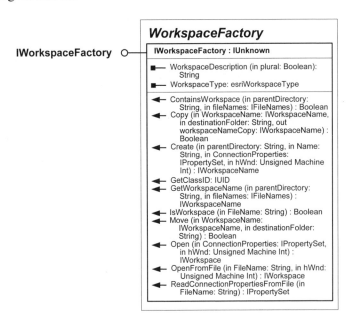

Workspace öffnen   Um auf Daten eines *Workspaces* zugreifen zu können, muss dieser immer zuerst geöffnet werden. Die *IWorkspaceFactory* Schnittstelle bietet dazu zwei Methoden an: *Open* und *OpenFromFile*.

```
'(cd) ArcSDE Datenbank öffnen

Dim aoiPropSet As IPropertySet
Dim aoiSDEFact As IWorkspaceFactory
Dim aoiSDEWsp As IWorkspace

  ' PropertySet mit Connection-Parameter ...
  Set aoiPropSet = New PropertySet
  With aoiPropSet
      .SetProperty "SERVER", "enterprise"
      .SetProperty "INSTANCE", "esri_sde8"
```

```
        .SetProperty "DATABASE", ""
        .SetProperty "USER", "scott"
        .SetProperty "PASSWORD", "Tiger"
        .SetProperty "VERSION", "sde.DEFAULT"
    End With

    ' SDEWorkspaceFactory erzeugen ...
    Set aoiSDEFact = New SdeWorkspaceFactory

    ' Verweis auf die IWorkspace-Schnittstelle ...
    Set aoiSDEWsp = aoiSDEFact.Open(aoiPropSet, 0)
```

PropertySet   Für die *Open* Funktion ist ein *PropertySet* Objekt erforderlich, das *Workspace* spezifische Parameter mit Werten bereitstellt, damit eine erfolgreiche „Anmeldung" am *Workspace* möglich ist. Im oberen Beispiel sind es die erforderlichen Anmeldeparameter für eine *ArcSDE* Instanz. Für alle anderen *Factories* genügt der „DATABASE" Parameter.

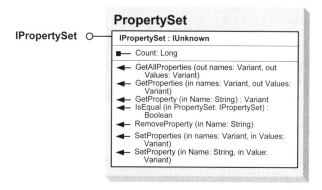

Das folgende Beispiel zeigt dieselbe Prozedur, aber mit dem Ziel eine Microsoft *Access* Datenbank zu öffnen:

```
'(cd) Microsoft Access Datenbank öffnen (PropertySet)

Dim aoiPropSet As IPropertySet
Dim aoiAccFact As IWorkspaceFactory
Dim aoiAccWsp As IWorkspace
```

```
' PropertySet mit Connection-Parameter ...
Set aoiPropSet = New PropertySet
With aoiPropSet
    .SetProperty "DATABASE", _
                 "c:\workspace\yellowstone.mdb"
End With

' ACCESSWorkspaceFactory erzeugen ...
Set aoiAccFact = New AccessWorkspaceFactory

' Verweis auf die IWorkspace-Schnittstelle ...
Set aoiAccWsp = aoiAccFact.Open(aoiPropSet, 0)
```

Die Werte, die in einem *PropertySet* enthalten sein können, können für andere Zwecke - z.B. bei der Definition von räumlichen Bezugssystemen - neben Zeichenketten auch Zahlen oder Objektverweise sein.

OpenFromFile   Als Alternative zur *Open* Funktion kann bei allen *Factories* die Funktion *OpenFromFile* verwendet werden. Bei der *AccessWorkspaceFactory* ist dabei das erforderliche Argument der vollständige Pfadname der zu öffnenden .*mdb* Datei, bei der *SDEWorkspaceFactory* eine *SDE-Connection* Datei (.*sde*), bei allen anderen der Pfadname des Verzeichnisses, in dem die *Coverages* oder *Shape* Dateien enthalten sind.

```
'(cd) Microsoft Access Datenbank öffnen

Dim strMDBFile As String
Dim aoiAccFact As IWorkspaceFactory
Dim aoiAccWsp As IWorkspace

  ' Pfad zur Access-Datenbank festlegen...
  strMDBFile = "c:\workspace\yellowstone.mdb"

  ' AccessWorkspaceFactory erzeugen ...
  Set aoiAccFact = New AccessWorkspaceFactory

  ' Verweis auf die IWorkspace-Schnittstelle ...
  Set aoiAccWsp = aoiAccFact.OpenFromFile(strMDBFile, 0)
```

Create

Die *SDEConnection* Datei kann mit der *Create* Funktion der *IWorkspace* Schnittstelle eines *SDEWorkspaceFactory* Objekts erzeugt werden.

Die *Create* Methode eines *ArcInfoWorkspaceFactory* Objekts erzeugt hingegen ein Verzeichnis mit einem INFO-Unterverzeichnis, die *AccessWorkspaceFactory* eine *.mdb* Datei mit der Tabellenstruktur der *Geodatabase*.

```
'(cd) ArcInfo Workspace erzeugen

Dim aoiAIFact As IWorkspaceFactory
Dim aoiAIWsp As IWorkspaceName

  ' ArcInfoWorkspaceFactory erzeugen ...
  Set aoiAIFact = New ArcInfoWorkspaceFactory

  ' Verweis auf die IWorkspace-Schnittstelle ...
  Set aoiAIWsp = aoiAIFact.Create( _
                     "c:\workspace", _
                     "coverages", _
                     Nothing, _
                     0)
```

Eine weitere Methode, anstelle einer *WorkspaceFactory,* ein *Workspace* Objekt zu erzeugen, ist die Verwendung eines *Workspace-Name* Objekts.

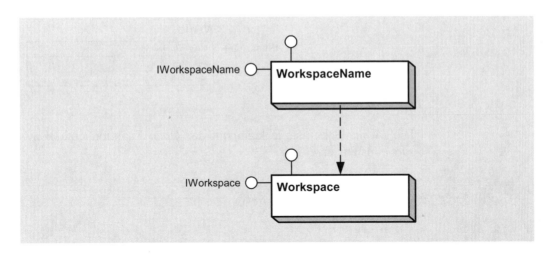

Workspace Name

Die *WorkspaceName* Klasse ist eine „light" Version des *Workspace* Objekts. Wird ein Objekt der *Workspace* Klasse angelegt, werden alle weiteren Objekte, die unmittelbar mit dem *Workspace* in Beziehung stehen, ebenfalls angelegt. Auch eine Menge Eigenschaften zu diesem Workspace müssen ermittelt werden. Die *WorkspaceName* Klasse hingegen hat nur sehr wenige Eigenschaften und benötigt keine weiteren Beziehungen.

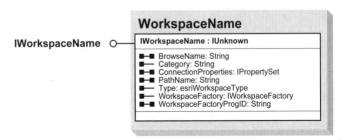

Die *IWorkspaceName* Schnittstelle enthält Eigenschaften, um die Verbindungsinformationen sowie Angaben über die zu verwendende *WorkspaceFactory* zu speichern.

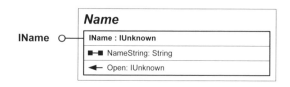

Die *IName* Schnittstelle kann mit der *Open* Funktion eine *Workspace* Instanz erzeugen:

```
'(cd) ArcSDE Datenbank über ein Name Objekt öffnen

Dim aoiPropSet As IPropertySet
Dim aoiWspName As IWorkspaceName
Dim aoiName As IName
Dim aoiWorkspace As IWorkspace

  ' PropertySet mit Connection-Parameter ...
  Set aoiPropSet = New PropertySet
  With aoiPropSet
      .SetProperty "SERVER", "enterprise"
      .SetProperty "INSTANCE", "esri_sde8"
      .SetProperty "DATABASE", ""
      .SetProperty "USER", "scott"
      .SetProperty "PASSWORD", "Tiger"
      .SetProperty "VERSION", "sde.DEFAULT"

  ' Workspacename-Objekt erzeugen ...
  Set aoiWspName = New WorkspaceName
  With aoiWspName
    .ConnectionProperties = aoiPropSet
    .WorkspaceFactoryProgID = _
                "esriDataSourcesGDB.SDEWorkspaceFactory.1"
  End With

  ' QI auf IName
  Set aoiName = aoiWspName
  Set aoiWorkspace = aoiName.Open
```

Name   *Name* Klassen gibt es von fast jeder Klasse der *Geodatabase*. Der Vorteil in der Verwendung dieser Objekte, anstelle der eigentlichen Datenbankobjekte, liegt in der wesentlich besseren Performance, da nur einige wenige Informationen über die Datenbankobjekte benötigt werden. Außerdem können Datenbankobjekte als *Name* Objekte angelegt werden, die physisch in der Datenbank noch gar nicht existieren. Diese Funktion wird für einige Methoden als Eingabeparameter benötigt, die z.B. bei der Datenkonvertierung neue Datenbankobjekte anlegen. *Name* Objekte gibt es für die Klassen *Workspace, FeatureDataset, FeatureClass, RasterDataset, Tin, RelationshipClass* und *GeometricNetwork*.

IWorkspace

Die wichtigsten Funktionen der *IWorkspace* Schnittstelle sind Funktionen, die verschiedene Inhalte eines *Workspace* liefern können. *DatasetNames* erzeugt eine Liste aller verfügbaren *DatasetNames* Objekte im *Workspace, Datasets* liefert eine Liste aller *Dataset* Objekte.

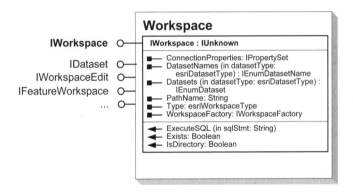

esriWorkspace Type

Die *Type*Eigenschaft liefert einen Wert vom Typ *esriWorkspaceType*:

esriFileSystemWorkspace	0	*Shape* Datei,*Coverage*
esriLocalDatabaseWorkspace	1	Microsoft *Access*
esriRemoteDatabaseWorkspace	2	*ArcSDE*

IEnumDataset

Die meisten Funktionen in *ArcObjects*, die Listen mit Objekten zurückliefern, liefern diese in Form einer *IEnum* Schnittstelle. Die *IEnum* Schnittstelle hat in der Regel zwei Funktionen: *Next* und

Reset.

Reset   Die *Reset* Funktion setzt die Sequenz an den Anfang der Liste, mit
Next   *Next* wird ein Verweis auf eine Schnittstelle des jeweils nächsten
                 Objekts in der Liste geliefert. *IEnumDataset* liefert demnach eine
                 IDataset Schnittstelle, *IEnumDatasetName* eine *IDatasetName*-
                 Schnittstelle. Das Ende der Liste ist erreicht, wenn die *Next* Methode
                 „*Nothing*" zurückliefert.

```
'(cd) Alle DatasetNames in einem Workspace

Dim strWorkspace As String
Dim aoiAIFact As IWorkspaceFactory
Dim aoiAIWsp As IWorkspace
Dim aoiEnum As IEnumDatasetName
Dim aoiDataset As IDatasetName
Dim strList As String

  ' Pfad zum ArcInfo-Workspace festlegen...
  strWorkspace = "c:\workspace"

  ' ArcInfoWorkspaceFactory erzeugen ...
  Set aoiAIFact = New ArcInfoWorkspaceFactory

  ' Verweis auf die IWorkspace-Schnittstelle ...
  Set aoiAIWsp = aoiAIFact.OpenFromFile(strWorkspace, 0)

  ' Liste aller Coverages ...
  Set aoiEnum = aoiAIWsp.DatasetNames(esriDTFeatureDataset)

  ' Schleife durch alle Objekte der Liste ...
  aoiEnum.Reset
  Set aoiDataset = aoiEnum.Next
  Do While Not aoiDataset Is Nothing
    strList = strList & aoiDataset.Name & Chr(13)
    Set aoiDataset = aoiEnum.Next
  Loop

  MsgBox strList
```

Das *Workspace* Objekt wird immer dann benötigt, wenn es darum
geht, auf *Datasets* zuzugreifen, diese zu lesen oder zu schreiben,

oder um einen neuen *Dataset* zu erzeugen.

Dazu können neben den Funktionen von *IWorkspace* auch Funktionen der *IFeatureWorkspace* Schnittstelle benutzt werden. Diese liefern zwar nicht direkt den Verweis auf eine *IDataset* Schnittstelle, sondern auf andere Schnittstellen von Objekten, die aber alle die *IDataset* Schnittstelle implementiert haben.

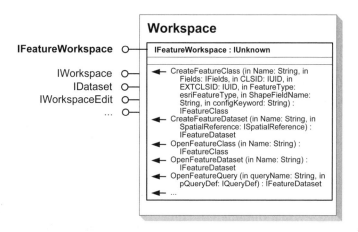

IFeature
Workspace

IFeatureWorkspace enthält Funktionen, die neue Dateien oder Tabellen für geografische Daten anlegen oder öffnen.

```
'(cd) Einen FeatureDataset öffnen

Dim strWorkspace As String
Dim aoiAIFact As IWorkspaceFactory
Dim aoiFeatureWsp As IFeatureWorkspace
Dim aoiFeatureDataset As IFeatureDataset

   ' Pfad zum ArcInfo-Workspace festlegen...
   strWorkspace = "c:\workspace"

   ' ArcInfoWorkspaceFactory erzeugen ...
   Set aoiAIFact = New ArcInfoWorkspaceFactory

   ' Verweis auf die IFeatureWorkspace-Schnittstelle ...
   Set aoiFeatureWsp = aoiAIFact.OpenFromFile( _
                                     strWorkspace, 0)
```

```
' IFeatureDataset-Interface auf das Coverage
Set aoiFeatureDataset = aoiFeatureWsp.OpenFeatureDataset _
                                    ("states")
```

Open

Alle *Open* Funktionen der *IFeatureWorkspace* Schnittstelle verlangen einen Namen als Eingabeparameter. Ist der *Workspace* eine *ArcSDE* Datenbank (RDBMS), enthält der Name die vollständige, eindeutige Bezeichnung der Layer Tabelle (zum Beispiel „database.owner.table" oder „owner.table" - je nach zugrundeliegender Datenbank).

OpenFeature Class

Soll mit der *OpenFeatureClass* Funktion auf die *FeatureClass* eines *Coverages* zugegriffen werden, ist der Name eine Kombination aus *Coverage* Name und *FeatureClass* Name, wobei die beiden durch einen Doppelpunkt (:) getrennt werden (zum Beispiel „lakes: polygon").

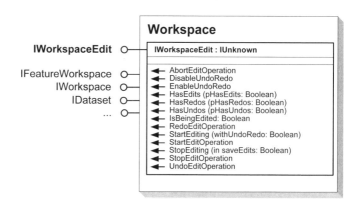

IWorkspace Edit

Eine weitere wichtige Schnittstellen der Klasse *Workspace* ist die *IWorkspaceEdit* Schnittstelle, mit deren Funktionen verändernde Operationen auf Daten in diesem *Workspace* eingeleitet (*StartEditing*), in Transaktionen gekapselt (*StartEditOperation*, *StopEditOperation*) und schließlich gespeichert werden können (*StopEditing*).

Das folgende Beispiel zeigt eine typische Edit-Transaktion auf einer *Access* Datenbank:

```
'(cd) Einen Datensatz löschen

Dim aoiWorkspaceFactory As IWorkspaceFactory
Dim aoiFeatureWorkspace As IFeatureWorkspace
Dim aoiFeatureClass As IFeatureClass

  Set aoiWorkspaceFactory = New AccessWorkspaceFactory
  Set aoiFeatureWorkspace = aoiWorkspaceFactory.OpenFromFile _
                          ("D:\Usa.mdb", 0)
  Set aoiFeatureClass = pFeatureWorkspace.OpenFeatureClass _
                      ("States")

Dim aoiWorkspaceEdit As IWorkspaceEdit
Dim aoiFeature As IFeature
Dim blnHasEdits As Boolean

  Set aoiWorkspaceEdit = pFeatureWorkspace

  aoiWorkspaceEdit.StartEditing True
  aoiWorkspaceEdit.StartEditOperation

  Set aoiFeature = aoiFeatureClass.GetFeature(1)
  aoiFeature.Delete

  aoiWorkspaceEdit.StopEditOperation
  aoiWorkspaceEdit.HasEdits blnHasEdits
  If blnHasEdits Then
    aoiWorkspaceEdit.StopEditing _
          MsgBox("Save edits?", vbYesNo)
  End If
```

SQL Statements   Auf unterschiedlichen Ebenen können auf einen *FeatureWorkspace* eigene *SQL Statements* ausgeführt werden. Die *IWorkspace* Schnittstelle implementiert beispielsweise die Methode *ExecuteSQL*, mit der ein DDL (DataDefinbitionLanguage) oder DML (DataModificationLanguage) Statement auf der darunter liegenden Datenbank ausgeführt werden kann. Allerdings können über diese Methode keine Rückgabewerte erzeugt werden.

ISQLSyntax   Um automatisch *SQL Statement*s erzeugen zu können, die die Besonderheiten der darunterliegenden Datenabank berücksichtigt, implementiert die *Workspace* Klasse die Schnittstelle *ISQLSyntax*, über die derartige Informationen zur Datenbank eingeholt werden können.

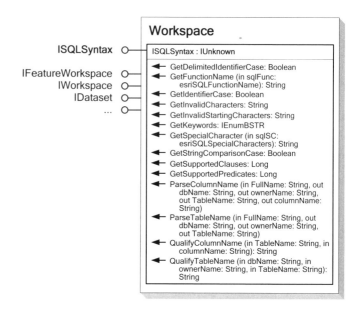

Das folgende Beispiel zeigt, wie man mit Hilfe der *ISQLSyntax* Schnittstelle den Platzhalter für mehrere Zeichen (*Wildcard*) der Datenbank ermittelt:

```
'(cd) Wildcard ermitteln

Dim aoiWorkspaceFactory As IWorkspaceFactory
Dim aoiWorkspace As IWorkspace

  Set aoiWorkspaceFactory = New AccessWorkspaceFactory
  Set aoiWorkspace = aoiWorkspaceFactory.OpenFromFile _
                  ("C:\data\Usa.mdb", 0)

Dim aoiSQLSyntax As ISQLSyntax
Dim strWildcard As String

  Set aoiSQLSyntax = aoiWorkspace
  strWildcard = aoiSQLSyntax.GetSpecialCharacter _
              (esriSQL_WildcardManyMatch)
```

```
MsgBox strWildcard
```

8.2.1 Versioned Workspace

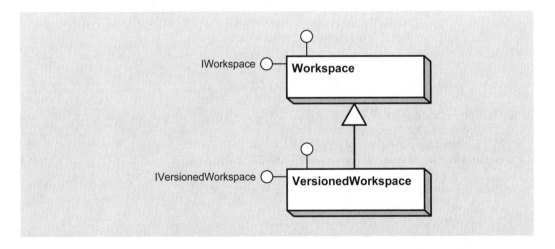

Versioning

Die Versionierung erlaubt, dass mehrere Benutzer gleichzeitig über einen längeren Zeitraum räumliche und nicht-räumliche Daten einer *Geodatabase* bearbeiten. Es müssen dazu keine Daten ausgecheckt oder gesperrt werden.

Versioned Workspace

VersionedWorkspace ist eine spezielle Erweiterung der *Workspace* Klasse mit Schnittstellen, die es ermöglichen, neue Versionen zu erzeugen und zu verwalten, Tabellen als versioniert zu registrieren oder zu deregistrieren, Versionen mit Elternversionen abzugleichen (*reconcile*) oder Änderungen in diese zurückzuschreiben (*post*).

IVersioned
Workspace

Über die *IVersionedWorkspace* Schnittstelle kann auf alle Versionen der *Geodatabase* zugegriffen werden. Daneben enthält sie die *Compress* Methode, mit der alle *States* entfernt werden können, die nicht unmittelbar zu einer Version gehören.

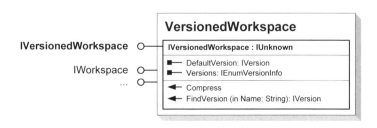

Mit *QueryInterface* kann von jedem *Workspace* Objekt auf die Schnittstellen des *VersionedWorkspace* zugegriffen werden, wenn dieser Versionierung unterstützt.

```
'(cd) Einen Versioned Workspace öffnen

Dim aioPropset As IPropertySet
Dim aoiFact As IWorkspaceFactory
Dim aoiWorkspace As IWorkspace
Dim aoiVerWorkspace As IVersionedWorkspace

  Set aioPropset = New PropertySet
  With aioPropset
    .SetProperty "Server", "arnau"
    .SetProperty "Instance", "5151"
    .SetProperty "User", "jm"
    .SetProperty "Password", "jm"
    .SetProperty "Version", "SDE.DEFAULT"
  End With
  Set aoiFact = New SdeWorkspaceFactory
  Set aoiWorkspace = aoiFact.Open(aioPropset, Application.hWnd)
  If TypeOf aoiWorkspace Is IVersionedWorkspace Then
    Set aoiVerWorkspace = aoiWorkspace
  End If
```

IVersion

Jeder *ArcSDE Workspace* ist eine Version. Selbst wenn man keine

Versionierung benutzen möchte und keine Daten als versioniert registriert hat, arbeitet man auf der *DefaultVersion*. Die *IVersion* Schnittstelle eines *VersionedWorkspace* erlaubt es, die Eigenschaften dieser Version zu managen und von dieser Version aus neue Versionen zu erzeugen.

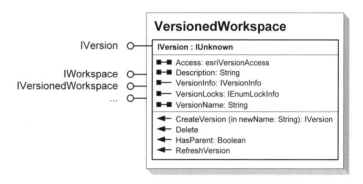

Access

Die *Access* Eigenschaft definiert die Zugriffsberechtigung auf die Daten dieser Version. Folgende Arten der Zugriffsberechtigungen können einer Version zugeteilt werden:

esriVersionAccessPrivate	0
esriVersionAccessPublic	1
esriVersionAccessProtected	2

Daten einer private Versionen (*esriVersionPrivate*) können nur vom Eigentümer dieser Version eingesehen und bearbeitet werden, öffentliche Versionen (*esriVersionPublic*) von allen, die auf diesen Daten Schreib- und Leserechte haben, geschützte Versionen (*esriVersionProtected*) können von allen gelesen, aber nur vom Eigentümer geändert werden.

IVersionInfo

Die Schnittstelle *IVersionInfo* gibt noch detailliertere Informationen zur aktuellen Version, als die *IVersion* Schnittstelle. Über diese Schnittstelle lassen sich aber keine Eigenschaften ändern, wie das teilweise bei der *IVersion* Schnittstelle möglich ist.

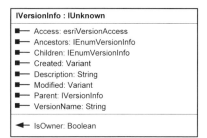

Im nachfolgenden Beispiel wird die *Access* Eigenschaft der Version geändert. Das kann aber nur durch den Eigentümer geschehen. Um dies sicherzustellen, wird über die *IVersionInfo* Schnittstelle diese Vorraussetzung überprüft.

```
'(cd) Die Access Eigenschaft einer Version ändern

Dim aoiVersion As IVersion
Dim aoiVersionInfo As IVersionInfo

   Set aoiVersion = aoiVerWorkspace
   Set aoiVersionInfo = aoiVersion.VersionInfo
   If aoiVersionInfo.IsOwner Then
     aoiVersion.Access = esriVersionAccessPublic
   End If
```

IVersionEdit   Die wichtigsten Funktionen der *IVersionEdit* Schnittstelle sind *Reconcile* und *Post*.

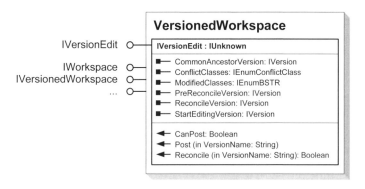

Reconcile Bevor die Änderungen einer Version in eine Elternversion zurückgeschrieben werden können, müssen die beiden Versionen miteinander abgeglichen werden. Über den *Reconcile* werden dabei alle zwischenzeitlichen Änderungen an der Elternversion in die aktuelle Version übernommen. Allerdings kann es beim *Reconcile* zu Konflikten kommen, wenn in der aktuellen Version und in der Elternversion dasselbe Objekt in der Zwischenzeit geändert wurde. Unter diesen Umständen liefert der *Reconcile* den Wert *False* zurück, und bevor mit einem *Post* die Versionen tatsächlich angeglichen werden, müssen diese Konflikte beseitigt werden. Danach ist ein erneuter *Reconcile* durchzuführen.

Nach einem *Reconcile* kann über die *IVersionEdit* Schnittstelle auf unterschiedliche Versionen und damit auf unterschiedliche Zustände von Daten, die in dieser Version bearbeitet wurden, zugegriffen werden, und zwar auf die *StartEditigVersion*, also dem Zustand bevor die letzte Editiersitzung begonnen wurde, die *PreReconcile-Version*, die den Stand der letzten eigenen Veränderungen beinhaltet, die *ReconcileVersion*, der Zustand der Version des letzten *Reconciles*, und die *CommonAncestorVersion*, der Zustand, als die aktuelle Version und die *ReconcileVersion* noch identisch waren.

Post Die *Post* Methode legt fest, dass die aktuelle Version und die *ReconcileVersion* identisch sind. Vorraussetzung ist ein vorausgegangener und erfolgreicher *Reconcile* gegen die entsprechende Elternversion.

CanPost Die Methode *CanPost* liefert *True*, wenn ein erfolgreicher *Reconcile* durchgeführt wurde und sich zwischenzeitlich an der *Reconcile-Version* nichts mehr verändert hat – andernfalls ist ein erneuter *Reconcile* notwendig.

```
'(cd) Reconcile und Post einer Version

Dim aoiVersionEdit As IVersionEdit
Dim blnConflicts As Boolean

   Set aoiVersionEdit = aoiVerWorkspace
   blnConflicts = aoiVersionEdit.Reconcile("SDE.DEFAULT")

   If blnConflicts = True Then
```

```
    MsgBox "Konflikte wurden entdeckt, die vor dem Post _
           gelöst werden müssen"
End If

If aoiVersionEdit.CanPost Then
   aoiVersionEdit.Post ("SDE.DEFAULT")
   MsgBox "Erfolgreicher reconcile und post"
End If
```

ConflictClasses   Werden beim Reconcile Konflikte entdeckt, kann über die *ConflictClasses* Methode auf die betreffenden Objekte zugegriffen werden. Die „*Conflict Resolution Dialog Box*" in *ArcMap* ist ein gutes Beispiel, wie diese Methode zur nachfolgenden Konfliktbereinigung herangezogen werden kann.

IEnumConflict Classes   Die Methode *ConflictClasses* liefert die *IEnumConflictClass* Enumeration, über die man eine Referenz auf alle Tabellen erhält, die Objekte enthalten, die mit der aktuellen Version in Konflikt stehen. Die einzelnen Objekte erhält man über die Methoden der *IConflictClass* Schnittstelle.

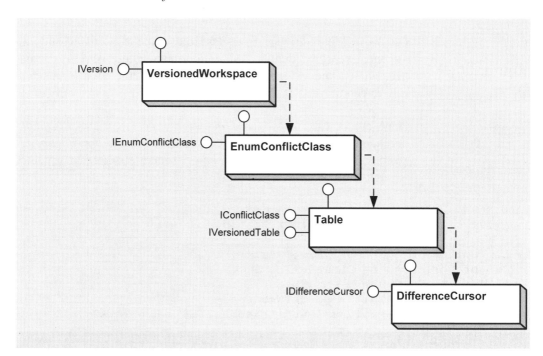

IVersionedTable Die *IVersionedTable* Schnittstelle erlaubt Änderungen gegenüber anderen Versionen und damit ebenfalls potentielle Konflikte zu erkennen, ohne vorher ein *Reconcile* durchführen zu müssen. Das Resultat dieser Funktion ist eine *DifferenceCursor*, über die man für den definierten *DifferenceType* auf die entsprechenden Objekte zugreifen kann. Diese Schnittstelle mit der Methode *Differences* wird im Kapitel 8.3.2 *Table* genauer betrachtet.

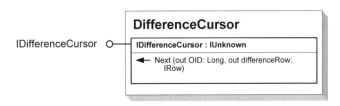

Next Erhält man für den definierten *esriDifferenceType* einen *Difference-Cursor*, kann sequentiell auf die einzelnen Objekte mit der *Next* Funktion zugegriffen werden. Neben der Referenz auf das Objekt wird auch die ObjectID geliefert. Im Fall, dass kein weiteres Objekt durch den Cursor zurückgegeben werden kann, wird der Wert der ObjectId auf -1 gesetzt.

```
'(cd) Iteration über DifferenceCursor

Dim aoiDiffCursor As IDifferenceCursor
Dim aoiDiffRow As IRow
Dim lngOID As Long

  Set aoiDiffCursor = aoiVersionTable.Differences _
     (aoiDifTable2, esriDifferenceTypeUpdateUpdate, Nothing)

  aoiDiffCursor.Next lngOID, aoiDiffRow
  Do Until lngOID = -1
     Debug.Print lngOID
     aoiDiffCursor.Next lngOID, aoiDiffRow
  Loop
```

8.3 Dataset

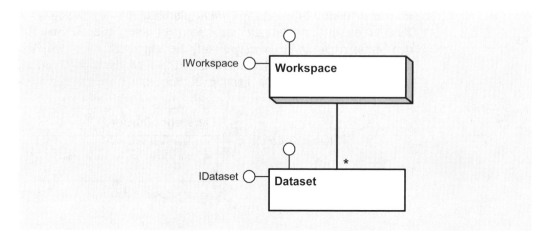

Dataset   Ein *Dataset* ist eine abstrakte Klasse, die auf geografische und nicht geografische Daten, wie zum Beispiel Tabellen, Raster-, Tin- und Vektordaten verweist.

Workspace   Die *Workspace* Klasse ist die einzige Klasse, die als *Factory* in der Lage ist, *Dataset* Objekte zu erzeugen. Diese haben neben der *IDataset,* auch die *IDatasetEdit* und die *ISchemaLock* Schnittstelle implementiert.

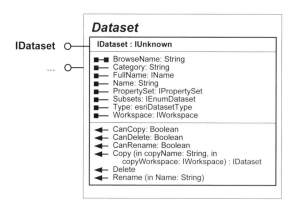

IDataset   Die *IDataset* Schnittstelle ist die wichtigste Schnittstelle der *Dataset* Klasse. Über diese Schnittstelle können die zugrundeliegenden

Daten kopiert, gelöscht oder umbenannt werden.

Das *Workspace* Objekt selber implementiert ebenfalls die Funktionen der *IDataset* Schnittstelle.

BrowseName Die Eigenschaft *BrowseName* setzt oder liefert einen Aliasnamen des *Dataset* Objekts. Handelt es sich zum Beispiel bei dem *Dataset* um eine *Shape* Datei, ist der *BrowseName* der *Shape* Dateiname ohne Dateierweiterung (gewaesser.shp -> gewaesser).

FullName Die Eigenschaft *FullName* liefert die *IName* Schnittstelle eines *DatasetName* Objekts, eine „light"-Version des *Dataset* Objekts. Ein eigenes Kapitel zur *DatasetName* Klasse erläutert diese im Detail.

Delete Weitere Funktionen der *IDataset* Schnittstelle sind *Copy*, *Delete* und
Copy *Rename*. Diese Methoden können aber nicht auf alle Objekte
Rename angewendet werden, die diese Schnittstelle implementiert haben. Zum Beispiel kann ein *FeatureDataset* Objekt nicht kopiert werden, obwohl es diese Schnittstelle zur Verfügung stellt. Darum sollten diese Methoden immer nur in Verbindung mit *CanCopy*, *CanDelete* und *CanRename* angewendet werden.

```
'(cd) Ein Shapefile löschen

Dim strWorkspace As String
Dim aoiSHPFact As IWorkspaceFactory
Dim aoiSHPWsp As IFeatureWorkspace
Dim aoiFeatureClass As IFeatureClass
Dim aoiDataset As IDataset

  ' Pfad zum Shapefile-Workspace festlegen...
  strWorkspace = "c:\workspace"

  ' ShapefileWorkspaceFactory erzeugen ...
  Set aoiSHPFact = New ShapefileWorkspaceFactory

  ' Verweis auf die IWorkspace-Schnittstelle ...
  Set aoiSHPWsp = aoiSHPFact.OpenFromFile(strWorkspace, 0)

  ' IFeatureClass-Schnittstelle auf das Shapefile ...
  Set aoiFeatureClass = aoiSHPWsp.OpenFeatureClass("gewaesser")

  ' QI auf IDataset-Schnittstelle des Shapefiles ...
```

```
Set aoiDataset = aoiFeatureClass

' Shapefile löschen ...
If aoiDataset.CanDelete Then
  aoiDataset.Delete
End If
```

Type

Da die *IDataset* Schnittstelle von sehr vielen unterschiedlichen Klassen implementiert ist, ist die *Type* Eigenschaft eine elegante Möglichkeit herauszufinden, welches Objekt dieser Schnittstelle zu Grunde liegt.

esriDatasetType

esriDTAny	1
esriDTContainer	2
esriDTGeo	3
esriDTFeatureDataset	4
esriDTFeatureClass	5
esriDTPlanarGraph	6
esriDTGeometricNetwork	7
esriDTText	9
esriDTTable	10
esriDTRelationshipClass	11
esriDTRasterDataset	12
esriDTRasterBand	13
esriDTTin	14
esriDTCadDrawing	15

Die anderen Schnittstellen der *Dataset* Klasse liefern Informationen zur Editierung und Sperrung von *Dataset* Objekten.

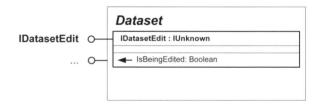

IDatasetEdit

Über die *IDatasetEdit* Schnittstelle kann erfragt werden, ob ein

Dataset gerade bearbeitet wird oder nicht.

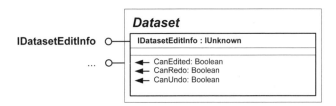

IDatasetEditInfo   Die *IDatasetEditInfo* Schnittstelle liefert Informationen darüber, welche Möglickeiten bei der Editierung für diese Klasse implementiert wurden. *CanEdited* sagt aus, ob überhaupt editiert werden kann, *CanUndo*, ob einzelne Operationen rückgängig gemacht werden können und *CanRedo*, ob diese rückgängig gemachten Operationen selber wieder rückgängig, also wieder aktuell gemacht werden können.

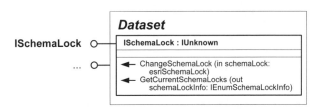

ISchemaLock   Mit *ISchemaLock* kann ein *Dataset* mit einer besonderen Sperre belegt werden, zum Beispiel, wenn das Schema geändert werden soll. Obwohl zwei Arten von Sperrungen möglich sind (*esriSharedSchemaLock*, *esriExclusiveSchemaLock*), wird in diesem Zusammenhang die exklusive Sperrung verwendet. Die *Shared*-Sperre wird automatisch angewendet, wenn das Objekt verwendet wird, und es bewirkt, dass keine exklusive Sperrung vorgenommen werden kann.

```
'(cd) ExtensionCLSID zuweisen

Dim strMDBFile As String
Dim aoiAccFact As IWorkspaceFactory
Dim aoiAccWsp As IFeatureWorkspace
Dim aoiObjectClass As IClassSchemaEdit
```

```
Dim aoiSchemaLock As ISchemaLock
Dim aoiUID As IUID

  ' Pfad zur Access-Datenbank festlegen...
  strMDBFile = "c:\workspace\yellowstone.mdb"

  ' AccessWorkspaceFactory erzeugen ...
  Set aoiAccFact = New AccessWorkspaceFactory

  ' Verweis auf die IWorkspace-Schnittstelle ...
  Set aoiAccWsp = aoiAccFact.OpenFromFile(strMDBFile, 0)

  ' Verweis auf die Object-Class, die geändert werden soll
  Set aoiObjectClass = aoiAccWsp.OpenFeatureClass("rivers")

  ' Exklusive Sperre definieren ...
  Set aoiSchemaLock = aoiObjectClass
  aoiSchemaLock.ChangeSchemaLock (esriExclusiveSchemaLock)

  ' Ein UID-Object für die Übertragung der GUID
  Set aoiUID = New UID
  aoiUID = "{484F435C-9A08-11D3-815A-0080C78E8371}"

  ' Extension-Klasse zuweisen ...
  aoiObjectClass.AlterClassExtensionCLSID aoiUID, Nothing

  ' Sperre wieder aufheben ...
  aoiSchemaLock.ChangeSchemaLock (esriSharedSchemaLock)
```

GetCurrent Die *GetCurrentSchemaLocks* Funktion liefert Informationen über
SchemaLocks alle Sperrungen des *Dataset* Objekts. Die Funktion liefert ein *Enum*
Objekt mit der *IEnumSchemaLockInfo* Schnittstelle. Wie mit jedem
Enum Objekt kann mit den *Next* und *Reset* Methoden auf alle
Objekte in dieser Liste zugegriffen werden. Die *Next* Funktion liefert
eine *ISchemaLockInfo* Schnittstelle, die angibt, welcher Art die
Sperrung ist (*SchemaLockType*), und zum Beispiel bei einer *ArcSDE*
Geodatabase, durch welchen Benutzer diese Sperrung verursacht
wurde (*UserName*).

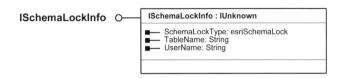

Versionierung   In einer *ArcSDE Geodatabase* (*VersionedWorkspace*) können
Datasets als versioniert registriert werden. Mit Hilfe der
Versionierung können Daten über einen längeren Zeitraum von
mehreren Benutzern gleichzeitig bearbeitet werden, ohne dass sie
sich gegenseitig beeinflussen.

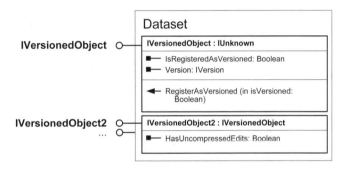

IVersionedObject   Die Schnittstellen *IVersionedObject* und *IVersionedObject2*
IVersionedObject2   könnnen verwendet werden, um FeatureDatasets oder Tabellen als
versioniert oder als unversioniert zu registrieren. Wird ein
FeatureDataset als versioniert registriert, werden alle Featureclasses
in diesem Dataset als versioniert registriert. Nur der Eigentümer des
FeatureDatasets oder der Tabelle kann diese als versioniert
registrieren. Über die IVersionedObject Schnittstelle kann man sich
auch eine Referenz auf die aktuelle Version geben lassen, zu der das
Dataset gehört.

Das folgende Beispiel registriert bzw. deregistriert ein ausgewähltes
Dataset in *ArcCatalog*:

```
'(cd) Dataset als versioniert registrieren oder deregistrieren

Dim aoiApp As IGxApplication
Dim aoiGxDataset As IGxDataset
Dim aoiDataset As IDataset
```

```
Dim aoiVersionedObject As IVersionedObject

Set aoiApp = Application

'das ausgewählte Dataset
If TypeOf aoiApp.SelectedObject Is IGxDataset Then
  Set aoiGxDataset = aoiApp.SelectedObject
  Set aoiDataset = aoiGxDataset.Dataset
  'ist das Dataset versionierbar
  If TypeOf aoiDataset Is IVersionedObject Then
    Set aoiVersionedObject = aoiDataset
    'wenn versioniert dann deregistrieren
    If aoiVersionedObject.IsRegisteredAsVersioned Then
      aoiVersionedObject.RegisterAsVersioned False
    'wenn nicht versioniert dann registrieren
    Else
      aoiVersionedObject.RegisterAsVersioned True
    End If
  Else
    MsgBox "dataset not in versioned workspace"
  End If
Else
  MsgBox "no dataset selected"
End If
```

HasUncompressed *Edits*   Wird die Versionierung eines *Datasets* aufgehoben, werden alle Veränderungen an den Daten seit dem letzten *Compress* der Datenbank gelöscht. Um diese Daten zu erhalten muss also unbedingt vorher ein *Compress* auf die Datenbank ausgeführt werden. Die *HasUncompressedEdit* Funktion der *IVersionedObject2* Schnittstelle gibt Auskunft darüber, ob seit dem letzten *Compress* der Datenbank an diesem *Dataset* Veränderungen vorgenommen wurden oder nicht

Alle Objekte, die die *IDataset* Schnittstelle implementieren, lassen sich in zwei Gruppen unterteilen: die *GeoDatasets* und die *Tables*. Die *GeoDatasets* sind z.B. *Coverages*, die mehrere unterschiedliche *Featureclasses* vereinen. Die *Tables* sind, wenn sie geografische Objekte enthalten, die *Featureclasses*.

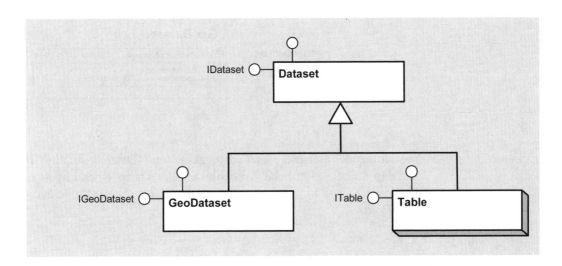

8.3.1 GeoDataset

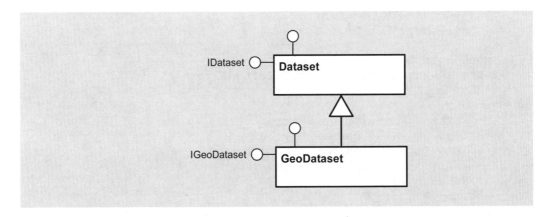

IGeoDataset

Ein *GeoDataset* ist eine Unterklasse von *Dataset*. Das bedeutet, dass alle Schnittstellen von der *Dataset* Klasse ebenfalls verfügbar sind. Die *GeoDataset* Klasse zeichnet sich durch eine geografische Komponente, eine räumliche Ausdehnung und ein räumliches Bezugssystem aus. Die *IGeoDataset* Schnittstelle stellt Eigenschaften zur Verfügung, diese speziellen geografischen Eigenschaften eines *Datasets* abzufragen. Der *Extent* entspicht dabei der räumlichen Ausdehnung aller geografischen Elemente in diesem Datensatz.

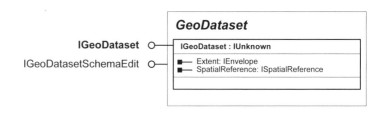

Extent

Das folgende Beispiel setzt den aktuellen Kartenausschnitt in ArcMap auf die räumliche Ausdehnung aller Daten eines Layers – die *Layer* Klasse implementiert neben der *ILayer* Schnittstelle auch *IGeoDataset*.

```
'(cd) Kartenausschnitt eines Layers ermitteln

Dim aoiDocument As IMxDocument
Dim aoiMap As IActiveView
Dim aoiLayer As IGeoDataset

  ' QI auf das IMXDocument ...
  Set aoiDocument = ThisDocument

  ' ausgewählter Layer …
  Set aoiLayer = aoiDocument.SelectedLayer
  If Not aoiLayer Is Nothing Then

    ' Kartenausschnitt verändern ...
    Set aoiMap = aoiDocument.FocusMap
    aoiMap.Extent = aoiLayer.Extent

    ' Kartenbild neu zeichnen ...
    aoiMap.Refresh
  End If
```

IGeoData SchemaEdit

Diese *IGeoDataSchemaEdit* Schnittstelle ermöglicht die Änderung der Zuweisung der geografischen Koordinaten auf ein anderes räumliches Bezugssystem. Mit der Methode *AlterSpatialReference* findet dabei aber keine Projektion der Daten statt.

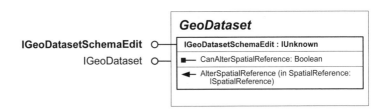

GeoDataset	
IGeoDatasetSchemaEdit : IUnknown	
■— CanAlterSpatialReference: Boolean	
◄— AlterSpatialReference (in SpatialReference: ISpatialReference)	

IGeoDatasetSchemaEdit ⊙——
IGeoDataset ⊙——

CanAlter
SpatialReference

Da diese Funktion nur für einige wenige Klassen funktioniert, muss vorher diese Möglichkeit mit *CanAlterSpatialReference* geprüft werden.

Implementierung

Die Schnittstellen dieser abstrakten Klasse werden im *Geodatabase* Objektmodell von drei Klassen implementiert – der *FeatureDataset*, der *Tin* und der*RasterDataset* Klasse.

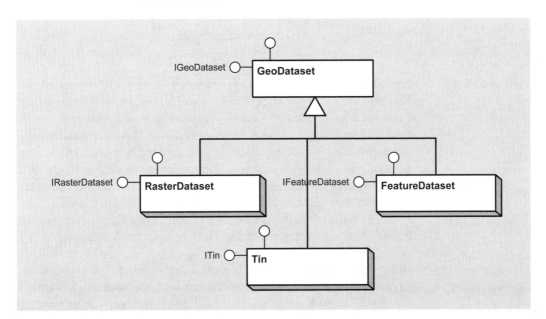

8.3.1.1 FeatureDataset

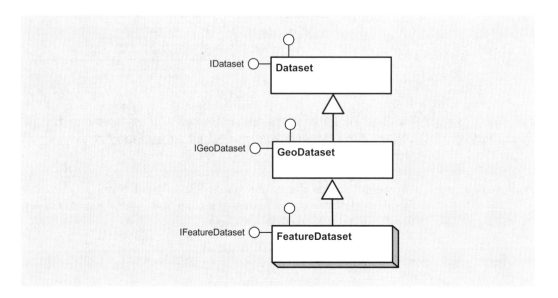

| FeatureDataset | Ein *Dataset* in *ArcSDE* (*Geodatabase*) ist im Objektmodell als *FeatureDataset* abgebildet. Ein *FeatureDataset* ist ein Container für *FeatureClasses* und deren Beziehungen zueinander. Die *FeatureClasses* in einem *FeatureDataset* können unabhängig nebeneinander existieren, oder sie sind topologisch organisiert, zum Beispiel in einem Netzwerk. Die einzige Bedingung für alle *FeatureClasses* in einem *FeatureDataset* ist, dass alle Koordinaten dem gleichen räumlichen Bezugssystem zugeordnet sind. Das *FeatureDataset* stellt Funktionen für die Organisation von *FeatureClasses*, Netzwerken und Beziehungen zur Verfügung. |

IFeature Dataset   Die *IFeatureDataset* Schnittstelle hat neben der Methode *CreateFeatureClass* alle Eigenschaften und Methoden der *IDataset* Schnittstelle. So kann die *Subset* Funktion direkt verwendet werden, um alle *FeatureClasses* anzuzeigen, die in einem *FeatureDataset* enthalten sind. Einfacher und schneller geht dies allerdings über die *FeatureDatasetName* Klasse.

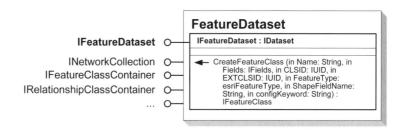

Das nachfolgende Beispiel erzeugt eine Liste aller *FeatureClasses* in einem *Dataset*:

```
'(cd) Liste aller FeatureClasses in einem Dataset

Dim strMDBFile As String
Dim aoiAccFact As IWorkspaceFactory
Dim aoiAccWsp As IFeatureWorkspace
Dim aoiDataset As IFeatureDataset
Dim aoiEnum As IEnumDataset
Dim aoiFDataset As IDataset
Dim strList As String

  ' Pfad zur Access-Datenbank festlegen...
  strMDBFile = "c:\workspace\yellowstone.mdb"

  ' AccessWorkspaceFactory erzeugen ...
  Set aoiAccFact = New AccessWorkspaceFactory

  ' Verweis auf die IWorkspace-Schnittstelle ...
  Set aoiAccWsp = aoiAccFact.OpenFromFile(strMDBFile, 0)

  ' FeatureDataset "water" öffnen ...
  Set aoiDataset = aoiAccWsp.OpenFeatureDataset("water")

  ' Liste aller FeatureClasses
  Set aoiEnum = aoiDataset.Subsets

  ' Schleife durch alle Objekte der Liste ...
  aoiEnum.Reset
  Set aoiFDataset = aoiEnum.Next
  Do While Not aoiFDataset Is Nothing
    strList = strList & aoiFDataset.Name & Chr(13)
    Set aoiFDataset = aoiEnum.Next
```

```
    Loop
    MsgbBox strList
```

CreateFeature
Class

Zwischen *Workspace* und *FeatureDataset* gibt es begrenzte Ähnlichkeiten. Zum Beispiel haben beide die Funktion *CreateFeatureClass*, weil eine *FeatureClass* eben nicht unbedingt in einem *FeatureDataset* enthalten sein muss. Eine *OpenFeatureClass* Methode gibt es allerdings nur in der *Workspace* Klasse, da die Namen von *FeatureClasses* eindeutig für den gesamten Workspace sein müssen.

Das folgende Beispiel erzeugt im *Dataset* „water" eine neue *FeatureClass* „sources" :

```
'(cd) Eine neue FeatureClass anlegen

' aoiAccWsp verweist auf einen definierten Access-Workspace
Dim aoiDataset As IFeatureDataset
Dim aoiFeatureClass As IFeatureClass

  ' FeatureDataset "water" öffnen ...
  Set aoiDataset = aoiAccWsp.OpenFeatureDataset("water")

Dim aoiFields As IFields
Dim aoiFieldsEdit As IFieldsEdit
Dim aoiField As IField
Dim aoiFieldEdit As IFieldEdit
Dim aoiGeomDef As IGeometryDef
Dim aoiGeomDefEdit As IGeometryDefEdit
Dim aoiCLSID As UID
Dim aoiEXTCLSID As UID

  ' einfache Fields-Collection anlegen ...
  Set aoiFields = New Fields
  Set aoiFieldsEdit = aoiFields

  ' Geometrie-Typ ( Point) definieren ...
  Set aoiGeomDef = New GeometryDef
  Set aoiGeomDefEdit = aoiGeomDef
  With aoiGeomDefEdit
      .GeometryType = esriGeometryPoint
      .GridCount = 1
```

```
        .GridSize(0) = 10
        .AvgNumPoints = 2
        .HasM = False
        .HasZ = False
    End With

    ' ObjectID-Feld definieren ...
    Set aoiField = New Field
    Set aoiFieldEdit = aoiField
    With aoiFieldEdit
        .Name = "OBJECTID"
        .AliasName = "object identifier"
        .Type = esriFieldTypeOID
    End With
    aoiFieldsEdit.AddField aoiField

    ' Shape-Feld definieren ...
    Set aoiField = New Field
    Set aoiFieldEdit = aoiField
    With aoiFieldEdit
        .Name = "SHAPE"
        .AliasName = "geometry"
        .Type = esriFieldTypeGeometry
        Set .GeometryDef = aoiGeomDef
    End With
    aoiFieldsEdit.AddField aoiField

    ' CLSID der zugehörigen COM-Klasse definieren ...
    Set aoiCLSID = New UID
    aoiCLSID.Value = "esriGeoDatabase.Feature"

    ' CLSID der zugehörigen Class-Extension definieren
    Set aoiEXTCLSID = Nothing

    ' Featureclass erzeugen ...
    Set aoiFeatureClass = aoiDataset.CreateFeatureClass( _
                "sources", aoiFields, aoiCLSID, _
                aoiEXTCLSID, esriFTSimple, "SHAPE", "")
```

IFeature
Class
Container

Die *IFeatureClassContainer* Schnittstelle beinhaltet den Zugriff auf alle *FeatureClasses*, die in einem *Dataset* enthalten sind. Die Schnittstelle bietet verschiedene Methoden an, mit denen über einen Index, über einen Namen oder über die zugeordnete CLSID ein Verweis auf ein *FeatureClass* Objekt erzeugen werden kann. Über die Methode *Classes* wird eine Liste mit *FeatureClass* Objekten zurückgeliefert. Diese Liste implementiert eine *IEnumFeatureClass* Schnittstelle, mit deren Methoden *Reset* und *Next* auf die einzelnen Elemente der Liste zugegriffen werden kann. Diese Schnittstelle wird auch von anderen Klassen, zum Beispiel von der *Geometric-Network* Klasse, implementiert.

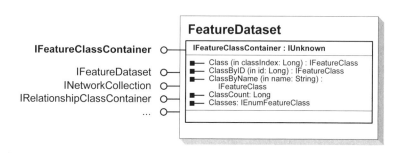

ClassByName Das folgende Beispiel greift auf die Polygone des *Covers* „states" zu:

```
'(cd) Verweis auf die FeatureClass eines Coverages

Dim strWorkspace As String
Dim aoiAIFact As IWorkspaceFactory
Dim aoiFeatureWsp As IFeatureWorkspace
Dim aoiFeatureDataset As IFeatureDataset
Dim aoiFeatureClassCont As IFeatureClassContainer
Dim aoiFeatureClass As IFeatureClass

  ' Pfad zum ArcInfo-Workspace festlegen...
  strWorkspace = "c:\workspace"

  ' ArcInfoWorkspaceFactory erzeugen ...
  Set aoiAIFact = New ArcInfoWorkspaceFactory

  ' Verweis auf die IFeatureWorkspace-Schnittstelle ...
  Set aoiFeatureWsp = aoiAIFact.OpenFromFile( _
                                    strWorkspace, 0)

  ' IFeatureDataset-Interface auf das Coverage ...
```

```
Set aoiFeatureDataset = aoiFeatureWsp.OpenFeatureDataset _
                                ("states")
Set aoiFeatureClassCont = aoiFeatureDataset

' IFeatureClass-Interface auf die Polygone ...
Set aoiFeatureClass = _
                aoiFeatureClassCont.ClassByName("Polygon")
```

INetwork Collection

Ein *FeatureDataset* kann mehrere Netzwerke enthalten. Über die *INetworkCollection* Schnittstelle kann ein solches Netzwerk in einem *Dataset* erzeugt werden, oder man kann einen Verweis auf ein existierendes Netztwerk generieren. Auch dies geht schneller und leichter über die *FeatureDatasetName* Klasse.

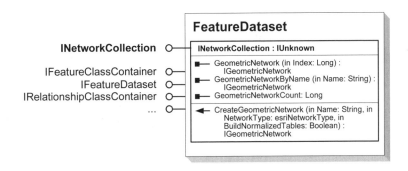

IRelationshipClass Container

Auf alle definierten Beziehungen zwischen *FeatureClasses* in einem *Dataset* wird über die *IRelationshipClassContainer* Schnittstelle zugegriffen. *RelationshipClasses* liefern eine Liste mit *Relationship-Class* Objekten, auf die über die *IEnumRelationshipClass* Schnittstelle mit den Methoden *Reset* und *Next* zugegriffen werden kann.

Auch neue Beziehungen (*AddRelationshipClass*, *CreateRelationshipClass*) können über diese Schnittstelle definiert werden.

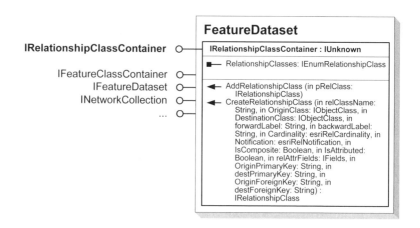

In späteren Kapiteln werden die Klassen *FeatureClass* und *RelationshipClass* vorgestellt, deren Objekte in *FeatureDatasets* enthalten sein können.

ITopology Container

Ebenfalls in einem *FeatureDataset* können Topologien definiert werden. Die *ITopologyContainer* Schnittstelle ermöglicht das Anlegen, Löschen und den Zugriff auf eine solche *Topology*.

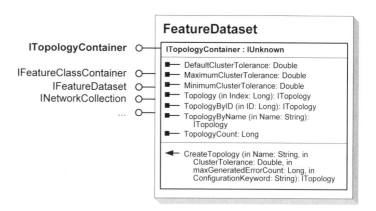

Das Anlegen einer *Topology* muss sehr sorgfältig vorbereitet werden, da nachträglich die Eigenschaften nicht mehr geändert werden können.

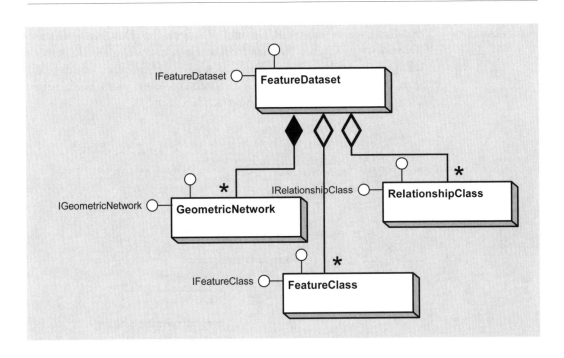

8.3.1.2 RasterDataset

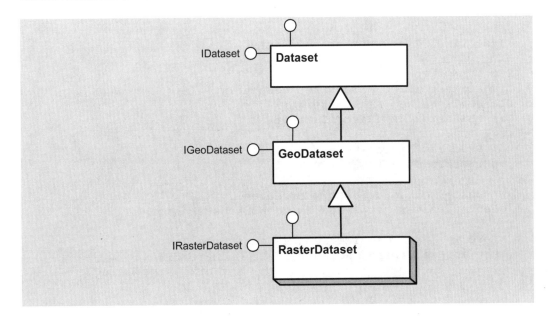

RasterDataset   *RasterDatasets* sind GRIDs und Rasterbilder. Das *RasterDataset* Objekt wird, ähnlich wie das *FeatureDataset* durch eine *Workspace* Klasse instanziiert. Im Falle des *RasterDatasets* ist das die *RasterWorkspace* Klasse, die ihrerseits nur mit Hilfe einer *RasterWorkspaceFactory* erzeugt werden kann.

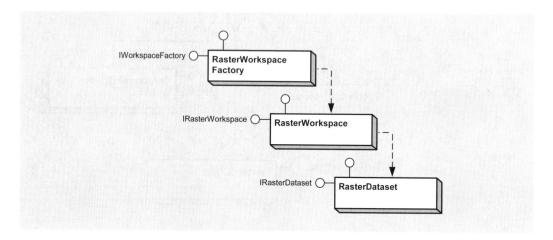

Das nachfolgende Beispiel zeigt, wie ein *RasterDataset* über die Klassen *RasterWorkspaceFactory* und *RasterWorkspace* geöffnet werden kann:

```
'(cd) Einen RasterWorkspace öffnen

Dim strWorkspace As String
Dim aoiRasterFact As IWorkspaceFactory
Dim aoiRasterWsp As IRasterWorkspace
Dim aoiRaster As IRasterDataset

  ' Pfad zum Raster-Workspace festlegen...
  strWorkspace = "c:\workspace"

  ' RasterWorkspaceFactory erzeugen ...
  Set aoiRasterFact = New RasterWorkspaceFactory

  ' Verweis auf die IWorkspace-Schnittstelle ...
  Set aoiRasterWsp = aoiRasterFact.OpenFromFile( _
                              strWorkspace, 0)
```

```
' IRasterDataset-Schnittstelle auf das Raster ...
Set aoiRaster = aoiRasterWsp.OpenRasterDataset("dem30")
```

IRasterDataset   Die Methode *OpenRasterDataset* der *IRasterWorkspace* Schnitt-
stelle liefert einen Verweis auf die *IRasterDataset* Schnittstelle eines
RasterDataset Objekts. Diese Schnittstelle ist eine spezifische
Erweiterung der *IDataset* und *IGeoDataset* Schnittstellen.

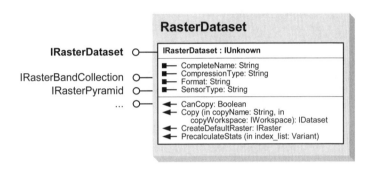

Die Methoden *CompressionType*, *Format* und *SensorType* liefern
interne Informationen über das zu Grunde liegende Rasterformat.

IRasterBand   Ein *RasterBand* ist eine Informationsebene in einem *RasterDataset*.
Collection   Über die *IRasterBandCollection* Schnittstelle erfolgt der Zugriff auf
einzelne *RasterBands*, damit diese einzeln zu analysiert werden
können.

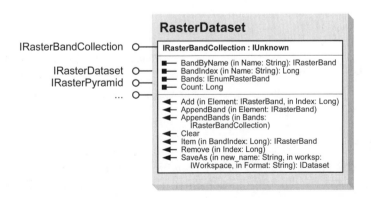

Das folgende Beispiel erzeugt in einer *MessageBox* eine Liste aller *Band* Namen in einer Raster-Datei:

```
'(cd) Liste aller Bands Namen

Dim aoiRaster As IRasterBandCollection
Dim lngBand As Long
Dim strNames As String

    ' IRasterDataset-Schnittstelle auf das Raster ...
    Set aoiRaster = aoiRasterWsp.OpenRasterDataset("dem30")

    ' Liste alle Band-Namen ...
    For lngBand = 0 To aoiRaster.Count - 1
      strNames = strNames & aoiRaster.Item(lngBand).Bandname _
            & Chr(13)
    Next lngBand

    MsgBox strNames
```

IRasterPyramid   Große Rasterdateien können schneller angezeigt werden, wenn für das Raster eine *Pyramide* berechnet wurde. Die *Pyramide* enthält Kopien für unterschiedliche Auflösungen, so dass für unterschiedliche (maßstäbliche) Ansichten schnell unterschiedliche Auflösungen präsentiert werden können. Mit der *IRasterPyramid* Schnittstelle kann überprüft werden, ob eine *Pyramide* existiert, und es kann eine neue *Pyramide* berechnet werden.

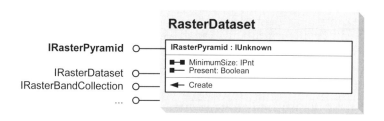

Create   Die *Pyramide* wird in einer Datei mit der Erweiterung .RRD gespeichert. Die *Present* Eigenschaft prüft, ob eine Datei mit dieser Erweiterung existiert. Die *Create* Methode erzeugt eine *Pyramide*, wenn noch keine existiert.

```
'(cd) Pyramide erzeugen

Dim aoiRaster As IRasterPyramid

    ' IRasterDataset-Schnittstelle auf das Raster ...
    Set aoiRaster = aoiRasterWsp.OpenRasterDataset("dem30")

    ' Pyramide berechnen ...
    If Not aoiRaster.Present Then
        aoiRaster.Create
    End If
```

8.3.1.3 Tin

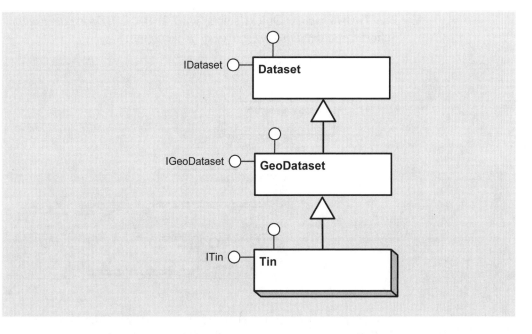

TIN　　　　　　　　Ein *TIN* besteht aus einer Anzahl unregelmäßig auf der Fläche verteilter Punkte, deren Werte die Oberfläche an diesem Punkt (zum Beispiel die Geländehöhe) beschreiben. Auf der Grundlage dieser

Punkte wird eine Dreiecksvermaschung konstruiert. Benachbarte Dreiecke, die sich jeweils zwei Knoten und eine Kante teilen, verbinden sich zu einer Oberfläche. Für jeden Punkt auf dieser Oberfläche kann durch Interpolation mit dem nächsten Knoten ein Wert ermittelt werden. Gleichzeitig hat jedes Dreieck eine gewisse Neigung und Himmelsrichtung.

ITinWorkspace

ITinWorkspace enthält mit *OpenTin* eine Methode, um ein *Tin* Objekt zu erstellen.

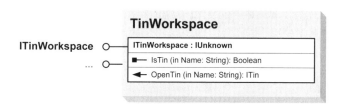

Das *TinWorkspace* Objekt selber wird über die *IWorkspaceFactory* Schnittstelle der *TinWorkspaceFactory* erzeugt.

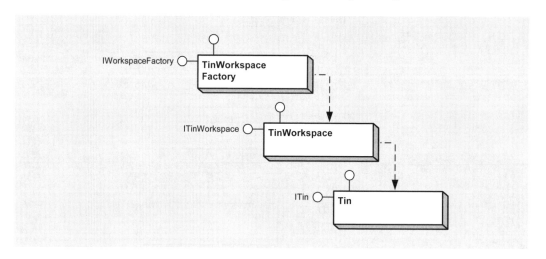

Das nachfolgende Beispiel zeigt, wie ein *Tin* über die Klassen *TinWorkspaceFactory* und *TinWorkspace* geöffnet werden kann:

```
'(cd) TIN öffnen

Dim strWorkspace As String
Dim aoiTinFact As IWorkspaceFactory
Dim aoiTinWsp As ITinWorkspace
Dim aoiTin As ITin

    ' Pfad zum TIN-Workspace festlegen...
    strWorkspace = "c:\workspace"

    ' TinWorkspaceFactory erzeugen …
    Set aoiTinFact = New TinWorkspaceFactory

    ' Verweis auf die ITinWorkspace-Schnittstelle ...
    Set aoiTinWsp = aoiTinFact.OpenFromFile( _
                                  strWorkspace, 0)

    ' ITin-Schnittstelle auf das TIN ...
    If aoiTinWsp.IsTin("tin_study") Then
      Set aoiTin = aoiTinWsp.OpenTin("tin_study")
    End If
```

ITin

Die *ITin* Schnittstelle liefert Informationen über das zugrunde-liegende TIN. Die Anzahl der enthaltenen Knoten und Kanten (*DataNodeCount*, *DataEdgeCount*), sowie die sich daraus ergebenden Dreiecke (*DataTriangleCount*) können ermittelt werden.

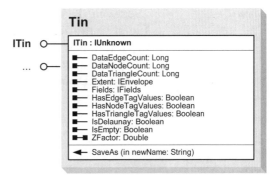

8.3.2 Table

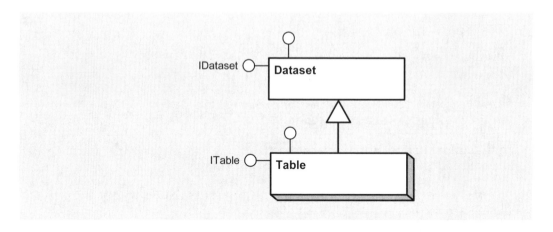

Table
: Eine Tabelle organisiert Daten in Form von Spalten und Zeilen. Eine Zeile (*Row*) ist eine Informationseinheit der Tabelle und hat immer einen kompletten Satz Spalten. Die Beschreibung einer Spalte, also deren Name und die Art der zu speichernden Information, wird Feld genannt. Handelt es sich bei der Tabelle um Daten mit geografischen Informationen, enthält die Tabelle eine Spalte, in der die Geometrien der einzelnen Objekte gespeichert werden können.

Mögliche Tabellen sind *INFO* Dateien, *Shape* Dateien, eine *FeatureClass* in einer *Geodatabase*, eine Datenbanktabelle oder eine Beziehungstabelle.

Name
: Die *Table* Klasse erbt alle Schnittstellen der *Dataset* Klasse. Die Eigenschaft *Name* der *IDataset* Schnittstelle ist der Tabellenname in der jeweiligen Datenbank. Die Namenskonvention richtet sich dabei nach dem zugrundeliegenden Relationalen Datenbank Management System (RDBMS).

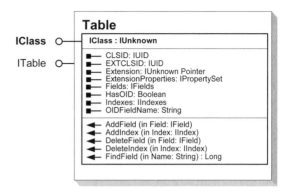

IClass   Die *IClass* Schnittstelle bietet Funktionen, um auf die einzelnen Felder (Spalten der Tabelle) zugreifen zu können. Das Schema der Tabelle läßt sich mit Funktionen wie *AddField* oder *DeleteField* verändern. Daneben können mit ähnlichen Methoden (*AddIndex*, *DeleteIndex*) die Indizes der Tabelle verwaltet werden.

CLSID   Die *CLSID* ist der Identifikator der Klasse, implemetiert in einer *DLL* Datei und in der Registrierungsdatei des Betriebssystems (*Registry*) eingetragen, die in ArcMap für das Verhalten der Daten in dieser Tabelle verantwortlich ist.

EXTCLSID   Ebenso kann eine Erweiterung der Klasse (*Class Extension*) existieren, die dann über die *EXTCLSID* zu erfragen ist. Zusätzliche Informationen zur Erweiterung liefern die Eigenschaften *Extension* mit einem direkten Verweis auf die Klasse, sowie *Extension-Properties*.

```
'(cd) Anzahl der Felder in einer Tabelle

Dim aoiTable As IClass

    ' ITable-Schnittstelle auf ein Shapefile ...
    Set aoiTable = aoiSHPWsp.OpenFeatureClass("boundary")

    ' Anzahl der Felder in der Table ...
    MsgBox aoiTable.Fields.FieldCount
```

ITable

Während die *IClass* Schnittstelle sich um die Spalten „kümmert", erweitert die *ITable* Schnittstelle diese um Funktionen, um die einzelnen Zeilen bearbeiten zu können.

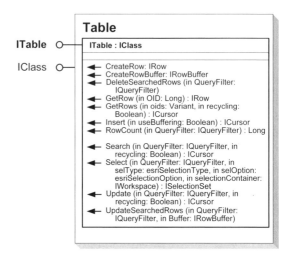

Die Schnittstelle enthält generische Funktionen, um in einer Tabelle neue Zeilen anzulegen, zu verändern oder zu löschen. Es werden dabei keine zusätzlichen Funktionen ausgelöst, wie zum Beispiel das Löschen von weiteren Daten in anderen Tabellen, die in einer *Composite* Beziehung zur ersteren Tabelle stehen. Zusätzlich können über räumliche und/oder logische Bedingungen mit Hilfe eines *QueryFilter* Objekts Datensätze ausgewählt werden.

Das folgende Beispiel löscht in einem *DBase*-File alle Datensätze, die einer bestimmten Where-Bedingung entsprechen:

```
'(cd) Datensätze löschen

Dim aoiTable As ITable
Dim aoiQuery As IQueryFilter

  ' ITable-Schnittstelle auf das Shapefile ...
  Set aoiTable = aoiSHPWsp.OpenTable("vegtype")

  ' Where-Clause definieren ...
```

```
Set aoiQuery = New QueryFilter
aoiQuery.WhereClause = "CODE = 'PICO/CAGE'"

' Zeilen löschen ...
aoiTable.DeleteSearchedRows aoiQuery
```

Neben allen Möglichkeiten, Zeilen oder Elemente einer Tabelle zu löschen, ist diese die einfachste und schnellste Variante.

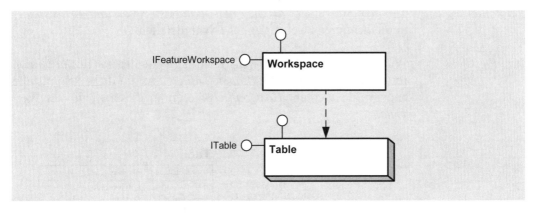

OpenTable   Die *OpenTable*-Funktion der *IFeatureWorkspace*-Schnittstelle liefert ebenfalls eine *ITable*-Schnittstelle.

Das folgende Beispiel liefert einen Verweis auf eine INFO-Tabelle:

```
'(cd) INFO Tabelle öffnen

Dim aoiAIWsp As IFeatureWorkspace
Dim aoiTable As ITable

  ' Verweis auf die IWorkspace-Schnittstelle ...
Set aoiAIWsp = aoiAIFact.OpenFromFile(strWorkspace, 0)

  ' Verweis auf die ITable-Schnittstelle ...
Set aoiTable = aoiAIWsp.OpenTable("vegtype.dat")
```

Dabei muss auf die richtige Wahl der *WorkspaceFactory* geachtet werden. *DBase* Dateien werden nur von der *ShapefileWorkspace-Factory* geöffnet, *INFO* Dateien können nur von der *ArcInfo WorkspaceFactory* geöffnet werden.

Open

Auch die *Name* Schnittstelle der *TableName* Klasse, einer „*Light*" Version der *Table* Klasse, ermöglicht die Erzeugung eines *Table* Objekts mit Hilfe der *Open* Funktion. Lesen Sie dazu das Kapitel zur *TableName* Klasse.

Versionierung

Tabellen in einer *ArcSDE Geodatabase* (*VersionedWorkspace*) implementieren zwei zusätzliche Schnittstellen:

IConflictClass

Wurden bei einem *Reconcile* Konflikte mit der *ReconcileVersion* festgestellt, kann über die *IEnumConflictClass* auf diese Schnittstelle zugegriffen werden. *HasConflicts* liefert in diesem Fall den Wert *True*.

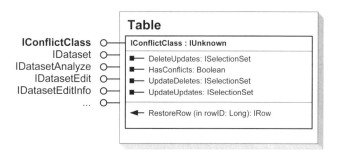

DeleteUpdates

Die Eigenschaft *DeleteUpdates* liefert ein *ISelectionSet* von allen ObjectIDs derjenigen Objekte, die in der aktuellen Version gelöscht und in der *ReconcileVersion* verändert wurden. Wurden keine derartigen Konflikte festgestellt, liefert die Funktion *Null*.

UpdateDeletes

Die Eigenschaft *UpdateDeletes* liefert ein *ISelectionSet* von allen ObjectIDs derjenigen Objekte, die in der aktuellen Version in irgendeiner Form verändert und in der *ReconcileVersion* mitlerweile gelöscht wurden. Wurden keine derartigen Konflikte festgestellt, liefert die Funktion *Null*.

UpdateUpdates

Die Eigenschaft *UpdateUpdates* liefert ein *ISelectionSet* von allen ObjectIDs derjenigen Objekte, die sowohl in der aktuellen Version als auch in der *ReconcileVersion* verändert wurden. Wurden keine derartigen Konflikte festgestellt, liefert die Funktion *Null*.

IVersionedTable   Auch ohne ein *Reconcile* können potentielle Konflikte mit anderen Versionen aufgespürt werden. Die *IVersionedTable* Schnittstelle einer versionierten Tabelle kann verwendet werden, um für unterschiedliche Konfliktkategorien (*esriDifferenceType*) auf die verantwortlichen Objekte zuzugreifen.

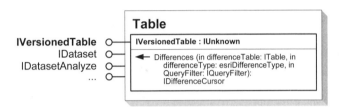

Differences   Die *Differences* Funktion liefert eine *IDifferenceCursor* Schnittstelle, über die auf die Objekte der jeweiligen Konfliktkategorie zugegriffen werden kann.

esriDifferenceType

esriDifferenceTypeInsert	0
esriDifferenceTypeDeleteNoChange	1
esriDifferenceTypeUpdateNoChange	2
esriDifferenceTypeUpdateUpdate	3
esriDifferenceTypeUpdateDelete	4
esriDifferenceTypeDeleteUpdate	5

Der *QueryFilter* in der *Difference* Funktion ist in der *ArcGIS* Version 9.1 noch nicht vollständig unterstützt. Die Übergabe eines *QueryFilter* Objekts mit einer *Where-Clause* verursacht in der Regel einen Laufzeitfehler. Nur die *SubFields* Eigenschaft des *QueryFilters* kann verwendet werden, damit z.B. nur die ObjectID der betreffenden Objekte zurückgeliefert wird.

In den nächsten Kapiteln werden die *Fields* und *Indizes* beschrieben, bevor mit der *ObjectClass* eine SubKlasse der *Table* Klasse folgt.

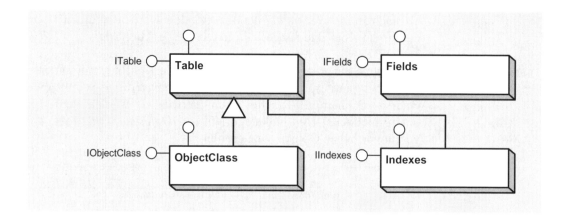

8.3.2.1 Fields

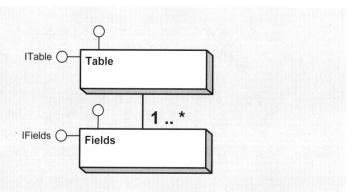

Fields	Jede Tabelle enthält eine Liste von Feldern (*Fields*), in denen die Informationen der einzelnen Elemente gespeichert werden. Jede Liste enthält mindestens ein *Field*. Eine Feldliste muss aber nicht unbedingt im Zusammenhang mit einer Tabelle auftreten. Wenn zum Beispiel ein *Index* angelegt wird, wird der Funktion eine Liste aller Felder, über die der Index generiert werden soll, übergeben.

Ein *Fields* Objekt ist eine geordnete Liste, so dass gezielt auf einzelne *Field* Objekte zugegriffen werden kann.

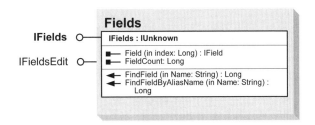

IFields

IFields ist die Schnittstelle, die Methoden bereitstellt, um auf einzelne Felder zuzugreifen. Das Beispiel zeigt die Suche nach einem bestimmten Feld in einem *Fields* Objekt.

```
'(cd) Bestimmtes Feld suchen

Dim aoiTable As IClass
Dim aoiFields As IFields

  ' ITable-Schnittstelle auf das Shapefile ...
  Set aoiTable = aoiSHPWsp.OpenFeatureClass("boundary")

  ' Felder der Table
  Set aoiFields = aoiTable.Fields

  ' Verweis auf das NAME-Feld ...
  If aoiFields.FindField("NAME") > -1 Then
    MsgBox „Feld vorhanden"
  Else
    MsgBox „Feld nicht vorhanden"
  End If
```

Auch die *IClass* Schnittstelle besitzt eine *FindField* Funktion, die aber nichts anderes ist als ein *Shortcut*, der den Zugriff über das *Fields* Objekt erspart. Das Gleiche gilt auch für Veränderungen am Schema der Tabelle, die durch die *IFieldsEdit* Schnittstelle angeboten wird.

IFieldsEdit

Die *IFieldsEdit* Schnittstelle kann zur Erstellung einer *Fields* Liste verwendet werden.

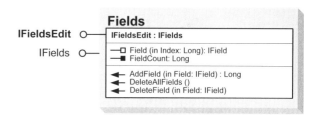

Sperren der Tabelle

Wird das Schema einer Tabelle verändert, indem neue Felder angehängt oder bestehende Felder gelöscht werden, muss darauf geachtet werden, dass vorher eine exklusive Sperrung der Tabelle vorgenommen wird.

```
'(cd) Ein Feld löschen

Dim aoiTable As IClass
Dim aoiSchemaLock As ISchemaLock
Dim aoiFields As IFields
Dim aoiField As IField

  ' Verweis auf die Object-Class, die geändert werden soll
  Set aoiTable = aoiAccWsp.OpenTable(„vegtype")

  ' Exklusive Sperre definieren ...
  Set aoiSchemaLock = aoiTable
  aoiSchemaLock.ChangeSchemaLock (esriExclusiveSchemaLock)

  ' Verweis auf das zu löschende Feld ...
  Set aoiFields = aoiTable.Fields
  Set aoiField = aoiFields.Field(aoiFields.FindField("CODE"))

  ' Feld löschen ...
  aoiTable.DeleteField aoiField

  ' Sperre wieder aufheben ...
  aoiSchemaLock.ChangeSchemaLock (esriSharedSchemaLock)
```

Das Ändern der *Fields* Liste hat keinen direkten Einfluß auf das Schema der Tabelle, von der die *Fields* Liste stammt. Das Schema einer bestehenden Tabelle kann nur über die *IClass* Schnittstelle verändert werden.

8.3.2.2 Field

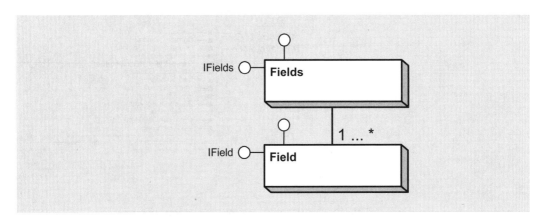

Field
Fields haben eine ganze Reihe von Eigenschaften. Die wichtigsten Eigenschaften davon sind der *Name* und der *Datentyp*. Die *esri-FieldType* Aufzählung zeigt die möglichen Datentypen, die für ein Feld definiert werden können.

esriFieldTypeSmallInteger	0	Integer
esriFieldTypeInteger	1	Long Integer
esriFieldTypeSingle	2	Single Precision Floating Point
esriFieldTypeDouble	3	Double Precision Floating Point
esriFieldTypeString	4	Character String
esriFieldTypeDate	5	Datum
esriFieldTypeOID	6	Objekt Identifikator
esriFieldTypeGeometry	7	Geomtrie
esriFieldTypeBlob	8	Binary Large Object

Field Objekte sind nicht für die *Items* der *INFO* Tabellen geeignet. Für diese speziellen Datentypen (*Coverage* und seine Attributtabellen) gibt es ein eigenes Kapitel.

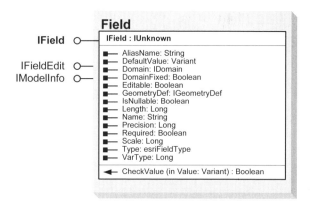

IFieldEigenschaften. Die *IField* Schnittstelle bietet lesenden Zugriff auf alle *Field*

Das folgende Beispiel ermittelt alle änderbaren Felder in einer *FeatureClass*:

```
'(cd) Liste aller änderbaren Felder

Dim aoiTable As IClass
Dim aoiFields As IFields
Dim aoiField As IField
Dim lngIndex As Long
Dim strAlias As String

  ' Verweis auf die Object-Class, die geändert werden soll
  Set aoiTable = aoiAccWsp.OpenFeatureClass("lakes")

  ' alle Felder ...
  Set aoiFields = aoiTable.Fields

  ' Schleife durch alle Felder ...
  For lngIndex = 0 To aoiFields.FieldCount - 1
    Set aoiField = aoiFields.Field(lngIndex)
    If aoiField.Type <> esriFieldTypeOID And _
      aoiField.Type <> esriFieldTypeGeometry Then
      If aoiField.Editable Then
        strAlias = strAlias & aoiField.AliasName & Chr(13)
      End If
    End If
```

```
Next lngIndex

MsgBox strAlias
```

IFieldEdit   Mit der *IFieldEdit* Schnittstelle können neue Felder definiert werden. Alle lesenden Eigenschaften der *IField* Schnittstelle sind hier ausschließlich beschreibbar.

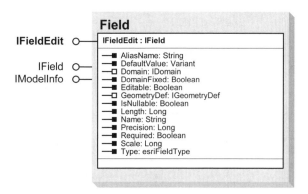

Die Schnittstelle kann nicht für die Änderung vorhandener Felder genutzt werden. Für diese Zwecke muß die *IClassSchemaEdit* Schnittstelle verwendet werden. Diese wird im Kapitel der *ObjectClass* Klasse beschrieben.

Das nachfolgende Beispiel erstellt eine Tabelle in einer Microsoft *Access* Datenbank:

```
'(cd) Tabelle anlegen

Dim aoiFields As IFields
Dim aoiFieldsEdit As IFieldsEdit
Dim aoiField As IField
Dim aoiFieldEdit As IFieldEdit
Dim aoiCLSID As UID
Dim aoiEXTCLSID As UID

  ' einfache Fields-Collection anlegen ...
  Set aoiFields = New Fields
  Set aoiFieldsEdit = aoiFields
```

```
' ObjectID-Feld definieren ...
Set aoiField = New Field
Set aoiFieldEdit = aoiField
With aoiFieldEdit
  .Name = "OBJECTID"
  .AliasName = "object identifier"
  .Type = esriFieldTypeOID
End With
aoiFieldsEdit.AddField aoiField

' String-Feld definieren ...
Set aoiField = New Field
Set aoiFieldEdit = aoiField
With aoiFieldEdit
  .Name = "CODE"
  .AliasName = "code"
  .Type = esriFieldTypeString
  .Length = 20
End With
aoiFieldsEdit.AddField aoiField

  ' CLSID der zugehörigen COM-Klasse definieren ...
Set aoiCLSID = New UID
aoiCLSID.Value = "esriGeoDatabase.Object"

  ' CLSID der zugehörigen Class-Extension definieren
Set aoiEXTCLSID = Nothing

Dim aoiAccWsp As IFeatureWorkspace
Dim aoiTable As ITable

  ' Verweis auf die IWorkspace-Schnittstelle ...
Set aoiAccWsp = aoiAccFact.OpenFromFile(strMDBFile, 0)

  ' Tabelle erzeugen ...
Set aoiTable = aoiAccWsp.CreateTable("CODES", aoiFields, _
                            aoiCLSID, aoiEXTCLSID, "")
```

Ein für die *Geodatabase* besonderes Feld ist das *Shape* Feld (*esriFieldTypeGeometry*). Es enthält für die geografischen Objekte, die in dieser Tabelle gespeichert werden, die zugehörige Geometrie. Wie die Geometrie beschaffen ist, wird durch das zugehörige *GeometryDef* Objekt beschrieben.

8.3.2.3 GeometryDef

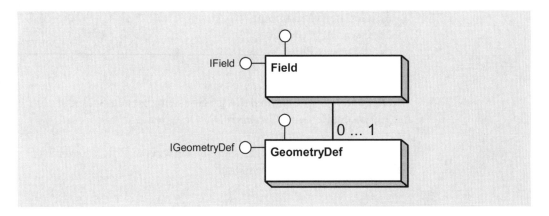

GeometryDef   Mit diesem Objekt werden die geometrischen Eigenschaften beschrieben. Die wichtigste Eigenschaft ist dabei die Unterscheidung, ob es sich um punkthafte, lineare oder flächenhafte Geometrien handelt. Danach folgen Informationen, ob neben den X und Y Koordinaten eine Z Koordinate oder ein M Wert existiert, und in welchem räumlichen Bezugssystem die Koordinaten liegen. Für die *Geodatabase* werden weitere Parameter für die räumliche Indizierung definiert.

IGeometryDef   Einen Verweis auf die *IGeometryDef* Schnittstelle liefert die *GeometryDef* Funktion der *IField* Schnittstelle. Das ist nur dann sinnvoll, wenn das Feld vom Typ *esriFieldTypeGeometry* ist.

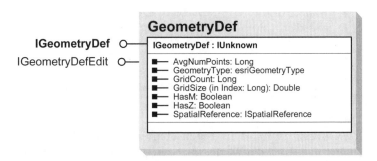

Der Geometrietyp wird durch die *esriGeometryType* Aufzählung festgelegt, wobei nur vier Werte in Frage kommen können.

esriGeometryType	esriGeometryPoint	1
	esriGeometryMultipoint	2
	esriGeometryPolyline	3
	esriGeometryPolygon	4

Die *IGeometryDef* Schnittstelle ist eine rein lesende Schnittstelle für die Eigenschaften von *GeometryDef* Objekten.

Das folgende Beispiel zeigt, wie ein Verweis auf die *IGeometryDef* Schnittstelle erzeugt werden kann:

```
'(cd) Verweis auf IGeometryDef Schnittstelle

Dim aoiTable As ITable
Dim aoiFeatureClass As IFeatureClass
Dim strFieldName As String
Dim lngFieldPos As Long
Dim aoiGeomField As IField
Dim aoiGeomDef As IGeometryDef

  ' Verweis auf die Table
  Set aoiTable = aoiAccWsp.OpenFeatureClass("lakes")
  Set aoiFeatureClass = aoiTable

  ' Verweis auf das Shape-Field ...
  strFieldName = aoiFeatureClass.ShapeFieldName
  lngFieldPos = aoiFeatureClass.FindField(strFieldName)
  Set aoiGeomField = aoiFeatureClass.Fields.Field(lngFieldPos)

  ' Verweis auf die IGeometryDef-Schnittstelle des Shapes ...
  Set aoiGeomDef = aoiGeomField.GeometryDef
```

Räumlicher Index

Die Eigenschaften *AvgNumPoints*, *GridCount* und *GridSize* sind Werte, die für die räumliche Indizierung der Geometrien in der *Geodatabase* benötigt werden. Für alle anderen Formate, zum Beispiel für *Shape* Dateien, spielen sie keine Rolle.

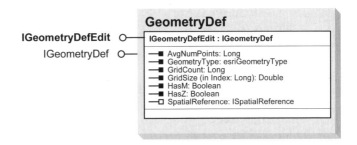

IGeometryDefEdit Mit der *IGeometryDefEdit* Schnittstelle können alle Eigenschaften des *GeometryDef* Objekts verändert werden. Wenn zum Beispiel in einer Tabelle eine *Shape* Spalte angefügt werden soll und dazu ein neues *GeometryDef* Objekt definiert werden muss. Ein bestehendes *GeometryDef* Objekt, auf das über die *IField* Schnittstelle ein Verweis erzeugt wird, kann damit allerdings nicht geändert werden.

Im folgenden Beispiel wird einer Tabelle ein *Shape* Feld angehängt und damit aus einer *ObjectClass* eine *FeatureClass* erstellt:

```
'(cd) Shape Feld an eine Tabelle anhängen

Dim aoiTable As ITable

  ' Table "vegtype" öffnen ...
  Set aoiTable = aoiAccWsp.OpenTable("vegtype")

Dim aoiField As IField
Dim aoiFieldEdit As IFieldEdit
Dim aoiGeomDef As IGeometryDef
Dim aoiGeomDefEdit As IGeometryDefEdit
Dim aoiSchemaLock As ISchemaLock
Dim aoiCLSID As UID
Dim aoiSchemaEdit As IClassSchemaEdit

  ' Geometrie-Typ ( Point) definieren ...
  Set aoiGeomDef = New GeometryDef
  Set aoiGeomDefEdit = aoiGeomDef
  With aoiGeomDefEdit
      .GeometryType = esriGeometryPoint
      .GridCount = 1
      .GridSize(0) = 10
```

```
        .AvgNumPoints = 2
        .HasM = False
        .HasZ = False
    End With

    ' Shape-Feld definieren ...
    Set aoiField = New Field
    Set aoiFieldEdit = aoiField
    With aoiFieldEdit
      .Name = "SHAPE"
      .AliasName = "geometry"
      .Type = esriFieldTypeGeometry
      Set .GeometryDef = aoiGeomDef
    End With

    ' CLSID der zugehörigen COM-Klasse definieren ...
    Set aoiCLSID = New UID
    aoiCLSID.Value = "esriGeoDatabase.Feature"

    ' Exklusive Sperre definieren ...
    Set aoiSchemaLock = aoiTable
    aoiSchemaLock.ChangeSchemaLock (esriExclusiveSchemaLock)

    ' Feld hinzufügen ...
    aoiTable.AddField aoiField

    ' CLSID ändern ...
    Set aoiSchemaEdit = aoiTable
    aoiSchemaEdit.AlterInstanceCLSID aoiCLSID

    ' Sperre wieder aufheben ...
    aoiSchemaLock.ChangeSchemaLock (esriSharedSchemaLock)
```

Räumliches Bezugssystem   Die *SpatialReference* Eigenschaft liefert oder definiert einen Verweis auf eine *ISpatialReference* Schnittstelle.

8.3.2.4 Indexes

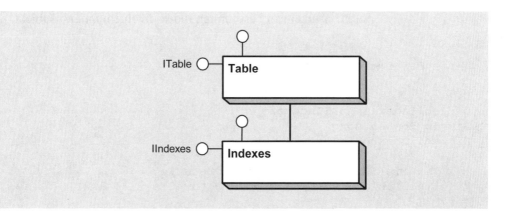

Indexes   *Indexes* ist eine Liste aller Indizes auf einer Tabelle. Man verwendet Indizes um mit optimaler Geschwindigkeit auf einzelne Datensätze der Tabelle zugreifen zu können.

IIndexes   Einen Verweis auf die *IIndexes* Schnittstelle liefert die *Indexes* Funktion der *IClass* Schnittstelle.

```
'(cd) Verweis auf die IIndexes Schnittstelle

Dim aoiTable As ITable
Dim aoiIndexes As IIndexes

    ' Verweis auf die ITable-Schnittstelle ...
    Set aoiTable = aoiAccWsp.OpenFeatureClass("lakes")

    ' Verweis auf die IIndexes-Schnittstelle ...
    Set aoiIndexes = aoiTable.Indexes
```

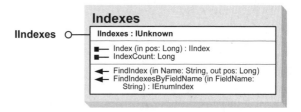

FindIndex   *IIndexes* ist die Schnittstelle, die Methoden bereitstellt, um auf einzelne *Index* Objekte zugreifen zu können. Das Beispiel zeigt die Suche nach einem bestimmten Index in einem *Indexes* Objekt.

```
'(cd) Bestimmten Index suchen

Dim aoiTable As ITable
Dim aoiIndexes As IIndexes
Dim lngPos As Long
Dim aoiIndex As IIndex

   ' Verweis auf die ITable-Schnittstelle ...
   Set aoiTable = aoiAccWsp.OpenFeatureClass("lakes")

   ' Verweis auf die IIndexes-Schnittstelle ...
   Set aoiIndexes = aoiTable.Indexes

   ' Suche nach dem Index
   aoiIndexes.FindIndex "FDO_OBJECTID", lngPos
   Set aoiIndex = aoiIndexes.Index(lngPos)
```

IEnumIndex   Erfolgt die Suche nach einem *Index* über den Namen eines Feldes, wird ein Verweis auf die *IEnumIndex* Schnittstelle eines *Enum* Objekts erzeugt, da ein Feld in mehreren *Indexes* enthalten sein kann. Mit *Reset* und *Next* kann durch die Liste navigiert werden.

8.3.2.5 Index

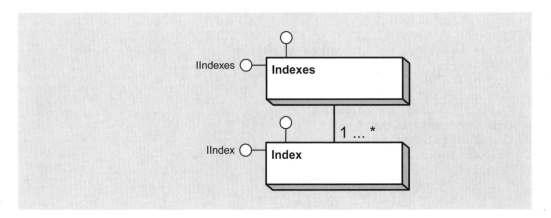

Spatial Index

Ein räumlicher *Index* wird, wenn die Tabelle ein *Shape* Feld enthält, automatisch generiert. Um diesen *Index* braucht man sich nicht zu kümmern. Trotzdem ist es möglich, diesen zu löschen und neu zu erzeugen.

Attribute Index

Andere *Indexe* basieren auf einer geordneten Liste von ein oder mehreren Feldern – dabei spielt die Reihenfolge eine wesentliche Rolle. Bis zu zehn Felder können in einer Feldliste für einen Index enthalten sein.

Object Index

Ein Index, der ebenfalls automatisch generiert wird, basiert auf dem *ObjectID* Feld (*OID*) einer Tabelle. Auch bei diesem ist es deshalb nicht notwendig, ihn extra zu erzeugen.

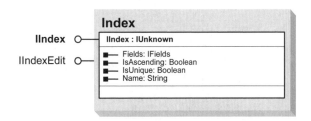

IIndex

Die *IIndex* Schnittstelle bietet lesenden Zugriff auf alle *Index* Eigenschaften.

Das folgende Beispiel ermittelt alle änderbaren *Indexes*, die weder räumlich sind noch auf der *ObjectID* basieren:

```
'(cd) Liste aller änderbaren Indexes

Dim aoiTable As ITable
Dim aoiField As IField
Dim aoiIndexes As IIndexes
Dim lngIndexPos As Long
Dim lngFieldPos As Long
Dim aoiIndex As IIndex
Dim strIndexes As String
Dim blnEditable As Boolean

  ' Verweis auf die ITable-Schnittstelle ...
  Set aoiTable = aoiAccWsp.OpenFeatureClass("lakes")

  ' Verweis auf die IIndexes-Schnittstelle ...
  Set aoiIndexes = aoiTable.Indexes

  ' Suche nach dem Index ...
  For lngIndexPos = 0 To aoiIndexes.IndexCount - 1
    Set aoiIndex = aoiIndexes.Index(lngIndexPos)
    blnEditable = True
    For lngFieldPos = 0 To aoiIndex.Fields.FieldCount - 1
      Set aoiField = aoiIndex.Fields.Field(lngFieldPos)
      If aoiField.Type = esriFieldTypeGeometry Or _
         aoiField.Type = esriFieldTypeOID Then
         blnEditable = False
         Exit For
      End If
    Next lngFieldPos
    If blnEditable Then
      strIndexes = strIndexes & aoiIndex.Name & Chr(13)
    End If
  Next lngIndexPos

  MsgBox strIndexes
```

IIndexEdit   Die *IIndexEdit* Schnittstelle wird verwendet, wenn ein neuer *Index* erzeugt werden soll. Das Ändern eines vorhandenen *Index* ist nicht möglich. Er muss erst gelöscht und dann neu erzeugt werden.

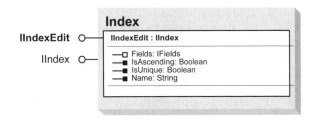

ISchemaLock   Beim Arbeiten mit der *IIndexEdit* Schnittstelle sollte auf der betroffenen Tabelle eine exklusive Sperrung vorgenommen werden, wenn diese von mehreren Benutzern gleichzeitig verwendet werden kann. Siehe dazu die Beschreibung der *ISchemaLock* Schnittstelle der *Dataset* Klasse.

Das folgende Beispiel erzeugt einen neuen *Index*:

```
'(cd) Neuen Index anlegen

Dim aoiTable As ITable
Dim aoiFields As IFields
Dim aoiFieldsEdit As IFieldsEdit
Dim aoiField As IField
Dim aoiIndex As IIndex
Dim aoiIndexEdit As IIndexEdit

  ' Verweis auf die ITable-Schnittstelle ...
  Set aoiTable = aoiAccWsp.OpenTable("codes")

  ' Field-Objekte für den Index
  Set aoiField = aoiTable.Fields.Field( _
            aoiTable.FindField("CODE"))

  ' Fields-Objekt für den Index ...
  Set aoiFields = New Fields
  Set aoiFieldsEdit = aoiFields
  aoiFieldsEdit.AddField aoiField

  ' neuen Index definieren ...
  Set aoiIndex = New Index
  Set aoiIndexEdit = aoiIndex
  With aoiIndexEdit
    Set .Fields = aoiFields
```

```
    .IsAscending = False
    .IsUnique = False
    .Name = "IDX_CODE"
End With

' neuen Index hinzufügen ...
aoiTable.AddIndex aoiIndex
```

Bei *Shape* Dateien muss daran gedacht werden, dass ein *Index* nur über ein Feld definieren werden kann. Außerdem ist das *Index* Objekt nicht für *INFO Items* geeignet. Dafür bietet die *IArcInfo-Table* Schnittstelle entsprechende Funktionen.

8.3.3 ObjectClass

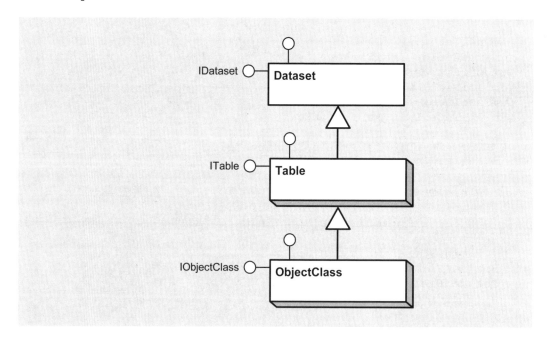

ObjectClass   Eine *ObjectClass* ist eine Tabelle in der *Geodatabase*, die eine datenbankweit eindeutige Objektkennung hat. Diese ID wird vom System verwaltet und kann nicht geändert werden. Die *ObjectClass*

Klasse erbt alle Schnittstellen von *Table*. Darüber hinaus hat jede Tabelle ein Feld für eine eindeutige ObjectID (OID), die ebenfalls automatisch jedem neuen Element zugewiesen wird, das in die Tabelle eingetragen wird.

Verhalten

Eine *ObjectClass* enthält Objekte, die ein besonderes Verhalten aufweisen. Die *Geodatabase* verwaltet alle *ObjectClasses* und verknüpft die Tabellen mit den Programmen (COM-Klassen), die für das Verhalten der einzelnen Objekte verantwortlich sind.

Name
AliasName
ModelName

Eine weitere Eigenschaft, die die *ObjectClass* gegenüber der *Table* auszeichnet, ist die Möglichkeit, die Tabelle auf drei unterschiedliche Weisen zu benennen. Neben der geerbten *IDatabase* Schnittstelle, die die *Name*Eigenschaft (Name der Tabelle in der Datenbank) aufweist, stellt die *IObjectClass* Schnittstelle eine *AliasName* Funktion zur Verfügung, so dass nach „außen" (in den *Client* Applikationen) immer der gleiche Name präsentiert werden kann, unabhängig von verschiedenen Konventionen des zugrundeliegenden Relationalen Datenbank Management Systems (RDBMS). Wird kein *AliasName* definiert, ist dieser automatisch identisch mit der *Name* Eigenschaft. Eine dritte Möglichkeit, eine *ObjectClass* zu benennen, ist die *ModelName* Eigenschaft, eine weitere Abstraktionsstufe für Entwickler. Der *ModelName* muss eindeutig für den gesamten *Workspace* sein, in dem sich die *ObjectClass* befindet. *ModelName* ist eine Eigenschaft der *IModelInfo* Schnittstelle.

Subtype

Eine *ObjectClass* kann ein Feld enthalten, das zur Unterscheidung mehrerer *Subtypes* dieser *ObjectClass* verwendet werden kann. Da alle *Subtype* Objekte in derselben Tabelle enthalten sind, haben sie die gleichen Felddefinitionen. Sie können aber trotzdem für die gleichen Felder unterschiedliche *Default* Werte oder *Domänen* besitzen.

IObjectClass

IObjectClass erbt alle Eigenschaften und Methoden von *IClass*, einer Schnittstelle der *Table* Klasse. Ansonsten kann über diese Schnittstelle die *ObjectClassID* ermittelt werden, der *AliasName* und alle *RelationShipClasses*, an denen diese *ObjectClass* beteiligt ist.

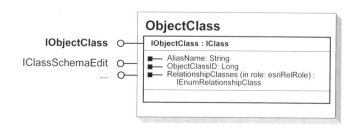

ObjectClassID	Tabellen in der Datenbank, die nicht in der *Geodatabase* registriert wurden und damit keine *ObjectClassID* besitzen, unterstützen ebenfalls die *IObjectClass* Schnittstelle. Die *ObjectClassID* Funktion liefert in diesem Fall immer den Wert *–1*, die *HasOID*-Funktion, geerbt von der *IClass* Schnittstelle, liefert den Wert *False*.	
Relationship Classes	Die Funktion *RelationshipClasses* liefert eine Liste in Form eines *Enum* Objekts, durch das mit *Reset* und *Next* navigiert werden kann. Die Liste kann durch die *esriRelRole* eingeschränkt werden.	

esriRelRole	esriRelRoleAny	1
	esriRelRoleOrigin	2
	esriRelRoleDestination	3

Das folgende Beispiel zeigt, wie alle Beziehungen einer *ObjectClass* zu anderen *ObjectClasses* ermittelt werden können:

```
'(cd) Liste aller Beziehungen

Dim strMDBFile As String
Dim aoiAccFact As IWorkspaceFactory
Dim aoiAccWsp As IFeatureWorkspace
Dim aoiObjClass As IObjectClass
Dim aoiEnumRels As IEnumRelationshipClass
Dim aoiRel As IRelationshipClass

  ' Pfad zur Access-Datenbank festlegen...
  strMDBFile = "c:\workspace\yellowstone.mdb"

  ' AccessWorkspaceFactory erzeugen ...
```

```
Set aoiAccFact = New AccessWorkspaceFactory

' Verweis auf die IWorkspace-Schnittstelle ...
Set aoiAccWsp = aoiAccFact.OpenFromFile(strMDBFile, 0)

' Verweis auf die IObjectClass-Schnittstelle ...
Set aoiObjClass = aoiAccWsp.OpenFeatureClass("lakes")

' Verweis auf die Liste aller Beziehungen ...
Set aoiEnumRels = _
    aoiObjClass.RelationshipClasses(esriRelRoleAny)
aoiEnumRels.Reset

' Schleife durch die Liste ...
Set aoiRel = aoiEnumRels.Next
Do Until aoiRel Is Nothing
  MsgBox aoiRel.OriginClass.AliasName & ":" & _
         aoiRel.DestinationClass.AliasName
  Set aoiRel = aoiEnumRels.Next
Loop
```

IClassSchemaEdit   Die Schnittstellen zum Ändern von *ObjectClass* Eigenschaften sind *IClassSchemaEdit* und *IClassSchemaEdit2*. Sie bieten auch einige *ShortCuts* anstelle von Funktionen der *Fields* und *Field* Klassen.

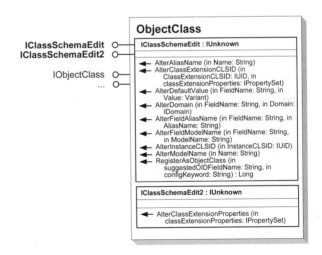

ISchemaLock

Bei der Arbeit mit diesen Schnittstellen sollte auf der betroffenen Tabelle eine exklusive Sperrung vorgenommen werden, wenn diese von mehreren Benutzern gleichzeitig genutzt werden kann. Siehe dazu die Beschreibung der *ISchemaLock* Schnittstelle der *Dataset* Klasse.

RegisterAs ObjectClass

Mit *RegisterAsObjectClass* lässt sich jede Tabelle in eine echte *ObjectClass* verändern. Die Tabelle wird in der *Geodatabase* registriert, erhält dabei eine eindeutige *ID* und bekommt ein *OBJECTID* Feld für die eindeutige Objektkennung.

```
'(cd) Tabelle in der Geodatabase registrieren

Dim strMDBFile As String
Dim aoiAccFact As IWorkspaceFactory
Dim aoiAccWsp As IFeatureWorkspace
Dim aoiObjClass As IClassSchemaEdit

  ' Pfad zur Access-Datenbank festlegen...
  strMDBFile = "c:\workspace\yellowstone.mdb"

  ' AccessWorkspaceFactory erzeugen ...
  Set aoiAccFact = New AccessWorkspaceFactory

  ' Verweis auf die IWorkspace-Schnittstelle ...
  Set aoiAccWsp = aoiAccFact.OpenFromFile(strMDBFile, 0)

  ' Verweis auf die IObjectClass-Schnittstelle ...
  Set aoiObjClass = aoiAccWsp.OpenTable("gewtyp")

  ' registrieren ..
  aoiObjClass.RegisterAsObjectClass "OBJECTID", ""
```

Bevor bestimmte Eigenschaften einer Tabelle geändert werden, zum Beispiel, indem eine neue CLSID zugewiesen wird, muss sicher sein, daß diese als *ObjectClass* in der *Geodatabase* registriert ist.

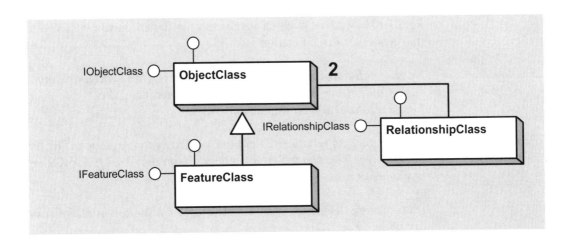

8.3.3.1 RelationshipClass

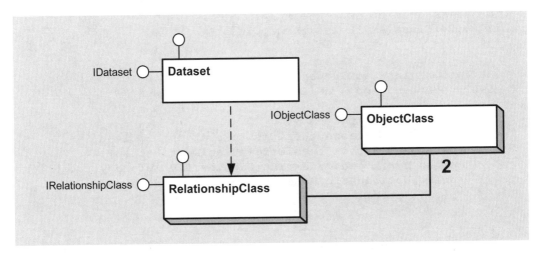

RelationshipClass	Eine *RelationshipClass* beschreibt die Beziehung zweier *ObjectClasses* zueinander, wobei eine *ObjectClass* die *Origin* Rolle, die andere die *Destination* Rolle einnimmt.
Relationship Classes	*RelationshipClasses* erhält man über die *RelationshipClasses* Funktion der *IObjectClass* Schnittstelle. Diese liefert eine *IEnumRelatioshipClass* Schnittstelle, die über die *Next* Funktion einzelne Verweise auf *IRelationshipClass* Schnittstellen von

RelationshipClass Objekten bereitstellt, an denen diese *ObjectClass* in irgendeiner Rolle beteiligt ist.

IRelationship ClassContainer

Neue *RelationshipClasses* können über die *IRelationShip-ClassContainer* Schnittstelle erzeugt werden, die von der *FeatureDataset* Klasse implementiert ist.

IFeature Workspace

Eine weitere Möglichkeit, *RelationshipClasses* zu erzeugen, bietet die *IFeatureWorkspace* Schnittstelle, die von der *Workspace* Klasse implementiert ist.

Das nächste Beispiel verwendet diese *CreateRelationshipClass* Methode.

```
'(cd) Neue Beziehung erzeugen

Dim aoiOrigin As IObjectClass
Dim aoiDestination As IObjectClass
Dim aoiRelClass As IRelationshipClass

 ' Origin und Destination ...
 Set aoiOrigin = aoiAccWsp.OpenFeatureClass("parcel")
 Set aoiDestination = aoiAccWsp.OpenTable("owner")

 ' neue RelationshipClass ...
 Set aoiRelClass = aoiAccWsp.CreateRelationshipClass( _
     "Owner_and_Parcel", aoiOrigin, aoiDestination, _
     "owned by", "owns", esriRelCardinalityOneToMany, _
     esriRelNotificationNone, False, False, Nothing, _
     "pid", "parcel_id", "", "")
```

Beim Erzeugen einer neuen *RelationshipClass* müssen eine ganze Reihe von Argumenten übergeben werden:

```
Set variable = object.CreateRelationshipClass (relClassName, _
    OriginClass, DestinationClass, forwardLabel, _
    backwardLabel, Cardinality, Notification, IsComposite, _
    IsAttributed, relAttrFields, OriginPrimaryKey, _
    destPrimaryKey, OriginForeignKey, destForeignKey )
```

relClassName	Jede *RelationshipClass* hat einen Namen der mit dem *relClassName* Argument angegeben wird. Der Name ist gleichzeitig der Name der Tabelle in der zugrundeliegenden RDBMS und muss deshalb deren Namenskonventionen entsprechen. Da die *RelationshipClass* Klasse die *IDataset* Schnittstelle implementiert, stehen entsprechende Funktionen zur Verwendung dieses Namens zur Verfügung.
OriginClass	Eine *IObjectClass* Schnittstelle der Tabelle (*ObjectClass* oder *FaetureClass*), die die *Origin* Rolle übernimmt, wird mit dem *OriginClass* Argument angegeben.
DestinationClass	Der *DestinationClass* Argument verweist auf eine *IObjectClass* Schnittstelle einer Tabelle (*ObjectClass* oder *FeatureClass*), die die *Destination* Rolle übernimmt.
forwardLabel	Mit dem Argument *forwardLabel* wird eine kurze Beschreibung der Beziehung von der *OriginClass* in Richtung *DestinationClass* übergeben.
backwardLabel	Entsprechend enthält *backwardLabel* eine kurze Beschreibung der Beziehung von der *DestinationClass* in Richtung *OriginClass*.
Cardinality	Die *esriRelCardinality* Konstaten beschreiben die möglichen Kardinalitäten für das *Cardinality* Argument.

esriRelCardinalityOneToOne	1
esriRelCardinalityOneToMany	2
esriRelCardinalityManyToMany	3

Notification	Die *esriRelNotification* Konstanten beschreiben die möglichen Richtungen, in denen Nachrichten an die Objekte der anderen Klasse weitergegeben werden. Einer der folgenden Werte wird mit dem *Notification* Argument übergeben.

esriRelNotificationNone	1
esriRelNotificationForward	2
esriRelNotificationBackward	3

esriRelNotificationBoth	4

IsComposite	Mit dem *IsComposite* Argument wird ein *boolscher* Wert übergeben, der besagt, ob es sich bei der Beziehung um eine *Composite* Beziehung handelt oder nicht.
IsAttributed	Mit *IsAttributed* (*True* oder *False*) wird festgelegt, ob es sich um eine attributierte Beziehung handelt oder nicht.
relAttrFields	Falls es sich um eine attributierte Beziehung handeln soll, wird über das *relAttrFields* Argument ein Verweis auf eine *IFields* Schnittstelle übergeben, indem die einzelnen Felder beschrieben sind.
OriginPrimary Key	Der Name des Feldes in der *OriginClass*, über dessen Werte die Beziehungen zur *DestinationClass* hergestellt werden wird im *OriginPrimaryKey* Argument festgelegt..
Destination PrimaryKey	Der Name des Feldes in der *DestinationClass*, über dessen Werte die Beziehungen zur *OriginClass* hergestellt wird, wird im *Destination-PrimaryKey* Argument angegeben, die aber nur bei einer attributierten Beziehung notwendig ist.
OriginForeign Key	Der *OriginForeignKey* ist in einer nicht attributierten Beziehung der Fremdschlüssel in der *DestinationClass*. In einer attributierten Beziehung ist es das Feld in der *RelationshipClass*, das dem *OriginPrimaryField* entspricht.
Destination ForeignKey	Die *DestinationForeignKey* Angabe ist ebenfalls nur bei einer attributierten Beziehung relevant. Es ist der Feldname, der in der *RelationshipClass* dem *DestinationPrimaryKey* entspricht.

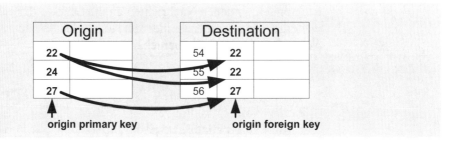

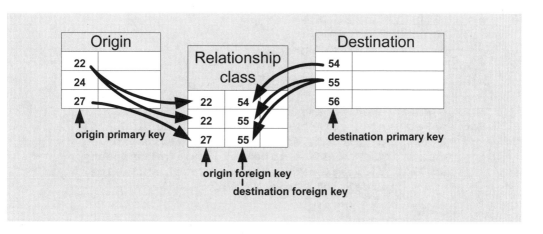

Das nächste Beispiel zeigt dieselbe Beziehung wie im ersten Beispiel, diesmal als attributierte Beziehung:

```
'(cd) Attributierte Beziehung erzeugen

Dim aoiOrigin As IObjectClass
Dim aoiDestination As IObjectClass
Dim aoiFields As IFieldsEdit
Dim aoiField As IFieldEdit
Dim aoiRelClass As IRelationshipClass

  ' Origin und Destination ...
  Set aoiOrigin = aoiAccWsp.OpenFeatureClass("parcel")
  Set aoiDestination = aoiAccWsp.OpenTable("owner")

  ' neue Felder der attributierten Beziehung ...
  Set aoiFields = New Fields
  Set aoiField = New Field
  With aoiField
    .Name = "parcel_id"
    .Type = esriFieldTypeInteger
  End With
  aoiFields.AddField aoiField
  With aoiField
    .Name = "owner_id"
    .Type = esriFieldTypeInteger
  End With
  aoiFields.AddField aoiField
  Set aoiField = New Field
```

```
With aoiField
  .Name = "Since"
  .Type = esriFieldTypeDate
End With
aoiFields.AddField aoiField

' neue RelationshipClass ...
Set aoiRelClass = aoiAccWsp.CreateRelationshipClass( _
    "Owner_and_Parcel", aoiOrigin, aoiDestination, _
    "owned by", "owns", esriRelCardinalityManyToMany, _
    esriRelNotificationNone, False, True, aoiFields, _
    "pid", "parcel_id", "oid", "owner_id")
```

IRelationship
Class

Die *IRelationshipClass* Schnittstelle liefert alle Informationen zur *RelationshipClass,* sowie Funktionen, die einzelne *Relationships* zwischen einzelnen Objekten erzeugen oder löschen, oder Objekte finden, die zu einem anderen Objekt in Beziehung stehen.

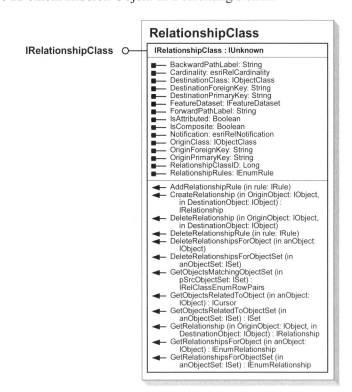

IRelationshipClass ○——

RelationshipClass

IRelationshipClass : IUnknown

- BackwardPathLabel: String
- Cardinality: esriRelCardinality
- DestinationClass: IObjectClass
- DestinationForeignKey: String
- DestinationPrimaryKey: String
- FeatureDataset: IFeatureDataset
- ForwardPathLabel: String
- IsAttributed: Boolean
- IsComposite: Boolean
- Notification: esriRelNotification
- OriginClass: IObjectClass
- OriginForeignKey: String
- OriginPrimaryKey: String
- RelationshipClassID: Long
- RelationshipRules: IEnumRule

- AddRelationshipRule (in rule: IRule)
- CreateRelationship (in OriginObject: IObject, in DestinationObject: IObject) : IRelationship
- DeleteRelationship (in OriginObject: IObject, in DestinationObject: IObject)
- DeleteRelationshipRule (in rule: IRule)
- DeleteRelationshipsForObject (in anObject: IObject)
- DeleteRelationshipsForObjectSet (in anObjectSet: ISet)
- GetObjectsMatchingObjectSet (in pSrcObjectSet: ISet) : IRelClassEnumRowPairs
- GetObjectsRelatedToObject (in anObject: IObject) : ICursor
- GetObjectsRelatedToObjectSet (in anObjectSet: ISet) : ISet
- GetRelationship (in OriginObject: IObject, in DestinationObject: IObject) : IRelationship
- GetRelationshipsForObject (in anObject: IObject) : IEnumRelationship
- GetRelationshipsForObjectSet (in anObjectSet: ISet) : IEnumRelationship

Die Funktionen der Schnittstelle lassen sich in die folgenden drei logischen Gruppen unterteilen: Eigenschaften, Funktionen und Regeln. Die Eigenschaften liefern Informationen zur *Relationship-Class*, die Funktionen behandeln die *Relationships* zwischen einzelnen Objekten, und darüberhinaus gibt es Funktionen, die sich mit den Regeln (*RelationshipRules*) einer Beziehung befassen.

IsAttributed   Die einfachste Methode herauszufinden, ob es sich bei der *Relation-shipClass* um eine attributierte Beziehung handelt, ist die Abfrage der *IsAttributed* Eigenschaft. Diese liefert aber nur dann *True*, wenn es tatsächlich zusätzliche Attribute neben dem *OriginForeignKey* und dem *DestinationForeignKey* gibt.

Eine weitere Möglichkeit zeigt das folgendes Beispiel:

```
' QI auf die ITable-Schnittstelle ...
If TypeOf inRelationShip Is ITable Then
   IsAttributedRelationship = True
Else
   IsAttributedRelationship = False
End If
```

attributierte Beziehung   Das obige Beispiel zeigt den Unterschied zwischen einer *einfachen* und einer *attributierten* Beziehung. Während bei einer einfachen *RelationshipClass* die Beziehung in den Werten des Fremdschlüssels, also bei den Objekten selber, gespeichert wird, ist die *attributierte* Beziehung selbst eine Tabelle, die damit die *ITable* Schnittstelle erbt, und stellt dort die Beziehung zwischen den einzelnen Objekten her.

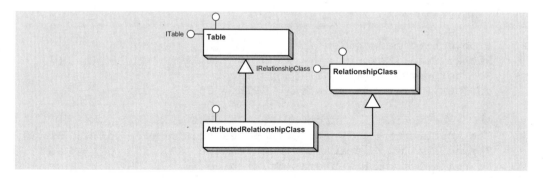

ISet

Fast alle Funktionen, die die Beziehungen zwischen einzelnen Objekten behandeln, verwenden die *ISet* Schnittstelle eines *Set* Objekts. Das *Set* Objekt ist ein ganz allgemeiner Container für Objekte, die nicht einmal unbedingt von der gleichen Klasse sein müssen.

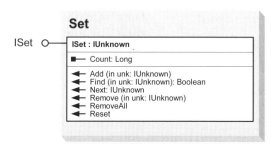

Das folgende Beispiel zeigt, wie für bestimmte Objekte die Beziehung durch die *DeleteRelationshipForObjectSet* Methode zu einer anderen Klasse aufgelöst werden kann:

```
'(cd) Beziehungen aufheben

Dim aoiFeatureClass As IFeatureClass

  ' IFeatureClass ...
  Set aoiFeatureClass = aoiAccWsp.OpenFeatureClass("parcel")

Dim aoiSet As ISet
Dim aoiQueryFilter As IQueryFilter
Dim aoiCursor As IFeatureCursor
Dim aoiFeature As IFeature

  ' ObjectSet herstellen ...
  Set aoiSet = New Set
  Set aoiQueryFilter = New QueryFilter
  aoiQueryFilter.WhereClause = "PID > 201"

  ' Cursor über alle ausgewählten Objekte ...
  Set aoiCursor = aoiFeatureClass.Search(aoiQueryFilter, False)
  Set aoiFeature = aoiCursor.NextFeature
  Do While Not aoiFeature Is Nothing
```

```
    aoiSet.Add aoiFeature
    Set aoiFeature = aoiCursor.NextFeature
  Loop

Dim aoiEnumRels As IEnumRelationshipClass
Dim aoiRelClass As IRelationshipClass
Dim aoiRelDataset As IDataset

  ' RelationshipClass suchen ...
  Set aoiEnumRels = _
      aoiFeatureClass.RelationshipClasses(esriRelRoleOrigin)
  aoiEnumRels.Reset

  ' Schleife durch die Liste ...
  Set aoiRelClass = aoiEnumRels.Next
  Do While Not aoiRelClass Is Nothing
    Set aoiRelDataset = aoiRelClass
    If aoiRelDataset.Name = "Parcel_Owner" Then
      Exit Do
    End If
    Set aoiRelClass = aoiEnumRels.Next
  Loop

  ' Beziehungen der Objekte aufheben ...
  If Not aoiRelClass Is Nothing Then
    aoiRelClass.DeleteRelationshipsForObjectSet aoiSet
  End If
```

8.3.4 FeatureClass

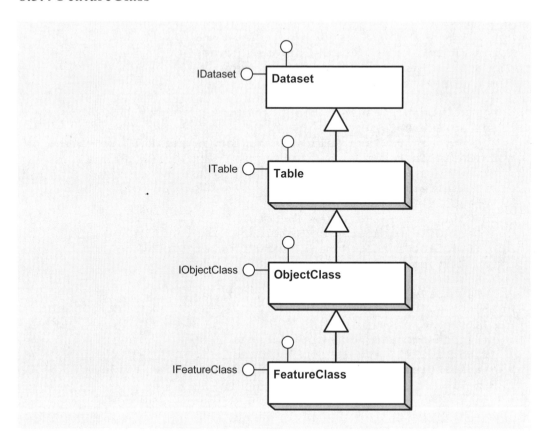

FeatureClass	*FeatureClass* ist eine *ObjectClass* mit einem *Shape* Feld.
Geometrien und Attribute	Das *FeatureClass* Objekt hat im *Geodatabase* Objektmodell eine zentrale Bedeutung. Sie ist die Klasse, die geografische Daten und ihre Verhaltensweisen repräsentiert. Alle Elemente in einer *FeatureClass* haben Geometrien der gleichen Art (Punkt, Linie oder Polygon) und haben die gleichen Attribute.
IFeatureClass	Die *IFeatureClass* Schnittstelle erbt alle Funktionen der *IObjectClass* Schnittstelle und damit auch alle der *IClass* Schnittstelle. Die Methoden der *IFeatureClass* Schnittstelle sind der *ITable* Schnittstelle sehr ähnlich, unterstützen aber die Arbeit mit räumlichen Daten.

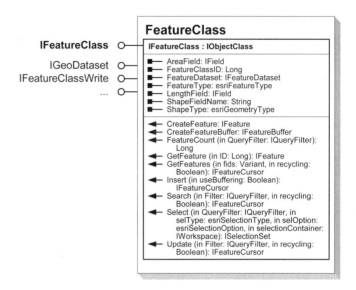

IFeatureClass enthält alle Funktionen um neue Elemente zu erzeugen, nach Elementen zu suchen, Informationen über das Schema zu erhalten oder um das Schema zu ändern.

ShapeFieldName *ShapeFieldName* ist ein *ShortCut*, der den Namen des Feldes zurückliefert, das vom Typ *esriFieldTypeGeometry* ist und die Geometrien der Elemente beinhaltet.

ShapeType Die *ShapeType* Eigenschaft liefert nicht, wie man vermuten könnte, einen *esriShapeType* Wert, sondern einen Wert der *esriGeometry Type* Konstanten. Im Kapitel zur *GeometryDef* Klasse sind die möglichen Werte aufgelistet.

```
'(cd) FeatureClass auf Polygone prüfen

Dim aoiFeatClass As IFeatureClass

  ' Verweis auf die IFeatureClass-Schnittstelle ...
  Set aoiFeatClass = aoiAccWsp.OpenFeatureClass("lakes")

  ' GeometryType der Shape-Spalte ...
  If aoiFeatClass.ShapeType = esriGeometryPolygon Then
    MsgBox "FeatureClass enthält Polygone !"
  Else
```

```
    MsgBox "FeatureClass enthält KEINE Polygone !"
End If
```

Einige Eigenschaften, die über die *IFeatureClass* Schnittstelle zu erfahren sind, können auch über die „light"-Version, das *FeatureClassName* Objekt, erfahren werden. Weitere Informationen dazu im Kapitel zu den *Name* Klassen.

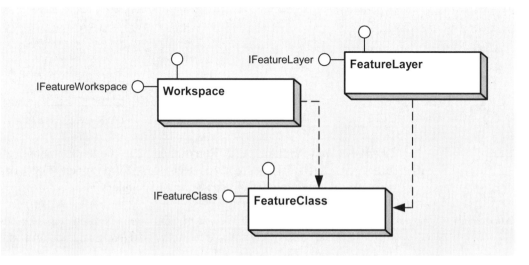

OpenFeature Class Die *OpenFeatureClass* Funktion der *IFeatureWorkspace* Schnittstelle liefert einen Verweis auf eine *IFeatureClass* Schnittstelle:

```
'(cd) Eine FeatureClass öffnen

Dim strMDBFile As String
Dim aoiAccFact As IWorkspaceFactory
Dim aoiAccWsp As IFeatureWorkspace
Dim aoiFeatClass As IFeatureClass

  ' Pfad zur Access-Datenbank festlegen...
  strMDBFile = "c:\workspace\yellowstone.mdb"

  ' AccessWorkspaceFactory erzeugen ...
  Set aoiAccFact = New AccessWorkspaceFactory
```

```
' Verweis auf die IWorkspace-Schnittstelle ...
Set aoiAccWsp = aoiAccFact.OpenFromFile(strMDBFile, 0)

' Verweis auf die IFeatureClass-Schnittstelle ...
Set aoiFeatClass = aoiAccWsp.OpenFeatureclass("lakes")
```

FeatureClass   Eine andere Methode bietet die *IFeatureLayer2* Schnittstelle der *Layer* Klasse, die einen Verweis auf eine *IFeatureClass* Schnittstelle liefern kann.

```
'(cd) FeatureClass eines FeatureLayers

Dim aoiDocument As IMxDocument
Dim aoiLayer As ILayer
Dim aoiFeatureLayer As IFeatureLayer2
Dim aoiFeatureClass As IFeatureClass

  ' aktuelles Dokument ...
  Set aoiDocument = ThisDocument

  ' aktiver Layer ...
  Set aoiLayer = aoiDocument.SelectedLayer
  If Not aoiLayer Is Nothing Then

    ' FeatureClass des Layers ...
    If TypeOf aoiLayer Is IFeatureLayer2 Then
      Set aoiFeatureLayer = aoiLayer
      Set aoiFeatureClass = aoiFeatureLayer.FeatureClass
    End If

  End If
```

Search   Um auf einzelne Elemente der *FeatureClass* zugreifen zu können, muss ein *Cursor* erzeugt werden.

```
'(cd) Auf die Features einer FeatureClass zugreifen

Dim aoiFeatureClass As IFeatureClass
  ' IFeatureClass ...
```

```
    Set aoiFeatureClass = aoiAccWsp.OpenFeatureClass("parcel")

Dim aoiCursor As IFeatureCursor
Dim aoiFeature As IFeature

  ' Cursor über alle ausgewählten Objekte ...
  Set aoiCursor = aoiFeatureClass.Search(Nothing, True)
  Set aoiFeature = aoiCursor.NextFeature
  Do While Not aoiFeature Is Nothing
    '  ...
    Set aoiFeature = aoiCursor.NextFeature
  Loop
```

Select   Über die *Select* Funktion wird ein *Selection* Objekt erzeugt. Dieses
                      enthält eine Liste aller *ObjectIDs*, die der geforderten Bedingung
                      entsprechen.

```
'(cd) SelectionSet erzeugen

Dim aoiFeatureClass As IFeatureClass

  ' IFeatureClass ...
  Set aoiFeatureClass = aoiAccWsp.OpenFeatureClass("parcel")

Dim aoiSelection As ISelectionSet
Dim aoiScrWspFact As IScratchWorkspaceFactory
Dim aoiSelCont As IWorkspace

  ' temp. Workspace ...
  Set aoiScrWspFact = New ScratchWorkspaceFactory
  Set aoiSelCont = aoiScrWspFact.DefaultScratchWorkspace

  ' SelectionSet mit alle ausgewählten IDs ...
  Set aoiSelection = aoiFeatureClass.Select(Nothing, _
        esriSelectionTypeIDSet, esriSelectionOptionNormal, _
        aoiSelCont)
```

Update   Die *Update* Funktion muß verwendet werden, wenn ein
                      FeatureCursor erstellt werden soll, mit dem die *Features* verändert
                      oder gelöscht werden sollen.

```
'(cd) Update Cursor erzeugen

Dim aoiFeatureClass As IFeatureClass

    ' IFeatureClass ...
    Set aoiFeatureClass = aoiAccWsp.OpenFeatureClass("parcel")

Dim aoiCursor As IFeatureCursor
Dim aoiFeature As IFeature

    ' Cursor über alle ausgewählten Objekte ...
    Set aoiCursor = aoiFeatureClass.Update(nothing, False)
    Set aoiFeature = aoiCursor.NextFeature
    Do While Not aoiFeature Is Nothing
        ' ...
        Set aoiFeature = aoiCursor.NextFeature
    Loop
```

QueryFilter   Das obere Beispiel liefert einen *Cursor* auf alle Elemente, die in der *FeatureClass* enthalten sind. Um eine Teilmenge zu erhalten, muss ein *QueryFilter* Objekt definiert werden. Das Kapitel *QueryFilter* liefert weitere Informationen zu Möglichkeiten, Auswahlbedingungen zu formulieren.

IFeatureClass Write   Die Schnittstelle *IFeatureClassWrite* stellt Funktionen zum Löschen oder Hinzufügen einzelner *Feature* Objekte oder eines *Sets* von *Features* zur Verfügung.

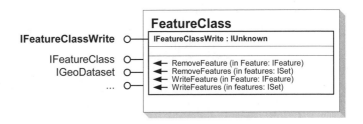

RemoveFeatures   Das folgende Beispiel zeigt, wie ein *Set* Objekt erzeugt wird, und wie die darin enthaltenen *Features* gelöscht werden können.

```
'(cd) Features über ein Set Objekt löschen

Dim aoiFeatureClass As IFeatureClass

    ' IFeatureClass ...
    Set aoiFeatureClass = aoiAccWsp.OpenFeatureClass("parcel")

Dim aoiSet As ISet
Dim aoiQueryFilter As IQueryFilter
Dim aoiCursor As IFeatureCursor
Dim aoiFeature As IFeature

    ' ObjectSet herstellen ...
    Set aoiSet = New esriSystem.Set
    Set aoiQueryFilter = New QueryFilter
    aoiQueryFilter.WhereClause = "PID > 201"

    ' Cursor über alle ausgewählten Objekte ...
    Set aoiCursor = aoiFeatureClass.Search(aoiQueryFilter, False)
    Set aoiFeature = aoiCursor.NextFeature
    Do While Not aoiFeature Is Nothing
        aoiSet.Add aoiFeature
        Set aoiFeature = aoiCursor.NextFeature
    Loop

Dim aoiFeatureClassWrite As IFeatureClassWrite

    ' Features löschen ...
    Set aoiFeatureClassWrite = aoiFeatureClass
    aoiFeatureClassWrite.RemoveFeatures aoiSet
```

ITopologyClass   Im nächsten Kapitel werden Klassen und Schnittstelle zur *Topology* vorgestellt.

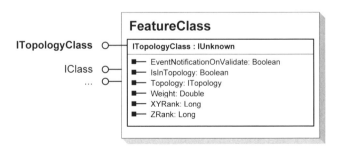

Wenn eine *FeatureClass* an einer *Topology* beteiligt ist, können bestimmte Eigenschaften, die beim Hinzufügen dieser *FeatureClass* zur *Topology* definiert wurden, nachgefragt werden. Diese Eigenschaften lassen sich auch nachträglich nicht mehr ändern. Gegebenenfalls muss die *FeatureClass* aus der *Topology* entfernt und dann wieder neu hinzugefügt werden.

In weiteren Kapiteln werden die Klassen *SelectionSet* und *Feature-Cursor* genauer beschrieben über die auf einzelne Objekte der *FeatureClass* zugegriffen werden kann..

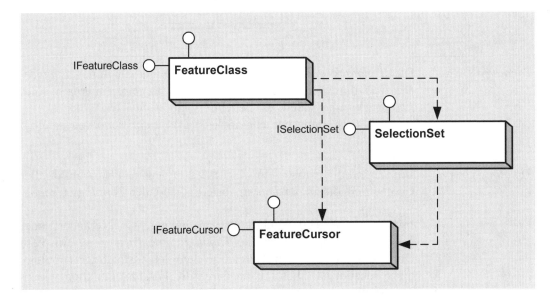

8.3.5 Topology

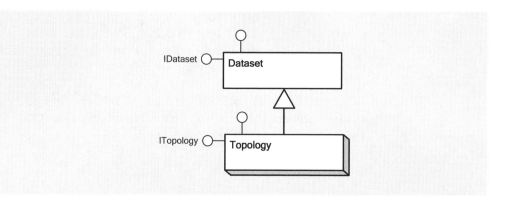

Topology
: Die *Topology* verbindet *FeatureClasses* innerhalb eines *Feature-Datasets* durch eine Reihe topologischer Regeln. Innerhalb eines *FeatureDatasets* kann es beliebig viele *Topologies* geben, eine *FeatureClass* kann aber nur höchstens an einer *Topology* beteiligt sein.

Topology Graph
: Die *Topology* enthält ein flaches, 2-dimensionales Abbild aller Geometrien, die an der *Topolgy* beteiligt sind, den *Topology Graph*.

Dirty Area
: Immer wenn geografische Objekte hinzugefügt, verändert oder gelöscht werden, definiert die *Topology* eine *Dirty Area* um diese Objekte und damit einen Bereich in dem der Zustand der Topology nicht bekannt ist. Dieser kann durch die *Validate* Funktion wieder neu ermittelt werden.

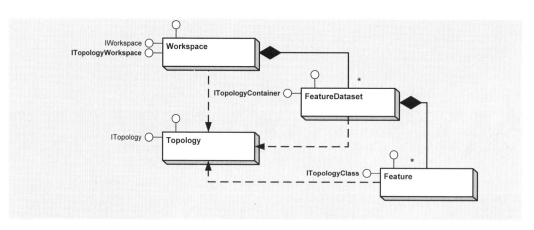

OpenTopology   Über die *OpenTopology* Methode der *ITopologyWorkspace* Schnittstelle kann direkt eine Referenz auf diese *Topology* hergestellt werden.

TopologyByName   Auch über die *ITopologyContainer* Schnittstelle des *Feature-Datasets* erhält man Referenzen auf die *Topologies* innerhalb dieses *FeatureDatasets*.

Topology   Die *ITopologyClass* Schnittstelle liefert mit der *Topology* Eigenschaft ebenfalls eine Referenz auf die *Topology*, an der die *FeatureClass* beteiligt ist.

```
'(cd) Topology öffnen

Dim aoiFeatWsp As IFeatureWorkspace
Dim aoiFeatDataset As IFeatureDataset
Dim aoiTopContainer As ITopologyContainer
Dim aoiTop As ITopology

  Set aoiFeatDataset = aoiFeatWsp.OpenFeatureDataset("MyFS")
  Set aoiTopContainer = aoiFeatDataset
  Set aoiTop = aoiTopContainer.TopologyByName("MyTopology")
```

ITopology   Die *ITopology* Schnittstelle enthält Eigenschaften und Methoden, um *FeatureClasses* zur *Topology* hinzuzufügen oder wieder zu entfernen und die *Dirty Areas* zu validieren.

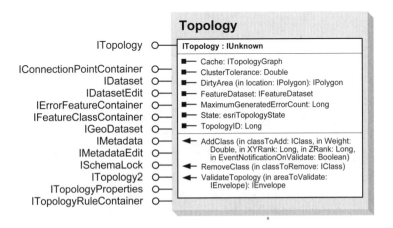

AddClass	Mit der *AddClass* Methode wird eine *FeatureClass* der *Topology* hinzugefügt. Dabei können keine *non-simple FeatureClasses*, wie z.B. *Annotations* oder *Dimensions*, hinzugefügt werden. Außerdem darf die *FeatureClass* nicht versioniert sein, oder *Mulitpoint*- oder *Multipatch*-Geometrien beinhalten. Enthält die hinzugefügte *FeatureClass* neue Objekte, wird für den gesamten Bereich, den diese Objekte umfassen, die *Dirty Area* erweitert.
RemoveClass	Ist in der Version 9.0 noch nicht implementiert.
State	Die *State* Eigenschaft gibt darüber Auskunft, ob die *Topology* validiert wurde, und wenn ja, ob dabei topologische Fehler entdeckt wurden oder nicht.

esriTopologyState	esriTSUnanalyzed	0
	esriTSAnalyzedWithErrors	1
	esriTSAnalyzedWithoutErrors	2
	esriTSEmpty	3

ValidateTopology	Mit der *ValidateTopology* Funktion werden alle *Dirty Areas* innerhalb des übergebenen Ausschnitts validiert. Dabei werden alle definierten Regeln überprüft und im Falle einer Regelverletzung ein Topologiefehler erzeugt. Die Funktion liefert einen *Envelope* zurück für den gesamten Bereich der validiert wurden. Wird auf einer versionierten *Topology* validiert, muss diese Funktion in eine *EditOperation* eingebettet werden.
	Das folgende Beispiel zeigt, wie der *Envelope* der *Dirty Area* ermittelt und an die *Validate* Funktion übergeben wird. Auf diese Weise wird die gesamte *Topology* validiert.

```
'(cd) Gesamte Topology validieren

Dim aoiGeoDS As IGeoDataset
Dim aoiLocation As ISegmentCollection
Dim aoiPoly As IPolygon
Dim aoiAreaToValidate As IEnvelope
Dim aoiAreaValidated As IEnvelope
```

```
'ein neues Polygon Objekt erzeugen
Set aoiLocation = New Polygon
'QI der Topology auf IGeodataset
Set aoiGeoDS = aoiTopology

'rechteckiges Polygon entsprechend der
'Topologie Ausdehnung
aoiLocation.SetRectangle aoiGeoDS.Extent

'Dirty Area der gesamten Topology
Set aoiPoly = aoiTopology.DirtyArea(aoiLocation)

'Ausschnitt definieren und validieren
Set aoiAreaToValidate = aoiPoly.Envelope
Set aoiAreaValidated = aoiTopology.ValidateTopology _
                       (aoiAreaToValidate)
```

ITopologyRule Container

Topology macht nur Sinn, wenn für die beteiligten *FeatureClasses* topologische Regeln definiert werden. Die *ITopologyRuleContainer* Schnittstelle ermöglicht das Anlegen und Löschen von Regeln sowie den Zugriff auf einzelne definierte Regeln der *Topology*. Darüberhinaus enthält die Schnittstelle Funktionen um Topologie-fehler als Ausnahmen zu deklarieren (*PromoteToRuleException*) oder Ausnahmen wieder zu Fehlern zu erklären (*DemoteToRuleExeption*).

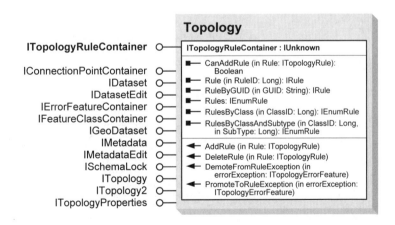

CanAddRule

Bevor eine neue Regel der *Topology* hinzugefügt wird, kann über die

CanAddRule Methode geprüft warden, ob diese Regel sinnvoller-weise übernommen werden kann. Die Funktion liefert *False*, wenn schon eine Regel mit den gleichen Parametern existiert, die neue Regel sich auf *SubTypes* bezieht, aber schon eine gleiche Regel auf *FeatureClass* Level definiert wurde, oder die Regel sich auf *Subtypes* bezieht, die es gar nicht gibt. Damit sind zwar schon einige Fehlerquellen ausgeschlossen, die *AddRule* Methode kann trotzdem mit einem Fehler abbrechen, nämlich wenn zum Beispiel die in der Regel definierten Geometrietypen nicht mit denen der *Feature-Classes* übereinstimmen.

AddRule

Die *AddRule* Methode erweitert die *Topology* um eine neue Regel. Kann die Regel fehlerfrei ergänzt werden, wird die *Dirty Area* auf den gesamten Bereich der *Topology* ausgedehnt, so dass alle Objekte neu validiert werden müssen.

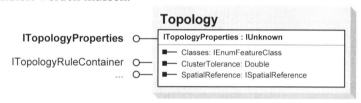

ITopology Properties

Diese Schnittstelle enthält noch weitere Eigenschaften der *Topology* die nicht in der *ITopology* Schnittstelle enthalten sind.

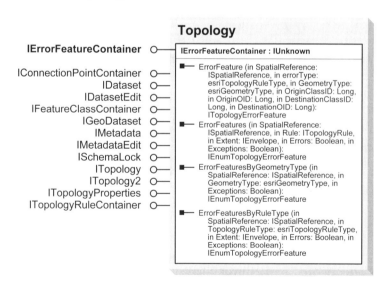

IErrorFeature Container	Nach der Validierung der Regeln mit der *Validate* Methode der *ITopology* Schnittstelle, können die Regelverletzungen über die *IErrorFeatureContainer* Schnittstelle ermittelt werden.
IEnumTopology ErrorFeature	Die Ergebnisse diese Methoden sind spezielle *Feature* Objekte, die *TopologyErrorFeatures* oder eine Aufzählung (*Enumeration*) dieser Objekte. Über die *IEnumTopologyErrorFeature* Schnittstelle kann dann auf die *TopologyErrorFeatures* zugegriffen werden.
ITopologyError Feature	Die *ITopologyErrorFeature* Schnittstelle erlaubt lesenden Zugriff auf Eigenschaften der *TopologyErrorFeatures*, die Regelverletzungen von Objekten der *Topology* repräsentieren. Diese *Features* sind direkt nicht bearbeitbar. Die einzige zulässige Änderung ist, diesen Fehler als Ausnahme zu deklarieren. Über die *PromoteToRuleExeption* der *ITopologyRuleContainer* Schnittstelle kann diese Eigenschaft des TopologyErrorFeatures geändert werden.

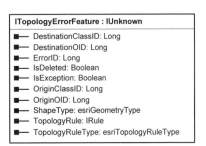

Das folgende Beispiel ermittet nach der Validierung alle Topologiefehler bei der sich Linien überlappen und behebt diesen Fehler automatisch dadurch, dass das doppelte Linienstück gelöscht wird.

```
'(cd) Automatische Behebung einer Line-Overlap Regelverletzung

   'Referenz auf ArcMap Editor und Topology Extension
Dim aoiEditor As IEditor
Dim aoiTopoExt As ITopologyExtension
Dim aoiID As New UID

   aoiID.Value = "esriEditorExt.Editor"
   Set aoiEditor = Application.FindExtensionByCLSID(aoiID)
   aoiID.Value = "esriEditorExt.TopologyExtension"
```

```
    Set aoiTopoExt = Application.FindExtensionByCLSID(aoiID)

Dim aoiTopo As ITopology
Dim aoiGeoDS As IGeoDataset
Dim aoiFCC As IFeatureClassContainer
Dim aoiTopoRuleContainer As ITopologyRuleContainer

   'Referenz auf die aktuell bearbeitet Topologie
   Set aoiTopo = aoiTopoExt.CurrentTopology
   Set aoiGeoDS = aoiTopo
   Set aoiFCC = aoiTopo
   Set aoiTopoRuleContainer = aoiTopo

   'LineNoOverlap Regel finden
Dim aoiEnumTopoRule As IEnumRule
Dim aoiTopoRule As ITopologyRule

   Set aoiEnumTopoRule = aoiTopoRuleContainer.Rules

   aoiEnumTopoRule.Reset
   Set aoiTopoRule = aoiEnumTopoRule.Next
   Do Until aoiTopoRule.TopologyRuleType = esriTRTLineNoOverlap
     Set aoiTopoRule = aoiEnumTopoRule.Next
   Loop

   'die DestinationClass der Regel öffnen
Dim aoiFC As IFeatureClass
Dim aoiTable As ITable

   Set aoiFC = aoiFCC.ClassByID(aoiTopoRule.DestinationClassID)
   Set aoiTable = aoiFC

   'alle TopologyErrorFeatures dieser Regel ermittel
Dim aoiErrorFeatureContainer As IErrorFeatureContainer
Dim aoiEnumTopoErrorFeature As IEnumTopologyErrorFeature
Dim aoiTopoErrorFeature As ITopologyErrorFeature
Dim strOIDs As String

   Set aoiErrorFeatureContainer = aoiTopo
   Set aoiEnumTopoErrorFeature = _
    aoiErrorFeatureContainer.ErrorFeatures _
   (aoiGeoDS.SpatialReference, aoiTopoRule, aoiGeoDS.Extent, _
    True, False)

   'Liste aller ObjectIDs der DestinationClass
```

```
Set aoiTopoErrorFeature = aoiEnumTopoErrorFeature.Next
strOIDs = aoiTopoErrorFeature.DestinationOID
Set aoiTopoErrorFeature = aoiEnumTopoErrorFeature.Next
Do Until aoiTopoErrorFeature Is Nothing
   strOIDs = strOIDs & ", " & aoiTopoErrorFeature. _
                            DestinationOID
   Set aoiTopoErrorFeature = aoiEnumTopoErrorFeature.Next
Loop

Dim aoiFCursor As IFeatureCursor
Dim aoiQF As IQueryFilter2

   'QueryFilter und FeatureCursor definieren
   Set aoiQF = New QueryFilter
   aoiQF.WhereClause = "OBJECTID in (" & strOIDs & ")"
   Set aoiFCursor = aoiFC.Update(aoiQF, False)

   'Objekte der DestinationClass löschen
   aoiEditor.StartOperation
   aoiTable.DeleteSearchedRows aoiFCursor
   aoiEditor.StopOperation "Batch Subtract"
```

In den folgenden Kapiteln werden die Bedeutung und Verwendung von *QueryFilter* und *FeatureCursor* genaure beschrieben.

8.4 QueryFilter

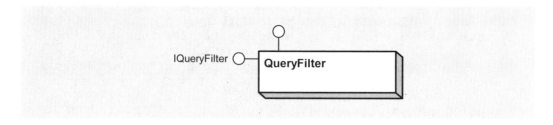

QueryFilter

Mit dem *QueryFilter* Objekt können logische Bedingungen definiert werden, die dazu verwendet werden können, um in Tabellen oder in *FeatureClasses* Teilmengen zu erzeugen oder zu löschen. Außerdem wird ein *QueryFilter* dazu verwendet, in ArcMap Elemente auszuwählen, zu löschen oder mit besonderen Symbolen anzuzeigen.

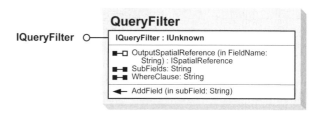

IQueryFilter

Über die *IQueryFilter* Schnittstelle kann eine *WhereClause* definiert werden, die die logische Bedingung formuliert und damit die Elemente beschreibt, die ausgewählt werden sollen. Optional können Felder angegeben werden, deren Werte in der Auswahlmenge zurückgeliefert werden sollen. Andernfalls werden alle Felder mitgeliefert.

SubFields

Die *SubFields* Eigenschaft kann die Ausführungsgeschwindigkeit einer logischen Abfrage erheblich steigern, da ja nur eine geringe Wertemenge ermittelt werden muss. Die Voreinstellung für *SubFields* ist „*" und bedeutet, dass die Werte aller Felder ermittelt werden müssen. Mit der *AddField* Funktion oder der *SubFields* Eigenschaft wird diese Feldliste, eine durch Komma getrennte Liste mit Feldnamen, manipuliert. Es macht allerdings keinen Sinn, diese Eigenschaft zu verwenden, wenn mit dem *QueryFilter* eine

Untermenge von Elementen erzeugt werden soll.

Das folgende Beispiel zeigt die Auswahl aller Elemente, die im Feld „CODE" den Wert 'PICO/CAGE' haben, um diese zu löschen.

```
'(cd) Ausgewählte Elemente löschen

Dim aoiTable As ITable
Dim aoiQuery As IQueryFilter


    ' ITable-Schnittstelle auf das Shapefile ...
    Set aoiTable = aoiSHPWsp.OpenTable("vegtype")

    ' Where-Clause definieren ...
    Set aoiQuery = New QueryFilter
    aoiQuery.WhereClause = "CODE = 'PICO/CAGE'"

    ' Zeilen löschen ...
    aoiTable.DeleteSearchedRows aoiQuery
```

Sollen nur bestimmte Felder, aber alle Elemente zurückgeliefert werden, gibt man einfach keine *WhereClause* an.

Sollen alle Felder und alle Elemente zurückgeliefert werden, kann auch anstelle eines *QueryFilter* Objekts das Schlüsselwort „Nothing" verwendet werden.

```
'(cd) Alle Elemente auswählen

Dim aoiFeatureClass As IFeatureClass

    ' IFeatureClass ...
    Set aoiFeatureClass = aoiAccWsp.OpenFeatureClass("parcel")

Dim aoiCursor As IFeatureCursor
Dim aoiFeature As IFeature

    ' Cursor über alle ausgewählten Objekte ...
    Set aoiCursor = aoiFeatureClass.Search(Nothing, True)
    Set aoiFeature = aoiCursor.NextFeature
```

```
Do While Not aoiFeature Is Nothing
    ' ...
    Set aoiFeature = aoiCursor.NextFeature
Loop
```

SQL

Auch wenn die Syntax der *WhereClause* der SQL-Syntax entspricht, gibt es doch erhebliche Einschränkungen zu beachten. So können keine *JOIN* Anweisungen in der Bedingung enthalten sein, da *QueryFilter* unabhängig von Tabellenstrukturen sein sollen. Desweiteren muß auf *MAX, SUM, ORDER BY* und *DISTINCT* Anweisungen verzichtet werden.

CaseSensitive

Ansonsten müssen bei der SQL-Syntax die Eigenheiten der zugrundeliegenden Datenbank berücksichtigt werden, zum Beispiel, ob die Datenbank Gross- und Kleinschreibung berücksichtigt (*ArcSDE, Shape* Dateien) oder nicht (Microsoft *Access*).

Wildcards

Auch bei *Wildcards* treten Unterschiede bei verschiedenen Datenbanken auf.

	Einzelnes Zeichen	Viele Zeichen
Access	?	*
ArcSDE, Shapefile	_	%

ISQLSyntax ○───

```
ISQLSyntax : IUnknown

◄─  GetDelimitedIdentifierCase: Boolean
◄─  GetFunctionName (in sqlFunc:
        esriSQLFunctionName): String
◄─  GetIdentifierCase: Boolean
◄─  GetInvalidCharacters: String
◄─  GetInvalidStartingCharacters: String
◄─  GetKeywords: IEnumBSTR
◄─  GetSpecialCharacter (in sqlSC:
        esriSQLSpecialCharacters): String
◄─  GetStringComparisonCase: Boolean
◄─  GetSupportedClauses: Long
◄─  GetSupportedPredicates: Long
◄─  ParseColumnName (in FullName: String, out
        dbName: String, out ownerName: String,
        out TableName: String, out ColumnName:
        String)
◄─  ParseTableName (in FullName: String, out
        dbName: String, out ownerName: String,
        out TableName: String)
◄─  QualifyColumnName (in TableName: String, in
        ColumnName: String): String
◄─  QualifyTableName (in dbName: String, in
        ownerName: String, in TableName: String):
        String
```

ISQLSyntax   Die *ISQLSyntax* Schnittstelle der *Workspace* Klasse liefert eine
                   Menge an SQL-Spezifika einer bestimmten Datenbankverbindung,
                   die es ermöglichen, den Programmcode allgemeingültiger zu
                   gestalten.

QueryDef   Das *QueryDef* Objekt kann unter Umständen eine alternative
                   Methode zum *QueryFilter* Objekt darstellen. Auch *OLE-DB* und
                   ArcSDE-Views können geeignete Alternativen für Restriktionen bei
                   der Verwendung des *QueryFilter* Objekts darstellen.

8.4.1 SpatialFilter

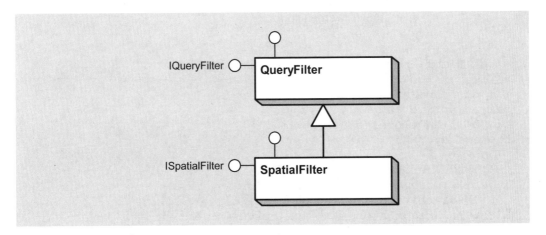

SpatialFilter   Das *SpatialFilter* Objekt ist eine Erweiterung der *QueryFilter* Klasse
                   um die Möglichkeit, neben logischen Bedingungen noch zusätzliche
                   räumliche Bedingungen definieren zu können.
                   SpatialFilter können auf alle Elemente angewendet werden, die ein
                   Shape Feld besitzen.

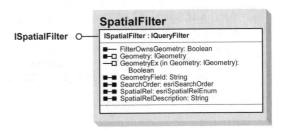

ISpatialFilter

Mit der *ISpatialFilter* Schnittstelle kann die räumliche Bedingung definiert werden. Reicht eine räumliche Bedingung nicht aus, müssen mehrere Filter hintereinander ausgeführt werden. *ISpatialFilter* erbt direkt alle Funktionen der *IQueryFilter* Schnittstelle, so dass parallel zur räumlichen Bedingung auch eine logische Bedingung und eine Feldliste definiert werden kann.

Für eine räumliche Bedingung müssen immer mindestens folgende drei Eigenschaften definiert werden: *Geometry*, *GeometryField* und *SpatialRel*. *Geometry* ist die Geometrie, die bei der räumlichen Bedingung zum Einsatz kommt. Es kann nur ein einziges *Geometry* Objekt definiert werden. *GeometryField* ist der Name des *Shape* Feldes, das für den Vergleich herangezogen werden soll. *SpatialRel* ist die räumliche Bedingung, nach der *Geometry* und *GeometryField* verglichen werden sollen.

```
'(cd) Räumliche Auswahlbedingung definieren

Dim aoiDocument As IMxDocument
Dim aoiActiveView As IActiveView
Dim aoiAreaOfInterest As IGeometry
Dim aoiLayer As IFeatureLayer2

  ' aktueller Kartenausschnitt ...
  Set aoiDocument = ThisDocument
  Set aoiActiveView = aoiDocument.ActiveView
  Set aoiAreaOfInterest = aoiActiveView.Extent

  ' aktueller Layer ...
  Set aoiLayer = aoiDocument.SelectedLayer

Dim aoiSpatialFilter As ISpatialFilter
Dim aoiFeatureSelection As IFeatureSelection

  ' Räumliche Bedingung definieren ...
  Set aoiSpatialFilter = New SpatialFilter
  With aoiSpatialFilter
    Set .Geometry = aoiAreaOfInterest
    .GeometryField = aoiLayer.FeatureClass.ShapeFieldName
    .SpatialRel = esriSpatialRelIntersects
  End With
```

```
' neue FeatureSelection ...
Set aoiFeatureSelection = aoiLayer
aoiFeatureSelection.SelectFeatures aoiSpatialFilter, _
                    esriSelectionResultNew, False

' Ergebnis anzeigen ...
aoiActiveView.PartialRefresh esriViewGeoSelection, _
            Nothing, Nothing
```

SpatialRel   Folgende Bedingungen können für den geometrischen Vergleich verwendet werden:

esriSpatialRelUndefined	0
esriSpatialRelIntersects	1
esriSpatialRelEnvelopeIntersects	2
esriSpatialRelIndexIntersects	3
esriSpatialRelTouches	4
esriSpatialRelOverlaps	5
esriSpatialRelCrosses	6
esriSpatialRelWithin	7
esriSpatialRelContains	8
esriSpatialRelRelation	9

esriSpatialRel Undefined   *esriSpatialRelUndefined* ist eingestellt, wenn ein neues *SpatialFilter* Objekt angelegt wird.

esriSpatialRel Intersects   *esriSpatialRelIntersects* ist erfüllt, wenn sich die Geometrien in irgendeiner Form berühren.

esriSpatialRel Envelope Intersects   *esriSpatialRelEnvelopeIntersects* ist erfüllt, wenn sich die *Envelopes* der Geometrien in irgendeiner Form berühren.

esriSpatialRel IndexIntersects   *esriSpatialRelIndexIntersects* ist erfüllt, wenn sich die räumlichen Indizes der Geometrien in irgendeiner Form berühren.

esriSpatialRel Touches   *esriSpatialRelTouches* ist erfüllt, wenn sich die Grenzen der Geometrien berühren. Sie dürfen sich aber an keiner Stelle überlagern. Zwei Punkte können sich nicht berühren. Wird ein Punkt mit einer Linie verglichen, ist die Bedingung nur erfüllt, wenn der Punkt auf dem Anfangs- oder Endpunkt der Linie liegt.

esriSpatielRel Overlaps

esriSpatialRelOverlaps kann nur angewendet werden zwischen Geometrien der gleichen Art (*Polygon-Polygon, Linie-Line, Punkte-Punkte*). Die Bedingung ist erfüllt, wenn das Ergebnis wieder eine Geometrie der gleichen Art ergibt, die aber mit keiner der Beiden, die verglichen wurden, identisch ist.

esriSpatielRel Crosses

esriSpatialRelCrosses kann nur angewendet werden bei einer Kombination aus *Linie-Linie* oder *Linie-Polygon*. Die Bedingung ist erfüllt, wenn das Ergebnis beim *Linie-Linie*-Vergleich ein Punkt ist, bzw beim *Linie-Polygon* wieder eine Linie.

esriSpatielRel Within

esriSpatialRelWithin ist erfüllt, wenn die abfragende Geometrie ein Teil der abgefragten Geometrie ist. Daraus folgt, dass eine Linie oder ein Polygon kein Teil eines Punktes sein kann, bzw ein Polygon auch kein Teil einer Linie sein kann. Alle anderen Kombinationen können verglichen werden.

esriSpatielRel Contains

esriSpatialRelContains ist erfüllt, wenn die abgefragt Geometrie ein Teil der abfragenden Geometrie ist. Daraus folgt, dass ein Punkt keine Linie und auch kein Polygon, bzw eine Linie auch kein Polygon enthalten kann. Alle anderen Kombinationen können miteinander verglichen werden.

esriSpatielRel Relation

Bei *esriSpatialRelRelation* werden die räumlichen Beziehungen getestet, die mit der *SpatialRelDescription* Eigenschaft definiert werden können. Dabei können getrennt voneinander der innere Teil (*Interior*), der begrenzende Teil (*Boundary*) und der äußere Teil (*Exterior*) der Geometrien miteinander verglichen werden.

SpatialRel Description

SpatialRelDescription wird benötigt, wenn die *SpatialRel* Eigenschaft auf *esriSpatialRelRelation* gesetzt ist. *SpatialRelDescription* ist eine neunstellige Zeichenkette, die an jeder Stelle besagt, ob eine bestimmte Beziehung wahr („T") oder falsch („F") sein soll, oder ob diese Beziehung gar nicht getestet werden soll („*"). In der nachfolgenden Liste sind die neun Beziehungen aufgeführt:

1	Boundary	Boundary
2	Boundary	Interior
3	Boundary	Exterior
4	Interior	Boundary
5	Interior	Interior
6	Interior	Exterior
7	Exterior	Boundary
8	Exterior	Interior
9	Exterior	Exterior

Wird die *SpatialRelDescription* mit „FF*TT***" definiert, dürfen die ersten zwei Bedingungen nicht erfüllt sein, die 4. und 5. Bedingung muss erfüllt sein, die restlichen werden nicht geprüft. Diese Bedingung würde der *esriSpatialRelContains* Bedingung entsprechen.

SearchOrder

Die *SearchOrder* Eigenschaft kann einen großen Einfluss auf die Ausführungsgeschwindigkeit haben. Folgende Werte können für die *SearchOrder* definiert werden:

1	esriSearchOrderSpatial
2	esriSearchOrderAttribute

Die Voreinstellung ist *esriSearchOrderSpatial*, was bedeutet, dass zuerst die räumliche Bedingung und danach die logische Bedingung geprüft wird. Unter Umständen, wenn die logische Abfrage wesentlich komplexer ist als die räumliche, kann es sinnvoll sein, zuerst die logische und danach die räumliche Abfrage auszuführen. Dazu wird der Wert *esriSearchOrderAttribute* gewählt.

Wie oben schon erwähnt, kann für eine räumliche Bedingung immer nur eine Geometrie verwendet werden. Sind mehrere Geometrien auszuwerten („*Suche alle Städte in den ausgewählten Gemeinden*") kann für jede Geometrie ein *SpatialFilter* Objekt definieren werden. Diese werden dann hintereinander ausgeführt. Besser geht es jedoch, wenn aus den einzelnen Geometrien eine *MultiPart-Geometry* erzeugt wird, so dass nur ein *SpatialFilter* Objekt notwendig ist. Das folgende Beispiel zeigt, wie aus mehreren einzelnen Geometrien eine *MultiPart-Geometry* erzeugt werden kann.

Im folgenden Beispiel werden alle Elemente des aktiven Layers ausgewählt, die von allen Flächen des Layers „lakes" überlagert werden.

```
'(cd) Beispiel einer räumlichen Bedingung

Dim aoiFeatureClass As IFeatureClass

   ' IFeatureClass ...
   Set aoiFeatureClass = aoiAccWsp.OpenFeatureClass("lakes")

Dim aoiCursor As IFeatureCursor
Dim aoiFeature As IFeature
Dim aoiMultiPart As IGeometryCollection
Dim aoiPolygon As IGeometryCollection

   ' Cursor über alle ausgewählten Objekte ...
   Set aoiMultiPart = New Polygon
   Set aoiCursor = .aoiFeatureClass.Search(Nothing, False)
   Set aoiFeature = aoiCursor.NextFeature
   Do While Not aoiFeature Is Nothing
     Set aoiPolygon = aoiFeature.ShapeCopy
     aoiMultiPart.AddGeometryCollection aoiPolygon
     Set aoiFeature = aoiCursor.NextFeature
   Loop

Dim aoiDocument As IMxDocument
Dim aoiActiveView As IActiveView
Dim aoiLayer As IFeatureLayer2

   ' aktueller Layer ...
   Set aoiDocument = ThisDocument
   Set aoiActiveView = aoiDocument.ActiveView
   Set aoiLayer = aoiDocument.SelectedLayer

Dim aoiAreaOfInterest As IGeometry
Dim aoiSpatialFilter As ISpatialFilter
Dim aoiFeatureSelection As IFeatureSelection
```

```
' Räumliche Bedingung definieren ...
Set aoiAreaOfInterest = aoiMultiPart
Set aoiSpatialFilter = New SpatialFilter
With aoiSpatialFilter
   Set .Geometry = aoiAreaOfInterest
   .GeometryField = aoiLayer.FeatureClass.ShapeFieldName
   .SpatialRel = esriSpatialRelIntersects
End With

' neue FeatureSelection ...
Set aoiFeatureSelection = aoiLayer
aoiFeatureSelection.SelectFeatures aoiSpatialFilter, _
                        esriSelectionResultNew, False

' Ergebnis anzeigen ...
aoiActiveView.PartialRefresh esriViewGeoSelection, _
            Nothing, Nothing
```

SelectByShape   Die *IMap* Schnittstelle der *Map* Klasse liefert mit der *SelectByShape*
Methode eine, allerdings nicht ganz so umfangreiche, Alternative
zum *SpatialFilter*.

8.5 Cursor

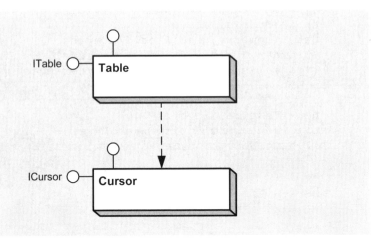

Cursor   Um auf die einzelnen Zeilen einer Tabelle zugreifen zu können, bietet die *ITable* Schnittstelle der *Table* Klasse Methoden (*GetRows*, *Search*), die eine *ICursor* Schnittstelle von einem *Cursor* Objekt zurückliefern.

```
'(cd) Cursor mit der Search Funktion erzeugen

Dim aoiTable As ITable

   ' ITable ...
   Set aoiTable = aoiAccWsp.OpenTable("owner")

Dim aoiQueryFilter As IQueryFilter
Dim aoiCursor As ICursor

   ' QueryFilter herstellen ...
   Set aoiQueryFilter = New QueryFilter
   aoiQueryFilter.WhereClause = "OID > 201"

   ' Cursor über alle ausgewählten Objekte ...
   Set aoiCursor = aoiTable.Search(aoiQueryFilter, True)
```

Receycling   Die *Search* Funktion hat einen *Receycling* Parameter für den Wert *True* oder *False*. Er definiert, ob für jedes einzelne Element, das der

Cursor liefert, eine eigene Speicheradresse verwendet werden soll oder nicht. Wird der Wert auf *True* gesetzt, bekommen alle Elemente die gleiche Speicheradresse zugewiesen. Die Methode ist schneller ausführbar, darf aber nur zu lesenden Zwecken oder um das Element anzuzeigen, verwendet werden. Sollen die Elemente verändert werden, ist ein *non-receycling* Cursor (receycling = *False*) zu verwenden, der dann auch nur neue Objekte im Speicher anlegt, wenn sie dort noch nicht existieren.

ICursor   Die *ICursor* Schnittstelle hat verschiedene Methoden, um die jeweilige Zeile, auf die der *Cursor* verweist, zu bearbeiten. Dabei muss berücksichtigt werden, dass beim Löschen, Ändern oder bei der Neuanlage einer Zeile kein besonderes Objektverhalten ausgelöst wird.

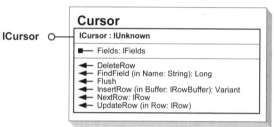

NextRow   Mit der *NextRow* Methode wird der *Cursor* um eine Position weitergesetzt. Ein neuer Verweis auf die *IRow* Schnittstelle des nächsten *Row* Objekts wird zurückgegeben.

```
'(cd) Den Cursor navigieren

Dim aoiQueryFilter As IQueryFilter
Dim aoiCursor As ICursor
Dim aoiRow As IRow

    ' QueryFilter herstellen ...
    Set aoiQueryFilter = New QueryFilter
    aoiQueryFilter.WhereClause = "OID > 201"

    ' Cursor über alle ausgewählten Objekte ...
    Set aoiCursor = aoiTable.Search(aoiQueryFilter, True)
    Set aoiRow = aoiCursor.NextRow
    Do While Not aoiRow Is Nothing
```

```
' . . .
    Set aoiRow = aoiCursor.NextRow
  Loop
```

InsertRow

Die *InsertRow* Funktion fügt in die Tabelle einen neuen Datensatz ein. Die Werte für die einzelnen Felder werden mit der *IRowBuffer* Schnittstelle vorher definiert. Das *RowBuffer* Objekt mit seiner *IRowBuffer* Schnittstelle wird im Kapitel über die *Row* Klasse beschrieben. Für diese Funktion ist ein *Insert Cursor* erforderlich, der mit der *Insert* Funktion der *ITable* Schnittstelle erzeugt werden kann.

UpdateRow

Die Werte in den Feldern der aktuelle Zeile, auf der sich der *Cursor* befindet, werden durch die Werte in der *IRow* Schnittstelle, die dieser Methode mitgegeben wird, ersetzt. Für diese als auch für die nächste Methode, *DeleteRow*, ist ein *Update Cursor* erforderlich, der über die *Update* Funktion der *ITable* Schnittstelle erzeugt werden kann.

```
'(cd) Werte mit Hilfe des Update Cursors ändern

Dim aoiQueryFilter As IQueryFilter
Dim aoiTable As ITable
Dim aoiRow As IRow
Dim aoiCursor As ICursor

  ' IFeatureClass ...
  Set aoiTable = aoiAccWsp.OpenTable("xxx")

  ' über QueryFilter das Element auswählen ...
  Set aoiQueryFilter = New QueryFilter
  aoiQueryFilter.WhereClause = aoiTable.OIDFieldName & " = 1"

  ' UpdateCursor definieren und Wert verändern ...
  Set aoiCursor = aoiTable.Update(aoiQueryFilter, False)
  Set aoiRow = aoiCursor.NextRow
  With aoiRow
    .Value(.Fields.FindField("value1")) = 22
  End With
  aoiCursor.UpdateRow aoiRow
```

DeleteRow   Mit der *DeleteRow* Funktion wird der Datensatz an der *Cursor*-Position gelöscht. Es wird dabei kein Verhalten berücksichtigt, wie das Löschen anderer Datensätze, die zu dem gelöschten Datensatz in besonderer Beziehung standen.

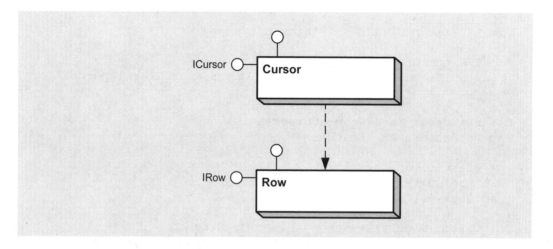

8.5.1 FeatureCursor

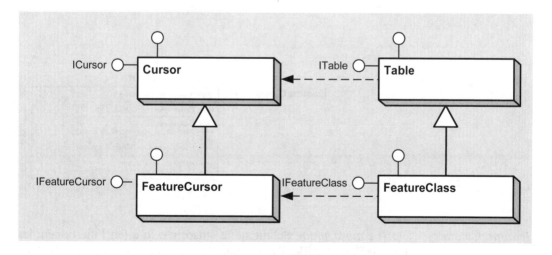

FeatureCursor   *FeatureCursor* ist ein spezieller *Cursor*, der durch die *GetFeatures* oder durch die *Search* Methode in der *IFeatureClass* Schnittstelle erzeugt werden kann. Mit der *IFeatureCursor* Schnittstelle kann dann auf die einzelnen *Features* zugegriffen werden.

```
'(cd) FeatureCursor erzeugen

Dim aoiFeatureClass As IFeatureClass

   ' IFeatureClass ...
   Set aoiFeatureClass = aoiAccWsp.OpenFeatureClass("parcel")

Dim aoiQueryFilter As IQueryFilter
Dim aoiCursor As IFeatureCursor
Dim aoiFeature As IFeature

   ' QueryFilter definieren ...
   Set aoiQueryFilter = New QueryFilter
   aoiQueryFilter.WhereClause = "PID > 201"

   ' Cursor über alle ausgewählten Objekte ...
   Set aoiCursor = aoiFeatureClass.Search(aoiQueryFilter, True)
   Set aoiFeature = aoiCursor.NextFeature
   Do While Not aoiFeature Is Nothing
      ' ...
      Set aoiFeature = aoiCursor.NextFeature
   Loop
```

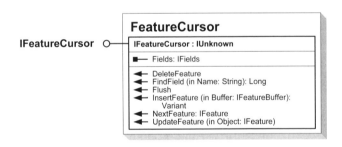

IFeatureCursor

FeatureCursor

IFeatureCursor : IUnknown

■— Fields: IFields

◄— DeleteFeature
◄— FindField (in Name: String): Long
◄— Flush
◄— InsertFeature (in Buffer: IFeatureBuffer): Variant
◄— NextFeature: IFeature
◄— UpdateFeature (in Object: IFeature)

IFeatureCursor   Die *IFeatureCursor* Schnittstelle entspricht in allen Funktionen der *ICursor* Schnittstelle. Der einzige Unterschied besteht darin, dass die *IFeatureCursor* Schnittstelle anstelle von *Row* Objekten *Feature* Objekte zurückliefert.

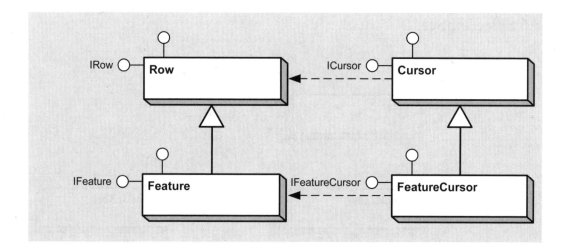

8.6 SelectionSet

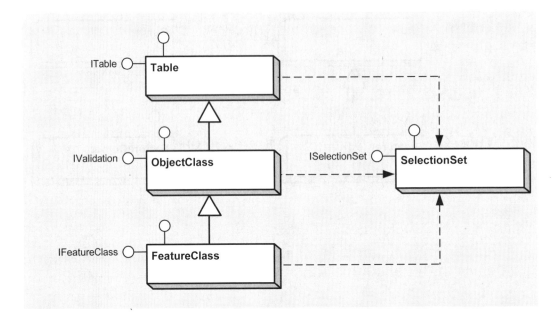

SelectionSet

SelectionSet ist ein Objekt, das Abfragemengen temporär speichern kann. Das *SelectionSet* Objekt kann über die *Select* Funktionen der *ITable* und der *IFeatureClass* Schnittstellen erzeugt werden. Auch die *IValidation* Schnittstelle der *ObjectClass* enthält Funktionen, die *SelectionSet* Objekte zurückliefern.

Das *SelectionSet* speichert eine Liste von *ObjectIDs* oder direkte Verweise auf *Rows*.

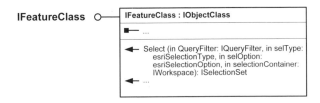

Select

Die *Select* Funktion der *IFeatureClass* oder *ITable* Schnittstelle erzeugt ein *SelectionSet* Objekt und liefert die zugehörige

ISelectionSet Schnittstelle zurück. Neben dem *QueryFilter* Objekt, das bei der *Select* Funktion der *IFeatureClass* Schnittstelle auch eine räumliche Bedingung (*SpatialQuery*) enthalten kann, sind die *selType* und *selOption* Parameter anzugeben.

esriSelectionType Über die *esriSelectionType* Konstante wird festgelegt, ob die Auswahlmenge als eine Liste von *ObjectIDs*, oder als Objekt Verweise erzeugt werden soll.

esriSelectionTypeIDSet	1
esriSelectionTypeSnapshot	2
esriSelectionTypeHybrid	3

IDSet Bei *esriSelectionTypeIDSet* werden die IDs der Objekte entweder physikalisch in einer Datei oder im Arbeitsspeicher – je nach Art der Datenquelle, gespeichert. Diese Form ist besonders für große Datenmengen geeignet.

Snapshot Bei *esriSelectionTypeSnapshot* werden alle Objektverweise im Arbeitsspeicher gehalten. Dadurch ist höchste Ausführungsgeschwindigkeit gegeben, sollte aber nur bei kleineren Datenmengen angewendet werden.

Hybrid Bei der Verwendung der *esriSelectionTypeHybrid* Konstanten erhält man bei großen Datenmengen automatisch ein *IDSet*, bei kleineren einen *Snapshot*.

esriSelection Option Für die *esriSelectionOption* stehen folgende Konstanten zur Verfügung:

esriSelectionOptionNormal	1
esriSelectionOptionOnlyOne	2
esriSelectionOptionEmpty	3

Bei *esriSelectionOptionNormal* wird ein *SelectionSet* erzeugt mit allen Elementen, die der *where-Clause* des *QueryFilters* entsprechen. Ist der *QueryFilter* mit *Nothing* definiert, werden alle Elemente ausgewählt.

Bei *esriSelectionOptionOnlyOne* wird ein *SelectionSet* erzeugt mit dem ersten Element, das der *where-Clause* des *QueryFilters* entspricht.

Bei *esriSelectionOptionEmpty* wird ein leeres *SelectionSet* erzeugt.

Das folgende Beispiel zeigt, wie ein Verweis auf die *ISelectionSet* Schnittstelle eines *SelectionSet* Objekts von einer *FeatureClass* erzeugt werden kann:

```
'(cd) SelectionSet über die Select Funktion erzeugen

Dim aoiFeatureClass As IFeatureClass

    ' IFeatureClass ...
    Set aoiFeatureClass = aoiAccWsp.OpenFeatureClass("lakes")

Dim aoiQueryFilter As IQueryFilter
Dim aoiSelection As ISelectionSet

    ' QueryFilter definieren ...
    Set aoiQueryFilter = New QueryFilter
    aoiQueryFilter.WhereClause = "SHAPE_AREA > 20000000"

    ' SelectionSet anlegen ...
    Set aoiSelection = aoiFeatureClass.Select( _
        aoiQueryFilter, esriSelectionTypeHybrid, _
        esriSelectionOptionNormal, Nothing)
```

ISelectionSet   Die *ISelectionSet* Schnittstelle bearbeitet und verwaltet das *SelectionSet* einer *Table* oder einer *FeatureClass*.

Combine   Die *Combine* Funktion vermengt den aktuellen *SelectionSet* mit einem anderen *SelectionSet* nach der vorgegebenen Methode durch die *esriSetOperation* Konstante.

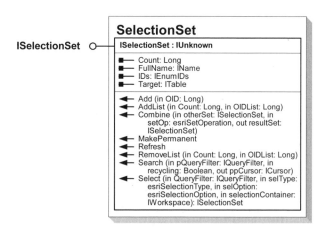

esriSetOperation	esriSetOperationUnion	1
	esriSetOperationIntersect	2
	esriSetOperationDifference	3
	esriSetOperationSymDifference	4

IDs   Mit der *IDs* Funktion kann auf die Liste aller *ObjektIDs* der Elemente zugegriffen werden, die im *SelectionSet* enthalten ist. Die Funktion liefert eine *IEnumIDs* Schnittstelle eines *Enum* Objekts, mit der über die *Reset* und *Next* Funktion auf die Werte der einzelnen *ObjectIDs* zugegriffen werden kann.

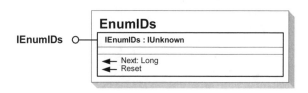

Select   Mit der gleichen *Select* Funktion, mit der der aktuelle *SelectionSet* erzeugt wurde, kann ein weiteres *SelectionSet* Objekt erzeugt werden.

Search   Mit der *Search* Funktion kann auf die einzelnen Elemente (*Rows* oder *Features*) über die *ICursor* Schnittstelle zugegriffen werden.

Das folgende Beispiel erzeugt ein *SelectionSet* und berechnet über einen *Cursor* die mittlere Flächengröße der ausgewählten Elemente:

```
'(cd) Statistische Auswertung

Dim aoiFeatureClass As IFeatureClass

  ' IFeatureClass  ...
  Set aoiFeatureClass = aoiAccWsp.OpenFeatureClass("lakes")

Dim aoiQueryFilter As IQueryFilter
Dim aoiSelection As ISelectionSet

  ' QueryFilter definieren ...
  Set aoiQueryFilter = New QueryFilter
  aoiQueryFilter.WhereClause = "SHAPE_AREA > 20000000"

  ' SelectionSet anlegen ...
  Set aoiSelection = aoiFeatureClass.Select( _
      aoiQueryFilter, esriSelectionTypeHybrid, _
      esriSelectionOptionNormal, Nothing)

Dim aoiCursor As IFeatureCursor
Dim aoiDataStat As IDataStatistics

  ' Cursor definieren ...
  aoiSelection.Search Nothing, True, aoiCursor

  ' Statistik (mittlere Flächengröße) ...
  Set aoiDataStat = New DataStatistics
  With aoiDataStat
    Set .Cursor = aoiCursor
    .Field = "SHAPE_AREA"
  End With

  MsgBox aoiDataStat.Statistics.Mean
```

Refresh   Wenn das *SelectionSet* ein *SnapShot* ist, muss dieser während der Bearbeitung, insbesondere nach *Undo*, *Redo* oder *Abort* Operationen aktualisiert werden. Dazu muss über die Applikation die *Refresh* Funktion verwendet werden.

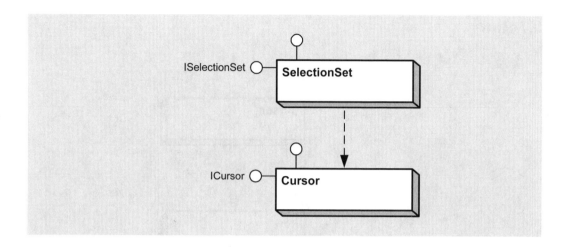

8.7 Row

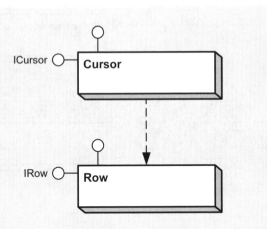

Row

Ein *Row* Objekt entspricht der Zeile in einer Tabelle. Alle *Rows* einer Tabelle haben die gleichen Felder. Ein *Row* Objekt kann nur über ein *Cursor* Objekt erzeugt werden, das einen Verweis auf die *IRow* Schnittstelle liefert.

```
'(cd) Row Objekt über einen Cursor

Dim aoiQueryFilter As IQueryFilter
Dim aoiCursor As ICursor
Dim aoiRow As IRow

  ' QueryFilter herstellen ...
  Set aoiQueryFilter = New QueryFilter
  aoiQueryFilter.WhereClause = "OID > 201"

  ' Cursor über alle ausgewählten Objekte ...
  Set aoiCursor = aoiTable.Search(aoiQueryFilter, True)
  Set aoiRow = aoiCursor.NextRow
  Do While Not aoiRow Is Nothing
    ' . . .
    Set aoiRow = aoiCursor.NextRow
  Loop
```

IRow

Die *IRow* Schnittstelle liefert Informationen zu einer Zeile der

Tabelle, insbesondere ob diese ein *ObjectID* Feld hat. Wenn das der Fall ist, kann der Wert dieses Feldes nachgefragt werden (*OID*). Außerdem liefert die Schnittstelle einen Verweis auf die *ITable* Schnittstelle der Tabelle, zu der das Element gehört.

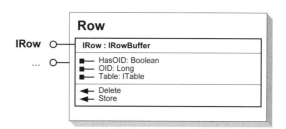

Desweiteren hat die Schnittstelle Funktionen, um die entsprechende Zeile zu löschen (*Delete*), oder Änderungen an Werten zu speichern (*Store*).

Delete
Die *Delete* Funktion der *IRow* Schnittstelle ist allen anderen Methoden, die Elemente aus Tabellen löschen können, als die sicherste vorzuziehen.

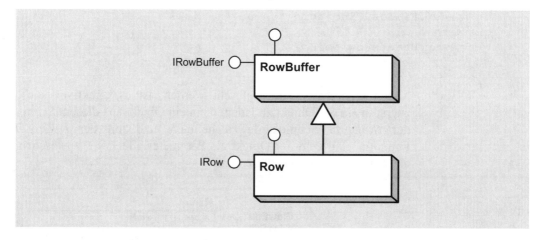

IRowBuffer
Zusätzlich erbt die *IRow* Schnittstelle alle Methoden und Funktionen der *IRowBuffer* Schnittstelle. Diese enthält die Möglichkeiten, auf alle Felder der Zeile zuzugreifen, auch auf alle Werte in diesen Feldern, die auf diese Weise geändert werden können.

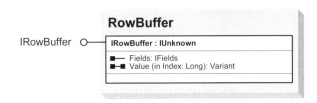

Das folgende Beispiel ändert den Wert im Attribut eines Feldes:

```
'(cd) Wert eines Attributs ändern

Dim aoiQueryFilter As IQueryFilter
Dim aoiRow As IRowBuffer
Dim aoiCursor As ICursor

    ' über QueryFilter das Element auswählen ...
    Set aoiQueryFilter = New QueryFilter
    aoiQueryFilter.WhereClause = aoiTable.OIDFieldName & " = 1"

    ' UpdateCursor definieren und Wert verändern ...
    Set aoiCursor = aoiTable.Update(aoiQueryFilter, False)
    Set aoiRow = aoiCursor.NextRow
    With aoiRow
       .Value(.Fields.FindField("value1")) = 22
    End With
    aoiCursor.UpdateRow aoiRow
```

Sollen mehrere Spalten gelöscht werden, ist es effektiver, diese zuerst in ein *Set* Objekt zu laden, dann ein Objekt aus diesem *Set* mit der *IRowEdit* Schnittstelle zu nehmen, und mit der *DeleteSet* Funktion, und dem *Set* Objekt als Parameter alle *Rows* zu löschen, einschließlich dem Ausführenden.

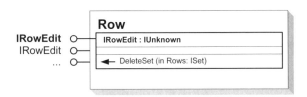

Weitere Funktionen zur Bearbeitung einzelner Zeilen bieten die folgenden Schnittstellen der *Object* und der *Feature* Klassen.

8.7.1 Object

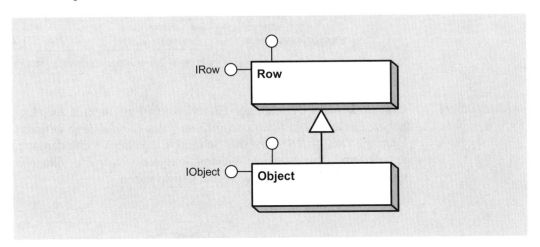

Object
Ein *Object* ist die *Row* einer Tabelle, die in der *Geodatabase* registriert ist (*ObjectClass*). Die *Object* Klasse erbt damit alle Schnittstellen der *Row* Klasse.

IObject
Die *IObject* Schnittstelle enthält zusätzlich zu allen Funktionen der *IRow* Schnittstelle nur die Funktion, einen Verweis auf die *IObjectClass* Schnittstelle der zugehörigen *ObjectClass* zu erhalten.

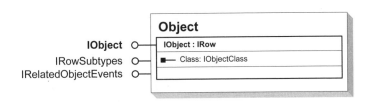

IRowSubtypes
In der *Geodatabase* können in registrierten Tabellen *Subtypes* definiert werden. Über die *IRowSubtypes* Schnittstelle kann festgestellt oder definiert werden, zu welchem *SubType* dieses Objekt gehört, und es kann der Wert des Feldes, das den *SubType* definiert, auf den voreingestellten Wert gesetzt werden. Die Voreinstellung wird mit der *ISubtypes* Schnittstelle der *ObjectClass* definiert.

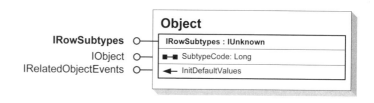

IRelatedObject Events

Objekte können Beziehungen (*Relationships*) zu anderen Objekten haben. Diese sind in *RelationshipClasses* der *Geodatabase* definiert. Über die *IRelatedObjectEvents* Schnittstelle können Veränderungen an diesem Objekt den Objekten mitgeteilt werden, die eine entsprechende Beziehung zu diesem Objekt haben.

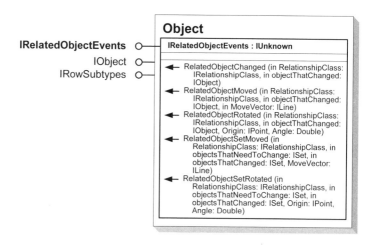

Eines der wichtigsten Elemente der *Geodatabase* wird von der *Object* Klasse abgeleitet und im nächsten Kapitel beschrieben: die *Feature* Klasse.

8.7.2 Feature

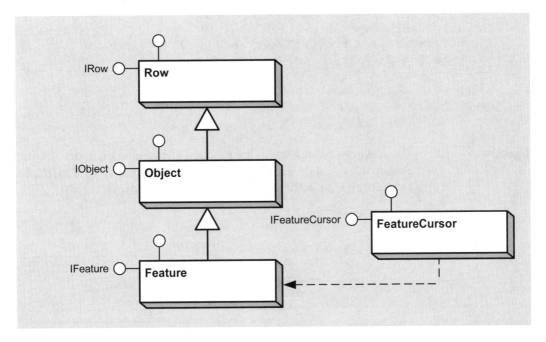

Feature   Ein *Feature* ist ein geografisches *Object* mit einem *Shape* Feld. Die *Feature* Klasse erbt alle Schnittstellen der *Object*, *Row*- und *RowBuffer* Klasse. *Feature* Objekte erhält man in Form von Verweisen· auf die *IFeature* Schnittstelle durch die *NextFeature* Funktion eines *FeatureCursor* Objects.

```
'(cd) Verweise auf Features über einen Cursor

Dim aoiFeatureClass As IFeatureClass

  ' IFeatureClass  ...
  Set aoiFeatureClass = aoiAccWsp.OpenFeatureClass("parcel")

Dim aoiQueryFilter As IQueryFilter
Dim aoiCursor As IFeatureCursor
Dim aoiFeature As IFeature

  ' QueryFilter definieren ...
  Set aoiQueryFilter = New QueryFilter
```

```
aoiQueryFilter.WhereClause = "PID > 201"

' Cursor über alle ausgewählten Objekte ...
Set aoiCursor = aoiFeatureClass.Search(aoiQueryFilter, True)
Set aoiFeature = aoiCursor.NextFeature
Do While Not aoiFeature Is Nothing
  ' ...
  Set aoiFeature = aoiCursor.NextFeature
Loop
```

IFeature   Die *IFeature* Schnittstelle liefert neben allen Funktionen der *IObject*
                           Schnittstelle, und damit auch der *IRow* und der *IRowBuffer*
                           Schnittstelle, zusätzliche geografische Informationen.

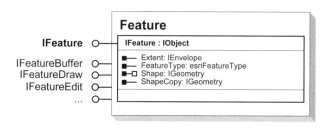

Extent   Die *Extent* Eigenschaft ist ein *Shortcut* zur *Envelope* Eigenschaft des
                           Shapes und liefert eine *IEnvelope* Schnittstelle. Mehr über *Shapes*
                           und *Envelopes* im Kapitel „7.3 Geometry".

FeatureType   Die *FeatureType* Eigenschaft liefert einen Wert der *esriFeatureType*
                           Aufzählung.

esriFeatureType

esriFTSimple	1
esriFTSimpleJunction	7
esriFTSimpleEdge	8
esriFTComplexJunction	9
esriFTComplexEdge	10
esriFTAnnotation	11
esriFTCoverageAnnotation	12

Shape   Die *Shape* Eigenschaft liefert einen Verweis auf die Geometrie des *Features*.

ShapeCopy   Die *ShapeCopy* Funktion liefert einen Verweis auf eine Kopie der *Feature* Geometrie. Bei allen temporären Veränderungen sollte eine *ShapeCopy* verwendet werden und das Original *Shape* des *Features* unverändert belassen.

IFeatureBuffer   Die *IFeatureBuffer* Schnittstelle erweitert die *IRowBuffer* Schnittstelle um die *Shape* Eigenschaft, so dass einem neuen *Feature* auch eine *Geometry* zugewiesen werden kann.

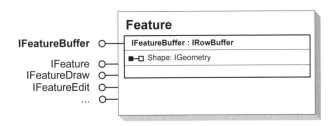

IFeatureEdit   Die *IFeatureEdit* Schnittstelle unterstützt optisch wirksame interaktive Veränderungen der *Feature* Geometrie.

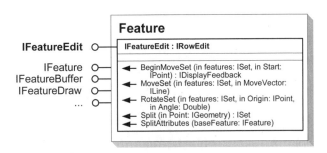

Sollen mehrere *Features* gemeinsam verschoben, gelöscht oder gedreht werden, kann das mit der *MoveSet*, *RotateSet* und *DeleteSet* effektiver durchgeführt werden als jedes *Feature* einzeln zu behandeln – vorausgesetzt, alle *Features* sind von derselben *FeatureClass*. Andernfalls muß die Methode auf einen Vertreter pro

FeatureClass angewendet werden. Die Verwendung dieser Funktionen wurde schon im Kapitel zur *Row* Klasse beschrieben.

Da alle Elemente aus dem *Set* entfernt werden, wenn sie bearbeitet wurden, muss die Methode nur in eine einfache Schleife „verpackt" werden, damit alle Elemente, egal zu welcher *FeatureClass* sie gehören,bearbeitet werden:

```
'(cd) Features über ein Set bearbeiten

Dim aoiFeatureEdit As IFeatureEdit

  Set aoiFeatureEdit = aoiSet.Next
  Do While aoiFeatureEdit Is Not Nothing
    aoiFeatureEdit.MoveSet aoiSet, aoiVector
    Set aoiFeatureEdit = aoiSet.Next
  Loop
```

8.8 Name

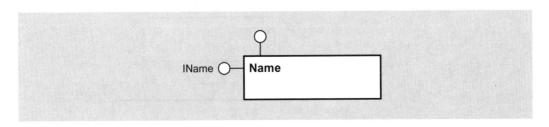

Name

Name ist eine abstrakte Klasse, von der eine Reihe weiterer Klassen abgeleitet werden. Diese erben alle Funktionen der *IName* Schnittstelle.

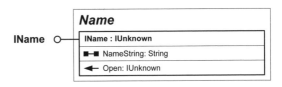

Open

Die *Open* Funktion liefert zu dem jeweiligen *Name* Objekt das entsprechende Datenbankobjekt und einen Verweis auf die *Default* Schnittstelle, in der Regel *I<Klassenname>*.

Alle *Name* Objekte sind „*Light*"-Varianten der zugehörigen Datenbankobjekte. Sie liefern neben dem Namen des Datenbankobjektes noch alle wichtigen Informationen, so dass eine Verbindung zu diesem Objekt hergestellt werden kann. Abhängigkeiten zu anderen Objekten werden aber nicht aufgebaut. Dadurch benötigen diese Objekte viel weniger Platz im Arbeitsspeicher, sind entsprechend schneller für das reine Navigieren, und können auch Datenbankobjekte repräsentieren, die bis dato noch gar nicht existieren.

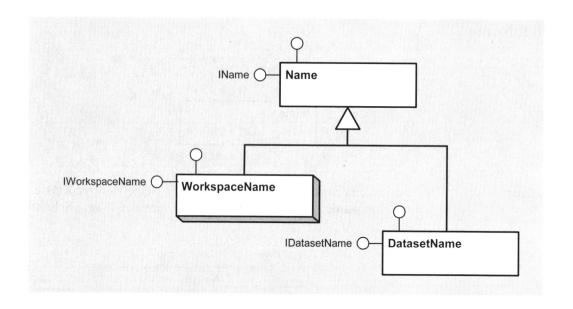

8.8.1 WorkspaceName

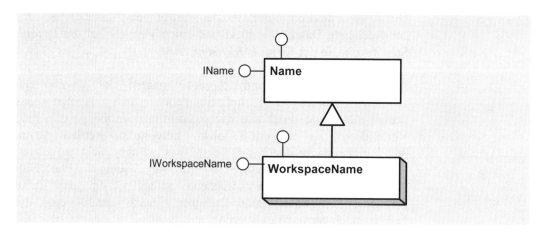

WorkspaceName Das *WorkspaceName* Objekt ist die „*light*"-Version eines *Workspace* Objekts.

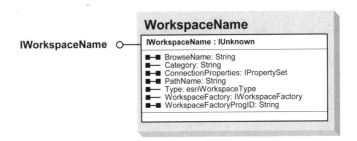

IWorkspaceName | Über die *IWorkspaceName* Schnittstelle können alle Informationen eingegeben werden, die notwendig sind, um das *Workspace* Objekt erzeugen zu können.

Workspace FactoryProgID | Die *ProgID* der *WorkspaceFactory*, die benötigt wird, um das *Workspace* Objekt zu erzeugen, wird der *WokspaceFactoryProgId* Eigenschaft zugewiesen.

```
"esriGeoDatabase.AccessWorkspaceFactory.1"
"esriGeoDatabase.ArcInfoWorkspaceFactory.1"
"esriGeoDatabase.CadWorkspaceFactory.1"
"esriGeoDatabase.OLEDBWorkspaceFactory.1"
"esriGeoDatabase.PCCoverageWorkspaceFactory.1"
"esriGeoDatabase.RasterWorkspaceFactory.1"
"esriGeoDatabase.ScratchWorkspaceFactory.1"
"esriGeoDatabase.SdeWorkspaceFactory.1"
"esriGeoDatabase.ShapefileWorkspaceFactory.1"
"esriGeoDatabase.TinWorkspaceFactory.1"
```

Connection Properties | Desweiteren ist ein *PropertySet* notwendig, das alle wichtigen *Connect* Informationen bereithält, die die *WorkspaceFactory* benötigt.

Das folgende Beispiel zeigt die *Connection* Eigenschaften, die für eine *ArcSDE* Verbindung notwendig sind:

```
Dim aoiPropSet As IPropertySet

  Set aoiPropSet = New PropertySet
  With aoiPropSet
     .SetProperty "SERVER", "enterprise"
     .SetProperty "INSTANCE", "esri_sde8"
     .SetProperty "DATABASE", ""
     .SetProperty "USER", "scott"
     .SetProperty "PASSWORD", "Tiger"
     .SetProperty "VERSION", "SDE.Default"
  End With
```

Für alle anderen *WorkspaceFactories* genügt die *Database* Eigenschaft:

```
Dim aoiPropSet As IpropertySet

  Set aoiPropSet = New PropertySet
  With aoiPropSet
     .SetProperty "DATABASE", _
                "c:\workspace\yellowstone.mdb"
  End With
```

PathName   In den Fällen, in denen nur die *Database* Eigenschaft notwendig ist, kann auch die *PathName* Eigenschaft verwendet werden.

```
Set aoiWorkspaceName = New WorkspaceName
With aoiWorkspaceName
  .WorkspaceFactoryProgID = _
       " esriDataSourcesGDB.AccessWorkspaceFactory.1"
  .PathName = "c:\workspace\yellowstone.mdb"
End With
```

Ein *WorkspaceName* Objekt kann ein *Workspace* Objekt erzeugen.

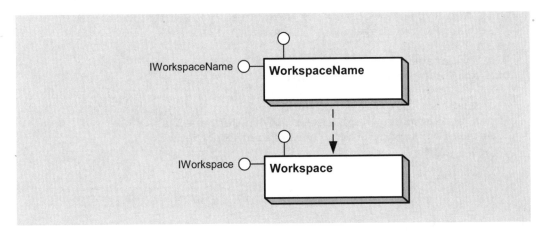

Open

Die *Open* Funktion erzeugt das entsprechende *Workspace* Objekt und liefert einen Verweis auf die *Default* Schnittstelle.

```
Dim aoiWorkspace As IWorkspace
Dim aoiName As IName

    Set aoiName = aoiWorkspaceName
    Set aoiWorkspace = aoiName.Open
```

FullName

Die *FullName* Eigenschaft der *IDataset* Schnittstelle, die von allen Datenbankobjekten implemetiert wird, liefert einen Verweis auf ein entsprechendes *Name* Objekt.

```
'(cd) FullName Funktion der IDataset Schnittstelle

Dim aoiDocument As IMxDocument
Dim aoiMap As IActiveView
Dim aoiLayer As ILayer
Dim aoiFeatureLayer As IFeatureLayer2

    ' QI auf das IMXDocument ...
    Set aoiDocument = ThisDocument

    ' ausgewählter Layer ...
```

```
    Set aoiLayer = aoiDocument.SelectedLayer
    If aoiLayer Is Nothing Then Exit Sub
    If Not TypeOf aoiLayer Is IFeatureLayer2 Then Exit Sub
    Set aoiFeatureLayer = aoiLayer

Dim aoiDataset As IDataset
Dim aoiWorkspaceName As IName

    ' IDateset der FeatureClass
    Set aoiDataset = aoiFeatureLayer.FeatureClass
    Set aoiWorkspaceName = aoiDataset.FullName
```

8.8.2 DatasetName

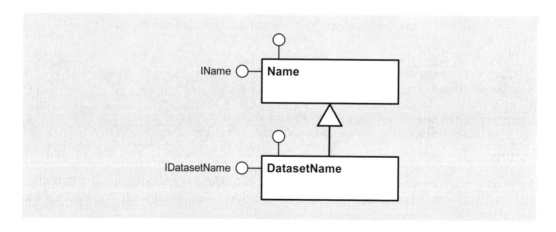

DatasetName   Das *DatasetName* Objekt ist die „*Light*"-Version eines *Dataset* Objekts. Die *DatasetName* Klasse ist, genauso wie die *Dataset* Klasse, eine abstrakte Klasse, deren Schnittstelle von vielen anderen *Name* Objekten implemetiert wird.

Datasets   Die *DatasetNames* Funktion der *IWorkspace* Schnittstelle liefert ein *Enum* Objekt mit *DatasetName* Objekten, auf die über die *Reset* und *Next* Funktion der *IEnumDatasetName* Schnittstelle zugegriffen werden kann. Die Liste kann über den *esriDatasetType* Parameter gefiltert werden.

esriDatasetType	esriDTAny	1
	esriDTContainer	2
	esriDTGeo	3
	esriDTFeatureDataset	4
	esriDTFeatureClass	5
	esriDTPlanarGraph	6
	esriDTGeometricNetwork	7
	esriDTText	9
	esriDTTable	10
	esriDTRelationshipClass	11
	esriDTRasterDataset	12
	esriDTRasterBand	13
	esriDTTin	14
	esriDTCadDrawing	15

Das folgende Beispiel erzeugt eine Liste aller *Coverages* in einem *ArcInfo Workspace* :

```
'(cd) Liste aller Coverages in einem Workspace

Dim strWorkspace As String
Dim aoiAIFact As IWorkspaceFactory
Dim aoiAIWsp As IWorkspace
Dim aoiEnum As IEnumDatasetName
Dim aoiDataset As IDatasetName
Dim strList As String

  ' Pfad zum ArcInfo-Workspace festlegen...
  strWorkspace = "c:\workspace"

  ' ArcInfoWorkspaceFactory erzeugen ...
  Set aoiAIFact = New ArcInfoWorkspaceFactory

  ' Verweis auf die IWorkspace-Schnittstelle ...
  Set aoiAIWsp = aoiAIFact.OpenFromFile(strWorkspace, 0)

  ' Liste aller Coverages ...
  Set aoiEnum = aoiAIWsp.DatasetNames(esriDTFeatureDataset)

  ' Schleife durch alle Objekte der Liste ...
```

```
aoiEnum.Reset
Set aoiDataset = aoiEnum.Next
Do While Not aoiDataset Is Nothing
  strList = strList & aoiDataset.Name & Chr(13)
  Set aoiDataset = aoiEnum.Next
Loop

MsgBox strList
```

Die *Next* Funktion der *IEnumDatasetName* Schnittstelle liefert einen Verweis auf die *IDatasetName* Schnittstelle des *DatasetName* Objekts.

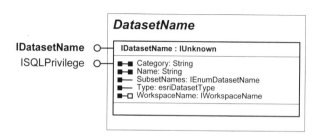

IDatasetName　Die *IDatasetName* Schnittstelle liefert allgemeine Informationen zum Datenbankobjekt, wie Typ und Name, einen Verweis auf das *WorkspaceName* Objekt, in dem das Datenbankobjekt enthalten ist, wie auch eine Liste mit weiteren *DatasetName* Objekten, die in dem vorliegenden *Dataset* enthalten sein können (zum Beispiel *FeatureClasses* in einem *FeatureDataset*).

ISQLPrivilege　Die *ISQLPrivilege* Schnittstelle liefert Informationen zu Zugriffsberechtigungen der Datenbank auf das Datenbank-Objekt.

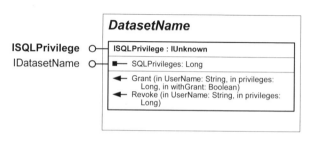

SQLPrivilege

Die *SQLPrivilege* Funktion liefert die Information, welche Rechte der aktuelle Nutzer an der Tabelle hat. Der Wert entspricht einer der *esriSQLPrivilege* Konstanten.

esriSQLPrivilege

esriSelectPrivilege	1
esriUpdatePrivilege	2
esriInsertPrivilege	4
esriDeletePrivilege	8

Mit den *Grant* und *Revoke* Funktionen können anderen Benutzern Rechte an ein Datenbankobjekt gegeben oder entzogen werden. Voraussetzung hierfür sind entsprechende Rechte, dies tun zu dürfen.

```
'(cd) Rechte auf eine Tabelle definieren

Dim aoiSQLPrivilege As ISQLPrivilege

  If aoiDatasetName Is aoiSQLPrivilege Then
    Set aoiSQLPrivilege = aoiDatasetName
    aoiSQLPrivilege.Grant "Scott", _
        esriSelectPrivilege + esriUpdatePrivilege, False
  End If
```

8.8.3 FeatureDatasetName

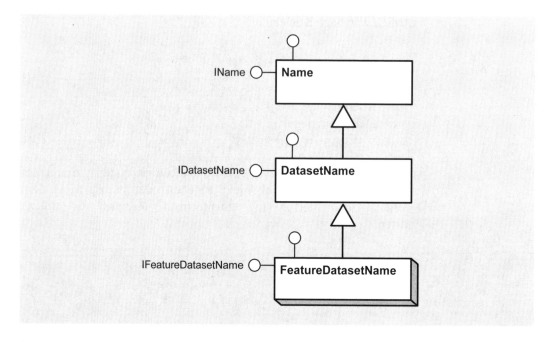

Feature DatasetName

Das *FeatureDatasetName* Objekt, das alle Schnittstellen der *DatasetName* und der *Name* Klasse erbt, liefert mehrere Listen weiterer *Name* Objekte, die einem *FeatureDataset* zugeordnet werden können.

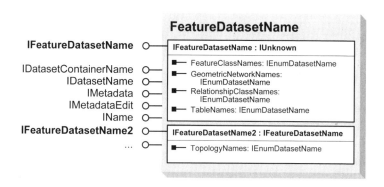

FeatureClass Names

Die *FeatureClassNames* Funktion liefert ein *Enum* Objekt, das *FeatureClassName* Objekte enthält.

Geometric NetworkNames	Die *GeometricNetworkNames* Funktion liefert ein *Enum* Objekt, das *GeometricNetworkName* Objekte enthält.
RelationshipClass Names	Die *RelationshipClassNames* Funktion liefert ein *Enum* Objekt, das *RelationshipClassName* Objekte enthält.
TableNames	Die *TableNames* Funktion liefert ein *Enum*-Objekt, das *TableName* Objekte enthält.
TopologyNames	Nachdem Topologien in der Geodatabase eingeführt wurden, wurde auch die *FeatureDatasetName* Klasse um die Schnittstelle *IFeatureDatasetName2* erweitert, um so performant nach vorhandenen Topologien in einem *FeatureDataset* suchen zu können.

8.8.4 TableName

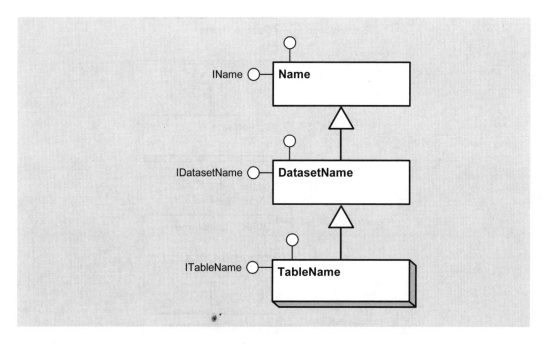

TableName	Ein *TableName* Objekt identifiziert *Table* Objekte.

ITableName   Die *ITableName* Schnittstelle dient ausschließlich als Indikator für das TableName Objekt.

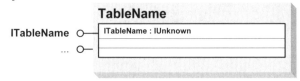

8.8.5 FeatureClassName

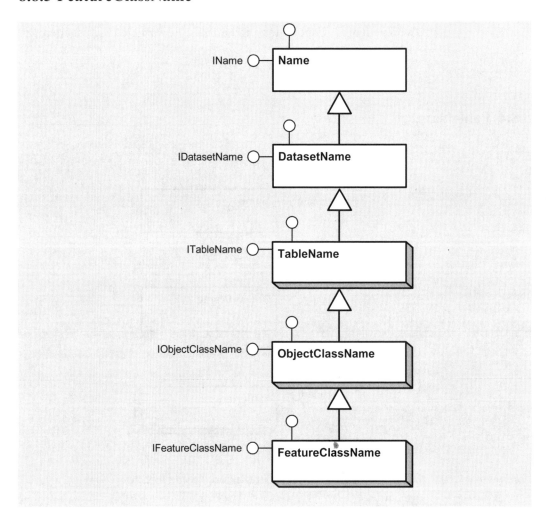

FeatureClass Name

Das *FeatureClassName* Objekt ist eine „*Light*"-Version des zugehörigen *FeatureClass* Objekts. Es liefert mit seiner *IFeatureClassName* Schnittstelle, zusätzlich zu den geerbten Funktionen der *IName*, *IDatasetName* und *ISQLPrivilege* Schnittstelle, Informationen zur enthaltenen Geometrie und liefert, falls vorhanden, einen Verweis auf eine *IDatasetName* Schnittstelle, in der das *FeatureClass* Objekt enthalten ist.

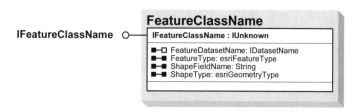

FeatureType

Die *FeatureType* Eigenschaft liefert einen Wert der *esriFeatureType* Aufzählung.

esriFTSimple	1
esriFTSimpleJunction	7
esriFTSimpleEdge	8
esriFTComplexJunction	9
esriFTComplexEdge	10
esriFTAnnotation	11
esriFTCoverageAnnotation	12

ShapeType

Die *ShapeType* Eigenschaft liefert nicht, wie man vermuten könnte, einen *esriShapeType* Wert, sondern einen *esriGeometryType* Wert. Im Kapitel zur *GeometryDef* Klasse sind die möglichen Werte aufgelistet.

8.8.6 RasterDatasetName

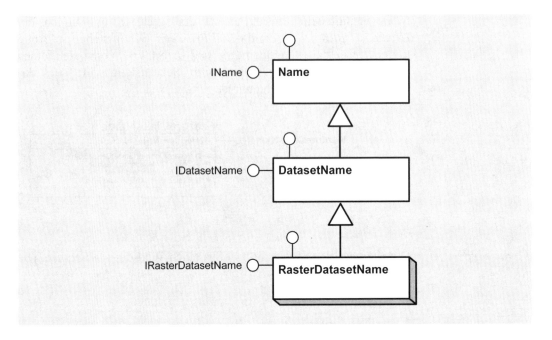

RasterDataset
Name

Das *RasterDatasetName* Objekt ist eine „*light*"-Version des zuge-hörigen *RasterDataset* Objekts. Es liefert mit seiner *IRasterDatasetName* Schnittstelle, zusätzlich zu den geerbten Funktionen der *IName*, *IDatasetName* und *ISQLPrivilege* Schnitt-stelle, Informationen zu enthaltenen *RasterBand.s* Dafür wird ein Verweis auf eine *IEnumDatasetName* Schnittstelle erzeugt.

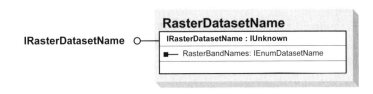

8.8.7 TinName

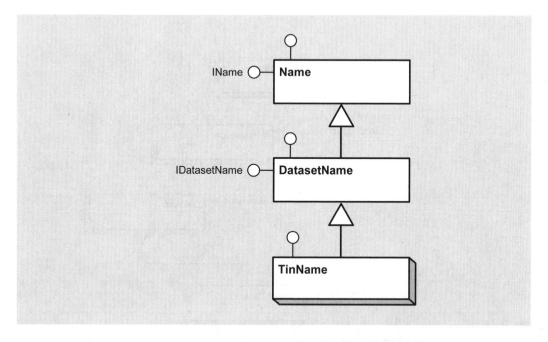

TinName

Das *TinName* Objekt ist eine „*light*"-Version des zugehörigen *Tin* Objekts. Die Klasse erbt alle Schnittstellen der *DatasetName* Klasse. Die Klasse selber enthält keine eigenen Schnittstellen.

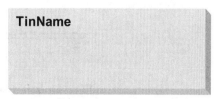

8.9 ArcInfo Coverage Objects

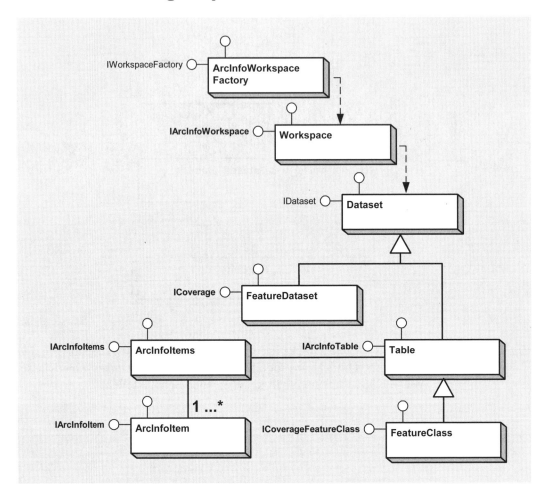

Die *ArcInfo Coverage Objects* sind zum Teil zusätzliche Klassen, die speziell für bestimmte Besonderheiten des *Coverage* Modells (z.B. *ArcInfoItems*) benötigt werden und zum Teil zusätzliche Schnittstellen (z.B *ICoverage*) , die schon beschriebene Klassen des *Geodatabase* Objektmodells erweitern. Mit letzteren können zuätzliche Informationen, z.B. zu Toleranzen, ermittelt werden, oder spezielle topologische Funktionen, z.B. *Clean* oder *Build*, ausgeführt werden.

8.9.1 ArcInfo Workspace

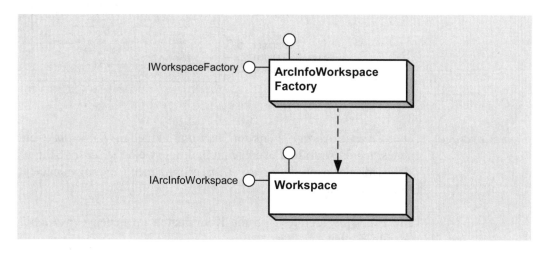

Das *Workspace* Objekt, das die *IWorkspace* Schnittstelle implementiert hat, wird durch die Methoden *Open* oder *OpenFromFile* der *ArcInfoWorkspaceFactory* erzeugt.

```
'(cd) ArcInfo Workspace öffnen

Dim strWorkspace As String
Dim aoiAIFact As IWorkspaceFactory
Dim aoiAIWsp As IWorkspace

    ' Pfad zum ArcInfo-Workspace festlegen...
    strWorkspace = "c:\workspace"

    ' ArcInfoWorkspaceFactory erzeugen ...
    Set aoiAIFact = New ArcInfoWorkspaceFactory

    ' Verweis auf die IWorkspace-Schnittstelle ...
    Set aoiAIWsp = aoiAIFact.OpenFromFile(strWorkspace, 0)
```

IArcInfo
Workspace
Die *IArcInfoWorkspace* Schnittstelle enthält Funktionen, die es ermöglichen, *Coverages* oder *INFO* Tabellen anzulegen.

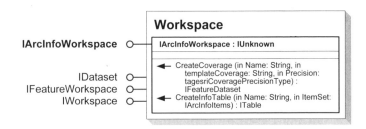

CreateCoverage   Die *CreateCoverage* Funktion legt im aktuellen *Workspace* ein neues, leeres ArcInfo Coverage an und liefert eine *IDataset* Schnittstelle, mit der dann die *FeatureClasses* im neuen *Coverage* angelegt werden können.

Die *Precision* legt fest, ob die Koordinaten im neuen *Coverage* 7 oder 15 Stellen erhalten.

tagesriCoverage
Precision
Type

esriCoveragePrecisionSingle	1
esriCoveragePrecisionDouble	2

Coverage Name   Der Name des *Coverages* muss den ArcInfo Konventionen entsprechen:

- 1 – 13 Zeichen
- keine Punkte oder Lerrzeichen
- keine Sonderzeichen (außer – oder _)
- keine Schlüsselwörter (POINT, LINE, ...)

Wird kein *TemplateCoverage* angegeben, enthält das neue *Coverage* ein leeres *Tic* File. Andernfalls werden das *Tic*, *Bnd* und *Prj* Files kopiert.

```
'(cd) ArcInfo Coverage erzeugen

Dim strWorkspace As String
Dim aoiAIFact As IWorkspaceFactory
```

```
Dim aoiAIWsp As IArcInfoWorkspace
Dim aoiCover As IDataset

  ' Pfad zum ArcInfo-Workspace festlegen...
strWorkspace = "c:\workspace"

  ' ArcInfoWorkspaceFactory erzeugen ...
Set aoiAIFact = New ArcInfoWorkspaceFactory

  ' Verweis auf die IWorkspace-Schnittstelle ...
Set aoiAIWsp = aoiAIFact.OpenFromFile(strWorkspace, 0)

  ' Coverage anlegen ...
Set aoiCover = aoiAIWsp.CreateCoverage("lakes", _
     "c:\workspace\states", esriCoveragePrecisionDouble)
```

CreateInfoTable	Mit der *CreateInfoTable* Funktion wird im aktuellen *Workspace* eine *INFO* Tabelle angelegt. Der Verweis auf die *ITable* Schnittstelle kann verwendet werden, um danach *Items* hinzuzufügen, zu ändern oder zu löschen.
TableName	Der *Name* einer *INFO* Tabelle kann aus höchstens 32 Zeichen bestehen.
ItemSet	Bei der Erstellung der *INFO* Tabelle muß ein *ArcInfoItems* Objekt übergeben werden – auch wenn keine *ArcInfoItems* enthalten sind. Andernfalls werden diese bei der Erstellung der Tabelle verwendet.

```
'(cd) INFO Tabelle erzeugen

Dim strWorkspace As String
Dim aoiAIFact As IWorkspaceFactory
Dim aoiAIWsp As IArcInfoWorkspace
Dim aoiItems As IArcInfoItems
Dim aoiTable As ITable

  ' Pfad zum ArcInfo-Workspace festlegen...
strWorkspace = "c:\workspace"

  ' ArcInfoWorkspaceFactory erzeugen ...
Set aoiAIFact = New ArcInfoWorkspaceFactory
```

```
' Verweis auf die IWorkspace-Schnittstelle ...
Set aoiAIWsp = aoiAIFact.OpenFromFile(strWorkspace, 0)

' Items ...
Set aoiItems = New ArcInfoItems

' neue INFO-Table ...
Set aoiTable = aoiAIWsp.CreateInfoTable( _
               "vegtype", aoiItems)
```

IDataset	Die *IDataset* Schnittstelle der *Workspace* Klasse wurde schon an anderer Stelle erläutert. Allerdings gibt es bei einigen Funktionen im Zusammenhang mit einem *ArcInfoWorkspace* folgende Besonderheiten zu beachten:
Browse Name	Die Funktion *BrowseName* liefert die Zeichenfolge „ARC/INFO Data"
CanCopy *Copy*	Für den *ArcInfoWorkspace* ist die Funktion *Copy* nicht implementiert. Darum liefert auch die *CanCopy* Funktion immer *False*.
Delete	Es werden alle *Coverages* und *INFO* Tabellen gelöscht. Alle anderen Daten in dem *Workspace* Verzeichnis bleiben erhalten.
PropertySet	Die Funktion *PropertySet* ist nicht implementiert.
Subsets	Die *Subsets* Funktion liefert ein *Enum* Objekt, das nur *Coverages* und *INFO* Datasets enthält.
Type	Die Funktion *Type* liefert den Wert 2 (*esriDTContainer*)

8.9.2 Coverage

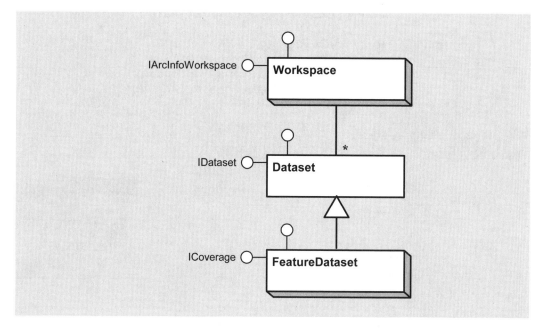

Die *IDataset* Schnittstelle der *Dataset* Klasse hat keine speziellen Funktionen für *Coverages*. Einzig erwähnenswert ist die *PropertySet* Funktion, die im Gegensatz zu vielen anderen *Datasets* bei *Coverages* einige Informationen bereitstellt. Zum Beispiel enthält das *PropertySet* eine Information zur *Precision* des *Coverages*, die sonst nirgendwo anders abgefragt werden kann.

```
'(cd) Eigenschaften eines Coverages anzeigen

Dim aoiDataset As IDataset
Dim aoiPropSet As IPropertySet
Dim aoiProps As Variant
Dim aoiVals As Variant
Dim intCounter As Integer
Dim strMessage As String

  ' IFeatureDataset-Interface auf das Coverage
  Set aoiDataset = aoiFeatureWsp.OpenFeatureDataset _
                              ("states")
```

```
' PropertySet der IDataset-Schnittstelle
Set aoiPropSet = aoiDataset.PropertySet
aoiPropSet.GetAllProperties aoiProps, aoiVals

' Loop durch das PropertySet
For intCounter = 0 To UBound(aoiProps)
  strMessage = strMessage & aoiProps(intCounter) & _
               ": " & aoiVals(intCounter) & Chr(13)
Next intCounter

MsgBox strMessage
```

Ist das *FeatureDataset* ein *Coverage*, kann die *ICoverage* Schnittstelle verwendet werden, um spezifische Funktionen und Informationen zu verwenden.

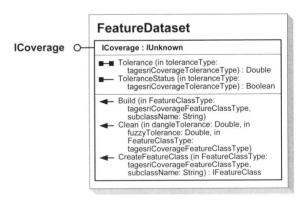

Tolerance

Mit der *Tolerance* Methode können die verschiedenen Einstellungen für Toleranzen des jeweiligen *Coverage* abgefragt oder geändert werden. Mit der *tagesriCoverageTolerancType* Konstanten wird der gewünschte Wert definiert.

esriCTTFuzzy	1
esriCTTGeneralize	2
esriCTTNodeMatch	3
esriCTTDangle	4
esriCTTTicMatch	5
esriCTTEdit	6
esriCTTNodeSnap	7
esriCTTWeed	8
esriCTTGrain	9
esriCTTSnap	10

Clean
Build

Mit der *Clean* und der *Build* Funktion werden die *Coverage* Topologien berechnet oder korrigiert.

CreateFeature
Class

Die *CreateFeatureClass* Funktion erstellt im *Coverage* eine neue FeatureClass. Mit der *tagesriCoverageFeatureClassType* Konstanten wird die zu erzeugende *FeatureClass* definiert, bei einer *Subclass* muß ein *Subclass* Name mit übergeben werden.

esriCFCTPoint	1
esriCFCTArc	2
esriCFCTPolygon	3
esriCFCTNode	4
esriCFCTTic	5
esriCFCTAnnotation	6
esriCFCTSection	7
esriCFCTRoute	8
esriCFCTLink	9
esriCFCTRegion	11
esriCFCTLabel	51
esriCFCTFile	666

Im folgenden Beispiel wird ein *Polygon Coverage* angelegt:

```
'(cd) Coverage mit FeatureClass erzeugen

Dim strWorkspace As String
Dim aoiAIFact As IWorkspaceFactory
Dim aoiAIWsp As IArcInfoWorkspace
Dim aoiCover As ICoverage

   ' Pfad zum ArcInfo-Workspace festlegen...
   strWorkspace = "c:\workspace"

   ' ArcInfoWorkspaceFactory erzeugen ...
   Set aoiAIFact = New ArcInfoWorkspaceFactory

   ' Verweis auf die IWorkspace-Schnittstelle ...
   Set aoiAIWsp = aoiAIFact.OpenFromFile(strWorkspace, 0)
   Set aoiCover = aoiAIWsp.CreateCoverage("lakes", _
       "c:\workspace\states", esriCoveragePrecisionDouble)
   aoiCover.CreateFeatureClass esriCFCTPolygon
```

8.9.3 INFO Table

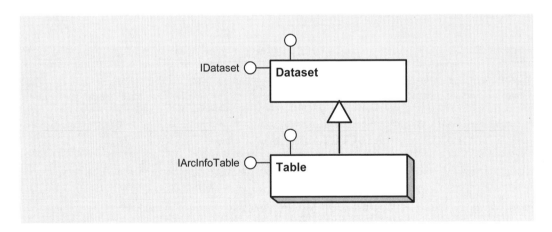

ArcInfo verwendet INFO Tables, um Informationen zu den *Features* eines *Coverages* zu speichern.

IArcInfoTables   Die *IArcInfoTables* Schnittstelle ist speziell auf INFO Tables abgestimmt, um in diesen neue *Items* oder *Indices* anzulegen oder bestehende zu löschen.

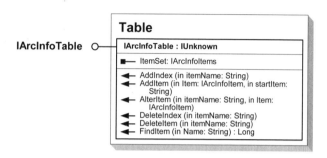

ItemSet

Mit der *ItemSet* Funktion erhält man einen Verweis auf eine *IArcInfoItems* Schnittstelle, über die wiederum auf die einzelnen *Items* der INFO Table zugegriffen werden kann.

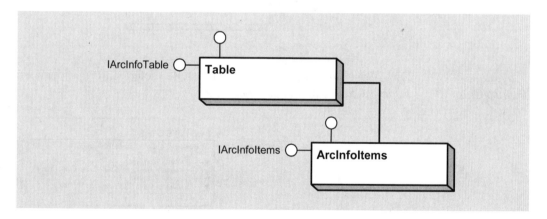

8.9.4 FeatureClass

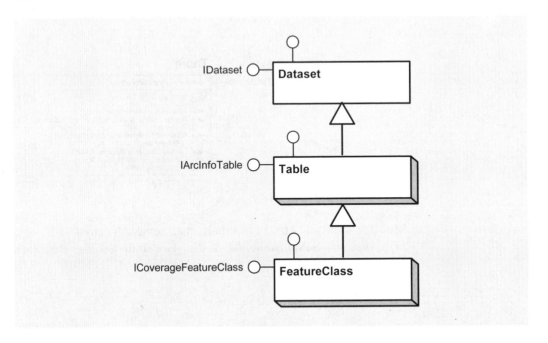

ICoverage
FeatureClass

Die *ICoverageFeatureClass* Schnittstelle liefert Informationen zu *FeatureClass* Tabellen der *Coverages*.

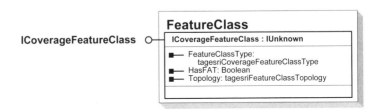

OpenFeature
Class

Die *OpenFeatureClass* Funktion der *IFeatureWorkspace* Schnittstelle liefert einen Verweis auf eine *IFeatureClass* Schnittstelle. Über *QueryInterface* kann ein Verweis auf die *ICoverageFeatureClass* Schnittstelle erstellt werden.

```
'(cd) Topologie einer FeatureClass prüfen

Dim strWorkspace As String
```

```
Dim aoiAIFact As IWorkspaceFactory
Dim aoiAIWsp As IArcInfoWorkspace
Dim aoiFeatureWsp As IFeatureWorkspace
Dim aoiFeatureClass As IFeatureClass
Dim aoiPolygonClass As ICoverageFeatureClass

   ' Pfad zum ArcInfo-Workspace festlegen...
   strWorkspace = "c:\workspace"

   ' ArcInfoWorkspaceFactory erzeugen ...
   Set aoiAIFact = New ArcInfoWorkspaceFactory

   ' Verweis auf die IWorkspace-Schnittstelle ...
   Set aoiAIWsp = aoiAIFact.OpenFromFile(strWorkspace, 0)

   ' QI auf IFeatureWorkspace ...
   Set aoiFeatureWsp = aoiAIWsp

   ' Verweis auf die Featureclass ...
   Set aoiFeatureClass = aoiFeatureWsp.OpenFeatureClass( _
    "lakes:polygon")

   ' QI auf ICoverageFeatureClass ...
   Set aoiPolygonClass = aoiFeatureClass

   ' Topologie-Status ...
   MsgBox aoiPolygonClass.Topology
```

Topology   Die *Topology* Funktion liefert einen Wert der Konstanten
                   tagesriFeatureClassTopology:

esriFCNotApplicable	0
esriFCPeliminary	1
esriFCExists	2
esriFCUnknown	3

Der Wert *esriFCNotApplicable* bedeutet, dass die befragte
FeatureClass gar keine Topologie unterstützt, *esriFCPreliminary*
bedeutet, dass die Topologie neu zu berechnen ist.

- 533-

8.9.5 ArcInfoItems

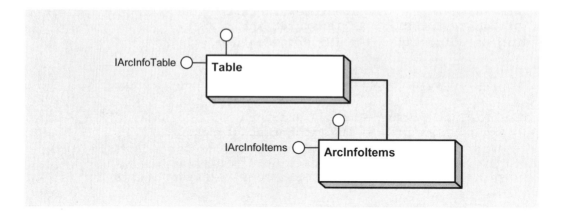

ArcInfoItems

Die *ArcInfoItems* Klasse beschreibt die Liste aller *Items* in einer INFO Table. Über die *ItemSet* Funktion der *IArcInfoTable* Schnittstelle wird ein Verweis auf die *Item* Liste einer INFO Table erzeugt.

```
'(cd) Verweis auf die Items einer INFO Tabelle

Dim aoiFeatureClass As IArcInfoTable
Dim aoiItems As IArcInfoItems

  ' Verweis auf die Featureclass ...
  Set aoiFeatureClass = aoiFeatureWsp.OpenFeatureClass( _
  "lakes:polygon")

  ' Verweis auf die Items ...
  Set aoiItems = aoiFeatureClass.ItemSet
```

IArcInfoItems

Die *IArcInfoItems* Schnittstelle enthält Funktionen, um auf einzelne *ArcInfoItems* zugreifen zu können.

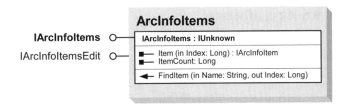

Item

Das folgende Beispiel zeigt den Zugriff auf ein Item des PATs im Coverage „states":

```
'(cd) Item finden

   Set aoiItems = aoiFeatureClass.ItemSet

Dim lngPos As Long
Dim aoiItem As IArcInfoItem

   aoiItems.FindItem "STATE_NAME", lngPos
   Set aoiItem = aoiItems.Item(lngPos)
```

IArcInfoItems Edit

Die *CreateInfoTable* Funktion der *IArcInfoWorkspace* Schnittstelle erwartet ein *ArcInfoItems* Objekt als Eingabeparameter. Um in dieses Objekt neue *ArcInfoItem* Objekte einfügen zu können, wird die *IArcInfoItemsEdit* Schnittstelle verwendet.

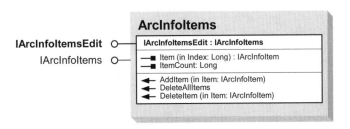

Diese Funktionen sind nicht geeignet, zu einer bestehenden *FeatureClass* Items hinzuzufügen oder zu löschen. Dafür sind die Funktionen der *IArcInfoTable* Schnittstelle zuständig.

8.9.6 ArcInfoItem

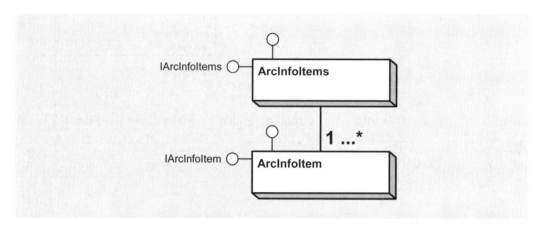

ArcInfoItem

Die *ArcInfoItem* Klasse beschreibt mit einer ganzen Reihe Eigenschaften ein Item in einer INFO Table.

IArcInfoItems

Mit der *IArcInfoItems* Schnittstelle können die verschiedenen Eigenschaften eines *INFO* Items abgefragt werden.

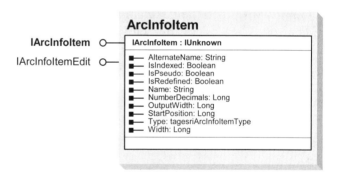

Type

Neben *Name* ist *Type* eine der wichtigsten Eigenschaften eines Items. Die *Type* Funktion liefert eine *tagesriArcInfoItemType* Konstante, um den Typ zu beschreiben.

esriItemTypeDate	1
esriItemTypeCharacter	2

esriItemTypeInteger	3
esriItemTypeNumber	4
esriItemTypeBinary	5
esriItemTypeFloat	6
esriItemTypeOID	12
esriItemTypeGeometry	13
esriItemTypeBlob	14

IArcInfoItemEdit Mit der *IArcInfoItemEdit* Schnittstelle werden die Eigenschaften eines neuen *ArcInfoItems* definiert.

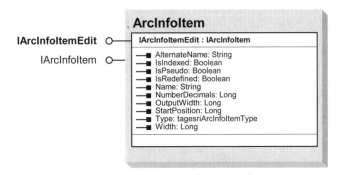

Wenn ein neues *ArcInfoItem* Objekt angelegt wird, sind die Eigenschaften folgendermaßen vordefiniert:

AlternateName	„"
IsIndexed	False
IsPseudo	False
IsRedefined	False
Name	„"
NumberDecimals	-1
OutputWidth	0
StartPosition	0
Type	0
Width	0

Das folgende Beispiel erzeugt eine INFO Table mit zwei *Items*:

```
'(cd) INFO Tabelle mit Items erzeuen

Dim aoiAIWsp As IArcInfoWorkspace
Dim aoiItems As IArcInfoItems
Dim aoiItemsEdit As IArcInfoItemsEdit
Dim aoiItem As IArcInfoItemEdit
Dim aoiTable As ITable

  ' Verweis auf die IWorkspace-Schnittstelle ...
  Set aoiAIWsp = aoiAIFact.OpenFromFile(strWorkspace, 0)

  ' Items ...
  Set aoiItems = New ArcInfoItems
  Set aoiItemsEdit = aoiItems
  Set aoiItem = New ArcInfoItem
  With aoiItem
    .AlternateName = "Vegtype"
    .Name = "Value"
    .Type = 3
    .Width = 3
    .OutputWidth = 3
  End With
  aoiItemsEdit.AddItem aoiItem
  Set aoiItem = New ArcInfoItem
  With aoiItem
    .AlternateName = "Description"
    .Name = "Name"
    .Type = 2
    .Width = 30
    .OutputWidth = 30
  End With
  aoiItemsEdit.AddItem aoiItem

  ' neue INFO-Table ...
  Set aoiTable = aoiAIWsp.CreateInfoTable( _
      "vegtype.lut", aoiItems)
```

8.9.7 CoverageName

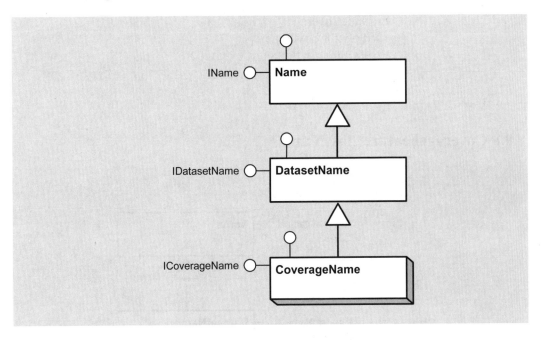

CoverageName
Das *CoverageName* Objekt, das alle Schnittstellen der *DatasetName* und der *Name* Klasse erbt, enthält neben der *IFeatureDatasetName* Schnittstelle die *ICoverageName* Schnittstelle mit Informationen zur Art des *Coverages*.

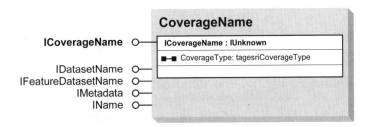

CoverageType
Die *CoverageType* Funktion liefert eine *tagesriCoverageType* Konstante.

| esriEmptyCoverage | 0 |

esriAnnotationCoverage	1
esriPointCoverage	2
esriLineCoverage	3
esriPolygonCoverage	4
esriPreliminaryPolygonCoverage	5

8.9.8 CoverageFeatureClassName

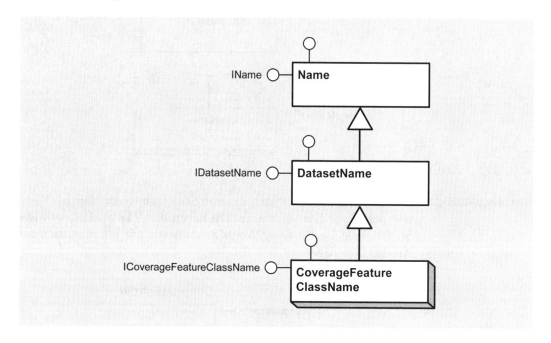

CoverageName   Das *CoverageFeatureClassName* Objekt, das alle Schnittstellen der *DatasetName* und der *Name* Klasse erbt, enthält neben der *IFeatureClassName* Schnittstelle die *ICoverageFeatureClassName* Schnittstelle mit Informationen zur Art des *FeatureClass*.

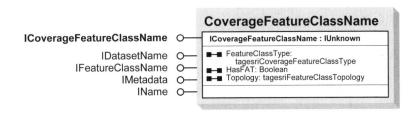

FeatureClassType Die FeatureClassType Funktion liefert einen Wert der *tagesriCoverageFeature ClassType* Konstante.

esriCFCTPoint	1
esriCFCTArc	2
esriCFCTPolygon	3
esriCFCTNode	4
esriCFCTTic	5
esriCFCTAnnotation	6
esriCFCTSection	7
esriCFCTRoute	8
esriCFCTLink	9
esriCFCTRegion	11
esriCFCTLabel	51
esriCFCTFile	666

9 Geoverarbeitung

9.1 Grundlagen der Geoverarbeitung

IDispatch   Die Automatisierung von Geoprocessing Funktionalitäten mittels Skripten ist ab ArcGIS 9 mit allen Skriptsprachen möglich, die die COM *IDispatch* Schnittstelle unterstützen. In diesem Kapitel geht es darum, die Skriptfunktionalität des Geoprozessors in VBA anzuwenden.

Geoprocessing   Seit der Version 9 ist die Geoverarbeitungsumgebung in *ArcGIS* Bestandteil der Applikationen *ArcMap*, *ArcCatalog*, *ArcScene* und *ArcGlobe*. Geoverarbeitung - im englischen *Geoprocessing* - wird mit unterschiedlicher Software unterschiedlich definiert. In *ArcGIS* bezeichnet die Geoverarbeitung Prozesse, bei denen Eingabeparameter, z.B ein Shapefile, in irgendeiner Weise verändert werden und diese Veränderung wird in einem oder mehreren neuen Ausgabeparametern gespeichert. Zur Geoverarbeitung gehören z.B. Prozesse wie Datenkonvertierungen, Projektionen, räumliche Überlagerungen und einfache Datenverwaltungsoperationen wie das Kopieren von Daten oder das Laden von Shapefiles in eine *Geodatabase*. In der Oberfläche der Applikationen *ArcCatalog*, *ArcMap*, *ArcScene* und *ArcGlobe* werden die Werkzeuge für die Geoverarbeitung mit der *ArcToolbox* Erweiterung verwaltet. Die *ArcToolbox* existiert in einem eigenen Fenster, das an das jeweilige Applikationsfenster angedockt werden kann.. Die *ArcToolbox* ist zum Zweck der logischen Gliederung wiederum in *Toolboxen* und *Toolsets* unterteilt.

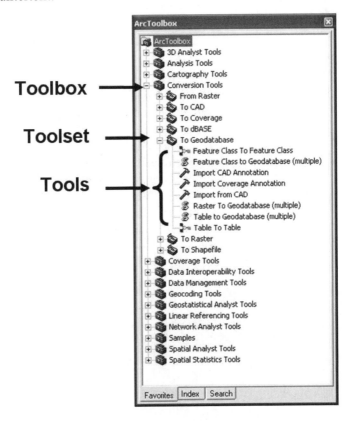

Tools

Unter den *Toolsets* befinden sich in der Standardversion drei Arten von *Tools*: Modelle, Skript *Tools* und System *Tools*. Dazu können von Entwicklern erzeugte Werkzeuge, *Custom Tools* genannt, kommen. Jedes der Standard-*Tools* wird durch ein eigenes Symbol gekennzeichnet:

Beispiel:		Art des *Tools*:
	Feature Class to Feature Class	Modell / *GPModelTool*
	Feature Class to Geodatabase (multiple)	Skript Tool / *GPScriptTool*
	Feature Class to Coverage	System Tool / *GPFunctionTool*

GPFunctionTool   Mit ArcGIS 9 werden bereits weit über 500 *Geoprocessing Tools* ausgeliefert. Die tatsächliche Anzahl variiert je nach Lizenzierungsstufe (*ArcView / ArcEditor / ArcInfo*) und lizenzierten Erweiterungen. Die meisten dieser von ESRI mit der Software gelieferten *Tools* liegen als *GPFunctionTool* vor. Die Entwicklung von *GPFunctionTools* und *Custom Tools* erfordert eine eigene Entwicklungsumgebung und kann deshalb mit VBA nicht realisiert werden. Gleichwohl können alle Arten von *Tools* in der *ArcToolbox* auch unter VBA genutzt werden. Sie können auch mit anderen Skript- und Programmiersprachen genutzt werden, die die COM *IDispatch* Schnittstelle unterstützen, z.B. VBScript, JScript, Python, Perl, VBA, VB, C++.

9.2 Der Geoprozessor: GpDispatch

GpDispatch

Geoprozessor, *Geoprocessor* Objekt und *GpDispatch* sind synonyme Begriffe. Der Geoprozessor bietet die Möglichkeit, seine Funktionen aus allen Skriptumgebungen aufzurufen, die die COM *IDispatch* Schnittstelle unterstützen. Die *IDispatch* Schnittstelle ist Teil des Geoprozessors, woher der Name *GPDispatch* abgeleitet ist. Skripte übergeben Zeichenketten und Objekte an den Geoprozessor die dieser als Kommando oder Wert weiter verarbeitet. *GPDispatch* stellt einen einzelnen Zugangspunkt und eine Umgebung für die Ausführung aller Geoverarbeitungswerkzeuge in *ArcGIS* und der *ArcGIS* Erweiterungen zur Verfügung.

CreateObject

Für den programmatischen Zugriff auf die Funktionen der Geoverarbeitung muss der Geoprozessor zunächst geladen werden. In VBA geht das über die Funktion *CreateObject*:

```
' gp ist die gebräuchliche Variablenbezeichnung für das
  Geoprocessor Objekt

Dim gp As Object
Set gp = CreateObject("esriGeoprocessing.GPDispatch")
```

Mit dem Geoprozessor können drei Arten von Funktionen ausgeführt werden:

1. Setzen von Umgebungseinstellungen,
2. Ausführen von *Tools* der *ArcToolbox* (auch benutzerdefinierte *Tools*)
3. Der Geoprozessor hat eigene Eigenschaften und Methoden, die weder Umgebungseinstellungen noch *ArcToolbox* Werkzeuge sind.

Die Umgebungseinstellungen und die *Tools* sind im Objekt-modelldiagramm nicht einzeln aufgeführt. Zum einen wären es zu viele, zum anderen variiert ihre Anzahl je nach lizenziertem Produkt, nach lizenzierten Erweiterungen und den benutzer-definierten *Tools*. Die Umgebungsvariablen und die *ArcToolbox Tools* sind im Objektmodell pauschal so symbolisiert:

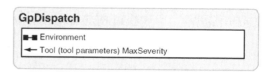

Die unter Punkt 3 erwähnten Eigenschaften und Methoden sind dagegen im Objektmodelldiagramm gelistet.

9.3 Setzen von Umgebungseinstellungen

Es gibt fünf Kategorien von Umgebungseinstellungen die im Folgenden näher beschrieben werden: Allgemeine Einstellungen, *Coverage* Einstellungen, *Geodatabase* Einstellungen, Raster *Geodatabase* Einstellungen und Raster Analyse Einstellungen. Wird aus einem Skript heraus ein *Tool* aufgerufen in dem eigene Umgebungseinstellungen spezifiziert wurden, dann gelten jene für dieses Skript. Sie werden aber nicht an das aufrufende Programm übergeben.

Für die Namen von Umgebungseinstellungen gelten die gleichen Restriktionen wie für *Tool* Namen: Im Namen sind keine Leerzeichen und –außer dem Unterstrich- keine Sonderzeichen erlaubt. Der Name muss mit einem Buchstaben beginnen.

Umgebungseinstellungen sollten gesetzt werden, bevor andere Eigenschaften und Methoden des *GpDispatch* Objektes benutzt werden. Anderenfalls wird häufig eine Fehlermeldung ausgegeben:

Run-time error '438':
Object doesn't support this property or method

9.3.1 Allgemeine Einstellungen

Current
Workspace   Definiert den aktuellen Arbeitsbereich, z.B.:

```
gp.Workspace = "C:\Temp"
```

Wird kein spezieller Pfad für Ein- oder Ausgabedaten angegeben, wird der *Workspace* als aktueller Arbeitsbereich benutzt.

ScratchWorkspace   Der *ScratchWorkspace* bezeichnet den voreingestellten Pfad, in dem Ausgabedateien von *Tools* gespeichert werden. Beispiel:

```
gp.ScratchWorkspace = "c:\temp\output"
```

Mit dieser Programmzeile wird die Einstellung im Dialog *Tools / Options / Geoprocessing / Environment* gesetzt (vgl. Abbildung unten). Beim Öffnen von *Tool* Dialogen ist das voreingestellte Verzeichnis für Ausgabedateien in diesem Beispiel "c:\temp\output". Werden die *Tools* dagegen mit Programmcode ausgeführt, muss der Pfad zum *ScratchWorkspace* explizit angegeben werden:

```
Dim strOutput As String

    gp.ScratchWorkspace = "C:\Temp\output"
    strOutput = gp.ScratchWorkspace & "\pkt.shp"
    gp.Buffer_analysis "pkt_buff.shp", strOutput, "50"
```

OutputCoordinate System

OutputCoordinateSystem ermöglicht die Angabe eines Koordinatensystems, das Ausgabedaten von *Tools* zugewiesen wird. Dabei gilt:

- Liegen die Ausgabedateien in einem *FeatureDataset*, wird immer das Koordinatensystem des *FeatureDatasets* übernommen.
- Liegen die Ausgabedateien nicht in einem *FeatureDataset* und es existiert eine Einstellung in den Umgebungs-variablen, wird das dort angegebene Koordinatensystem übernommen.
- Liegen die Ausgabedateien nicht in einem *FeatureDataset* und es existiert keine Einstellung in den Umgebungs-variablen, wird das Koordinatensystem der ersten Eingabe-datei des *Tools* übernommen.

Der Pfad zum *OutputCoordinateSystem* muss mindestens ab dem Unterverzeichnis „ \Coordinate Systems" angegeben werden (vgl. das Programmbeispiel unten).

Default output Z value

Wenn die Einstellung *OutputZFlag* = "enabled" gesetzt ist, kann mit *OutputZValue* ein Z-Wert voreingestellt werden der jedem

OutputZValue   Stützpunkt einer Ausgabe *FeatureClass* zugewiesen wird, sofern kein Z-Wert über die Eingabe *FeatureClass* zur Verfügung steht.

- Hat die Eingabe *FeatureClass* keine Z-Werte, wird der Wert aus der Umgebungseinstellung genommen.
- Ist in der Umgebungseinstellung kein Wert gesetzt, wird der Minimumwert der Z-Domäne aus den Umgebungseinstellungen benutzt.
- Wenn keine Z-Domäne gesetzt wurde, ist der Minimumwert der Z-Domäne der Eingabe *FeatureClass* des *Tools* der Wert, der den Z-Koordinaten der Ausgabedatei zugewiesen wird.
- Ist auch die Z-Domäne der Eingabe *FeatureClass* nicht gesetzt, wird 0 als Z-Wert gesetzt.

Output has Z   Sollen in Ausgabedateien von *Tools* Z-Werte gespeichert werden,
values   muss die Einstellung *OutputZFlag* anders als „*disabled*" sein.
OutputZFlag   *OutputZFlag* kann drei Werte haben:

- *Disabled*: Es werden keine Z-Koordinaten für Stützpunkte geschrieben.
- *Enabled*: Z-Werte können unabhängig davon gespeichert werden, ob die Eingabedatei Z-Werte besitzt.
- *Default*: Übernimmt die Einstellung der Eingabedatei.

Output has M   Analog zu *OutputZValue* wird mit *OutputMValue* festgelegt, ob und
values   wie eine Speicherung von *Measure* Koordinaten in Ausgabedateien
OutputMValue möglich ist.

OutputExtent   Der *Extent* ist ein Rechteck definiert aus XMin, XMax, YMin und
Extent   YMax. Es definiert den Interessenbereich. Bei *Feature* Daten werden alle *Features* in die Ausgabedatei übernommen, die den Interessenbereich schneiden. Bei Rasterdaten definiert der *Extent* den Datenbereich des Ausgaberasters. Bis zur ArcGIS Version 9.2 waren mehrere Schlüsselwörter für den einzigen Parameter von *Extent* dokumentiert deren Verwendung zwar akzeptiert wurde, die jedoch wirkungslos blieben (z.B. *INTERSECT* und *UNION*).

Cluster Tolerance Die Voreinstellung für die *Cluster* Toleranz beträgt 0 und steht für die kleinstmögliche Distanz zwischen Stützpunkten und Grenzen von Geometrien. Bei einem Wert von Null wird die *Cluster* Toleranz automatisch berechnet. Die Einheiten für die *Cluster* Toleranz können mit dem Parameter *value* übergeben werden, z.B.:

```
gp.ClusterTolerance = "1 Meters"
```

MResolution, MTolerance, XYResolution, XYTolerance, ZResolution, ZTolerance	Ab ArcGIS Version 9.2 stehen weitere Umgebungseinstellungen zur Verfügung, um Auflösung und Toleranz bei der Durchführung von Geoverarbeitungsprozessen voreinzustellen und Ausgabe *Geodatasets* zuzuweisen: *MResolution, MTolerance, XYResolution, XYTolerance, ZResolution* und *ZTolerance*.
RandomGenerator	Die Umgebungseinstellung *RandomGenerator* wird ebenfalls ab ArcGIS Version 9.2 unterstützt. Mit ihr wird der Typ und der Kern des Zufallszahlengererators festgelegt um Zufallszahlen zwischen 0 und 1 zu erzeugen.
QualifiedFieldNames	Diese Einstellung zur Qualifizierung von Feldnamen steht nur in Skriptumgebungen und nur ab ArcGIS Version 9.2 zur Verfügung.
GeographicTransformations	Die Spezifizierung von Transformationsmethoden bei Projektionen "*on the fly*" mit der Einstellung *GeographicTransformations* ist ebenfalls eine Neuerung seit ArcGIS 9.2.

Das folgende Beispiel definiert allgemeine Umgebungsparameter:

```
' (cd) gpSetAllgemeineUmgebung

Dim gp As Object
' Erzeugen des Geoprocessor Objekts
Set gp = CreateObject("esriGeoprocessing.GPDispatch")

' Setzen von Umgebungsvariablen
gp.Workspace = "C:\Temp\input"
gp.ScratchWorkspace = "C:\Temp\output"
gp.OutputCoordinateSystem = "Coordinate Systems\Geographic
Coordinate Systems\Europe\Deutsche Hauptdreiecksnetz.prj"
```

```
gp.Extent = "4283000.000 4636000.000 5238000.000 5610000.000"
gp.OutputZValue = "0"
gp.OutputZFlag = "ENABLED"
gp.OutputMFlag = "TRUE"
gp.ClusterTolerance = "1 Meters"


' ab ArcGIS Version 9.2:
gp.MResolution = "0.002"
gp.MTolerance = "0.02"
gp.XYResolution = "0.002 Meters"
gp.XYTolerance = "0.02 Meters"
gp.ZResolution = "0.002 Meters"
gp.ZTolerance = "0.02 Meters"
gp.QualifiedFieldNames = "TRUE"
gp.GeographicTransformations =
"GCS_Deutsches_Hauptdreiecksnetz; GCS_WGS_1984_2"
```

Das Ergebnis lässt sich anhand der Dialoge in *ArcMap* oder *ArcCatalog* überprüfen.

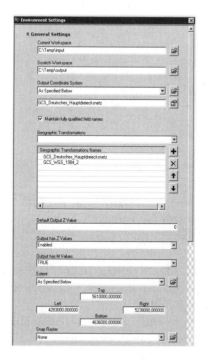

9.3.2 Kartographische Einstellungen

CartographicCoor
dinatesystem

Seit ArcGIS Version 9.2 stehen zwei Umgebungseinstellungen für kartographische Darstellung zur Verfügung: *CartographicCoordinatesystem* und *ReferenceScale*. Voreingestellt wird für kartographische Darstellungen das Koordinatensystem des Datenrahmens übernommen. Es kann aber auch ein vom Datenrahmen abweichendes Koordinatensystem gewählt werden:

```
gp.CartographicCoordinateSystem = "Coordinate Systems\Projected
        Coordinate Systems\National Grids\Germany Zone 5.prj"
```

ReferenceScale

ReferenceScale definiert den Referenzmaßstab für Symbole. Wird die Ausdehnung des Bildschirmausschnitts verändert, werden Texte und Symbole im Verhältnis zum Referenzmaßstab skaliert. Wird kein *ReferenceScale* gesetzt, behalten die Texte und Symbole in jedem Kartenausschnitt die gleiche Größe.

```
gp.ReferenceScale = "50000"
```

9.3.3 *Coverage* Einstellungen

Precision for
derived coverages

Derived coverages sind Daten im *ArcInfo* Format, die durch Geoverarbeitungsprozesse erzeugt werden. Die potenziellen Werte für die Umgebungseinstellung *DerivedPrecision* sind:

DerivedPrecision

- *HIGHEST*: Die gleiche Genauigkeit wie das Eingabe *Coverage* mit der höchsten Genauigkeit. Diese Einstellung ist voreingestellt.
- *LOWEST*: Die gleiche Genauigkeit wie das Eingabecoverage mit der niedrigsten Genauigkeit.
- *SINGLE*: Einfache Genauigkeit.

- *DOUBLE*: Doppelte Genauigkeit.

Precision for new coverages NewPrecision

NewPrecision kann *SINGLE* oder *HIGHEST* sein (vgl. *Precision for derived coverages*).

Level of comparison between projection files ProjectCompare

Dieser Umgebungsparameter beschreibt den Grad der Ähnlichkeit zwischen Projektionsdateien, die zur Ausführung von *Coverage Tools* benötigt werden. *ProjectCompare* eignet sich zur Validierung von Eingabe Projektionsdateien vor der Ausführung von *Coverage Tools*.

- *NONE* ist die Voreinstellung und bedeutet, dass jegliche Kombination von Projektionsdateien funktionieren wird.
- *PARTIAL* bedeutet, dass mindestens eine Projektionsdatei definiert sein muss. Weitere Projektionen können *UNKNOWN* sein.
- *FULL* heißt, dass alle Projektionsinformationen vorhanden und für alle Eingabedaten gleich sein müssen.

```
' (cd) gpCoverageSettings()
Dim gp As Object

    ' Erzeugen des Geoprocessor Objekts
    Set gp = CreateObject("esriGeoprocessing.GPDispatch")

    ' Setzen von Coverage Umgebungsvariablen
    gp.DerivedPrecision = "HIGHEST"
    gp.NewPrecision = "DOUBLE"
    gp.ProjectCompare = "FULL"
```

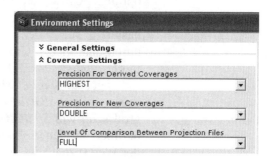

9.3.4 *Geodatabase* Einstellungen

Output CONFIG keyword

Die Einstellung *CONFIGKeyword* ist nur bei der Nutzung von ArcSDE Datenbanken in relationalen Datenbanksystemen (RDBMS) geeignet. ArcSDE benutzt Parameter aus der DBTUNE Tabelle die definieren, wo und wie Tabellen und Indexe erzeugt und gespeichert werden. Diese Parameter sind unter "Konfigurationsschlüsselwörter" gruppiert:

- *DEFALUT*: Wenn das RDBMS „Konfigurationsschlüsselwörter" enthält, sollen sie auf alle Geodatenbanken angewandt werden, auf die mit ArcSDE zugegriffen wird.
- *FALSE*: Verwende keine „Konfigurationsschlüsselwörter" beim Zugriff auf ArcSDE Daten.
- *TRUE*: Verwende immer „Konfigurationsschlüsselwörter" beim Zugriff auf ArcSDE Daten.

```
gp.Workspace = "Database Connections\\earth.test.sde"
gp.ConfigKeyword = "DEFAULT"
```

Output Spatial Grid 1,2,3

Die Einstellungen mit *SpatialGrid1*, *SpatialGrid2* und *SpatialGrid3* erlauben die Definition von drei zweidimensionalen Indexrastern über *FeatureClass* Objekte. Gut definierte Indexraster beschleunigen das Finden von *Features* bei räumlichen Suchen. Sind die möglichst optimalen Werte für die Indexraster nicht bekannt, ist es empfohlen, die Voreinstellungen zu akzeptieren da die Indexraster ansonsten die Suche auch verlangsamen können. Die optimale Größe der Raster kann nur eine Annäherung sein und erfordert die Analyse der zugrunde liegenden Daten. Der Wert basiert auf dem Koordinatensystem der Daten, der durchschnittlichen Größe der *Features* und der Anzahl der *Features* in der *FeatureClass*. Das Raster *SpatialGrid1* bekommt die kleinste Zellengröße. *SpatialGrid2* sollte dann mindestens dreimal so groß sein, wie *SpatialGrid1* und *SpatialGrid3* sollte wiederum dreimal so groß sein, wie *SpatialGrid2*. Es müssen aber nicht alle drei *Grids* definiert werden. Soll ein *SpatialGrid* nicht verwendet werden, wird der Wert 0 zugewiesen.

```
gp.SpatialGrid1 = 50
gp.SpatialGrid2 = 200
gp.SpatialGrid3 = 0
```

Output XYDomain   Der Koordinatenberich für X,Y-Koordinaten, festgelegt über XMin, YMIN, XMAX, YMAX, getrennt durch Leerzeichen:

```
gp.XYDomain = "4230000.5 5230000.5 4630000.5 5610000.5"
```

Output MDomain   Der Koordinatenberich für *Measure* Koordinaten, festgelegt über MMIN und MMAX, getrennt durch Leerzeichen:

```
gp.MDomain = "4230000.5 4630000.5"
```

Output ZDomain   Der Koordinatenberich für Z-Koordinaten, festgelegt über MMIN und MMAX, getrennt durch Leerzeichen:

```
gp.ZDomain = "0 3000"
```

9.3.5 Raster Analyse

CellSize   Mit dieser Einstellung wird die Zellengröße von Ausgaberastern bei Rasteroperationen definiert. Damit wird quasi die Auflösung des Rasters bestimmt. *CellSize* hat einen Parameter, der drei Werte annehmen kann:

- *MAXIMUM*: Der größte Zellengrößenwert von Eingaberastern wird übernommen. Dieses ist die Voreinstellung.

- *MINIMUM*: Der niedrigste Zellengrößenwert von Eingaberastern wird übernommen.
- *<value>*: Ein frei definierbarer Wert.

```
gp.CellSize = 5
```

Mask Ein Raster oder ein *FeatureClass* Maskierungslayer. Ergebnisse von Operationen beziehen sich nur auf die maskierten Bereiche. Alle anderen Rasterzellen bekommen einen *NoData* Wert.

```
' Für dieses Beispiel ist die Erweiterung Spatial Analyst
' sowie eine ArcInfo Lizenz erforderlich

' (cd) gpSetMask

Dim aoiDoc As IMxDocument
Dim aoiLayer As IfeatureLayer
Dim gp As Object
Dim inRaster As String
Dim outRaster As String

' Das aktuelle Dokument
Set aoiDoc = ThisDocument

' Der erste Layer in der Map ist der Maskierungslayer
Set aoiLayer = aoiDoc.FocusMap.Layer(0)

' Erzeugen des Geoprocessor Objekts
Set gp = CreateObject("esriGeoprocessing.GPDispatch")

gp.Workspace = "C:\tmp\myRas"
gp.Mask = aoiLayer.Name

' Der zweite Layer in der Map ist der Eingabe-RasterLayer
inRaster = aoiDoc.FocusMap.Layer(1).Name

outRaster = "C:\tmp\myRas\plusRas2"

' Spatial Analyst MATH Operation
gp.Plus_SA inRaster, "10", outRaster
```

9.3.6 Raster *Geodatabase* Einstellungen

Pyramid
Mit der Einstellung *Pyramid* wird die Anzahl und die *Resampling* Methode bei der Erzeugung von Pyramidenlayern von ArcSDE Rastern festgelegt. Drei Parameter können spezifiziert werden:

- *pyramid_option*: Dieser Parameter ist erforderlich. Sollen Pyramiden gebildet werden, ist für diesen Parameter das Schlüsselwort *PYRAMIDS* zu verwenden.
- *levels*: Anzahl der Pyramiden. Voreingestellt ist -1 und das bedeutet, dass der Server die Anzahl der Pyramiden berechnet.
- *interpolation_type*: Die *Resample* Technik: Entweder *NEAREST* (*nearest neighbor*), *BILINEAR* (bilineare Interpolation oder *CUBIC* (*cubic convolution*)

```
gp.pyramid = "PYRAMIDS 2 CUBIC"
```

Raster statistics
Verschiedene Operationen in ArcGIS benutzen Raster Statistik (z.B. bei der Klassifizierung von Rasterwerten). Die Statistik wird von ArcGIS berechnet, wenn sie benötigt wird und noch nicht vorhanden ist. Es ist u.U. jedoch empfehlenswert, die Statistik zu erzeugen, da manche Operationen dadurch performanter werden. Die Parameter X *skip factor* und y *skip factor* bewirken eine Beschleunigung der Statistikberechnung durch Überspringen der angegebenen Pixelzahl. Mit dem dritten Parameter *ignore values* können ein oder mehrere Rasterwerte angegeben werden, die bei der Berechnung der Statistik nicht berücksichtigt werden. Typischerweise z.B. der Wert für den Rasterhintergrund. Die *ignore value* Werte werden in Klammern eingeschlossen, mehrere Werte durch Leerzeichen getrennt. Auswirkung hat diese Einstellung nur für Datei basierte Raster und Raster in *Personal Geodatabases* und betrifft alle *Tools*, die Raster in *Geodatabases* erzeugen.

```
gp.RasterStatistics = "STATISTICS 20 20 (0 1 100)"
```

Compression	Hiermit wird der Kompressionstyp definiert, den alle *Tools* beim Laden von Rasterdaten in ArcSDE Datenbanken verwenden:

- *LZ77*
- *JPEG*
- *JPEG2000*
- *NONE* – keine Kompression

```
gp.Compression = "NONE"
```

TileSize	ArcSDE speichert Raster in Feldern vom Datentyp Blob. Mit der *TileSize* Einstellung kann die Anzahl der im Blob gespeicherten Pixel (Weite und Höhe) angegeben werden. Die *TileSize* Einstellung wird von allen *Tools* berücksichtigt, die Rasterdaten in einer ArcSDE Datenbank erzeugen. Die Voreinstellung ist 128 Pixel für Höhe und Weite. Auf Personal *Geodatabases* oder Datei basierte Rasterformate hat diese Einstellung keine Auswirkung.

```
gp.TileSize = "100 100"
```

9.4 Ausführen von *Tools* der *ArcToolbox*

Modelle, Skripte und System *Tools* der *ArcToolbox* können wie Methoden des Geoprozessors aufgerufen werden. Die System *Toolboxen* sind dem Geoprozessor bekannt. Erforderlich ist aber die eindeutige Angabe der *Toolbox*, da es *Tools* mit gleichem Namen aber unterschiedlicher Funktion gibt. Z.B. existiert ein *Clip Tool* zum Ausschneiden von Rastern im *Toolset Data Management Tools*, ein *Clip Tool* unter den *Coverage Tools* und ein *Clip Tool* zum Ausschneiden von *Features* in der *Analysis Toolbox*. Um eine eindeutige Zuordnung zu erreichen muss die *Toolbox* mit dem *Tool* spezifiziert sein. Das kann auf zwei Arten geschehen. Entweder wird der *Toolbox* Aliasnamen (zu finden in den Eigenschaften der *Toolbox*: Rechte Maustaste auf das *Tool* / Eigenschaften) mit einem Unterstrich an den *Toolnamen* gehängt:

```
gp.<toolname>_<toolbox-alias>(<argumente>)
```

Toolbox

Das ist die „sicherere" Methode da die *Toolbox* direkt mit dem *Tool* verknüpft ist. Oder die *Toolbox* wird mit der gleichnamigen Funktion des Geoprozessors festgelegt:

```
gp.Toolbox = "<toolbox_alias_name>"
```

Das folgende Beispiel erzeugt mit Hilfe eines *Geoprocessing Tools* eine neue *FeatureClass*:

```
Dim gp As Object

    ' Erzeugen des Geoprocessor Objekts
    Set gp = CreateObject("esriGeoprocessing.GPDispatch")

    ' Erzeugen des Shapefiles C:\Temp\GPoly.shp
    gp.CreateFeatureClass_management "C:\Temp", _
                            "GPoly.shp", "POLYGON"
```

Alternativ geht es auch so:

```
Dim gp As Object

    ' Erzeugen des Geoprocessor Objekts
    Set gp = CreateObject("esriGeoprocessing.GPDispatch")

    gp.Toolbox = "Management"
    gp.CreateFeatureClass "C:\Temp", "GPoly.shp", "POLYGON"
```

AddToolbox

Benutzerdefinierte *Toolboxen* sind nicht direkt bekannt und müssen mit der Methode *AddToolbox* zuerst geladen werden. Damit wird die *Toolbox* nicht zur *ArcToolbox* hinzugefügt sondern lediglich dem Programm bekannt gemacht.

```
Dim gp As Object

    ' Erzeugen des Geoprocessor Objekts
    Set gp = CreateObject("esriGeoprocessing.GPDispatch")

    gp.AddToolbox "C:\Documents and Settings\hoe\Application _
        Data\ESRI\ArcToolbox\My Toolboxes\meineToolbox.tbx"

    ' Ausführen des Tools myTool in der Toolbox
    ' meineToolbox.tbx mit dem Aliasnamen myTbx
    gp.myTool_myTbx
```

Häufig sollen die Ergebnisse von Tools im Programm weiter verarbeitet werden. Dazu wird das Ergebnis einer Variablen zugewiesen. In solchen Fällen erwartet VBA eine Klammer um die Argumente. Das oben aufgeführte Beispiel zum Erzeugen einer *FeatureClass* sieht in einem solchen Fall z.B. so aus:

```
Dim gp As Object
Dim strFC as String

    ' Erzeugen des Geoprocessor Objekts
    Set gp = CreateObject("esriGeoprocessing.GPDispatch")
```

```
' Erzeugen des Shapefiles C:\Temp\GPoly.shp
strFC = gp.CreateFeatureClass_management ("C:\Temp", _
  "GPoly.shp", "POLYGON", "", "DISABLED", _
  "DISABLED", "", "", "0", "0", "0")
```

9.5 Eigene Eigenschaften und Methoden des Geoprozessors

Diese sind in der ArcObjects *Developer* Hilfe gelistet unter der Schnittstelle *IGpDispatch*. sowie im „*Geoprocessor Programming Model*" (vgl.: http://webhelp.esri.com) und in der ArcGIS Desktop Hilfe, vor Version 9.2 unter Inhalt / *Writing geoprocessing scripts / Scripting Object: Properties and methods / Properties and Methods* und ab Version 9.2 unter Inhalt / *Geoprocessing / Automating your work with scripts / Scripting Object: Properties and methods / Properties and Methods.*

Zu vielen Methoden und Eigenschaften auf dem Geoprocessor Objektmodell ist der Datentyp des Rückgabewertes nicht angegeben. In diesen Fällen ist der Rückgabewert eine Zeichenkette oder manchmal auch eine Zahl. Andere Datentypen sind nach dem Doppelpunkt hinter der Eigenschaft oder der Methode angegeben.

Relationship::IsVersioned liefert z.B. einen Wert vom Datentyp *Boolean* zurück, *Relationship::Fields* liefert ein *Fields* Objekt. *Raster Catalog::RasterFieldName* gibt eine Zeichenkette zurück.

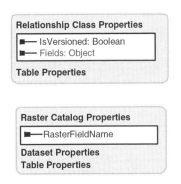

Der Rückgabewert vieler Methoden ist nicht eindeutig. Deshalb ist er in vielen Fällen vom Typ „*Object*". Parameter von Methoden werden in der Regel als Zeichenketten übergeben.

Aus Gründen besserer Übersicht sind einige logische Gruppen von Methoden in dem Objektmodell farblich markiert:

- *Describe* Objekte: Grün
- *List* Objekte: Lila
- *Cursor* Objekte: Ockergelb
- Diverse mit Objekten als Rückgabewert: Rosa
- Sonstige: Schwarz

Zu jeder dieser Gruppen folgen Beispiele.

9.5.1 *Describe* Objekte

Describe   Die Syntax für den Zugriff auf die *Describe* Objekte lautet:

```
gp.Describe(InputValue): Object
```

DataType   Der Rückgabewert ist vom Datentyp *Object*. Das sind sogenannte
CatalogPath   *Dispatch* Objekte. Die Eigenschaften dieser Objekte sind
dynamisch. Sie ändern sich je nach dem, welcher Datentyp
beschrieben wird. Alle Eigenschaften der zurückgelieferten *Describe*
Objekte sind nur lesend. Alle *Describe* Objekte unterstützen die
„*Describe Object Properties*" mit den Methoden *DataType* und
CatalogPath.

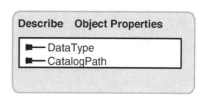

In den jeweiligen Objektkästen im Modelldiagramm sind die
Eigenschaften gelistet sowie darunter gegebenenfalls weitere
unterstützte *Describe* Objekte. So können mit dem *FeatureClass
Properties* Objekt neben den dort gelisteten Eigenschaften
diejenigen der Objekte Table *Properties* und *Dataset Properties*
genutzt werden.

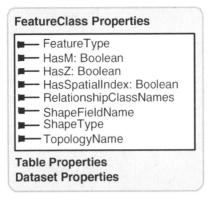

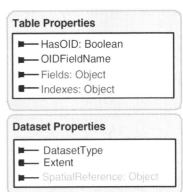

```
' (cd) gpDescribe
Dim aoiDoc As IMxDocument
Dim aoiLayer As IFeatureLayer
Dim gp As Object
Dim objDesc As Object

    ' Das aktuelle Dokument
    Set aoiDoc = ThisDocument

    ' Ein FeatureLayer in der Map muss ausgewählt sein
    Set aoiLayer = aoiDoc.SelectedLayer

    ' Erzeugen des Geoprocessor Objekts
    Set gp = CreateObject("esriGeoprocessing.GPDispatch")

    ' Describe
    Set objDesc = gp.Describe(aoiLayer.Name)
    MsgBox "Geometrie: " & objDesc.ShapeType _
           & vbCrLf & "FeatureTyp: " & objDesc.FeatureType _
           & vbCrLf & "Ausdehnung: " & objDesc.Extent _
           & vbCrLf & "Verzeichnis: " & objDesc.CatalogPath
```

9.5.2 *List* Objekte

Next   Wie der Name schon besagt, erzeugen die im Objektmodell lila

Reset

dargestellten Methoden Arten von Listen. Alle Methoden beginnen mit „*List*". *gp::ListFields* erzeugt eine Liste von Feldern einer Tabelle, *gp::ListIndexes* eine Liste von Indizes einer Tabelle, *FeatureClass* oder einer Shapedatei und alle anderen *List*-Methoden liefern *Enumeration* Objekte. Das sind Listen z.B. von Objekten der Typen *FeatureClass*, *Raster*, *Tables*, *Datasets* oder *Workspace*. Alle der genannten *List* Objekte haben zwei Methoden: *Next* und *Reset*, die die Navigation durch die Listen ermöglichen

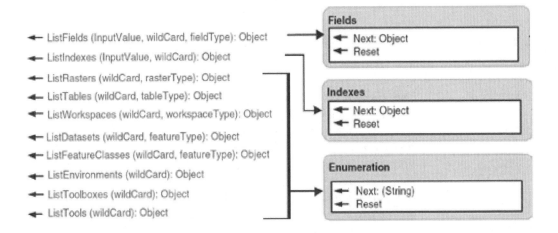

.Im nächsten Beispiel werden alle *FeatureClasses* im Arbeitsverzeichnis „C:\Projekte" gelistet:

```
' (cd) gpListFeatureClasses

Dim gp As Object
Dim objFCs As Object
Dim varFC As Variant

    ' Erzeugen des Geoprocessor Objekts
    Set gp = CreateObject("esriGeoprocessing.GPDispatch")

    ' Arbeitsbereich festlegen
    gp.Workspace = "C:\Projekte"

    ' Erzeugen der Liste
    Set objFCs = gp.ListFeatureClasses("*","ALL")
```

```
' Navigation durch die Liste
objFCs.Reset
varFC = objFCs.Next
Do While varFC <> ""
    MsgBox varFC
    varFC = objFCs.Next
Loop
```

9.5.3 *Cursor* Objekte

SearchCursor

Next
Reset

Die *Cursor* Objekte erlauben dem Programmierer die Navigation durch Tabellen oder *FeatureClasses*. Es gibt drei Arten von *Cursorn*: Den *SearchCursor* für ausschließlich lesende Operationen, den *UpdateCursor* um Datensätze zu aktualisieren oder zu löschen und den *InsertCursor* um neue Datensätze zu einer Tabelle oder *FeatureClass* hinzuzufügen. Der *Cursor* entspricht von seiner Struktur her der ihm zugrunde liegenden Tabelle. Optional enthält der *Cursor* nur die Datensätze, die einer *SQL-WhereClause* entsprechen (zu *Cursor* Objekten vgl. auch Kapitel 8.5).

Ein *SearchCursor* Objekt hat nur zwei Methoden: *Next* und *Reset*. *Reset* bewegt den Zeiger vor das erste *Row* Objekt (= Datensatz) im *Cursor*. Beim Erzeugen des *Cursors* steht der Zeiger automatisch vor dem ersten *Row* Objekt im *Cursor* so dass kein initiales *Reset* nötig ist.Mit jedem *Next* wird der Zeiger auf das nächste *Row* Objekt bewegt.

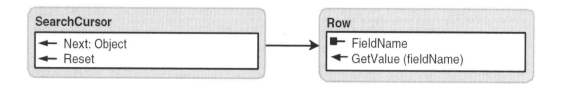

FieldName
GetValue

Die Methode *Next* liefert wiederum ein Objekt zurück, das *Row* Objekt. Das *Row* Objekt hat die Eigenschaft *FieldName* und die Methode *GetValue*. Beide ermöglichen den lesenden Zugriff auf den

Wert in einem Feld. Der Unterschied besteht darin, dass die Methode *GetValue* die Verwendung von Variablennamen erlaubt.

Der Beispiel Programmcode greift auf einen *Layer* Bayern_Gem (alternativ als ausgewählter *Layer* in der aktuellen *Map* oder als *Layer* in einer *Personal Geodatabase* myGDB.mdb) zu. Mit der *SQL WhereClause* werden alle Datensätze gefiltert, die in dem Feld „REGBEZ" den Wert „Niederbayern" enthalten. Der Gemeindename im Feld GEM_NAME wird in einer *MsgBox* ausgegeben.

```
' (cd) gpSearchCursor

Dim aoiDoc As IMxDocument
Dim aoiLayer As IFeatureLayer
Dim gp As Object
Dim varData As Variant
Dim varFC As Variant
Dim aoiCur As IGpEnumObject
Dim aoiRow As Object
Dim strWhereClause As String

    ' Das aktuelle Dokument
    Set aoiDoc = ThisDocument

    ' Ein FeatureLayer in der Map muss ausgewählt sein
    Set aoiLayer = aoiDoc.SelectedLayer

    ' Alternativ: Direkter Zugriff auf eine FeatureClass
    ' in einer Personal Geodatabase
    ' varFC = "C:\Projekte\myGDB.mdb\Bayern_Gem"

    ' Erzeugen des Geoprocessor Objekts
    Set gp = CreateObject("esriGeoprocessing.GPDispatch")

    ' Optionale SQL WhereClause
    strWhereClause = "REGBEZ = 'Niederbayern'"

    ' Erzeugen eines SearchCursors
    ' Set aoiCur = gp.SearchCursor(varFC, strWhereClause)
    Set aoiCur = gp.SearchCursor(aoiLayer.Name, strWhereClause)

    ' Zugriff auf den ersten Datensatz im Cursor
    Set aoiRow = aoiCur.Next()
```

```
Do Until aoiRow Is Nothing
    MsgBox aoiRow.GEM_NAME
    Set aoiRow = aoiCur.Next()
Loop
```

UpdateCursor

UpdateRow
DeleteRow

Der *UpdateCursor* implementiert wie der *SearchCursor* die Methoden *Next* und *Reset* und hat darüber hinaus die Methoden *UpdateRow* um einen aktualisierten Datensatz zurückzuschreiben und *DeleteRow* um einen Datensatz zu löschen.

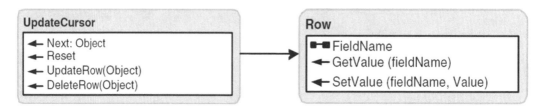

Row

FieldName
SetValue
GetValue

Während das vom *SearchCursor* gelieferte *Row* Objekt nur lesende Eigenschaften hat, können Werte in die Felder des *Row* Objektes auch geschrieben werden. Das Hantelsymbol der Eigenschaft *FieldName* weist deshalb in beide Richtungen und es gibt eine weitere Methode *SetValue* zum Schreiben von Feldwerten. Der Unterschied zwischen *FieldName* und *GetValue* / *SetValue* besteht wiederum nur darin, dass mit *FieldName* der tatsächliche Feldname angegeben wird während mit *GetValue* / *SetValue* auch die Verwendung von Variablennamen möglich ist. Physisch geschrieben wird ein Datensatz erste nach Anwendung der Methode *UpdateRow*.

InsertCursor
NewRow

InsertRow

Mit der Methode *NewRow* des *InsertCursor* Objekts wird ein neuer Datensatz an das Ende einer Tabelle gehängt. Wie bei dem *UpdateCursor* können Feldwerte mit *FieldName* und *SetValue* in den neuen Datensatz geschrieben werden. Das physische Schreiben erfolgt aber erst mit der Anwendung der Methode *InsertRow*. Die Methode *Reset* des *InsertCursor* Objekts macht keinen Sinn.

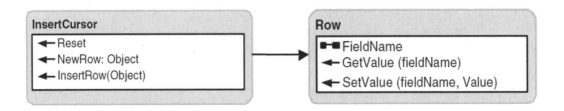

InsertCursor Beispiele sind im nächsten Kapitel sowie auf der dem Buch beigelegten CD (*gpCreatePointGeometry*, *gpCreatePolyGeometry*, *gpCreateLineGeometry*). Die Beispiele zeigen auch die Erzeugung von Geometrie Objekten und deren Speicherung in einer *FeatureClass*.

Da *UpdateCursor* und *InsertCursor* schreibend auf Tabellen zugreifen, erzeugt Ihre Verwendung eine Dateisperrung für andere Nutzer. Der *Cursor* sollte deshalb nach Beendigung gelöscht werden:

Set aoiCur = Nothing

9.5.4 CreateObject Objekte

CreateObject

Die im *Geoprocessor* Objektmodell rosa dargestellten Objekte werden mit der Methode *CreateObject* von *GpDispatch* erzeugt. *CreateObject* liefert den Datentyp *Object* zurück. Diese Objekte werden in der Regel als Parameter für Werkzeuge oder Methoden benutzt.

Array

In *Array* Objekten werden Datenbereiche gespeichert. Die Objekte *Array* und *Point* werden im nächsten Beispiel verwendet, um Geometrien zu erzeugen und zu einer neuen *FeatureClass* hinzuzufügen:

> **Array**
> ■— Count:
> ← Reset
> ← Next: Object
> ← Add(Object)
> ← Insert(Index, Object)
> ← Remove(Index, Object)
> ← RemoveAll
> ← GetObject(Index): Object

```
' (cd) gpCreateGeometry
Dim gp As Object
Dim strFC As String
Dim aoiCursor As IGpEnumObject
Dim objLineArray As Object
Dim objPoint As Object
Dim objFeat As Object

    ' Erzeugen des Geoprocessor Objekts
    Set gp = CreateObject("esriGeoprocessing.GPDispatch")

    ' Erzeugen einer Polyline FeatureClass
    strFC = gp.CreateFeatureClass_management          _
                ("C:\Temp", "SLine.shp", "POLYLINE")

    ' Erzeugen des Array Objektes
    Set objLineArray = gp.CreateObject("Array")

    ' Erzeugen des Point Objektes
    Set objPoint = gp.CreateObject("Point")

    ' Punkte erzeugen und zum Array Objekt hinzufügen
    objPoint.ID = 1
    objPoint.X = 1
    objPoint.Y = 1
    objLineArray.Add objPoint
    objPoint.ID = 2
    objPoint.X = 1
    objPoint.Y = 10
    objLineArray.Add objPoint
    objPoint.ID = 3
    objPoint.X = 10
    objPoint.Y = 10
    objLineArray.Add objPoint
    objPoint.ID = 4
    objPoint.X = 1
    objPoint.Y = 1
    objLineArray.Add objPoint

    ' Erzeugen des InsertCursors
    Set aoiCursor = gp.InsertCursor(strFC)

    ' Erzeugen eines neuen Datensatzes
    Set objFeat = aoiCursor.NewRow()
```

```
' Speichern der Geometrie im Shapefeld
Set objFeat.Shape = objLineArray

' Endgültiges Schreiben des Datensatzes
aoiCursor.InsertRow objFeat
```

Auf der CD befinden sich weitere etwas ausführlichere Beispiele, in denen Koordinaten aus ASCII Textdateien gelesen werden. Die Textdateien sind im Workstation ArcInfo *GENERATE* Format.
' (cd) *gpCreatePointGeometry* erzeugt einen Punkt *FeatureLayer* aus Koordinaten in der Textdatei genPoint.txt
' (cd) *gpCreateLineGeometry* erzeugt einen *Polyline FeatureLayer* aus Koordinaten in der Textdatei genLines.txt.
' (cd) *gpCreatePolyGeometry* erzeugt einen *Polygon FeatureLayer* aus Koordinaten in der Textdatei genPoly.txt.

Field

Field hat die gleichen Eigenschaften wie das *Field* Objekt, das von der *Fields* Liste erzeugt wird. Der Unterschied besteht darin, dass die Eigenschaften des von *CreateObject* erzeugten *Field* Objekts nicht nur lesend sondern auch schreibend sind.

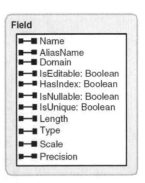

FieldInfo

FieldInfo Objekte können bis zum Zeitpunkt des Erstellens dieses Kapitels noch nicht erstellt werden (ESRI Fehlerdokument CQ00253828).

FieldMap

Manche Geoverarbeitungsoperationen verarbeiten Eingabedaten aus mehreren *Layern*. *FieldMap* Objekte erlauben die Definition, welche Felder von Tabellen oder *FeatureClasses* in der Ausgabedatei übernommen werden. Die *FieldMap* Objekte werden einer *FieldMappings* Liste hinzugefügt. *FieldMappings* ist Parameter für *Tools*, die *FieldMapping* unterstützen.

AddValueField
OutputField

Zum Hinzufügen einzelner Felder mit möglicherweise unterschiedlichen Definitionen in den Eingabetabellen steht die Methode *FieldMap::AddValueField* zur Verfügung. Das Ergebnis wird in *FieldMap::OutputField* gespeichert (vgl. Beispiel *gpFieldMappings_2*).

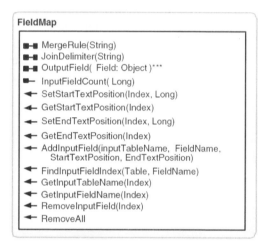

```
FieldMap
■-■ MergeRule(String)
■-■ JoinDelimiter(String)
■-■ OutputField( Field: Object )***
■-  InputFieldCount( Long )
◄-  SetStartTextPosition(Index, Long)
◄-  GetStartTextPosition(Index)
◄-  SetEndTextPosition(Index, Long)
◄-  GetEndTextPosition(Index)
◄-  AddInputField(inputTableName, FieldName,
       StartTextPosition, EndTextPosition)
◄-  FindInputFieldIndex(Table, FieldName)
◄-  GetInputTableName(Index)
◄-  GetInputFieldName(Index)
◄-  RemoveInputField(Index)
◄-  RemoveAll
```

FieldMappings

FieldMappings sind Listen von *FieldMap* Objekten die als Parameter für *Tools* benutzt werden, die *FieldMapping* unterstützen. (z.B. *Union* und *Merge*, ab ArcGIS Version 9.2 auch *FeatureClass* zu *FeatureClass*, Tabelle zu Tabelle und Anhängen (*Append*). Das sind *Tools*, bei denen mehrere Tabellen oder *FeatureClasses* Eingabeparameter sein können und bei denen festgelegt werden kann, welche Felder aus den Eingabedaten in die Ergebnisdatei übernommen werden sollen. Häufig haben mehrere Eingabedaten die gleichen Felder mit gleichen Felddefinitionen. Um alle Felder und Werte in die Ausgabedatei zu übernehmen, ist die einfachste und schnellste Methode, dem *FieldMappings* Objekt die Tabellen

AddTable

oder *FeatureClasses* mit der Methode *AddTable* hinzuzufügen. Zum Hinzufügen einzelner Felder mit möglicherweise unterschiedlichen Definitionen in den Eingabetabellen werden diese Felder im *FieldMap* Objekt erzeugt (siehe oben: *FieldMap*) und dem

AddFieldMap

FieldMappings Objekt mit der Methode *AddFieldMap* hinzugefügt.

```
FieldMappings
■-■  FieldValidationWorkspace(Workspace)
■-   FieldCount
■-   Fields: Object
←    AddTable(inputTableName)
←    AddFieldMap( FieldMap: Object )
←    GetFieldMap(Index):   FieldMap: Object
←    ReplaceFieldMap(Index,   FieldMap: Object )
←    RemoveFieldMap(Index)
←    FindFieldMapIndex(FieldName)
←    RemoveAll
←    ExportToString
←    LoadFromString(inputString)
```

```
' (cd) gpFieldMappings_1

Dim aoiDoc As IMxDocument
Dim aoiMap As IMap
Dim gp As Object
Dim strFC_merge1 As String
Dim strFC_merge2 As String
Dim strOutFC As String
Dim objFldMappings As Object
Dim objValueTab As Object

   ' Das aktuelle Dokument
   Set aoiDoc = ThisDocument
   Set aoiMap = aoiDoc.FocusMap

   ' Die ersten beiden Layer in der Map sollen mit Merge
   ' verschnitten werden.
   ' Beide Layer müssen FeatureLayer sein.
   strFC_merge1 = aoiMap.Layer(0).Name
   strFC_merge2 = aoiMap.Layer(1).Name

   ' Erzeugen des Geoprocessor Objekts
   Set gp = CreateObject("esriGeoprocessing.GPDispatch")

   gp.Workspace = "C:\temp"

   ' Erzeugen eines Fieldmappings Objektes
   Set objFldMappings = gp.CreateObject("FieldMappings")
   ' ...mit zwei Feature Classes
   objFldMappings.AddTable (strFC_merge1)
```

```
objFldMappings.AddTable (strFC_merge2)

' Erzeugen eines ValueTable Objektes
' für die Input FeatureClasses der Merge Operation
Set objValueTab = gp.CreateObject("ValueTable")
objValueTab.AddRow (strFC_merge1)
objValueTab.AddRow (strFC_merge2)

' Ausgabe FeatureClass
strOutFC = "Merge_Output.shp"

' Merge
gp.Merge_management objValueTab, strOutFC, objFldMappings
```

Im Unterschied zu dem Beispiel *gpFieldMappings_1* werden im folgenden Beispiel nur zwei Felder und deren Werte aus den beiden Eingabe *FeatureLayern* in die Ausgabedatei übernommen:

```
' (cd) gpFieldMappings_2

Dim aoiDoc As IMxDocument
Dim aoiMap As IMap
Dim gp As Object
Dim strFC_merge1 As String
Dim strFC_merge2 As String
Dim strOutFC As String
Dim objValueTab As Object
Dim objFldMappings As Object
Dim objFldMap_Feld1 As Object
Dim objFldMap_Feld2 As Object
Dim objOutField As Object

  ' Das aktuelle Dokument
  Set aoiDoc = ThisDocument
  Set aoiMap = aoiDoc.FocusMap

  ' Die ersten beiden Layer in der Map sollen mit Merge
  ' verschnitten werden.
  ' Beide Layer müssen FeatureLayer sein.
  strFC_merge1 = aoiMap.Layer(0).Name
  strFC_merge2 = aoiMap.Layer(1).Name

  ' Erzeugen des Geoprocessor Objekts
```

```
Set gp = CreateObject("esriGeoprocessing.GPDispatch")

gp.Workspace = "C:\temp"
gp.OverwriteOutput = 1

' Erzeugen eines Fieldmappings Objektes
Set objFldMappings = gp.CreateObject("FieldMappings")

' Erzeugen eines ValueTable Objektes
' für die Input FeatureClasses der Merge Operation
Set objValueTab = gp.CreateObject("ValueTable")

' Erzeugen von zwei FieldMap Objekten
Set objFldMap_Feld1 = gp.CreateObject("FieldMap")
Set objFldMap_Feld2 = gp.CreateObject("FieldMap")

' Die Werte der Felder "Bez" und "Knr" der beiden
' FeatureLayer sollen in die Ausgabedatei übernommen werden
 objFldMap_Feld1.AddInputField strFC_merge1 & ".shp", "Bez"
 objFldMap_Feld2.AddInputField strFC_merge1 & ".shp", "Knr"
 objValueTab.AddRow (strFC_merge1 & ".shp")

objFldMap_Feld1.AddInputField strFC_merge2 & ".shp", "Bez"
objFldMap_Feld2.AddInputField strFC_merge2 & ".shp", "Knr"
objValueTab.AddRow (strFC_merge2 & ".shp")

' Erzeugen der Ausgabefelder
Set objOutField = objFldMap_Feld1.OutputField
objOutField.Name = "Bez"
objFldMap_Feld1.OutputField = objOutField

Set objOutField = objFldMap_Feld2.OutputField
objOutField.Name = "Knr"
objFldMap_Feld2.OutputField = objOutField

'Hinzufügen der FieldMap Objekte zum FieldMappings Objekt
objFldMappings.AddFieldMap objFldMap_Feld1
objFldMappings.AddFieldMap objFldMap_Feld2

' Ausgabedatei
strOutFC = "Merge_Output.shp"

' Merge
gp.Merge_management objValueTab, strOutFC, objFldMappings
```

Point	Lesen und Schreiben von *Point* Objekten, siehe dazu das o.a. Beispiel *gpCreateGeometry* sowie die Beispiele auf CD: *gpCreatePointGeometry*, *gpCreateLineGeometry* und *gpCreatePolyGeometry*.

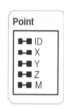

SpatialReference Lesen oder Schreiben der Eigenschaften eines Koordinatensystems.

ValueTable Manche Parameter erlauben oder erfordern die Übergabe mehrerer Werte wie z.B. das *Union Tool* in der *Toolbox Analysis* oder das *Merge Tool* (siehe das o.a. Beispiel *gpFieldMappings*). Mehrere Parameter können flexibel in einer *ValueTable* übergeben werden. Diese kann man sich wie eine virtuelle Matrix vorstellen die nur so lange existiert wie der Geoprozessor, der das *ValueTable* Objekt erzeugt hat. Die Matrix besteht aus Spalten mit den Werten und

AddRow
GetRow
GetValue

Zeilen- und Spaltenindex. *AddRow* ermöglicht das Hinzufügen von Zeilen. Mit *GetRow* (Index) erfolgt der Zugriff auf eine Zeile an einer bestimmten Indexposition. *GetValue(RowIndex, ColumnIndex)* erlaubt den Zugriff auf Werte an einer bestimmten Position der Matrix. Das *ValueTable* Objekt hat weitere Eigenschaften und Methoden zur Organisation von Werten.

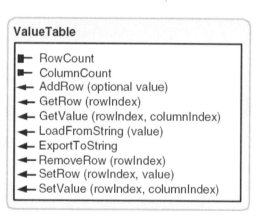

NetCDFFile Properties Neu ab der ArcGIS Version 9.2 ist das *NetCDFFileProperties* Objekt. Das Datenformat *NetCDF (Network Common Data Form)* ist eine Schnittstelle für *Array*-orientierten Datenzugriff und wird insbesondere zur Visualisierung von Veränderungen in zeitlichen Verläufen genutzt.

9.5.5 Weitere Eigenschaften und Methoden des *GpDispatch* Objektes

Hiermit sind die im Objektmodell schwarz dargestellten Eigenschaften und Methoden des *GpDisptach* Objekts gemeint. Manche dieser Eigenschaften und Methoden sind speziell für das Skripting außerhalb der Applikationsumgebung entwickelt und lassen sich nicht in gleicher Weise in der Applikation und damit unter VBA anwenden.

Eigenschaften des *GpDispatch* Objektes sind:

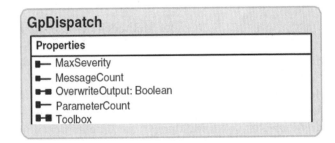

MaxSeverity	*MaxSeverity* zeigt die höchste Gewichtung (*Severity*) der vom zuletzt ausgeführten *Tool* produzierten Meldungen an. Die Zahl 0 bedeutet, dass das *Tool* keine Warnungen und Fehler produziert hat, 1 bedeutet, dass Warnungen ausgegeben wurden und 2 besagt, dass Fehlermeldungen produziert wurden.

```
MsgBox gp.MaxSeverity
```

MessageCount	*MessageCount* liefert die Anzahl der Meldungen des zuletzt ausgeführten *Tools* (siehe Beispiel unten: *gpGetMessages*).
OverwriteOutput	Die Eigenschaft *OverwriteOutput* kann den Wert *True* (= 1) oder *False* (= 0 = Voreistellung) haben. Diese Eigenschaft legt fest, ob Ausgabedateien von Geoverarbeitungswerkzeugen überschrieben werden dürfen oder nicht.

```
gp.OverwriteOutput = 1
```

ParameterCount   Kann in der *Tool* Programmierung und in Skript *Tools* dazu verwendet werden, die Anzahl der Parameter einer Funktion zu ermitteln. Unter VBA liefert *ParameterCount* immer den Wert 0.

Toolbox   Zur Festlegung der aktuellen *Toolbox* über den Aliasnamen der *Toolbox*.

```
gp.Toolbox = "Analysis"
```

Weitere Methoden des *GpDispatch* Objektes sind:

AddError
AddMessage
AddReturn
Messages
AddWarning

Die Verwendung der Methoden *AddMessage*, *AddWarning*, *AddError und AddReturnMessages* bringt unter VBA keine Fehlermeldungen, sie macht aber auch keinen Sinn da derartige Meldungen beim Ablauf von Skript *Tools* ausgeworfen werden.. Meldungen und Fehlerbehandlungsroutinen in VBA Programmen sind deshalb über die üblichen in VBA zur Verfügung stehenden Mittel wie *MsgBox* und *ErrorHandler* zu realisieren.

AddToolbox   Systemtoolboxen sind unter VBA bekannt und können direkt über ihren Aliasnamen referenziert werden. Benutzerdefinierte *Toolboxen* sind nicht direkt bekannt und müssen mit der Methode *AddToolbox* zuerst geladen werden. Damit wird die *Toolbox* nicht zur *ArcToolbox* hinzugefügt sondern lediglich dem Programm bekannt gemacht.

Command   Übergabe einer *Geoprocessing* Kommandozeilen Funktion an den Geoprozessor.

```
strCmd = "CreateFeatureClass_management C:\Tmp Gx.shp POLYGON"
gp.Command strCmd
```

CheckProduct
CheckExtension
CheckInExtension
CheckOut

Nicht alle Geoverarbeitungsfunktionen sind mit allen Lizenzstufen verfügbar. Für manche Tools ist eine ArcEditor oder eine ArcInfo Lizenz notwendig. Andere Funktionen setzen voraus, dass eine Erweiterung lizenziert und verfügbar ist. Zur Überprüfung der

Extension *ProductInfo* *SetProduct*	korrekten Lizenz und der Verfügbarkeit gibt es eine Reihe von Methoden: *CheckProduct, SetProduct, ProductInfo, CheckExtension, CheckOutExtension, CheckInExtension.* Diese Methoden funktionieren nicht unter VBA („Laufzeitfehler ,440' Automatisierungsfehler). VBA inizialisiert die Lizenzen beim Laden der Applikationen ArcMap, ArcCatalog, ArcScene und ArcGlobe. Vorsicht ist hier geboten, wenn VBA Programme übernommen werden, die unter Verwendung „höherer" Lizenzen geschrieben wurden. Werden in solchen Programmen *Tools* benutzt, die mit der aktuellen Lizenz nicht zur Verfügung stehen, bricht das Programm ab. Beim Schreiben von Skripten in applikationsunabhängigen Skriptsprachen wie Python ist es ratsam, das verwendete Produkt und die Verfügbarkeit von Erweiterungen zu prüfen und zu setzen, falls das Skript nicht für die niedrigste Lizenzstufe ArcView ohne Verwendung von Erweiterungen ausgelegt ist

CreateRandom *ValueGenerator* *(ab ArcGIS* *Version 9.2)*	Diese Methode erzeugt ein Objekt mit dem Zufallszahlen generiert werden können.

CreateScratch *Name* *(ab ArcGIS* *Version 9.2)*	Die Methode CreateScratchName eignet sich, um Pfad- und Dateiname für Arbeitsdateien zu erzeugen. Die Parameter dieser Methode sind: • *prefix*: Ein Präfix für den Dateinamen. Wird kein Präfix spezifiziert, beginnt der Dateiname mit "xx". • *suffix*: Der Suffix des Namens. Standardmäßig werden die Namen durchnummeriert. • *datatype*: Datentyp • *workspace*: Arbeitsbereich Der folgende Code erzeugt eine Arbeitsdatei namens tmp0.shp im Verzeichnis C:\Temp:

```
scrShp = gp.CreateScratchName("tmp","","shapefile","c:/temp")
```

CreateUnique *Name*	Die Methode *CreateUniqueName* ist zur Erzeugung eines eindeutigen Eingabenamens in einem *Workspace*. Wird dieser nicht

(ab ArcGIS Version 9.2)   angegeben, wird der aktuelle *Workspace* benutzt. An den Basisnamen wird eine Zahl angefügt und inkrementiert bis ein eindeutiger Name entsteht.

Exists   Mit der Funktion *Exists* können Daten auf ihre Existenz geprüft werden:

```
' (cd) gpExists

Dim gp As Object
Dim varData As Variant
Dim objDesc As Object
    ' Erzeugen des Geoprocessor Objekts
    Set gp = CreateObject("esriGeoprocessing.GPDispatch")

    ' FeatureClass BGem in der Personal Geodatabase myGDB.mdb
    varData = "C:\Projekte\myGDB.mdb\BGem"

    If gp.Exists(varData) Then
        ' Describe
        Set objDesc = gp.Describe(varData)
        MsgBox "Geometrie von " & varData & ": " & _
        objDesc.ShapeType & vbCrLf & "Überschreiben möglich? " _
        & gp.OverwriteOutput
    Else
        MsgBox "Daten existieren nicht"
    End If
```

GetMessage GetMessages   Die Methode *GetMessages* liefert eine Zeichenkette mit allen Meldungen, die das zuletzt ausgeführte *Tool* ausgibt. *GetMessage* erlaubt den Zugriff auf die einzelnen Teile dieser Zeichenkette. Optional kann die Ausgabe mit dem *GetMessages* Parameter *Severity* gefiltert werden in Meldungen (*Severity* = 0), Warnungen (*Severity* = 1) und Fehler (*Severity* = 2).

```
' (cd) gpGetMessages
Dim gp As Object
    ' Erzeugen des Geoprocessor Objekts
    Set gp = CreateObject("esriGeoprocessing.GPDispatch")
    ' Setzen von Umgebungsvariablen
```

```
    gp.Workspace = "C:\Temp"
    ' Existierende Dateien nicht überschreiben
    gp.OverwriteOutput = 0

On Error GoTo ErrorHandler
    gp.Buffer_analysis "bgk.shp", "bgkBuff.shp", 200

ErrorHandler:
Dim intX As Integer
Dim strMsg As String

    strMsg = "Komplette Meldung: " & vbCrLf & _
    gp.GetMessages() & vbCrLf & vbCrLf

    For intX = 0 To (gp.MessageCount - 1)
        strMsg = strMsg & "GetMessage (" & Str(intX) & _
        "): " & vbCrLf & gp.GetMessage(intX) & vbCrLf
    Next intX
    MsgBox strMsg
```

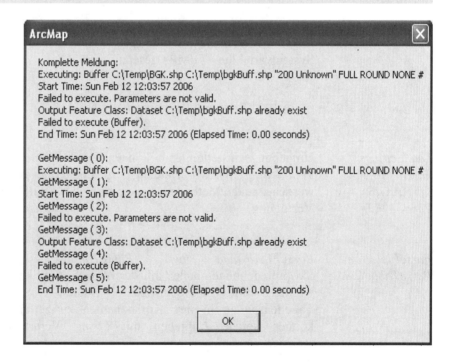

- 581-

GetParameter *GetParameter* *AsText*	Die Funktionen *GetParameter* und *GetParameterAsText* ermöglichen die Übergabe von Benutzereingaben als Parameter für *Tools*. Diese beiden Funktionen erzeugen unter VBA keine direkten Fehlermeldungen. Benutzereingaben sind jedoch damit nicht möglich. Solche sind z.B. über die VBA Funktion *InputBox* zu realisieren.
GetSeverity	Liefert den *Severity* Code einer Meldung an einem bestimmten Index.

```
MsgBox gp.GetSeverity(3)
```

GetReturnCode	*GetReturnCode* dient der Ermittlung des Fehlercodes einer Liste von Meldungen, Warnungen oder Fehlern. Die Listenelemente werden über die Indexnummer referenziert. Der Code 0 steht für Meldungen, 1 für Warnungen und 2 für Fehler.
GetSystem *Environment*	*GetSystemEnvironment* liest den Wert einer Systemvariablen. Im folgenden Beispiel wird *gp.Workspace* auf den Wert der Systemvariablen "TEMP" gesetzt:

```
gp.Workspace = gp.GetSystemEnvironment("TEMP")
```

LoadSettings *SaveSettings* *(ab ArcGIS* *Version 9.2)*	Umgebungseinstellungen können mit *SaveSettings* und *LoadSettings* n XML Dateien gespeichert und aus diesen gelesen werden. Beide Methoden stehen erst ab ArcGIS Version 9.2 zur Verfügung.
ParseFieldName *ParseTableName*	*ParseFieldName* und *ParseTableName* können in Skriptumgebungen außerhalb der ArcGIS Applikationen verwendet werden, um voll qualifizierte Namen von *Datasets* oder Tabellenspalten in ihre Komponenten zu zerlegen. Unter VBA können solche Aufgaben mit *String* Verarbeitungsfunktionen realisiert werden.
QualifyFieldName	Die Funktionen *QualifyFieldName* und *QualifyTableName* stehen

QualifyTableName ebenfalls nur unter Skriptumgebungen zur Verfügung.

RefreshCatalog Aktualisierung eines Verzeichnisses im *ArcCatalog*:

```
gp.RefreshCatalog gp.Workspace
```

RemoveToolbox Mit *RemoveToolbox* kann eine mit *AddToolbox* hinzugefügte *Toolbox* wieder aus dem Speicher entfernt werden.

```
gp.RemoveToolbox ("C:\data\Toolboxes\Toolbox.tbx")
```

SetParameter
SetParameterAs
Text

SetParameter und *SetParameterAsText* sind wie die Methoden *GetParameter* und *GetParameterAsText* für die Steuerung von Benutzereingaben aus Skriptumgebungen.

TestSchemaLock Manche *Tools* erfordern eine Sperre des Tabellen- *FeatureClass* oder *Dataset* Schemas. Um zu testen, ob eine Sperre möglich ist, dient die Methode *TestSchemaLock*. Mögliche Rückgabewerte sind:
- *TRUE*: *SchemaLock* ist möglich
- *FALSE*: *SchemaLock* ist nicht möglich
- *ERROR*: Die spezifizierten Daten unterstützen keine Schemasperrung.

```
MsgBox gp.TestSchemaLock("C:\Temp\BGK.shp")
```

Usage Zeigt die Syntax für Funktionen, Methoden und Eigenschaften wie in der Intellisense Hilfe der Kommandozeile:

```
MsgBox gp.Usage("Buffer_Analysis")
```

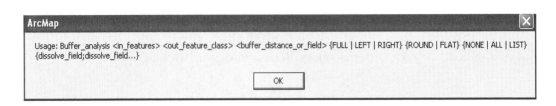

*ValidateField
Name
ValidateTable
Name*

Die Methoden *ValidateFieldName* und *ValidateTableName* zur Validierung von Feld- und Tabellennamen sind für die Anwendung in Skriptumgebungen konzipiert.

10 Das PageLayout

10.1 PageLayout

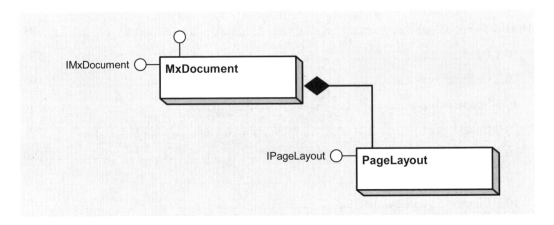

Mit dem *PageLayout* werden die Layoutseiten für Druckausgaben erzeugt. *PageLayout* beinhaltet eine Sammlung von Elementen bestehend aus einer oder mehreren Karten, verschiedenen Kartenelementen und Grafiken. Im *PageLayout* wird die Einrichtung der Druckseite und deren Darstellung am Bildschirm definiert. ArcMap's *Layout View* entspricht dem *PageLayout*. Die Klasse *PageLayout* implementiert die Schnittstelle *IActiveView* zur Steuerung des Applikationsfensters.

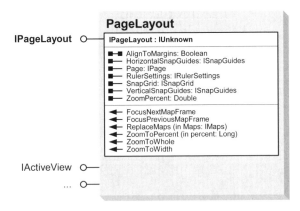

IPageLayout   Die Schnittstelle *IPageLayout* wird benutzt, wenn das Layout einer Seite geändert werden soll. Dieses beinhaltet die Positionierung von

Grafiken, Linealen, Fangrastern und Methoden zur Darstellung der Seite am Bildschirm. Eine Referenz auf das *PageLayout* Objekt erfolgt über die Schnittstelle *IMxDocument*:

```
' (cd)  Referenzierung des PageLayout

Dim aoiDoc As IMxDocument
Dim aoiPageLayout As IPageLayout

  Set aoiDoc = ThisDocument
  Set aoiPageLayout = aoiDoc.PageLayout
```

AlignToMargins   *AlignToMargins* legt fest, wie Grafiken auf der Seite ausgerichtet werden. Werkzeuge zur Ausrichtung von Grafiken können ausgewählte Elemente entweder am Seitenrand (*AlignToMargins = True*) oder an sich selbst (*AlignToMargins = False*) ausrichten.

Guides,   *Guides* sind Hilfslinien zur Ausrichtung von Elementen auf der
SnapGuides   Layoutseite. Das *PageLayout* Objekt hat zwei *SnapGuides* Objekte für horizontale und vertikale Führungslinien: *Horizontal SnapGuides* und *VerticalSnapGuides* liefern jeweils ein *ISnap Guides* Objekt.

Page   Die Eigenschaft *Page* liefert eine Referenz auf das *Page* Objekt, mit dem die visuelle Darstellung der Druckseite am Bildschirm verwaltet wird.

Rulers   *Rulers* sind am Bildschirm angezeigte Lineale, mit denen die Größe der Seite und der Seitenelemente angezeigt wird. Das *PageLayout*
RulerSettings   Objekt hat ein *RulerSettings* Objekt zur Einstellung der Abstände der Linealstriche.

SnapGrid   Ein *SnapGrid* Objekt ist ein Punktraster auf der Seite, dass die Ausrichtung von Elementen erleichtern soll. Das Raster kann auch als Fangraster für Elemente benutzt werden. Die Schnittstelle *ISnapGrid* liefert eine Referenz auf das *SnapGrid* Objekt.

Die Objekte *Page*, *SnapGuides*, *SnapGrid* und *RulerSettings* werden vom *PageLayout* Objekt automatisch erzeugt.

ZoomPercent

Die Eigenschaft *ZoomPercent* liefert die aktuelle Zoomstufe. 100 bedeutet eine 1:1 Darstellung, 200 eine zweifache Vergrößerung der normalen Größe. Um den Zoomfaktor zu verändern stellt das *PageLayout* Objekt die Funktionen *ZoomToPercent*, *ZoomToWhole* und *ZoomToWidth* zur Verfügung.

```
' (cd) Zoom im PageLayout

Dim aoiDoc As IMxDocument
Dim aoiPageLayout As IPageLayout
Dim dblProzent As Double

  Set aoiDoc = ThisDocument
  Set aoiPageLayout = aoiDoc.PageLayout

  dblProzent = aoiPageLayout.ZoomPercent
  aoiPageLayout.ZoomToPercent ((dblProzent / 2))
```

FocusNext-MapFrame, FocusPrevious-MapFrame

Die *PageLayout* Funktionen *FocusNextMapFrame* und *Focus PreviousMapFrame* fokussieren den nächsten bzw. vorherigen Kartenrahmen. Im *Layout* von ArcMap entsprechen diese Funktionen dem Drücken der Tab-Taste (*FocusNextMapFrame*) bzw. der Tastenkombination Umschalttaste+Tab (*FocusPrevious MapFrame*).

ReplaceMaps

ReplaceMaps ersetzt Karten in Kartenrahmen mit den Karten in einer Liste. Wenn mehr Karten als Rahmen vorhanden sind, werden zusätzliche Rahmen erzeugt. Wenn mehr Rahmen als Karten vorhanden sind, erscheinen überzählige Rahmen leer.

IGraphics-Container

Das *PageLayout* Objekt implementiert unter anderen die Schnittstelle *IGraphicsContainer*. Diese Schnittstelle ermöglicht das Speichern von Grafikelementen sowie den Zugriff auf diese.

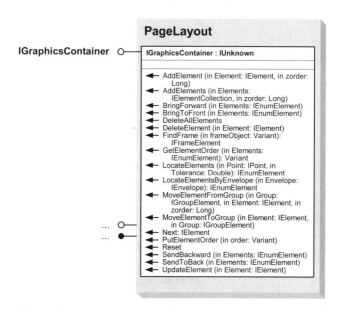

Mit dem folgenden Code werden alle Elemente des *GraphicContainers* eines Layouts gelöscht.

```
' (cd)  Löschen aller Elemente des GraphicsContainer

Dim aoiDoc As IMxDocument
Dim aoiPageLayout As IPageLayout
Dim aoiGC As IGraphicsContainer

  Set aoiDoc = ThisDocument
  Set aoiPageLayout = aoiDoc.PageLayout

  ' GraphicsContainer des Layouts
  Set aoiGC = aoiPageLayout
  aoiGC.DeleteAllElements
  aoiDoc.ActiveView.Refresh
```

IGraphics-ContainerSelect

Die Schnittstelle *IGraphicsContainerSelect* stellt Methoden zur Manipulation von ausgewählten Elementen im *GraphicsContainer* zur Verfügung.

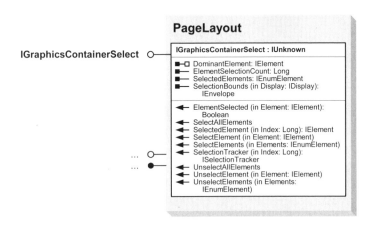

Im nächsten Beispiel werden Rahmen für alle Elemente im *Layout* erzeugt. Dazu wird der *GraphicsContainer* in einer Schleife durchlaufen. Es erfolgt ein Zugriff auf die Geometrie jedes Elements und eine Abfrage auf deren Ausdehnung. Daraus wird die Ausdehnung neuer Rahmen berechnet und der Geometrie neuer Rechtecke zugewiesen. Diese bekommen eine Symbolzuweisung und werden einer *ElementCollection* hinzugefügt. Nachdem die Schleife beendet ist, wird diese Sammlung der Elemente dem *GraphicsContainer* des *Layouts* hinzugefügt, in den Hintergrund gestellt und der Bildschirm aktualisiert.

```
' (cd)  Erzeuge Rahmen im Layout

Dim aoiDoc As IMxDocument
Dim aoiPageLayout As IPageLayout
Dim aoiGC As IGraphicsContainer
Dim aoiGCSel As IGraphicsContainerSelect
Dim aoiElement As IElement
Dim aoiElementCollection As IElementCollection
Dim aoiMapFrame As IMapFrame
Dim aoiMapSurroundFrame As IMapSurroundFrame
Dim aoiOLEFrame As IOleFrame
Dim aoiTableFrame As ITableFrame
Dim aoiElementEnvelope As IEnvelope
Dim aoiRect As IRectangleElement
Dim aoiNewElement As IElement
Dim aoiRectSym As IFillShapeElement
Dim aoiFillSymbol As ISimpleFillSymbol
```

```
Dim aoiColor As IRgbColor
Dim aoiEnumElement As IEnumElement

  Set aoiDoc = ThisDocument
  Set aoiPageLayout = aoiDoc.PageLayout

  ' GraphicsContainer des Layouts
  Set aoiGC = aoiPageLayout

  ' Selektion aller Elemente aufheben
  Set aoiGCSel = aoiGC
  aoiGCSel.UnselectAllElements

  ' ElementCollection
  Set aoiElementCollection = New ElementCollection

  ' Positionierung auf das erste Element im GraphicsContainer
  aoiGC.Reset
  Set aoiElement = aoiGC.Next

Do Until aoiElement Is Nothing
  ' Abfrage auf FrameElement Objekte
  If (TypeOf aoiElement Is IMapFrame) Then
    Set aoiMapFrame = aoiElement
  ElseIf (TypeOf aoiElement Is IMapSurroundFrame) Then
    Set aoiMapSurroundFrame = aoiElement
  ElseIf (TypeOf aoiElement Is IOleFrame) Then
    Set aoiOLEFrame = aoiElement
  ElseIf (TypeOf aoiElement Is ITableFrame) Then
    Set aoiTableFrame = aoiElement
  End If

  ' Ausdehnung des Elements und Ausdehnung des neuen Rahmens
  Set aoiElementEnvelope = aoiElement.Geometry.Envelope
  aoiElementEnvelope.Expand 1, 1, True

  ' Zuweisung der Ausdehnung des Rahmens an ein Rechteck
  Set aoiRect = New RectangleElement
  Set aoiNewElement = aoiRect
  aoiNewElement.Geometry = aoiElementEnvelope

  ' Definition des Symbols für den Rahmen
  Set aoiRectSym = aoiRect
  Set aoiFillSymbol = New SimpleFillSymbol
  aoiFillSymbol.Style = esriSFSSolid
```

```
    Set aoiColor = New RgbColor
    aoiColor.Red = 247
    aoiColor.Blue = 247
    aoiColor.Green = 245
    aoiFillSymbol.Color = aoiColor
    aoiRectSym.Symbol = aoiFillSymbol

    ' Das neue Element wird zur ElementCollection hinzugefügt
    aoiElementCollection.Add aoiNewElement, 0

    Set aoiElement = aoiGC.Next
Loop

' Hinzufügen der ElementCollection zum GraphicsContainer
aoiGC.AddElements aoiElementCollection, 0

' Rahmen in den Hintergrund setzen
Set aoiEnumElement = aoiGCSel.SelectedElements
aoiGC.SendToBack aoiEnumElement

aoiDoc.ActiveView.Refresh
```

SnapAgents

*GraphicSnap-
Environment*

Im *Layout* existieren eine Reihe von Möglichkeiten, Elemente an Fangobjekten auszurichten. Fangobjekte sind zum Beispiel Fangraster (siehe *SnapGrid*), Führungslinien (siehe *RulerSettings*), Hilfslinien (siehe *SnapGuides*) und Seitenränder. Mittels so genannter *SnapAgents* schnappen Elemente an bestimmte Positionen von Fangobjekten. Das *PageLayout* Objekt verwaltet die *SnapAgents*, die Fangobjekte und das *GraphicSnapEnvironment*, in dem gesteuert wird, welche *SnapAgents* aktiv sind, in welcher Reihenfolge sie aufgerufen und welche Fangtoleranzen verwendet werden.

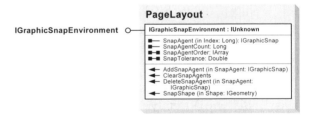

Das *GraphicSnapEnvironment* wird vom *PageLayout* Objekt

automatisch erzeugt. Eine Referenz kann deshalb über ein *Query Interface* von allen anderen Schnittstellen des *PageLayouts* erfolgen:

```
' (cd)  Referenz auf das GraphicSnapEnvironment

Dim aoiDoc As IMxDocument
Dim aoiPageLayout As IPageLayout
Dim aoiGSnapEnv As IGraphicSnapEnvironment

  Set aoiDoc = ThisDocument
  Set aoiPageLayout = aoiDoc.PageLayout
  Set aoiGSnapEnv = aoiPageLayout
```

SnapAgentOrder

SnapShape

Die Eigenschaft *SnapAgentOrder* beeinflusst die Reihenfolge der Aktivierung der *SnapAgents*. Damit werden auch die Prioritäten festgelegt, nach denen ein Schnappen erfolgen soll. Die *SnapShape* Funktion ruft jeden aktiven *SnapAgent* der Reihe nach auf, bis ein *SnapAgent* den Wert *True* liefert.

10.2 GraphicSnap

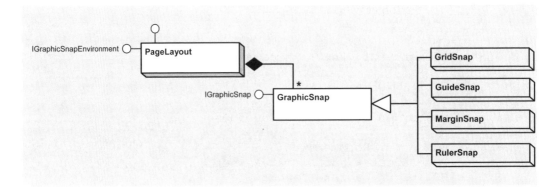

GraphicSnap ist eine abstrakte Klasse. Über Ihre Schnittstelle *IGraphicSnap* kann auf die vier *SnapAgents GridSnap*, *GuideSnap*, *MarginSnap* und *RulerSnap* zugegriffen werden.

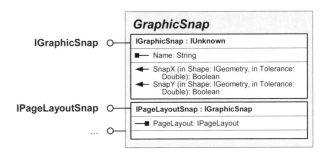

```
' (cd)  SnapAgents

Dim aoiDoc As IMxDocument
Dim aoiPageLayout As IPageLayout
Dim aoiGSnapEnv As IGraphicSnapEnvironment
Dim aoiSnapAgent As IGraphicSnap
Dim varArray(4) As Variant
Dim intI1 As Integer
Dim intI2 As Integer
Dim strMsg As String

  Set aoiDoc = ThisDocument
  Set aoiPageLayout = aoiDoc.PageLayout
```

```
Set aoiGSnapEnv = aoiPageLayout

' Deaktivieren aller SnapAgents
aoiGSnapEnv.ClearSnapAgents

' Hinzufügen von SnapAgents
Set aoiSnapAgent = New GuideSnap
aoiGSnapEnv.AddSnapAgent aoiSnapAgent
Set aoiSnapAgent = New GridSnap
aoiGSnapEnv.AddSnapAgent aoiSnapAgent
Set aoiSnapAgent = New RulerSnap
aoiGSnapEnv.AddSnapAgent aoiSnapAgent
Set aoiSnapAgent = New MarginSnap
aoiGSnapEnv.AddSnapAgent aoiSnapAgent

intI2 = aoiGSnapEnv.SnapAgentCount
strMsg = intI2 & " SnapAgents sind aktiv:" + vbCr + vbCr
For intI1 = 0 To (intI2 - 1)
   Set aoiSnapAgent = aoiGSnapEnv.SnapAgent(intI1)
   varArray(intI1) = aoiSnapAgent
   strMsg = strMsg & aoiSnapAgent.Name & vbCr
Next
MsgBox strMsg
```

10.3 SnapGrid

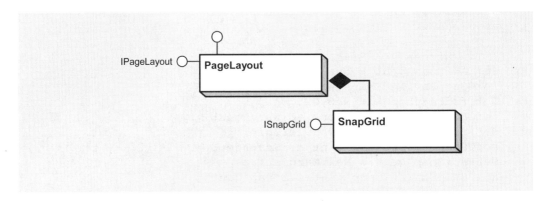

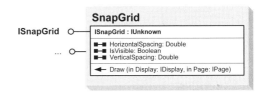

Für das *Layout* kann ein Punktraster definiert werden, das als visuelle Hilfe zur Positionierung von Elementen dient, aber auch als Fangraster für die Positionierung von Elementen verwendet werden kann. Mit der rechten Maustaste über dem Raster wird ein Kontextmenü geöffnet, aus dem die Fangfunktion des Rasters aktiviert werden kann.

```
' (cd)  Einrichten eines SnapGrid

Dim aoiApp As IMxApplication
Dim aoiDoc As IMxDocument
Dim aoiPageLayout As IPageLayout
Dim aoiSnapGrid As ISnapGrid
Dim aoiDisp As IDisplay
Dim aoiPage As IPage
Dim dblX As Double

  ' allgemeine Einstellungen
  Set aoiApp = Application
  Set aoiDoc = ThisDocument
```

```
Set aoiPageLayout = aoiDoc.PageLayout
Set aoiDisp = aoiApp.Display
Set aoiPage = aoiPageLayout.Page
dblX = 0.5

Set aoiSnapGrid = New SnapGrid
Set aoiSnapGrid = aoiPageLayout.SnapGrid

aoiSnapGrid.IsVisible = True
aoiSnapGrid.HorizontalSpacing = dblX
aoiSnapGrid.VerticalSpacing = dblX
aoiSnapGrid.Draw aoiDisp, aoiPage

aoiDoc.ActiveView.Refresh
```

10.4 SnapGuides

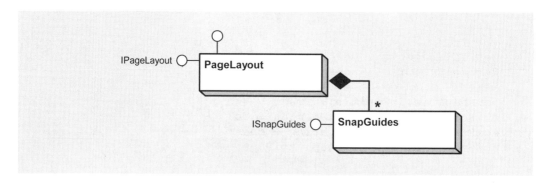

Guides

Guides sind Hilfslinien zur Ausrichtung von Elementen auf der Layoutseite. Das *PageLayout* Objekt hat zwei *SnapGuides* Objekte für horizontale und vertikale Führungslinien: *Horizontal SnapGuides* und *VerticalSnapGuides* liefern jeweils ein *ISnap Guides* Objekt. Jedes *SnapGuides* Objekt kann intern viele einzelne *Guides* verwalten.

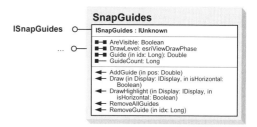

ISnapGuides

Mittels der Schnittstelle *ISnapGuides* können Führungslinien hinzugefügt, visuell aufbereitet und gelöscht werden.

```
' (cd)  Hinzufügen von SnapGuides zum PageLayout

Dim aoiApp As IMxApplication
Dim aoiDoc As IMxDocument
Dim aoiPageLayout As IPageLayout
Dim aoiDisp As IDisplay
Dim aoiSnapGuides As ISnapGuides
Dim dblX As Double

  ' allgemeine Einstellungen
  Set aoiApp = Application
  Set aoiDoc = ThisDocument
  Set aoiPageLayout = aoiDoc.PageLayout
  Set aoiDisp = aoiApp.Display

  ' Horizontale Führungslinien alle 5 Inch (= 2,54 cm)
  ' beginnend vom unteren Seitenrand
  Set aoiSnapGuides = aoiPageLayout.HorizontalSnapGuides
  For dblX = 5 To 25 Step 5
    aoiSnapGuides.AddGuide dblX
  Next

  ' Vertikale Führungslinien alle 5 Inch (= 2,54 cm)
  ' beginnend vom linken Seitenrand
  Set aoiSnapGuides = aoiPageLayout.VerticalSnapGuides
  For dblX = 5 To 25 Step 5
    aoiSnapGuides.AddGuide dblX
  Next

  aoiSnapGuides.AreVisible = True
  aoiSnapGuides.Draw aoiDisp, True
  aoiDoc.ActiveView.Refresh
```

10.5 RulerSettings

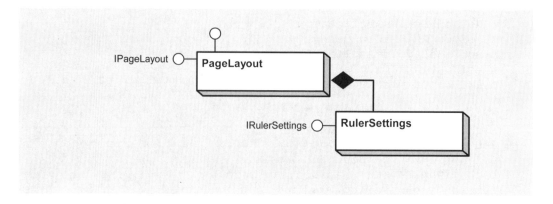

Ruler

Ruler sind die an den Seitenrändern des *Layouts* dargestellten Lineale. Sie dienen als weiteres optisches Hilfsmittel zur Positionierung von Elementen auf der *Layout*seite und zur Anzeige der Seitengröße.

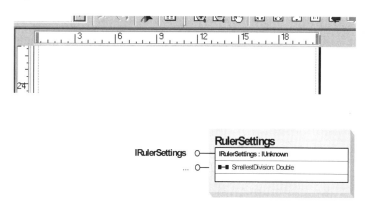

Ruler werden standardmäßig angezeigt. Ihre Programmierung ist deshalb nur nach vorheriger Deaktivierung oder zur Änderung der kleinsten Linealeinteilung notwendig. Das *RulerSettings* Objekt stellt lediglich eine Methode zur Einstellung der kleinsten Einheit

SmallestDivision

für die Unterteilung des Lineals zur Verfügung: *SmallestDivision* ist auf Seiteneinheiten bezogen.

```
' (cd)  RulerSettings

Dim aoiDoc As IMxDocument
Dim aoiPageLayout As IPageLayout
Dim aoiRuler As IRulerSettings

  Set aoiDoc = ThisDocument
  Set aoiPageLayout = aoiDoc.PageLayout

  Set aoiRuler = aoiPageLayout.RulerSettings
  aoiRuler.SmallestDivision = 1
  aoiDoc.ActiveView.Refresh
```

10.6 Page

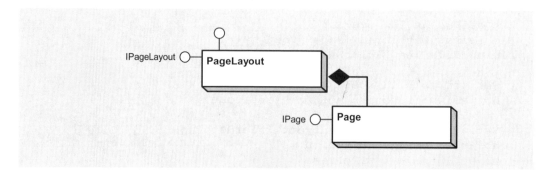

PageLayout Objekte erzeugen automatisch ein *Page* Objekt. Mit dem *Page* Objekt werden Seiteneigenschaften festgelegt.

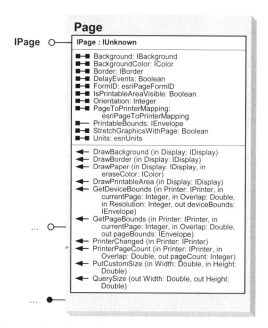

IPage   Der Zugriff auf das *Page* Objekt erfolgt über die Schnittstelle *IPage*.

```
' (cd)  Zugriff auf das Page Objekt

Dim aoiDoc As IMxDocument
Dim aoiPageLayout As IPageLayout
Dim aoiPage As IPage

  Set aoiDoc = ThisDocument
  Set aoiPageLayout = aoiDoc.PageLayout
  Set aoiPage = aoiPageLayout.Page
```

FormID   Die Methode *FormID* definiert eine bestimmte Seitengröße. Die
                        Methode bietet folgende Konstanten:

esriPageFormID

Konstante	Wert	Seitengröße
esriPageFormLetter	0	Letter 8,5 x 11 Inch
esriPageFormLegal	1	Legal 8,5 x 14 Inch
esriPageFormTabloid	2	Tabloid 11 x 17 Inch
esriPageFormC	3	C - 17 x 22 Inch
esriPageFormD	4	D - 22 x 34 Inch
esriPageFormE	5	E - 34 x 44 Inch
esriPageFormA5	6	A5 - 14,8 x 21,0 cm
esriPageFormA4	7	A4 - 21,0 x 29,7 cm
esriPageFormA3	8	A3 - 29,7 x 42,0 cm
esriPageFormA2	9	A2 - 42,0 x 59,4 cm
esriPageFormA1	10	A1 - 59,4 x 84,1 cm
esriPageFormA0	11	A0 - 84,1 x 118,9 cm
esriPageFormCUSTOM	12	Benutzer definiert
esriPageFormSameAsPrinter	13	Wie Drucker

Mit der Konstanten *esriPageFormSameAsPrinter* werden die
Einstellungen aus der Windows Druckersteuerung übernommen.
Eine Änderung der Einstellungen in der Windows Druckersteuerung hat in diesem Fall auch eine Änderung der Seitengröße
des *Layouts* zur Folge.

PageToPrinter-   *PageToPrinterMapping* ermöglicht die Festlegung der Aktion für
Mapping   den Fall, dass die definierte Seitengröße zu groß für die

Druckerseite ist. Dafür stehen drei Konstanten zur Verfügung:

esriPageToPrinter-
Mapping

Konstante	Wert	Seitengröße
esriPageMappingCrop	0	Seite abschneiden
esriPageMappingScale	1	Seite passend skalieren
esriPageMappingTile	2	Ausgabe auf mehreren Seiten

Die Konstante *esriPageMappingCrop* ist die Voreinstellung.

Orientation   Hoch- oder Querformat wird mit der Eigenschaft *Orientation* angegeben, die zwei Werte annehmen kann: 1 für Hochformat und 2 für Querformat.

Das nachfolgende Beispiel setzt die Seiteneinheiten auf Zentimeter, die Seitengröße auf A4 im Querformat und gibt den druckbaren Bereich in einem Fenster aus.

```
' (cd)  Seiteneinrichtung

Dim aoiDoc As IMxDocument
Dim aoiPageLayout As IPageLayout
Dim aoiPage As IPage
Dim aoiEnv As IEnvelope

  Set aoiDoc = ThisDocument
  Set aoiPageLayout = aoiDoc.PageLayout
  Set aoiPage = aoiPageLayout.Page

  aoiPage.Units = esriCentimeters
  aoiPage.FormID = esriPageFormA4
  aoiPage.Orientation = 1

  Set aoiEnv = aoiPage.PrintableBounds
  MsgBox "Druckbarer Bereich: " & vbCr & _
         "Höhe: " & aoiEnv.Height & vbCr & _
         "Weite: " & aoiEnv.Width
```

10.7 Elemente von Layoutseiten

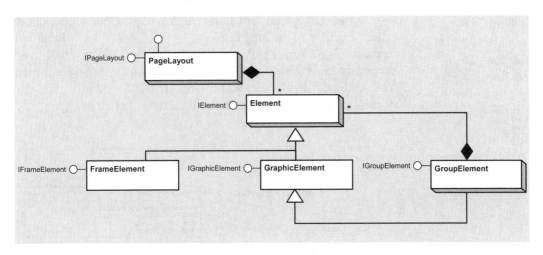

Element

Element ist eine abstrakte Klasse, auf der alle Grafik- und Rahmenelemente basieren. Dazu gehören Grafikelemente wie Punkte, Linien, Flächen, und Texte, Bildrahmen, Rahmen für OLE-Objekte, Kartenrahmen, Nordpfeile, Maßstabsleisten, Legendenrahmen usw.. Auf *Element* Objekte wird meistens über die Schnittstelle *IGraphicsContainer* und *IGraphicsContainerSelect* zugegriffen, die sowohl vom *Map-* wie auch vom *PageLayout* Objekt implementiert wird und das Hinzufügen, Löschen, Aktualisieren und den Zugriff auf *Element* Objekte ermöglicht.

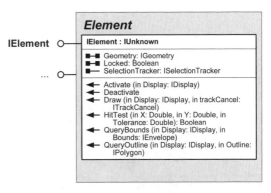

IElement

Die Schnittstelle *IElement* ermöglicht den Zugriff auf die Geometrie des Objekts. Über die Methode *SelectionTracker* kann die

Activate, Draw, HitTest

Ausdehnung und die Form eines Objekts durch Verschieben der Griffe am Rahmen verändert werden. Die Funktion *Activate* gibt das *IDisplay* Objekt an, auf dem ein *IElement* Objekt gezeichnet werden soll. *IElement::Activate* wird vor der Funktion *IElement::Draw* zum Zeichnen der Objekte verwendet. *HitTest* ist *True*, wenn ein Element innerhalb der Toleranz einer angegebenen XY-Koordinate liegt, anderenfalls ist *HitTest = False*. X-, Y-Koordinate und die Toleranz sind auf Karteneinheiten bezogen.

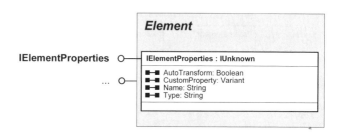

IElement-Properties, AutoTransform,

Alle *GraphicsElement* Objekte implementieren die Schnittstelle *IElementProperties*. Sie ermöglicht die Zuweisung von benutzerdefinierten Eigenschaften. *AutoTransform* ist ein boolescher Wert der festlegt, ob eine mit *ITransform2D* vorgenommene Transformation lediglich die Geometrie des Elements transformiert (= *False*), oder ob Symbole und andere Teile des Elements ebenfalls transformiert werden (= *True*).

10.7.1 FrameElement

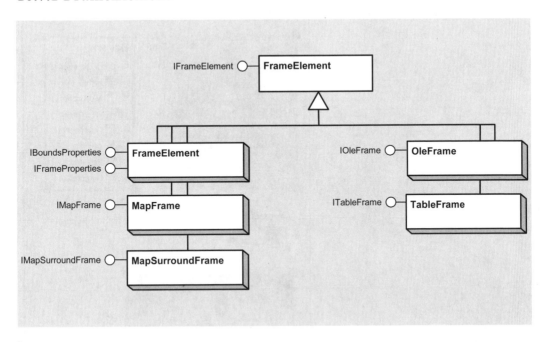

FrameElement Objekte sind quasi Container für andere Objekte und bilden deren Hintergrund und Rahmen. Die verschiedenen Typen von *FrameElement* Objekten sind *FrameElement* (für verschiedene Grafikobjekte wie Punkte, Linien und Flächen), *MapFrames* (für *Maps*), *MapSurroundFrames* (für Kartenbeiwerk wie Nordpfeile, Legenden, Maßstabsleisten), *OLEFrames* (für OLE-Objekte wie Worddateien oder Multimedia Objekte) und *TableFrames* (für Tabellen).

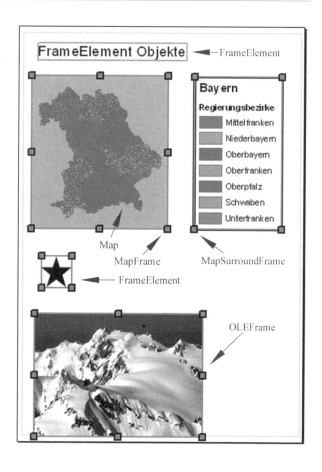

IFrameElement   Die Schnittstelle *IFrameElement* der abstrakten Klasse *FrameElement* wird von allen *Frame* Objekten (*FrameElement*, *MapFrame*, *MapSurroundFrame*, *OleFrame*, *TableFrame*) implementiert. Sie bietet den Zugriff auf Eigenschaften, die für jedes *Frame* Objekt definiert werden können.

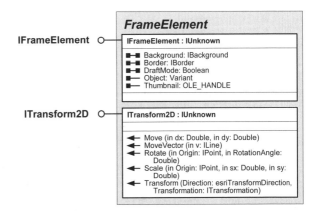

Background,
Border

Mit den Eigenschaften *Background* und *Border* können Hintergrund und Umrahmung der *Frames* abgefragt und manipuliert werden. Die Eigenschaft *Object* liefert das Objekt im *Frame*. Da das Objekt als Typ Variant geliefert wird, muss der Objekttyp bei Bedarf abgefragt werden:

```
. . .
If (TypeOf aoiElement Is IMapFrame) Then
. . .
```

Thumbnail

Die Eigenschaft *Thumbnail* liefert ein Bild des Inhalts des *FrameElements*.

ITransform2D

Die Schnittstelle *ITransform2D* wird von den meisten Element-Objekten und Geometrien implementiert. Sie ermöglicht das Verschieben, Drehen, Skalieren und Transformieren der Objekte.

```
' (cd) ITransform2D: Verschieben von Frames

Dim aoiDoc As IMxDocument
Dim aoiPageLayout As IPageLayout
Dim aoiGC As IGraphicsContainer
Dim aoiElement As IElement
Dim aoiElementProps As IElementProperties
Dim aoiMapFrame As IMapFrame
Dim aoi2DTransform As ITransform2D
  Set aoiDoc = ThisDocument
  Set aoiPageLayout = aoiDoc.PageLayout
```

```
' GraphicsContainer des Layouts
Set aoiGC = aoiPageLayout

' Positionierung auf das erste Element im GraphicsContainer
aoiGC.Reset
Set aoiElement = aoiGC.Next

' Alle MapFrames verschieben
Do Until aoiElement Is Nothing
  ' Abfrage auf FrameElement Objekte
  If (TypeOf aoiElement Is IMapFrame) Then
    Set aoiMapFrame = aoiElement
    Set aoi2DTransform = aoiElement
    Set aoi2DTransform = aoiMapFrame
    aoi2DTransform.Move 2, 2
  End If
  Set aoiElement = aoiGC.Next
Loop
aoiDoc.ActiveView.Refresh
```

FrameElement Objekte sind nicht von einem bestimmten Typ. Sie können mit anderen Objekten gruppiert werden, die normalerweise nicht mit einem *Frame* Objekt verbunden sind. Beispielsweise unterstützt das Objekt *MarkerElement* die *IFrameElement* Schnittstelle nicht, so dass voreingestellt kein *FrameElement* für das *MarkerElement* existiert. Ist es dennoch gewünscht, dass das *MarkerElement* Objekt einen Rahmen bekommen soll, können *MarkerElement* und *FrameElement* gruppiert werden:

```
' (cd) IGroupElement: Gruppieren von FrameElementen

Dim aoiMarkerElement As IMarkerElement
Dim aoiFrame As IFrameElement
Dim aoiGroup As IGroupElement
Dim aoiBoundsProps As IBoundsProperties

  Set aoiMarkerElement = New MarkerElement
  Set aoiFrame = New FrameElement
  Set aoiGroup = New GroupElement

  aoiGroup.AddElement aoiMarkerElement
```

```
aoiGroup.AddElement aoiFrame

Set aoiBoundsProps = aoiFrame
aoiBoundsProps.FixedAspectRatio = True
MsgBox aoiBoundsProps.FixedSize
```

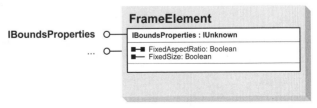

IBoundsProperties — Die *IBoundsProperties* Schnittstelle ermöglicht Setzen und Abfragen der Ausdehnung und Größenverhältnisse des *FrameElements* sowie die Abfrage, ob die Größe des *FrameElements* von anderen Eigenschaften wie z.B. dem Symbol festgelegt ist.

10.7.1.1 MapFrame

IMapFrame — *IMapFrame* ist die Standardschnittstelle des *MapFrame* Objekts. Über diese Schnittstelle hat der Programmierer Zugriff auf das *Map* Objekt des *Frames*.

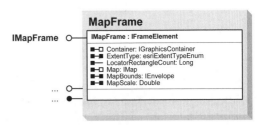

ExtentType — *IMapFrame::ExtentType* setzt oder liefert die Methode, mit der die Karte im Rahmen angezeigt wird. Dafür stehen drei Konstanten zur Verfügung:

	Konstante	Beschreibung
esriExtentType-Enum	esriExtentBounds	Die XY-Koordinaten des Kartenausschnitts werden „manuell" gesetzt.
	esriExtentDefault	Die Ausdehnung des Kartenrahmens ist gleich der Ausdehnung der Karte im Rahmen.
	esriExtentScale	Ein angegebener Maßstab wird beibehalten.

MapBounds,
MapScale

Die Eigenschaften *MapBounds* und *MapScale* beeinflussen den angezeigten Bereich einer Karte im Kartenrahmen. *MapBounds* liefert oder setzt die Ausdehnung der Karte im Rahmen. Mit dieser Eigenschaft können die Koordinaten übergeben werden, deren Bereich im Kartenrahmen angezeigt werden soll. Dazu muss der *IMapFrame::ExtentType* auf *esriExtentBounds* gesetzt werden. *MapScale* ermöglicht die Darstellung der Karte im angegebenen Maßstab. *IMapFrame::ExtentType* muss dafür auf *esriExtentScale* gesetzt sein.

CreateSurround-
Frame

Die *CreateSurroundFrame* Methode sollte verwendet werden, um *MapSurround* Objekte wie Maßstabsleisten und Legenden zu erzeugen, da diese Methode die Verknüpfung der *MapSurround* Elemente mit der *Map* herstellt. Wird beispielsweise der Maßstab der Karte verändert, wird auch die Maßstabsleiste aktualisiert.

```
' (cd)  Referenz auf den MapFrame einer Map

Dim aoiDoc As IMxDocument
Dim aoiPageLayout As IPageLayout
Dim aoiGC As IGraphicsContainer
Dim aoiMapFrame As IMapFrame
Dim aoiMap As IMap

  ' allgemeine Einstellungen
  Set aoiDoc = ThisDocument
  Set aoiPageLayout = aoiDoc.PageLayout
  ' GraphicsContainer des Layouts
  Set aoiGC = aoiPageLayout
```

```
Set aoiMap = aoiDoc.FocusMap
Set aoiMapFrame = aoiGC.FindFrame(aoiMap)
MsgBox aoiMapFrame.ExtentType
```

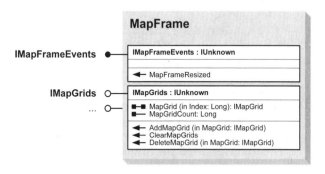

<table>
<tr><td>IMapFrameEvents</td><td colspan="2">MapFrame</td></tr>
</table>

IMapFrameEvents	●	IMapFrameEvents : IUnknown
		◄— MapFrameResized
IMapGrids	○	IMapGrids : IUnknown
...	○	■—■ MapGrid (in Index: Long): IMapGrid
		■— MapGridCount: Long
		◄— AddMapGrid (in MapGrid: IMapGrid)
		◄— ClearMapGrids
		◄— DeleteMapGrid (in MapGrid: IMapGrid)

IMapFrameEvents,
MapFrameResized

MapFrame und *MapSurroundFrame* Objekte unterstützen die Schnittstelle *IMapFrameEvents*. Wann immer eines dieser Objekte in der Größe verändert wird, löst das Ereignis *MapFrameResized* die Ausführung des Codes aus, der mit diesem Ereignis implementiert wurde. *MapGrid* ist eine Referenz auf Messraster, die mit dem Kartenrahmen angezeigt werden können.

10.7.1.2 MapSurroundFrame

MapSurround Objekte sind die mit der Karte in Verbindung stehenden Objekte wie Maßstabsleiste, Legende und Nordpfeil. Änderungen in der Karte bewirken eine Aktualisierung der *MapSurround* Objekte. Wie auch das *MapFrame* Objekt unterstützt das *MapSurroundFrame* Objekt die Schnittstelle *IMapFrame Events*, mit der Ereignisse programmiert werden können, die beim Verändern der Größe des *MapSurroundFrames* ausgeführt werden.

```
' (cd) Hinzufügen eines MapSurroundFrames (Legende)

Dim aoiDoc As IMxDocument
Dim aoiPageLayout As IPageLayout
Dim aoiGC As IGraphicsContainer
Dim aoiElement As IElement
Dim aoiMapFrame As IMapFrame
Dim aoiMapSurround As IMapSurround
Dim aoiMapSurroundFrame As IMapSurroundFrame
Dim aoiMap As IMap
Dim aoiEnv As IEnvelope
Dim aoiID As New UID
Dim aoiLegend As ILegend

  Set aoiDoc = ThisDocument
  Set aoiPageLayout = aoiDoc.PageLayout
  Set aoiGC = aoiPageLayout ' QI: GraphicsContainer des Layouts

  ' Hinzufügen von Legende und Legendenrahmen der aktiven Map
  Set aoiEnv = New Envelope
  aoiEnv.PutCoords 12.5, 18.2, 29.5, 28.5
  aoiID.Value = "esriCarto.Legend"
  ' in ArcGIS 8.x: aoiID.Value = "esriCore.Legend"

  Set aoiMap = aoiDoc.FocusMap
  Set aoiMapFrame = aoiGC.FindFrame(aoiMap)
  ' MapSourroundFrame
  Set aoiMapSurroundFrame = _
      aoiMapFrame.CreateSurroundFrame(aoiID, Nothing)
  aoiMapSurroundFrame.MapSurround.Name = "Legendenrahmen"

  Set aoiElement = aoiMapSurroundFrame
  aoiElement.Geometry = aoiEnv
  aoiElement.Activate aoiDoc.ActiveView.ScreenDisplay
  aoiGC.AddElement aoiElement, 0

  aoiDoc.ActiveView.Refresh
```

Weitere Beispiele zu *MapSurroundFrames* stehen im Kapitel 10.5: *MapSurrounds*.

10.7.1.3 OLEFrame

OLEFrame Objekte dienen der Darstellung von Standard OLE-Objekten wie Excel Tabellen, Word Dolumente, Cliparts etc. im *PageLayout*.

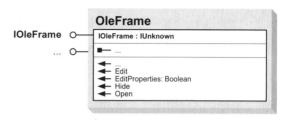

Edit,
Open,
Hide,
EditProperties

Die Funktion *Edit* erlaubt das Editieren des OLE-Objektes im Rahmen, während die Funktion *Open* das Editieren des Objekts in einem eigenen Applikationsfenster ermöglicht. *Hide* beendet die Editierung des Objekts. *EditProperties* öffnet den Dialog „Eigenschaften" des OLE-Objekts.

```
' (cd) Dialog "Eigenschaften" von OLEFrames öffnen

Dim aoiDoc As IMxDocument
Dim aoiPageLayout As IPageLayout
Dim aoiGC As IGraphicsContainer
Dim aoiElement As IElement
Dim aoiOLEFrame As IOleFrame

    Set aoiDoc = ThisDocument
    Set aoiPageLayout = aoiDoc.PageLayout

    ' GraphicsContainer des Layouts
    Set aoiGC = aoiPageLayout

    ' Positionierung auf das erste Element im GraphicsContainer
    aoiGC.Reset
```

```
Set aoiElement = aoiGC.Next

' Eigenschaften von OLEFrames anzeigen
Do Until aoiElement Is Nothing
  ' Abfrage auf OLEFrameElement Objekte
  If (TypeOf aoiElement Is IOleFrame) Then
    Set aoiOLEFrame = aoiElement
    aoiOLEFrame.EditProperties
  End If
  Set aoiElement = aoiGC.Next
Loop
aoiDoc.ActiveView.Refresh
```

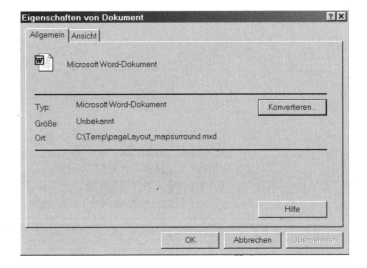

10.7.1.4 TableFrame

Die Darstellung von Tabellen in Layouts ist mässig unterstützt. Im Allgemeinen wird für die Darstellung tabellarischer Daten im Layout empfohlen auf die Funktionalitäten zurückzugreifen, die mit der Erzeugung von Berichten in ArcMap zur Verfügung stehen.

Die Tabellendarstellung im Layout erfolgt in *TableFrame* Objekten. Das können sowohl *Standalone* Tabellen als auch Attributtabellen von *Layern* sein.

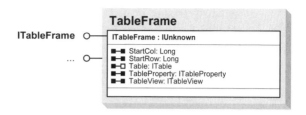

Für eine erfolgreiche Darstellung von Daten benötigt das *TableFrame* Objekt:

1. Ein *ITable* Objekt
TableProperty   2. Ein *ITableProperty* Objekt
TableView   3. Ein *ITableView* Objekt
StartCol, StartRow   *StartCol* und *StartRow* definieren die erste anzuzeigende Spalte und die Zeile der Tabelle.

Mit diesem Beispiel wird die Attributtabelle des ausgewählten Layers in einem *TableFrame* im Layout angezeigt.

```
' (cd) Darstellung eines TableFrame
'
' Voraussetzung: Es ist ein FeatureLayer selektiert

Dim aoiDoc As IMxDocument
Dim aoiPageLayout As IPageLayout
Dim aoiGC As IGraphicsContainer
Dim aoiElement As IElement
Dim aoiFLayer As IFeatureLayer
Dim aoiEnv As IEnvelope
Dim aoiTableFrame As ITableFrame
Dim aoiTableView As ITableView
Dim aoiTable As ITable
Dim aoiTableProperties As ITableProperties
Dim aoiEnumTP As IEnumTableProperties
Dim aoiTableProperty As ITableProperty

  Set aoiDoc = ThisDocument

  ' GraphicsContainer des PageLayout
  Set aoiPageLayout = aoiDoc.PageLayout
  Set aoiGC = aoiPageLayout

  ' Ausgewählter Layer
```

```
Set aoiFLayer = aoiDoc.SelectedLayer
' Attributtabelle des ausgewählten Layers
Set aoiTable = aoiFLayer

' Erzeugen eines TableFrames
Set aoiTableFrame = New tableFrame

' 1.: Zuweisung der Tabelle zum TableFrame
Set aoiTableFrame.Table = aoiTable
 ' Anzeige ab dem zweiten Datensatz
aoiTableFrame.StartRow = 2
' Anzeige der Tabelle ab dem Feld in der siebten Spalte
aoiTableFrame.StartCol = 7

' 2.: Zuweisung des TableProperty Objekts zum TableFrame
Set aoiTableProperties = aoiDoc.TableProperties
Set aoiEnumTP = aoiTableProperties.IEnumTableProperties

aoiEnumTP.Reset
Set aoiTableProperty = aoiEnumTP.Next
Do While Not aoiTableProperty Is Nothing
    If aoiTableProperty.FeatureLayer Is aoiFLayer Then
        Exit Do
    End If
    Set aoiTableProperty = aoiEnumTP.Next
Loop
aoiTableFrame.TableProperty = aoiTableProperty

' 3.: Zuweisung des TableView Objekts zum TableFrame
Set aoiTableView = New TableView
Set aoiTableView.Table = aoiTable
aoiTableFrame.TableView = aoiTableView

' Ausdehnung des Rahmens
Set aoiEnv = New Envelope
aoiEnv.PutCoords 2.5, 8.2, 19.5, 18.5

' Hinzufügen zum GraphicsContainer des PageLayouts
Set aoiElement = aoiTableFrame
aoiElement.Geometry = aoiEnv
aoiElement.Activate aoiDoc.ActiveView.ScreenDisplay
aoiGC.AddElement aoiElement, 0

aoiDoc.ActiveView.Refresh
```

10.7.2 GraphicElement

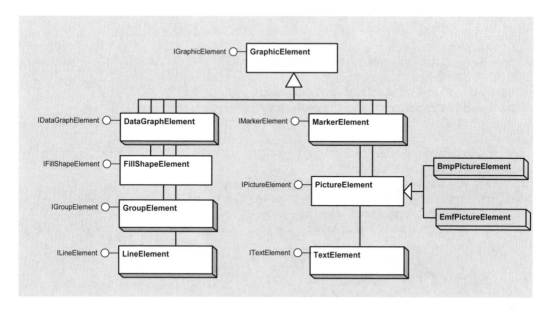

GraphicElement ist eine abstrakte Klasse. Ihre Objekte können sowohl zum Layout als auch zum *DataView* hinzugefügt werden.

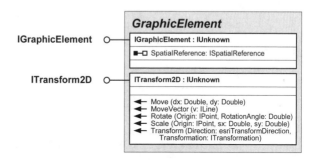

IGraphicElement

SpatialReference, ITransform2D

Die Schnittstelle *IGraphicElement* wird von allen *GraphicElement* Objekten (Punkte, Linien, Flächen, Texte und Bilder) implementiert. *SpatialReference* setzt oder liefert den räumlichen Bezug zur *Map*. Mittels der Schnittstelle *ITransform2D* können die *GraphicElement* Objekte verschoben, gedreht, skaliert und transformiert werden.

```
' (cd)  Zugriff auf GraphicElement Objekte

Dim aoiDoc As IMxDocument
Dim aoiPageLayout As IPageLayout
Dim aoiGC As IGraphicsContainer
Dim aoiElement As IElement
Dim aoiGElement As IGraphicElement
Dim aoi2DTransform As ITransform2D
Dim aoiPoint As IPoint

  ' allgemeine Einstellungen
  Set aoiDoc = ThisDocument
  Set aoiPageLayout = aoiDoc.PageLayout

  ' GraphicsContainer des Layouts
  Set aoiGC = aoiPageLayout

  ' Positionierung auf das erste Element im GraphicsContainer
  aoiGC.Reset
  Set aoiElement = aoiGC.Next

  ' Alle GraphicElements verschieben und rotieren
  Do Until aoiElement Is Nothing
    ' Abfrage auf GraphicElement Objekte
    If (TypeOf aoiElement Is IGraphicElement) Then
      Set aoiGElement = aoiElement
      Set aoi2DTransform = aoiElement

      Set aoiPoint = New Point
      aoiPoint.X = 0
      aoiPoint.Y = 0

      aoi2DTransform.Move 2, 2
      aoi2DTransform.Rotate aoiPoint, 45
    End If
    Set aoiElement = aoiGC.Next
  Loop
  aoiDoc.ActiveView.Refresh
```

10.7.2.1 DataGraphElement

DataGraphElement Objekte ermöglichen die Einbindung von Diagrammen ins *Layout*.

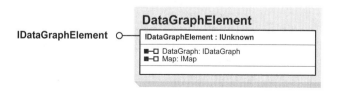

Das folgende Beispiel erzeugt ein Diagramm aus der Attributtabelle eines ausgewählten *Layers* und fügt sie als *IDataGraph* Element zum *Layout* hinzu.

```
' (cd) DataGraphElement

Dim aoiDoc As IMxDocument
Dim aoiPageLayout As IPageLayout
Dim aoiGC As IGraphicsContainer
Dim aoiElement As IElement
Dim aoiDGE As IDataGraphElement
Dim aoiDataGraph As IDataGraph
Dim aoiFLayer As IFeatureLayer2
Dim aoiTable As ITable
Dim aoiEnv As IEnvelope

  Set aoiDoc = ThisDocument

  ' GraphicsContainer des Layouts
  Set aoiPageLayout = aoiDoc.PageLayout
  Set aoiGC = aoiPageLayout

  ' Ausgewählter Layer
  Set aoiFLayer = aoiDoc.SelectedLayer
  If aoiFLayer Is Nothing Then
    MsgBox "Es ist kein Layer ausgewählt."
    Exit Sub
  End If
  ' Attributtabelle des ausgewählten Layers
```

```
Set aoiTable = aoiFLayer
If aoiTable Is Nothing Then
  MsgBox "QI auf die Tabelle ist fehlgeschlagen."
  Exit Sub
End If

' Erzeugen neuer DataGraph- und DataGraphElement- Objekte
Set aoiDataGraph = New DataGraph
Set aoiDGE = New DataGraphElement
Set aoiDGE.DataGraph = aoiDataGraph
' DataGraph mit voreingestelltem Typ und Feldern
Set aoiDataGraph.Table = aoiTable

' Definition des Rahmens
Set aoiEnv = New Envelope
aoiEnv.PutCoords 2.5, 8.2, 19.5, 18.5
' Hinzufügen zum GraphicsContainer des PageLayouts
Set aoiElement = aoiDGE
aoiElement.Geometry = aoiEnv
aoiElement.Activate aoiDoc.ActiveView.ScreenDisplay
aoiGC.AddElement aoiElement, 0

aoiDataGraph.Reload
aoiDoc.ActiveView.Refresh
```

10.7.2.2 FillShapeElement

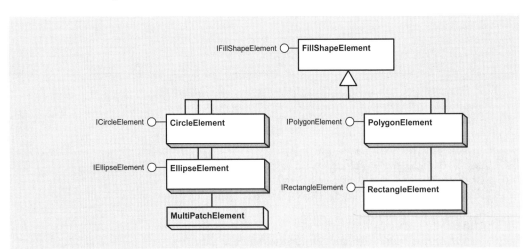

FillShapeElement ist eine abstrakte Klasse, die zweidimensionale geschlossene flächenhafte Grafiken umfasst. Darunter fallen Objekte der Klassen *CircleElement, EllipseElement, Polygon Element* und *RectangleElement*.

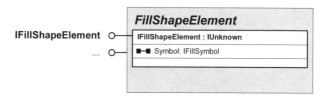

Die *IFillShapeElement* Schnittstelle ermöglicht die Zuweisung von Symbolen zu flächenhaften Grafikelementen. Die Schnittstellen *ICircleElement* der Klasse *CircleElement, IEllipseElement* der Klasse *EllipseElement, IPolygonElement* der Klasse *Polygon Element* und *IRectangleElement* der Klasse *RectangleElement* haben keine Eigenschaften und Funktionen. Sie dienen in erster Linie zur Feststellung des Grafikobjekts.

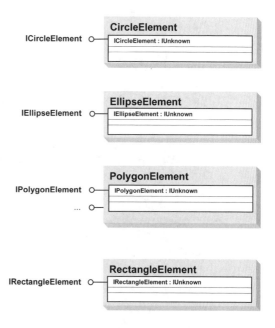

```
' (cd) FillShapeElement

Dim aoiDoc As IMxDocument
Dim aoiPageLayout As IPageLayout
Dim aoiGC As IGraphicsContainer
Dim aoiElement As IElement
Dim aoiCircleElement As ICircleElement
Dim aoiFillShapeElement As IFillShapeElement
Dim aoiFillSymbol As ISimpleFillSymbol

  Set aoiDoc = ThisDocument
  Set aoiPageLayout = aoiDoc.PageLayout

  ' GraphicsContainer des Layouts
  Set aoiGC = aoiPageLayout

  ' Positionierung auf das erste Element im GraphicsContainer
  aoiGC.Reset
  Set aoiElement = aoiGC.Next

  ' Alle Kreiselemente schraffieren
  Do Until aoiElement Is Nothing
    ' Abfrage auf CircleElement Objekte
    If (TypeOf aoiElement Is ICircleElement) Then
      ' Symboldefinition
      Set aoiFillSymbol = New SimpleFillSymbol
      aoiFillSymbol.Style = esriSFSDiagonalCross

      Set aoiCircleElement = aoiElement
      Set aoiFillShapeElement = aoiCircleElement
      aoiFillShapeElement.Symbol = aoiFillSymbol
    End If
    Set aoiElement = aoiGC.Next
  Loop
  aoiDoc.ActiveView.Refresh
```

10.7.2.3 MarkerElement

MarkerElement Objekte stellen Punktsymbole dar.

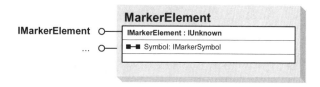

IMarkerSymbol   Mit der Schnittstelle *IMarkerSymbol* wird das Symbol von Punktgrafiken geliefert oder gesetzt.

```
' (cd)  MarkerElement: Symbole für Punktgrafiken

Dim aoiDoc As IMxDocument
Dim aoiPageLayout As IPageLayout
Dim aoiGC As IGraphicsContainer
Dim aoiElement As IElement
Dim aoiMarkerElement As IMarkerElement
Dim aoiMarkerSymbol As IMarkerSymbol
Dim aoiColor As IRgbColor

  Set aoiDoc = ThisDocument
  Set aoiPageLayout = aoiDoc.PageLayout

  ' GraphicsContainer des Layouts
  Set aoiGC = aoiPageLayout

  ' Positionierung auf das erste Element im GraphicsContainer
  aoiGC.Reset
  Set aoiElement = aoiGC.Next

  Do Until aoiElement Is Nothing
    ' Abfrage auf MarkerElement Objekte
    If (TypeOf aoiElement Is IMarkerElement) Then
      ' Definition des Symbols
      Set aoiColor = New RgbColor
      aoiColor.Blue = 255
      Set aoiMarkerSymbol = New SimpleMarkerSymbol
      aoiMarkerSymbol.Color = aoiColor
      aoiMarkerSymbol.Size = 64
```

```
      Set aoiMarkerElement = aoiElement
      aoiMarkerElement.Symbol = aoiMarkerSymbol
   End If
   Set aoiElement = aoiGC.Next
Loop
aoiDoc.ActiveView.Refresh
```

10.7.2.4 LineElement

ILineElement   Lineare Grafiken werden über die Schnittstelle *ILineElement* identifiziert, die den Zugriff auf die Symbolisierung der Linien ermöglicht.

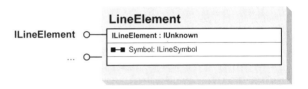

```
' (cd)  LineElement: Liniensymbole für Liniengrafiken

Dim aoiDoc As IMxDocument
Dim aoiPageLayout As IPageLayout
Dim aoiGC As IGraphicsContainer
Dim aoiElement As IElement
Dim aoiCartoSym As ICartographicLineSymbol
Dim aoiLineElement As ILineElement
Dim aoiColor As IRgbColor

   ' allgemeine Einstellungen
   Set aoiDoc = ThisDocument
   Set aoiPageLayout = aoiDoc.PageLayout

   ' GraphicsContainer des Layouts
   Set aoiGC = aoiPageLayout

   ' Positionierung auf das erste Element im GraphicsContainer
```

```
aoiGC.Reset
Set aoiElement = aoiGC.Next

Do Until aoiElement Is Nothing
  ' Abfrage auf LineElement Objekte
  If (TypeOf aoiElement Is ILineElement) Then
    ' Definition des Symbols
    Set aoiColor = New RgbColor
    aoiColor.Blue = 255
    Set aoiCartoSym = New CartographicLineSymbol
    aoiCartoSym.Width = 10
    aoiCartoSym.Cap = esriLCSButt
    aoiCartoSym.Join = esriLJSMitre
    aoiCartoSym.Color = aoiColor

    Set aoiLineElement = aoiElement
    aoiLineElement.Symbol = aoiCartoSym
  End If
  Set aoiElement = aoiGC.Next
Loop
aoiDoc.ActiveView.Refresh
```

10.7.2.5 PictureElement

PictureElement Objekte können Bilder im .BMP oder .EMF Format enthalten.

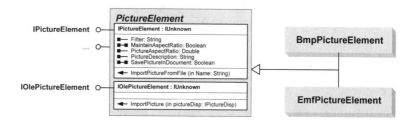

IPictureElement,
BmpPicture-
Element,

Die Filter Funktion der Schnittstelle *IPictureElement* gibt den Bildtyp (*BmpPictureElement* oder *EmfPictureElement*) von Bildern an, die mit der *ImportPictureFromFile* Funktion importiert wurden.

EmfPicture-Element, Maintain-AspectRatio, Picture-AspectRatio, Picture-Description, SavePicture-InDocument

MaintainAspectRatio definiert, ob das Bild beim Ändern der Rahmengröße seine Größenverhältnisse in X- und Y-Richtung behalten soll. Das Größenverhältnis von Bildern (Länge in X-Richtung / Länge in Y-Richtung) kann mit *PictureAspectRatio* abgefragt werden. Die Änderung dieses Größenverhältnisses ist nur interaktiv über die Oberfläche möglich und nur, wenn *MaintainAspectRatio = False* ist. *PictureDescription* liefert eine kurze Beschreibung des Bildes. *SavePictureInDocument* bietet die Möglichkeiten, ein Bild im aktuellen Dokument zu speichern oder nur einen *Link* auf das Bild zu setzen. Im ersten Fall spielt es keine Rolle, wenn das Bild von seiner ursprünglichen Lokalisation entfernt wird. Dafür wird die .mxd-Datei unter Umständen erheblich größer.

```
' (cd)  PictureElement

' Hinweis: Im Code muss der Pfad zur Bilddatei angepasst werden

Dim aoiDoc As IMxDocument
Dim aoiPageLayout As IPageLayout
Dim aoiGC As IGraphicsContainer
Dim aoiElement As IElement
Dim aoiPicElement As IPictureElement
Dim aoiEnv As IEnvelope

  Set aoiDoc = ThisDocument
  Set aoiPageLayout = aoiDoc.PageLayout

    Set aoiGC = aoiPageLayout ' GraphicsContainer des Layouts
  Set aoiPicElement = New BmpPictureElement
  aoiPicElement.ImportPictureFromFile "C:\firma\logo.bmp"

  ' Definition des Rahmens
  Set aoiEnv = New Envelope
  aoiEnv.PutCoords 17.5, 17.2, 19.8, 18.8
  ' Hinzufügen zum GraphicsContainer des PageLayouts
  Set aoiElement = aoiPicElement
  aoiElement.Geometry = aoiEnv
  aoiElement.Activate aoiDoc.ActiveView.ScreenDisplay
  aoiGC.AddElement aoiElement, 0

  aoiDoc.ActiveView.Refresh
```

10.7.2.6 TextElement

TextElement Objekte können sowohl Grafiktexte als auch Beschriftungselemente von Karten (*Annotation*) sein.

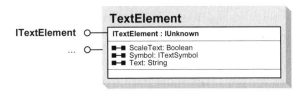

ITextElement   Mittels der Schnittstelle *ITextElement* können Text und Symbol von Textelementen bearbeitet werden.

```
' (cd) TextElement erzeugen und bearbeiten

Dim aoiDoc As IMxDocument
Dim aoiPageLayout As IPageLayout
Dim aoiGC As IGraphicsContainer
Dim aoiElement As IElement
Dim aoiEnv As IEnvelope
Dim aoiTxtElement As ITextElement
Dim aoiTxtSym As ITextSymbol
Dim aoiFont As IFontDisp

' allgemeine Einstellungen
Set aoiDoc = ThisDocument
Set aoiPageLayout = aoiDoc.PageLayout

' GraphicsContainer des Layouts
Set aoiGC = aoiPageLayout ' QI

' Erzeugen eines TextElement,Textsymbols und Fonts
Set aoiTxtElement = New TextElement
Set aoiTxtSym = New TextSymbol
Set aoiFont = New StdFont
aoiFont.Name = "Courier New"
aoiFont.Bold = True
aoiFont.Italic = True
aoiTxtSym.Font = aoiFont
aoiTxtSym.size = 30
```

```
aoiTxtElement.Symbol = aoiTxtSym
aoiTxtElement.Text = "Regierungsbezirke"

' Definition des Rahmens
Set aoiEnv = New Envelope
aoiEnv.PutCoords 1, 1, 15, 8
Set aoiElement = aoiTxtElement
aoiElement.Geometry = aoiEnv
aoiElement.Activate aoiDoc.ActiveView.ScreenDisplay

' Hinzufügen zum GraphicsContainer des PageLayouts
aoiGC.AddElement aoiElement, 0

aoiDoc.ActiveView.Refresh
```

10.7.2.7 GroupElement

Ein *GroupElement* Objekt besteht aus einem oder mehreren *Element* Objekten. Die als *GroupElement* zusammengefassten Objekte werden wie ein einzelnes *Element* Objekt behandelt. Jedes *GroupElement* wird im *GraphicsContainer* als ein *IElement* gespeichert. Das Gruppieren von Elementen ist z.B. dann sinnvoll, wenn die Elemente bei Verschiebungen oder Rotationen ihre Position zueinander erhalten sollen.

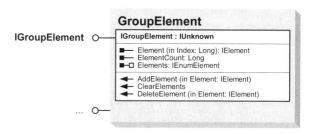

IGroupElement, DeleteElement

Die Schnittstelle *IGroupElement* erlaubt das Erzeugen, das Hinzufügen und Löschen von Elementen. Mit *DeleteElement* werden einzelne Elemente nicht nur aus der Gruppe sondern auch aus der *Map* gelöscht. Sollen Elemente innerhalb der Gruppe gelöscht werden, als Grafik aber erhalten bleiben, müssen Sie dem *GraphicsContainer* nach dem Löschen aus der Gruppe wieder hinzugefügt werden.

```
' (cd)   Anzahl der GroupElement Objekte

Dim aoiDoc As IMxDocument
Dim aoiPageLayout As IPageLayout
Dim aoiGC As IGraphicsContainer
Dim aoiElement As IElement
Dim aoiGroupElement As IGroupElement
Dim aoiElemProps As IElementProperties

  Set aoiDoc = ThisDocument
  Set aoiPageLayout = aoiDoc.PageLayout

  ' GraphicsContainer des Layouts
  Set aoiGC = aoiPageLayout
  ' Positionierung auf das erste Element im GraphicsContainer
  aoiGC.Reset
  Set aoiElement = aoiGC.Next

Do Until aoiElement Is Nothing
  ' Abfrage auf FrameElement Objekte
  If (TypeOf aoiElement Is IGroupElement) Then
    Set aoiElemProps = aoiElement
    Set aoiGroupElement = aoiElement
    MsgBox aoiElemProps.Name & " Anzahl der _
        Gruppenelemente: " & _aoiGroupElement.ElementCount
  End If
  Set aoiElement = aoiGC.Next
Loop
```

11 Karten- und Symbolerstellung

11.1 Display Objekte

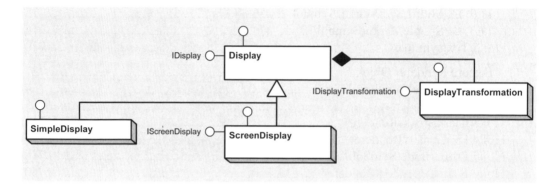

Das *Display* kann als eine abstrakte Zeichnungsoberfläche angesehen werden, wobei die Zeichnungsoberfläche der Bildschirm, ein Ausgabegerät, eine Datei oder ein Speicherbereich im Rechner sein kann.

Auf die *Display* Objekte kann über die *ScreenDisplay* Eigenschaft der Schnittstellen *IActiveView* und *ILensWindow* oder über die Eigenschaft *Display* von *IMxApplication* zugegriffen werden.

```
' (cd)  Zugriff auf das Display

Dim aoiMXApp As IMxApplication
Dim aoiAppDisp As IAppDisplay

  Set aoiMXApp = Application
  Set aoiAppDisp = aoiMXApp.Display
```

```
' (cd)  Zugriff auf das ScreenDisplay

Dim aoiApp As IApplication
Dim aoiDoc As IMxDocument
Dim aoiActiveView As IActiveView
Dim aoiScrDisp As IScreenDisplay

  Set aoiApp = Application
  Set aoiDoc = aoiApp.Document
```

```
Set aoiActiveView = aoiDoc.ActiveView
Set aoiScrDisp = aoiActiveView.ScreenDisplay
```

Die Klasse *Display* ist abstrakt. Sie hat zwei Standardobjekte: *ScreenDisplay* und *SimpleDisplay*.

ScreenDisplay

ScreenDisplay ist auf das Applikationsfenster bezogen und ermöglicht die Programmierung von *Caches* und Bildlaufleisten. *SimpleDisplay* abstrahiert andere Ausgabegeräte wie Drucker, Plotter und Metadateien. *DisplayTransformation* verwaltet die Umwandlung von Kartenkoordinaten in Geräteeinheiten.

SimpleDisplay, Display-Transformation

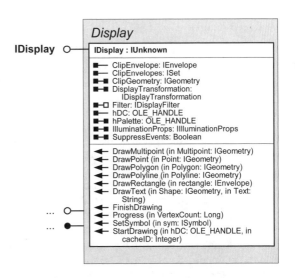

Eine ganze Reihe von *Display* Objekten erlauben dem Entwickler, Grafikelemente auf dem Bildschirm zu zeichnen und auf Druckern, Plottern oder in Dateien auszugeben.

StartDrawing FinishDrawing

Zeichnungsoperationen im *Display* werden in einem Block - definiert durch *IDisplay::StartDrawing* und *IDisplay::Finish Drawing* - eingeschlossen. Die Darstellung von Zeichnungsobjekten erfordert neben der Definition des *Displays* und der Grafik mindestens folgende Funktionen des *Display* Objekts:

- *StartDrawing*
- *SetSymbol*
- *Draw* <geometrie>
- *FinishDrawing*

Das betrifft nur die Darstellung von Zeichnungsobjekten, die nicht im *GraphicsContainer* des aktiven Views (siehe dazu das Codebeispiel „ZeichnePunkt_2") oder in *FeatureLayern* gespeichert werden.

Das folgende Beispiel zeichnet einen Punkt im *Display* des *Data Views*. Da der Punkt nicht dem *GraphicsContainer* des aktiven *Views* hinzugefügt wird, verschwindet er mit dem nächsten Neuzeichnen des Bildschirms.

```
' (cd)  Zeichnen eines Punktes auf dem Display

Dim aoiMXApp As IMxApplication
Dim aoiDoc As IMxDocument
Dim aoiDisp As IDisplay
Dim aoiPoint As IPoint
Dim aoiPointSymbol As ISimpleMarkerSymbol
Dim aoiColor As IRgbColor

  Set aoiMXApp = Application
  Set aoiDoc = ThisDocument
    Set aoiDisp = aoiMXApp.Display

  ' Überprüfung der aktiven Sicht
  If TypeOf aoiDoc.ActiveView Is IPageLayout Then
    MsgBox "Vor Programmstart bitte in den Data View wechseln."
    Exit Sub
  End If

  ' Erzeugung eines Punktes in Kartenkoordinaten
  Set aoiPoint = New Point
  aoiPoint.X = 74000
  aoiPoint.Y = 68800

  ' Definition der Symbolfarbe
  Set aoiColor = New RgbColor
  With aoiColor
```

```
      .Red = 255
      .Green = 255
      .Blue = 25
End With

' Definition des Punktsymbols
Set aoiPointSymbol = New SimpleMarkerSymbol
aoiPointSymbol.Color = aoiColor
aoiPointSymbol.size = 100

' Zeichnen des Punktes
With aoiDisp
   .StartDrawing 0, 0
   .SetSymbol aoiPointSymbol
   .DrawPoint aoiPoint
   .FinishDrawing
End With
```

Soll der Punkt dem *GraphicsContainer* des aktiven *Views* hinzugefügt werden, ist der vorangegangene Code um die nachfolgenden Zeilen zu ergänzen bzw. zu ändern. Durch das Hinzufügen zum *GraphicsContainer* bleibt der Punkt auch nach dem Neuzeichnen des Bildschirms sichtbar.

```
...
Dim aoiActiveView As IActiveView
Dim aoiElement As IElement
Dim aoiMarkerElement As IMarkerElement
...
   Set aoiActiveView = aoiDoc.ActiveView
   ...
   ' Erzeugen eines Punktes in Kartenkoordinaten
   ...
   ' Definition der Symbolfarbe
   ...
   ' Definitin des Punktsymbols
   ...

   ' Der Code "Zeichnen des Punktes" im vorangegangenen
   ' Beispiel wird durch folgenden Code ersetzt:

   ' Erzeugen eines Grafikelements aus dem Punkt
```

```
Set aoiElement = New MarkerElement
aoiElement.Geometry = aoiPoint

' Zuweisung des Symbols zum Grafikelement
Set aoiMarkerElement = aoiElement
aoiMarkerElement.Symbol = aoiPointSymbol

' Element zum GraphicsContainer hinzufügen
aoiActiveView.GraphicsContainer.AddElement aoiElement, 0
aoiActiveView.Refresh
...
```

11.1.1 Screendisplay

Das *ScreenDisplay* Objekt enthält grundlegende Funktionen und Attribute zum Applikationsfenster. Es können Zeichnungsspeicher, sogenannte *Caches*, angelegt und verwaltet werden, um die Performance beim Aktualisieren des Bildschirms und dem Verschieben von *Views* zu verbessern. Neben der Verwaltung der *Caches* ermöglicht die Schnittstelle *IScreenDisplay* das Verschieben, Rotieren und Aktualisieren des Bildschirms.

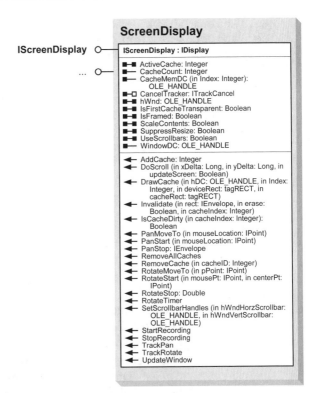

IScreenDisplay Außer dem *ScreenDisplay* Objekt implementiert auch das *AppDisplay* Objekt die Schnittstelle *IScreenDisplay*. Die Schnittstelle wird von beiden Objekten leicht unterschiedlich implementiert.

Da *IScreenDisplay* von *IDisplay* abstammt, können die Funktionen und Eigenschaften von *IDisplay* direkt auf *IScreenDisplay* angewendet werden.

```
' (cd)   Eigenschaften des ScreenDisplays

Dim aoiApp As IApplication
Dim aoiDoc As IMxDocument
Dim aoiActiveView As IActiveView
Dim aoiScrDisp As IScreenDisplay
Dim aoiIllus As IIlluminationProps

  Set aoiApp = Application
  Set aoiDoc = aoiApp.Document
  Set aoiActiveView = aoiDoc.ActiveView
  Set aoiScrDisp = aoiActiveView.ScreenDisplay
  ' Illuminationseigenschaften
  Set aoiIllus = aoiScrDisp.IlluminationProps

MsgBox "Höhe: " & aoiIllus.Altitude & vbCr & _
      "Azimut: " & aoiIllus.Azimuth & vbCr & _
      "Kontrast: " & aoiIllus.Contrast
```

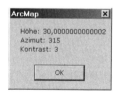

Cache Caches sind Bildschirmspeicher des Applikationsfensters. Anstatt Grafiken direkt auf den Bildschirm zu zeichnen, werden sie in einen *Cache* gespeichert. Der *Cache* wird dann am Bildschirm angezeigt. Das Neuzeichnen des Applikationsfensters erfolgt ebenfalls vom *Cache*. Dieses Verfahren bietet eine bessere Performance. Es können beliebig viele *Caches* erzeugt werden.

Ein *Map* Objekt erzeugt drei *Caches*: Einen für alle *Layer*, einen weiteren für Beschriftungen und Grafiken und einen dritten für ausgewählte *Layer*elemente. Ein *Layer* kann in einen eigenen *Cache* geschrieben werden, wenn die Eigenschaft „*Cached*" der Schnittstelle *ILayer* auf *True* gesetzt wird. In diesem Fall erzeugt die *Map* einen eigenen *Cache* für den *Layer*. Die darüber liegenden *Layer* werden ebenso wie die darunter liegenden *Layer* in einen eigenen *Cache* geschrieben.

```
' (cd)  Hinzufügen eines Cache

Dim aoiDoc As IMxDocument
Dim aoiActiveView As IActiveView
Dim aoiScrDisp As IScreenDisplay
Dim intX As Integer

  Set aoiDoc = Application.Document
  Set aoiActiveView = aoiDoc.ActiveView
  Set aoiScrDisp = aoiActiveView.ScreenDisplay

  ' AddCache liefert die Cache-ID zurück
  intX = aoiScrDisp.addCache
  MsgBox "Cache-ID: " & intX & vbCr & _
             "Anzahl der Caches: " & aoiScrDisp.CacheCount
  ' Der Cache mit der ID 3 soll aktiv sein
  aoiScrDisp.ActiveCache = 3
```

Wenn Grafikelemente direkt am Bildschirm gezeichnet werden sollen ohne in einen *Cache* geschrieben zu werden, wird

```
IScreenDisplay.ActiveCache = esriNoScreenCache
```

gesetzt.

Im nächsten Beispiel wird ein Punkt in einen *Cache* gezeichnet. Der *Cache* wird dann auf dem Bildschirm angezeigt.

```
' (cd)   Zeichnen in einen Cache

Dim aoiDoc As IMxDocument
Dim aoiActiveView As IActiveView
Dim aoiScrDisp As IScreenDisplay
Dim intX As Integer
Dim aoiPoint As IPoint
Dim aoiColor As IRgbColor
Dim aoiPointSymbol As ISimpleMarkerSymbol
Dim ole_Hdc As OLE_HANDLE
Dim aoTagRect As tagRECT
Dim aoiEnv As IEnvelope

  Set aoiDoc = Application.Document
  Set aoiActiveView = aoiDoc.ActiveView
  Set aoiScrDisp = aoiActiveView.ScreenDisplay

  ' AddCache liefert die Cache-ID zurück
  intX = aoiScrDisp.addCache
  MsgBox intX  ' Anzeige der Cache-ID

  ' Auf folgende Koordinate wird ein Punkt gesetzt
  Set aoiPoint = New Point
  aoiPoint.X = 4464903
  aoiPoint.Y = 5336194

  ' Definition der Symbolfarbe
  Set aoiColor = New RgbColor
  With aoiColor
    .Red = 255
    .Green = 255
    .Blue = 25
  End With

  Set aoiPointSymbol = New SimpleMarkerSymbol
  aoiPointSymbol.Color = aoiColor
  aoiPointSymbol.Size = 10

  ' Zeichnen in den Cache
  With aoiScrDisp
    .StartDrawing 0, intX
    .SetSymbol aoiPointSymbol
    .DrawPoint aoiPoint
```

```
        .FinishDrawing
   End With


   ' Definition erforderlicher tagRect Objekte
   ole_Hdc = aoiScrDisp.hDC
   Set aoiEnv = aoiActiveView.Extent
   aoTagRect.bottom = aoiEnv.XMin
   aoTagRect.Left = aoiEnv.YMin
   aoTagRect.Right = aoiEnv.YMax
   aoTagRect.top = aoiEnv.XMax


   aoiActiveView.Extent = aoiEnv


   aoiScrDisp.DrawCache ole_Hdc, intX, aoTagRect, aoTagRect
```

Im nächsten Beispiel sind drei Ereignisse für ein *UIToolControl* programmiert, durch die der aktuelle Bildschirmausschnitt durch Ziehen mit der Maus verschoben wird. Im Ereignis *OnMouseDown* beginnt der Prozess mit der Methode *PanStart*. Im Ereignis *OnMouseMove* wird der Zielpunkt mit der Methode *PanMoveTo* ermittelt und im Ereignis *OnMouseUp* sorgt *PanStop* dafür, dass der neue Bildschirmausschnitt komplett angezeigt wird. Das letzte Ereignis muss die Methode *ActiveView.Refresh* enthalten.

Die Verschiebung wird nur dann sichtbar, wenn zuvor in einen Ausschnitt der vollen Ausdehnung der aktuellen *Map* gezoomt wurde.

```
' (cd) Verschieben des aktuellen Bildschirmausschnitts

Private Sub UIToolControl1_MouseDown(ByVal Button As _
   Long, ByVal Shift As Long, ByVal X As Long, ByVal Y As Long)
Dim aoiDoc As IMxDocument
Dim aoiAV As IActiveView

   Set aoiDoc = ThisDocument
   Set aoiAV = aoiDoc.FocusMap


   aoiAV.ScreenDisplay.PanStart _
      aoiAV.ScreenDisplay.DisplayTransformation.ToMapPoint(X, Y)
End Sub
```

```
Private Sub UIToolControl1_MouseMove(ByVal Button As _
    Long, ByVal Shift As Long, ByVal X As Long, ByVal Y As Long)
Dim aoiDoc As IMxDocument
Dim aoiAV As IActiveView

   Set aoiDoc - ThisDocument
   Set aoiAV = aoiDoc.FocusMap

   aoiAV.ScreenDisplay.PanMoveTo _
       aoiAV.ScreenDisplay.DisplayTransformation.ToMapPoint(X, Y)
End Sub
```

```
Private Sub UIToolControl1_MouseUp(ByVal Button As _
    Long, ByVal Shift As Long, ByVal X As Long, ByVal Y As Long)
Dim aoiDoc As IMxDocument
Dim aoiAV As IActiveView
Dim aoiEnv As IEnvelope

   Set aoiDoc = ThisDocument
   Set aoiAV = aoiDoc.FocusMap

   Set aoiEnv = aoiAV.ScreenDisplay.PanStop

   If (Not aoiEnv Is Nothing) Then
      aoiAV.Extent = aoiEnv
      aoiAV.Refresh
   End If

End Sub
```

11.1.2 DisplayTransformation

Das Objekt *DisplayTransformation* unterstützt die Übersetzung von Punktkoordinaten zwischen Karteneinheiten und Einheiten der Ausgabegeräte (z.B. Pixel oder Zentimeter). Jedes *Display* Objekt hat ein *DisplayTransformation* Objekt für die Transformation von Karteneinheiten in Geräteeinheiten. Über die Schnittstelle

IDisplay-
Transformation

IDisplayTransformation können außerdem Informationen über die Ausdehnung aller Daten im *Display* sowie die Ausdehnung der sichtbaren Bereiche gespeichert und abgerufen werden. Diese Informationen werden zum Verschieben, Vergrößern und Verkleinern von Bildausschnitten benötigt. *DisplayTransformation* verwaltet *CoordinateSystem* Objekte wie *GeographicCoordinate System* oder *ProjectedCoordinateSystem*. Über die Funktion *SpatialReference* der Schnittstelle *IDisplayTransformation* kann ein Verweis auf das zu Grunde liegende Koordinatensystem erfolgen.

SpatialReference

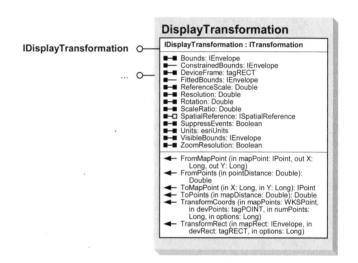

Ein Verweis auf *DisplayTransformation* Objekte kann sowohl über *IDisplay::DisplayTransformation* als auch über *IScreenDisplay:: DisplayTransformation* erfolgen.

```
' (cd) DisplayTransformation, Anzeige der Projektion

Dim aoiDoc As IMxDocument
Dim aoiActiveView As IActiveView
Dim aoiScrDisp As IScreenDisplay
Dim aoiDispTrans As IDisplayTransformation
Dim aoiBounds As IEnvelope
Dim aoiNewEnv As IEnvelope
```

```
Dim aoiSpatRef As ISpatialReference

   Set aoiDoc = Application.Document
   Set aoiActiveView = aoiDoc.FocusMap
   Set aoiScrDisp = aoiActiveView.ScreenDisplay

   Set aoiDispTrans = aoiScrDisp.DisplayTransformation

   ' Ausdehnung des aktiven Views
   Set aoiBounds = aoiActiveView.Extent

   ' Definition eines neuen Ausschnitts
   Set aoiNewEnv = New Envelope
   aoiNewEnv.XMax = aoiBounds.XMax + (aoiBounds.XMax / 10)
   aoiNewEnv.XMin = aoiBounds.XMin
   aoiNewEnv.YMax = aoiBounds.YMax + (aoiBounds.YMax / 10)
   aoiNewEnv.YMin = aoiBounds.YMin

   aoiDispTrans.VisibleBounds = aoiNewEnv
   aoiActiveView.Refresh

   ' Anzeige der Projektion
   Set aoiSpatRef = aoiDispTrans.SpatialReference
   If Not aoiSpatRef Is Nothing Then
      MsgBox aoiSpatRef.Name
   Else
      MsgBox "Es ist keine Projektion definiert."
   End If
```

Im nächsten Beispiel wird ein im *DataView* mit der Maus eingegebener Punkt im *Display* in Kartenkoordinaten umgerechnet. Der Code muss mit einem *UIToolControl_MouseDown* Ereignis verknüpft sein.

```
' (cd)  Umrechnung in Kartenkoordinaten

Option Explicit
  Private aoiDoc As IMxDocument
  Private aoiActiveView As IActiveView
  Private aoiScrDisp As IScreenDisplay
  Private aoiDispTrans As IDisplayTransformation

Private Sub UIToolControl1_MouseDown(ByVal _
              button As Long, ByVal shift As Long, _
              ByVal x As Long, ByVal y As Long)
  Dim aoiPkt As IPoint
  Set aoiDoc = Application.Document
  Set aoiActiveView = aoiDoc.FocusMap
  Set aoiScrDisp = aoiActiveView.ScreenDisplay
  Set aoiDispTrans = aoiScrDisp.DisplayTransformation
  Set aoiPkt = aoiDispTrans.ToMapPoint(x, y)
  MsgBox "X: " & aoiPkt.x & vbCr & "Y: " & aoiPkt.y
End Sub
```

11.1.3 SelectionTracker

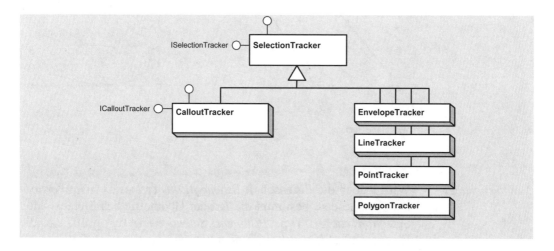

Grafikelemente haben assoziierte *SelectionTracker* Objekte, mit denen die Elemente neu geformt werden können. Wird beispielsweise in ArcMap ein Element hinzugefügt, wird es mit einem umgebenden Rahmen mit Griffen - dem *SelectionTracker* - dargestellt. Durch das Ziehen einzelner Griffe bekommt das Element eine neue Form.

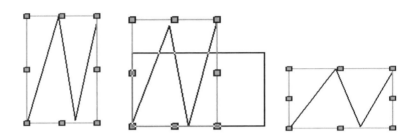

SelectionTracker ist eine abstrakte Klasse mit den Unterklassen *CalloutTracker*, *EnvelopeTracker*, *LineTracker*, *PointTracker* und *PolygonTracker*.

EnvelopeTracker   Bei erstmaliger Auswahl eines Elements wird unabhängig von der Geometrie ein *EnvelopeTracker* erzeugt.

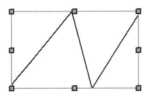 

EnvelopeTracker

MovingVertices   Wird jedoch die Eigenschaft *IElementEditVertices::MovingVertices* auf *True* gesetzt, bestimmt die Art der Geometrie des Elements den *SelectionTracker* Typ. *IElement::SelectionTracker* prüft, ob die Eigenschaft *IElementEditVertices::MovingVertices* auf *True* gesetzt ist. Ist das der Fall, erzeugt *IElementEditVertices::GetMove-VerticesSelectionTracker* den passenden *Tracker*. Ist *IElementEdit-Vertices::MovingVertices False*, ist das Ergebnis ein *Envelope-Tracker*.

Die Auswahl eines Elements generiert in ArcMap einen *EnvelopeTracker*. Erst wenn das Kommando „*Edit Vertices*" benutzt wird, können auch *Polygon-* und *LineTracker* erzeugt werden. Für einige Elemente, deren Stützpunkte nicht bearbeitet werden können, wird grundsätzlich ein *EnvelopeTracker* erzeugt. Dazu gehören *MarkerElement*, *CircleElement*, *EllipseElement* und *RectangleElement*. Die Verschiebung und Größenveränderung von Punktobjekten erfolgt ebenfalls über *EnvelopeTracker*. *Point Tracker* Objekte sind deshalb zurzeit noch ohne Nutzen.

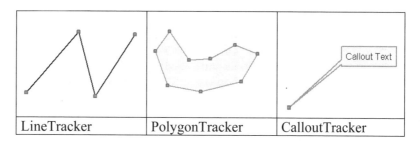

| LineTracker | PolygonTracker | CalloutTracker |

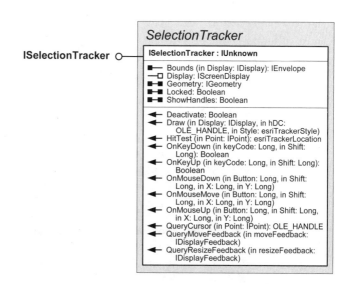

SelectionTracker hat eine ganze Reihe von Ereignisfunktionen zur Steuerung von Maus- und Tastaturaktionen. *HitTest* liefert Informationen über die Position der Maus.

In dem folgenden Beispiel werden den Linien- und Polygongeometrien im aktiven Fenster *Line-* und *PolygonTracker* zugewiesen.

```
' (cd)  Erzeugen von SelectionTracker Objekten

Dim aoiMxApp As IMxApplication
Dim aoiDoc As IMxDocument
Dim aoiDisp As IDisplay
Dim aoiGC As IGraphicsContainer
Dim aoiElement As IElement
Dim aoiActiveView As IActiveView
Dim aoiSelTracker As ISelectionTracker
Dim aoiLineElement As ILineElement
Dim aoiPolygonElement As IPolygonElement
Dim aoiElemEditVertices As IElementEditVertices

  Set aoiDoc = ThisDocument
  Set aoiActiveView = aoiDoc.ActiveView
  Set aoiMxApp = Application
  Set aoiDisp = aoiMxApp.Display

  ' Zugriff auf den GraphicsContainer des aktiven Views
  Set aoiGC = aoiActiveView.GraphicsContainer
  aoiGC.Reset
  Set aoiElement = aoiGC.Next

  ' Schleife durch alle Elemente im GraphicsContainer
  Do Until aoiElement Is Nothing
    If TypeOf aoiElement Is IElementEditVertices Then
      If (TypeOf aoiElement Is ILineElement) Then
        Set aoiLineElement = aoiElement
        Set aoiSelTracker = New LineTracker
      ElseIf (TypeOf aoiElement Is IPolygonElement) Then
        Set aoiPolygonElement = aoiElement
        Set aoiSelTracker = New PolygonTracker
      Else
        Exit Sub
      End If
    Set aoiElemEditVertices = aoiElement

    ' Je nach Geometrie wird ein SelectionTracker zugewiesen
    aoiElemEditVertices.MovingVertices = True
    Set aoiSelTracker = _
        aoiElemEditVertices.GetMoveVerticesSelectionTracker
```

```
aoiSelTracker.Draw aoiDisp, aoiDisp.hDC, esriTrackerNormal
   End If

   Set aoiElement = aoiGC.Next
Loop
aoiActiveView.Refresh
```

11.1.4 Rubberband

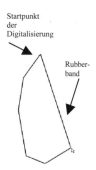

Startpunkt
der
Digitalisierung

Rubber-
band

Rubberbands – wörtlich übersetzt: Gummibänder – unterstützen den Anwender bei der Erstellung neuer Geometrien und dem Verschieben bestehender Geometrien. Typischerweise werden die Funktionen der Schnittstelle *IRubberband* mit *Mouse_Down* Ereignissen verknüpft. Das *Rubberband* Objekt hat nur eine Schnittstelle, *IRubberBand*, die ihrerseits nur zwei Funktionen zur Verfügung stellt: *TrackExisting* und *TrackNew*. Beide Funktionen werden von *MouseDown* Ereignissen aufgerufen. *TrackExisting* bezieht sich auf das Verschieben oder Verändern eines existierenden *Shapes*, *TrackNew* auf ein neues *Shape* in einem spezifizierten *Display*.

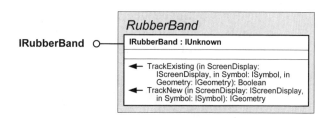

Die Schnittstelle *IRubberBand* ist in verschiedenen *CoClasses* implementiert. Jede dieser Klassen enthält Methoden zur Erzeugung von *RubberBand* Objekten.

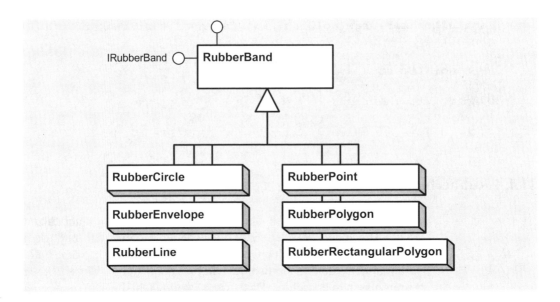

Der nächste Beispielcode setzt ein *UIToolControl* voraus. Nachdem ein solches Werkzeug zur ArcMap Oberfläche hinzugefügt ist, können die Ereignisse des Steuerelements im Visual Basic Editor von *Project -> ThisDocument* angeklickt werden. Dadurch wird das Codegerüst erstellt.

Die ersten drei Zeilen werden unter *General* von *ThisDocument* eingetragen. Das Codegerüst der Prozeduren *UIToolControl1_MouseDown* und *UIToolControl1_Select* wurde bereits durch das Erzeugen des Werkzeugs angelegt.

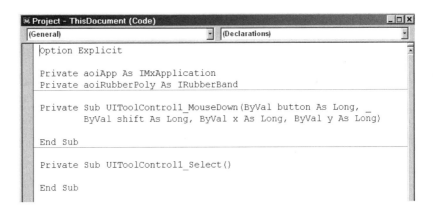

```
' (cd)   Erzeugen eines neuen RubberBand Objekts

Option Explicit
Private aoiApp As IMxApplication
Private aoiRubberPoly As IRubberBand

Private Sub UIToolControl1_MouseDown(ByVal button As _
    Long, ByVal shift As Long, ByVal x As Long, ByVal y As
Long)
  aoiRubberPoly.TrackNew aoiApp.Display, Nothing
End Sub
```

```
Private Sub UIToolControl1_Select()
  Set aoiApp = Application
  Set aoiRubberPoly = New RubberPolygon
End Sub
```

11.1.5 DisplayFeedback

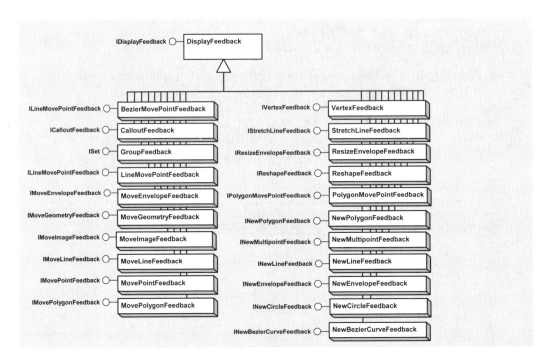

DisplayFeedback Objekte zeigen vereinfachte temporäre Grafiken, die beim Digitalisieren, Verschieben, Vergrößern oder Verkleinern von Grafiken während des Arbeitens mit der Maus sichtbar sind, um die neue Position oder Größe zu visualisieren. Mit einigen *Feedback* Objekten können neue Geometrien erzeugt werden. Für unterschiedliche Geometrietypen gibt es unterschiedliche *Feedback* Objekte.

Die *IDisplayFeedback* Schnittstelle definiert Funktionen, die allen *Feedback* Objekten gemeinsam sind. Sie ist nur in Kombination mit einem weiteren *Feedback* Objekt sinnvoll.

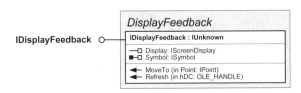

Display	*IDisplayFeedback::Display* wird bei der Initialisierung eines *Feedback* Objekts benutzt.
Symbol	*IDisplayFeedback::Symbol* ist optional. Wird kein Symbol gesetzt, wird ein voreingestelltes Symbol benutzt.
MoveTo	Die Funktion *MoveTo* wird typischerweise in einem *Mouse_Move* Ereignis verwendet.
Refresh	Die Funktion *Refresh* bewirkt ein Neuzeichnen des *Feedback* Objekts und wird z.B. im Ereignis *UIToolControl_Refresh* eingebunden.

Obwohl die *Feedback* Objekte gemeinsame Funktionen haben, verhalten Sie sich unterschiedlich. Zwei Arten von *Feedback* Objekten können unterschieden werden:

NewBezier-CurveFeedback

1.) Objekte, die neue Geometrien zurückgeben. Die Schnittstellen für diese Objekte haben eine Stop Funktion, die die neue Geometrie liefert wie z.B. *NewBezierCurveFeedback*:

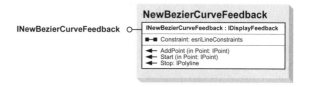

MoveGeometry-Feedback

2.) *Feedback* Objekte, die nur der Anzeige dienen wie *MoveGeometryFeedback*:

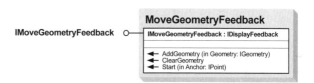

Welche Mausereignisse im Zusammenhang mit den *Feedback* Objekten programmiert werden, hängt im Wesentlichen vom *Feedback* Objekt ab. Für ein *NewEnvelopeFeedback* würde z.B. typischerweise ein *Mouse_Down* (z.B. untere linke Ecke des Rechtecks), ein *Mouse_Move* (Ausdehnung des Rechtecks) und ein *Mouse_Up* Ereignis (obere rechte Ecke) programmiert, für ein Polygon ein *Mouse_Down*, ein *Mouse_Move* und ein

Mouse_DblClick Ereignis (zum Beenden der Eingabe von Polygonpunkten).

Die *Feedback* Objekte können im *DataView*, im Editor und im *LayoutView* benutzt werden.

Da in der „*ArcGIS Developer Help*" ausführliche Beispiele zu den *Feedback* Objekten enthalten sind, wird an dieser Stelle auf ein Beispiel verzichtet.

GroupFeedback   Eine Besonderheit ist das *GroupFeedback* Objekt. Dieses Objekt ist eine Sammlung anderer *Feedback* Objekte. Auch das *GroupFeedback* Objekt unterstützt die *IDisplayFeedback* Schnittstelle. Die Funktionen, die auf das *GroupFeedback* Objekt angewendet werden, werden auch auf alle in der Sammlung befindlichen Objekte angewandt. Diese Implementierung erspart, dass einzelne Funktionen auf mehrere *Feedback* Objekte separat abgesetzt werden müssen. Der Zugriff auf die *GroupFeedback* Objekte erfolgt über die Schnittstelle *ISet*.

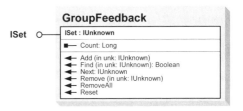

11.1.6 Weitere Display Objekte

Das *Display* Objektmodell bietet eine Reihe weiterer Objekte, von denen hier nur einige mit Beispielen skizziert werden.

11.1.6.1 ChartSymbolEditor

Das *ChartSymbolEditor* Objekt ist ein Dialog, um die Eigenschaften von Diagrammsymbolen zu verwalten.

IChartSymbol-Editor

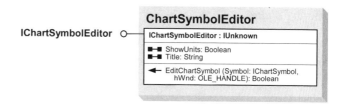

IChartSymbolEditor ○—

ChartSymbolEditor

IChartSymbolEditor : IUnknown
▪─▪ ShowUnits: Boolean ▪─▪ Title: String
◄─ EditChartSymbol (Symbol: IChartSymbol, hWnd: OLE_HANDLE): Boolean

```
' (cd)  Öffne den ChartSymbolEditor

Dim aoiCSymEdt As IChartSymbolEditor
Dim aoiCSym As IChartSymbol

   Set aoiCSymEdt = New ChartSymbolEditor
   Set aoiCSym = New PieChartSymbol

   aoiCSymEdt.ShowUnits = True
   aoiCSymEdt.Title = "ChartSymbol Editor"
   aoiCSymEdt.EditChartSymbol aoiCSym, 0
```

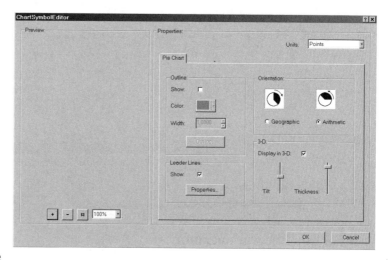

11.1.6.2 ColorPalette

ColorPalette ist eine Art Popup Menü aus dem der Anwender interaktiv eine Farbe auswählen kann.

IColorPalette

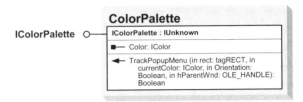

```
' (cd)  Öffnen der ColorPalette

Dim aoiColPal As IColorPalette
Dim aoiSym As ISymbol
Dim aoiCol As IRgbColor
Dim aoitagRect As tagRECT

  Set aoiCol = New RgbColor
  aoiCol.Red = 255

  Set aoiColPal = New ColorPalette
  ' Anzeige der Farbpalette
  aoiColPal.TrackPopupMenu aoitagRect, aoiCol, False, 0

  Set aoiCol = aoiColPal.Color
```

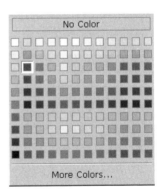

11.1.6.3 LineDecorationEditor

Dieser Editor ermöglicht Auswahl und Editierung von Linien, die mit Punktsymbolen dekoriert werden.

ILineDecoration-
Editor

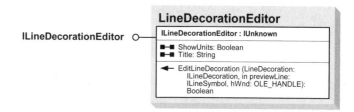

```
'  (cd)   Öffnen des LineDecorationEditor

Dim aoiLDEdt As ILineDecorationEditor
Dim aoiLDSym As ILineDecoration
Dim aoiLineSym As ILineSymbol

  Set aoiLDEdt = New LineDecorationEditor
  Set aoiLDSym = New LineDecoration
  Set aoiLineSym = New SimpleLineSymbol

  aoiLDEdt.ShowUnits = True
  aoiLDEdt.Title = "LineDecoration Editor"
  aoiLDEdt.EditLineDecoration aoiLDSym, aoiLineSym, 0
```

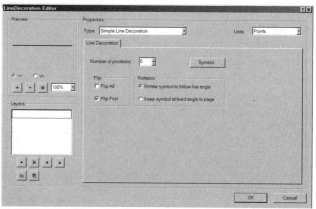

11.1.6.4 DefaultLegendSymbolEditor

ILegendSymbol-
Editor

Die Schnittstelle *ILegendSymbolEditor* erlaubt den Aufruf eines Dialogs zur Auswahl und Editierung von Legendensymbolen.

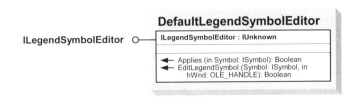

```
' (cd)  Öffnen des DefaultLegendSymbolEditor

Dim aoiLegSymEdt As ILegendSymbolEditor
Dim aoiSym As ISymbol

   Set aoiLegSymEdt = New DefaultLegendSymbolEditor
   Set aoiSym = New SimpleFillSymbol

   aoiLegSymEdt.EditLegendSymbol aoiSym, 0
```

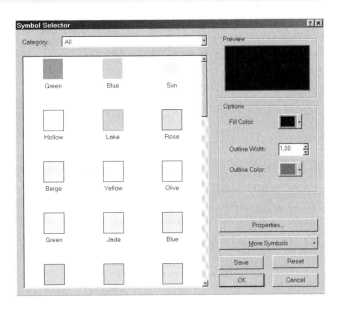

11.1.6.5 Symboleditor

Über die Schnittstelle *ISymbolEditor* kann dem Anwender der Dialog des Symboleditorss zur Verfügung gestellt werden.

```
'  (cd)   Öffnen des Symboleditors

Dim aoiSymEdt As ISymbolEditor
Dim aoiSym As ISymbol

  Set aoiSymEdt = New SymbolEditor
  Set aoiSym = New SimpleFillSymbol

  aoiSymEdt.ShowUnits = True
  aoiSymEdt.Title = "Symboleditor"
  aoiSymEdt.EditSymbol aoiSym, 0
```

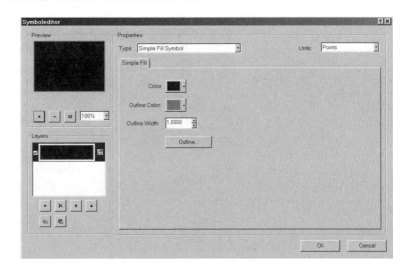

11.1.6.6 TextSymbolEditor

Der *TextSymbolEditor* erlaubt die interaktive Bearbeitung von Textsymbolen.

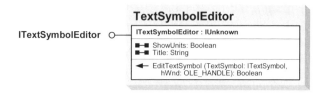

ITextSymbol-Editor

```
' (cd)  Öffnen des TextSymbolEditors

Dim aoiTSymEdt As ITextSymbolEditor
Dim aoiTSym As ITextSymbol

  Set aoiTSymEdt = New TextSymbolEditor
  Set aoiTSym = New TextSymbol

  aoiTSymEdt.ShowUnits = True
  aoiTSymEdt.Title = "TextSymbolEditor"
  aoiTSymEdt.EditTextSymbol aoiTSym, 0
```

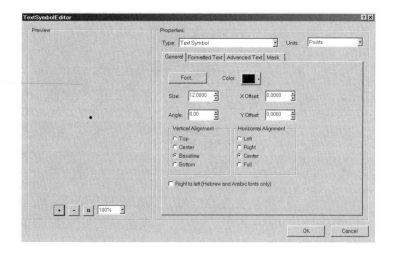

11.1.6.7 TextBackgroundEditor

ITextBackground-Editor   *ITextBackgroundEditor* stellt Methoden zur interaktiven Bearbeitung von Texthintergründen zur Verfügung.

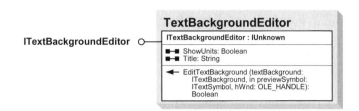

```
' (cd)   Öffnen des TextBackgroundEditors

Dim aoiTBackEdt As ITextBackgroundEditor
Dim aoiTBack As ITextBackground
Dim aoiBalloonCallOut As IBalloonCallout
Dim aoiTSym As ITextSymbol

    Set aoiTBackEdt = New TextBackgroundEditor
    Set aoiBalloonCallOut = New BalloonCallout
    Set aoiTBack = aoiBalloonCallOut
    Set aoiTSym = New TextSymbol

    aoiTBackEdt.ShowUnits = True
    aoiTBackEdt.Title = "TextBackground Editor"
    aoiTBackEdt.EditTextBackground aoiTBack, aoiTSym, 0
```

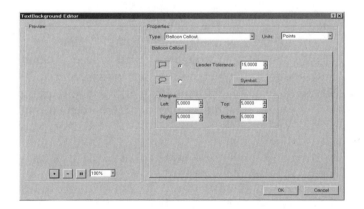

11.2 Farben und Farbschemata

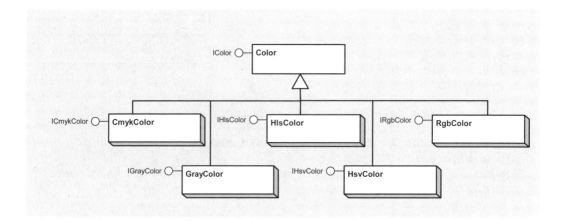

Die *Color* Objekte bieten den Zugriff auf Definitionen der gängigsten Farbmodelle (CMYK, Graustufen, HLS, HSV, RGB, CIELAB) sowie auf Vergabe von Transparenz.

Die Klasse *Color* ist eine abstrakte Klasse, die nicht erzeugt und nicht instanziert werden kann. Die Objekte der Unterklassen von *Color* werden mit dem Schlüsselwort *New* erzeugt.

IColor

Die Schnittstelle *IColor* wird von allen *Color CoClasses* implementiert. Ihre Funktionen stehen allen *Color* Objekten zur Verfügung. Über diese Schnittstelle wird auch Transparenz vergeben. *UseWindowsDithering* setzt fest oder zeigt an, ob eine Farbmischung erfolgen soll, um Farben an Bildschirme anzupassen, die weniger als 256 Farben unterstützen.

*UseWindows-
Dithering*

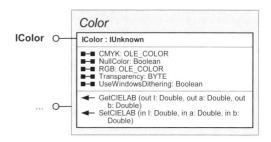

Intern werden Farben in dem geräteunabhängigen Farbmodell

CIELAB   CIELAB gespeichert. Dieses Farbmodell wird auch für die Umwandlung von Farben von einem Farbmodell in ein anderes verwendet.

```
' (cd)  Umwandlung von Farben in ein anderes Farbmodell

Dim aoiColor As IRgbColor
Dim dblL As Double
Dim dblA As Double
Dim dblB As Double

    Set aoiColor = New RgbColor
    With aoiColor
      .Red = 255
      .Green = 255
      .Blue = 100
    End With
    aoiColor.GetCIELAB dblL, dblA, dblB
    MsgBox "Der Farbwert RGB 255 255 100 entspricht" & vbCr & _
           "CIELAB l = " & dblL & vbCr & _
           "CIELAB a = " & dblA & vbCr & _
           "CIELAB b = " & dblB & vbCr
```

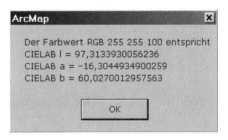

Obwohl die Farben intern im CIELAB Farbmodell gespeichert werden, braucht sich der Anwender darum nicht kümmern. Er kann die Farben gemäß seiner Präferenzen (z.B. im RGB Farbmodell für Bildschirmdarstellungen, CMYK für Druckausgaben) definieren.

Die folgenden drei Beispiele zeigen Farbdefinitionen nach unterschiedlichen Farbmodellen. Die Farben werden in diesen Beispielen noch keinem Symbol zugewiesen.

ICmykColor

IPostScriptColor

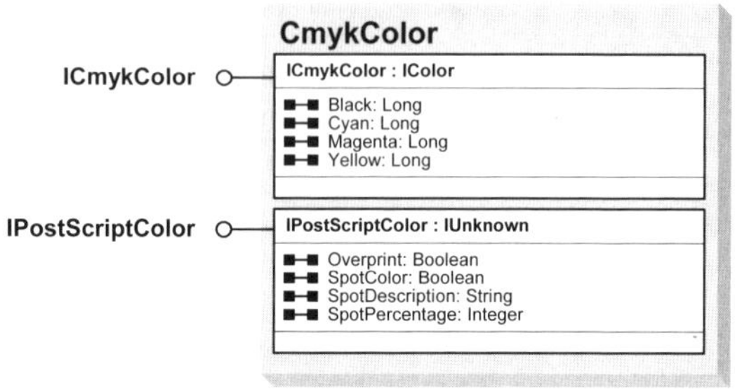

```
' (cd)  CMYK Farbdefinition

Dim aoiColor As ICmykColor

   Set aoiColor = New CmykColor
   With aoiColor
     .Black = 10
     .Cyan = 80
     .Magenta = 40
     .Yellow = 50
   End With
```

IGrayColor

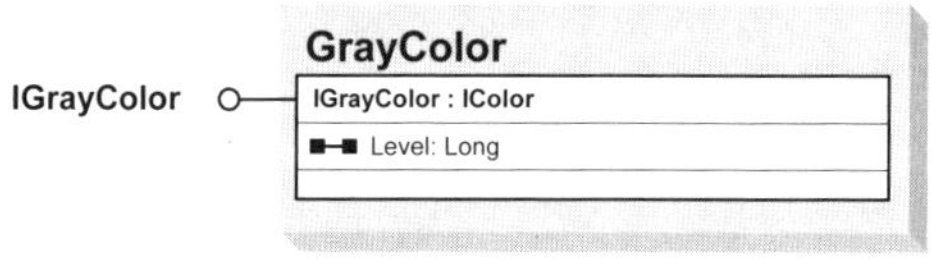

Level   Der Grauanteil *IGrayColor::Level* geht von 0 = weiss bis 255 = schwarz .

```
' (cd)  Graustufen Farbdefinition

Dim aoiColor As IGrayColor

   Set aoiColor = New GrayColor
   aoiColor.Level = 125
```

IRGBColor

```
' (cd)  RGB Farbdefinition
Dim aoiColor As IRgbColor

  Set aoiColor = New RgbColor
  With aoiColor
     .Red = 255
     .Green = 0
     .Blue = 0
  End With
```

Im folgenden Beispiel werden die Grafikelemente eines aktiven *Views* durchsucht. Alle Punktelemente werden rot dargestellt, Linienelemente grün, Polygone blau.

```
' (cd)  Farbzuweisung an Grafikelemente

Dim aoiDoc As IMxDocument
Dim aoiActiveView As IActiveView
Dim aoiRed As IRgbColor
Dim aoiGreen As IRgbColor
Dim aoiBlue As IRgbColor
' Dimensionierung der Symbole
Dim aoiMarkerElement As IMarkerElement
Dim aoiMarkerSymbol As IMarkerSymbol
Dim aoiLineElement As ILineElement
Dim aoiLineSymbol As ILineSymbol
Dim aoiPolygonElement As IFillShapeElement
Dim aoiPolygonSymbol As IFillSymbol

Dim aoiGC As IGraphicsContainer
Dim aoiElement As IElement
Dim aoiGeom As IGeometry

  Set aoiDoc = Application.Document
  Set aoiActiveView = aoiDoc.ActiveView
```

```
' Definition der RGB-Farben
Set aoiRed = New RgbColor
With aoiRed
  .Red = 255
  .Green = 0
  .Blue = 0
End With

' Farbdefinitionen über vb-Konstanten
Set aoiGreen = New RgbColor
aoiGreen.RGB = vbGreen
Set aoiBlue = New RgbColor
aoiBlue.RGB = vbBlue

' Zugriff auf den GraphicsContainer des aktiven Views
Set aoiGC = aoiActiveView.GraphicsContainer
aoiGC.Reset

Set aoiElement = aoiGC.Next
Set aoiGeom = aoiElement.Geometry

' Schleife durch alle Elemente im GraphicsContainer
Do Until aoiElement Is Nothing

  ' Wenn das Grafikelement ein Punkt ist...
  If (TypeOf aoiElement Is IMarkerElement) Then
    Set aoiMarkerElement = aoiElement
    Set aoiMarkerSymbol = aoiMarkerElement.Symbol
    aoiMarkerSymbol.Color = aoiRed
    aoiMarkerElement.Symbol = aoiMarkerSymbol

  ' Wenn das Grafikelement eine Linienelement ist...
  ElseIf (TypeOf aoiElement Is ILineElement) Then
    Set aoiLineElement = aoiElement
    Set aoiLineSymbol = aoiLineElement.Symbol
    aoiLineSymbol.Color = aoiGreen
    aoiLineElement.Symbol = aoiLineSymbol

  ' Wenn das Grafikelement ein Polygon ist...
  ElseIf (TypeOf aoiElement Is IPolygonElement) Then
    Set aoiPolygonElement = aoiElement
    Set aoiPolygonSymbol = aoiPolygonElement.Symbol
    aoiPolygonSymbol.Color = aoiBlue
    aoiPolygonElement.Symbol = aoiPolygonSymbol
  End If
```

```
      Set aoiElement = aoiGC.Next
   Loop
   aoiActiveView.Refresh
```

ColorRamp

ColorRamp Objekte bieten die Möglichkeit, zusammenhängende oder zufällige Reihen von Farbverläufen innerhalb eines Farbschemas zu erzeugen. Die einzelnen *ColorRamp* Objekte bieten unterschiedliche Arten für die Definition der Kriterien, nach denen ein Farbverlauf erstellt wird.

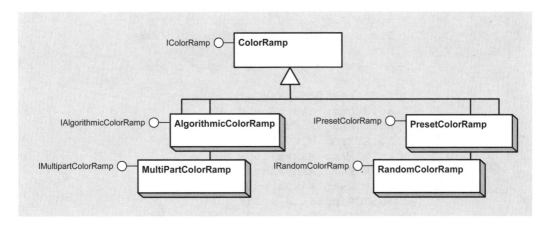

Algorithmic-ColorRamp, MultiPart-ColorRamp, Random ColorRamp

Ein Farbschema mit sequentiell angeordneten Farben kann mit der *AlgorithmicColorRamp* erzeugt werden. Eine *MultiPartColorRamp* ist ein Farbschema, das mehrere Farbschemata verknüpft. Ein *PresetColorRamp* Objekt beinhaltet exakt 13 Farben. Dieses Objekt soll die exakte Nachbildung von Farbschemata aus ArcView 3.x ermöglichen. *RandomColorRamp* erzeugt zufällige Farbschemata.

ColorRamp ist eine abstrakte Klasse, deren Funktionen den *CoClasses* zur Verfügung stehen.

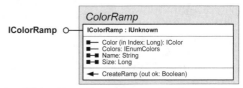

Farbschemata werden in ArcObjects auf zwei verschiedene Arten benutzt: Zum Einen durch den Zugriff auf einzelne Farben, zum

Anderen durch direkten Zugriff auf das *ColorRamp* Objekt als Funktion eines anderen Objekts.

Das nächste Codebeispiel setzt ein Formular mit dreizehn *Image-*Steuerelementen und einem *CommandButton* voraus, wie das Bild auf der linken Seite zeigt. Das Programm füllt die *Images* über die Eigenschaft *Backcolor* mit den Farben einer *RandomColorRamp*.

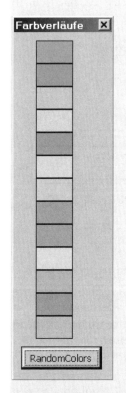

```
' (cd)   Erzeugen/Darstellen einer RandomColorRamp

Private Sub CommandButton1_Click()
    Dim aoiRCRamp As IRandomColorRamp
    Dim aoiEnumCol As IEnumColors
    Set aoiRCRamp = New RandomColorRamp

    ' Definition des Farbschemas
    aoiRCRamp.StartHue = 40
    aoiRCRamp.EndHue = 120
    aoiRCRamp.MinValue = 65
    aoiRCRamp.MaxValue = 90
    aoiRCRamp.MinSaturation = 25
    aoiRCRamp.MaxSaturation = 45
    aoiRCRamp.Size = 13
    aoiRCRamp.Seed = 23
    aoiRCRamp.CreateRamp (True)
    Set aoiEnumCol = aoiRCRamp.Colors

    UserForm1.Image1.BackColor = aoiEnumCol.Next.RGB
    UserForm1.Image2.BackColor = aoiEnumCol.Next.RGB
    UserForm1.Image3.BackColor = aoiEnumCol.Next.RGB
    UserForm1.Image4.BackColor = aoiEnumCol.Next.RGB
    UserForm1.Image5.BackColor = aoiEnumCol.Next.RGB
    UserForm1.Image6.BackColor = aoiEnumCol.Next.RGB
    UserForm1.Image7.BackColor = aoiEnumCol.Next.RGB
    UserForm1.Image8.BackColor = aoiEnumCol.Next.RGB
    UserForm1.Image9.BackColor = aoiEnumCol.Next.RGB
    UserForm1.Image10.BackColor = aoiEnumCol.Next.RGB
    UserForm1.Image11.BackColor = aoiEnumCol.Next.RGB
    UserForm1.Image12.BackColor = aoiEnumCol.Next.RGB
    UserForm1.Image13.BackColor = aoiEnumCol.Next.RGB
End Sub
```

11.3 Symbole

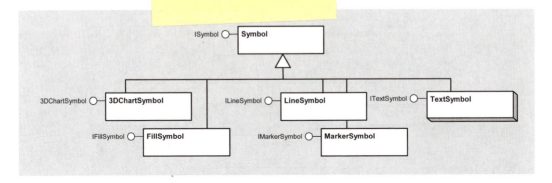

Symbol ist eine abstrakte Klasse. Instanzen dieser Klasse werden in ihren Unterklassen mit dem Schlüsselwort New erzeugt.

ISymbol

Die Funktionen der Klasse Symbol werden über die Schnittstelle ISymbol zur Verfügung gestellt.

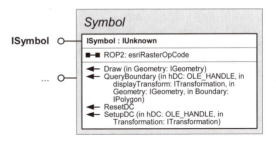

ROP2

ROP2 steht für „Raster operation code" und bezeichnet einen Code für die Darstellung von Pixeln beim Zeichnen von Symbolen.

Draw,
QueryBoundary,
SetupDC,
ResetDC

Draw zeichnet spezifizierte Geometrien. QueryBoundary füllt eine existierende Fläche mit einem spezifizierten Symbol. SetupDC spezifiziert den Gerätekontext für die Symboldarstellung, ResetDC stellt den ursprünglichen Gerätekontext wieder her.

11.3.1 3D Diagrammsymbole

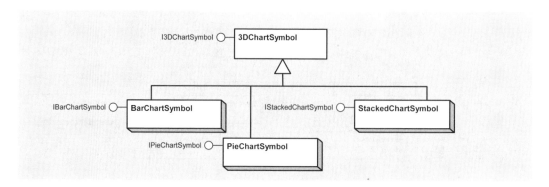

3DChartSymbol Objekte sind Symbole, die mit dem *ChartRenderer* benutzt werden.

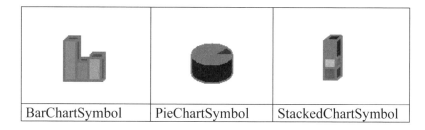

| BarChartSymbol | PieChartSymbol | StackedChartSymbol |

3DChartSymbol ist eine abstrakte Klasse mit den *CoClasses* *BarChartSymbol*, *PieChartSymbol* und *StackedChartSymbol*.

3DChartSymbol stellt folgende Eigenschaften über die Schnittstelle *I3DChartSymbol* zur Verfügung:

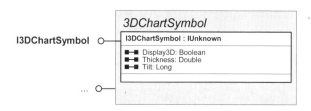

Display3D,
Thickness,
Tilt

Display3D ist wahr wenn das 3D Symbol dargestellt werden soll. *Thickness* definiert die Breite des Symbols, *Tilt* die Neigung.

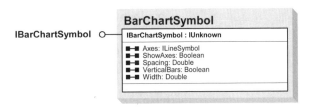

VerticalBars=True
Spacing = 4

VerticalBars=False
Spacing = 0

Die Schnittstelle *IBarChartSymbol* erlaubt den Zugriff auf die Eigenschaften von Säulendiagrammsymbolen. Mit der Eigenschaft *Axes* kann ein Liniensymbol für die Achsendarstellung angegeben werden. *ShowAxes* liefert oder setzt einen boolschen Wert der angibt, ob die Achsen dargestellt werden sollen. *Spacing* ist der in Punkten angegebene Abstand zwischen den einzelnen Säulen. *VerticalBars* definiert, ob die Säulen vertikal oder horizontal dargestellt werden sollen. Mit *Width* wird die Breite der Säulen in Punkten angegeben.

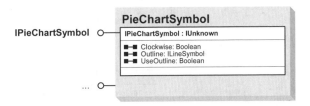

Clockwise

Outline,
UseOutline

Die Eigenschaft *Clockwise* definiert, ob die einzelnen Teile eines Tortendiagramms gegen oder im Uhrzeigersinn gezeichnet werden. Mit *Outline* kann ein Liniensymbol für den Umriss angegeben werden. *UseOutline* gibt an, ob eine Umrisslinie verwendet wird.

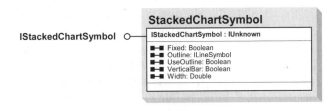

IStacked-
ChartSymbol,

Ist die Eigenschaft *Fixed* der Schnittstelle *IStackedChartSymbol* *True*, werden alle Säulen mit der gleichen Höhe dargestellt. Die einzelnen Teile der Säule werden prozentual auf diese Höhe verteilt. Ist *Fixed = False* wird die Höhe der Säulen abgestuft. Die weiteren Eigenschaften entsprechen in ihrer Funktion den Eigenschaften der Schnittstelle *IBarChartSymbol*.

Beispiele zu 3D Diagrammsymbolen befinden sich im Kapitel 10.4.2: *ChartRenderer*.

11.3.2 Flächenfüllsymbole

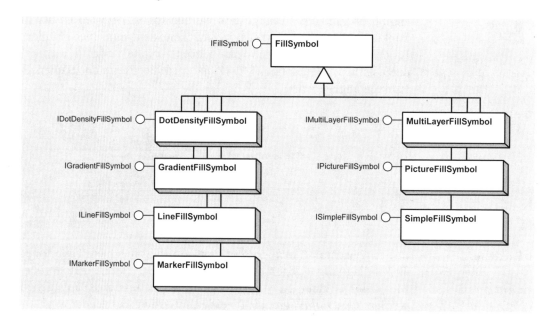

Flächenfüllsymbole können allen flächigen zweidimensionalen Geometrien wie Kreisen, Polygonen und Rechtecken zugewiesen werden.

FillSymbol   *FillSymbol* ist eine abstrakte Klasse mit den *CoClasses* *DotDensityFillSymbol* (Punktdichtefüllung), *GradientFillSymbol* (Farbverlauf), *LineFillSymbol* (Schraffur), *MarkerFillSymbol* (Füllung mit Punktsymbolen), *MultiLayerFillSymbol* (Flächenfüllung aus mehreren Layern), *PictureFillSymbol* (die Fläche wird mit einem Bild gefüllt) und *SimpleFillSymbol* (vollflächige Füllung).

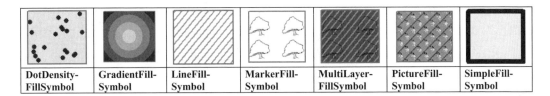

DotDensity-FillSymbol	GradientFill-Symbol	LineFill-Symbol	MarkerFill-Symbol	MultiLayer-FillSymbol	PictureFill-Symbol	SimpleFill-Symbol

Color,
Outline

Alle Füllsymbole haben zwei Eigenschaften gemeinsam, die über die Schnittstelle *IFillSymbol* verfügbar sind: *Color* für die Füllfarbe und *Outline* für die Umrandungslinie.

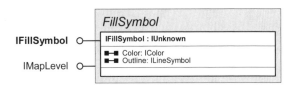

MapLevel,
IMapLevel

MapLevel bezeichnet die aktuelle Zeichnungsebene bei der Darstellung von Symbolen mit mehreren Zeichnungsebenenen. Die Schnittstelle *IMapLevel* erlaubt die Veränderung der Reihenfolge des Zeichnungsebenen.

11.3.2.1 DotDensityFillSymbol

DotDensityFill-
Symbol,
DotDensity-
Renderer,

DotValue

DotDensityFillSymbol bezeichnet eine Punktdichtefüllung. Flächen werden dabei entsprechend einer Häufigkeit mit Punktsymbolen gefüllt. *DotDensityFillSymbol* Objekte werden in der Regel im Zusammenhang mit einem *DotDensityRenderer* benutzt. Die Häufigkeit der Punktsymbole wird typischerweise aus einem Attribut einer Sachdatentabelle gelesen und mit der Eigenschaft *IDotDensityRenderer::.DotValue* berechnet.

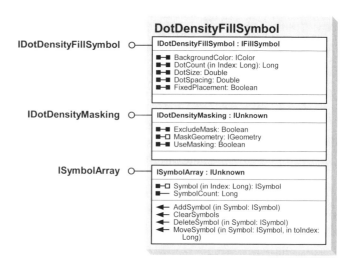

DotDensityFillSymbol

IDotDensityFillSymbol ○—— | IDotDensityFillSymbol : IFillSymbol
- BackgroundColor: IColor
- DotCount (in Index: Long): Long
- DotSize: Double
- DotSpacing: Double
- FixedPlacement: Boolean

IDotDensityMasking ○—— | IDotDensityMasking : IUnknown
- ExcludeMask: Boolean
- MaskGeometry: IGeometry
- UseMasking: Boolean

ISymbolArray ○—— | ISymbolArray : IUnknown
- Symbol (in Index: Long): ISymbol
- SymbolCount: Long
- AddSymbol (in Symbol: ISymbol)
- ClearSymbols
- DeleteSymbol (in Symbol: ISymbol)
- MoveSymbol (in Symbol: ISymbol, in toIndex: Long)

Background-Color, DotCount	Die Erscheinung von Punktdichtesymbolen wird über die Schnittstelle *IDotDensityFillSymbol* definiert. *BackgroundColor* ist die Hintergrundfarbe der Fläche. *DotCount* kann benutzt werden, um die Anzahl der Punkte anzugeben. Diese Eigenschaft braucht bei der Verwendung eines *DotDensityRenderers* nicht angegeben
DotValue	werden, da mit der Eigenschaft *DotDensityRenderer::DotValue* ein entsprechender Wert berechnet wird. Wenn mit *DotCount* -wie in dem nächsten Beispiel- die Anzahl der darzustellenden Symbole angegeben wird, muss zuvor ein *SymbolArray* definiert sein. Über
SymbolArray, ISymbolArray	die Schnittstelle *ISymbolArray* ist die Verwendung mehrerer Symbole möglich. Der mit der Eigenschaft *DotCount* anzugebende Index bezieht sich auf den Index des *SymbolArrays*. *DotSize* legt die
DotSize, DotSpacing	Größe des Symbols fest. Die Eigenschaft *DotSpacing* soll die Distanz zwischen den Mittelpunkten der Symbole festlegen, war in der vorliegenden Version aber noch nicht implementiert. Ist
FixedPlacement	*FixedPlacement = True*, werden die Symbole immer an der gleichen Stelle platziert. Anderenfalls werden sie zufällig innerhalb der Flächen verteilt.
IDotDensity-Masking	Über die Schnittstelle *IDotDensityMasking* kann auf Maskierungseigenschaften der Symbole zugegriffen werden.

Im nächsten Beispiel werden alle flächenhaften Grafiken innerhalb des *Data View* mit einem *DotDensityFillSymbol* gefüllt. Ein typischeres Beispiel zur Verwendung von *DotDensityFillSymbol*

Objekten im Zusammenhang mit einem *DotDensityRenderer* ist im Kapitel 10.4.4.

```
' (cd)  Erzeuge DotDensityFillSymbol Flächenfüllungen

Dim aoiDoc As IMxDocument
Dim aoiMap As IMap
Dim aoiGC As IGraphicsContainer
Dim aoiElement As IElement
Dim aoiGeom As IGeometry
Dim aoiPolygonElement As IFillShapeElement
Dim aoiSMSymbol As ISimpleMarkerSymbol
Dim aoiColor As IRgbColor
Dim aoiDDFillSymbol As IDotDensityFillSymbol
Dim aoiSymbolArray As ISymbolArray
Dim aoiDDMasking As IDotDensityMasking

  Set aoiDoc = ThisDocument

  ' Data View, ggf. aktivieren
  Set aoiMap = aoiDoc.FocusMap
  If TypeOf aoiDoc.ActiveView Is IPageLayout Then
     Set aoiDoc.ActiveView = aoiMap
  End If


  ' Symboldefinition
  Set aoiDDFillSymbol = New DotDensityFillSymbol
  ' SymbolArray
  Set aoiSymbolArray = aoiDDFillSymbol
  aoiDDFillSymbol.DotSize = 5
  ' roter Hintergrund
  Set aoiColor = New RgbColor
  aoiColor.RGB = vbYellow
  aoiDDFillSymbol.BackgroundColor = aoiColor
  ' blaues Punktsymbol
  Set aoiSMSymbol = New SimpleMarkerSymbol
  aoiSMSymbol.Style = esriSMSCircle
  aoiColor.RGB = vbBlue
  aoiSMSymbol.Color = aoiColor

  aoiSymbolArray.AddSymbol aoiSMSymbol
  ' Anzahl der Punkte im SymbolArray 0
  aoiDDFillSymbol.DotCount(0) = 200
```

```
' Symbolmaskierung
Set aoiDDMasking = New DotDensityFillSymbol
aoiDDMasking.UseMasking = True
Set aoiDDMasking = aoiDDFillSymbol

aoiDDFillSymbol.FixedPlacement = False

' Alle Polygongrafiken im aktiven View werden mit dem
' definierten Füllmuster dargestellt

' Zugriff auf den GraphicsContainer des aktiven Views
Set aoiGC = aoiDoc.ActiveView.GraphicsContainer
aoiGC.Reset

Set aoiElement = aoiGC.Next

' Prüfung ob Grafikelemente im GraphicsContainer sind...
If Not aoiElement Is Nothing Then
  Set aoiGeom = aoiElement.Geometry
  ' Schleife durch alle Elemente im GraphicsContainer
  Do Until aoiElement Is Nothing
    ' Wenn das Grafikelement ein Polygon ist...
    If (aoiElement.Geometry.GeometryType = _
        esriGeometryPolygon) Then
      Set aoiPolygonElement = aoiElement
      aoiPolygonElement.Symbol = aoiDDFillSymbol
    End If
    Set aoiElement = aoiGC.Next
  Loop
  aoiDoc.ActiveView.Refresh
Else
  MsgBox "Es sind keine Grafikobjekte im Data View"
End If
```

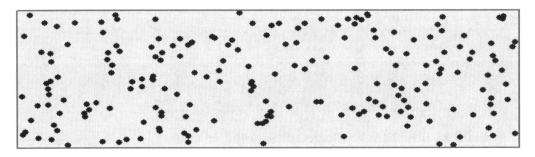

11.3.2.2 GradientFillSymbol

GradientFillSymbol ist eine Farbverlaufsfüllung.

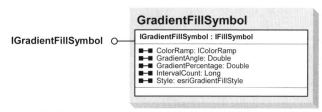

ColorRamp

GradientAngle, Gradient-Percentage

Die Eigenschaft *IFillSymbol::Color* hat keinen Einfluss auf den Farbverlauf weshalb die Definition eines Farbverlaufs über die Eigenschaft *IGradientFillSymbol::ColorRamp* sinnvoll ist. Zur Nutzung und Erzeugung eines Farbverlaufsschemas siehe Kapitel 10.2. Mit *GradientAngle* wird ein Neigungswinkel für das Füllmuster festgelegt. Mit *GradientPercentage* kann der Farbverlauf auf einen Teil der Fläche beschränkt werden. *GradientPercentage* wird mit einer Zahl zwischen 0 und 1 angegeben. 1 bedeutet, dass der Flächenverlauf sich über die gesamte Fläche erstreckt. 0.5 bedeutet, dass die Hälfte der Fläche mit einem Farbverlauf dargestellt wird, die andere Hälfte wird mit der ersten Farbe des Farbschemas gefüllt.

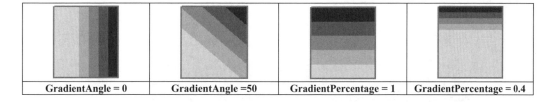

GradientAngle = 0	GradientAngle =50	GradientPercentage = 1	GradientPercentage = 0.4

IntervalCount, Style

IntervalCount setzt oder liefert die Anzahl der Farben im Farbverlauf. *Style* ist eine der folgenden vier Konstanten:

esriGradient-FillStyle

Konstante	Wert
esriGFSLinear	0
esriGFSRectangular	1
esriGFSCircular	2

esriGFSBuffered   3

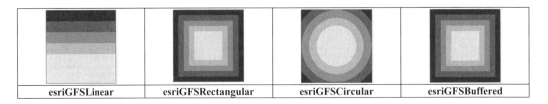

esriGFSLinear	esriGFSRectangular	esriGFSCircular	esriGFSBuffered

Die Ergebnisse der Konstanten *esriGFSRectangular* und *esriGFSBuffered* sind zur Zeit noch identisch.

```
' (cd)   Erzeuge Farbverlaufsfüllungen

Dim aoiDoc As IMxDocument
Dim aoiMap As IMap
Dim aoiGradFillSymbol As IGradientFillSymbol
Dim aoiStyle As esriGradientFillStyle
Dim aoiGC As IGraphicsContainer
Dim aoiElement As IElement
Dim aoiGeom As IGeometry
Dim aoiPolygonElement As IFillShapeElement
Dim aoiACRamp As IAlgorithmicColorRamp
Dim aoiFromColor As IColor
Dim aoiToColor As IColor

  Set aoiDoc = ThisDocument

  ' Data View, ggf. aktivieren
  Set aoiMap = aoiDoc.FocusMap
  If TypeOf aoiDoc.ActiveView Is IPageLayout Then
     Set aoiDoc.ActiveView = aoiMap
  End If

   ' Definition des Füllmusters
  Set aoiGradFillSymbol = New GradientFillSymbol
  aoiStyle = esriGFSCircular
  aoiGradFillSymbol.Style = aoiStyle

  ' Definition eines Farbverlaufs von blau nach grau
  Set aoiACRamp = New AlgorithmicColorRamp
  aoiACRamp.Size = 7
```

```
' Farbverlau von blau...
Set aoiFromColor = New RgbColor
aoiFromColor.RGB = RGB(0, 0, 255)
' Farbverlauf nach grau
Set aoiToColor = New RgbColor
aoiToColor.RGB = RGB(210, 210, 210)
aoiACRamp.FromColor = aoiFromColor
aoiACRamp.ToColor = aoiToColor
aoiACRamp.CreateRamp (True)
aoiGradFillSymbol.ColorRamp = aoiACRamp

' Alle Polygongrafiken im aktiven View werden mit dem
' definierten Füllmuster dargestellt

' Zugriff auf den GraphicsContainer des aktiven Views
Set aoiGC = aoiDoc.ActiveView.GraphicsContainer
aoiGC.Reset
Set aoiElement = aoiGC.Next

' Prüfung ob Grafikelemente im GraphicsContainer sind...
If Not aoiElement Is Nothing Then
  Set aoiGeom = aoiElement.Geometry
  ' Schleife durch alle Elemente im GraphicsContainer
  Do Until aoiElement Is Nothing
    ' Wenn das Grafikelement ein Polygon ist...
    If (aoiElement.Geometry.GeometryType = _
        esriGeometryPolygon) Then
      Set aoiPolygonElement = aoiElement
      aoiPolygonElement.Symbol = aoiGradFillSymbol
    End If
    Set aoiElement = aoiGC.Next
  Loop
  aoiDoc.ActiveView.Refresh
Else
  MsgBox "Es sind keine Grafikobjekte im Data View"
End If
```

11.3.2.3 LineFillSymbol

LineFillSymbol ist eine flächenfüllende Vektorschraffur.

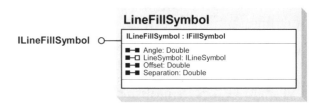

LineSymbol,
Angle, Offset,
Separation

Über die Schnittstelle *ILineSymbol* können Winkel (*Angle*), das Liniensymbol der Schraffur (*LineSymbol*), Versatz (*Offset*) und der Abstand zwischen den Linien (*Separation*) festgelegt werden.

```
' (cd)  Erzeuge LineFillSymbol

Dim aoiDoc As IMxDocument
Dim aoiMap As IMap
Dim aoiColor As IRgbColor
Dim aoiLineFillSymbol As ILineFillSymbol
Dim aoiGC As IGraphicsContainer
Dim aoiElement As IElement
Dim aoiGeom As IGeometry
Dim aoiPolygonElement As IFillShapeElement

  Set aoiDoc = ThisDocument

  ' Data View, ggf. aktivieren
  Set aoiMap = aoiDoc.FocusMap
  If TypeOf aoiDoc.ActiveView Is IPageLayout Then
     Set aoiDoc.ActiveView = aoiMap
  End If

  ' Definition der Symbolfarbe
  Set aoiColor = New RgbColor
  aoiColor.RGB = vbGreen
  ' Definition des Füllmusters
  Set aoiLineFillSymbol = New LineFillSymbol
  aoiLineFillSymbol.Angle = 50
  aoiLineFillSymbol.Color = aoiColor
```

```
aoiLineFillSymbol.Offset = 12

' Zugriff auf den GraphicsContainer des aktiven Views
Set aoiGC = aoiDoc.ActiveView.GraphicsContainer
aoiGC.Reset
Set aoiElement = aoiGC.Next

' Prüfung ob Grafikelemente im GraphicsContainer sind...
If Not aoiElement Is Nothing Then
  Set aoiGeom = aoiElement.Geometry

 ' Schleife durch alle Elemente im GraphicsContainer
  Do Until aoiElement Is Nothing
    ' Wenn das Grafikelement ein Polygon ist...
    If (aoiElement.Geometry.GeometryType = _
        esriGeometryPolygon) Then
      Set aoiPolygonElement = aoiElement
      aoiPolygonElement.Symbol = aoiLineFillSymbol
    End If
    Set aoiElement = aoiGC.Next
  Loop
  aoiDoc.ActiveView.Refresh
Else
  MsgBox "Es sind keine Grafikobjekte im Data View"
End If
```

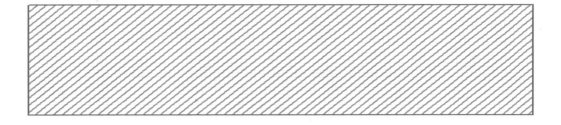

11.3.2.4 MarkerFillSymbol

Mit *MarkerFillSymbol* Objekten können flächenhafte Geometrien mit einem Muster sich wiederholender Punktsymbole gefüllt werden.

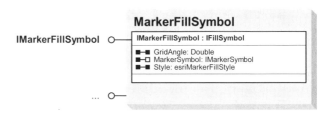

MarkerSymbol,
Style,
esriMFSGrid,
esriMFSRandom

Das für die Füllung verwendete Punktmuster wird mit der Eigenschaft *MarkerSymbol* gesetzt oder abgefragt. Mit *Style* können zwei Konstanten angegeben werden: *esriMFSGrid* platziert die Symbole in ein regelmäßiges Raster, *esriMFSRandom* ordnet die Symbole zufällig an. Die im Objektmodell angeführte Funktion *GridAngle* hat in der vorliegenden Version keine Wirkung.

Mit der Schnittstelle *IFillProperties* des *MarkerFillSymbol* Objekts kann der Versatz und der Abstand der einzelnen Symbole in der Füllung gesteuert werden.

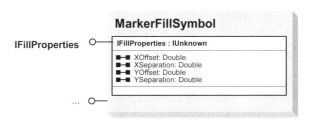

XOffset, YOffset,
XSeparation,
YSeparation

XOffset und *YOffset* bewirken einen Versatz des Füllmusters horizontal und vertikal. *XSeparation* und *YSeparation* definieren den Abstand der einzelnen Füllmuster. Die Einheiten aller vier Funktionen der Schnittstelle *IFillProperties* sind Punkte (ein Punkt = 1/72 Inch = ca. 0,35 mm). Der voreingestellte Wert für *XSeparation* und *YSeparation* ist 12.

```
' (cd)  Erzeuge eine MarkerFillSymbol Flächenfüllung

Dim aoiDoc As IMxDocument
Dim aoiMap As IMap
Dim aoiMarker As IMarkerSymbol
Dim aoiFont As IFontDisp
Dim aoiChMSym As ICharacterMarkerSymbol
Dim aoiMarkerFill As IMarkerFillSymbol
Dim aoiFillProps As IFillProperties
```

```
Dim aoiGC As IGraphicsContainer
Dim aoiElement As IElement
Dim aoiGeom As IGeometry
Dim aoiPolygonElement As IFillShapeElement

  Set aoiDoc = ThisDocument

  ' Data View, ggf. aktivieren
  Set aoiMap = aoiDoc.FocusMap
  If TypeOf aoiDoc.ActiveView Is IPageLayout Then
    Set aoiDoc.ActiveView = aoiMap
  End If

  ' Definition des Markersymbols,
  ' mit dem die Fläche gefüllt wird
        'Definition des Fonts
         Set aoiFont = New StdFont
         ' Das stdFont Objekt ist VisualBasics
         ' Standardimplementation des COM Font Objekts
         aoiFont.Name = "ESRI US Forestry 2"
         aoiFont.Size = 24

         ' Definition des CharacterMarkerSymbols
         Set aoiChMSym = New CharacterMarkerSymbol
         With aoiChMSym
           .Angle = 5
           .CharacterIndex = 73
           .Font = aoiFont
           .Size = 24
         End With
         Set aoiMarker = aoiChMSym

  ' Definition des MarkerFillSymbols
  Set aoiMarkerFill = New MarkerFillSymbol
  Set aoiMarkerFill.MarkerSymbol = aoiMarker
  aoiMarkerFill.Style = esriMFSGrid

  Set aoiFillProps = aoiMarkerFill
  aoiFillProps.XOffset = 24
  aoiFillProps.YOffset = 24
  aoiFillProps.XSeparation = 36
  aoiFillProps.YSeparation = 24

  ' Zugriff auf den GraphicsContainer des aktiven Views
  Set aoiGC = aoiDoc.ActiveView.GraphicsContainer
```

```
aoiGC.Reset
Set aoiElement = aoiGC.Next
If Not aoiElement Is Nothing Then
  Set aoiGeom = aoiElement.Geometry

  ' Schleife durch alle Elemente im GraphicsContainer
  Do Until aoiElement Is Nothing
    ' Wenn das Grafikelement ein Polygon ist...
    If (aoiElement.Geometry.GeometryType = _
        esriGeometryPolygon) Then
      Set aoiPolygonElement = aoiElement
      aoiPolygonElement.Symbol = aoiMarkerFill
    End If
    Set aoiElement = aoiGC.Next
  Loop
  aoiDoc.ActiveView.Refresh
Else
  MsgBox "Es ist keine Polygongrafik im Data View"
End If
```

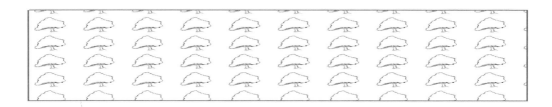

11.3.2.5 MultilayerFillSymbol

MultiLayerFillSymbol sind aus mehreren *FillSymbol* Objekten zusammengesetzte Flächenfüllungen.

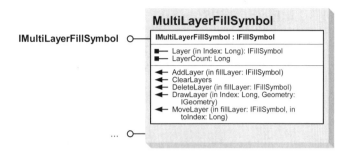

Die verschiedenen *FillSymbol* Objekte werden als *Layer* zu einem *MultiLayerFillSymbol* Objekt hinzugefügt, verschoben oder gelöscht. *LayerCount* liefert die Anzahl der *Layer*, die Eigenschaft *Layer* liefert die Indexnummer, die die Position des *Layers* angibt.

LayerCount, Layer

Das folgende Bild zeigt eine *MultiLayerFillSymbol* Flächenfüllung, die aus verschiedenen Beispielen zu *FillSymbol* Objekten in diesem Kapitel (*SimpleFillSymbol*, *LineFillSymbol* und *MarkerFillSymbol*) zusammengesetzt wurde.

Für die Erzeugung des *MultiLayerFillSymbols* wurden folgende zusätzlichen Programmzeilen verwendet:

```
...
Dim aoiMLFSymbol As IMultiLayerFillSymbol
   ...
   Set aoiMLFSymbol = New MultiLayerFillSymbol
   aoiMLFSymbol.AddLayer aoiSimpleFillSymbol
   aoiMLFSymbol.AddLayer aoiLineFillSymbol
   aoiMLFSymbol.AddLayer aoiMarkerFill

   ...
   aoiPolygonElement.Symbol = aoiMLFSymbol
   ...
```

11.3.2.6 PictureFillSymbol

PictureFillSymbol ermöglicht Bilder als Flächenfüllungen zu benutzen.

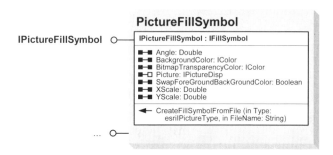

Bilder können als *PictureFillSymbol* auf zwei Arten geladen werden:

Picture

1. Wenn bereits eine *OLE* Referenz auf ein Bild in einem Formular besteht, kann es über die Funktion *Picture* geladen werden.

CreateFill-SymbolFromFile

2. Mit der Funktion *CreateFillSymbolFromFile* können Bilder aus Dateien geladen werden. Die *esriIPictureType* Konstante kann dabei die Ausprägung *esriIPictureEMF* (= 0) oder *esriIPictureBitmap* (= 1) bekommen.

Bitmap-Transparency-Color

Nachdem ein Bild spezifiziert ist, können weitere Eigenschaften gesetzt werden: *Angle* rotiert das Bild um einen angegebenen Winkel. Mit *BitmapTransparencyColor* kann der Hintergrund von *Bitmaps* transparent dargestellt werden. Nicht gefüllte Bereiche eines *Bitmaps* können mit *BackgroundColor* und einem beliebigem *IColor* Objekt angezeigt werden. Mit der Eigenschaft *SwapForeGroundBackGroundColor* können die Farben von 1-Bit Bildern vertauscht werden. Die Farbbelegungen können rückgängig gemacht werden, indem die Eigenschaften auf *NOTHING* gesetzt werden.

Angle

Background-Color, Swap-ForeGround-BackGround-Color

XScale, YScale

XScale und *YScale* erlauben die unterschiedliche Skalierung des Symbols in X- und Y-Richtung.

```
' (cd)   Erzeuge eine PictureFillSymbol Flächenfüllung

' Voraussetzung:  Die Datei z_street_light.bmp liegt im
' Verzeichnis "C:\Program Files\ArcGIS\Bin\Styles\Pictures\"

Dim aoiDoc As IMxDocument
Dim aoiMap As IMap
Dim aoiBackColor As IRgbColor
Dim aoiPictureFill As IPictureFillSymbol
Dim aoiGC As IGraphicsContainer
Dim aoiElement As IElement
Dim aoiGeom As IGeometry
Dim aoiPolygonElement As IFillShapeElement

   Set aoiDoc = ThisDocument

   ' Data View, ggf. aktivieren
   Set aoiMap = aoiDoc.FocusMap
   If TypeOf aoiDoc.ActiveView Is IPageLayout Then
      Set aoiDoc.ActiveView = aoiMap
   End If

   ' Definition der Hintergrundfarbe
   Set aoiBackColor = New RgbColor
   With aoiBackColor
     .Red = 0
     .Green = 255
     .Blue = 0
   End With

   ' Definition des PictureFillSymbols
   Set aoiPictureFill = New PictureFillSymbol
   'Laden einer Bitmap-Datei
   aoiPictureFill.CreateFillSymbolFromFile esriIPictureBitmap, _
"C:\Program Files\ArcGIS\Bin\Styles\Pictures\z_street_light.bmp"
   With aoiPictureFill
     .Angle = 45
     .BackgroundColor = aoiBackColor
   End With

   ' Zugriff auf den GraphicsContainer des aktiven Views
   Set aoiGC = aoiDoc.ActiveView.GraphicsContainer
   aoiGC.Reset
   Set aoiElement = aoiGC.Next
```

```
' Prüfung ob Grafikelemente im GraphicsContainer sind...
If Not aoiElement Is Nothing Then
   Set aoiGeom = aoiElement.Geometry
   ' Schleife durch alle Elemente im GraphicsContainer
   Do Until aoiElement Is Nothing
     ' Wenn das Grafikelement ein Polygon ist...
     If (aoiElement.Geometry.GeometryType = _
         esriGeometryPolygon) Then
        Set aoiPolygonElement = aoiElement
        aoiPolygonElement.Symbol = aoiPictureFill
     End If
     Set aoiElement = aoiGC.Next
     Loop
     aoiDoc.ActiveView.Refresh
Else
     MsgBox "Es ist keine Polygongrafik im Data View."
End If
```

IFillProperties	*PictureFillSymbol* implementiert auch die Schnittstelle *IFillProperties*. Diese Schnittstelle ermöglicht die Steuerung von Markersymbolen im Füllmuster.

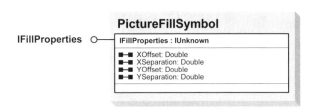

XOffset, YOffset, XSeparation, YSeparation	*XOffset* und *YOffset* bewirken einen Versatz des Füllmusters horizontal und vertikal. *XSeparation* und *YSeparation* definieren den Abstand der einzelnen Füllmuster. Die Einheiten aller vier

Funktionen der Schnittstelle *IFillProperties* sind Punkte (ein Punkt = 1/72 Inch = ca. 0,35 mm). Der voreingestellte Wert für *XSeparation* und *YSeparation* ist 12.

Das Bild links zeigt das Ergebnis, nachdem das folgende Programmfragment nach der Definition des *PictureFillSymbol* im vorangegangenen Beispiels eingefügt wurde.

```
...
Dim aoiFillProps As IFillProperties
  Set aoiFillProps = aoiPictureFill
  aoiFillProps.XOffset = 24
  aoiFillProps.YOffset = 24
  aoiFillProps.XSeparation = 24
  aoiFillProps.YSeparation = 12
...
```

11.3.2.7 SimpleFillSymbol

Mit der Schnittstelle *ISimpleFillSymbol* können Flächen vollflächig, nur mit ihrer Umrandung oder mit einfachen Linienmustern dargestellt werden.

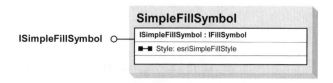

Die Art der Füllung wird über die Konstante *esriSimpleFillStyle* definiert.

	Konstante	Wert	Beschreibung
esriSimple-FillStyle	esriSFSSolid	0	vollflächige Füllung
	esriSFSNull	1	ohne Füllung
	esriSFSHollow	1	ohne Füllung (=esriSFSNull)
	esriSFSHorizontal	2	horizontal gestrichelte Linie (--------)
	esriSFSVertical	3	vertikal gestrichelte Linie (‖‖‖‖‖‖‖‖‖‖)
	esriSFSForwardDiagonal	4	gestrichelte Linie 45° abwärts (\\\\\\\\\\)
	esriSFSBackwardDiagonal	5	gestrichelte Linie 45° aufwärts (//////////)
	esriSFSCross	6	horizontal und vertikal gekreuzt (++++++)
	esriSFSDiagonalCross	7	horizontal und vertikal 45° (xxxxxxx)

Das nächste Beispielprogramm färbt alle *Polygon* Grafikobjekte des aktiven *Views* mattgelb mit einer dunkelblauen Umrandung.

```
' (cd)  SimpleFillSymbol Flächenfüllung

Dim aoiDoc As IMxDocument
Dim aoiMap As IMap
Dim aoiColor As IRgbColor
Dim aoiSimpleFillSym As ISimpleFillSymbol
Dim aoiStyle As esriSimpleFillStyle
Dim aoiOutline As ILineSymbol
Dim aoiOutlineColor As IRgbColor
Dim aoiWidth As Double
Dim aoiGC As IGraphicsContainer
Dim aoiElement As IElement
Dim aoiGeom As IGeometry
Dim aoiPolygonElement As IFillShapeElement
```

```
Set aoiDoc = ThisDocument

' Data View, ggf. aktivieren
Set aoiMap = aoiDoc.FocusMap
If TypeOf aoiDoc.ActiveView Is IPageLayout Then
   Set aoiDoc.ActiveView = aoiMap
End If

' Definition der Symbolfarbe
Set aoiColor = New RgbColor
With aoiColor
  .Red = 255
  .Green = 255
  .Blue = 100
End With

' Definition des Füllmusters
Set aoiSimpleFillSym = New SimpleFillSymbol
aoiStyle = esriSFSSolid ' Vollflächige Füllung
aoiSimpleFillSym.Style = aoiStyle
aoiSimpleFillSym.Color = aoiColor

' Definition der Umrandung
Set aoiOutline = aoiSimpleFillSym.Outline
Set aoiOutlineColor = New RgbColor
With aoiOutlineColor
  .Red = 0
  .Green = 0
  .Blue = 100
End With

aoiWidth = 5
aoiOutline.Color = aoiOutlineColor
aoiOutline.Width = aoiWidth
aoiSimpleFillSym.Outline = aoiOutline

' Zugriff auf den GraphicsContainer des aktiven Views
Set aoiGC = aoiDoc.ActiveView.GraphicsContainer
aoiGC.Reset
Set aoiElement = aoiGC.Next

' Prüfung ob Grafikelemente im GraphicsContainer sind...
If Not aoiElement Is Nothing Then
  Set aoiGeom = aoiElement.Geometry
```

```
' Schleife durch alle Elemente im GraphicsContainer
Do Until aoiElement Is Nothing
  ' Wenn das Grafikelement ein Polygon ist...
  If (aoiElement.Geometry.GeometryType = _
      esriGeometryPolygon) Then
    Set aoiPolygonElement = aoiElement
    aoiPolygonElement.Symbol = aoiSimpleFillSym
  End If
  Set aoiElement = aoiGC.Next
Loop
aoiDoc.ActiveView.Refresh
Else
  MsgBox „Es sind keine Grafikobjekte im Data View"
End If
```

11.3.3 Liniensymbole

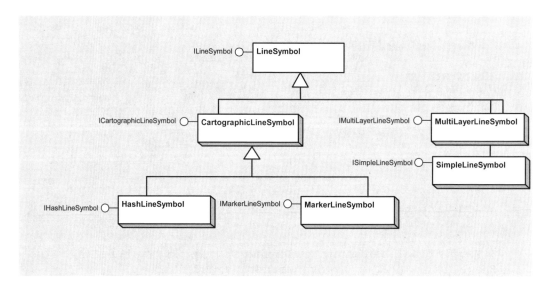

LineSymbol Objekte können für einfache und komplexe Linien, Kurven, Umrisse und Flächenfüllungen verwendet werden. Es gibt fünf verschiedene Typen von Liniensymbolen: *CartographicLineSymbol*, *HashLineSymbol*, *MarkerLineSymbol*, *MultiLayerLineSymbol* und *SimpleLineSymbol*. Die abstrakte Klasse

LineSymbol stellt zwei Funktionen zur Verfügung, die allen Liniensymbolen gemeinsam sind: *Color* und *Width*.

ILineSymbol

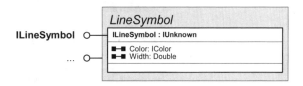

Color

Color ist ein beliebiges *IColor* Objekt. Die Voreinstellung ist bei *SimpleLineSymbol* grau, bei *MultiLayerMarkerSymbol* wird die Farbe für jeden *Layer* separat gesetzt, bei allen anderen *Layern* ist schwarz voreingestellt.

Width

Die Breite von Linien wird in Punkten angegeben. Ein Punkt ist 1/72 Inch = ca. 0,35 mm.

11.3.3.1 CartographicLineSymbol

CartographicLineSymbols können komplexer gestaltet werden als *SimpleLineSymbols*. Außer Farbe und Dicke kann der Programmierer auf die Gestalt der Linienenden, das Aussehen an Stützpunkten, auf Linienmuster und einen Versatz von Linien Einfluss nehmen.

ICartographicLineSymbol

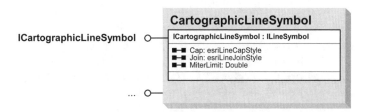

Cap,
esriLCSButt,

Die Schnittstelle *ICartographicLineSymbol* steuert die Darstellung der Linienenden und der Stützpunkte. Mit der Eigenschaft *Cap* wird das Linienende definiert. Die Enumeration *esriLCSButt* schneidet

esriLCSRound,   Linien am Endpunkt ab, *esriLCSRound* rundet die Linienenden ab,
esriLCSSquare   *esriLCSSquare* umschliesst Linienenden mit einem Rechteck.

esriLineJoinStyle,   Die Enumeration *esriLineJoinStyle* definiert die Darstellung von
esriLJSBevel,   Linien an ihren Stützpunkten. Bei der Option *esriLJSBevel* werden
esriLJSMitre,   die Kanten von Liniensegmenten an Stützpunkten abgeschrägt, bei
esriLJSRound   *esriLJSMitre* laufen Liniensegmente in einem spitzen Winkel zu,
bei Verwendung von *esriLJSRound* werden die Liniensegmente
gerundet.

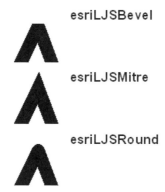

```
' (cd)  CartographicLineSymbol

Dim aoiDoc As IMxDocument
Dim aoiActiveView As IActiveView
Dim aoiMap As IMap
Dim aoiCartoSym As ICartographicLineSymbol
Dim aoiGC As IGraphicsContainer
Dim aoiElement As IElement
Dim aoiGeom As IGeometry
Dim aoiLineElement As ILineElement

  Set aoiDoc = Application.Document
  Set aoiActiveView = aoiDoc.ActiveView
```

```
' Data View, ggf. aktivieren
Set aoiMap = aoiDoc.FocusMap
If TypeOf aoiDoc.ActiveView Is IPageLayout Then
  Set aoiDoc.ActiveView = aoiMap
End If

Set aoiCartoSym = New CartographicLineSymbol
aoiCartoSym.Width = 10
aoiCartoSym.Cap = esriLCSButt
aoiCartoSym.Join = esriLJSMitre

' Zugriff auf den GraphicsContainer des aktiven Views
Set aoiGC = aoiActiveView.GraphicsContainer
aoiGC.Reset
Set aoiElement = aoiGC.Next
Set aoiGeom = aoiElement.Geometry

' Schleife durch alle Elemente im GraphicsContainer
Do Until aoiElement Is Nothing
  ' Wenn das Grafikelement eine Linie ist...
  If (aoiElement.Geometry.GeometryType = _
      esriGeometryPolyline) Then
    Set aoiLineElement = aoiElement
    aoiLineElement.Symbol = aoiCartoSym
  End If
  Set aoiElement = aoiGC.Next
Loop
aoiActiveView.Refresh
```

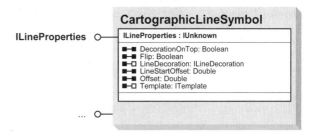

ILineProperties

CartographicLineSymbol

ILineProperties : IUnknown

- DecorationOnTop: Boolean
- Flip: Boolean
- LineDecoration: ILineDecoration
- LineStartOffset: Double
- Offset: Double
- Template: ITemplate

...

ILineProperties

LineStartOffset

Die Funktionen der Schnittstelle *ILineProperties* sind speziell für die Liniensymbole vom Typ *IHashLineSymbol* und *IMarkerLineSymbol* implementiert. Die Eigenschaft *LineStartOffset* soll einen Versatz der Linie am Linienanfang bewirken.

LineStartOffset ist aber in der uns vorliegenden Version noch nicht implementiert. *Offset* bewirkt einen Linienversatz. Mit *LineDecoration* können Elemente wie z.B. Markersymbole auf einer Linie platziert werden, wenn die Eigenschaft *DecorationOnTop* wahr ist. *LineDecoration* Objekte sind Elemente, die an einer bestimmten Stelle einer Linie gezeichnet werden. Die Position von *LineDecoration* Elementen wird in Prozent entlang der Linie angegeben. Der Wertebereich geht von 0 bis 1. 0 kennzeichnet den Beginn, 1 das Ende.

LineDecoration

Decoration-OnTop

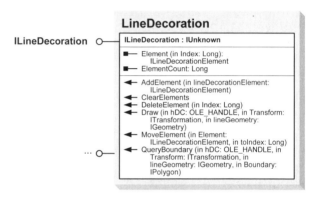

Element, ElementCount, AddElement, ClearElements, DeleteElement, MoveElement

Die Eigenschaft *Element* verweist auf ein Symbol (*LineDecorationElement*) an einer bestimmten Indexposition in einer Liste. Mit *ElementCount* wird die Anzahl der Elemente ermittelt, die zu *ILineDecoration* hinzugefügt wurden. *AddElement* fügt Elemente zur Liste hinzu, *ClearElements* löscht alle Elemente der Liste während *DeleteElement* Elemente an einer bestimmten Position in der Liste löscht. *MoveElement* verschiebt Elemente innerhalb der Liste.

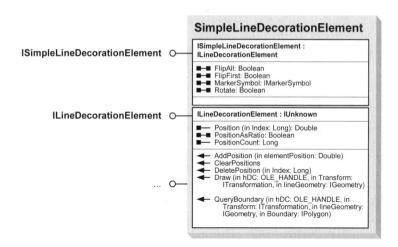

SimpleLineDecorationElement

ISimpleLineDecorationElement :
ILineDecorationElement

■—■ FlipAll: Boolean
■—■ FlipFirst: Boolean
■—■ MarkerSymbol: IMarkerSymbol
■—■ Rotate: Boolean

ILineDecorationElement : IUnknown

■— Position (in Index: Long): Double
■—■ PositionAsRatio: Boolean
■— PositionCount: Long

◄— AddPosition (in elementPosition: Double)
◄— ClearPositions
◄— DeletePosition (in Index: Long)
◄— Draw (in hDC: OLE_HANDLE, in Transform:
      ITransformation, in lineGeometry: IGeometry)

◄— QueryBoundary (in hDC: OLE_HANDLE, in
      Transform: ITransformation, in lineGeometry:
      IGeometry, in Boundary: IPolygon)

Mit *ISimpleLineDecorationElement* können jegliche Marker-symbole als *LineDecorationElement* definiert werden und an unterschiedlichen Positionen entlang einer Linie positioniert werden.

```
' (cd)   Erzeugen einer LineDecoration

Dim aoiDoc As IMxDocument
Dim aoiActiveView As IActiveView
Dim aoiMap As IMap
Dim aoiFont As IFontDisp
Dim aoiChMSym As ICharacterMarkerSymbol
Dim aoiLineProps As ILineProperties
Dim aoiDeco As ILineDecoration
Dim aoiSLDecoElem As ISimpleLineDecorationElement
Dim intX As Integer
Dim aoiGC As IGraphicsContainer
Dim aoiElement As IElement
Dim aoiGeom As IGeometry
Dim aoiLineElement As ILineElement

  Set aoiDoc = Application.Document
  Set aoiActiveView = aoiDoc.ActiveView

  ' Data View, ggf. aktivieren
  Set aoiMap = aoiDoc.FocusMap
  If TypeOf aoiDoc.ActiveView Is IPageLayout Then
    Set aoiDoc.ActiveView = aoiMap
```

```
End If

' ******** Definition eines Markersymbols ********
Set aoiFont = New StdFont
aoiFont.Name = "ESRI Crime Analysis"
aoiFont.Size = 24
' Definition des CharacterMarkerSymbols
Set aoiChMSym = New CharacterMarkerSymbol
With aoiChMSym
   .Angle = -30
   .CharacterIndex = 34
   .Font = aoiFont
   .Size = 34
   .YOffset = 20
End With
' ***********************************************

Set aoiLineProps = New CartographicLineSymbol
Set aoiDeco = New LineDecoration
Set aoiSLDecoElem = New SimpleLineDecorationElement
' Markersymbole als SimpleLineDecorationElement
aoiSLDecoElem.MarkerSymbol = aoiChMSym

' Festlegung der Positionen des Markersymbols
For intX = 1 To 6
   aoiSLDecoElem.AddPosition intX / 8
Next intX

'Hinzufügen des SimpleLineDecorationElements zur Liste
aoiDeco.AddElement aoiSLDecoElem

' Verbinden der LineDecoration mit dem Liniensymbol
Set aoiLineProps.LineDecoration = aoiDeco
aoiLineProps.DecorationOnTop = True

' Zugriff auf den GraphicsContainer des aktiven Views
Set aoiGC = aoiActiveView.GraphicsContainer
aoiGC.Reset
Set aoiElement = aoiGC.Next
Set aoiGeom = aoiElement.Geometry

' Schleife durch alle Elemente im GraphicsContainer
Do Until aoiElement Is Nothing
   ' Wenn das Grafikelement eine Linie ist...
   If (aoiElement.Geometry.GeometryType = _
```

```
      esriGeometryPolyline) Then
    Set aoiLineElement = aoiElement
    aoiLineElement.Symbol = aoiLineProps
  End If
  Set aoiElement = aoiGC.Next
Loop
aoiActiveView.Refresh
```

11.3.3.2 HashLineSymbol

IHashLineSymbol

HashLineSymbol

IHashLineSymbol : ILineSymbol

■-■ Angle: Double
■-□ HashSymbol: ILineSymbol

HashSymbol

Ein *HashLineSymbol* ist ein Liniensymbol, das aus vielen kurzen, den Linienverlauf kreuzenden Linien besteht. *Angle* gibt den Grad an, mit dem die kurzen Linien im Winkel zum Linienverlauf gezeichnet werden. *HashSymbol* ist das Liniensymbol der kurzen Linien. Voreingestellt ist ein *SimpleLineSymbol* und ein Winkel von 90°.

```
' (cd)  HashLineSymbol

Dim aoiDoc As IMxDocument
Dim aoiActiveView As IActiveView
Dim aoiMap As IMap
Dim aoiHashLine As IHashLineSymbol
Dim aoiGC As IGraphicsContainer
Dim aoiElement As IElement
Dim aoiGeom As IGeometry
Dim aoiLineElement As ILineElement
```

```
Set aoiDoc = Application.Document
Set aoiActiveView = aoiDoc.ActiveView

' Data View, ggf. aktivieren
Set aoiMap = aoiDoc.FocusMap
If TypeOf aoiDoc.ActiveView Is IPageLayout Then
  Set aoiDoc.ActiveView = aoiMap
End If

Set aoiHashLine = New HashLineSymbol
aoiHashLine.Angle = 90
aoiHashLine.Width = 12

' Zugriff auf den GraphicsContainer des aktiven Views
Set aoiGC = aoiActiveView.GraphicsContainer
aoiGC.Reset
Set aoiElement = aoiGC.Next
Set aoiGeom = aoiElement.Geometry

' Schleife durch alle Elemente im GraphicsContainer
Do Until aoiElement Is Nothing
  ' Wenn das Grafikelement eine Linie ist...
  If (aoiElement.Geometry.GeometryType = _
          esriGeometryPolyline) Then
    Set aoiLineElement = aoiElement
    aoiLineElement.Symbol = aoiHashLine
  End If
  Set aoiElement = aoiGC.Next
Loop
aoiActiveView.Refresh
```

11.3.3.3 MarkerLineSymbol

MarkerLineSymbol Objekte ermöglichen die Erzeugung von Linien, die aus Punktsymbolen bestehen.

IMarkerLine-Symbol, MarkerSymbol

Die Schnittstelle *IMarkerLineSymbol* hat nur die Eigenschaft *MarkerSymbol*. Das *IMarkerSymbol* Objekt ist das Punktsymbol zur Darstellung auf der Linie. Das Muster der Darstellung wird über die Schnittstelle *ILineProperties* des *CartographicLineSymbol* Objekts definiert.

```
' (cd)  MarkerLineSymbol

Dim aoiDoc As IMxDocument
Dim aoiActiveView As IActiveView
Dim aoiMap As IMap
Dim aoiMarkerLine As IMarkerLineSymbol
Dim aoiMarkerSymbol As IMarkerSymbol
Dim aoiLineProps As ILineProperties
Dim aoiTemplate As ITemplate
Dim aoiGC As IGraphicsContainer
Dim aoiElement As IElement
Dim aoiGeom As IGeometry
Dim aoiLineElement As ILineElement

  Set aoiDoc = Application.Document
  Set aoiActiveView = aoiDoc.ActiveView

  ' Data View, ggf. aktivieren
  Set aoiMap = aoiDoc.FocusMap
  If TypeOf aoiDoc.ActiveView Is IPageLayout Then
    Set aoiDoc.ActiveView = aoiMap
  End If
```

```
Set aoiMarkerLine = New MarkerLineSymbol

' Definition des Markersymbols
Set aoiMarkerSymbol = New ArrowMarkerSymbol
aoiMarkerSymbol.Size = 12

' Festlegung der LineProperties
Set aoiTemplate = New Template
Set aoiLineProps = aoiMarkerLine
Set aoiLineProps.Template = aoiTemplate
aoiTemplate.AddPatternElement 4, 4
aoiTemplate.Interval = 4

Set aoiMarkerLine.MarkerSymbol = aoiMarkerSymbol

' Zugriff auf den GraphicsContainer des aktiven Views
Set aoiGC = aoiActiveView.GraphicsContainer
aoiGC.Reset
Set aoiElement = aoiGC.Next
Set aoiGeom = aoiElement.Geometry

' Schleife durch alle Elemente im GraphicsContainer
Do Until aoiElement Is Nothing
  ' Wenn das Grafikelement eine Linie ist...
  If (aoiElement.Geometry.GeometryType = _
          esriGeometryPolyline) Then
    Set aoiLineElement = aoiElement
    aoiLineElement.Symbol = aoiMarkerLine
  End If
  Set aoiElement = aoiGC.Next
Loop
aoiActiveView.Refresh
```

11.3.3.4 MultiLayerLineSymbol

MultiLayerLineSymbol werden aus mehreren Linien zusammengestzt.

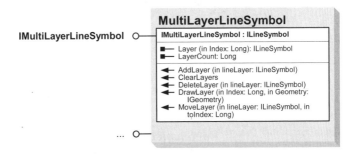

Die verschiedenen *LineSymbol* Objekte werden als *Layer* zu einem *MultiLayerLineSymbol* Objekt hinzugefügt, verschoben oder gelöscht. *LayerCount* liefert die Anzahl der *Layer*. Die Eigenschaft *Layer* liefert die Indexnummer, die die Position des *Layers* angibt.

LayerCount, Layer

Das folgende Bild zeigt ein *MultiLayerLineSymbol* Objekt, dass aus dem *MarkerLineSymbol* Objekt, das im vorangegangenen Beispiel erzeugt wurde, und einem *SimpleLineSymbol* Objekt zusammengesetzt ist.

Der Code des vorangegangenen Beispiels wurde dafür um folgende Zeilen ergänzt bzw. geändert:

```
...
Dim aoiMLLSymbol As IMultiLayerLineSymbol
Dim aoiSimpleLine As ISimpleLineSymbol
  ...
  Set aoiMLLSymbol = New MultiLayerLineSymbol
  ' Erzeugung des SimpleLineSymbol Objekts
  Set aoiSimpleLine = New SimpleLineSymbol
```

```
aoiSimpleLine.Style = esriSLSSolid

aoiMLLSymbol.AddLayer aoiSimpleLine
aoiMLLSymbol.AddLayer aoiMarkerLine
...
    aoiLineElement.Symbol = aoiMLLSymbol
...
```

11.3.3.5 SimpleLineSymbol

Ein *SimpleLineSymbol* symbolisiert eine Linie mit einem einfachen, durchgehenden Liniensymbol, einer gepunkteten und/oder gestrichelten Linie.

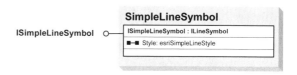

Voreingestellter Linienstil ist eine durchgezogene Linie. Gestrichelte und gepunktete Linien werden nur bis zu einer Linienbreite bis 0,8 gestrichelt oder gepunktet dargestellt. Breitere Linien werden grundsätzlich als durchgezogene Linie gezeichnet. Folgende *esriSimpleLineStyle* Konstanten stehen mit der Eigenschaft *Style* zur Verfügung:

	Konstante	Wert	Beschreibung
esriSimpleLine- *Style*	esriSLSSolid	1	gestrichelte Linie
	esriSLSDash	2	gepunktete Linie
	esriSLSDot	3	abwechselde Striche und
	esriSLSDashDot	4	Punkte
	esriSLSNull	5	Strich – Punkt – Punkt
	esriSLSInsideFrame	6	unsichtbare Linie
			einfache Linie innerhalb des
			begrenzenden Rechtecks

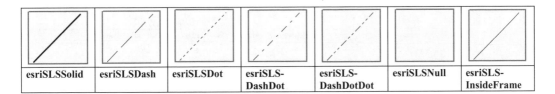

esriSLSSolid	esriSLSDash	esriSLSDot	esriSLS-DashDot	esriSLS-DashDotDot	esriSLSNull	esriSLS-InsideFrame

Ein Beispiel zur Erzeugung eines *SimpleLineSymbol* Objekts befindet sich in dem Codefragment des vorangegangenen Beispiels.

11.3.4 Punktsymbole

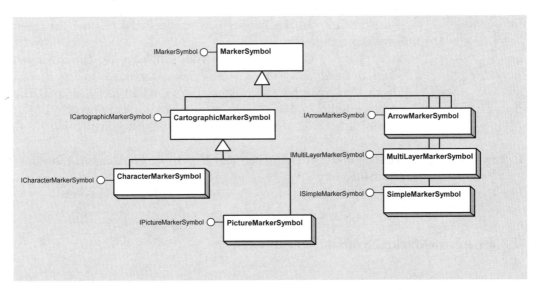

Markersymbols sind Symbole für Punktgrafiken. Es gibt fünf Typen von Markersymbolen: *ArrowMarkerSymbol* (Pfeilspitzen), *CharacterMarkerSymbol* (Zeichen eines *TrueType* Fonts), *MultiLayerMarkerSymbol* (ein aus mehreren Layern zusammen gesetztes Symbol), *PictureMarkerSymbol* (Punkt als *Bitmap* oder Windows Metafile) und *SimpleMarkerSymbol* (Kreis, Quadrat, Kreuz, X oder Route).

Die abstrakte Klasse *Markersymbol* hat Eigenschaften, die allen Markersymbolen gemeinsam sind.

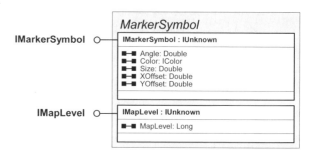

Angle | IMarkerSymbol ist die Schnittstelle, deren Eigenschaften alle Markersymbole erben. *Angle* ist der Winkel des Symbols in Grad gegen den Uhrzeigersinn.

Color | Bei *MultiLayerMarkerSymbolen* wird die Farbe (*Color*) für jeden *Layer* separat gesetzt.

Size | Size ist die Größe von *CharacterMarkerSymbol*, *MultiLayerMarkerSymbol*, *PictureMarkerSymbol* und *SimpleMarkerSymbol* in Punkten. Ein Punkt ist ca. 0,35 mm. Die voreingestellte Grösse ist 8, bei *PictureMarkerSymbols* 12. Bei *ArrowMarkerSymbols* definiert *Size* die Länge des Symbols.

XOffset, YOffset | XOffset und YOffset geben den Versatz in Punkten an. Ein Punkt ist ca. 0,35 mm.

11.3.4.1 ArrowMarkerSymbol

Ein *ArrowMarkerSymbol* stellt einen grafischen Punkt als Pfeilspitze dar.

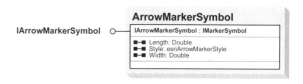

Length, Width, Style | Mit *Length* und *Width* werden Länge und Breite der Pfeilspitze festgelegt. Die *Style* Eigenschaft hat in der uns vorliegenden ArcGIS Version nur die voreingestellte Ausprägung *esriAMSPlain*.

```
' (cd)  ArrowMarkerSymbol

Dim aoiDoc As IMxDocument
Dim aoiMap As IMap
Dim aoiAMSym As IArrowMarkerSymbol
Dim aoiGC As IGraphicsContainer
Dim aoiElement As IElement
Dim aoiGeom As IGeometry
Dim aoiMarkerElement As IMarkerElement

  Set aoiDoc = ThisDocument

  ' Data View, ggf. aktivieren
  Set aoiMap = aoiDoc.FocusMap
  If TypeOf aoiDoc.ActiveView Is IPageLayout Then
      Set aoiDoc.ActiveView = aoiMap
  End If

  'Pfeil-Punktsymbol
  Set aoiAMSym = New ArrowMarkerSymbol
  With aoiAMSym
    .Angle = 45
    .Length = 6
   End With

  ' Zugriff auf den GraphicsContainer des aktiven Views
  Set aoiGC = aoiDoc.ActiveView.GraphicsContainer
  aoiGC.Reset

  Set aoiElement = aoiGC.Next
  ' Prüfung ob Grafikelemente im GraphicsContainer sind...
  If Not aoiElement Is Nothing Then
    Set aoiGeom = aoiElement.Geometry

    ' Schleife durch alle Elemente im GraphicsContainer
    Do Until aoiElement Is Nothing
    ' Wenn das Grafikelement ein Punkt ist...
    If (aoiElement.Geometry.GeometryType = _
        esriGeometryPoint) Then
      Set aoiMarkerElement = aoiElement
      aoiMarkerElement.Symbol = aoiAMSym
    End If
    Set aoiElement = aoiGC.Next
    Loop
```

```
      aoiDoc.ActiveView.Refresh
   Else
      MsgBox "Es sind keine Grafikobjekte im Data View."
   End If
```

11.3.4.2 CartographicMarkerSymbol

CartographicMarkerSymbol ist eine abstrakte Klasse. Die Schnittstelle *ICartographicMarkerSymbol* ermöglicht die Skalierung von *CharacterMarkerSymbol-* und *PictureMarkerSymbol* Objekten unabhängig in X- und Y-Richtung.

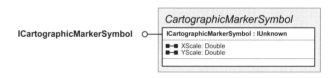

XScale
YScale

Voreingestellt ist der Wert 1 für *XScale* und *YScale*. Damit bleibt das Symbol in seinen ursprünglichen Proportionen erhalten. Ein *XScale* von 2 verdoppelt die Weite des Symbols.

11.3.4.2.1 CharacterMarkerSymbol

CharacterMarkerSymbol erlauben die Darstellung von *TrueType* Symbolen als Punktsymbol.

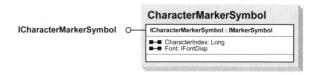

Font
CharacterIndex

Die Funktionen der Schnittstelle *ICharacterMarkerSymbol* ermöglichen die Angabe des *TrueType Fonts* und des Symbols über den *CharacterIndex*.

```
' (cd)  CharacterMarkerSymbol

Dim aoiDoc As IMxDocument
Dim aoiMap As IMap
Dim aoiFont As IFontDisp
Dim aoiColor As IRgbColor
Dim aoiChMSym As ICharacterMarkerSymbol
Dim aoiGC As IGraphicsContainer
Dim aoiElement As IElement
Dim aoiGeom As IGeometry
Dim aoiPolygonElement As IMarkerElement

  Set aoiDoc = ThisDocument

  ' Data View, ggf. aktivieren
  Set aoiMap = aoiDoc.FocusMap
  If TypeOf aoiDoc.ActiveView Is IPageLayout Then
     Set aoiDoc.ActiveView = aoiMap
  End If

  'Definition des Fonts
  Set aoiFont = New StdFont
  ' Das stdFont Objekt ist VisualBasics Standardimplementation
  ' des COM Font Objekts
  aoiFont.Name = "ESRI Crime Analysis"
  aoiFont.Size = 24
```

```
' Definition der Symbolfarbe
Set aoiColor = New RgbColor
With aoiColor
   .Red = 255
   .Green = 0
   .Blue = 100
End With

' Definition des CharacterMarkerSymbols
Set aoiChMSym = New CharacterMarkerSymbol
With aoiChMSym
    .Angle = 45
    .CharacterIndex = 34
    .Color = aoiColor
    .Font = aoiFont
    .Size = 36
End With

' Darstellung des Symbols
' Zugriff auf den GraphicsContainer des aktiven Views
Set aoiGC = aoiDoc.ActiveView.GraphicsContainer
aoiGC.Reset
Set aoiElement = aoiGC.Next

' Prüfung ob Grafikelemente im GraphicsContainer sind...
If Not aoiElement Is Nothing Then
  Set aoiGeom = aoiElement.Geometry
  ' Schleife durch alle Elemente im GraphicsContainer
  Do Until aoiElement Is Nothing
    ' Wenn das Grafikelement ein Punkt ist...
    If (aoiElement.Geometry.GeometryType = _
        esriGeometryPoint) Then
      Set aoiPolygonElement = aoiElement
      aoiPolygonElement.Symbol = aoiChMSym
    End If
    Set aoiElement = aoiGC.Next
  Loop
  aoiDoc.ActiveView.Refresh
Else
  MsgBox "Es sind keine Grafikobjekte im Data View."
End If
```

11.3.4.2.2 PictureMarkerSymbol

PictureMarkerSymbol Objekte sind –wie *CharacterMarkerSymbol* Objekte- *CartographicMarkerSymbol* Objekte, die in X- und Y-Richtung verschieden skaliert werden können. *Bitmap* (.BMP)- oder Windows Metafile (.EMF)-Dateien werden als Punktsymbole verwendet.

IPictureMarkerSymbol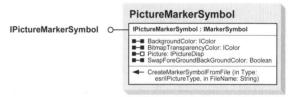

Picture

CreateMarker-SymbolFromFile

Bitmap-Transparency-Color

Background-Color

Swap-ForeGround-BackGround-Color

Bilder können als *PictureMarkerSymbol* auf zwei Arten geladen werden:

1. Wenn bereits eine *OLE* Referenz auf ein Bild in einem Formular besteht, kann es über die Funktion *Picture* geladen werden.
2. Mit der Funktion *CreateMarkerSymbolFromFile* können Bilder aus Dateien geladen werden. Die *esriIPictureType* Konstante kann dabei die Ausprägung *esriIPictureEMF* (= 0) oder *esriIPictureBitmap* (= 1) bekommen.

Mit *BitmapTransparencyColor* kann der Hintergrund von *Bitmaps* transparent dargestellt werden. Nicht gefüllte Bereiche eines *Bitmaps* können mit *BackgroundColor* mit einem beliebigem *IColor* Objekt angezeigt werden. Mit der Eigenschaft *SwapForeGroundBackGroundColor* können die Farben von 1-Bit Bildern vertauscht werden. Die Farbbelegungen können rückgängig gemacht werden, indem die Eigenschaften auf *Nothing* gesetzt werden.

```
' (cd)  PictureMarkerSymbol

Dim aoiDoc As IMxDocument
Dim aoiMap As IMap
Dim aoiColor As IRgbColor
Dim aoiPMSym As IPictureMarkerSymbol
Dim aoiGC As IGraphicsContainer
Dim aoiElement As IElement
Dim aoiGeom As IGeometry
Dim aoiPolygonElement As IMarkerElement

  Set aoiDoc = ThisDocument

  ' Data View, ggf. aktivieren
  Set aoiMap = aoiDoc.FocusMap
  If TypeOf aoiDoc.ActiveView Is IPageLayout Then
     Set aoiDoc.ActiveView = aoiMap
  End If

  ' Definition der Hintergrundfarbe
  Set aoiColor = New RgbColor
  With aoiColor
    .Red = 255
    .Green = 255
    .Blue = 255
  End With

  ' Definition des PictureMarkerSymbols
  Set aoiPMSym = New PictureMarkerSymbol
  'Laden einer Bitmap-Datei
  aoiPMSym.CreateMarkerSymbolFromFile esriIPictureBitmap, _
"C:\Program Files\ArcGIS\Bin\Styles\Pictures\z_street_light.bmp"
   With aoiPMSym
     .BackgroundColor = aoiColor
     .Size = 24
   End With

  ' Darstellung des Symbols
  ' Zugriff auf den GraphicsContainer des aktiven Views
  Set aoiGC = aoiDoc.ActiveView.GraphicsContainer
  aoiGC.Reset
  Set aoiElement = aoiGC.Next

  ' Prüfung ob Grafikelemente im GraphicsContainer sind...
```

```
If Not aoiElement Is Nothing Then
  Set aoiGeom = aoiElement.Geometry

  ' Schleife durch alle Elemente im GraphicsContainer
  Do Until aoiElement Is Nothing
    ' Wenn das Grafikelement ein Punkt ist...
    If (aoiElement.Geometry.GeometryType = _
        esriGeometryPoint) Then
      Set aoiPolygonElement = aoiElement
      aoiPolygonElement.Symbol = aoiPMSym
    End If
    Set aoiElement = aoiGC.Next
  Loop
  aoiDoc.ActiveView.Refresh
Else
  MsgBox "Es sind keine Grafikobjekte im Data View."
End If
```

11.3.4.3 MultiLayerMarkerSymbol

Mit der Schnittstelle *IMultiLayerMarkerSymbol* können komplexe Punktsymbole aus mehreren Symbolen erzeugt werden.

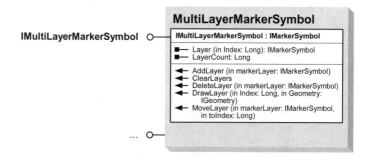

LayerCount
AddLayer
ClearLayers
DeleteLayer
DrawLayer
MoveLayer

Jedes einzelne Symbol wird als *Layer* bezeichnet. *LayerCount* liefert die Anzahl der *Layer*. Mit *AddLayer* werden Markersymbole zu einem *MultiLayerMarkerSymbol* hinzugefügt. Ein einzelner *Layer* kann mit *DeleteLayer* gelöscht werden, alle *Layer* auf einmal mit *ClearLayers*. Mit *MoveLayer* kann die Position der Symbole und damit die Reihenfolge der Darstellung geändert werden. *DrawLayer* dient dem Zeichnen einzelner *Layer*.

```
' (cd)  MultiLayerMarkerSymbol

Dim aoiDoc As IMxDocument
Dim aoiMap As IMap
Dim aoiMLMSym As IMultiLayerMarkerSymbol
Dim aoiChMSym1 As ICharacterMarkerSymbol
Dim aoiChMSym2 As ICharacterMarkerSymbol
Dim aoiCMS As ICartographicMarkerSymbol
Dim aoiFont As IFontDisp
Dim aoiGC As IGraphicsContainer
Dim aoiElement As IElement
Dim aoiGeom As IGeometry
Dim aoiPolygonElement As IMarkerElement

  Set aoiDoc = ThisDocument

  ' Data View, ggf. aktivieren
  Set aoiMap = aoiDoc.FocusMap
  If TypeOf aoiDoc.ActiveView Is IPageLayout Then
     Set aoiDoc.ActiveView = aoiMap
  End If

  Set aoiMLMSym = New MultiLayerMarkerSymbol
  Set aoiChMSym1 = New CharacterMarkerSymbol
  Set aoiChMSym2 = New CharacterMarkerSymbol

  ' Skalierung der Symbole
  Set aoiCMS = aoiChMSym1
  aoiCMS.XScale = 2
  aoiCMS.YScale = 2
  Set aoiCMS = aoiChMSym2
  aoiCMS.XScale = 2
  aoiCMS.YScale = 2
```

```
' Definition des Fonts
Set aoiFont = New StdFont
' Das stdFont Objekt ist VisualBasics Standardimplementation
' des COM Font Objekts
aoiFont.Name = "ESRI Environmental & Icons"

With aoiChMSym1
  .CharacterIndex = 77
  .Font = aoiFont
  .Size = 14
End With
With aoiChMSym2
  .CharacterIndex = 33
  .Font = aoiFont
  .Size = 14
End With

aoiMLMSym.AddLayer aoiChMSym2
aoiMLMSym.AddLayer aoiChMSym1
aoiMLMSym.Angle = 45
aoiMLMSym.Size = 19
aoiMLMSym.XOffset = 0
aoiMLMSym.YOffset = 0


' Darstellung der Symbole
' Zugriff auf den GraphicsContainer des aktiven Views
Set aoiGC = aoiDoc.ActiveView.GraphicsContainer
aoiGC.Reset
Set aoiElement = aoiGC.Next
Set aoiGeom = aoiElement.Geometry

' Prüfung ob Grafikelemente im GraphicsContainer sind...
If Not aoiElement Is Nothing Then
  ' Schleife durch alle Elemente im GraphicsContainer
  Do Until aoiElement Is Nothing
    ' Wenn das Grafikelement ein Punkt ist...
    If (aoiElement.Geometry.GeometryType = _
                          esriGeometryPoint) Then
      Set aoiPolygonElement = aoiElement
      aoiPolygonElement.Symbol = aoiMLMSym
    End If
    Set aoiElement = aoiGC.Next
  Loop
  aoiDoc.ActiveView.Refresh
  MsgBox "Anzahl der Layer: " & aoiMLMSym.LayerCount
```

```
    ' Verschieben der Symbole auf einen anderen Index =
    ' Ändern der Zeichnungsreihenfolge
    aoiMLMSym.MoveLayer aoiMLMSym.Layer(1), 0
Else
    MsgBox "Es sind keine Grafikobjekte im Data View."
End If
```

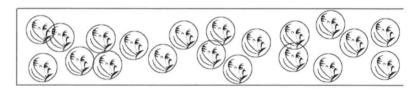

11.3.4.4 SimpleMarkerSymbol

Das Objekt *SimpleMarkerSymbol* ermöglicht die Darstellung einfacher Punktsymbole als Kreis, Quadrat, Kreuz, X oder Route sowie deren Grösse, Umriss und Umrissfarbe.

```
' (cd)  SimpleMarkerSymbol

Dim aoiDoc As IMxDocument
Dim aoiMap As IMap
Dim aoiSMSym As ISimpleMarkerSymbol
Dim aoiColor As IRGBColor
Dim aoiGC As IGraphicsContainer
Dim aoiElement As IElement
Dim aoiGeom As IGeometry
Dim aoiMarkerElement As IMarkerElement
```

```
Set aoiDoc = ThisDocument

' Data View, ggf. aktivieren
Set aoiMap = aoiDoc.FocusMap
If TypeOf aoiDoc.ActiveView Is IPageLayout Then
    Set aoiDoc.ActiveView = aoiMap
End If

Set aoiColor = New RgbColor
aoiColor.RGB = vbRed

' Definition des SimpleMarkerSymbols
Set aoiSMSym = New SimpleMarkerSymbol
With aoiSMSym
  .Size = 22
  .Style = esriSMSDiamond
  .OutlineColor = aoiColor
  .Outline = True
  .OutlineSize = 2
End With

' Zugriff auf den GraphicsContainer des aktiven Views
Set aoiGC = aoiDoc.ActiveView.GraphicsContainer
aoiGC.Reset
Set aoiElement = aoiGC.Next

' Prüfung ob Grafikelemente im GraphicsContainer sind...
If Not aoiElement Is Nothing Then
  Set aoiGeom = aoiElement.Geometry

  ' Schleife durch alle Elemente im GraphicsContainer
  Do Until aoiElement Is Nothing
    ' Wenn das Grafikelement ein Punkt ist...
    If (aoiElement.Geometry.GeometryType = _
        esriGeometryPoint)  Then
      Set aoiMarkerElement = aoiElement
      aoiMarkerElement.Symbol = aoiSMSym
    End If
    Set aoiElement = aoiGC.Next
  Loop
  aoiDoc.ActiveView.Refresh
Else
  MsgBox "Es sind keine Grafikobjekte im Data View."
End If
```

11.3.5 Textsymbole

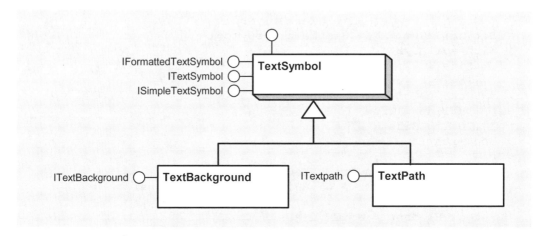

Textsymbole beinhalten Zeichenketten, Zeichenformatierungen und die Steuerung des Texthintergrundes. Die Ausrichtung von Textsymbolen erfolgt entsprechend des Geometrietyps, der ihnen zugewiesen ist.

- Wird eine Punktgeometrie zugewiesen, beginnt der Text an einem ausgewiesenen Punkt und folgt einer Richtung, die sich nach einem spezifizierten Winkel richtet.
- Wird eine Kurvengeometrie zugewiesen (z.B. *PolyLine, EllipticArc, Ring, BezierCurve*), folgt der Text der Kurve. Dafür werden *TextPath* Objekte zu den Textsymbolen angelegt.
- Wird eine rechteckige Geometrie zugewiesen (*Envelope*), wird der Text im angegebenen Rechteck gezeichnet.

Textsymbol wird von den drei Schnittstellen *ITextsymbol*, *ISimpleTextSymbol* und *IFormattedTextSymbol* implementiert.

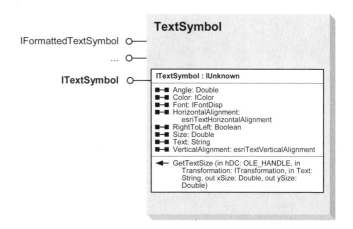

ITextSymbol

Die *ITextSymbol* Schnittstelle ist die primäre Schnittstelle zur Definition von Texteigenschaften. Sie erbt die Eigenschaften von *IFormattedTextSymbol* und *ISimpleTextSymbol*.

Font

Font ist der für das Textsymbol verwendete Font. Der Font wird als *IFontDisp* Objekt übergeben:

```
' (cd)  Setzen eines Textfonts

Dim aoiFont As IFontDisp

  Set aoiFont = New StdFont
  ' Das stdFont Objekt ist VisualBasics Standardimplementation
  ' des COM Font Objekts

  With aoiFont
    .Name = "Courier New"
    .Size = 24
    .Bold = True
    .Underline = True
  End With
```

Das nächste Programm erzeugt einen Text mit definiertem Textsymbol im *Layout*. Die Schritte sind folgende:

- Definition des Dokuments
- Definition des *PageLayout* und ggf. Umschalten von der Datensicht ins *PageLayout*
- Definition des gewünschten Fonts
- Definition des Textsymbols
- Definition eines Textelements und Zuweisung des Textsymbols
- Definition des Textelements als Grafikelement
- Positionierung des Grafiktextes
- Hinzufügen des Grafiktextes zum *GraphicsContainer* des *Layouts* und Aktualisierung des Bildschirms.

```
' (cd)   Erzeuge Text im Layout

Dim aoiDoc As IMxDocument
Dim aoiLayout As IPageLayout
Dim aoiFont As IFontDisp
Dim aoiTxtSym As ITextSymbol
Dim aoiTxtElement As ITextElement
Dim aoiEnv As IEnvelope
Dim aoiPoint As IPoint
Dim aoiElement As IElement
Dim aoiGC As IGraphicsContainer

  Set aoiDoc = ThisDocument

  ' PageLayout, ggf. aktivieren
  Set aoiLayout = aoiDoc.PageLayout
  If TypeOf aoiDoc.ActiveView Is IMap Then
     Set aoiDoc.ActiveView = aoiLayout
  End If

  ' Definition des Fonts
  Set aoiFont = New StdFont
  With aoiFont
    .Name = "Courier New"
    .Size = 24
    .Bold = True
    .Underline = True
  End With

  ' Definition des Textsymbols
```

```
Set aoiTxtSym = New TextSymbol
With aoiTxtSym
  .Angle = 0
  .Text = "Kartentitel"
  .HorizontalAlignment = esriTHACenter
  .VerticalAlignment = esriTVACenter
  .RightToLeft = False
  .Font = aoiFont
End With

 ' Definition eines Textelements
Set aoiTxtElement = New TextElement
aoiTxtElement.Symbol = aoiTxtSym
aoiTxtElement.Text = aoiTxtSym.Text

' Positionierung des Textes
Set aoiEnv = New Envelope
Set aoiPoint = New Point

aoiPoint.X = 7
aoiPoint.y = 26.5
aoiEnv.LowerLeft = aoiPoint
aoiPoint.X = 14
aoiPoint.y = 28.5
aoiEnv.UpperRight = aoiPoint

Set aoiElement = aoiTxtElement
aoiElement.Geometry = aoiEnv

' Zugriff auf den GraphicsContainer des aktiven Views
Set aoiGC = aoiDoc.ActiveView.GraphicsContainer
aoiGC.AddElement aoiElement, 1

aoiDoc.ActiveView.Refresh
```

Die Schnittstelle *ISimpleTextSymbol* stellt weitere Eigenschaften für die Darstellung von Textsymbolen zur Verfügung.

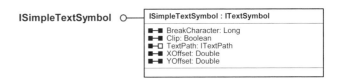

ISimpleTextSymbol

ISimpleTextSymbol : ITextSymbol
BreakCharacter: Long
Clip: Boolean
TextPath: ITextPath
XOffset: Double
YOffset: Double

BreakCharacter

Ein *BreakCharacter* steht für das Ende einer Zeile und bewirkt, dass nachfolgender Text in eine neue Zeile geschrieben wird. Der Wert eines *BreakCharacter* wird als ASCII-Code des Zeichens übergegeben. Soll beispielsweise das Dollarzeichen mit dem ASCII-Code 36 einen Zeilenumbruch bewirken, lautet das entsprechende Codefragment bezogen auf den vorangegangenen Programmcode:

```
...
With aoiTxtSym
   .Text = "Karten-$titel"
   .BreakCharacter = 36
   .Font = aoiFont
End With
...
```

ISimpleText-Symbol

Das Textsymbol muss zuvor als *ISimpleTextSymbol* definiert werden:

```
Dim aoiTxtSym As ISimpleTextSymbol ' statt ITextSymbol
```

Das Ergebnis sieht wie folgt aus:

BreakCharacter	*BreakCharacter* können nicht für Texte verwendet werden, denen Kurvengeometrien zugewiesen wurden.
TextPath, XOffset, YOffset	*TextPath* wird in Referenz zu Kurvengeometrien gesetzt. *XOffset* und *YOffset* versetzen den Text in horizontaler bzw. vertikaler Richtung vom Einfügepunkt um die angegeben Anzahl von Punkten.
IFormatted-TextSymbol	Die Schnittstelle *IFormattedTextSymbol* erweitert die Möglichkeiten der Formatierung von Textsymbolen hauptsächlich um Funktionen zur Definition von Zeichenabständen, Texthintergründen und Schatten.

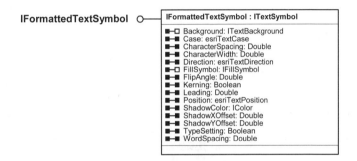

Case	Mit der Funktion *Case* kann festgelegt werden, ob Texte in Großbuchstaben, Kleinbuchstaben, gemischt oder in kleinen Großbuchstaben erscheinen sollen.

esriTextCase	esriTCNormal	Kartentitel
	esriTCLowercase	kartentitel
	esriTCAllCaps	KARTENTITEL
	esriTCSmallCaps	KARTENTITEL

Character-Spacing	*CharacterSpacing* ist zusätzlicher Platz, der jedem Zeichen neben dem schon mit dem Font zugewiesenen Platz hinzugefügt wird. Die Angabe für den Wert für das *CharacterSpacing* erfolgt in Prozent der ursprünglichen Zeichenlänge. Der gültige Wertebereich geht von –200 bis 200.

```
. . .
aoiTxtSym.CharacterSpacing = 100
. . .
```

K a r t e n t i t e l

Position,
ShadowColor,   Mit der Funktion *Position* werden Texte hoch und tief gestellt.
ShadowXOffset,   Mit den Funktionen *ShadowColor*, *ShadowXOffset* und
ShadowYOffset   *ShadowYOffset* kann ein Textschatten erzeugt werden:

```
. . .
Dim aoiColor As IRgbColor
  Set aoiColor = New RgbColor
  With aoiColor
    .Red = 0
    .Green = 125
    .Blue = 125
  End With
  aoiTxtSym.ShadowColor = aoiColor
  aoiTxtSym.ShadowXOffset = aoiTxtSym.Size / 5
  aoiTxtSym.ShadowYOffset = aoiTxtSym.Size / 5
  . . .
```

Kartentitel

11.4 Feature Renderer Objekte

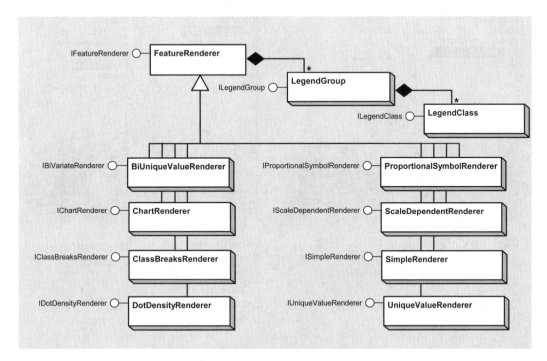

Feature Renderer sind Methoden zur Darstellung von *FeatureLayern* im *Display*. Mit den verschiedenen *Renderer* Objekten wird die Zuordnung von Symbolen und Farben zu einem oder mehreren Attributen eines *FeatureLayers* definiert. In der ArcMap Oberfläche erfolgt die Zuweisung von Symbolen und Farben in den Eigenschaften des *FeatureLayers* unter der Registerkarte „*Symbology*". Die einzelnen *Renderer* beziehen sich auf die folgenden Symbolisierungsarten:

BiUniqueValue-
Renderer

ChartRenderer
beziehen sich auf
Pie-, Bar-,
Column- und
Stocked Charts.

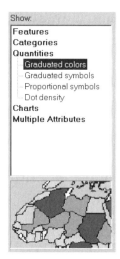

ClassBreaks-
Renderer
beziehen sich auf
Graduated Colors
und auf Graduated
Symbols.

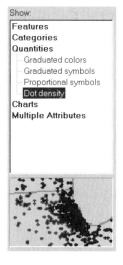

DotDensity-
Renderer

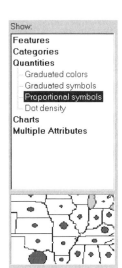

Proportional-
Symbol-
Renderer

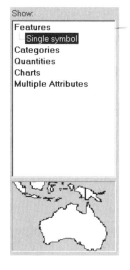

SimpleRenderer

UniqueValue-
Renderer

Der Zugriff auf ein *FeatureRenderer* Objekt eines *Layers* erfolgt über die Eigenschaft *Renderer* der Schnittstelle *IGeoFeatureLayer*. Der Zugriff auf das *IGeoFeatureLayer* Objekt kann über ein *QueryInterface* auf ein *ILayer* Objekt erfolgen. Das folgende Beispiel dazu setzt voraus, dass der erste *Layer* in der aktuellen *Map* ein *FeatureLayer* ist.

```
' (cd)  Zugriff auf einen FeatureRenderer

Dim aoiDoc As IMxDocument
Dim aoiMap As IMap
Dim aoiLayer As ILayer
Dim aoiGeoFeatureLayer As IGeoFeatureLayer
Dim aoiSimpleRenderer As ISimpleRenderer

  Set aoiDoc = ThisDocument
  Set aoiMap = aoiDoc.FocusMap
  Set aoiLayer = aoiMap.Layer(0)
  Set aoiGeoFeatureLayer = aoiLayer
  Set aoiSimpleRenderer = aoiGeoFeatureLayer.Renderer
```

IFeatureRenderer   *FeatureRenderer* ist eine abstrakte Klasse. Die Schnittstelle *IFeatureRenderer* stellt Funktionen zur Verfügung, die allen *Renderern* gemeinsam sind.

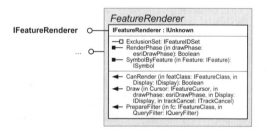

ExclusionSet,   *ExclusionSet* verweist auf *Features*, die temporär nicht gezeichnet
RenderPhase   werden sollen. *RenderPhase* liefert den boolschen Wert *True*, wenn ein *Renderer* die spezifizierte Zeichnungsphase zum Zeichnen von *Layern* benutzt. Drei Zeichnungsphasen werden über die Konstante *tagesriDrawPhase* festgelegt:

tagesriDraw-Phase	Konstante	Wert	Beschreibung
	esriDPGeography	1	Zeichne Geografie
	esriDPAnnotation	2	Zeichne Annotation
	esriDPSelection	4	Zeichne die Auswahl

SymbolByFeature, CanRender

Draw, PrepareFilter

SymbolByFeature liefert das Symbol für ein spezifiziertes *Feature*. *CanRender* gibt einen boolschen Wert zurück der Auskunft darüber gibt, ob eine *FeatureClass* auf dem aktuellen Display gerendert werden kann. *Draw* zeichnet Elemente eines *FeatureCursors* auf das angegebene Display. *PrepareFilter* bereitet einen Abfragefilter für den *Rendering* Prozess vor.

Der folgende Code liefert mittels der Methode *CanRender* die Information, ob die *FeatureClass* der aktiven *Map* auf dem aktuellen Display gerendert werden kann:

```
' (cd)  CanRender

Dim aoiApp As IMxApplication
Dim aoiDisp As IDisplay
Dim aoiDoc As IMxDocument
Dim aoiMap As IMap
Dim aoiLayer As ILayer
Dim aoiGeoFeatureLayer As IGeoFeatureLayer
Dim aoiFeatClass As IFeatureClass
Dim aoiFeatureRenderer As IFeatureRenderer

  Set aoiApp = Application
  Set aoiDisp = aoiApp.Display
  Set aoiDoc = ThisDocument
  Set aoiMap = aoiDoc.FocusMap
  Set aoiLayer = aoiMap.Layer(0)
  Set aoiGeoFeatureLayer = aoiLayer
  Set aoiFeatClass = aoiGeoFeatureLayer.FeatureClass
  Set aoiFeatureRenderer = aoiGeoFeatureLayer.Renderer
  MsgBox aoiFeatureRenderer.canRender(aoiFeatClass, aoiDisp)
```

ILegendInfo

Die Schnittstelle *ILegendInfo* der Klasse *FeatureRenderer* liefert Legendeninformationen, die vom *Renderer* zur Verfügung gestellt werden. Mit dieser Schnittstelle werden Symbole und Beschriftungen für *Layer* im Inhaltsverzeichnis und der Legende erzeugt. Mit dem *SimpleRenderer*, dem *ClassBreaksRenderer* und dem *UniqueValueRenderer* werden die Legendenobjekte mit dem Setzen der Symbole aktualisiert. Mit den *BiUniqueValueRenderern*, *ChartRenderern*, *DotDensityRenderern* und *Proportional-SymbolRenderern* müssen die Legendenobjekte mit der Funktion *CreateLegend* der jeweiligen *Renderer* explizit gesetzt werden.

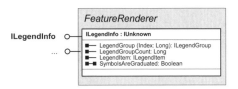

LegendGroup,
ILegendGroup,
LegendClass

LegendGroup-
Count,
SymbolsAre-
Graduated

Die Eigenschaft *LegendGroup* verweist auf die *ILegendGroup* Schnittstelle. Diese verwaltet die komplette Sammlung der *LegendClass* Objekte. *LegendClass* Objekte speichern Symbole mit zugehörigen Texten als Legendenbeschriftungselemente. *LegendGroup* Objekte sind Sammlungen von *LegendClass* Objekten. Legendenklassen werden vom *Renderer* zur Verfügung gestellt. *LegendGroupCount* liefert die Anzahl der Legendengruppen eines *Layers*. *SymbolsAreGraduated* gibt an, ob die Symbole in der Legende dieses *Renderers* unterschiedliche Größen haben.

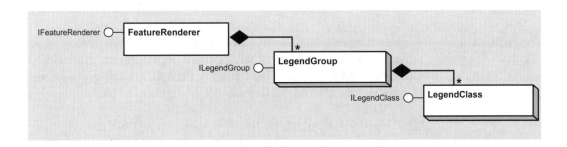

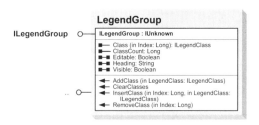

Class,
ClassCount,
Editable

Symbol Selector,
Heading,
Visible,
AddClass,
InsertClass,
ClearClasses,
RemoveClass

Die Eigenschaften *Class* und *ClassCount* können nur gelesen werden. *Class* setzt eine Referenz auf eine bestimmte Legendenklasse. *ClassCount* liefert die Anzahl der Legendenklassen. *Editable* bezeichnet, ob die Symbole und Textbeschriftungen der einzelnen Legendenklassen einzeln bearbeitet werden können. Voreingestellt ist *Editable = True*. In diesem Fall wird der Dialog „*Symbol Selector*" geöffnet, wenn in ArcMap ein Doppelklick auf das Symbol in der Legende erfolgt. *Heading* ist ein Text zur Beschreibung der Legendengruppe. *Visible* gibt an, ob die Legendengruppe angezeigt werden soll. Mit den Funktionen *AddClass*, *InsertClass*, *ClearClasses* und *RemoveClass* können Legendenklassen zur Gruppe hinzugefügt oder gelöscht werden.

Label

LegendClass Objekte beinhalten ein Symbol und einen Beschriftungstext, auf den mit der Eigenschaft *Label* zugegriffen wird.

Description

Darüberhinaus kann mit der Eigenschaft *Description* eine Beschreibung dessen, was das Symbol repräsentiert, zugewiesen werden. Mit der Eigenschaft Format können optional Legendenformatierungsinformationen übergeben werden.

Das nächste Beispielskript liefert Informationen über die Legenden aller *FeatureLayer* der aktuellen *Map*:

```
' (cd)  Legendeninformationen

Dim aoiApp As IApplication
Dim aoiDoc As IMxDocument
Dim aoiMap As IMap
Dim aoiLayer As ILayer
Dim aoiGeoFeatureLayer As IGeoFeatureLayer
Dim aoiFeatureRenderer As IFeatureRenderer
Dim aoiLegendInfo As ILegendInfo
Dim strMsg As String
Dim strClsMsg As String
Dim intX As Integer
Dim intY As Integer
  Set aoiApp = Application
  Set aoiDoc = ThisDocument
  Set aoiMap = aoiDoc.FocusMap
  For intX = 0 To aoiMap.LayerCount - 1
    ' ...Prüfung auf FeatureLayer
    If TypeOf aoiMap.Layer(intX) Is IFeatureLayer2 Then
      Set aoiGeoFeatureLayer = aoiMap.Layer(intX)

      ' ...hole den FeatureRenderer und LegendenInfos
      Set aoiFeatureRenderer = aoiGeoFeatureLayer.Renderer
      Set aoiLegendInfo = aoiFeatureRenderer
      strMsg = strMsg & aoiGeoFeatureLayer.Name & vbCr & _
      "Legendengruppen: " & aoiLegendInfo.LegendGroupCount & _
      "  " & vbCr & "Abgestufte Symbole: " & vbCr & _
      aoiLegendInfo.SymbolsAreGraduated & vbCr

      ' ...Legendenbeschriftungen...
      For intY = 1 To aoiLegendInfo.LegendGroup(0).ClassCount
        strClsMsg = "Beschriftung " & intY & " :" & _
        aoiLegendInfo.LegendGroup(0).Class(intX - 1).Label & _
                                                         vbCr

        strMsg = strMsg & strClsMsg
      Next intY
      strMsg = strMsg & vbCr
    End If
  Next intX

  If aoiMap.LayerCount > 0 Then
    MsgBox strMsg
  End If
```

11.4.1 BiUniqueValueRenderer

Ein *BiUniqueValueRenderer* definiert einen bivariaten *Renderer* der einen *UniqueValueRenderer* mit einem *ClassBreakRenderer* (abgestufte Farben oder abgestufte Symbole) kombiniert.

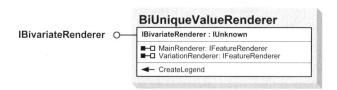

IBivariate-Renderer, CreateLegend

Das *BiUniqueValueRenderer* Objekt implementiert die Schnittstelle *IBivariateRenderer*, mit der auf die kombinierten *FeatureRenderer* mit den Methoden *MainRenderer* und *VariationRenderer* zugegriffen werden kann. Die Funktion *CreateLegend* erzeugt eine Legende und wird verwendet, wenn alle Eigenschaften gesetzt sind.

11.4.2 ChartRenderer

ChartRenderer ermöglichen die Darstellung von Attributen von *FeatureLayern* in Diagrammsymbolen.

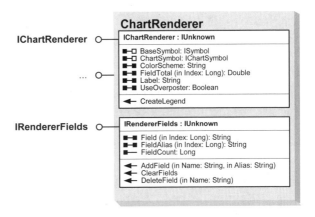

BaseSymbol	*BaseSymbol* ist ein Füllsymbol für den Hintergrund bei der Darstellung von Diagrammsymbolen bezogen auf flächenhafte Geometrien. Mit der Eigenschaft *ChartSymbol* wird das Diagrammsymbol zugewiesen. *ColorScheme* liest oder setzt ein Farbschema. *FieldTotal* ist die Feldsumme eines spezifizierten Feldes. *Label* ist der Beschriftungstext. Die Eigenschaft *UseOverposter* gibt an, ob die Symbole freigestellt werden. Die Funktion *CreateLegend* erzeugt die Legende und wird angewendet, wenn alle Eigenschaften des *Renderers* gesetzt sind.

ChartSymbol,
ColorScheme,
FieldTotal,
Label,
UseOverposter,
CreateLegend

IRendererFields   Die Schnittstelle *IRendererFields* bietet den Zugriff auf Felder, die *Renderer* benutzen, die auf mehreren Attributfeldern basieren.

Die Diagrammsymbole, die mit dem nächsten Beispielcode erzeugt werden, basieren auf zwei Feldern namens "EW98" und "EW_M98" in der Attributtabelle des ersten Layers der aktiven *Map*.

```
' (cd)  ChartRenderer

Dim aoiDoc As IMxDocument
Dim aoiGeoFeatureLayer As IGeoFeatureLayer
Dim aoiFeatureRenderer As IFeatureRenderer
Dim aoiDisplay As IDisplay
Dim aoiFeatureClass As IFeatureClass
Dim aoiChartRenderer As IChartRenderer
Dim aoi3DChartSym As I3DChartSymbol
Dim aoiRendererFields As IRendererFields
Dim aoiSymbolArray As ISymbolArray
Dim aoiFillSymbol As ISimpleFillSymbol
Dim aoiRandomCR As IRandomColorRamp
Dim intX As Integer

  Set aoiDoc = ThisDocument
  Set aoiDisplay = aoiDoc.ActiveView.ScreenDisplay

  ' Setzen eines ChartRendereres
  ' auf den ersten Layer in der aktuellen Map
  Set aoiGeoFeatureLayer = aoiDoc.ActiveView.FocusMap.Layer(0)
  Set aoiChartRenderer = New ChartRenderer
  Set aoiGeoFeatureLayer.Renderer = aoiChartRenderer
  Set aoiFeatureRenderer = aoiGeoFeatureLayer.Renderer

  Set aoiFeatureClass = aoiGeoFeatureLayer.FeatureClass
  If Not (aoiFeatureRenderer.CanRender(aoiFeatureClass, _
            aoiDisplay)) Then
      MsgBox "Rendern des ersten Layers ist nicht möglich."
  Else

    ' Symbol- und SymbolArray-Definition
    Set aoi3DChartSym = New PieChartSymbol
    aoi3DChartSym.Display3D = True ' 3D Darstellung
    aoi3DChartSym.Thickness = 10   ' Höhe der Torte
    aoi3DChartSym.Tilt = 45        ' Neigung der Torte
    Set aoiChartRenderer.ChartSymbol = aoi3DChartSym
    Set aoiSymbolArray = aoi3DChartSym
    Set aoiRandomCR = New RandomColorRamp
    aoiRandomCR.Size = 5
    aoiRandomCR.CreateRamp True

    Set aoiRendererFields = aoiChartRenderer
```

```
   aoiRendererFields.AddField ("EW98")
   aoiRendererFields.AddField ("EW_M98")

   For intX = 0 To aoiRendererFields.FieldCount - 1
     Set aoiFillSymbol = New SimpleFillSymbol
     aoiFillSymbol.Color = aoiRandomCR.Color(intX)
     aoiSymbolArray.AddSymbol aoiFillSymbol
   Next intX
   aoiChartRenderer.CreateLegend
 End If
 aoiDoc.UpdateContents
 aoiDoc.ActiveView.Refresh
```

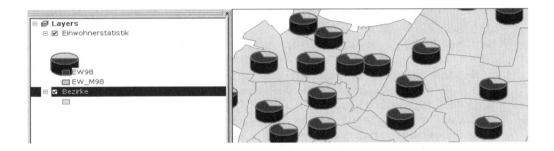

In dem nächsten ausführlicheren Beispiel wird ein *ChartRenderer* mit Säulendiagrammen erzeugt. Aus drei Feldern (EW98, EW_M98 und HH98) der Attributtabelle des ersten Layers der aktiven Map wird der maximale Wert ermittelt um eine korrekte Skalierung der Säulen zu ermöglichen. Die maximale Säulenhöhe wird mit 20 Punkten definiert.

```
' (cd) BarChartRenderer

Dim aoiDoc As IMxDocument
Dim aoiDisplay As IDisplay
Dim aoiGeoFeatureLayer As IGeoFeatureLayer
Dim aoiFeatureClass As IFeatureClass
Dim aoiFeatureRenderer As IFeatureRenderer
Dim aoiChartRenderer As IChartRenderer
Dim aoiRendererFields As IRendererFields
Dim aoiChartSymbol As IChartSymbol
Dim aoiBarChartSymbol As IBarChartSymbol
```

```
Dim aoiFillSymbol As IFillSymbol
Dim aoiMarkerSymbol As IMarkerSymbol
Dim aoiSymbolArray As ISymbolArray
Dim aoiRandomCR As IRandomColorRamp
Dim aoiTable As ITable
Dim aoiCursor As ICursor
Dim aoiQueryFilter As IQueryFilter
Dim aoiRowBuffer As IRowBuffer
Dim dblFeldIndex As Long
Dim dblMax As Double
Dim bolInitWert As Boolean
Dim dblFeldWert As Double
Dim intX As Integer

  Set aoiDoc = ThisDocument
  Set aoiDisplay = aoiDoc.ActiveView.ScreenDisplay

  ' Setzen eines ChartRendereres
  ' auf den ersten Layer in der aktuellen Map
  Set aoiGeoFeatureLayer = aoiDoc.ActiveView.FocusMap.Layer(0)
  Set aoiChartRenderer = New ChartRenderer
  Set aoiGeoFeatureLayer.Renderer = aoiChartRenderer
  Set aoiFeatureRenderer = aoiGeoFeatureLayer.Renderer

  Set aoiFeatureClass = aoiGeoFeatureLayer.FeatureClass
  If Not (aoiFeatureRenderer.CanRender(aoiFeatureClass, _
          aoiDisplay)) Then
     MsgBox "Rendern des ersten Layers ist nicht möglich."
     Exit Sub
  End If

  ' Aus folgenden Feldern wird der Renderer erzeugt
  Set aoiRendererFields = aoiChartRenderer
  aoiRendererFields.AddField "EW98"
  aoiRendererFields.FieldAlias(0) = aoiRendererFields.Field(0)
  aoiRendererFields.AddField "EW_M98"
  aoiRendererFields.FieldAlias(1) = aoiRendererFields.Field(1)
  aoiRendererFields.AddField "HH98"
  aoiRendererFields.FieldAlias(2) = aoiRendererFields.Field(2)


  ' Berechnung des höchsten Datenwertes aller im Säulendiagramm
  ' benutzten Felder zwecks korrekter Skalierung
  Set aoiTable = aoiGeoFeatureLayer
```

```
Set aoiQueryFilter = New QueryFilter
aoiQueryFilter.AddField "EW98"
aoiQueryFilter.AddField "EW_M98"
aoiQueryFilter.AddField "HH98"
Set aoiCursor = aoiTable.Search(aoiQueryFilter, True)

' FeldArray
Const lngNumFields As Long = 3  ' Anzahl der Säulen
Dim lngArray(0 To lngNumFields - 1) As Long
lngArray(0) = aoiTable.FindField("EW98")
lngArray(1) = aoiTable.FindField("EW_M98")
lngArray(2) = aoiTable.FindField("HH98")

bolInitWert = True
dblMax = 0
' Setzen des Cursors
Set aoiRowBuffer = aoiCursor.NextRow
Do While Not aoiRowBuffer Is Nothing
  ' Schleife über alle RendererFields
  For dblFeldIndex = 0 To lngNumFields - 1
    dblFeldWert = aoiRowBuffer.Value(lngArray(dblFeldIndex))
    If bolInitWert Then
      ' Dieser Fall ist für den ersten Schleifendurchlauf
      dblMax = dblFeldWert
      bolInitWert = False
    Else
      If dblFeldWert > dblMax Then
        ' ...wenn ein höherer Wert gefunden wurde...
        dblMax = dblFeldWert
      End If
    End If
  Next dblFeldIndex
  Set aoiRowBuffer = aoiCursor.NextRow
Loop

If (dblMax <= 0) Then
  MsgBox "Keine Werte oder der Maximumwert ist <= 0."
  Exit Sub
End If

' Definition des BarChartSymbols
Set aoiBarChartSymbol = New BarChartSymbol
Set aoiChartSymbol = aoiBarChartSymbol
aoiChartSymbol.maxValue = dblMax  ' Zuweisung des max. Wertes
aoiBarChartSymbol.Width = 6        ' Symbolweite
```

```
    Set aoiMarkerSymbol = aoiBarChartSymbol
    aoiMarkerSymbol.Size = 20           ' maximale Größe des
Symbols

    ' RandomColorRamp für die Farbzuweisungen
    Set aoiRandomCR = New RandomColorRamp
    aoiRandomCR.Size = 3
    aoiRandomCR.CreateRamp True

    ' Definition des SymbolArray und Farbzuweisung
    Set aoiSymbolArray = aoiBarChartSymbol
    For intX = 0 To aoiRendererFields.FieldCount - 1
        Set aoiFillSymbol = New SimpleFillSymbol
        aoiFillSymbol.Color = aoiRandomCR.Color(intX)
        aoiSymbolArray.AddSymbol aoiFillSymbol
    Next intX

    ' Zuweisung des BarChartSymbols an den Renderer
    Set aoiChartRenderer.ChartSymbol = aoiBarChartSymbol

    aoiChartRenderer.CreateLegend
    aoiDoc.UpdateContents
    aoiDoc.ActiveView.Refresh
```

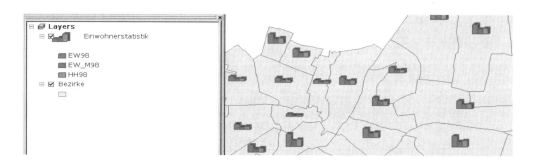

Werden die zwei Zeilen

```
...
Dim aoiBarChartSymbol As IBarChartSymbol
    ...
    Set aoiBarChartSymbol = New BarChartSymbol
    ...
```

im vorangegangenen Code ersetzt durch

```
...
Dim aoiBarChartSymbol As IStackedChartSymbol
  ...
  Set aoiBarChartSymbol = New StackedChartSymbol
  ...
```

sieht das Ergebnis so aus:

11.4.3 ClassBreaksRenderer

Das *ClassBreaksRenderer* Objekt wird benutzt, um Karten mit abgestuften Farben oder abgestuften Symbolen darzustellen.

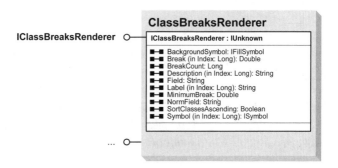

IClassBreaks-Renderer

IClassBreaksRenderer definiert die Parameter für die Darstellung von Kartenelementen auf der Grundlage von numerischen Attributwerten, die an Hand von Klassifizierungsalgorithmen statistisch gruppiert wurden. Die Unter- und Obergrenzen der Gruppen können explizit oder durch ArcMap's Klassifizierungsobjekte (*NaturalBreaks, DefinedInterval, Quantile, EqualInterval* oder *StandardDeviation*) gesetzt werden.

Background-Symbol,
Break

BreakCount,
Description

MinimumBreak

NormField,

SortClasses-Ascending

BackgroundSymbol setzt oder liefert das Füllsymbol des Hintergrunds, wenn abgestufte Punktsymbole auf flächenhaften Geometrien gezeichnet werden. *Break* setzt oder liefert den Wert der Unterbrechung der gruppierten Klasse an der Position des angegebenen Indexes. *Break(0)* repräsentiert den höchsten Wert der niedrigsten Klasse. *BreakCount* setzt oder liefert die Anzahl der Klassen. *Description* ist eine Beschreibung der Klasse. *Field* setzt oder liefert das Feld, das vom *Renderer* benutzt wird. *Label* sind die Beschriftungen der Klassen, die auch im Inhaltsverzeichnis erscheinen. *MinimumBreak* setzt oder liefert den Wert der unteren Grenze der ersten Klasse. In der Regel ist das der kleinste Wert im Attributfeld. *MinimumBreak* ist nicht gleich *Break(0)*. *NormField* setzt oder liefert das Normalisierungsfeld, das vom *Renderer* benutzt wird. *SortClassesAscending* gibt an, ob Klassen nach ihren Werten in aufsteigender Reihenfolge sortiert sind oder nicht. *Symbol* ist das Symbol, das die spezifizierte Klasse repräsentiert.

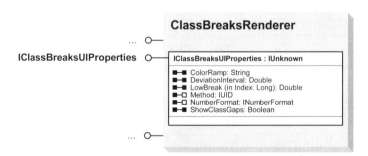

IClassBreaks-UIProperties

Die Schnittstelle *IClassBreaksUIProperties* des *ClassBreak Renderer* Objekts bietet einen Zugriff auf die Dialogbox „*Symbology*" unter den Eigenschaften von *Layern*. Die Eigenschaften dieser Schnittstelle haben keinen Einfluss auf das *Map* Display. Änderungen von Eigenschaften dieser Schnittstelle sind nur in der Dialogbox „*Symbology*" sichtbar. Üblicherweise werden sie die Änderungen in den Eigenschaften des *Renderers* durch die Schnittstelle *IClassBreaksRenderer* widerspiegeln.

ColorRamp, DeviationInterval

ColorRamp liefert den Dateinamen und Pfad der zu nutzenden Datei mit Farbabstufungsdefinitionen. *DeviationInterval* bezeichnet den Prozentanteil der Standardabweichung, der für das Intervall des Klassenumbruchs verwendet wird. Der Wertebereich geht von 0 bis 1. Null heisst, dass keine Standardabweichung benutzt wird.

LowBreak, Method

LowBreak liefert oder setzt die untere Grenze der Klasse an der angegebenen Indexposition. *Method* ist die Methode, die für die Erzeugung der Klassenumbrüche verwendet wurde. Der Name der Methode wird mit *IClassify::MethodName* gesetzt. *NumberFormat* liefert das Zahlenformat der Beschriftungen. *ShowClassGaps* ist auf einen boolschen Wert bezogen der aussagt, ob Minimum- und Maximumwerte einer Klasse mit aktuellen Daten angezeigt werden oder mit einer Genauigkeit, die mit der Eigenschaft *NumberFormat* festgelegt wurde.

NumberFormat, ShowClassGaps

```
' (cd) ClassBreaksRenderer

' Voraussetzung: Der erste Layer der aktuellen Map hat ein
' Attribut "POP_CNTRY" mit Werten zwischen 0 bis > 100000000
'
Dim aoiDoc As IMxDocument
Dim aoiGeoFeatureLayer As IGeoFeatureLayer
Dim aoiFeatureRenderer As IFeatureRenderer
Dim aoiDisplay As IDisplay
Dim aoiFeatureClass As IFeatureClass
Dim aoiLegendInfo As ILegendInfo
Dim aoiCBRenderer As IClassBreaksRenderer
Dim aoiSymbol As ISymbol
Dim aoiSMSym As ISimpleMarkerSymbol
Dim aoiColor As IRgbColor
Dim aoiFillSymbol As ISimpleFillSymbol

  Set aoiDoc = ThisDocument
  Set aoiDisplay = aoiDoc.ActiveView.ScreenDisplay

  ' Setzen eines ClassBreakRendereres
  ' auf den ersten Layer in der aktuellen Map
  Set aoiGeoFeatureLayer = _
      aoiDoc.ActiveView.FocusMap.Layer(0)
```

```
Set aoiCBRenderer = New ClassBreaksRenderer
Set aoiGeoFeatureLayer.Renderer = aoiCBRenderer
Set aoiFeatureRenderer = aoiGeoFeatureLayer.Renderer

Set aoiFeatureClass = aoiGeoFeatureLayer.FeatureClass
If Not (aoiFeatureRenderer.CanRender(aoiFeatureClass, _
        aoiDisplay)) Then
    MsgBox "Rendern des ersten Layers ist nicht möglich."
Else
  ' Symboldefinitionen
  Set aoiSMSym = New SimpleMarkerSymbol
  Set aoiFillSymbol = New SimpleFillSymbol
  Set aoiColor = New RgbColor
  aoiColor.RGB = vbRed
  aoiFillSymbol.Color = aoiColor
  aoiColor.RGB = vbBlue
  aoiSMSym.Color = aoiColor

  ' Eigenschaften des ClassBreakRenderers
  aoiCBRenderer.Field = "EINWOHNER"
  ' Definition von drei Klassen
  aoiCBRenderer.BreakCount = 3
  aoiCBRenderer.MinimumBreak = 0
  ' erste Klasse...
  aoiCBRenderer.Break(0) = 10000000
  aoiSMSym.Size = 2
  Set aoiSymbol = aoiSMSym
  aoiCBRenderer.Symbol(0) = aoiSymbol
  ' zweite Klasse...
  aoiCBRenderer.Break(1) = 100000000
  aoiSMSym.Size = 4
  Set aoiSymbol = aoiSMSym
  aoiCBRenderer.Symbol(1) = aoiSymbol
  ' dritte Klasse...
  aoiCBRenderer.Break(2) = 10000000000
  aoiSMSym.Size = 6
  Set aoiSymbol = aoiSMSym
  aoiCBRenderer.Symbol(2) = aoiSymbol
  aoiCBRenderer.BackgroundSymbol = aoiFillSymbol

  ' Beschriftung der drei Klassen
  Set aoiLegendInfo = aoiFeatureRenderer
  aoiLegendInfo.LegendGroup(0).Class(0).Label = _
      "0 - " & aoiCBRenderer.Break(0)
  aoiLegendInfo.LegendGroup(0).Class(1).Label = _
```

```
      aoiCBRenderer.Break(0) + 1 & " - " & _
      aoiCBRenderer.Break(1)
   aoiLegendInfo.LegendGroup(0).Class(2).Label = _
      " > " & aoiCBRenderer.Break(1)
End If
aoiDoc.UpdateContents
aoiDoc.ActiveView.Refresh
```

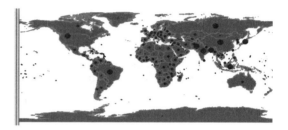

11.4.4 DotDensityRenderer

Dieses Objekt bietet Zugriff auf die Eigenschaften eines Punktdichte-*Renderers*, mit dem Flächen mit einer unterschiedlichen Anzahl von Punkten gefüllt werden. Die Punkte werden zufällig innerhalb der Flächen verteilt.

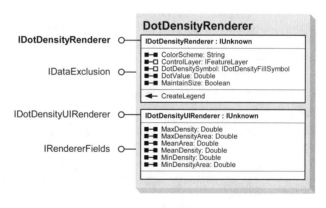

IDotDensity-   Die   Standardschnittstelle   zu   diesem   Objekt   ist

Renderer,
ColorScheme,
MultiDotDensity-
PropertyPage,
ControlLayer

CreateLegend

DotDensity-
FillSymbol,
DotValue

IDotDensityRenderer. Die Eigenschaft *ColorScheme* setzt oder liefert den Namen des Farbschemas bei der Verwendung einer *MultiDotDensityPropertyPage.* Diese legt *Renderer* Eigenschaften für Punktdichten auf der Grundlage mehrerer Felder fest. *ControlLayer* liefert oder setzt eine Objektreferenz auf einen *Layer,* der zur Maskierung der Platzierung der Punkte dient. Die Maskierung schränkt die Platzierung von Punkten auf die Flächen des *ControlLayers* ein. Weitere Markierungseigenschaften bietet die Schnittstelle *IDotDensityMasking. CreateLegend* erzeugt eine Legende. Diese Funktion ist nach der Festlegung aller Eigenschaften anzuwenden. Jeder *DotDensityRenderer* erfordert ein Punktsymbol, mit dem die Punkte auf den Flächen verstreut dargestellt werden. Dieses Symbol ist das *DotDensityFillSymbol,* auf das über die Schnittstelle *IDotDensityFillSymbol* zugegriffen werden kann. *DotValue* kontrolliert, wie viele Punkte in jede Fläche gesetzt werden. Je höher der Wert, desto weniger Punkte werden in jeder Fläche platziert.

```
' (cd) DotDensityRenderer

' Voraussetzung: Die Attributtabelle des ersten Layers der
' aktuellen Map hat das Attribut "POP_CNTRY"
'
Dim aoiDoc As IMxDocument
Dim aoiGeoFeatureLayer As IGeoFeatureLayer
Dim aoiFeatureRenderer As IFeatureRenderer
Dim aoiDisplay As IDisplay
Dim aoiFeatureClass As IFeatureClass
Dim aoiRendererFields As IRendererFields
Dim aoiLegendInfo As ILegendInfo
Dim aoiDDRenderer As IDotDensityRenderer
Dim aoiSymbol As ISymbol
Dim aoiSMSymbol As ISimpleMarkerSymbol
Dim aoiColor As IRgbColor
Dim aoiDDFillSymbol As IDotDensityFillSymbol
Dim aoiSymbolArray As ISymbolArray

   Set aoiDoc = ThisDocument
   Set aoiDisplay = aoiDoc.ActiveView.ScreenDisplay

   ' Setzen eines DotDensityRendereres
   ' auf den ersten Layer in der aktuellen Map
```

```
Set aoiGeoFeatureLayer = aoiDoc.ActiveView.FocusMap.Layer(0)
Set aoiDDRenderer = New DotDensityRenderer
Set aoiGeoFeatureLayer.Renderer = aoiDDRenderer
Set aoiFeatureRenderer = aoiGeoFeatureLayer.Renderer

' Rendererfeld
Set aoiRendererFields = aoiDDRenderer
aoiRendererFields.AddField "POP_CNTRY"

' ...kann der Layer gerendert werden...
Set aoiFeatureClass = aoiGeoFeatureLayer.FeatureClass
If Not (aoiFeatureRenderer.CanRender(aoiFeatureClass, _
        aoiDisplay)) Then
  MsgBox "Rendern des ersten Layers ist nicht möglich."
Else
  ' Symboldefinitionen
  ' roter Hintergrund
  Set aoiColor = New RgbColor
  aoiColor.RGB = vbRed
  Set aoiDDFillSymbol = New DotDensityFillSymbol
  aoiDDFillSymbol.DotSize = 3
  aoiDDFillSymbol.BackgroundColor = aoiColor

  ' blaues Punktsymbol
  Set aoiSMSymbol = New SimpleMarkerSymbol
  aoiSMSymbol.Style = esriSMSCircle
  aoiColor.RGB = vbBlue
  aoiSMSymbol.Color = aoiColor
  Set aoiSymbolArray = aoiDDFillSymbol
  aoiSymbolArray.AddSymbol aoiSMSymbol

  Set aoiDDRenderer.DotDensitySymbol = aoiDDFillSymbol
  ' 1 Punkt = 5000000 Einwohner
  aoiDDRenderer.DotValue = 5000000
  aoiDDRenderer.CreateLegend
End If
aoiDoc.UpdateContents
aoiDoc.ActiveView.Refresh
```

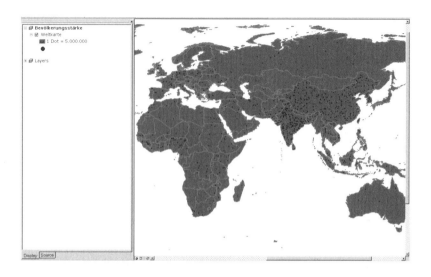

11.4.5 ProportionalSymbolRenderer

ProportionalSymbolRenderer Objekte zeichnen ein Symbol proportional zu einem Feldwert in unterschiedlicher Größe.

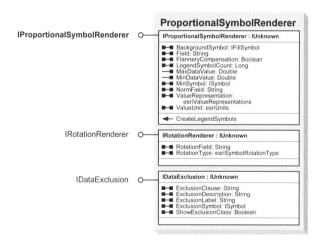

Das Symbol, das proportional dargestellt werden soll, wird mit der

MinSymbol

Background-Symbol, Field

ValueUnit

esriUnits

Value-Representation

Eigenschaft *MinSymbol* gesetzt. Dabei kann es sich um ein Linien- oder ein Punktsymbol handeln. Für flächenhafte Geometrien können ebenfalls Punktsymbole verwendet werden. In diesem Fall wird das Punktsymbol in das Zentrum der Fläche gesetzt. Für flächenhafte Geometrien kann mit *BackgroundSymbol* ein Füllsymbol für die Hintergrunddarstellung festgelegt werden. Mit der Methode *Field* wird das numerische Feld bestimmt, dessen Werte für die Berechnung der Symbolgröße herangezogen werden. Mit der Methode *ValueUnit* werden die Abstandseinheiten, welche die Daten in diesem Feld repräsentieren, angegeben. Folgende Konstanten stehen dafür zur Verfügung:

Konstante	Wert	Beschreibung
esriUnknownUnits	0	unbekannt
esriInches	1	Inch
esriPoints	2	Punkte
esriFeet	3	Fuß
esriYards	4	Yards
esriMiles	5	Meilen
esriNauticalMiles	6	nautische Meilen
esriMillimeters	7	Millimeter
esriCentimeters	8	Zentimeter
esriMeters	9	Meter
esriKilometers	10	Kilometer
esriDecimalDegrees	11	dezimale Gradangaben
esriProjectedMeters	12	projizierte Meter

Die Konstante *esriUnknownUnits* wird für Einheiten verwendet, die keine Distanzen bezeichnen, z.B. Bevölkerungsanteil. Die Proportionen der Symbole können auf unterschiedliche Eigenschaften wie Radius, Fläche, Linienbreite oder Distanz vom Zentrum bezogen werden. Das wird mit der Methode *ValueRepresentation* angegeben, mit der folgende Konstanten zur Verfügung stehen:

	Konstante	Wert	Beschreibung
esriValue-Representations	esriValueRepUnknown	0	unbekannt
	esriValueRepRadius	1	Radius
	esriValueRepArea	2	Fläche
	esriValueRepDistance	3	Distanz vom Zentrum
	esriValueRepWidth	4	Breite

11.4.6 ScaleDependentRenderer

ScaleDependentRenderer beinhaltet andere *Renderer*. Zweck ist es, unterschiedliche *Renderer* maßstabsabhängig zu benutzen. Es können detailliertere Symbole angezeigt werden wenn der Benutzer in eine Karte hinein zoomt, während eine allgemeinere Symbolisierung benutzt wird, wenn er heraus zoomt.

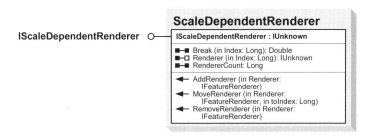

AddRenderer

Break

Mit der *AddRenderer* Methode können beliebig viele *Renderer* zu einem *ScaleDependentRenderer* hinzugefügt werden. Mit der Methode *Break* wird für die *Renderer* der Maßstabswert angegeben, unter dem der *Renderer* verwendet wird. Um einen *Renderer* beispielsweise in einem Maßstab unter 1:10.000 darzustellen, würde der *Break*-Wert auf 10.000 gesetzt.

Das nächste Beispiel definiert für den ersten *Layer* einer *Map* einen *ScaleDependentRenderer*, der den *Renderer* des zweiten *Layers* für einen Maßstab unter 50.000 verwendet und für einen Maßstab größer 50.000 und kleiner 100.000 den *Renderer* des dritten *Layers*.

```
' (cd)  ScaleDependentRenderer

Dim aoiDoc As IMxDocument
Dim aoiGFLayer0 As IGeoFeatureLayer
Dim aoiGFLayer1 As IGeoFeatureLayer
Dim aoiGFLayer2 As IGeoFeatureLayer
Dim aoiSDRenderer As IScaleDependentRenderer

  Set aoiDoc = ThisDocument
  Set aoiGFLayer0 = aoiDoc.ActiveView.FocusMap.Layer(0)
  Set aoiGFLayer1 = aoiDoc.ActiveView.FocusMap.Layer(1)
  Set aoiGFLayer2 = aoiDoc.ActiveView.FocusMap.Layer(2)

  ' Setzen der ScaleDependentRenderer
  Set aoiSDRenderer = New ScaleDependentRenderer

  aoiSDRenderer.AddRenderer aoiGFLayer1.Renderer
  aoiSDRenderer.Break(0) = 50000
  aoiSDRenderer.AddRenderer aoiGFLayer2.Renderer
  aoiSDRenderer.Break(1) = 100000

  ' Setzen des ScaleDependentRenderers im ersten Layer
  Set aoiGFLayer0.Renderer = aoiSDRenderer

   ' Aktualisierung der Darstellung
  aoiDoc.UpdateContents
  aoiDoc.ActiveView.Refresh
```

11.4.7 SimpleRenderer

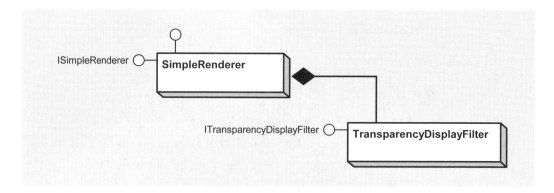

SimpleRenderer ist ArcMap's voreingestellter *Renderer* für *FeatureLayer*. Er symbolisiert jedes *Feature* im *Layer* mit dem gleichen Symbol.

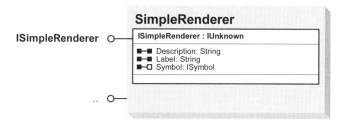

Im nächsten Beispiel wird der erste *FeatureLayer* in der *Map* mit einem blauen Symbol gerendert. Für die Auswahl des korrekten Punkt-, Linien oder Flächensymbols wird der *Shapetyp* des *FeatureLayers* ermittelt.

```
' (cd) SimpleRenderer

Dim aoiApp As IMxApplication
Dim aoiDoc As IMxDocument
Dim aoiMap As IMap
Dim aoiFeatLayer As IFeatureLayer2
Dim aoiGeoFeatureLayer As IGeoFeatureLayer
Dim aoiFeatureClass As IFeatureClass
Dim aoiFeatureRenderer As IFeatureRenderer
```

```
Dim aoiSimpleRenderer As ISimpleRenderer
Dim aoiFillSymbol As ISimpleFillSymbol
Dim aoiLineSymbol As ISimpleLineSymbol
Dim aoiMarkerSymbol As ISimpleMarkerSymbol
Dim aoiColor As IRgbColor
Dim lngX As Long

  Set aoiDoc = ThisDocument
  Set aoiMap = aoiDoc.FocusMap

  ' Definition einer Symbolfarbe
  Set aoiColor = New RgbColor
  aoiColor.RGB = vbBlue

  ' Ermittlung des ersten FeatureLayers
  For lngX = 0 To aoiMap.LayerCount - 1
    If TypeOf aoiMap.Layer(lngX) Is IFeatureLayer2 Then
      Set aoiGeoFeatureLayer = aoiMap.Layer(lngX)
      Set aoiFeatureClass = aoiGeoFeatureLayer.FeatureClass
      Set aoiFeatureRenderer = aoiGeoFeatureLayer.Renderer

      ' ...wenn der FeatureLayer gerendert werden kann...
      If (aoiFeatureRenderer.CanRender(aoiFeatureClass, _
          aoiDoc.ActiveView.ScreenDisplay)) Then
        ' Shapetyp ermitteln
        Set aoiSimpleRenderer = New SimpleRenderer
        Select Case aoiFeatureClass.ShapeType

          Case esriGeometryPolygon   ' Polygon Layer
            ' Definition des Füllsymbols
            Set aoiFillSymbol = New SimpleFillSymbol
            aoiFillSymbol.Color = aoiColor
            ' Zuweisung des Symbols an den Renderer
            Set aoiSimpleRenderer.Symbol = aoiFillSymbol

          Case esriGeometryPoint   ' Punkt Layer
            ' Definition des Markersymbols
            Set aoiMarkerSymbol = New SimpleMarkerSymbol
            aoiMarkerSymbol.Color = aoiColor
            ' Zuweisung des Symbols an den Renderer
            Set aoiSimpleRenderer.Symbol = aoiMarkerSymbol

          Case esriGeometryPolyline   ' Linien Layer
            ' Definition des Liniensymbols
            Set aoiLineSymbol = New SimpleLineSymbol
```

```
         aoiLineSymbol.Color = aoiColor
         ' Zuweisung des Symbols an den Renderer
         Set aoiSimpleRenderer.Symbol = aoiLineSymbol

      Case Else
         ' ...um welchen Shapetyp handelt es sich...
         MsgBox aoiFeatureClass.ShapeType
      End Select
      Set aoiGeoFeatureLayer.Renderer = aoiSimpleRenderer

      ' Inhaltsverzeichnis und Display neu zeichnen
      aoiDoc.UpdateContents
      aoiDoc.ActiveView.Refresh
      Exit For
    End If
  End If
Next lngX
```

11.4.8 UniqueRenderer

Der *UniqueValueRenderer* weist im einfachsten Fall jedem vorkommenden Wert im Feld einer Attributtabelle ein unterschiedliches Symbol zu. Es können allerdings auch mehrere Attribute kombiniert werden. Das *Rendern* erfolgt in diesem Fall auf einheitliche Werte in der Kombination der Attribute.

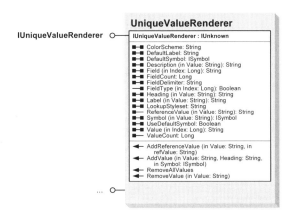

IUniqueValue-
Renderer

Mit der Schnittstelle *IUniqueValueRenderer* werden die Felder für die Kategorisierung des *Renderers*, die eindeutigen Werte und die damit korrespondierenden Symbole festgelegt. Die Anzahl der Felder, nach denen die Kategorien erzeugt werden (*FieldCount*), kann 0 – 3 sein. Die Methode *Field* (<index_nummer>) setzt oder liefert die Felder. Die Festlegung mehrerer Felder ist z.B. dann sinnvoll, wenn der Wert im ersten Feld mehrdeutig sein kann. Eine Gemeinde namens „Asbach" gibt es zum Beispiel in verschiedenen Bundesländern. Die Gemeinden würden mit dem gleichen Symbol dargestellt, wenn sie nicht durch das Bundesland unterschieden würden.

```
. . .
   aoiUVRenderer.FieldCount = 2
   aoiUVRenderer.Field(0) = „Gemeinde"
   aoiUVRenderer.Field(1) = „Bundesland"
   aoiUVRenderer.FieldDelimiter = „,"
. . .
```

FieldDelimiter

Bei Verwendung mehrerer Felder definiert der *FieldDelimiter* das Trennzeichen zwischen den Attributwerten der Felder.

AddReference-
Value

AddValue,
RemoveAll-Values,
RemoveValue

DefaultSymbol,
UseDefault-Symbol

DefaultLabel

AddReferenceValue fügt einen spezifizierten Wert zu einer Klasse, die bereits im *IUniqueValueRenderer* existiert, hinzu. Die Methode *AddReferenceValue* erlaubt es, dass mehr als ein Wert in der gleichen Klasse erscheint. *AddValue* fügt einen Wert und ein korrespondierendes Symbol zur Liste des *Renderers* hinzu. Mit der Methode *Label* wird der Wert beschriftet. Mit *RemoveAllValues* und *RemoveValue* werden alle Werte oder ein einzelner Wert aus der Liste gelöscht. Werte, die nicht mit *AddValue* zum Renderer hinzugefügt wurden, können mit einem mit der Methode *DefaultSymbol* voreingestellten Symbol gezeichnet werden. Die Eigenschaft *UseDefaultSymbol* muss dazu auf *True* gesetzt werden. Die Beschriftung dieses Objekts erfolgt mit der Methode *DefaultLabel*.

Ein ausführliches Beispiel zur Erstellung eines *UniqueValue-Rendereres* befindet sich in der Hilfe zu *IUniqueValueRenderer* in der „ArcGIS Developer Help". In diesem Beispiel werden alle *Features* einer *FeatureClass* in einer Schleife durchlaufen und deren Werte ggf. dem *Renderer* hinzugefügt.

11.5 MapSurrounds

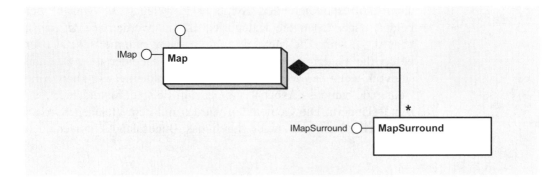

MapSurround Objekte sind eine bestimmte Art von Elementtypen, die mit einem *Map* Objekt verbunden sind. Dazu gehören der Kartentitel (*MapTitle*), Nordpfeile (*NorthArrow*), Legenden (*Legend*) Maßstabsleisten (*ScaleBar*), Maßstabstext (*ScaleText*), Ausschnitts- und Übersichtsfenster (*MapInset* und *Overview*).

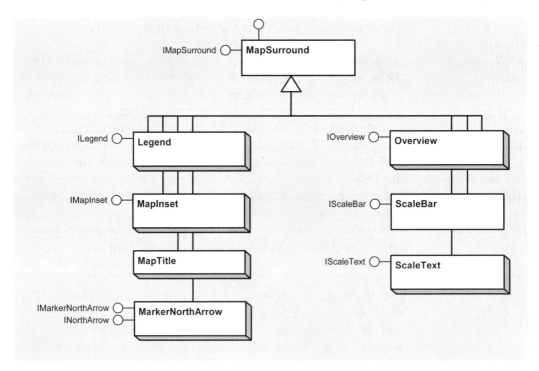

Änderungen im *Map* Objekt haben direkte Auswirkungen auf die *MapSurround* Objekte. Ändert sich beispielsweise das Farbschema, mit dem eine Karte dargestellt wird, ändert sich neben der *Map* auch die Legende. Ändert sich der Maßstab der Karte, ändern sich auch Maßstabsleiste und Maßstabstext.

MapSurround-Frames

MapSurround Objekte werden nur im *PageLayout* dargestellt und werden dort in *MapSurroundFrames* verwaltet. *MapSurround Frames* sind Container für die *MapSurround* Objekte.

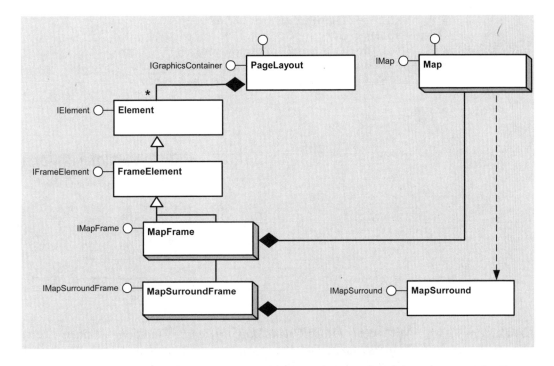

MapFrame

MapSurround-Count

Jeder *MapSurroundFrame* ist auch mit einem *MapFrame* verbunden. Wird ein *MapFrame* gelöscht, werden automatisch auch alle mit ihm verbundenen *MapSurroundFrames* gelöscht. Die Schnittstelle *IMap* hat eine Eigenschaft *IMap::MapSurround*, mit der einzelne *MapSurround* Objekte referenziert werden können. *IMap::MapSurroundCount* liefert die Anzahl der mit einer *Map* verknüpften *MapSurround* Objekte.

```
' (cd) ZeigeMapSurrounds

Dim aoiDoc As IMxDocument
Dim aoiMap As IMap
Dim aoiMapSurround As IMapSurround
Dim intX As Integer
Dim strMsg As String

  Set aoiDoc = ThisDocument
  Set aoiMap = aoiDoc.FocusMap
  strMsg = "Anzahl der MapSurround Objekte: " & _
          aoiMap.MapSurroundCount & vbCr & vbCr
  For intX = 0 To (aoiMap.MapSurroundCount - 1)
      Set aoiMapSurround = aoiMap.MapSurround(intX)
      strMsg = strMsg & aoiMapSurround.Name & vbCr
  Next
  MsgBox strMsg
```

CreateMap-Surround

Mit der *IMap::CreateMapSurround* Funktion können neue *MapSurround* Objekte basierend auf einem GUID Parameter (*Global Unique Identifier*) erzeugt werden. In diesem Beispiel wird eine Standardlegende für die aktuelle *Map* zum *PageLayout* hinzugefügt:

```
' (cd) AddStandardLegende2MapSurroundFrame

Dim aoiDoc As IMxDocument
Dim aoiPageLayout As IPageLayout
Dim aoiActiveView As IActiveView
Dim aoiGC As IGraphicsContainer
```

```
Dim aoiMSFrame As IMapSurroundFrame
Dim aoiMapFrame As IMapFrame
Dim aoiMap As IMap
Dim aoiElement As IElement
Dim aoiEnv As IEnvelope
Dim aoiID As New UID

  Set aoiDoc = ThisDocument
  Set aoiPageLayout = aoiDoc.PageLayout
  Set aoiGC = aoiPageLayout
  Set aoiMap = aoiDoc.FocusMap  ' aktuelle Map

  ' Rahmen- und Rahmengröße
  Set aoiEnv = New Envelope
  aoiEnv.PutCoords 1.5, 15, 7.5, 25

  ' Standardlegende
  aoiID.Value = "esriCarto.Legend"
  ' In Version 8.x: aoiID.Value = "esriCore.Legend"

  ' MapFrame und MapSurroundFrame
  Set aoiMapFrame = aoiGC.FindFrame(aoiMap)
  Set aoiMSFrame = aoiMapFrame.CreateSurroundFrame(aoiID, _
                 Nothing)
  Set aoiElement = aoiMSFrame
  aoiElement.Geometry = aoiEnv
  Set aoiActiveView = aoiPageLayout
  aoiElement.Activate aoiActiveView.ScreenDisplay
  aoiGC.AddElement aoiElement, 0

  'Neuzeichnen
  aoiActiveView.Refresh
```

IMapSurround

Alle *MapSurround* Objekte implementieren die Schnittstelle *IMapSurround*. Diese Schnittstelle stellt die Eigenschaften und Funktionen zur Verfügung, die auf alle *MapSurround* Objekte angewendet werden können.

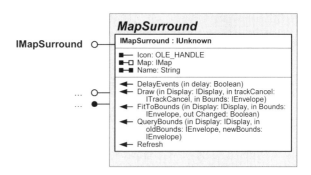

Icon,
Map,
DelayEvents,
Draw,
FitToBounds,
QueryBounds

Icon liefert das OLE_*Handle*, welches das *MapSurround* Objekt repräsentiert. *Map* setzt oder liefert das zugehörige *IMap* Objekt. *DelayEvents* wird benutzt, um Operationen für eine Stapelverarbeitung zusammenzufassen. *Draw* zeichnet ein *MapSurround* Objekt in einen spezifizierten Rahmen. *FitToBounds* soll ein Objekt an die Größe eines Rahmens anpassen. *QueryBounds* liefert die Ausdehnung eines *MapSurround* Objekts. Mit der Funktion *Refresh* werden Aktualisierungen mit dem nächsten Neuzeichnen sichtbar.

IMapSurround-
Events

Über die Schnittstelle *IMapSurroundEvents* werden Ereignisfunktionen zur Verfügung gestellt, die von *MapSurround* Objekten gefeuert werden bevor oder nachdem sie gezeichnet werden oder sich ihr Inhalt ändert:

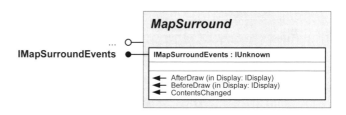

11.5.1 Legend und LegendFormat

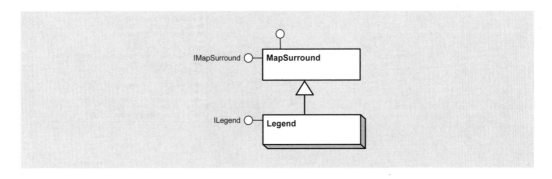

ILegendFormat,
ILegendItem

Legenden werden -wie in dem vorangegangenen Codebeispiel- zum *MapSurroundFrame* hinzugefügt. Alle notwendigen Eigenschaften der Legende sind bereits voreingestellt. Änderungen der Legende erfolgen in erster Linie über die Schnittstellen *ILegend,* *ILegendFormat* und *ILegendItem*. Die primäre Schnittstelle *ILegend* bietet Zugriff auf die Objekte *LegendFormat* und *LegendItem*.

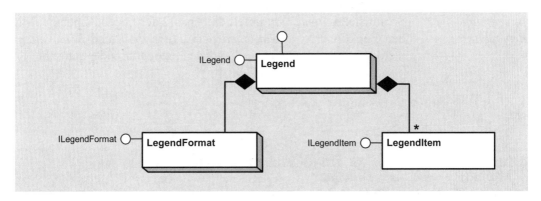

LegendFormat,
LegendItem

LegendFormat bezieht sich hauptsächlich auf allgemeine Formatierungseigenschaften. *LegendItem* bezieht sich darauf, wie ein einzelner *Layer* in einer Legende dargestellt wird. Typischerweise gibt es für jeden *Layer* in der *Map* ein *LegendItem*.

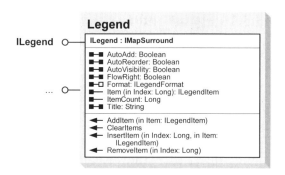

AutoAdd,
AutoReorder,
AutoVisibility,
FlowRight,
Format, Item,
ItemCount,
AddItem,
ClearItems,
InsertItem,
RemoveItem

AutoAdd weist an, ob ein neuer Legendenpunkt zur Legende hinzugefügt werden soll, wenn ein neuer *Layer* zur *Map* hinzugefügt wird. *AutoReorder* gibt an, ob die Legendenpunkte in der gleichen Reihenfolge bleiben sollen, wie die *Layer*. *AutoVisibility* steuert, ob Legenden nur dann sichtbar sind, wenn der zugehörige Layer sichtbar ist. *FlowRight* hat in der vorliegenden ArcGIS Version noch keine Funktion. *Format* bietet den Zugriff auf die *ILegendFormat* Schnittstelle, *Item* auf die *ILegendItem* Schnittstelle. *ItemCount* liefert die Anzahl der Legendenpunkte. Mit den Funktionen *AddItem*, *ClearItems*, *InsertItem* und *RemoveItem* werden Legendenpunkte zur Legende hinzugefügt oder gelöscht.

```
' (cd) Eigenschaften der Legende

Dim aoiDoc As IMxDocument
Dim aoiMap As IMap
Dim aoiMapSurround As IMapSurround
Dim aoiLegend As ILegend
Dim intX As Integer

   Set aoiDoc = ThisDocument
   Set aoiMap = aoiDoc.FocusMap   ' aktuelle Map

   If (aoiMap.MapSurroundCount > 0) Then
      For intX = 0 To (aoiMap.MapSurroundCount - 1)
         Set aoiMapSurround = aoiMap.MapSurround(intX)
         If (TypeOf aoiMapSurround Is ILegend) Then
            Set aoiLegend = aoiMap.MapSurround(intX)
            aoiLegend.AutoAdd = True
            aoiLegend.AutoReorder = True
```

```
        aoiLegend.Title = "Legende"
        aoiLegend.Refresh
      End If
   Next
Else
   MsgBox "Die aktive Map hat keine MapSurrounds."
End If
```

LegendFormat   Das *LegendFormat* Objekt bietet den Zugriff auf allgemeine Formatierungsinformationen der Legende.

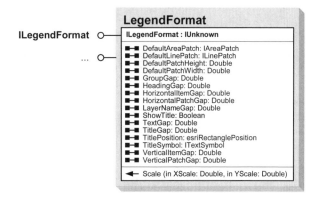

DefaultArea-Patch,
DefaultLine-Patch,
Default-
PatchHeight,
Default-
PatchWidth

DefaultAreaPatch und *DefaultLinePatch* beziehen sich auf die Legendenkästchen. Formatierungen des *LegendClassFormat* Objekts können die mit *ILegendFormat* gesetzten Eigenschaften *DefaultAreaPatch, DefaultLinePatch, DefaultPatchHeight* und *DefaultPatchWidth* überschreiben.

Das folgende Beispiel setzt einige Formatierungen einer Legende. Die Einheiten werden in Punkten angegeben.

```
' (cd) Legend und Legendformat

   ' Der Code erzeugt ein Legend MapSurround
   ' für die aktuelle Map im PageLayout

Dim aoiApp As IMxApplication
Dim aoiDoc As IMxDocument
Dim aoiPageLayout As IPageLayout
```

```
Dim aoiActiveView As IActiveView
Dim aoiGC As IGraphicsContainer
Dim aoiMapFrame As IMapFrame
Dim aoiMSFrame As IMapSurroundFrame
Dim aoiMapSurround As IMapSurround
Dim aoiMap As IMap
Dim aoiLegend As ILegend
Dim aoiLegendFormat As ILegendFormat
Dim aoiElement As IElement
Dim aoiEnv As IEnvelope
Dim aoiDisp As IDisplay
Dim lngX As Long
Dim aoiID As New UID

Set aoiApp = Application
Set aoiDisp = aoiApp.Display
Set aoiDoc = ThisDocument
Set aoiPageLayout = aoiDoc.PageLayout
Set aoiGC = aoiPageLayout
Set aoiMap = aoiDoc.FocusMap ' die aktuelle Map
Set aoiActiveView = aoiPageLayout

' Rahmen- und Rahmengröße
Set aoiEnv = New Envelope
aoiEnv.PutCoords 12.5, 2.5, 19.5, 20.5

' MapSurround erzeugen
Set aoiLegend = New Legend
Set aoiMapSurround = aoiLegend
Set aoiMapSurround.Map = aoiMap
aoiLegend.Title = "Legende"
Set aoiLegendFormat = New LegendFormat
aoiLegendFormat.DefaultPatchHeight = 25
aoiLegendFormat.DefaultPatchWidth = 45
aoiLegendFormat.HeadingGap = 10
aoiLegendFormat.TitleGap = 20
aoiLegendFormat.TextGap = 50
aoiLegendFormat.VerticalPatchGap = 5
aoiLegendFormat.VerticalItemGap = 25
Set aoiLegend.Format = aoiLegendFormat
aoiLegend.Refresh

' MapSurroundFrame erzeugen
aoiID.Value = "esriCarto.Legend"
```

```
' In Version 8.x: aoiID.Value = "esriCore.Legend"
Set aoiMapFrame = aoiGC.FindFrame(aoiMap)
Set aoiMSFrame = aoiMapFrame.CreateSurroundFrame(aoiID, _    .
  Nothing)

Set aoiMSFrame.MapSurround = aoiMapSurround

' MapSurroundFrame zum PageLayout hinzufügen
Set aoiElement = aoiMSFrame
aoiElement.Geometry = aoiEnv
aoiElement.Activate aoiActiveView.ScreenDisplay
aoiGC.AddElement aoiElement, 0

'Neuzeichnen
aoiActiveView.PartialRefresh esriViewGraphics, Nothing, Nothing
```

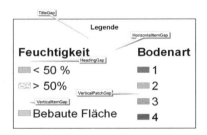

11.5.2 MapInset und Overview

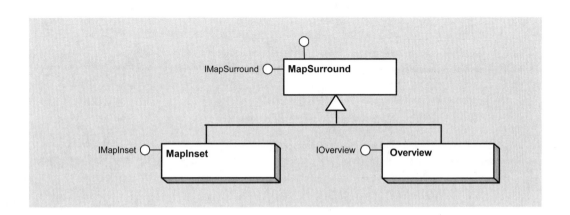

MapInset und *Overview MapSurround* Objekte sollen die Darstellung von Kartenübersichten und Vergrößerungen in eigenen *MapSurroundFrames* ermöglichen. Anders als in den *Window* Objekten *MapInset* und *Overview* (vgl. Kapitel 6.5.3.2) werden keine eigenen Fenster für die Darstellung erzeugt.

IMapInset

IOverview

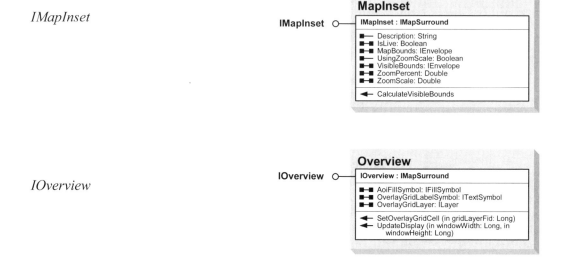

Auf der CD zum Buch befindet sich ein Beispiel für die Programmierung eines *MapInset MapSurrounds* (' (cd) MapInset MapSurround).

11.5.3 MapTitle

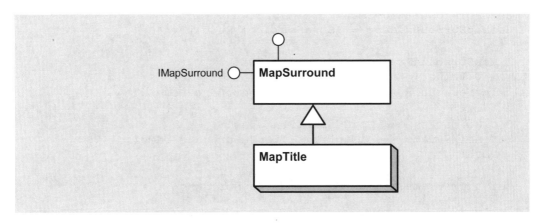

MapTitle ist ein *MapSurround* Objekt zur Anzeige eines Kartentitels.

```
' (cd) MapTitle

' Fügt ein MapTitle Objekt zum PageLayout

Dim aoiDoc As IMxDocument
Dim aoiPageLayout As IPageLayout
Dim aoiActiveView As IActiveView
Dim aoiGC As IGraphicsContainer
Dim aoiMapFrame As IMapFrame
Dim aoiMSFrame As IMapSurroundFrame
Dim aoiMapSurround As IMapSurround
Dim aoiMap As IMap
Dim aoiElement As IElement
Dim aoiEnv As IEnvelope
Dim aoiID As New UID

Set aoiDoc = ThisDocument
Set aoiPageLayout = aoiDoc.PageLayout
Set aoiGC = aoiPageLayout
Set aoiMap = aoiDoc.FocusMap ' aktuelle Map

' Rahmengröße
Set aoiEnv = New Envelope
aoiEnv.PutCoords 5.5, 27.5, 17, 28.5
```

```
' MapTitle
Set aoiMapSurround = New MapTitle
Set aoiMapSurround.Map = aoiMap
aoiMapSurround.Name = "Straßenkarte Südbayern"

' MapSurroundFrame
aoiID.Value = "esriCarto.Legend"
' In Version 8.x: aoiID.Value = "esriCore.Legend"

Set aoiMapFrame = aoiGC.FindFrame(aoiMap)
Set aoiMSFrame = aoiMapFrame.CreateSurroundFrame(aoiID, _
  Nothing)

Set aoiMSFrame.MapSurround = aoiMapSurround

' Zum PageLayout hinzufügen
Set aoiElement = aoiMSFrame
aoiElement.Geometry = aoiEnv
Set aoiActiveView = aoiPageLayout
aoiElement.Activate aoiActiveView.ScreenDisplay
aoiGC.AddElement aoiElement, 0

'Neuzeichnen
aoiActiveView.Refresh
```

11.5.4 MarkerNorthArrow

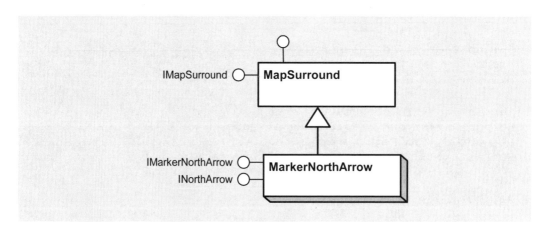

Das *MarkerNorthArrow* Objekt dient dem Hinzufügen von Nordpfeilen.

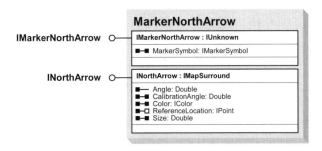

IMarkerNorth-Arrow

INorthArrow

Die Schnittstelle *IMarkerNorthArrow* hat nur eine Eigenschaft zum Lesen und Setzen von *IMarkerSymbol* Objekten als Nordpfeil. Die Standard Nordpfeile in ArcMap sind *CharacterMarkerSymbol* Objekte aus dem Font „ESRI North". Es können aber auch beliebige Symbole aus anderen *TrueType* Fonts dargestellt werden. Weitere Eigenschaften von Nordpfeilen werden über die Schnittstelle *INorthArrow* gesetzt bzw. abgefragt.

```
' (cd) MarkerNorthArrow

Dim aoiDoc As IMxDocument
Dim aoiPageLayout As IPageLayout
Dim aoiActiveView As IActiveView
Dim aoiGC As IGraphicsContainer
Dim aoiMSFrame As IMapSurroundFrame
Dim aoiMapSurround As IMapSurround
Dim aoiMapFrame As IMapFrame
Dim aoiMap As IMap
Dim aoiMNA As IMarkerNorthArrow
Dim aoiChMSym As ICharacterMarkerSymbol
Dim aoiElement As IElement
Dim aoiEnv As IEnvelope
Dim aoiID As New UID
Dim aoiFont As IFontDisp

  Set aoiDoc = ThisDocument
  Set aoiPageLayout = aoiDoc.PageLayout
  Set aoiGC = aoiPageLayout
  Set aoiMap = aoiDoc.FocusMap   ' aktuelle Map
```

```
' Rahmen- und Rahmengröße
Set aoiEnv = New Envelope
aoiEnv.PutCoords 1.5, 15, 7.5, 25

' StandardNordpfeil
aoiID.Value = "esriCarto.MarkerNorthArrow"
' Version 8.x: aoiID.Value = "esriCore.MarkerNorthArrow"

' Neues Nordpfeilsymbol
Set aoiMNA = New MarkerNorthArrow
Set aoiChMSym = New CharacterMarkerSymbol
Set aoiFont = New StdFont
aoiFont.Name = "ESRI North"
With aoiChMSym
  .CharacterIndex = 73
  .Font = aoiFont
  .Size = 96
End With
aoiMNA.MarkerSymbol = aoiChMSym

' Der MapFrame beinhaltet die Map
Set aoiMapFrame = aoiGC.FindFrame(aoiMap)

' MapSurround ist das MarkerNorthArrow Objekt
Set aoiMapSurround = aoiMNA

' Erzeuge MapSurroundFrame mit dem MarkerNorthArrow Objekt
Set aoiMSFrame = aoiMapFrame.CreateSurroundFrame _
                (aoiID, aoiMapSurround)

' Füge den MapSurroundFrame zum Layout hinzu
Set aoiElement = aoiMSFrame
aoiElement.Geometry = aoiEnv
Set aoiActiveView = aoiPageLayout
aoiElement.Activate aoiActiveView.ScreenDisplay
aoiGC.AddElement aoiElement, 0

'Neuzeichnen
aoiActiveView.Refresh
```

11.5.5 ScaleBar

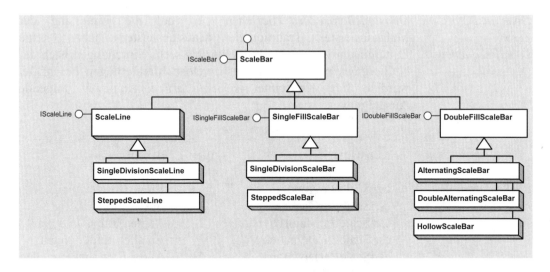

ScaleBar ist eine abstrakte Klasse, in deren Unterklassen verschiedenartige Maßstabsleisten erzeugt werden können. Deren Eigenschaften werden maßgeblich über die Schnittstelle *IScaleBar* definiert.

IScaleBar

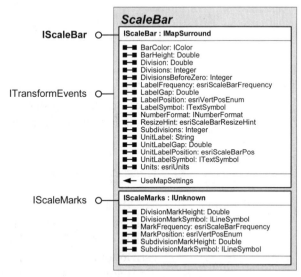

BarColor,

BarColor ist die Farbe, mit der die Leiste gezeichnet wird.

BarHeight,
Division,
DivisionsBefore-
Zero
LabelFrequency

BarHeight ist die Höhe in Punkten. 1 Punkt beträgt 1/72 Inch (= 2,54 cm / 72). Die Eigenschaften *Division*, *Divisions* and *DivisionsBeforeZero* beziehen sich auf die Einteilung der Maßstabsleiste. Traditionelle Maßstabsleisten haben keine Einteilungen vor der Null und vier bis sechs Einteilungen nach der Null. *LabelFrequency* legt fest, welche Markierungen beschriftet werden. Ihre Konstante *esriScaleBarFrequency* hat folgende Ausprägungen:

esriScaleBar-
Frequency

Konstante	Wert	Beschreibung
esriScaleBarNone	0	Keine Beschriftung
esriScaleBarOne	1	Beschriftung mittig
esriScaleBarMajorDivisions	2	An den Enden und bei 0
esriScaleBarDivisions	3	An allen Einteilungen
esriScaleBarDivisions-AndFirstMidpoint	4	Alle Einteilungen und der Mittelpunkt des ersten Intervalls
esriScaleBarDivisions-AndFirstSubdivisions	5	Alle Einteilungen und die Untereinteilungen im ersten Intervall
esriScaleBarDivisions-AndSubdivisions	6	Alle Einteilungen und alle Untereinteilungen

LabelGap

Labelposition

LabelGap ist der vertikale Abstand in Punkten zwischen der Leiste und der Beschriftung der Leiste. Für die Position der Beschriftung bietet die Eigenschaft *Labelposition* folgende Konstanten:

esriVertPosEnum

Konstante	Wert	Beschreibung
esriAbove	0	Über der Maßstabsleiste
esriTop	1	An der oberen Kante ausgerichtet
esriOn	2	Vertikal auf der Leiste zentriert
esriBottom	3	Ausgerichtet an der unteren Kante
esriBelow	4	Unter der Maßstabsleiste

ResizeHint bestimmt was passiert, wenn die Maßstabsleiste in ihrer Größe verändert wird. Die Konstante *esriScaleBarResizeHint* hat dafür folgende Optionen:

Konstante	Wert	Beschreibung
esriScaleBarFixed	0	Benutze die spezifizierte Einteilung und die Anzahl der Einteilungen
esriScaleBarAutoDivision	1	Benutze die spezifizierte Anzahl der Einteilungen und berechne sie neu
esriScaleBarAutoDivisions	2	Benutze die spezifizierte Einteilung und berechne die Anzahl neu

esriScaleBar-
ResizeHint

Subdivisions,
UnitLabel,

Subdivisions legt die Anzahl der Unterteilungen pro höherer Einteilung fest. Mit *UnitLabel* wird eine Zeichenkette übergeben, mit der die Einheiten der Maßstabsleiste angegeben werden (z.B. Meter, Kilometer...). Für welche Einheiten die Maßstabsleiste berechnet wird, wird in der Konstanten *esriUnits* der Eigenschaft *Units* angegeben. Die Funktion *UseMapSettings* bewirkt, dass die Einheiten der Karte benutzt werden und auf deren Grundlage Einteilungen berechnet werden.

esriUnits, Units,
UseMapSettings

IScaleMarks

Die Darstellungseigenschaften der Einteilungen auf der Maßstabsleiste werden über die Schnittstelle *IScaleMarks* der Klasse *ScaleBar* beeinflusst.

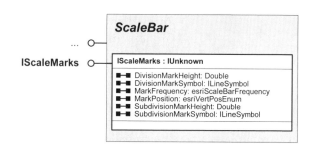

Mit dieser Schnittstelle werden Höhe, Häufigkeit, Position und Symbol der Einteilungsstriche programmiert.

ScaleLine,
SingleFillScaleBar,
DoubleFill-
ScaleBar

In den Unterklassen von *ScaleBar* können lediglich das Liniensymbol in der Klasse *ScaleLine* bzw. die Füllsymbole in den Klassen *SingleFillScaleBar* und *DoubleFillScaleBar* definiert werden:

IScaleLine

ISingleFill-
ScaleBar

IDoubleFill-
ScaleBar

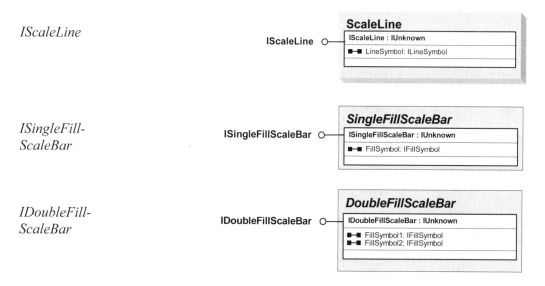

Alternating-
ScaleBar

Das Beispiel zu Maßstabsleisten erzeugt eine *AlternatingScaleBar* und fügt sie zum *PageLayout* hinzu:

```
' (cd) AlternatingScaleBar

Dim aoiDoc As IMxDocument
Dim aoiPageLayout As IPageLayout
Dim aoiActiveView As IActiveView
Dim aoiGC As IGraphicsContainer
Dim aoiMapFrame As IMapFrame
Dim aoiMSFrame As IMapSurroundFrame
Dim aoiMapSurround As IMapSurround
Dim aoiMap As IMap
Dim aoiScaleBar As IScaleBar
Dim aoiDFSBar As IDoubleFillScaleBar
Dim aoiFillSymbol1 As IFillSymbol
Dim aoiFillSymbol2 As IFillSymbol
Dim aoiColor As IColor
Dim aoiElement As IElement
Dim aoiEnv As IEnvelope

  Set aoiDoc = ThisDocument
  Set aoiPageLayout = aoiDoc.PageLayout
  Set aoiGC = aoiPageLayout
  Set aoiMap = aoiDoc.FocusMap  ' aktuelle Map

  ' Rahmengröße
  Set aoiEnv = New Envelope
  aoiEnv.PutCoords 1.5, 2.5, 14.5, 4

  ' Definition der Maßstabsleiste
  Set aoiScaleBar = New AlternatingScaleBar
  Set aoiDFSBar = aoiScaleBar
  aoiScaleBar.BarHeight = 18
  aoiScaleBar.Units = esriMeters
  aoiScaleBar.UnitLabel = "Meter"

  ' Definition und Zuweisung von SimpleFillSymbols
  Set aoiColor = New RgbColor
  aoiColor.RGB = vbBlack
  Set aoiFillSymbol1 = New SimpleFillSymbol
  aoiFillSymbol1.Color = aoiColor
  aoiDFSBar.FillSymbol1 = aoiFillSymbol1
  Set aoiFillSymbol2 = New SimpleFillSymbol
  aoiColor.RGB = vbYellow
  aoiFillSymbol2.Color = aoiColor
  aoiDFSBar.FillSymbol2 = aoiFillSymbol2
```

```
' Maßstabsleiste zum MapSurround
Set aoiMapSurround = aoiScaleBar
Set aoiMapSurround.Map = aoiMap

' MapSurroundFrame
Set aoiMSFrame = New MapSurroundFrame
Set aoiMapFrame = aoiGC.FindFrame(aoiMap)
Set aoiMSFrame.MapFrame = aoiMapFrame
Set aoiMSFrame.MapSurround = aoiMapSurround

' Zum PageLayout hinzufügen
Set aoiElement = aoiMSFrame
aoiElement.Geometry = aoiEnv
Set aoiActiveView = aoiPageLayout
aoiElement.Activate aoiActiveView.ScreenDisplay
aoiGC.AddElement aoiElement, 0

'Neuzeichnen
aoiActiveView.Refresh
```

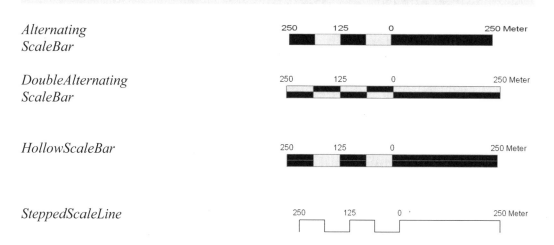

*Alternating
ScaleBar*

*DoubleAlternating
ScaleBar*

HollowScaleBar

SteppedScaleLine

Der Programmcode zur Erzeugung der angezeigten Maßstabsleisten befindet sich auf der CD. Die im Objektdiagramm angezeigten Objekte *SingleDivisionScaleLine* und *SteppedScaleBar* waren bis zur ArcGIS Version 8.1 noch nicht implementiert.

11.5.6 ScaleText

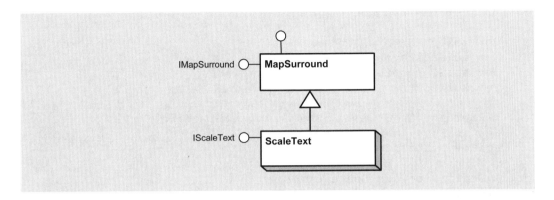

Ein *ScaleText MapSurround* ist ein Textelement, das den Kartenmaßstab beschreibt.

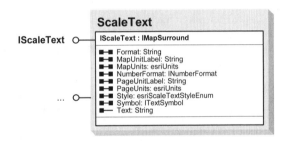

```
' (cd) ScaleText

' Fügt ein ScaleText MapSurround Objekt zum PageLayout hinzu

Dim aoiDoc As IMxDocument
Dim aoiPageLayout As IPageLayout
Dim aoiActiveView As IActiveView
Dim aoiGC As IGraphicsContainer
Dim aoiMapFrame As IMapFrame
Dim aoiMSFrame As IMapSurroundFrame
Dim aoiMapSurround As IMapSurround
Dim aoiMap As IMap
Dim aoiScaleText As IScaleText
Dim aoiNumFormat As INumericFormat
Dim aoiNumberFormat As INumberFormat
Dim aoiColor As IColor
```

```
Dim aoiElement As IElement
Dim aoiEnv As IEnvelope
Dim aoiUID As New UID

  Set aoiDoc = ThisDocument
  Set aoiPageLayout = aoiDoc.PageLayout
  Set aoiGC = aoiPageLayout
  Set aoiMap = aoiDoc.FocusMap  ' aktuelle Map

  ' Rahmengröße
  Set aoiEnv = New Envelope
  aoiEnv.PutCoords 1.5, 3.5, 14.5, 4

  ' Definition des ScaleTextes
  Set aoiScaleText = New ScaleText
  Set aoiScaleText.Map = aoiMap
  aoiScaleText.Style = esriScaleTextRelative
  '     Nummernformat
  Set aoiNumFormat = New NumericFormat
  aoiNumFormat.RoundingValue = 2
  Set aoiNumberFormat = aoiNumFormat
  aoiScaleText.NumberFormat = aoiNumberFormat
  aoiScaleText.MapUnits = esriKilometers
  aoiScaleText.MapUnitLabel = "Kilometer"
  aoiScaleText.PageUnits = esriCentimeters
  aoiScaleText.PageUnitLabel = " Zentimeter"
  aoiScaleText.Refresh

  ' ScaleText zum MapSurround
  Set aoiMapSurround = aoiScaleText
  Set aoiMapSurround.Map = aoiMap

  ' MapSurroundFrame
  aoiID.Value = "esriCarto.Legend"
  ' in Version 8.x: aoiID.Value = "esriCore.Legend"
  Set aoiMapFrame = aoiGC.FindFrame(aoiMap)
  Set aoiMSFrame = aoiMapFrame.CreateSurroundFrame(aoiID, _
                 Nothing)
  Set aoiMSFrame.MapSurround = aoiMapSurround

  ' Zum PageLayout hinzufügen
  Set aoiElement = aoiMSFrame
  aoiElement.Geometry = aoiEnv
  Set aoiActiveView = aoiPageLayout
  aoiElement.Activate aoiActiveView.ScreenDisplay
```

```
    aoiGC.AddElement aoiElement, 0

  'Neuzeichnen
  aoiActiveView.Refresh
End Sub
```

1 Zentimeter equals 45,39 Kilometer

Bei Verwendung der Konstanten *esriScaleTextRelative* wie im vorangegangenen Beispiel wird das Wort „equals" verwendet und kann zur Zeit noch nicht durch ein deutsches Wort ersetzt werden. Ein Softwareerweiterungswunsch für eine solche Möglichkeit wurde an die Firma ESRI in Redlands geleitet.

11.6 MapGrid

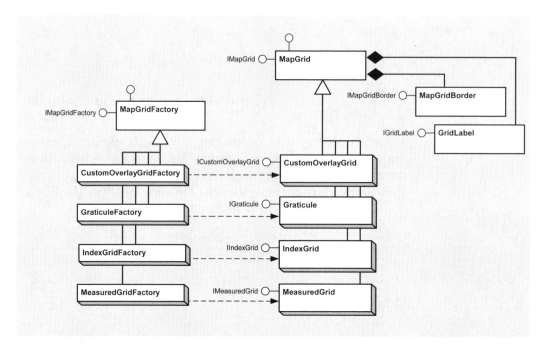

Die Funktionalitäten zur Erzeugung von Meßrastern und bemaßten Rahmen befinden sich unter dem ArcMap Objektmodelldiagramm. Die primäre Schnittstelle, mit der Eigenschaften gesetzt werden, die auf alle Typen von Meßrastern zutreffen, ist *IMapGrid*. Es gibt vier spezifische *MapGrid* Typen, die alle die Schnittstelle *IMapGrid* implementieren: *ICustomOverlayGrid*, *IGraticule*, *IIndexGrid* und *IMeasuredGrid*.

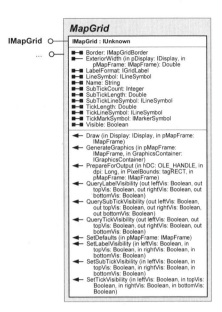

Border, ExteriorWidth, LabelFormat, TickLineSymbol, TickLength, SubTickLine- Symbol, SubTickLength, SubTickCount, Generate- Graphics, PrepareFor-Output	*Border* bezieht sich auf einen Kartenrahmen, der als *MapGridBorder* Objekt erzeugt werden kann. *ExteriorWidth* liefert die Weite des Teils des Meßrasters, das außerhalb des *MapFrames* liegt. Die Weite wird in *Display* Einheiten geliefert. *LabelFormat* setzt oder liefert das Format für numerische Rasterbeschriftungen (*GridLabel*). Mit den Eigenschaften *TickLineSymbol*, *TickLength*, *SubTickLineSymbol*, *SubTickLength* und *SubTickCount* wird die Darstellung der Skalenstriche definiert. *GenerateGraphics* erzeugt Grafikelemente aus den Linien des Meßrasters und speichert sie im *GraphicsContainer*. *PrepareForOutput* bereitet das Meßraster für die Ausgabe auf einem Ausgabegerät vor. Die Funktionen *QueryLabelVisibility*, *QuerySubTickVisibility* und *QueryTick Visibility* steuern die Sichtbarkeit von Rasterbeschriftung und Skalenstrichen an allen vier Seiten von Meßrastern.

Ein *MapGrid* wird über die Schnittstelle *IMapGrids* des *MapFrame* Objekts zu einem *MapFrame* hinzugefügt.

```
...
Dim aoiMapFrame As IMapFrame
Dim aoiMapGrids As IMapGrids
Dim aoiMapGrid As IMapGrid
  ...
  Set aoiMapGrids = aoiMapFrame
  aoiMapGrids.AddMapGrid aoiMapGrid
  ...
```

Detailliertere Beispiele kommen mit den einzelnen *MapGrid* Typen.

MapGridFactory Mit der *CoClass MapGridFactory* können Meßraster und bemaßte Rahmen mit Standardeinstellungen erzeugt werden.

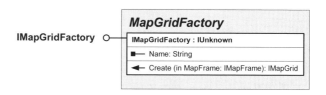

Das Beispiel zur Erstellung eines *Graticule* Objekts im Kapitel 10.6.2 zeigt die Erzeugung eines bemaßten Rasters mit der Funktion *IMapGridFactory::Create*.

11.6.1 CustomOverlayGrid

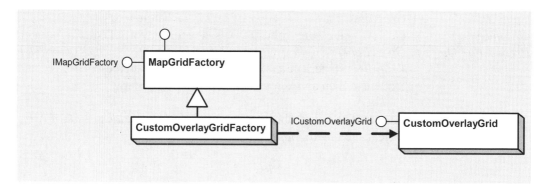

Ein *CustomOverlayGrid* überlagert die Karte mit einem *IFeatureClass* Objekt und beschriftet das Raster mit Text aus einem Beschriftungsfeld der Attributtabelle des *IFeatureClass* Objekts.

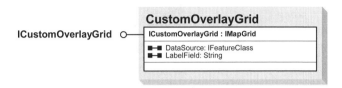

Im nächsten Beispiel wird eine Verkehrsnetzkarte als Überlagerungskarte ausgewählt und zur Beschriftung das Feld mit dem Namen „Strasse" herangezogen.

```
' (cd) CustomOverlayGrid

Dim aoiDoc As IMxDocument
Dim aoiPageLayout As IPageLayout
Dim aoiMapFrame As IMapFrame
Dim aoiMapGrids As IMapGrids
Dim aoiMapGrid As IMapGrid
Dim aoiCOGrid As ICustomOverlayGrid
Dim aoiGC As IGraphicsContainer
Dim aoiElement As IElement
Dim aoiFeatcls As IFeatureClass
Dim aoiFeatLayer As IFeatureLayer2
Dim aoiMap As IMap

  Set aoiDoc = ThisDocument
  Set aoiPageLayout = aoiDoc.PageLayout
  Set aoiGC = aoiPageLayout

  Set aoiMap = aoiDoc.Maps.Item(0)
  Set aoiFeatLayer = aoiMap.Layer(0)
  Set aoiFeatcls = aoiFeatLayer.FeatureClass

  Set aoiCOGrid = New CustomOverlayGrid
  aoiCOGrid.DataSource = aoiFeatcls
  aoiCOGrid.LabelField = "Strasse"
  Set aoiMapGrid = aoiCOGrid

  aoiGC.Reset
```

```
Set aoiElement = aoiGC.Next

Do While (Not aoiElement Is Nothing)
  If (TypeOf aoiElement Is IFrameElement) Then
    If (TypeOf aoiElement Is IMapFrame) Then
      Set aoiMapFrame = aoiElement
      Set aoiMapGrids = aoiMapFrame
      ' Raster hinzufügen
      aoiMapGrids.AddMapGrid aoiMapGrid
    End If
  End If
  Set aoiElement = aoiGC.Next
Loop
aoiDoc.ActiveView.Refresh
```

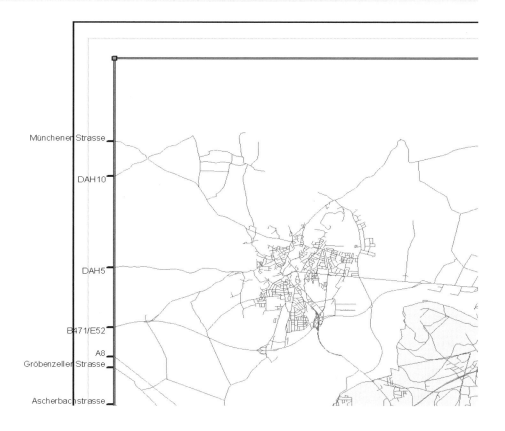

11.6.2 Graticule

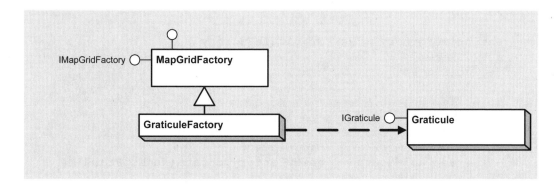

Ein *Graticule* Objekt zeichnet ein Kartenraster aus Längen- und Breitengraden.

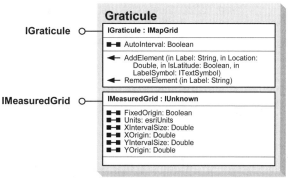

Mit dem folgenden Beispiel wird ein Kartenraster über die *MapGridFactory* erzeugt.

```
' (cd) Graticule

Dim aoiDoc As IMxDocument
Dim aoiPageLayout As IPageLayout
Dim aoiMapFrame As IMapFrame
Dim aoiMapGrids As IMapGrids
Dim aoiMapGrid As IMapGrid
Dim aoiMGFactory As IMapGridFactory
Dim aoiGC As IGraphicsContainer
Dim aoiElement As IElement
```

```
Set aoiDoc = ThisDocument
Set aoiPageLayout = aoiDoc.PageLayout
Set aoiGC = aoiPageLayout

Set aoiMGFactory = New GraticuleFactory
aoiGC.Reset
Set aoiElement = aoiGC.Next

Do While (Not aoiElement Is Nothing)
  If (TypeOf aoiElement Is IFrameElement) Then
    If (TypeOf aoiElement Is IMapFrame) Then
      Set aoiMapFrame = aoiElement
      Set aoiMapGrid = aoiMGFactory.Create(aoiMapFrame)
      Set aoiMapGrids = aoiMapFrame
      aoiMapGrids.AddMapGrid aoiMapGrid
    End If
  End If
  Set aoiElement = aoiGC.Next
Loop
aoiDoc.ActiveView.Refresh
```

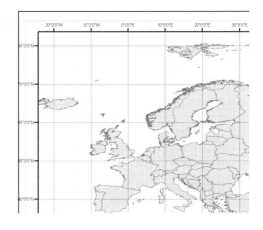

11.6.3 IndexGrid

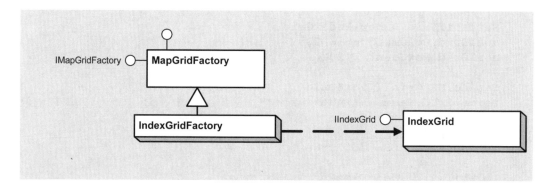

XLabel,
YLabel

Ein *IndexGrid* ist ein Raster, das –sofern keine anderen *XLabel* und *YLabel* vergeben werden- in X-Richtung mit Buchstaben und in Y-Richtung mit Zahlen versehen ist.

IIndexGrid

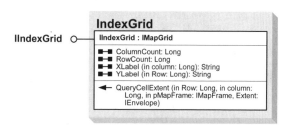

ColumnCount,
RowCount,
XLabel, YLabel

ColumnCount und *RowCount* liefern und setzen die Anzahl der Zeilen und Spalten des Indexrasters. *XLabel* und *YLabel* bieten Zugriff auf die Beschriftungen der einzelnen Zeilen und Spalten.

```
' (cd) IndexGrid

Dim aoiDoc As IMxDocument
Dim aoiPageLayout As IPageLayout
Dim aoiMapFrame As IMapFrame
Dim aoiMapGrids As IMapGrids
Dim aoiMapGrid As IMapGrid
Dim aoiIGrid As IIndexGrid
Dim aoiGC As IGraphicsContainer
Dim aoiElement As IElement
  Set aoiDoc = ThisDocument
```

```
Set aoiPageLayout = aoiDoc.PageLayout
Set aoiGC = aoiPageLayout

Set aoiIGrid = New IndexGrid
aoiIGrid.ColumnCount = 20
aoiIGrid.RowCount = 20

Set aoiMapGrid = aoiIGrid
aoiMapGrid.Name = "Indexraster"

aoiGC.Reset
Set aoiElement = aoiGC.Next

Do While (Not aoiElement Is Nothing)
  If (TypeOf aoiElement Is IFrameElement) Then
    If (TypeOf aoiElement Is IMapFrame) Then
      Set aoiMapFrame = aoiElement
      Set aoiMapGrids = aoiMapFrame
      ' Raster hinzufügen
      aoiMapGrids.AddMapGrid aoiMapGrid
    End If
  End If
  Set aoiElement = aoiGC.Next
Loop
aoiDoc.ActiveView.Refresh
```

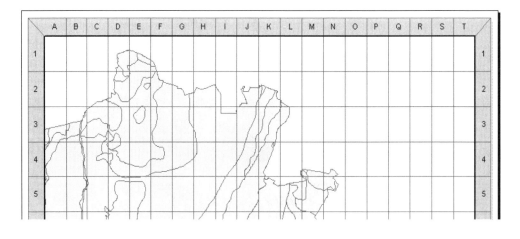

11.6.4 MeasuredGrid

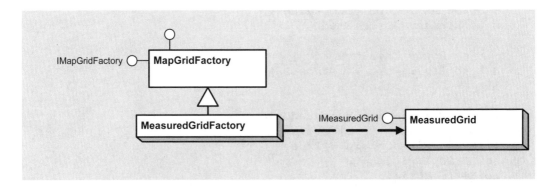

Mit *MeasuredGrid* Objekten werden Kartenraster mit Koordinaten beschriftet.

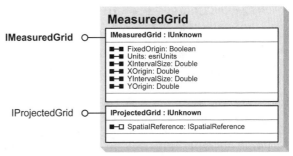

FixedOrigin,	Mit *FixedOrigin* kann ein boolescher Wert angegeben oder
Units,	abgefragt werden der festlegt, ob ein fester Ursprungspunkt für das
XOrigin,	Raster benutzt wird. *Units* definiert die Einheiten für die Intervalle
YOrigin,	und den Ursprung. Intervall und Ursprung werden mit den
XIntervalSize,	Eigenschaften *XOrigin*, *YOrigin*, *XIntervalSize* und *YIntervalSize*
YIntervalSize,	definiert. Die Schnittstelle *IProjectedGrid* implementiert die
IProjectedGrid,	Eigenschaft *SpatialReference*, mit der Projektionseigenschaften für
SpatialReference	das Raster gesetzt oder abgefragt werden können.

```
' (cd) MeasuredGrid

Dim aoiDoc As IMxDocument
Dim aoiPageLayout As IPageLayout
Dim aoiMapFrame As IMapFrame
Dim aoiMapGrids As IMapGrids
```

```
Dim aoiMapGrid As IMapGrid
Dim aoiMGrid As IMeasuredGrid
Dim aoiGC As IGraphicsContainer
Dim aoiElement As IElement

  Set aoiDoc = ThisDocument
  Set aoiPageLayout = aoiDoc.PageLayout
  Set aoiGC = aoiPageLayout

  Set aoiMGrid = New MeasuredGrid
  aoiMGrid.Units = esriMeters
  aoiMGrid.FixedOrigin = True
  aoiMGrid.XOrigin = 0
  aoiMGrid.YOrigin = 0
  aoiMGrid.XIntervalSize = 1000
  aoiMGrid.YIntervalSize = 1000

  Set aoiMapGrid = aoiMGrid
  aoiMapGrid.Name = "Bemaßtes Raster"

  aoiGC.Reset
  Set aoiElement = aoiGC.Next

  Do While (Not aoiElement Is Nothing)
    If (TypeOf aoiElement Is IFrameElement) Then
      If (TypeOf aoiElement Is IMapFrame) Then
        Set aoiMapFrame = aoiElement
        Set aoiMapGrids = aoiMapFrame
        ' Raster hinzufügen
        aoiMapGrids.AddMapGrid aoiMapGrid
      End If
    End If
    Set aoiElement = aoiGC.Next
  Loop
  aoiDoc.ActiveView.Refresh
```

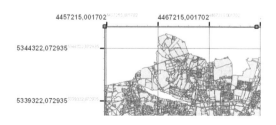

11.6.5 MapGridBorder

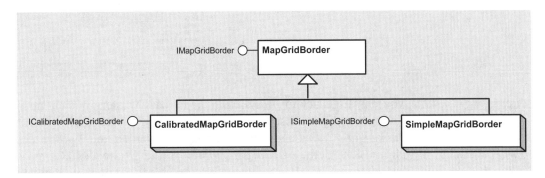

MapGridBorder Objekte bilden Rahmen um Kartenraster. *MapGridBorder* ist eine abstrakte Klasse mit den *CoClasses CalibratedMapGridBorder* und *SimpleMapGridBorder*.

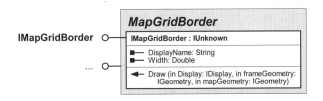

DisplayName,
Width,
Draw

DisplayName liefert den angezeigten Namen des Kartenrahmens, *Width* die Weite des Rahmens in Punkten. Die Funktion *Draw* zeichnet den Rahmen.

11.6.5.1 CalibratedMapGridBorder

Bei diesem Rahmen wechseln die Füllmuster der Umrandung. Werden keine weiteren Eigenschaften gesetzt, ist das Füllmuster abwechselnd schwarz und weiß.

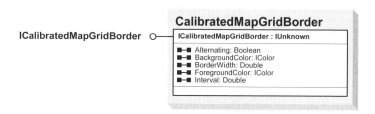

Alternating,
Background-Color,
Foreground-Color,
BorderWidth,
Interval

Mit der Eigenschaft *Alternating* kann das Muster in sich noch einmal abgewechselt werden (siehe Beispiel). Mit *BackgroundColor* und *ForegroundColor* werden die Farben des Füllmusters definiert. *BorderWidth* legt die Weite des Rahmens fest, *Interval* die Intervallweite. Beide Werte werden in Punkten angegeben.

```
' (cd) CalibratedMapGridBorder

Dim aoiDoc As IMxDocument
Dim aoiPageLayout As IPageLayout
Dim aoiMapFrame As IMapFrame
Dim aoiMapGrids As IMapGrids
Dim aoiMapGrid As IMapGrid
Dim aoiMGrid As IMeasuredGrid
Dim aoiBorder As ICalibratedMapGridBorder
Dim aoiGC As IGraphicsContainer
Dim aoiElement As IElement
Dim aoiBackColor As IRgbColor
Dim dblX As Double

  Set aoiDoc = ThisDocument
  Set aoiPageLayout = aoiDoc.PageLayout
  Set aoiGC = aoiPageLayout

  'Hintergrundfarbe des Rasterrahmens
  Set aoiBackColor = New RgbColor
  aoiBackColor.RGB = vbYellow

  Set aoiMGrid = New MeasuredGrid
  Set aoiMapGrid = aoiMGrid

  Set aoiBorder = New CalibratedMapGridBorder
  aoiBorder.Alternating = False
  aoiBorder.BackgroundColor = aoiBackColor
```

```
dblX = 8
aoiBorder.BorderWidth = dblX
aoiBorder.Interval = (dblX * 8)
aoiMapGrid.Border = aoiBorder

aoiGC.Reset
Set aoiElement = aoiGC.Next

Do While (Not aoiElement Is Nothing)
  If (TypeOf aoiElement Is IFrameElement) Then
    If (TypeOf aoiElement Is IMapFrame) Then
      Set aoiMapFrame = aoiElement
      Set aoiMapGrids = aoiMapFrame
      ' Raster hinzufügen
      aoiMapGrids.AddMapGrid aoiMapGrid
    End If
  End If
  Set aoiElement = aoiGC.Next
Loop
aoiDoc.ActiveView.Refresh
```

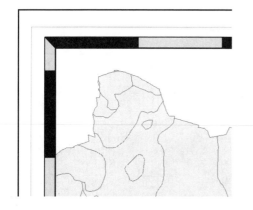

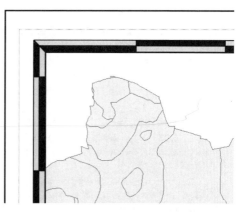

ICalibratedMapGridBorder.Alternating = False   *ICalibratedMapGridBorder.Alternating = True*

11.6.5.2 SimpleMapGridBorder

Ein *SimpleMapGridBorder* Objekt erzeugt einen Kartenrahmen mit einem spezifizierten Liniensymbol.

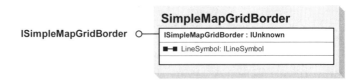

```
' (cd) SimpleMapGridBorder

Dim aoiDoc As IMxDocument
Dim aoiPageLayout As IPageLayout
Dim aoiMapFrame As IMapFrame
Dim aoiMapGrids As IMapGrids
Dim aoiMapGrid As IMapGrid
Dim aoiMGrid As IMeasuredGrid
Dim aoiBorder As ISimpleMapGridBorder
Dim aoiGC As IGraphicsContainer
Dim aoiElement As IElement
Dim aoiLineSymbol As ISimpleLineSymbol
Dim aoiColor As ICmykColor

  Set aoiDoc = ThisDocument
  Set aoiPageLayout = aoiDoc.PageLayout
  Set aoiGC = aoiPageLayout

  ' Erzeugung eines bemaßten Rasters
  Set aoiMGrid = New MeasuredGrid
  aoiMGrid.Units = esriMeters
  aoiMGrid.FixedOrigin = True
  aoiMGrid.XOrigin = 0
  aoiMGrid.YOrigin = 0
  aoiMGrid.XIntervalSize = 1000
  aoiMGrid.YIntervalSize = 1000
  Set aoiMapGrid = aoiMGrid

  'Liniensymbol für den Kartenrahmen
  Set aoiLineSymbol = New SimpleLineSymbol
```

```
Set aoiColor = New CmykColor
With aoiColor
  .Cyan = 100
  .Magenta = 100
  .Yellow = 0
  .Black = 50
End With
aoiLineSymbol.Color = aoiColor
aoiLineSymbol.Style = esriSLSSolid
aoiLineSymbol.Width = 4

' Rasterrahmen
Set aoiBorder = New SimpleMapGridBorder
aoiBorder.LineSymbol = aoiLineSymbol
aoiMapGrid.Border = aoiBorder

aoiGC.Reset
Set aoiElement = aoiGC.Next

Do While (Not aoiElement Is Nothing)
  If (TypeOf aoiElement Is IFrameElement) Then
    If (TypeOf aoiElement Is IMapFrame) Then
      Set aoiMapFrame = aoiElement
      Set aoiMapGrids = aoiMapFrame
      ' Raster hinzufügen
      aoiMapGrids.AddMapGrid aoiMapGrid
    End If
  End If
  Set aoiElement = aoiGC.Next
Loop
aoiDoc.ActiveView.Refresh
```

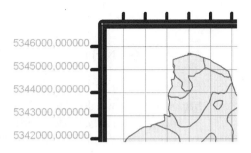

11.6.6 GridLabel

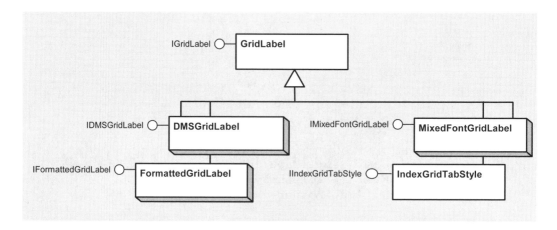

GridLabel ist eine abstrakte Klasse mit verschiedenen *CoClasses* zur Erzeugung von Beschriftungen für Kartenraster.

IGridLabel

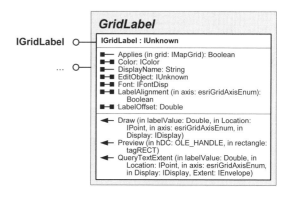

Applies

LabelAlignment

Draw,
Preview

Nicht jedes *GridLabel* Objekt ist auf jedes Raster anwendbar. Mit der Eigenschaft *Applies* kann abgefragt werden, ob ein bestimmter *GridLabel* Typ auf einen bestimmten *MapGrid* Typ angewandt werden kann. Mit *LabelAlignment* wird die Beschriftung horizontal (*True*) oder vertikal (*False*) zum Raster ausgerichtet. *LabelOffset* definiert den Abstand der Beschriftung vom Rand des Rasters in Punkten. *Draw* zeichnet eine Beschriftung auf eine spezifizierte Achse. *Preview* zeichnet eine Vorschau der Rasterbeschriftung in

QueryTextExtent   einen spezifizierten Gerätekontext. Die Funktion *QueryTextExtent* legt die Ausdehnung des Beschriftungstextes auf der angegebenen Achse fest.

11.6.6.1 DMSGridLabel

DMSGridLabel beschriftet das Kartenraster mit Grad, Minuten und Sekunden.

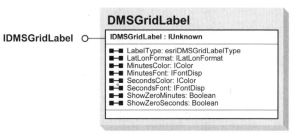

IDMSGridLabel ○——

DMSGridLabel

IDMSGridLabel : IUnknown

■—■ LabelType: esriDMSGridLabelType
■—■ LatLonFormat: ILatLonFormat
■—■ MinutesColor: IColor
■—■ MinutesFont: IFontDisp
■—■ SecondsColor: IColor
■—■ SecondsFont: IFontDisp
■—■ ShowZeroMinutes: Boolean
■—■ ShowZeroSeconds: Boolean

LabelType   Für die Eigenschaft *LabelType* der Schnittstelle *IDMSGridLabel* werden eine Reihe von Konstanten angeboten, von denen in der

LatLonFormat,   ArcGIS Version 9.0 nur zwei scheinbar korrekt funktionieren:
MinutesColor,   *esriDMSGridLabelStandard* und *esriDMSGridLabelStacke*). Die
MinutesFont,   korrekte Implemtierung für die Konstanten *esriDMSGridLabelDD*,
SecondsColor,   *esriDMSGridLabelDM* und *esriDMSGridLabelDS* ist für die
SecondsFont,   Version 9.2 geplant. *LatLonFormat* definiert das Format, mit dem
ShowZero-Minutes, Längen- und Breiteninformationen dargestellt werden. Minuten und
ShowZero-Seconds   Sekunden können mit den Eigenschaften *MinutesColor*, *MinutesFont*, *SecondsColor* und *SecondsFont* mit unterschiedlichen Farben und Fonts angezeigt werden. *ShowZeroMinutes* und *ShowZeroSeconds* geben an, ob Nullwerte bei Minuten und Sekunden angezeigt werden.

```
' (cd) DMSGridLabel

Dim aoiDoc As IMxDocument
Dim aoiPageLayout As IPageLayout
Dim aoiMapFrame As IMapFrame
Dim aoiMapGrids As IMapGrids
Dim aoiMapGrid As IMapGrid
```

```
Dim aoiMGrid As IMeasuredGrid
Dim aoiGridLabel As IGridLabel
Dim aoiDMSLabel As IDMSGridLabel
Dim aoiLatLonFormat As ILatLonFormat
Dim aoiGC As IGraphicsContainer
Dim aoiElement As IElement

  Set aoiDoc = ThisDocument
  Set aoiPageLayout = aoiDoc.PageLayout
  Set aoiGC = aoiPageLayout

  ' bemaßtes Raster
  Set aoiMGrid = New MeasuredGrid
  aoiMGrid.Units = esriMeters
  aoiMGrid.FixedOrigin = True
  aoiMGrid.XOrigin = 0
  aoiMGrid.YOrigin = 0
  aoiMGrid.XIntervalSize = 1000000
  aoiMGrid.YIntervalSize = 1000000
  Set aoiMapGrid = aoiMGrid

  ' DMSGridLabel
  Set aoiDMSLabel = New DMSGridLabel
  aoiDMSLabel.LabelType = esriDMSGridLabelStandard
  aoiDMSLabel.ShowZeroMinutes = True
  aoiDMSLabel.ShowZeroSeconds = True
  Set aoiLatLonFormat = New LatLonFormat
  aoiLatLonFormat.ShowDirections = True
  aoiDMSLabel.LatLonFormat = aoiLatLonFormat

  Set aoiGridLabel = aoiDMSLabel
  aoiGridLabel.LabelOffset = 6
  aoiMapGrid.LabelFormat = aoiGridLabel

  aoiGC.Reset
  Set aoiElement = aoiGC.Next

  Do While (Not aoiElement Is Nothing)
    If (TypeOf aoiElement Is IFrameElement) Then
      If (TypeOf aoiElement Is IMapFrame) Then
        Set aoiMapFrame = aoiElement
        Set aoiMapGrids = aoiMapFrame
        ' Raster hinzufügen
        aoiMapGrids.AddMapGrid aoiMapGrid
      End If
```

```
   End If
   Set aoiElement = aoiGC.Next
Loop
aoiDoc.ActiveView.Refresh
```

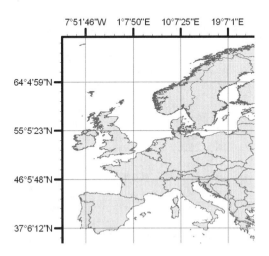

11.6.6.2 FormattedGridLabel

Die Schnittstelle *IFormattedGridLabel* ermöglicht die Formatierung der Zahlen, mit denen Koordinaten als Beschriftung angezeigt werden.

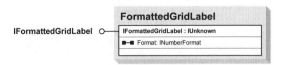

```
' (cd) FormattedGridLabel

Dim aoiDoc As IMxDocument
Dim aoiPageLayout As IPageLayout
Dim aoiMapFrame As IMapFrame
Dim aoiMapGrids As IMapGrids
```

```
Dim aoiMapGrid As IMapGrid
Dim aoiMGrid As IMeasuredGrid
Dim aoiGridLabel As IGridLabel
Dim aoiFGLabel As IFormattedGridLabel
Dim aoiNumericFormat As INumericFormat
Dim aoiNumberFormat As INumberFormat
Dim aoiFont As IFontDisp
Dim aoiGC As IGraphicsContainer
Dim aoiElement As IElement

  Set aoiDoc = ThisDocument
  Set aoiPageLayout = aoiDoc.PageLayout
  Set aoiGC = aoiPageLayout

  ' bemaßtes Raster
  Set aoiMGrid = New MeasuredGrid
  aoiMGrid.Units = esriMeters
  aoiMGrid.FixedOrigin = True
  aoiMGrid.XOrigin = 0
  aoiMGrid.YOrigin = 0
  aoiMGrid.XIntervalSize = 1000
  aoiMGrid.YIntervalSize = 1000
  Set aoiMapGrid = aoiMGrid

  ' Definition des Nummernformats
  Set aoiNumericFormat = New NumericFormat
  With aoiNumericFormat
    .AlignmentOption = esriAlignLeft
    .AlignmentWidth = 0
    .RoundingOption = esriRoundNumberOfDecimals
    .RoundingValue = 3
    .ShowPlusSign = True
    .UseSeparator = True
    .ZeroPad = True
  End With
  Set aoiNumberFormat = aoiNumericFormat

  Set aoiFGLabel = New FormattedGridLabel
  aoiFGLabel.Format = aoiNumberFormat
  Set aoiGridLabel = aoiFGLabel
  aoiGridLabel.LabelOffset = 6

  Set aoiFont = New StdFont
  aoiFont.Size = 9
  aoiFont.Name = "Courier New"
```

```
aoiGridLabel.Font = aoiFont
aoiMapGrid.LabelFormat = aoiGridLabel

aoiGC.Reset
Set aoiElement = aoiGC.Next

Do While (Not aoiElement Is Nothing)
  If (TypeOf aoiElement Is IFrameElement) Then
    If (TypeOf aoiElement Is IMapFrame) Then
      Set aoiMapFrame = aoiElement
      Set aoiMapGrids = aoiMapFrame
      ' Raster hinzufügen
      aoiMapGrids.AddMapGrid aoiMapGrid
    End If
  End If
  Set aoiElement = aoiGC.Next
Loop
aoiDoc.ActiveView.Refresh
```

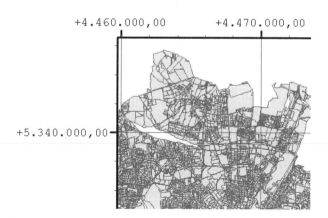

11.6.6.3 IndexGridTabStyle

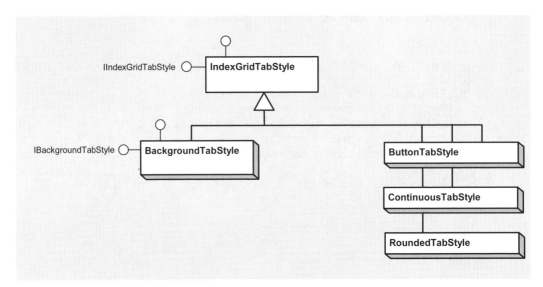

Mit der Schnittstelle *IIndexGridTabStyle* kann Einfluss auf die Darstellung der Beschriftung von *IndexGrids* genommen werden. *IndexGridTabStyle* ist eine abstrakte Klasse mit den *CoClasses* *BackgroundTabStyle*, *ButtonTabStyle*, *ContinuousTabStyle* und *RoundedTabStyle*.

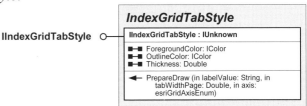

Die Schnittstelle *IIndexGridTabStyle* bezieht sich auf die Vordergrund- und Umrissfarbe der Beschriftungsfläche sowie deren Weite in Punkten.

```
' (cd) IndexGridTabStyles

Dim aoiDoc As IMxDocument
Dim aoiPageLayout As IPageLayout
Dim aoiMapFrame As IMapFrame
```

```
Dim aoiMapGrids As IMapGrids
Dim aoiMapGrid As IMapGrid
Dim aoiIGrid As IIndexGrid
Dim aoiIGTS As IIndexGridTabStyle
Dim aoiGridLabel As IGridLabel
Dim aoiFColor As IRgbColor
Dim aoiUColor As IRgbColor
Dim dblX As Double
Dim aoiGC As IGraphicsContainer
Dim aoiElement As IElement

  Set aoiDoc = ThisDocument
  Set aoiPageLayout = aoiDoc.PageLayout
  Set aoiGC = aoiPageLayout

  Set aoiIGrid = New IndexGrid
  aoiIGrid.ColumnCount = 20
  aoiIGrid.RowCount = 20

  'Farbdefinition für Indexbeschriftungsflächen und Umrissfarbe
  Set aoiFColor = New RgbColor
  aoiFColor.Red = 230
  aoiFColor.Green = 230
  aoiFColor.Blue = 230
  Set aoiUColor = New RgbColor
  aoiUColor.Red = 255
  aoiUColor.Green = 0
  aoiUColor.Blue = 0

  Set aoiIGTS = New ContinuousTabStyle
  aoiIGTS.ForegroundColor = aoiFColor
  aoiIGTS.OutlineColor = aoiUColor
  dblX = 8
  aoiIGTS.Thickness = dblX
  Set aoiGridLabel = aoiIGTS
  Set aoiMapGrid = aoiIGrid
  aoiMapGrid.LabelFormat = aoiGridLabel
  aoiGC.Reset
  Set aoiElement = aoiGC.Next

  Do While (Not aoiElement Is Nothing)
    If (TypeOf aoiElement Is IFrameElement) Then
      If (TypeOf aoiElement Is IMapFrame) Then
        Set aoiMapFrame = aoiElement
        Set aoiMapGrids = aoiMapFrame
```

```
        ' Raster hinzufügen
          aoiMapGrids.AddMapGrid aoiMapGrid
      End If
    End If
    Set aoiElement = aoiGC.Next
  Loop
  aoiDoc.ActiveView.Refresh
```

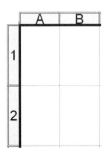 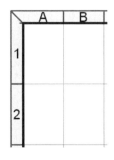 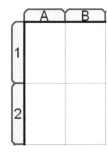

ButtonTabStyle	ContinuousTabStyle	RoundedTabStyle

IBackground-
TabStyle,
BackgroundType

Die Schnittstelle *IBackgroundTabStyle* bietet mit der Eigenschaft *BackgroundType* ihrerseits drei Konstanten zur Beeinflussung der Darstellung der Indexbeschriftungsfläche: *esriBackgroundTabRectangle*, *esriBackgroundTabRound* und *esriBackgroundTabRoundedRectangle*.

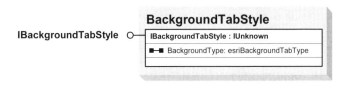

```
' (cd) IndexGridBackgroundTabStyle

Dim aoiDoc As IMxDocument
Dim aoiPageLayout As IPageLayout
Dim aoiMapFrame As IMapFrame
Dim aoiMapGrids As IMapGrids
Dim aoiMapGrid As IMapGrid
Dim aoiIGrid As IIndexGrid
Dim aoiGridLabel As IGridLabel
```

```
Dim aoiIGTS As IIndexGridTabStyle
Dim aoiBackTabStyle As IBackgroundTabStyle
Dim aoiGC As IGraphicsContainer
Dim aoiElement As IElement

  Set aoiDoc = ThisDocument
  Set aoiPageLayout = aoiDoc.PageLayout
  Set aoiGC = aoiPageLayout

  Set aoiIGrid = New IndexGrid
  aoiIGrid.ColumnCount = 20
  aoiIGrid.RowCount = 20

  Set aoiBackTabStyle = New BackgroundTabStyle
  aoiBackTabStyle.BackgroundType = esriBackgroundTabRound
  Set aoiIGTS = aoiBackTabStyle

  Set aoiGridLabel = aoiIGTS
  Set aoiMapGrid = aoiIGrid
  aoiMapGrid.LabelFormat = aoiGridLabel
  aoiGC.Reset
  Set aoiElement = aoiGC.Next

Do While (Not aoiElement Is Nothing)
  If (TypeOf aoiElement Is IFrameElement) Then
    If (TypeOf aoiElement Is IMapFrame) Then
       Set aoiMapFrame = aoiElement
       Set aoiMapGrids = aoiMapFrame
       ' Raster hinzufügen
       aoiMapGrids.AddMapGrid aoiMapGrid
    End If
  End If
  Set aoiElement = aoiGC.Next
Loop
aoiDoc.ActiveView.Refresh
```

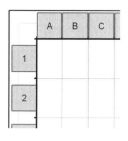
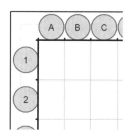
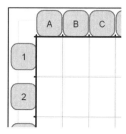

esriBackgroundTabRect　　　**esriBackgroundTabRound**　　　**esriBackgroundTabRoundedRect**

11.6.6.4 MixedFontGridLabel

Mit der Schnittstelle *IMixedFontGridLabel* können Raster-beschriftungen erzeugt werden, bei denen bestimmte Bereiche mit unterschiedlichen Fonts dargestellt werden. Das ist typischerweise dann der Fall, wenn der Maßstab der Karte so ist, dass einige Stellen des Koordinatensystems überflüssig sind und deshalb mit einem kleineren Font dargestellt werden sollen.

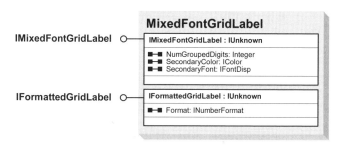

NumGrouped-Digits

SecondaryFont, SecondaryColor

Die Eigenschaft *NumGroupedDigits* bezieht sich auf die Anzahl der Koordinatenstellen, die mit dem ersten Font dargestellt werden. Die restlichen Stellen werden mit dem Font und der Farbe dargestellt, die mit den Eigenschaften *SecondaryFont* und *SecondaryColor* festgelegt werden.

```
' (cd) MixedFontGridLabel

Dim aoiDoc As IMxDocument
Dim aoiPageLayout As IPageLayout
Dim aoiMapFrame As IMapFrame
Dim aoiMapGrids As IMapGrids
Dim aoiMapGrid As IMapGrid
Dim aoiMGrid As IMeasuredGrid
Dim aoiGridLabel As IGridLabel
Dim aoiFGLabel As IFormattedGridLabel
Dim aoiMFGLabel As IMixedFontGridLabel
Dim aoiNumericFormat As INumericFormat
Dim aoiNumberFormat As INumberFormat
Dim aoiFont As IFontDisp
Dim aoiColor As IRgbColor
Dim aoiGC As IGraphicsContainer
Dim aoiElement As IElement

  Set aoiDoc = ThisDocument
  Set aoiPageLayout = aoiDoc.PageLayout
  Set aoiGC = aoiPageLayout

  ' bemaßtes Raster
  Set aoiMGrid = New MeasuredGrid
  aoiMGrid.Units = esriMeters
  aoiMGrid.XIntervalSize = 1000
  aoiMGrid.YIntervalSize = 1000
  Set aoiMapGrid = aoiMGrid

  ' Definition des Nummernformats
  Set aoiNumericFormat = New NumericFormat
  With aoiNumericFormat
    .AlignmentOption = esriAlignLeft
    .AlignmentWidth = 0
    .RoundingOption = esriRoundNumberOfDecimals
    .RoundingValue = 3
    .ShowPlusSign = True
    .UseSeparator = True
    .ZeroPad = False
  End With
  Set aoiNumberFormat = aoiNumericFormat

  ' Farbdefinition für SecondaryColor
  Set aoiColor = New RgbColor
```

```
aoiColor.Red = 0
aoiColor.Green = 0
aoiColor.Blue = 225

' Definition des Textfonts
Set aoiFont = New StdFont
aoiFont.Name = "Arial"
aoiFont.Size = 8

' Definition des Rasters
Set aoiFGLabel = New FormattedGridLabel
aoiFGLabel.Format = aoiNumberFormat
Set aoiMFGLabel = New MixedFontGridLabel

aoiMFGLabel.NumGroupedDigits = 4
aoiMFGLabel.SecondaryColor = aoiColor
aoiMFGLabel.SecondaryFont = aoiFont

Set aoiFGLabel = aoiMFGLabel
Set aoiGridLabel = aoiFGLabel
aoiGridLabel.LabelOffset = 6
aoiFont.Size = 12
aoiGridLabel.Font = aoiFont
aoiMapGrid.LabelFormat = aoiGridLabel

aoiGC.Reset
Set aoiElement = aoiGC.Next

Do While (Not aoiElement Is Nothing)
  If (TypeOf aoiElement Is IFrameElement) Then
    If (TypeOf aoiElement Is IMapFrame) Then
      Set aoiMapFrame = aoiElement
      Set aoiMapGrids = aoiMapFrame
      ' Raster hinzufügen
      aoiMapGrids.AddMapGrid aoiMapGrid
    End If
  End If
  Set aoiElement = aoiGC.Next
Loop
 aoiDoc.ActiveView.Refresh
```

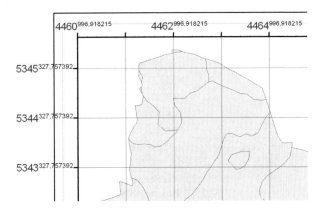

11.7 Styles

Styles

Styles sind Sammlungen von Symbolen und Kartenelementen wie z.B. verschiedene Kartenrahmen, die in der Regel thematisch gruppiert in Dateien mit der Dateinamenerweiterung .style gespeichert werden. Eine ganze Reihe solcher *Style*dateien werden bereits mit ArcGIS und den Erweiterungen im Verzeichnis \arcgis\arcexe81\Bin\Styles installiert:

ArcScene Basic.style	**Geology 24K.style**	**Public Signs.style**
Business.style	**Hazmat.style**	**Real Estate.style**
Caves.style	**IGL.style**	**Soils EURO.style**
Civic.style	**Military 2525B.style**	**Survey.style**
Conservation.style	**Military Terrain.style**	**Transportation.style**
Crime Analysis.style	**Military Units.style**	**Utilities.style**
Dimension.style	**Mining.style**	**Water Wastewater.style**
Environmental.style	**MSExp258.style**	**Weather.style**
ESRI.style	**Ordnance Survey.style**	**Web216.style**
Forestry.style	**Petroleum.style**	**Win256.style**

Einige allgemein gebräuchliche Symbole und Kartenelemente befinden sich in der Datei ESRI.style. Eine persönliche *Style*datei wird für jeden Benutzer unter dem Benutzerprofil gespeichert, bei Windows NT also z.B. im Verzeichnis \WINNT\Profiles\benutzer_name\Anwendungsdaten\ESRI\ArcMap\benutzer_name.style bzw. unter Windows 2000 und XP im Verzeichnis \Dokumente und Einstellungen\benutzer_name\Anwendungsdaten\ESRI\ArcMap\benutzer_name.style. Ein *Style* ist

Style Items

aus *Style Items* zusammengesetzt. Diese *Style Items* ermöglichen den Zugriff auf einzelne Symbole und Kartenelemente. *Style Items* sind in sogenannten Klassen organisiert, die ihrerseits wiederum Gruppen von Kategorien beinhalten können. Im folgenden Bild ist *Double Line* ein *Style Item* der Klasse *Borders* (gespeichert in der *Style*datei ESRI.style) und der Kategorie *Border*.

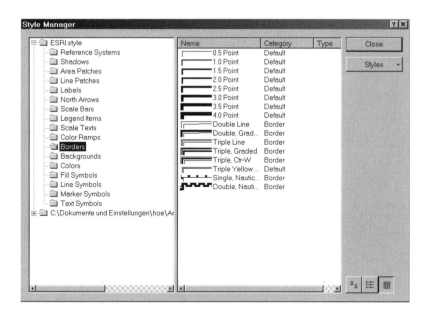

Der Zugriff auf *Styles* und ihre Klassen, Kategorien und *Items* erfolgt über das *StyleGallery* Objekt, das im folgenden Kapitel beschrieben wird.

11.7.1 StyleGallery

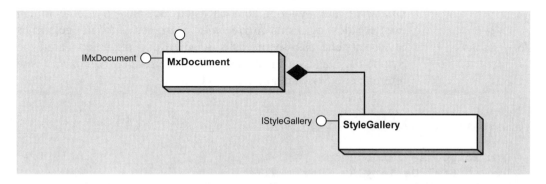

StyleGallery   Die *StyleGallery* ist eine Liste vordefinierter *Styles* zur Erzeugung von Karten. *Styles* beinhalten Füllsymbole, Liniensymbole, Punktsymbole, Nordpfeile, Maßstabsleisten, Kartenrahmen etc.

Das *StyleGallery* Objekt ist gleichbedeutend mit dem *Stylemanager* in ArcMap. Es gibt genau ein *StyleGallery* Objekt pro Applikation und dieses Objekt ist global angelegt. Die Instanziierung eines neuen *StyleGallery* Objekts bezieht sich auf dieses eine von der Applikation erzeugte *StyleGallery* Objekt.

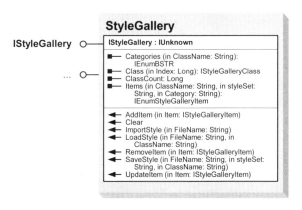

IStyleGallery

Die Schnittstelle *IStyleGallery* bietet den Zugriff auf die Kategorien, Klassen und *Items* eines *Styles*. Mit dieser Schnittstelle können *Items* hinzugefügt, gelöscht und aktualisiert werden. Es können *Styles* aus Dateien importiert werden und unter anderen Dateinamen gespeichert werden.

Die Schnittstelle *IStyleGallery* kann über die Eigenschaft *StyleGallery* des *MxDocument* genutzt werden. *IStyleGallery:: LoadStyle* lädt –wie in dem nächsten Beispiel- Symbole in ein existierendes ggf. mit *IStyleGalleryStorage:: AddFile* geladenes Styleset (siehe das übernächste Beispiel) und dupliziert damit die Symbole. Dagegen lädt *IStyleGalleryStorage:: AddFile* eine referenzierte Styledatei in die StyleGallery.

*IStyleGallery-
Storage*

```
' (cd)  Laden eines Styles

Dim aoiDoc As IMxDocument
Dim aoiStyleGallery As IStyleGallery
Dim strFile As String
Dim strClass As String

   Set aoiDoc = ThisDocument
```

```
Set aoiStyleGallery = aoiDoc.StyleGallery
strFile = " C:\Program Files\ArcGIS\Bin\Styles\Forestry.Style"
strClass = "Marker Symbols"
aoiStyleGallery.LoadStyle strFile, strClass
MsgBox aoiStyleGallery.ClassCount
```

*IStyleGallery-
Storage*

Mit der Schnittstelle *IStyleGalleryStorage* des *StyleGallery* Objekts werden die Dateien in einer *StyleGallery* verwaltet.

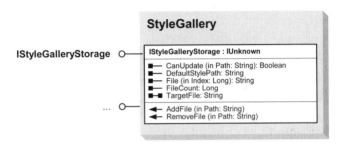

Die Eigenschaft *CanUpdate* gibt an, ob eine spezifizierte Datei geändert werden kann. *DefaultStylePath* gibt den Suchpfad für Standard *Style*dateien an. *File* liefert die Datei am angegebenen Index. *TargetFile* ist die Zieldatei zum Hinzufügen, Ändern und Löschen von *StyleItems*. Mit den Funktionen *AddFile* und *RemoveFile* werden *Style*dateien zur *StyleGallery* hinzugefügt bzw. gelöscht.

```
' (cd)  Style zur StyleGallery hinzufügen
'
' Der Pfad zur Styledatei muss angepasst werden
Dim aoiDoc As IMxDocument
Dim aoiStyleGallery As IStyleGallery
Dim aoiSGStorage As IStyleGalleryStorage
Dim strFile As String

  Set aoiDoc = ThisDocument
  Set aoiStyleGallery = aoiDoc.StyleGallery
  Set aoiSGStorage = aoiStyleGallery  ' QI
  strFile = "C:\Symbole\Styles\myStyles.style"
  aoiSGStorage.AddFile strFile
```

StyleGalleryClass   Die Klassen der *StyleGallery* werden mit der Eigenschaft *IStyleGallery::Class* angesprochen, die ein *StyleGalleryClass* Objekt liefert.

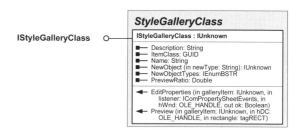

IStyleGalleryClass

Description,   *Description* ist eine Beschreibung der Klasse. *ItemClass* liefert die
ItemClass,   Schnittstellen-ID für die *Items* in der Klasse. *NewObject* erzeugt ein
NewObject,   neues Objekt des angegebenen Typs, *NewObjectTypes* bezieht sich
NewObjectTypes,   auf die verfügbaren Typen neuer *Items* dieser Klasse.
EditProperties,   *EditProperties* erlaubt die Bearbeitung der Eigenschaften eines
Preview   *StyleGallery Items* der unterstützten Klasse. *Preview* ermöglicht die
                        Vorschau auf ein *StyleGallery Item* der unterstützten Klasse.

```
' (cd)   Liste der StyleGalleryClasses

Dim aoiDoc As IMxDocument
Dim aoiStyleGallery As IStyleGallery
Dim aoiSGClass As IStyleGalleryClass
Dim intX As Integer
Dim strClasses As String

   strClasses = "Name:                       Beschreibung:" _
                & vbCr & vbCr
   Set aoiDoc = ThisDocument
   Set aoiStyleGallery = aoiDoc.StyleGallery
   For intX = 0 To (aoiStyleGallery.ClassCount - 1)
      Set aoiSGClass = aoiStyleGallery.Class(intX)
      strClasses = strClasses & aoiSGClass.Name & _
                "    " & aoiSGClass.Description & vbCr
   Next
   MsgBox strClasses
```

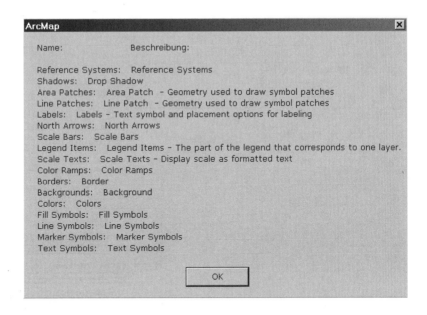

StyleGalleryClass ist eine abstrakte Klasse. Neue Objekte können in einer ihrer zahlreichen *CoClasses* erzeugt werden:

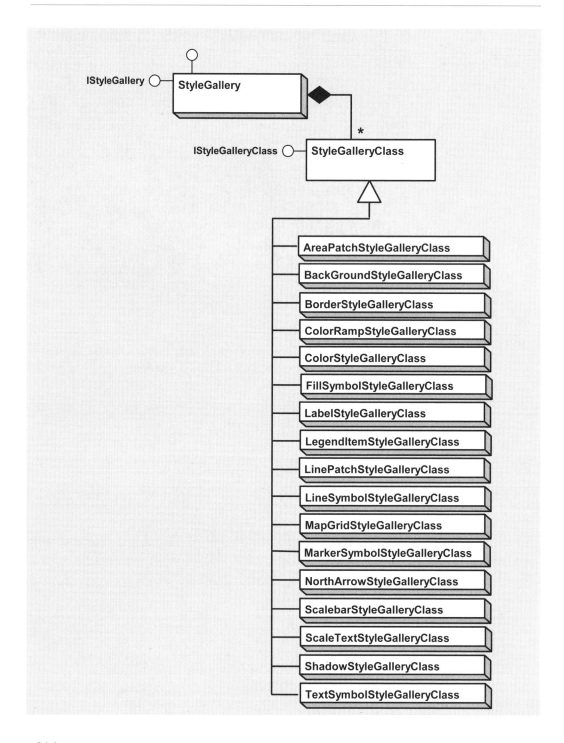

FillSymbol-
StyleGalleryClass

Im folgenden Beispiel wird ein neues *Item* der Klasse *FillSymbolStyleGalleryClass* zur *StyleGallery* hinzugefügt:

```
' (cd)  Hinzufügen eines Items zu einer StyleGallery

Dim aoiDoc As IMxDocument
Dim aoiStyleGallery As IStyleGallery
Dim aoiSGClass As IStyleGalleryClass
Dim aoiNewObject As IUnknown
Dim aoiSGItem As IStyleGalleryItem
Dim aoiSFSymbol As ISimpleFillSymbol
Dim aoiColor As IColor

    Set aoiDoc = ThisDocument
    Set aoiStyleGallery = aoiDoc.StyleGallery

    ' Erzeugen eines neuen Objekts
    Set aoiSGClass = New FillSymbolStyleGalleryClass
    Set aoiNewObject = aoiSGClass.NewObject("Füllsymbol")
    Set aoiSFSymbol = aoiNewObject
    Set aoiColor = New RgbColor
    aoiColor.RGB = RGB(255, 0, 0)
    aoiSFSymbol.Color = aoiColor
    aoiSFSymbol.Style = esriSFSDiagonalCross

    ' Erzeugen eines neuen Items
    Set aoiSGItem = New StyleGalleryItem
    aoiSGItem.Item = aoiNewObject
    aoiSGItem.Name = "Kreuzdiagonal rot"
    aoiStyleGallery.AddItem aoiSGItem
```

Categories,
IEnumBSTR

Die Kategorien der *StyleGallery* werden über die Eigenschaft *IStyleGallery::Categories* als Zeichenkette in ein *IEnumBSTR* Objekt gelesen. Das nächste Beispiel zeigt, wie die Kategorien an ein *IEnumBSTR* Objekt übergeben und ausgelesen werden:

```
' (cd) Liste aller StyleGallery Categories

Dim aoiDoc As IMxDocument
Dim aoiStyleGallery As IStyleGallery
Dim aoiEnumBStr As IEnumBSTR
```

```
Dim strStyle As String
Dim strClass As String
Dim strKat As String
Dim strMsg As String

  Set aoiDoc = ThisDocument
  Set aoiStyleGallery = aoiDoc.StyleGallery
  strStyle = "ESRI.Style"
  strClass = "Scale Bars"
  Set aoiEnumBStr = aoiStyleGallery.Categories(strClass)

  aoiEnumBStr.Reset
  strKat = ""
  Do
     strKat = aoiEnumBStr.Next
     strMsg = strMsg & strKat & vbCr
  Loop Until strKat = ""
  MsgBox strMsg
```

Ein *StyleGalleryItem* beinhaltet ein Symbol oder ein Karten-element. Mit *IStyleGallery::Items* werden die *Items* als Enumeration an das *IEnumStyleGalleryItem* Objekt übergeben und können dort in einer Schleife durchlaufen werden.

IEnum-StyleGalleryItem

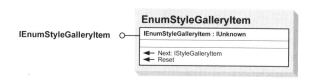

```
' (cd) Liste aller StyleGallery Items

Dim aoiDoc As IMxDocument
Dim aoiSG As IStyleGallery
Dim aoiESGItems As IEnumStyleGalleryItem
Dim aoiSGItem As IStyleGalleryItem
Dim strStyle As String
Dim strClass As String
Dim strKat As String
Dim strItems As String
Dim intX As Integer

  Set aoiDoc = ThisDocument
  Set aoiSG = aoiDoc.StyleGallery
  strStyle = "Forestry.Style"
  strClass = "Marker Symbols"
  strKat = "Default"
  Set aoiESGItems = aoiSG.Items(strClass, strStyle, strKat)
  Set aoiSGItem = aoiESGItems.Next
  Do While Not aoiSGItem Is Nothing
    strItems = strItems & aoiSGItem.Name & ", "
    If intX > 5 Then
        strItems = strItems & vbCr
        intX = 0
    End If
    intX = intX + 1
  Set aoiSGItem = aoiESGItems.Next
  Loop
  MsgBox strItems
```

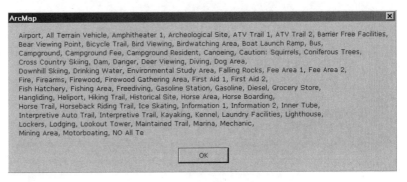

ArcMap

Airport, All Terrain Vehicle, Amphitheater 1, Archeological Site, ATV Trail 1, ATV Trail 2, Barrier Free Facilities,
Bear Viewing Point, Bicycle Trail, Bird Viewing, Birdwatching Area, Boat Launch Ramp, Bus,
Campground, Campground Fee, Campground Resident, Canoeing, Caution: Squirrels, Coniferous Trees,
Cross Country Skiing, Dam, Danger, Deer Viewing, Diving, Dog Area,
Downhill Skiing, Drinking Water, Environmental Study Area, Falling Rocks, Fee Area 1, Fee Area 2,
Fire, Firearms, Firewood, Firewood Gathering Area, First Aid 1, First Aid 2,
Fish Hatchery, Fishing Area, Freediving, Gasoline Station, Gasoline, Diesel, Grocery Store,
Hangliding, Heliport, Hiking Trail, Historical Site, Horse Area, Horse Boarding,
Horse Trail, Horseback Riding Trail, Ice Skating, Information 1, Information 2, Inner Tube,
Interpretive Auto Trail, Interpretive Trail, Kayaking, Kennel, Laundry Facilities, Lighthouse,
Lockers, Lodging, Lookout Tower, Maintained Trail, Marina, Mechanic,
Mining Area, Motorboating, NO All Te

OK

Category,
ID

Die Eigenschaft *Category* liefert oder setzt die Kategorie, der das *Item* zugeordnet ist. *ID* liefert die Identifikationsnummer des *Items* in der *StyleGallery*. Die Eigenschaft *Items* liefert ein *IUnknown* Objekt. Über *QueryInterface (QI)* kann die unterstützte Schnittstelle des Symbols oder Kartenelements abgefragt werden.

In dem abschliessenden Beispiel dieses Kapitels werden einem *UniqueValueRenderer* des ersten *Layers* der aktiven *Map* Füllsymbole aus der *Style*datei ESRI.style zugeordnet. Der Übersichtlichkeit wegen wird in dem Beispiel vorausgesetzt, dass der erste *Layer* der aktiven *Map* ein *FeatureLayer* mit Polygongeometrie ist und dass bereits ein *UniqueValueRenderer* zugeordnet wurde.

```
' (cd)  Übergebe StyleGalleryItems an einen Renderer

Dim aoiDoc As IMxDocument
Dim aoiESGItem As IEnumStyleGalleryItem
Dim aoiSGItem As IStyleGalleryItem
Dim aoiUVRenderer As IUniqueValueRenderer
Dim aoiGeoFeatureLayer As IGeoFeatureLayer
Dim aoiMLFSymbol As IMultiLayerFillSymbol
Dim lngX As Long
Dim strVal As String

  Set aoiDoc = ThisDocument
  ' Standard Füllsymbole
  Set aoiESGItem = aoiDoc.StyleGallery.Items _
     ("Fill Symbols", "ESRI.style", "Default")

  ' Wenn der erste Layer der aktuellen Map_
  ' ein FeatureLayer ist...
  If TypeOf aoiDoc.FocusMap.Layer(0) Is IFeatureLayer2 Then
    Set aoiGeoFeatureLayer = aoiDoc.FocusMap.Layer(0)

    ' Wenn der Layer Polygongeometrie hat...
```

```
    If (aoiGeoFeatureLayer.FeatureClass.ShapeType _
        = esriGeometryPolygon) Then
      ' Hole das erste StyleGalleryItem
      aoiESGItem.Reset
      Set aoiSGItem = aoiESGItem.Next

      Set aoiUVRenderer = aoiGeoFeatureLayer.Renderer
      For lngX = 0 To (aoiUVRenderer.ValueCount - 1)
        'Das nächste MultiLayerFillSymbol der StyleGallery wird
        'in der IMultiLayerFillSymbol Variablen gespeichert
        Set aoiMLFSymbol = aoiSGItem.Item

        If TypeOf aoiMLFSymbol Is IMultiLayerFillSymbol Then
          strVal = aoiUVRenderer.Value(lngX)
          ' Übergabe des Symbols an den UniqueValueRenderer
          aoiUVRenderer.Symbol(strVal) = aoiMLFSymbol
          Set aoiSGItem = aoiESGItem.Next
        End If
      Next
    End If
  Else
    MsgBox "Der erste Layer ist kein FeatureLayer."
  End If
  aoiDoc.UpdateContents
  aoiDoc.ActivatedView.Refresh
```

11.7.2 StyleSelector

Der *StyleSelector* ist ein Dialog, aus dem der Benutzer ein *StyleItem* auswählen kann. *StyleSelector* ist eine abstrakte Klasse. *StyleItems* können aus den Dialogen der *CoClasses* ausgewählt werden. Diese Dialoge stehen nicht für alle *StyleGalleryClasses* zur Verfügung.

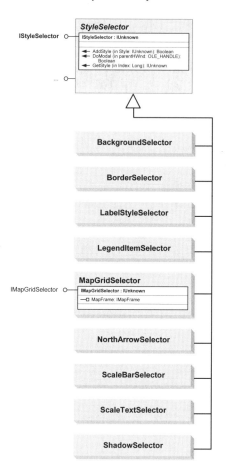

DoModal, AddStyle, GetStyle

Die Dialoge werden mit der Funktion *DoModal* geöffnet. *AddStyle* gibt den *Style* an, der zum Dialog hinzugefügt werden soll. Es können mehrere *Styles* hinzugefügt werden. *GetStyle* liefert einen aktualisierten *Style*. Wenn mehr als ein *Style* hinzugefügt wurde, muss eine Indexnummer an *GetStyle* übergeben werden.

```
' (cd)  Auswahl eines Nordpfeils mit dem StyleSelector

Dim aoiStyleSelector As IStyleSelector
Dim aoiNorthArrow As INorthArrow
Dim bolCanOpen As Boolean

  Set aoiStyleSelector = New NorthArrowSelector
  bolCanOpen = aoiStyleSelector.DoModal(Application.hWnd)
  If (bolCanOpen = True) Then
    Set aoiNorthArrow = aoiStyleSelector.GetStyle(0)
  End If
```

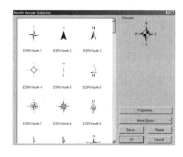

Im zweiten Beispiel wird der Dialog zur Auswahl eines Symbolhintergrunds geöffnet:

```
' (cd)  Auswahl eines SymbolHintergrunds mittels StyleSelector

Dim aoiStyleSelector As IStyleSelector
Dim aoiSymbolBack As ISymbolBackground
Dim bolCanOpen As Boolean

  Set aoiStyleSelector = New BackgroundSelector
  Set aoiSymbolBack = New SymbolBackground

  bolCanOpen = aoiStyleSelector.DoModal(Application.hWnd)
  If (bolCanOpen = True) Then
    Set aoiSymbolBack = aoiStyleSelector.GetStyle(0)
  MsgBox aoiSymbolBack.Name & ", CMYK: " & _
            aoiSymbolBack.FillSymbol.Color.CMYK
  End If
```

12 Stichwortverzeichnis